Logik kollektiver Entscheidungen

Von

Privatdozent

Dr. Lucian Kern

Sozialwissenschaftliches Institut
der Bundeswehr in München

Professor

Dr. Julian Nida-Rümelin

Ordinarius für Philosophie
an der Universität Göttingen

R. Oldenbourg Verlag München Wien

Die Deutsche Bibliothek – CIP-Einheitsaufnahme

Kern, Lucian:
Logik kollektiver Entscheidungen / von Lucian Kern : Julian Nida-Rümelin. – München ; Wien : Oldenbourg, 1994
ISBN 3-486-21016-5

NE: Nida-Rümelin, Julian

Satz und Druck: Tutte, Passau
Bindung: R. Oldenbourg Graphische Betriebe GmbH, München

ISBN 3-486-21016-5

Vorwort

Dieses Buch behandelt die logischen Beziehungen zwischen individuellen Präferenzen und kollektiven Entscheidungen. Ethische und politische Kriterien kollektiver Entscheidungsfindung werden analysiert und ihre Vereinbarkeit mit normativen Prinzipien geprüft. Die Darstellung setzt keine besonderen Vorkenntnisse voraus. Sie verlangt allerdings die Bereitschaft, sich mit den für das Verständnis unverzichtbaren formalen Hilfsmitteln vertraut zu machen. Das Buch wendet sich an alle, die mit kollektiven Entscheidungen theoretisch oder praktisch befaßt sind: an Ökonomen, Politikwissenschaftler, Philosophen aber auch an ethische, politische und ökonomische Praktiker.

Viele Freunde und Kollegen haben die Fertigstellung des Bandes mit Rat, Kritik und Verbesserungsvorschlägen begleitet. Ein besonderer Dank gilt dabei Wulf Gaertner, Johannes Schmidt, Thomas Schmidt und Nelson Killius, der auch das Register anfertigte.

Lucian Kern | Julian Nida-Rümelin

Inhaltsverzeichnis

Einleitung IX

1. Grundlagen der Entscheidungslogik 1
   1.1 Die formalen Hilfsmittel 1
   1.2 Eigenschaften von Relationen 3
   1.3 Auswahlfunktion und Auswahlmenge 6
   1.4 Auswahleigenschaften 10
   Literatur/Anmerkungen 16

2. Individuelle Entscheidungen 17
   2.1 Rationalität individueller Entscheidungen 17
   2.2 Entscheidungen bei Ungewißheit 21
   Literatur/Anmerkungen 25

3. Das Theorem von Arrow 27
   3.1 Der kollektive Entscheidungsprozeß 27
   3.2 Das Abstimmungsparadox 29
   3.3 Arrows Bedingungen 32
   3.4 Arrows Theorem: Der Beweis 35
   3.5 Politische Verfahrensnormen 39
   Literatur/Anmerkungen/Weitere Probleme 42

4. Abschwächung der kollektiven Rationalität 45
   4.1 Einstimmigkeit als Aggregationsregel 45
   4.2 Stimmentausch und politischer Kompromiß 49
   4.3 Veto und Vetogruppe 51
   4.4 Weitere Vetogruppenresultate 57
   4.5 Ergebnisse für Kollektive Auswahlfunktionen 60
   4.6 Politische Auswahl 64
   Literatur/Anmerkungen 66

5. Das Problem manipulations- und strategiefreier Regeln 69
   5.1 Manipulation und strategisches Verhalten 69
   5.2 Das Resultat von Gibbard und Sattherthwaite 75
   5.3 Erweiterungen des Resultats 80
   5.4 Manipulationsfreiheit und Pfadunabhängigkeit 85
   Literatur/Anmerkungen/Weitere Probleme 87

6. Beschränkungen individueller Präferenzen 91
   6.1 Die Charakterisierung der Mehrheitsregel 91
   6.2 Qualitative Beschränkungen 93
   6.3 Quantitative Beschränkungen 97
   Literatur/Anmerkungen/Weitere Probleme 106

7. Mehrdimensionale Entscheidungen 109
   7.1 Eindimensionalität und der Medianwähler 109
   7.2 Stabilität bei mehrdimensionalen Entscheidungen 114

7.3 Allgemeine Instabilität ... 120
7.4 Stabilität bei Einschränkungen der Agenda ... 122
Literatur/Anmerkungen ... 128

8. Erweiterung der Aggregationsbasis ... 131
8.1 Die Problematik interdependenter Präferenzen ... 131
8.2 Interessen- versus Urteilsaggregation ... 139
8.3 Erweiterungen der Präferenzbegriffs ... 147
8.3.1 Gesellschaftliche Positionen ... 147
8.3.2 Ethische Präferenzen und das Prinzip von Suppes ... 150
8.4 Interpersonelle Vergleichbarkeit ... 154
Literatur/Anmerkungen ... 161

9. Charakterisierung Kollektiver Wohlfahrtsprinzipien ... 163
9.1 Positionszuordnungen und das Maximin-Prinzip ... 163
9.2 Das utilitaristische Prinzip ... 169
9.3 Lexikographisches Maximin-Prinzip und gemeinsame Charakterisierung ... 180
9.4 Ein Fairness-Prinzip ... 188
Literatur/Anmerkungen/Weitere Probleme ... 196

10. Rationalität und Kooperation ... 201
10.1 Das Gefangenen-Dilemma und seine Interpretationen ... 201
10.2 Die Iteration des Gefangenen-Dilemmas ... 214
10.3 Rationalität und Moralität ... 227
10.4 Kooperation und Kohärenz ... 235
Literatur/Anmerkungen ... 239

11. Individuelle Rechte und kollektive Rationalität ... 243
11.1 Das Liberale Paradox ... 243
11.2 Individuelle Rechte ... 250
Literatur/Anmerkungen ... 254

Schlußbemerkungen ... 257

Verzeichnis der mathematischen und logischen Symbole ... 263
Verzeichnis der Abkürzungen ... 265

Literatur ... 267

Namensregister ... 279

Sachregister ... 283

Einleitung

In einigen Ländern, insbesondere den Vereinigten Staaten, Großbritannien, Australien und den skandinavischen Ländern, hat sich im Verlauf der letzten zwei Dekaden eine eigenständige wissenschaftliche Disziplin etabliert, die meist unter den Bezeichnungen *social choice, collective choice* oder *public choice* firmiert. Diese Disziplin hat fraglos eine Mutter – die theoretische Ökonomie, genauer die Wohlfahrtsökonomie – und mehrere Väter, darunter die politische Theorie (insbesondere die Demokratietheorie), die Soziologie (insbesondere die Gruppen-Soziologie) und die Philosophie (insbesondere die Sozialethik sowie die Handlungs- und Rechtsphilosophie).

Eine wissenschaftliche Disziplin ist durch einen gemeinsamen Gegenstandsbereich und eine gemeinsame Methode (oder ein Bündel gemeinsamer Methoden) bestimmt. Der Gegenstand dieser neuen Disziplin sind kollektive Entscheidungen, allerdings in einem denkbar weiten Sinne verstanden: nicht nur Entscheidungen, die von Gruppen oder deren Repräsentanten getroffen werden, sondern auch 'implizite' kollektive Entscheidungen, wie sie etwa durch die Verhaltensweisen einzelner Personen in einem vorgegebenen institutionellen Gefüge herbeigeführt werden. Die Methode ist die der logischen Analyse. Zur Anwendung kommen dabei Aussagen- und Prädikatenlogik, Relationen- und Funktionentheorie, unter Umständen auch Analysis, analytische Geometrie und Topologie; insbesondere aber die Entscheidungstheorie. Die Dominanz der logischen Analyse (deduktiver Methoden) rechtfertigt es, diese Disziplin als **Logik kollektiver Entscheidungen** zu bezeichnen. Gegenstand und Methode erlauben es, diese Disziplin als **Entscheidungstheorie** (oder **Entscheidungslogik**) zu bezeichnen. Um die Entscheidungstheorie von empirischen Analysen abzugrenzen, kann der Zusatz 'rational' verwendet werden.

Die (rationale) Entscheidungstheorie hat damit drei Subdisziplinen:

1. Entscheidungstheorie im engeren Sinne (Theorie rationaler Entscheidungen ohne Interaktion),
2. Spieltheorie (Theorie rationaler Interaktionen),
3. Logik (oder Theorie) rationaler kollektiver Entscheidungen.

Obwohl die Logik kollektiver Entscheidungen (LkE) schon über 40 Jahre alt ist, wenn man die Publikation des bahnbrechenden Werkes '*Social Choice and Individual Values*' von Kenneth Arrow (1. Aufl.: 1951) rückblickend als Geburtsstunde dieser neuen Disziplin erklärt, gab es bis vor kurzem im deutschen Sprachraum keine monographische Darstellung ihrer Ergebnisse. Auch damit mag es zusammenhängen, daß die Methoden und Theoreme der Logik kollektiver Entscheidungen hier nur zögernd rezipiert worden sind.

Trotz ihres abstrakten Charakters haben die Aussagen der LkE weitreichende Implikationen, da das Verhältnis individueller Präferenzen und kollektiver Entscheidungen für eine ganze Reihe sozialwissenschaftlicher Disziplinen, u.a. die Politikwissenschaft, die Soziologie, die Ökonomie und die praktische Philosophie, von grundlegender Bedeutung ist.

Das Theorem von Arrow zeigt, daß sich individuelle Präferenzen unter plausiblen Bedingungen nicht widerspruchsfrei zu einer kollektiven Präferenz aggregieren lassen (Kapitel 3). Das stellt für die Demokratietheorie insofern eine grundsätzliche Herausforderung dar, als man von demokratischen Entscheidungsverfahren über die Arrowschen Bedingungen hinaus noch weitergehende Bedingungen erwartet, die dann aber logisch unerfüllbar sind.

In ähnlich fundamentaler Weise sind die ökonomischen, soziologischen und ethischen Paradigmata betroffen, wenn sich im Zusammenhang des Gefangenen-Dilemmas herausstellt, daß es Entscheidungssituationen gibt, in denen individuelle Rationalität und kollektive Optimalität in Widerspruch zueinander stehen (Kapitel 10). Das würde nicht nur bedeuten, daß individuell rationales Verhalten nicht immer zum ökonomisch, gesellschaftlich und moralisch besten Resultat führt (Kritiker der 'rationalistisch halbierten Vernunft' hatten das schon immer vermutet), sondern zugleich, daß das ökonomisch, gesellschaftlich und moralisch Beste in solchen Situationen nur durch individuell irrationales Verhalten erreichbar ist.

Wir wollen in diesem Band jedoch nicht nur die Dilemmata, Paradoxa und Widersprüche darstellen, sondern auch Wege aufzeigen, wie sie sich auflösen lassen. Dazu ist es notwendig, den Begriffsrahmen der 'klassischen' LkE zu verlassen und den uniformen Präferenzbegriff des '*revealed preference*'-Konzeptes ebenso wie den Alternativenbegriff des Arrowschen '*social state*' zu überwinden. Wir spalten diesen Alternativenbegriff daher in 'gesellschaftliche Positionen' bzw. in individuelle Bewertungen auf und gelangen so zu erweiterten individuellen Präferenzen, die die Formulierung sozialethischer Prinzipien wie des utilitaristischen Prinzips oder des auf dem Rawlsschen Differenz-Prinzip fußenden Maximin-Prinzips ermöglichen und in deren Zusammenhang das Problem von Arrow keine Rolle mehr spielt (Kapitel 8 und 9). Man ist dann aber mit der Konkurrenz unterschiedlicher sozialethischer Prinzipien konfrontiert, da das Instrumentarium der LkE keine Handhabe bietet, eines der Prinzipien auszuzeichnen.

Auch für das Gefangenen-Dilemma erweist sich die Erweiterung individueller Präferenzen durch die Einführung sogenannter 'Metapräferenzen' als hilfreich, da sie klärt, aufgrund welcher Motivation der individuellen Präferenzen das Dilemma entsteht, so daß man auch weiß, welche Motivation es vermeidet: z. B. streng ethisch, etwa rein altruistisch motivierte Präferenzen. Eine andere Erweiterung des spieltheoretischen Rahmens, die Iteration des Gefangenen-Dilemmas, macht eine endogene Stabilisierung des 'kooperativen Ausgangs' des Dilemmas möglich, auch wenn sie diesen nicht in jedem Fall garantiert (Kapitel 10).

In ähnlicher Weise gilt für das Liberale Paradox, das einen Widerspruch zwischen der Gewährung individueller Entscheidungsrechte und der Paretoinklusivität von Aggregationsregeln konstatiert, daß es sich dann auflösen läßt, wenn unter Heranziehung erweiterter Präferenzen in geeigneter Weise individuelle Entscheidungsrechte definiert werden und deren Geltendmachung begrenzt wird (Kapitel 11).

Die Kapitel des Bandes bauen aufeinander auf, d. h. in der Regel sind nachfolgende Kapitel nicht ohne die vorangegangenen verständlich. Von besonderer Bedeutung sind dabei die beiden Eingangskapitel 1 und 2, da sie die Grundlagen der Entscheidungslogik darstellen.

Kapitel 3 präsentiert dann mit dem Theorem von Arrow das bis heute zentrale Ergebnis der LkE. Tatsächlich hat sich die LkE aus der Diskussion um dieses Theorem heraus entwickelt. Die Kapitel 4 bis 7 verfolgen im Anschluß daran den Gedanken, ob sich nicht durch Aufgabe oder ausreichende Abschwächung einer der Arrowschen Anforderungen eine Lösung erreichen läßt.

In diesem Zusammenhang zeigt Kapitel 4, daß sich mit der Abschwächung der logischen Anforderungen an die kollektive Präferenz trotz einiger interessanter

Ergebnisse kein wirklicher Durchbruch erzielen läßt. In Kapitel 5 wird erörtert, daß die Aufgabe der Bedingung der Unabhängigkeit von irrelevanten Alternativen zu einem weiteren Problem führt: Aggregationsregeln, die dieser Bedingung nicht gehorchen, lassen strategisches Verhalten zu, d.h. sie sind nicht verfälschungssicher. Gibbard und Satterthwaite konnten zeigen, daß die einzigen strategiefreien Aggregationsregeln diktatorische sind.

Kapitel 6 und 7 diskutiert die Möglichkeiten, die sich aus einer Beschränkung individueller Präferenzen ergeben. Tatsächlich läßt sich der Definitionsbereich der jeweiligen Kollektiven Wohlfahrts-, Entscheidungs- oder Auswahlfunktion auf unterschiedliche Weise beschränken, so daß unter dieser Voraussetzung die Bedingungen von Arrow kompatibel sind. Diese Resultate stehen aber unter dem 'demokratischen' Vorbehalt, ob es überhaupt zulässig ist, individuelle Präferenzen zu beschränken. In Kapitel 7 ergeben sich neue Unmöglichkeitsresultate, wenn man annimmt, daß Personen die Alternativen unter mehreren Gesichtspunkten beurteilen und entsprechende Präferenzen bilden (mehrdimensionale Entscheidungen).

Kapitel 8 erweitert, wie erwähnt, den Begriffsrahmen der LkE um Positionen und erweiterte Präferenzen. Die folgenden Kapitel stützen sich auf diese neue Begrifflichkeit. Auf dieser Grundlage analysiert Kapitel 9 konkurrierende sozialethische Prinzipien wie das utilitaristische Prinzip und das vom Rawlsschen Differenzprinzip abgeleitete lexikographische Maximin-Prinzip.

Kapitel 10 setzt sich im Zusammenhang des Gefangenen-Dilemmas mit dem spannungsreichen Verhältnis von individueller Rationalität und kollektiver Optimalität auseinander, während das letzte Kapitel 11 sich mit der Konkurrenz individueller Entscheidungsrechte und kollektiver Rationalität (Liberales Paradox) befaßt. Eine Schlußbemerkung zur Reichweite und den Grenzen der Logik kollektiver Entscheidungen schließt den Band ab.

Unser Ziel ist es, mit diesem Band eine kompakte Darstellung der Logik kollektiver Entscheidungen in deutscher Sprache anzubieten, die keine speziellen Vorkenntnisse voraussetzt, aber dennoch systematischen Ansprüchen gerecht wird. Wir haben uns bemüht, die formalen Mittel so transparent wie möglich einzusetzen. Die verwendeten Begriffe werden daher jeweils genau erläutert und die Beweise sind recht explizit gehalten: für jeden Beweisschritt wird angegeben, aus welchen vorangegangenen Beweisschritten, Definitionen und Theoremen er sich ergibt. Die dabei eingeführte Terminologie ist sparsam und erlaubt eine kohärente Darstellung der Ergebnisse aus ganz verschiedenen Bereichen der Logik kollektiver Entscheidungen. Hinweise auf weiterführende Literatur am Ende jeden Kapitels sollen ein vertieftes Studium erleichtern.

1. Grundlagen der Entscheidungslogik

1.1 Die formalen Hilfsmittel

In diesem einführenden Kapitel wollen wir im ersten Abschnitt zunächst die formalen Hilfsmittel bereitstellen, die zum Verständnis der Argumentation in den nachfolgenden Kapiteln notwendig sind. Sie umfassen aussagen- und quantorenlogische Hilfsmittel, mengentheoretische Begriffe sowie Grundbegriffe der Relationentheorie (für eine Übersicht über die verwendeten Zeichen s. S. 263). In den nachfolgenden Abschnitten werden wir dann die Grundlagen der Logik kollektiver Entscheidungen (LkE) behandeln.

Aussagenlogik: Unter *'Aussagen'* ('Sätzen') werden solche sprachlichen Gebilde verstanden, die entweder wahr oder falsch sind. Wenn 'A' und 'B' Aussagen sind, so sind auch '¬ A', 'A ∧ B', 'A ∨ B', 'A → B', und 'A ↔ B' Aussagen. Dabei gilt:

'¬ A', sprich: 'non A' oder 'nicht A', ist genau dann wahr, wenn 'A' falsch ist.

'A ∧ B', sprich: 'A cum B' oder 'A und B', ist genau dann wahr, wenn sowohl 'A' wie 'B' wahr ist.

'A ∨ B', sprich: 'A vel B' oder 'A oder B', ist genau dann wahr, wenn 'A' wahr ist oder wenn 'B' wahr ist oder wenn 'A' und 'B' wahr sind.

'A → B', sprich: 'A impliziert B' oder 'aus A folgt B', ist genau dann falsch, wenn 'A' wahr und zugleich 'B' falsch ist. In allen anderen Fällen ist 'A → B' wahr.

'A ↔ B', sprich: 'A äquivalent B' oder 'A genau dann, wenn B' ist genau dann wahr, wenn 'A' und zugleich 'B' wahr sind oder wenn 'A' und zugleich 'B' falsch sind.

Um Klammern zu sparen, vereinbaren wir, daß die Bindungsstärke der logischen Verknüpfungen in folgender Reihenfolge abnimmt: ¬, ∧, ∨, →, ↔. Statt '[A ∧ B] → C' können wir also 'A ∧ B → C' schreiben, jedoch dürfen wir bei '[A → B] ∧ C' die Klammern nicht weglassen.

Quantorenlogik: In '∀x: Px', sprich: 'Für alle x gilt P', nennt man '∀' den **Allquantor**, ebenso in: '∀x: [Px → Qx]', sprich: 'Für alle x gilt: wenn P, dann Q'.

In '∃x: Px', sprich: 'Es gibt ein x, für das P gilt' nennt man '∃' den **Existenzquantor**, ebenso in: '∃x: [Px ∨ Qx]', sprich: 'Es gibt ein x, für das P oder Q gilt'. Dabei zeigen die eckigen Klammern jeweils die Reichweite des Quantors an. Gelegentlich benötigt man auch den Ausdruck '$\dot{\exists}$x: Px', sprich: 'Es gibt genau ein x, für das P gilt'.

In '∃x: [Px ∧ Qx] → Lx', sprich: 'Es gibt ein x, für das P und Q gilt und daraus folgt, daß für x L gilt', nennt man das 'x' bei 'L' eine **freie Variable** und das 'x' bei 'P' und 'Q' eine (durch den Existenzquantor) **gebundene Variable**.

Mit 'x', 'y', 'z' bezeichnen wir im allgemeinen **Variablen**, während 'a', 'b', 'c' oder 'x_0' in der Regel für **Konstanten** stehen. Was als Variable und was als Konstante zu interpretieren ist, wird ausdrücklich festgelegt oder geht eindeutig aus dem Kontext hervor.

Mengentheorie: Eine **Menge** setzt sich aus Elementen zusammen: {a, b, c} ist diejenige Menge (oder Klasse), deren Elemente a, b und c sind. Für 'Element einer Menge' benutzen wir das Zeichen '∈', so daß 'a ∈ {a, b, c}' heißt: 'a ist Element der Menge {a, b, c}'; gehört ein Element einer Menge nicht an, so schreiben wir '$\neg$ d $\in$ {a, b, c}' oder 'd $\notin$ {a, b, c}'.

Für 'M $\subset$ N', sprich: 'M ist **Teilmenge** von N', gilt: 'M $\subset$ N' ist genau dann wahr, wenn '$\forall$x: [x $\in$ M $\rightarrow$ x $\in$ N]' wahr ist.

'M $\neq$ N', sprich: 'M ungleich N', ist genau dann wahr, wenn: '$\exists$x: [x $\in$ M $\wedge \neg$ x $\in$ N] $\vee$ $\exists$x: [$\neg$ x $\in$ M $\wedge$ x $\in$ N]' wahr ist.

'L = M $\cap$ N', sprich: 'L ist **Schnittmenge** von M und N', ist genau dann wahr, wenn '$\forall$x $\in$ L: [x $\in$ M $\wedge$ x $\in$ N]' wahr ist.

'L = M $\cup$ N', sprich: 'L ist **Vereinigungsmenge** von M und N', ist genau dann wahr, wenn '$\forall$x $\in$ L: [x $\in$ M $\vee$ x $\in$ N]' wahr ist.

'L = M \ N', sprich: 'M ohne N', ist genau die Menge, die jene Elemente von M enthält, die nicht in N enthalten sind.

Für die **leere Menge**, diejenige Menge also, die kein Element enthält, schreiben wir '$\emptyset$'. '# M' bezeichnet die Anzahl der Elemente einer Menge, so daß z. B.: # {2, 4, 7} = 3.

Die **Potenzmenge** einer Menge M, 'Pot(M)', ist die Menge aller Teilmengen von M, so daß Pot(M) = {X | X $\subset$ M}.

Relationentheorie: '⟨a, b⟩', sprich: 'das geordnete Paar a, b', wird definiert als ⟨a, b⟩ := {{a}, {a, b}}. Ein **geordnetes Paar**, **Tripel** etc. – allgemein: n-**Tupel** – unterscheidet sich von den entsprechenden Mengen {a, b}, {a, b, c} etc. dadurch, daß die Reihenfolge entscheidend ist. Im allgemeinen gilt daher: ⟨a, b⟩ $\neq$ ⟨b, a⟩, während {a, b} = {b, a} ist.

'X × Y', sprich: 'die **Produktmenge** von X und Y' oder kürzer: 'X kreuz Y', ist die Menge aller geordneten Paare ⟨x, y⟩, wobei x $\in$ X und y $\in$ Y ist.

Eine **zweistellige Relation** $\tilde{R}$ ist ein Tripel von Mengen ⟨X, Y, R⟩, wobei R $\subset$ X × Y. Eine **zweistellige Relation** $\tilde{R}$ **auf** X ist ein Tripel von Mengen ⟨X, X, R⟩, wobei R $\subset$ X × X.

In der Literatur wird zwischen R und $\tilde{R}$ oft nicht unterschieden. Die Relation 'größer als' ('>') auf der Menge {2, 3, 5} besteht zum Beispiel aus folgenden Elementen: R = {⟨3, 2⟩, ⟨5, 2⟩, ⟨5, 3⟩}, demnach ist $\tilde{R}$ = ⟨{2, 3, 5}, {2, 3, 5}, {⟨3, 2⟩, ⟨5, 2⟩, ⟨5, 3⟩}⟩, da $\tilde{R}$ als das Tripel ⟨X, X, R⟩ definiert worden ist.

Eine **Funktion**, man sagt auch 'Abbildung' oder 'Zuordnung', ist eine besondere Art von Relation.

Definition 1/1: Eine **nacheindeutige** Relation ist eine Funktion.

'Nacheindeutig' heißt, daß in der Relation keine zwei Paare vorkommen, in denen an der vorderen Stelle das gleiche Element (aus dem Vorbereich), an der hinteren Stelle aber unterschiedliche Elemente (aus dem Nachbereich) stehen. So ist {⟨2, 3⟩, ⟨1, 3⟩, ⟨3, 4⟩} eine Funktion, hingegen {⟨1, 3⟩, ⟨1, 2⟩, ⟨3, 4⟩} keine Funktion, da hier dem Element 1 aus dem Vorbereich zwei Elemente (3 und 2) aus dem Nachbereich zugeordnet sind.

Nacheindeutige Relationen, d. h. Funktionen, ordnen also jedem Element aus dem Vorbereich genau ein Element aus dem Nachbereich zu. Der Vorbereich wird auch **Definitionsbereich**, der Nachbereich **Wertebereich** einer Funktion genannt. Für die Zuordnung der Elemente wird das Zeichen '$\mapsto$' verwandt. Sei $\tilde{R}$ = ⟨X, Y, R⟩ nacheindeutig, dann ist $\tilde{R}$ eine Funktion f, die jedem Element aus X genau ein Element aus Y zuordnet, d.h. 'f: $X \ni x \mapsto y \in Y$'. Dafür schreibt man auch: '$f(x) = y$'.

Definition 2/1: Eine nacheindeutige und **voreindeutige**, also **eineindeutige** Relation ist eine **Bijektion** (Bij).

'Voreindeutig' heißt, daß in der Relation keine zwei Paare vorkommen, in denen an der hinteren Stelle das gleiche Element, an der vorderen Stelle aber unterschiedliche Elemente stehen. Demnach ist $\{\langle 2, 3\rangle, \langle 3, 1\rangle, \langle 1, 3\rangle\}$ eine Funktion, aber keine Bijektion, $\{\langle 2, 3\rangle, \langle 3, 1\rangle, \langle 1, 2\rangle\}$ hingegen eine Bijektion. Vor- und Nachbereich einer Bijektion sind gleichmächtig.

Definition 3/1: Eine **Permutation** ist eine Bijektion, deren Vor- und Nachbereich gleich ist.

Das oben gegebene Beispiel einer Bijektion ist daher zugleich eine Permutation, $\{\langle 4, 3\rangle, \langle 3, 1\rangle, \langle 1, 2\rangle\}$ hingegen ist keine Permutation. Wir bezeichnen eine Permutation mit 'π' und die Menge aller Permutationen auf einer gegebenen Menge mit 'Π', jedoch ist auch 'Bij(K, K)' eine Permutation.

1.2 Eigenschaften von Relationen

Sei X eine nicht-leere, endliche Menge, deren Elemente die Alternativen x, y, z etc. sind, die zur Entscheidung anstehen, so daß $X = \{x, y, z, \ldots\}$. Die Alternativen schließen einander aus.

Auf X sei nun eine zweistellige (binäre) Relation R gegeben, die wir als Relation der **schwachen Präferenzen** interpretieren, so daß '$\langle x, y\rangle \in R$' zu lesen ist als: 'x wird gegenüber y schwach präferiert' bzw. 'x wird gegenüber y vorgezogen oder x wird gegenüber y für indifferent gehalten'. Wir lassen offen, ob es sich dabei um die (schwachen) Präferenzen einer Person oder einer Gruppe von Personen (eines Kollektivs) handelt, da wir die Eigenschaften von Präferenzrelationen zunächst unabhängig davon erörtern wollen, ob es um individuelle oder kollektive Präferenzen geht.

Die Relation der **strikten Präferenzen** '$\langle x, y\rangle \in P$', sprich: 'x wird gegenüber y (strikt) vorgezogen', kann auf der Grundlage der Relation der schwachen Präferenzen wie folgt definiert werden.

Definition 4/1: $\langle x, y\rangle \in P :\leftrightarrow [\langle x, y\rangle \in R \wedge \neg \langle y, x\rangle \in R]$.

Statt $\langle x, y\rangle \in R$ bzw. $\langle x, y\rangle \in P$ findet sich in der Literatur auch die Schreibweise xRy bzw. xPy.

Die Relation der **Indifferenzen** '$\langle x, y\rangle \in I$', sprich: 'x wird gegenüber y für indifferent gehalten', läßt sich dann wie folgt aus der Relation der schwachen Präferenzen ableiten.

Definition 5/1: $\langle x, y\rangle \in I :\leftrightarrow [\langle x, y\rangle \in R \wedge \langle y, x\rangle \in R]$.

Zwei wichtige Eigenschaften von Präferenzrelationen sind die folgenden.

Definition 6/1: Eine Präferenzrelation R ist **vollständig**: $\leftrightarrow \forall x, y \in X$: $[\langle x, y\rangle \in P \vee \langle y, x\rangle \in P \vee \langle x, y\rangle \in I]$ bzw. äquivalent $[\langle x, y\rangle \in R \vee \langle y, x\rangle \in R]$.

Definition 7/1: Eine Präferenzrelation R ist **transitiv**: $\leftrightarrow \forall x, y, z \in X$: $[\langle x, y\rangle \in R \wedge \langle y, z\rangle \in R \rightarrow \langle x, z\rangle \in R]$.

Zweistellige Relationen, die vollständig und transitiv sind, nennt man Ordnungsrelationen. Entsprechend heißen vollständige und transitive Präferenzrelationen **Präferenzordnungen**. Wir nennen sie auch kurz Ordnungen.

Aus der Eigenschaft der Vollständigkeit ergeben sich einige Implikationen, die wir in einem Lemma zusammenfassen.

Lemma 1/1: Ist R eine vollständige Präferenzrelation, so gilt:
(a) R ist **reflexiv**: $\leftrightarrow \forall x \in X: [\langle x, x\rangle \in R]$,
(b) $\forall x, y \in X: [\langle x, y\rangle \in P \rightarrow \langle x, y\rangle \in R]$,
(c) $\forall x, y \in X: [\langle x, y\rangle \in R \vee \langle y, x\rangle \in P]$,
(d) $\forall x, y \in X: [\langle y, x\rangle \notin R \rightarrow \langle x, y\rangle \in P]$.

Beweis:

(a) (1) Annahme: $x = y$.
(2) $\forall x \in X: [\langle x, x\rangle \in R \vee \langle x, x\rangle \in R] \rightarrow \forall x \in X: [\langle x, x\rangle \in R]$. wg. (1) u. D. 6/1
(b) (3) $\langle x, y\rangle \in R \vee \langle y, x\rangle \in R$. wg. D. 6/1
(4) $\langle x, y\rangle \in P \leftrightarrow [\langle x, y\rangle \in R \wedge \langle y, x\rangle \notin R]$. wg. D. 4/1
(5) $\langle x, y\rangle \in P \rightarrow \langle y, x\rangle \notin R$. wg. (4)
(6) $\langle x, y\rangle \in R$. wg. (3) u. (5)
(c) und (d) folgen ebenfalls aus D. 4/1 und D. 6/1.

Präferenzrelationen mit den Eigenschaften der Vollständigkeit und Transitivität sind nach L. 1/1(a) zugleich reflexiv. Fehlt die Eigenschaft der Vollständigkeit, sind die Relationen aber reflexiv und transitiv, dann handelt es sich um **Quasi-Ordnungen**.

Definition 8/1: Eine Präferenzrelation R ist **antisymmetrisch**: $\leftrightarrow \forall x, y \in X: [\langle x, y\rangle \in R \wedge \langle y, x\rangle \in R \rightarrow x = y]$.

Mit Antisymmetrie wird Indifferenz durch Gleichheit ersetzt. Relationen mit dieser Eigenschaft, die reflexiv und transitiv sind, bezeichnen wir als **partielle Ordnungen**. Kommt die Eigenschaft der Vollständigkeit hinzu, dann handelt es sich um **lineare Ordnungen**.

Für Ordnungen und lineare Ordnungen gelten die im folgenden Lemma aufgeführten Implikationen, die alle mit der Eigenschaft der Transitivität in Zusammenhang stehen.

Lemma 2/1: $\forall x, y, z \in X$ gilt:
(a) $\langle x, y\rangle \in P \wedge \langle y, z\rangle \in P \rightarrow \langle x, z\rangle \in P$ (Transitivität der strikten Präferenz),
(b) $\langle x, y\rangle \in I \wedge \langle y, z\rangle \in I \rightarrow \langle x, z\rangle \in I$ (Transitivität der Indifferenz),
(c) $\langle x, y\rangle \in P \wedge \langle y, z\rangle \in I \rightarrow \langle x, z\rangle \in P$ (PI-Transitivität),
(d) $\langle x, y\rangle \in I \wedge \langle y, z\rangle \in P \rightarrow \langle x, z\rangle \in P$ (IP-Transitivität).

Beweis:

(a) (1) Annahme: $\langle x, y\rangle \in P \wedge \langle y, z\rangle \in P$.
(2) $\langle x, y\rangle \in P \rightarrow \langle x, y\rangle \in R$; $\langle y, z\rangle \in P \rightarrow \langle y, z\rangle \in R$. wg. L. 1/1(b)
(3) $\langle x, y\rangle \in R \wedge \langle y, z\rangle \in R \rightarrow \langle x, z\rangle \in R$. wg. D. 7/1
(4) Annahme: $\langle z, x\rangle \in R$.
(5) $\langle z, x\rangle \in R \wedge \langle x, y\rangle \in R \rightarrow \langle z, y\rangle \in R$. wg. (3), (4) u. D. 7/1
(6) $\langle y, z\rangle \in P \rightarrow [\langle y, z\rangle \in R \wedge \langle z, y\rangle \notin R]$, im Widerspruch zu (5), daher $\langle z, x\rangle \notin R$. wg. (1) u. D. 4/1
(7) $\langle z, x\rangle \notin R \rightarrow \langle x, z\rangle \in P$. wg. (6) u. L. 1/1(d)
(b) (8) Annahme: $\langle x, y\rangle \in I \wedge \langle y, z\rangle \in I$.
(9) $\langle x, y\rangle \in R \wedge \langle y, x\rangle \in R \wedge \langle y, z\rangle \in R \wedge \langle z, y\rangle \in R$. wg. (8) u. D. 5/1
(10) $[\langle x, y\rangle \in R \wedge \langle y, z\rangle \in R] \wedge [\langle z, y\rangle \in R \wedge \langle y, x\rangle \in R]$. wg. (9)

(11) $\langle x, z\rangle \in R \wedge \langle z, x\rangle \in R$. — wg. (10) u. D. 7/1
(12) $\langle x, z\rangle \in I$. — wg. (11) u. D. 5/1
(c) (13) Annahme: $\langle x, y\rangle \in P \wedge \langle y, z\rangle \in I$.
(14) $\langle x, y\rangle \in P \rightarrow \langle x, y\rangle \in R$; $\langle y, z\rangle \in I \rightarrow \langle y, z\rangle \in R$. — wg. L. 1/1(b) u. D. 5/1
(15) $\langle x, y\rangle \in R \wedge \langle y, z\rangle \in R \rightarrow \langle x, z\rangle \in R$. — wg. (14) u. D. 7/1
(16) Annahme: $\langle z, x\rangle \in R$.
(17) $\langle z, x\rangle \in R \wedge \langle x, z\rangle \in R \rightarrow \langle x, z\rangle \in I$. — wg. (15), (16) u. D. 5/1
(18) $\langle x, z\rangle \in I \wedge \langle z, y\rangle \in I \rightarrow \langle x, y\rangle \in I$, im Widerspruch zu (13), daher $\langle z, x\rangle \notin R$. — wg. (13), (17) u. L. 2/1(b)
(19) $\langle x, z\rangle \in P$. — wg. (18) u. L. 1/1(d)
(d) Wird analog zu (c) bewiesen.

Definition 9/1: Eine Präferenzrelation R ist **asymmetrisch**: $\leftrightarrow \forall x, y \in X$: $[\langle x, y\rangle \in R \rightarrow \langle y, x\rangle \notin R]$.

Asymmetrie impliziert Antisymmetrie, aber nicht umgekehrt. Relationen, die asymmetrisch sind, können nicht reflexiv sein, aufgrund von L. 2/1 aber durchaus transitiv.

Relationen mit der Eigenschaft der Asymmetrie und Transitivität sind **strikte partielle Ordnungen**. Tritt die Eigenschaft der Vollständigkeit hinzu, dann haben wir es mit **strikten Ordnungen** zu tun.

Naheliegendes Beispiel einer asymmetrischen Relation ist die strikte Präferenz P, für die sich das folgende Lemma formulieren läßt.

Lemma 3/1: Ist eine Präferenzrelation asymmetrisch, so gilt:
(a) $\neg \exists x \in X$: $[\langle x, x\rangle \in P]$ (Irreflexivität),
(b) $\forall x, y \in X$: $[\langle x, y\rangle \in P \rightarrow \langle y, x\rangle \notin P]$.

Die Aufstellung in Tabelle 1 verdeutlicht noch einmal zusammenfassend die Eigenschaften und Benennungen von Relationen. Ein Stern kennzeichnet dabei die Eigenschaften, die den jeweiligen Relationentyp charakterisieren.

	Reflexivität	Transitivität	Vollständigkeit	Antisymmetrie	Asymmetrie
Quasi-Ordnung	*	*			
Ordnung	*	*	*		
Partielle Ordnung	*	*		*	
Lineare Ordnung	*	*	*	*	
Strikte partielle Ordnung		*			*
Strikte Ordnung		*	*		*

Tab. 1: Benennungen und Eigenschaften von Relationen

1.3 Auswahlfunktion und Auswahlmenge

Es kann Fälle geben, in denen eine Auswahl aus einer Alternativenmenge getroffen werden soll, ohne daß eine Präferenzrelation R vorliegt, z. B. dann, wenn in einer Gruppe von Personen jede Person eine einzige Alternative angibt und daraus eine (kollektive) Auswahl zu treffen ist, oder aber, wenn eine Person aufgrund individueller Entscheidungsgesichtspunkte weiß, daß bestimmte Alternativen nicht in Frage kommen und auf der Basis dieser Kenntnis aus den ihr verfügbaren Alternativen auswählen will.

Zur Beschreibung der Auswahl von Alternativen in diesem allgemeinen Fall führen wir eine allgemeine Auswahlfunktion ein.

Definition 10/1: Eine **allgemeine Auswahlfunktion** a ordnet jeder Teilmenge S von X **beste** Elemente zu, so daß a: $\mathrm{Pot}(X) \ni S \mapsto S^* \subset S$, wobei S^* die Menge der besten Elemente ist.

Was in S bestes Element ist, wird nach dieser Definition durch die Auswahlfunktion festgelegt: x ist bestes Element in S genau dann, wenn $x \in a(S)$. Damit ist das beste Element als Grundbegriff eingeführt, und S^* bzw. a(S) heißt die **allgemeine Auswahlmenge** von S.

Gegenüber dem allgemeinen gibt es den spezifischen Fall, in dem eine Präferenzrelation R vorliegt. Dann kann es in einer Teilmenge S von X beste Elemente (und eine entsprechende Auswahlmenge) **bezüglich dieser** Präferenzrelation R geben. Analog zur allgemeinen kann die spezifische Auswahlfunktion wie folgt definiert werden.

Definition 11/1: Eine **spezifische Auswahlfunktion** a_R ordnet jeder Teilmenge S von X die Menge der besten Elemente bezüglich R zu, so daß a_R: $\mathrm{Pot}(X) \ni S \mapsto A(S, R) \subset S$.

Dabei umfaßt die **spezifische Auswahlmenge** A(S, R) die schwach präferierten, d. h. besten Alternativen einer gegebenen Alternativenmenge $S \subset X$ **bezüglich** einer Präferenzrelation R.

Definition 12/1: $A(S, R) := \{x \mid x \in S \wedge \forall y \in S: \langle x, y \rangle \in R\}$.

In diesem Zusammenhang ist das 'beste' Element nicht mehr Grundbegriff, sondern abgeleitet von der Präferenzrelation R.

Im folgenden geht es um die Beziehung, in der die allgemeine und die spezifische Auswahlfunktion zueinander stehen, unter welchen Bedingungen eine allgemeine Auswahlfunktion Präferenzrelationen mit bestimmten Eigenschaften erzeugt und umgekehrt, welche Auswirkungen die Eigenschaften von Präferenzrelationen auf die spezifische Auswahlfunktion haben.

Wir wollen zunächst aber den Zusammenhang klären, der zwischen der spezifischen Auswahlmenge A(S, R) und der Präferenzrelation R besteht. Enthält die Auswahlmenge mehrere Alternativen, so sind diese nach dem folgenden Lemma untereinander indifferent, wenn R vollständig ist.

> *Lemma* 4/1: $\forall x, y \in A(S, R): \langle x, y \rangle \in I$, wenn die Präferenzrelation R vollständig ist.

Beweis:

(1) Annahme: $\neg \forall x, y \in A(S, R): \langle x, y \rangle \in I$.

(2) $\exists x, y \in A(S, R): \neg \langle x, y \rangle \in I$. äquivalent zu (1)

(3)	$\exists x, y \in A(S, R)$: $\langle x, y\rangle \in P \vee \langle y, x\rangle \in P$.	wg. (2) u. D. 6/1
(4)	$\langle x, y\rangle \in P \rightarrow \neg\, [\forall x \in S: \langle y, x\rangle \in R]$, d.h. $\neg\, y \in A(S, R)$, im Widerspruch zu (2)	wg. D. 4/1 u. D. 12/1
(5)	$\langle y, x\rangle \in P \rightarrow \neg\, x \in A(S, R)$, im Widerspruch zu (2).	analog zu (4)
(6)	$\forall x, y \in A(S, R)$: $\langle x, y\rangle \in I$.	wg. (4) u. (5)

Lemma 5/1: Ist die Präferenzrelation R reflexiv und vollständig, dann ist $\langle x, y\rangle \in P \leftrightarrow A(\{x, y\}, R) = \{x\}$.

Beweis: ' → ':

(1)	$\langle x, y\rangle \in P \rightarrow \langle x, y\rangle \in R$.	wg. L. 1/1 (b)
(2)	$\langle x, x\rangle \in R$.	unmittelbar
(3)	$x \in A(\{x, y\}, R)$.	wg. (1), (2) u. D. 12/1
(4)	$\langle x, y\rangle \in P \rightarrow \neg\, \langle y, x\rangle \in R$.	wg. D. 4/1
(5)	$\langle y, y\rangle \in R$.	unmittelbar
(6)	$\neg\, y \in A(\{x, y\}, R)$.	wg. (4), (5) u. D. 12/1
(7)	$A(\{x, y\}, R) = \{x\}$.	wg (3) u. (6)
	' ← ':	
(8)	$A(\{x, y\}, R) = \{x\} \rightarrow \langle x, y\rangle \in R$.	wg. D. 12/1
(9)	$\neg\, y \in A(\{x, y\}, R) \rightarrow \neg\, \langle y, x\rangle \in R$.	wg. D. 12/1
(10)	$\langle x, y\rangle \in R \wedge \neg\, \langle y, x\rangle \in R \rightarrow \langle x, y\rangle \in P$.	wg. (8), (9) u. D. 4/1

Für alle Paare von Alternativen $x, y \in X$ legt die Auswahlmenge $A(\{x, y\}, R)$ also die Relationen P und I und damit auch R fest. Umgekehrt ist aufgrund von Definition 12/1 die Auswahlmenge $A(\{x, y\}, R)$ bestimmt, wenn für alle x und y die Relation R bekannt ist.

Nun kann die spezifische wie die allgemeine Auswahlmenge aber auch leer sein, d.h. der Wertebereich der Auswahlfunktion a_R bzw. a kann die leere Menge enthalten. Wir führen daher den Begriff der wohlbestimmten Auswahlfunktion ein, der diese Möglichkeit ausschließt.

Definition 13/1: Eine Auswahlfunktion a bzw. a_R ist **wohlbestimmt**, wenn die Auswahlmenge für keine Alternativenmenge S aus X leer ist.

Die allgemeine Auswahlfunktion war oben so definiert (vgl. D. 10/1), daß sie keinen Bezug zu einer Präferenzrelation aufwies. Es kann jedoch auch aus einer allgemeinen Auswahlfunktion eine Präferenzrelation abgeleitet werden.

Grundsätzlich gibt es dazu zwei Möglichkeiten. Im einen Fall wird die Auswahl aus allen Teilmengen von X betrachtet, die das Paar von Alternativen enthalten, um deren Rangfolge es geht. Man spricht dann von der Relation der **aufgedeckten Präferenz** R^a mit der Vorstellung, daß damit die in der Auswahlfunktion enthaltene Präferenzrelation aufgedeckt wird. Im zweiten Fall berücksichtigt man die Auswahl aus genau dem Paar von Alternativen, um die es geht. Das ist die Relation der Basis-Präferenz R^b, die der Auswahlfunktion zugrundeliegt.

Definition 14/1: Zwischen x und y aus X besteht eine **aufgedeckte Präferenz** R^a bezüglich einer Auswahlfunktion a, d.h.
$\langle x, y\rangle \in R^a$: $\leftrightarrow \exists S \in \mathrm{Pot}(X)$: $[x \in a(S) \wedge y \in S]$.

Definition 15/1: Zwischen x und y aus X besteht eine **Basis-Präferenz** R^b bezüglich einer Auswahlfunktion a, d.h. $\langle x, y\rangle \in R^b$: $\leftrightarrow x \in a(\{x, y\})$.

Definition 16/1: Die Auswahlmenge bezüglich der aufgedeckten Präferenz R^a ist $A^a(S, R^a)$: $= \{x \mid x \in S \wedge \forall y \in S$: $\langle x, y\rangle \in R^a\}$, wobei $S \subset X$.

Definition 17/1: Die Auswahlmenge bezüglich der Basis-Präferenz R^b ist $A^b(S, R^b) := \{x \mid x \in S \wedge y \in S: \langle x, y \rangle \in R^b\}$, wobei $S \subset X$.

Die Forderung, daß diese Auswahlmengen sowie die Auswahlmenge A(S, R) nicht leer sein dürfen, kann nun als Condorcet-Bedingung an die Präferenzrelationen R, R^a und R^b gestellt werden, denn eine wohlbestimmte (allgemeine oder spezifische) Auswahlfunktion liegt genau dann vor, wenn die Condorcet-Bedingung erfüllt ist, die vorschreibt, daß jeweils eine beste Alternative allen anderen gegenüber schwach präferiert werden muß (vgl. D. 12/1). Condorcet hatte diese Bedingung als Lösung des von ihm entdeckten Abstimmungsparadoxes (Abschnitt 3.2) vorgeschlagen.

Bedingung von **Condorcet**: Für die Präferenzrelation R bzw. R^a oder R^b gilt, daß die entsprechenden Auswahlmengen A(S, R) bzw. $A^a(S, R^a)$ oder $A^b(S, R^b)$ für alle $S \in Pot(X)$ nicht leer sind.

Die Frage ist nun, ob die von einer allgemeinen Auswahlfunktion ableitbare aufgedeckte oder Basis-Präferenz ihrerseits die allgemeine Auswahlfunktion wieder erzeugt. Ist das der Fall, so spricht man von einer binären (oder normalen) allgemeinen Auswahlfunktion genau dann, wenn R^a mittels der Condorcet-Bedingung wieder zur ursprünglichen allgemeinen Auswahlfunktion zurückgeführt werden kann, und von einer basis-binären allgemeinen Auswahlfunktion genau dann, wenn R^b die allgemeine Auswahlfunktion mittels der Condorcet-Bedingung wieder erzeugt.

Definition 18/1: Die Auswahlfunktion a ist **binär**:
$\leftrightarrow \forall S \in Pot(X): [a(S) = A^a(S, R^a)]$.

Definition 19/1: Die Auswahlfunktion a ist **basis-binär**:
$\leftrightarrow \forall S \in Pot(X): [a(S) = A^b(S, R^b)]$.

Das folgende Schema verdeutlicht den Zusammenhang zwischen der allgemeinen Auswahlfunktion und der von ihr erzeugten Präferenzrelation wie er sich aus den Definitionen 14/1 bis 19/1 ergibt.

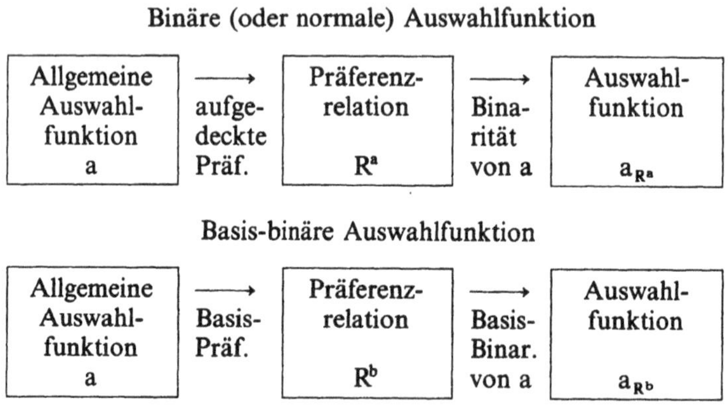

Abb. 1: Schema des Zusammenhangs zwischen allgemeiner Auswahlfunktion und der Präferenzrelation R^a (R^b)

Bezüglich der spezifischen Auswahlfunktion a_R stellt sich nun die Frage, welche Eigenschaften die Präferenzrelation R haben muß, damit diese Auswahlfunktion wohlbestimmt, also die spezifische Auswahlmenge nicht leer ist.

Eine kurze Überlegung zeigt, daß R reflexiv und vollständig sein muß. Wäre die Reflexivität verletzt, gäbe es also ein $x \in S$, so daß $\neg \langle x, x \rangle \in R$, so könnte $A(\{x\}, R)$ kein Element enthalten. Ebenso wäre die Auswahlmenge $A(\{x, y\}, R)$ leer, wenn für ein Paar von Alternativen $x, y \in S$: $[\neg \langle x, y \rangle \in R \wedge \neg \langle y, x \rangle \in R]$, also die Vollständigkeit verletzt ist.

Es kann aber auch Fälle geben, in denen die Auswahlmenge leer ist, obwohl R reflexiv und vollständig ist. Ergibt sich z.B. $\langle x, y \rangle \in P \wedge \langle y, z \rangle \in P \wedge \langle z, x \rangle \in P$, also eine 'zyklische Präferenzfolge', so ist die Auswahlmenge $A(\{x, y, z\}, R)$ leer, ohne daß Reflexivität und Vollständigkeit bezüglich $\{x, y, z\}$ verletzt wäre.

Nun hatten wir mit der Transitivität eine Eigenschaft von R eingeführt (D. 7/1), die auch die Transitivität der strikten Präferenz einschließt (L. 2/1), so daß Fälle wie diese zyklische Präferenzfolge ausgeschlossen sind. Die Auswahlmenge A(S, R) wird demnach bei Vorliegen reflexiver, vollständiger und transitiver Präferenzrelationen (also von Ordnungen) nicht leer sein.

Die Frage ist dann, ob die Forderung nach Transitivität von R abgeschwächt werden kann und die Auswahlfunktion a_R dennoch wohlbestimmt ist. Abschwächungen der Forderung nach Transitivität sind die Quasi-Transitivität und die Azyklizität.

Definition 20/1: Eine zweistellige Relation R ist **quasi-transitiv**:
$\leftrightarrow \forall x, y, z \in X: [\langle x, y \rangle \in P \wedge \langle y, z \rangle \in P \rightarrow \langle x, z \rangle \in P]$.

Definition 21/1: Eine zweistellige Relation R ist **azyklisch**:
$\leftrightarrow \forall x_1, x_2, \ldots, x_n \in X: [\langle x_1, x_2 \rangle \in P \wedge \langle x_2, x_3 \rangle \in P \wedge \ldots \wedge \langle x_{n-1}, x_n \rangle \in P$
$\rightarrow \neg \langle x_n, x_1 \rangle \in P$ bzw. $\langle x_1, x_n \rangle \in R]$.

Die folgenden beiden Theoreme zeigen, daß die Auswahlfunktion a_R wohlbestimmt ist, wenn R quasi-transitiv oder azyklisch ist.

Theorem 1/1:
Ist die Präferenzrelation R über X reflexiv, vollständig und quasi-transitiv, dann ist a_R wohlbestimmt.

Beweis:

(1)	$S \subset X$ enthalte n Alternativen $x_1, \ldots, x_n$.	
(2)	Annahme: Es sei $S' = \{x_1, x_2\}$, $S' \subset S$.	
(3)	S' enthält ein bestes Element.	wg. D. 6/1, D. 11/1, D. 12/1 u. L. 1/1 (d)
(4)	Annahme: Es sei $S'' = \{x_1, x_2, x_3\}$, $S'' \subset S$.	
(5)	Zu zeigen: S'' hat ein bestes Element.	
(6)	Annahme: x_2 ist bestes Element von S'.	mögl. wg. (3)
(7)	$\langle x_2, x_k \rangle \in R$ für k = 1, 2.	äquivalent zu (6)
(8)	Für S'': entweder $\langle x_3, x_2 \rangle \in P$ oder $\langle x_2, x_3 \rangle \in R$.	wg. (4), (6) u. (7)
(9)	$\langle x_2, x_3 \rangle \in R \rightarrow x_2$ bestes Element von S''.	wg. (4), (6) u. D. 12/1
(10)	$\langle x_3, x_2 \rangle \in P \rightarrow x_3$ nur dann kein bestes Element von S'', wenn $\langle x_k, x_3 \rangle \in P$ für k = 1, 2.	wg. (8) u. D. 12/1
(11)	$\langle x_k, x_3 \rangle \in P \wedge \langle x_3, x_2 \rangle \in P \rightarrow \langle x_k, x_2 \rangle \in P$, im Widerspruch zu (7).	wg. (8), (10) u. D. 20/1
(12)	$\langle x_3, x_2 \rangle \in P \rightarrow x_3$ bestes Element von S''.	wg. (10) u. (11)
(13)	S'' hat ein bestes Element.	wg. (9) u. (12)
(14)	Allgemein: Enthält $\{x_1, \ldots, x_j\}$ ein bestes Element, so enthält auch $\{x_1, \ldots, x_j, x_{j+1}\}$ ein bestes Element.	wg. (2)–(5) u. (13)

(15)	Für beliebige $n \in \mathbb{N}$ enhält S stets mindestens ein bestes Element.	wiederholte Anwendung von (14)
(16)	a_R ist wohlbestimmt.	wg. (15) u. D. 13/1

Theorem 2/1:

Ist die Präferenzrelation R über X reflexiv und vollständig, dann ist a_R genau dann wohlbestimmt, wenn R azyklisch ist.

Beweis: ' → ':

(1)	Annahme: R ist nicht azyklisch.	
(2)	In X gibt es eine Teilmenge von k Alternativen, so daß $\langle x_1, x_2 \rangle \in P \wedge \ldots \wedge \langle x_{k-1}, x_k \rangle \in P \wedge \langle x_k, x_1 \rangle \in P$.	wg. (1) u. D. 21/1
(3)	In der Teilmenge von k Alternativen gibt es kein bestes Element.	wg. (2) u. D. 12/1
(4)	a_R ist nicht wohlbestimmt.	wg. (3) u. D. 13/1
	' ← ':	
(5)	Sind alle Alternativen zueinander indifferent, dann sind alle Alternativen beste Alternativen.	wg. L. 4/1 u. D. 12/1
(6)	Noch zu zeigen: Auch in Fällen strikter Präferenzen gibt es stets ein bestes Element.	
(7)	Annahme: Für $\{x_1, x_2\}$ sei $\langle x_2, x_1 \rangle \in P$.	
(8)	x_2 ist nur dann kein bestes Element in S, $S \subset X$, wenn es ein x_3 in S gibt, so daß $\langle x_3, x_2 \rangle \in P$.	wg. (7)
(9)	$\langle x_1, x_3 \rangle \in P \wedge \langle x_3, x_2 \rangle \in P \rightarrow \langle x_1, x_2 \rangle \in R$, im Widerspruch zu (7); daher: $\neg \langle x_1, x_3 \rangle \in P$.	wg. (8) u. D. 21/1 (Azyklizität)
(10)	$\langle x_3, x_1 \rangle \in R$, also ist x_3 bestes Element in $\{x_1, x_2, x_3\}$.	wg. (8) u. (9)
(11)	Annahme: Die Menge $\{x_1, x_2\}$ wird schrittweise erweitert, bis sie alle Elemente von S umfaßt.	
(12)	S hat mindestens ein bestes Element.	wiederholte Anwendung von (7)–(10)
(13)	a_R ist wohlbestimmt.	wg. (12) u. D. 13/1

Die Theoreme 1/1 und 2/1 besagen, daß Präferenzrelationen mit bestimmten Eigenschaften (Quasi-Transitivität oder Azyklizität) wohlbestimmte spezifische Auswahlfunktionen erzeugen. Damit ist garantiert, daß Personen oder Gruppen von Personen (Kollektive) mit solchen Präferenzrelationen mindestens ein bestes Element in der Auswahl haben.

1.4 Auswahleigenschaften

Da jeder kollektiven Präferenzrelation eindeutig eine spezifische Auswahlfunktion zugeordnet ist, kann man Eigenschaften der Auswahlfunktion a_R zur Kategorisierung der zugrundeliegenden Präferenzrelation R verwenden. Unabhängig davon sind diese Eigenschaften jedoch auch für die Diskussion der allgemeinen Auswahlfunktion wichtig. Es geht dabei um die Konsistenz der Auswahl, wenn aus unterschiedlich großen Alternativenmengen ausgewählt wird.

Die Eigenschaften werden im folgenden für allgemeine und spezifische Auswahlfunktionen definiert, denn durch Weglassen des Indexes R in a_R erhält man jeweils die Definition für allgemeine Auswahlfunktionen.

Eigenschaft α: $\forall x \in X: \forall S, T \in \text{Pot}(X): [S \subseteq T \wedge x \in S \wedge x \in a_R(T) \rightarrow x \in a_R(S)]$.

Ist S eine Teilmenge von T, dann besagt Eigenschaft α, daß ein Element von S, das in der größeren Menge T ein bestes ist, auch in der kleineren Menge S ein bestes sein muß. Um ein Beispiel aus dem Gebiet des Sports anzuführen: Zählt ein norwegischer Skispringer in der Weltrangliste zu den Besten, so ist er auch in Norwegen unter den Besten.

Das ist eine sehr grundlegende Forderung. Tatsächlich würde man Auswahlfunktionen (in unserem Beispiel sportliche Wettbewerbsregeln) als problematisch ansehen, die in der größeren Menge T ein bestes Element auszeichnen, das nicht bestes in der kleineren Menge S ist (also zulassen, daß ein norwegischer Skispringer, der zu den Weltbesten zählt, in Norwegen nicht zu den Besten gehört).

Die folgende Eigenschaft betrifft den umgekehrten Fall der Konsistenz der Auswahl bei Übergang von einer kleineren zu einer größeren Alternativenmenge.

Eigenschaft β: $\forall x, y \in X: \forall S, T \in \text{Pot}(X): [S \subseteq T \wedge x, y \in a_R(S) \rightarrow [x \in a_R(T) \rightarrow y \in a_R(T)]]$.

Eigenschaft β besagt, daß von zwei Alternativen, die beide beste in S sind, die eine nicht beste in der größeren Menge T sein kann, ohne daß auch die andere beste in T ist. Im Zusammenhang des obigen Beispiels würde das bedeuten, daß von zwei Skispringern, die Beste in Norwegen sind, nicht der eine Bester in der Weltrangliste sein kann, ohne daß es auch der andere ist. Während Eigenschaft α sich als Konsistenz der Auswahl bei Verringerung der Alternativenmenge auffassen läßt, kann Eigenschaft β als Konsistenz der Auswahl bei Erweiterung der Alternativenmenge bezeichnet werden.

Die folgenden Theoreme zeigen, daß Eigenschaft α bereits mit der Existenz einer zweistelligen Relation R gegeben ist, Eigenschaft β jedoch eine viel weitergehende Voraussetzung benötigt.

> *Theorem* 3/1:
>
> Jede von einer zweistelligen Relation R erzeugte wohlbestimmte Auswahlfunktion a_R hat die Eigenschaft α, aber nicht notwendigerweise auch die Eigenschaft β.

Beweis:

(1)	Annahme: $x \in A(S, R)$.	
(2)	$\forall y \in S: [\langle x, y\rangle \in R]$.	wg. D. 12/1
(3)	$\langle x, y\rangle \in R$ auch für alle y in jeder Teilmenge von S.	wg. (2)
(4)	Eigenschaft α ist erfüllt.	wg. (2), (3) u. α
(5)	Annahme: Gegeben die Menge $\{x, y, z\}$ und es sei $\langle x, y\rangle \in I$, $\langle x, z\rangle \in P$ und $\langle z, y\rangle \in P$	
(6)	$A(\{x, y\}, R) = \{x, y\}$ und $A(\{x, y, z\}, R) = \{x\}$.	wg. (5)
(7)	Eigenschaft β ist verletzt.	wg. (6) u. β

Tatsächlich genügt die Auswahlfunktion a_R erst dann auch der Eigenschaft β, wenn die Relation, von der sie erzeugt wird, eine Ordnung ist, wie das folgende Theorem zeigt, das wir ohne Beweis anführen.

> *Theorem* 4/1:
>
> Eine von einer zweistelligen Relation R erzeugte wohlbestimmte Auswahlfunktion a_R hat genau dann die Eigenschaft β, wenn R eine Ordnung ist.

Die Eigenschaften α und β ergeben sich aus der Zerlegung einer Bedingung, die notwendig und hinreichend dafür ist, daß die aus einer Auswahlfunktion a_R ableitbare Relation R eine Ordnung ist.

Bedingung von **Arrow** für **Auswahlfunktionen (BAA)**:

$\forall S, T \in \text{Pot}(X): [S \subseteq T \wedge S \cap a_R(T) \neq \emptyset \rightarrow a_R(S) = S \cap a_R(T)]$.

Diese Bedingung bedeutet: Verringert sich die Menge T, aus der ausgewählt werden kann, zur Menge S, enthält aber noch beste Alternativen, dann kann keine in T nicht-beste Alternative in S beste sein und umgekehrt keine in T beste in S nicht-beste.

Die Bedingung **BAA** läßt sich nun wie folgt zerlegen:

(a) $\forall S, T \in \text{Pot}(X)$: $[S \subseteq T \wedge S \cap a_R(T) \neq \emptyset \rightarrow S \cap a_R(T) \subseteq a_R(S)]$.
(b) $\forall S, T \in \text{Pot}(X)$: $[S \subseteq T \wedge S \cap a_R(T) \neq \emptyset \rightarrow a_R(S) \subseteq S \cap a_R(T)]$.

Es ist also (a) $\wedge$ (b) $\leftrightarrow$ **BAA**. Wie der Leser leicht selbst feststellen kann, entspricht (a) genau der Eigenschaft α, (b) ist aber stärker als β und läßt sich folgendermaßen als Eigenschaft β^+ formulieren.

Eigenschaft β^+: $\forall x, y \in X$: $\forall S, T \in \text{Pot}(X)$: $[x \in a_R(S) \wedge y \in S \subseteq T$
$\rightarrow [y \in a_R(T) \rightarrow x \in a_R(T)]]$.

Offensichtlich gilt **BAA** $\rightarrow \alpha \wedge \beta$ und **BAA** $\leftrightarrow \alpha \wedge \beta^+$. Eigenschaft β^+ ist in diesem Zusammenhang die stärkstmögliche Bedingung der Auswahlkonsistenz bei Mengenerweiterung und würde, bezogen auf das obige sportliche Beispiel bedeuten, daß **alle** Skispringer, die Beste in Norwegen sind, auch zu den Besten in der Weltrangliste zählen wenn ein Norweger Bester in der Weltrangliste ist.

Eine Eigenschaft, die auf einen anderen Aspekt von Konsistenz bei Mengenerweiterung abhebt, ist die folgende.

Eigenschaft γ: Seien $S_1, \ldots, S_k$ Teilmengen der Gesamtalternativenmenge X, dann soll gelten: $\forall x \in X$: $[\forall h \in \{1, \ldots, k\}$: $x \in a_R(S_h) \rightarrow x \in a_R(\bigcup_{i=1}^{k} S_i)]$.

Sie postuliert, daß eine Alternative, die eine beste in mehreren 'kleineren' Alternativenmengen ist, auch eine beste in der Vereinigungsmenge dieser Mengen sein muß. Die Stärke von Eigenschaft β^+ zeigt sich daran, daß sie β und γ impliziert, diese sie aber nicht implizieren, auch nicht zusammen. Andererseits läßt sich β zur Eigenschaft β^- abschwächen.

Eigenschaft β^-: $\forall x, y \in X$: $\forall S, T \in \text{Pot}(X)$: $[S \subseteq T \wedge x, y \in a_R(S) \rightarrow a_R(T) \neq \{x\}]$.

Von zwei Alternativen, x und y, die beide beste in S sind, darf eine allein nicht beste in T sein. Eigenschaft β^- ist deshalb von Interesse, weil sie erlaubt, die Anforderung an die Relation R, die eine Auswahlfunktion a_R erzeugt, von Transitivität auf Quasi-Transitivität abzuschwächen.

> *Theorem* 5/1:
>
> Eine von einer zweistelligen Relation R erzeugte wohlbestimmte Auswahlfunktion a_R hat genau dann Eigenschaft β^-, wenn R eine quasi-transitive Relation ist.

Beweis: '$\rightarrow$':

(1)	Annahme: $\langle x, y\rangle \in P \wedge \langle y, z\rangle \in P$.	
(2)	$\neg \langle x, z\rangle \in R \rightarrow a_R(\{x, y, z\}) = \emptyset$, also: $\langle x, z\rangle \in R$.	wg. L. 1/1 (d) u. 'zykl. Folge'
(3)	$\langle x, z\rangle \in I \rightarrow a_R(\{x, z\}) = \{x, z\}$.	wg. L. 4/1
(4)	$\neg [a_R(\{x, y, z\}) = \{x\}]$.	wg. β^-
(5)	$a_R(\{x, y, z\}) = \{x\}$, im Widerspruch zu (4).	wg. (1)
(6)	$\langle x, z\rangle \in P$ und R quasi-transitiv.	wg. (1) u. (5)

'$\leftarrow$':

(7) Annahme: Eigenschaft β^- ist verletzt, also $x, y \in a_R(S)$, aber $a_R(T) = \{x\}$.
(8) $y \in a_R(S)$, also: $\langle y, x\rangle \in R$. — wg. (7) u. D. 12/1
(9) $\neg y \in a_R(T) \rightarrow \exists z_1 \in T: [\langle z_1, y\rangle \in P]$. — wg. (7) u. L. 1/1 (d)
(10) $z_1 \in a_R(T)$. — wg. (7)
(11) $\neg z_1 \in a_R(T) \rightarrow \exists z_2 \in T: [\langle z_2, z_1\rangle \in P]$. — wg. (9) u. (10)
(12) $\langle z_2, z_1\rangle \in P \wedge \langle z_1, y\rangle \in P \rightarrow \langle z_2, y\rangle \in P$. — wg. D. 20/1
(13) $z_2 \neq x$. — wg. (8) u. (11)
(14) $\neg z_2 \in a_R(T) \rightarrow \exists z_3 \in T: [\langle z_3, z_2\rangle \in P]$. — wg. (7) u. (13)
(15) Es gibt eine Folge $z_1, z_2, \ldots, z_k$ mit $z_j \neq x$ und $\langle z_{j+1}, z_j\rangle \in P$ für $j = 1, \ldots, k-1$, die alle Elemente von T außer x und y ausschöpft. — wg. (9), (12) u. (14)
(16) $\langle x, z_k\rangle \in P \rightarrow [\langle x, z_k\rangle \in P \wedge \langle z_k, z_{k-1}\rangle \in P \wedge \ldots \wedge \langle z_1, y\rangle \in P \rightarrow \langle x, y\rangle \in P]$, im Widerspruch zu (8). — wg. (15) u. D. 20/1
(17) $z_k \in a_R(T)$, im Widerspruch zu (7). — wg. (16)
(18) $\neg [a_R(T) = \{x\}]$ und β^- gilt. — wg. (17) u. β^-

Die spezifische Auswahlfunktion ist wohlbestimmt, wenn sie der Condorcet- und/oder der Bedingung von Arrow (**BAA**) genügt. Erfüllt die Präferenzrelation R bestimmte Eigenschaften, wie α und β, erhält man demnach für jede Alternativenmenge beste Elemente. R erzeugt dann eine wohlbestimmte Auswahlfunktion a_R. Das folgende Schema verdeutlicht zusammenfassend diesen Zusammenhang.

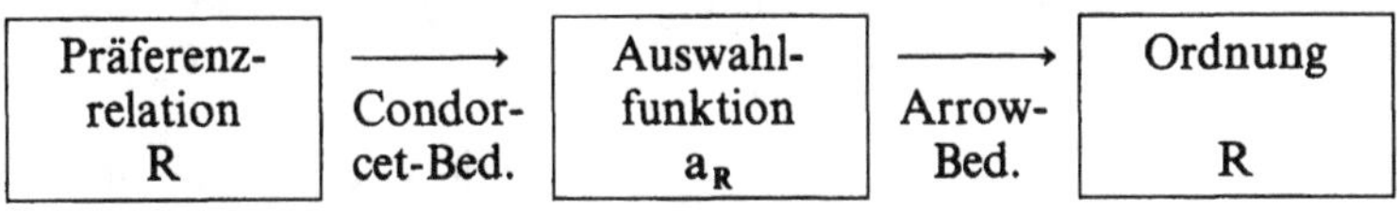

Abb. 2: Schema des Zusammenhangs zwischen spezifischer Auswahlfunktion und der Präferenzrelation R

Wenden wir uns nun wieder der in Abschnitt 1.3 eingeführten allgemeinen Auswahlfunktion a zu, so stellt sich die Frage, welche Rolle Auswahleigenschaften wie α und β in diesem Zusammenhang spielen. Dabei können wir davon ausgehen, daß sich aus der allgemeinen Auswahlfunktion a die Präferenzrelationen R^a oder R^b ableiten lassen (vgl. D. 14/1 und D. 15/1), die ihrerseits die Auswahlfunktion wiedererzeugen, wenn bestimmte Voraussetzungen vorliegen (Binarität oder Basis-Binarität von a; vgl. D. 18/1 und D. 19/1).

Zunächst ist festzuhalten, daß die Auswahlfunktion a genau dann binär ist, wenn sie basis-binär ist. Weiter gilt: $\langle x, y\rangle \in R^b \rightarrow \langle x, y\rangle \in R^a$, die Umkehrung gilt nur, wenn a der Eigenschaft α genügt.

Theorem 6/1:
Genügt die Auswahlfunktion a der Eigenschaft α, dann ist $R^a = R^b$.

Beweis:

(1) $\langle x, y\rangle \in R^b \rightarrow \langle x, y\rangle \in R^a$. — wg. D. 14/1 u. 15/1
(2) $\langle x, y\rangle \in R^a \rightarrow \exists S \subset X: x \in a(S) \wedge y \in S$. — wg. D. 14/1
(3) Gilt α, dann ist $x \in a(\{x, y\})$. — wg. (2) u. α
(4) $x \in a(\{x, y\}) \rightarrow \langle x, y\rangle \in R^b$. — wg. (3) u. D. 15/1

Die Binarität der Auswahlfunktion a ist jedoch erst dann garantiert, wenn zur Eigenschaft α die Eigenschaft γ hinzutritt.

Theorem 7/1:

Die wohlbestimmte Auswahlfunktion a ist genau dann binär, wenn sie den Eigenschaften α und γ genügt.

Beweis: ' $\rightarrow$ ':

(1) Annahme: a ist binär.	
(2) a erfüllt α.	wg. (1) u. T. 3/1
(3) Annahme: $x \in a(S)$ und $x \in a(T)$.	Antezedenz von γ
(4) $\forall y \in S \cup T: [\langle x, y \rangle \in R^a]$.	wg. (3) u. D. 14/1
(5) $x \in A^a(S \cup T, R^a)$.	wg. (4) u. D. 16/1
(6) $x \in a(S \cup T)$.	wg. (5) u. D. 18/1 (Binarität)
(7) a erfüllt γ.	wg. (3) u. (6)
' $\leftarrow$ ':	
(8) Annahme: $x \in A^a(S, R^a)$.	
(9) $\langle x, y \rangle \in R^a$ für alle y in S.	wg. (8) u. D. 14/1
(10) Gilt α, so ist $R^a = R^b$.	wg. T. 6/1
(11) $\langle x, y \rangle \in R^b$ für alle y in S.	wg. (9) u. (10)
(12) $x \in a(\{x, y\})$ für alle y in S.	wg. (11) u. D. 15/1
(13) $x \in a(S)$, da $\bigcup_{y \in S} \{x, y\} = S$.	wg. γ
(14) $A^a(S, R^a) \subseteq a(S)$.	wg. (8) u. (13)
(15) $a(S) = A^a(S, R^a)$, da immer $a(S) \subseteq A^a(S, R^a)$.	wg. (14)
(16) a ist binär.	wg. (15)

Theorem 4/1 und 5/1 waren unter der Voraussetzung der Binarität der Auswahlfunktion formuliert worden. Diese aber ist nach T. 7/1 erst dann gegeben, wenn für die Auswahlfunktion α und γ gilt (bzw. α und β, da bei Vorliegen der Eigenschaft α die Eigenschaft β die Eigenschaft γ impliziert). Als Korollar zu T. 4/1 und 5/1 läßt sich daher im Zusammenhang mit T. 6/1 und 7/1 das folgende Theorem formulieren.

Theorem 8/1:

Die wohlbestimmte Auswahlfunktion a ist binär und die von ihr erzeugte Präferenzrelation $R^a = R^b$ ist transitiv (quasi-transitiv) genau dann, wenn sie α und β (α, β^- und γ) genügt.

In diesem Theorem wird gleichzeitig Konsistenz der Auswahl bei Mengenverringerung (α) und bei Mengenerweiterung (β, β^-, γ) vorausgesetzt. Daran schließt sich die Frage an, wie es sich auswirkt, wenn nur entweder das eine oder das andere vorliegt.

Eigenschaft α für sich genommen sichert die Azyklizität der Basis-Präferenz und damit auch der aufgedeckten Präferenz, wegen T. 7/1 aber nicht die Binarität der Auswahlfunktion. Nur die stärkste Eigenschaft der Konsistenz bei Mengenerweiterung (β^+) kann die Transitivität der aufgedeckten Präferenz sichern, wobei weder die Transitivität der Basis-Präferenz, noch die Binarität der Auswahlfunktion garantiert ist.

Theorem 9/1:

(a) Gilt für die wohlbestimmte Auswahlfunktion a Eigenschaft α, dann ist $R^a = R^b$ azyklisch;

(b) gilt stattdessen β^+, dann ist R^a transitiv.

Beweis:

(a)	(1) Annahme: R^b ist nicht azyklisch, d.h. es gibt ein n-Tupel $\langle x_1, \ldots, x_n \rangle$, so daß $\langle x_1, x_2 \rangle \in P^b \wedge \langle x_2, x_3 \rangle \in P^b \wedge \ldots \wedge \langle x_n, x_1 \rangle \in P^b$.	wg. D. 21/1
(2)	Soll a_{R^b} wohlbestimmt sein, muß mindestens eine der Alternativen $x_1, \ldots, x_n$ als beste ausgezeichnet sein, im Widerspruch zu (1).	
(3)	Gilt α, dann ist R^b azyklisch.	wg. (1) und (2)
(4)	Gilt α, dann ist $R^a = R^b$.	wg. T. 6/1
(5)	R^a ist ebenfalls azyklisch.	wg. (3) u. (4)
(b)	(6) Annahme: $\langle x, y \rangle \in R^a \wedge \langle y, z \rangle \in R^a$.	
(7)	$\exists S, \exists T: [x \in a(S) \wedge y \in S \wedge y \in a(T) \wedge z \in T]$.	wg. β^+
(8)	Ist ein Element von T in $a(S \cup T)$, dann gilt: $y \in a(S \cup T)$.	wg. β^+
(9)	$y \in S \rightarrow x \in a(S \cup T)$.	wg. (7) u. β^+
(10)	$\langle x, z \rangle \in R^a$.	wg. (7) u. (9)
(11)	Ist kein Element von T in $a(S \cup T)$, dann muß ein Element von S in $a(S \cup T)$ sein.	wg. β^+
(12)	$x \in a(S \cup T)$.	wg. B^+
(13)	$\langle x, z \rangle \in R^a$.	wg. (7) u. (12)
(14)	R^a ist transitiv.	wg. (6), (10) u. (13)

Nun kann auch die Eigenschaft α noch abgeschwächt werden.

Eigenschaft α^-: $\forall x \in X: \forall S, T \in \mathrm{Pot}(X): [x \in a(S) \wedge x \in T \wedge T \subseteq S \wedge \neg \exists Y \subseteq S: [x \in \{Y \backslash a(Y)\}] \rightarrow x \in a(T)]$.

Diese Eigenschaft verlangt, daß eine aus der 'größeren' Menge S ausgewählte Alternative, die zugleich Element der Teilmenge T von S ist, dann in der Auswahlmenge von T sein muß, wenn sie für die Auswahl aus allen anderen Teilmengen von S nicht abgelehnt wird.

Eigenschaft α^- kombiniert mit β oder β^- sichert die Transitivität bzw. die Quasi-Transitivität der Basis-Präferenz R^b, ohne aber die Binarität der Auswahlfunktion zu garantieren.

> *Theorem* 10/1:
> (a) Genügt die wohlbestimmte Auswahlfunktion a den Eigenschaften α^- und β, dann ist ihre Basis-Präferenz R^b transitiv;
> (b) genügt sie α^- und β^-, dann ist ihre Basis-Präferenz R^b quasi-transitiv.

Beweis:

(a)	(1) Annahme: R^b ist nicht transitiv, d.h. $\langle x, y \rangle \in R^b \wedge \langle y, z \rangle \in R^b \wedge \neg \langle x, z \rangle \in R^b$.	
(2)	$a(\{x, z\}) = \{z\}$.	wg. (1) u. D. 6/1 (Vollständigkeit)
(3)	$z \in a(\{x, y, z\}) \rightarrow a(\{y, z\}) = \{y, z\}$.	wg. α^-
(4)	$y \in a(\{x, y, z\})$.	wg. (3) u. β
(5)	$a(\{x, y\}) = \{x, y\}$ sowie $x \in a(\{x, y, z\})$.	wg. (3), (4), α^- u. β
(6)	$x \in a(\{x, z\})$, im Widerspruch zu (2).	wg. (5) u. α^-
(7)	$\neg z \in a(\{x, y, z\})$.	wg. (3) u. (6)
(8)	$x \in a(\{x, y, z\})$ oder $y \in a(\{x, y, z\})$ oder beides, im Widerspruch zu (2).	wg. (7), α^- u. β
(9)	$\langle x, z \rangle \in R^b$ und R^b transitiv.	wg. (8)
(b)	(10) Annahme: R^b ist nicht quasi-transitiv, d.h. $\langle x, y \rangle \in P^b \wedge \langle y, z \rangle \in P^b \wedge \neg \langle x, z \rangle \in P^b$.	
(11)	$z \in a(\{x, y, z\}) \rightarrow z \in a(\{y, z\})$, im Widerspruch zu $\langle y, z \rangle \in P^b$.	wg. α^- u. (10)
(12)	$\neg z \in a(\{x, y, z\})$.	wg. (11)

(13) $x \in a(\{x, y, z\}) \rightarrow x \in a(\{x, z\})$. wg. α^-
(14) $\langle x, z\rangle \in I^b$. wg. (10) u. (13)
(15) $z \in a(\{x, y, z\})$, im Widerspruch zu (12). wg. (14) u. β^-
(16) $\langle x, z\rangle \in P^b$ und R^b quasi-transitiv. wg. (13) – (15)

Die 'Stärke' der Auswahleigenschaften, die die Auswahlfunktion a erfüllt, wirkt sich also zum einen darauf aus, welche Anforderungen die Präferenzrelationen erfüllen, die sich aus ihr ableiten lassen, und zum anderen darauf, wieweit sich aufgrund der abgeleiteten Präferenzrelationen (R^a oder R^b) die Auswahlfunktion wiedererzeugen läßt.

Erfüllt a die Eigenschaften α und β, dann sind nicht nur die aus ihr ableitbaren Präferenzrelationen R^a und R^b identisch und transitiv, von ihnen ausgehend läßt sich auch ohne weiteres die ursprüngliche Auswahlfunktion wiedergewinnen (T. 8/1). Die allgemeine Auswahlfunktion a ist in dem Fall mit einer spezifischen Auswahlfunktion a_R identisch, die von einer Ordnungsrelation erzeugt wurde (T. 4/1).

Erfüllt a hingegen nur die Eigenschaft α, dann sind die abgeleiteten Präferenzrelationen R^a bzw. R^b zwar azyklisch (T. 9/1), es gibt aber keine Garantie, daß sich aus ihnen die Auswahlfunktion rekonstruieren läßt.

Literatur: Arrow (1963), Kap. II, Blair, Bordes, Kelly & Suzumura (1976), Bordes (1976), Dallmann & Elster (1987), Kelly (1978), Mathemat. Appendix, Pattanaik (1971), Kap. 1, Sen (1970), Kap. 1 und 1*, Sen (1977, 1986).

Anmerkungen: Definitionen, Lemmata, Theoreme und Korollare werden je für sich innerhalb eines Kapitels durchnumeriert. Um das Wiederauffinden zu erleichtern, stellen wir dieser Numerierung – durch einen Schrägstrich getrennt – die Nummer des Kapitels nach, so daß Theorem 5/1 das fünfte Theorem im ersten Kapitel ist. Wir kürzen Definitionen mit 'D.', Lemma mit 'L.', Theorem mit 'T.' und Korollar mit 'K.' ab.
In Abschn. 1.2 sind Alternativen ohne weitere Erläuterung als Elemente der Menge X eingeführt worden. Wir erörtern in Kap. 3 und 8, welche Interpretation der Menge der Alternativen gegeben werden kann. L. 1/1(a)–(c) in diesem Abschnitt entspricht L. 1(a), (b) und (e) in Arrow (1963), S. 14. Die Beweise finden sich dort. L. 2/1(a)–(d) geht auf L. 1*a (4), (1), (2) und (3) in Sen (1970), S. 10, zurück; s. dort für die Beweise. Tab. 1 ist eine vereinfachte Fassung der Aufstellung in Sen (1970), S. 9.
In der Literatur wird oft nicht genau zwischen Auswahlfunktion und Auswahlmenge unterschieden. Wir haben daher in Abschn. 1.3 abweichend von den üblichen Darstellungen zunächst die allgemeine Auswahlfunktion und -menge eingeführt und im Anschluß daran die spezifische Auswahlfunktion und -menge. L. 5/1 entspricht L. 2 in Arrow (1963), S. 16, wobei jedoch Reflexivität und Vollständigkeit vorauszusetzen ist; vgl. dazu L. 1*c in Sen (1970), S. 11. Zu aufgedeckter Präferenz und Basis-Präferenz s. Sen (1971), vgl. auch Sen (1986), S. 1097f. T. 1/1 und 2/1 geht auf L. 1*k und 1*l in Sen (1970), S. 15f., zurück, vgl. auch T. 1.1 und 1.2 in Pattanaik (1971), S. 12ff.
Einen Überblick über die in Abschn. 1.4 erörterten Auswahleigenschaften gibt Sen (1986), Abschn. 4.3, und Sen (1977), Abschn. 4. T. 3/1 und 4/1 ist L. 1*m und 1*q in Sen (1970), S. 17ff., und T. 5/1 ist T. 10 in Sen (1971). T. 6/1 und 7/1 entspricht T. 7 und 9 in Sen (1971). T. 9/1 (a) geht auf Blair, Bordes, Kelly & Suzumura (1976), T. 9/1 (b) auf Bordes (1976) zurück. T. 10/1 (a) und (b) ist das '*Sundry choice-functional lemma*' (5) und (6) in Sen (1986), S. 1099f. Die Beweise finden sich jeweils am angegebenen Ort.
Wir machen an dieser Stelle auf die umfangreichste, uns bekannte Bibliographie zur Logik kollektiver Entscheidungen mit Stand von 1989 aufmerksam: Kelly (1991).

2. Individuelle Entscheidungen

2.1 Rationalität individueller Entscheidungen

Wir haben im vorigen Kapitel Präferenzrelationen ohne Bezugnahme auf Individuen oder Kollektive erörtert. Ist die Präferenzrelation R die schwache Präferenz eines Individuums, so soll dies nun durch einen Index i = 1, 2, 3, ... etc. gekennzeichnet werden, wobei die Ziffern für bestimmte Personen stehen; '$\langle x, y\rangle \in R_i$' ist demnach zu lesen als: 'Individuum i hat eine schwache Präferenz für x gegenüber y'.

Die individuellen strikten Präferenzen '$\langle x, y\rangle \in P_i$' und die individuellen Indifferenzen '$\langle x, y\rangle \in I_i$' können analog zu Definition 4/1 und 5/1 (Abschnitt 1.2) aus der individuellen schwachen Präferenz R_i abgeleitet werden. Sind die Relationen R, P oder I nicht indexiert, so bezeichnen sie die entsprechenden Präferenzen eines Kollektivs.

Diese sind zu unterscheiden von der Gesamtheit der individuellen Präferenzrelationen einer Gruppe von Personen oder eines Kollektivs K, die sich durch eine Funktion g erfassen läßt, die jedem Individuum i aus K seine individuelle Präferenzrelation R_i zuordnet.

Definition 1/2: Eine **Präferenzstruktur** ist eine Funktion g, so daß
$g: K \ni i \mapsto R_i \in \mathrm{Pot}(X \times X)$; $R_i = g(i)$ und $P_i = \dot{g}(i)$.

Für $\langle x, y\rangle \in R_i$, die individuelle schwache Präferenz für x gegenüber y, schreiben wir demnach: $\langle x, y\rangle \in g(i)$. Aus ihr läßt sich nach D. 4/1 und 5/1 die individuelle strikte Präferenz $\dot{g}(i)$ und die individuelle Indifferenz $\tilde{g}(i)$ wie folgt ableiten.

Definition 2/2: $\langle x, y\rangle \in \dot{g}(i): \leftrightarrow [\langle x, y\rangle \in g(i) \wedge \neg \langle y, x\rangle \in g(i)]$.

Definition 3/2: $\langle x, y\rangle \in \tilde{g}(i): \leftrightarrow [\langle x, y\rangle \in g(i) \wedge \langle y, x\rangle \in g(i)]$.

Die Verwendung von g gestattet es in vielen Fällen, wie wir in den nächsten Kapiteln sehen werden, die Ergebnisse der LkE formal eleganter und durchsichtiger zu formulieren.

Wir wollen nun annehmen, daß die individuellen Präferenzrelationen Ordnungsrelationen sind, also die Bedingungen der Reflexivität, Vollständigkeit und Transitivität erfüllen (vgl. D. 6/1, D. 7/1 und L. 1/1 (a) aus Abschnitt 1.2).

Reflexivität: $\forall i \in K: \forall x \in X: [\langle x, x\rangle \in g(i)]$.

Vollständigkeit: $\forall i \in K: \forall x, y \in X: [\langle x, y\rangle \in g(i) \vee \langle y, x\rangle \in g(i)]$.

Transitivität: $\forall i \in K: \forall x, y, z \in X: [\langle x, y\rangle \in g(i) \wedge \langle y, z\rangle \in g(i) \rightarrow \langle x, z\rangle \in g(i)]$.

Man kann diese Bedingungen als Rationalitätsbedingungen interpretieren, d.h. als notwendige Eigenschaften der Präferenzen einer rationalen Person. Es ist jedoch auch möglich, sie als Bedeutungspostulate des Begriffs 'Präferenz einer Person' aufzufassen. In diesem Fall wäre es allerdings nicht möglich, etwa zu sagen: 'Die Präferenzen der Person i sind nicht transitiv'. Weil wir solche Konsequenzen vermeiden wollen, halten wir im folgenden an der ersten Interpretationsweise fest.

Es ist aber darauf hinzuweisen, daß diese Rationalitätsbedingungen recht stark sind: Die Forderungen der Transitivität von g(i) impliziert z. B. auch die Forderung nach Transitivität der individuellen Indifferenz $\tilde{g}(i)$, die von realen Personen nicht selten verletzt wird. Trotz dieser empirischen Feststellung ist es sinnvoll, solche Rationalitätsannahmen einzuführen.

In der LkE geht es um die Frage der Aggregation individueller zu kollektiven Präferenzen. Hinsichtlich der Schwierigkeiten, die sich dabei ergeben und auf die wir beginnend mit dem nächsten Kapitel eingehen, hat die Einführung rational entscheidender Personen im obigen Sinne den Zweck darzutun, daß die Schwierigkeiten jedenfalls nicht in nicht-rationalen Präferenzen der Individuen begründet sind.

Das gilt besonders auch, wenn wir nun eine Erweiterung der Rationalitätsbedingungen erörtern, die sich dadurch ergibt, daß nicht nur Präferenzen über Zustandsalternativen, sondern auch Präferenzen über alternative Wahrscheinlichkeitsverteilungen über X in die Überlegungen einbezogen werden.

Definition 4/2: Sei $X = \{x_1, x_2, \ldots, x_n\}$. Dann ist $[\![p_1/x_1 \,\&\, p_2/x_2 \,\&\ldots\&\, p_n/x_n]\!]$ eine **Aussicht** (A): $\leftrightarrow \forall i \in \{1, \ldots, n\}$: $[p_i \in [0, 1] \wedge \sum_{i=1}^{n} p_i = 1]$.

Eine Aussicht A ordnet also jeder Alternative $x_1, x_2, \ldots, x_n \in X$ eine Wahrscheinlichkeit $p_1, p_2, \ldots, p_n$ zu. Diese Wahrscheinlichkeiten addieren sich zu 1. Dabei wird hier vorausgesetzt, daß die Alternativenmenge X endlich ist und sich die Alternativen wechselseitig ausschließen.

Ehe wir die Anforderungen erörtern, die an die individuelle Wahl zwischen verschiedenen Aussichten zu stellen sind, erläutern wir die Begriffe der 'extremen Aussicht' und der 'zusammengesetzten Aussicht'.

Definition 5/2: $[\![p/x_\alpha \,\&\, (1-p)/x_\omega]\!]$ ist für i aus K eine **extreme Aussicht** (A^e), wenn $\neg\, \exists x \in X\colon \langle x, x_\alpha\rangle \in \dot{g}(i) \wedge \neg\, \exists x' \in X\colon \langle x_\omega, x'\rangle \in \dot{g}(i)$.

Die extreme A^e gibt demnach mit Wahrscheinlichkeit p die für i aus K beste (x_α) und mit Wahrscheinlichkeit $1-p$ die für i schlechteste Alternative (x_ω) aus X an.

Definition 6/2: $A^z = [\![\bar{p}/A \,\&\, (1-\bar{p})/A']\!]$ ist eine **zusammengesetzte Aussicht**, wenn A und A' einfache Aussichten (oder ihrerseits zusammengesetzte Aussichten) sind.

Unter Anwendung der Wahrscheinlichkeitsrechnung läßt sich eine zusammengesetzte Aussicht A^z in eine einfache Aussicht A umformen. Mit $A = [\![p/x_1 \,\&\, (1-p)/x_2]\!]$ und $A' = [\![p'/x_3 \,\&\, (1-p')/x_4]\!]$ ergibt sich aus $A^z = [\![\bar{p}/A \,\&\, (1-\bar{p})/A']\!]$ die einfache Aussicht $A = [\![\bar{p}\cdot p/x_1 \,\&\, (\bar{p} - \bar{p}\cdot p)/x_2 \,\&\, (p' - \bar{p}\cdot p')/x_3 \,\&\, (1 - p' - \bar{p} + \bar{p}\cdot p')/x_4]\!]$.

Es liegt nun nahe zu fordern, daß die Präferenzen einer rationalen Person nicht nur bezüglich der Alternativen aus X, sondern auch hinsichtlich der Menge aller Aussichten $\mathfrak{a}_X$ reflexiv, vollständig und transitiv sein sollen. Wir erweitern daher den Definitionsbereich der individuellen Präferenzrelationen g(i) von X auf $\mathfrak{a}_X$.

Reflexivität der Aussichten: $\forall i \in K\colon \forall A \in \mathfrak{a}_X\colon [\langle A, A\rangle \in g(i)]$.

Vollständigkeit der Aussichten: $\forall i \in K\colon \forall A, A' \in \mathfrak{a}_X\colon [\langle A, A'\rangle \in g(i) \vee \langle A, A'\rangle \in g(i)]$.

Transitivität der Aussichten: $\forall i \in K\colon \forall A, A', A'' \in \mathfrak{a}_X\colon [\langle A, A'\rangle \in g(i) \wedge \langle A', A''\rangle \in g(i) \rightarrow \langle A, A''\rangle \in g(i)]$.

Sind die Präferenzen einer Person hinsichtlich der Aussichten reflexiv, vollständig und transitiv, so hat die Person bezüglich der Aussichten eine Ordnungsrelation.

Wir benötigen außerdem noch bestimmte Annahmen, was die Konsistenz der Präferenzen einer rationalen Person betrifft, wenn man von komplexen Alternativen (Aussichten) zu einfachen übergeht.

Reduktion (zusammengesetzter Aussichten): Eine rationale Person ist zwischen einer zusammengesetzten Aussicht A^z und einer einfachen Aussicht A indifferent, wenn sich A aus A^z durch Umformung nach den Regeln der Wahrscheinlichkeitsrechnung ergibt.

Stetigkeit: Ist x_α für eine Person i bestes und x_ω schlechtestes Element aus X, so daß $\langle x_\alpha, x_\omega \rangle \in \dot{g}(i)$, so gibt es für jede Alternative x eine extreme Aussicht $A^e = [\![p/x_\alpha \& (1-p)/x_\omega]\!]$, $p \in [0, 1]$, so daß i zwischen x und A^e indifferent ist.

Monotonie: Sei $A = [\![p/x \& (1-p)/y]\!]$ und $A' = [\![p'/x \& (1-p')/y]\!]$, dann soll für eine rationale Person i gelten: $\langle x, y \rangle \in \dot{g}(i) \rightarrow [\langle A, A' \rangle \in g(i) \leftrightarrow p \geqq p']$.

Substituierbarkeit: Ist eine rationale Person i zwischen einer Alternative x und einer Aussicht A indifferent, so ist in beliebigen Aussichten A' die Alternative x durch A substituierbar, ohne daß dies die Präferenzen von i verändert.

Unter diesen Annahmen gilt das folgende, dreiteilige Theorem.

Theorem 1/2:

(I) Bilden die Präferenzen einer Person i in $\mathfrak{a}_X$ eine Ordnungsrelation g(i) und genügen sie den Bedingungen der Reduktion, Stetigkeit, Monotonie und Substituierbarkeit, dann gibt es eine reellwertige Funktion u auf $\mathfrak{a}_X$, so daß $\forall A, A' \in \mathfrak{a}_X: [\langle A, A' \rangle \in g(i) \leftrightarrow u(A) \geqq u(A')]$.

(II) Eine solche Funktion u ist linear, d.h. $\forall A, A' \in \mathfrak{a}_X: \forall p \in [0, 1]$: $[u([\![p/A \& (1-p)/A']\!]) = p \cdot u(A) + (1-p) \cdot u(A')]$.

(III) Eine solche Funktion ist durch g(i) bis auf positiv-lineare Transformationen eindeutig bestimmt, d.h. sind u und u' zwei Funktionen, die (I) erfüllen, dann gilt: $\exists a \in \mathbb{R}^+: \exists b \in \mathbb{R}: \forall A \in \mathfrak{a}_X: [u'(A) = a \cdot u(A) + b]$.

In der Literatur wird eine Funktion u dieser Art meist als Nutzenfunktion bezeichnet – mit der Vorstellung, daß die Individuen durch u den Aussichten einen bestimmten Nutzen zuweisen. Ob dies eine sinnvolle oder irreführende Benennung bzw. Interpretation ist, läßt sich allein aufgrund der eingeführten Bedingungen nicht entscheiden, denn u ist in dem Zusammenhang nichts anderes als eine kardinale Repräsentation der Präferenzen einer Person. Damit, daß diese Präferenzen durch u darstellbar sind, ist noch wenig über deren Charakter gesagt.

Wir werden die Funktion u daher im folgenden nicht als Nutzenfunktion, sondern allgemeiner als Bewertungsfunktion bezeichnen, durch die die individuellen Präferenzen kardinal repräsentiert werden. Das schließt u.a. die Möglichkeit nicht aus, daß auch moralisch motivierte Präferenzen durch u darstellbar sind.

Beweis zu (I):

(1) Annahme: $A_p^\circ := [\![p/x_\alpha \& (1-p)/x_\omega]\!]$ und $A_{p'}^\circ := [\![p'/x_\alpha \& (1-p')/x_\omega]\!]$.

(2) Annahme: Für ein beliebiges $A \in \mathfrak{a}_X$ sei $\langle A, A_p^\circ \rangle \in \tilde{g}(i) \wedge \langle A, A_{p'}^\circ \rangle \in \tilde{g}(i)$.

(3) $\langle A_p^\circ, A \rangle \in \tilde{g}(i) \wedge \langle A, A_{p'}^\circ \rangle \in \tilde{g}(i)$. — äquivalent zu (2)

(4) $\langle A_p^\circ, A_{p'}^\circ \rangle \in \tilde{g}(i)$. — wg. (3) u. Transit.

(5) $p = p'$. — wg. (4) u. Monotonie

(6) $\forall A \in \mathfrak{a}_X: \dot{\exists} p \in [0, 1]: \langle A, A_p^\circ \rangle \in \tilde{g}(i)$. — wg. (2), (5) u. Stetigk.

(7) Annahme: Für ein beliebiges $A \in \mathfrak{a}_X$ sei $\langle A, A_p^\circ \rangle \in \tilde{g}(i)$.

(8)	Annahme: Für ein beliebiges $A' \in \mathfrak{a}_X$ sei $\langle A', A^\circ_{p'} \rangle \in \tilde{g}(i)$.	
(9)	$u(A) = p$ und $u(A') = p'$.	wg. (7), (8) u. (1)
(10)	$\langle A, A' \rangle \in g(i) \leftrightarrow \langle A^\circ_p, A^\circ_{p'} \rangle \in g(i)$.	wg. (8)
(11)	$\langle A^\circ_p, A^\circ_{p'} \rangle \in g(i) \leftrightarrow p \geqq p'$.	wg. Monotonie
(12)	$p \geqq p' \leftrightarrow u(A) \geqq u(A')$.	wg. (7) u. (9)
(13)	$\forall A, A' \in \mathfrak{a}_X: [\langle A, A' \rangle \in g(i) \leftrightarrow u(A) \geqq u(A')]$.	wg. (10), (11) u. (12)

Beweis zu (II):

(14)	$\langle [\![p/A \,\&\, (1-p)/A']\!], [\![p/A^\circ_p \,\&\, (1-p)\, A^\circ_{p'}]\!] \rangle \in \tilde{g}(i)$.	wg. (2) u. Redukt.
(15)	Für beliebiges $\bar{p} \in [0, 1]$ gilt: $\langle [\![\bar{p}/A \,\&\, (1-\bar{p})/A']\!], [\![\bar{p}/A^\circ_p \,\&\, (1-\bar{p})/A^\circ_{p'}]\!] \rangle \in \tilde{g}(i)$.	wg. (14) u. Redukt.
(16)	$\langle [\![\bar{p}/A^\circ_p \,\&\, (1-\bar{p})/A^\circ_{p'}]\!], [\![\bar{p} \cdot p + (1-\bar{p}) \cdot p'/x_\alpha \,\&\, \bar{p} \cdot (1-p) + (1-\bar{p}) \cdot (1-p')/x_\omega]\!] \rangle \in \tilde{g}(i)$.	wg. (15) u. Redukt.
(17)	$u([\![p/A \,\&\, (1-\bar{p})/A']\!]) = \bar{p} \cdot p + (1-\bar{p}) \cdot p'$.	wg. (7) u. (16)
(18)	$\bar{p} \cdot p + (1-\bar{p}) \cdot p' = \bar{p} \cdot u(A) + (1-\bar{p}) \cdot u(A')$.	wg. (7) u. (8)
(19)	$u([\![\bar{p}/A \,\&\, (1-\bar{p})/A']\!]) = \bar{p} \cdot u(A) + (1-\bar{p}) \cdot u(A')$.	wg. (17) u. (18)

Beweis zu (III):

(20)	Seien u und u' zwei reellwertige Funktionen über $\mathfrak{a}_X$, so daß $\forall A, A' \in \mathfrak{a}_X: u(A) \geqq u(A') \leftrightarrow \langle A, A' \rangle \in g(i)$ und $\forall A, A' \in \mathfrak{a}_X: u'(A) \geqq u'(A') \leftrightarrow \langle A, A' \rangle \in g(i)$.	
(21)	$u'(A) = p \cdot u'(x_\alpha) + (1-p) \cdot u'(x_\omega)$.	wg. (2) u. (19) (Linearität)
(22)	$u'(A) = u(A) \cdot u'(x_\alpha) + (1 - u(A)) \cdot u'(x_\omega)$.	wg. (9) u. (21)
(23)	$u'(A) = (u'(x_\alpha) - u'(x_\omega)) \cdot u(A) + u'(x_\omega)$.	wg. (22)
(24)	Mit $a := u'(x_\alpha) - u'(x_\omega)$ und $b := u'(x_\omega)$ gilt: $\exists a, b \in \mathbb{R}: \forall A \in \mathfrak{a}_X: u'(A) = a \cdot u(A) + b$.	wg. (23)
(25)	$a > 0$.	wg. x_α bestes u. x_ω schlecht. Element aus X für i

Es sei nun der 'Nutzen' $u(x_i)$ einer Alternative $x_i \in X$ wie folgt definiert.

Definition 7/2: Für $x_i \in X: u(x_i) := u(A^i)$, wobei $\mathfrak{a}_X \ni A^i := [\![p_1/x_1 \,\&\, p_2/x_2 \,\&\, \ldots \,\&\, p_n/x_n]\!] \wedge \forall j \in \{1, \ldots, n\} \setminus \{i\}: p_j = 0 \wedge p_i = 1$.

Im Zusammenhang dieser Definition gibt uns das folgende Korollar den 'Nutzenerwartungswert' $u(A)$ von A.

Korollar 1/2: Sei $A = [\![p_1/x_1 \,\&\, p_2/x_2 \,\&\, \ldots \,\&\, p_n/x_n]\!]$, dann gilt:

$$u(A) = \sum_{i=1}^{n} p_i \cdot u(x_i).$$

Wir führen den Beweis zu diesem Korollar nicht an. Er fußt im wesentlichen auf der Anwendung der Linearität.

In der obigen (ökonomischen) Terminologie besagt das Korollar, daß eine rationale Person den 'Nutzenerwartungswert' maximiert. Allerdings sollte nicht übersehen werden, daß man mit dieser Formulierung implizit schon den Übergang von $\forall A, A' \in \mathfrak{a}_X: \langle A, A' \rangle \in g(i): \leftrightarrow u(A) \geqq u(A')$ zu einer Behauptung über die **Handlungsweise** der Person i vollzogen hat. Hinzu kommt, wie wir oben ausgeführt hatten, daß der 'Nutzen' hier nichts anderes ist als eine kardinale Form der Darstellung individueller Präferenzen. Vorsichtiger interpretiert besagt das Korollar also, daß sich die (kardinale) Bewertung einer Aussicht für eine rationale Person aus dem aufsummierten Produkt der Bewertungen der Alternativen und ihrer Wahrscheinlichkeiten ergibt.

2.2 Entscheidungen bei Ungewißheit

Bei der Ableitung einer subjektiven (kardinalen) Bewertungsfunktion u über X aus einigen Rationalitätsbedingungen individueller Präferenzen im vorangegangenen Abschnitt haben wir Wahrscheinlichkeitsverteilungen über X in die individuellen Präferenzordnungen einbezogen. Eine Interpretation dieser Wahrscheinlichkeiten wurde nicht vorgenommen. Eine Möglichkeit wäre, sie als **subjektive** Wahrscheinlichkeiten zu interpretieren. Das ist die heute in der Entscheidungstheorie dominierende Variante. Dennoch ist die Unterscheidung von **Risiko**- und **Ungewißheits**situation üblich geblieben, obwohl sie sich nur schwer in eine streng subjektivistische Interpretation einbetten läßt. Während man in Risikosituationen jeder Alternative eine Wahrscheinlichkeit zuordnen kann, zeichnen sich reine Ungewißheitssituationen dadurch aus, daß es keine Wahrscheinlichkeitsverteilung über X gibt.

Während die Existenz einer kardinalen Bewertungsfunktion aus einigen Bedingungen an individuelle Präferenzen über X und α_X ableitbar ist, ändert sich das beim Übergang zu Ungewißheitssituationen. Hier muß die Existenz einer (kardinalen) Bewertungsfunktion über X schon vorausgesetzt werden, um dann in einem zweiten Schritt ein Entscheidungskriterium formulieren zu können.

	e_1	…	e_j	…	e_m
h_1	$u(x_{11})$	…	$u(x_{1j})$	…	$u(x_{1m})$
⋮	⋮		⋮		⋮
h_i	$u(x_{i1})$	…	$u(x_{ij})$	…	$u(x_{im})$
⋮	⋮		⋮		⋮
h_n	$u(x_{n1})$	…	$u(x_{nj})$	…	$u(x_{nm})$

Abb. 3: Entscheidungsmatrix

Wir stellen die Entscheidungssituation in Abbildung 3 in Matrixform dar. In dieser Entscheidungsmatrix sind $h_i, i = 1, \dots, n$, Handlungs- bzw. Entscheidungsalternativen der betreffenden Person, $e_j, j = 1, \dots, m$, Ereignisse bzw. Umstände, die für die Entscheidung und den eingetretenen Umstand eindeutig bestimmt sind und $u(x_{ij})$ die subjektive Bewertung der Konsequenz x_{ij} im Sinne der im vorangegangenen Abschnitt dargestellten Bewertungsaxiomatik.

Von den zahlreichen Kriterien für Entscheidungen unter Ungewißheit wollen wir im folgenden nur drei erörtern.

Laplace-Kriterium (LK): $\langle h_k, h_l \rangle \in g(i) \leftrightarrow \sum_{j=1}^{m} u(x_{kj}) \geq \sum_{j=1}^{m} u(x_{lj})$.

Das Laplace-Kriterium ordnet die Entscheidungsalternativen h_i nach der Summe der Bewertungen (Nutzensumme) aller Konsequenzen. Das ist gleichbedeutend mit einer Reihung nach der Durchschnittsbewertung (bzw. nach dem Nutzenerwartungswert), sofern man die Umstände als gleichwahrscheinlich einstufen würde.

Als Begründung für das **LK** wird das Argument des unzureichenden Grundes herangezogen: Wenn man keinen Grund hat, ein Ereignis für wahrscheinlicher zu halten als das andere, sollte man sie als gleichwahrscheinlich einstufen. Gegen das Argument des unzureichenden Grundes kann angeführt werden, daß es damit ganz von der letztlich willkürlichen sprachlichen Abgrenzung der Vielfalt möglicher Umstände (oder Ereignisse) abhängt, welche Wahrscheinlichkeit einem Umstand zukommt.

Wald-Kriterium (WK): $\langle h_k, h_l \rangle \in g(i) \leftrightarrow$
$\min\{u(x_{kj})|j = 1, \ldots, m\} \geqslant \min\{u(x_{lj})|j = 1, \ldots, m\}$.

Nach dem Wald-Kriterium – oft auch als Maximin-Kriterium bezeichnet – wählt man diejenige Entscheidung (Zeile in der Entscheidungsmatrix), die im ungünstigsten Fall (Spalte in der Entscheidungsmatrix) noch die relativ günstigsten Konsequenzen hat.

Hurwicz-Kriterium (HK): $\langle h_k, h_l \rangle \in g(i) \leftrightarrow \forall j \in \{1, \ldots, m\}: [\lambda \max\{u(x_{kj})\}$
$+ (1 - \lambda) \min\{u(x_{kj})\}] \geqq [\lambda \max\{u(x_{lj})\} + (1 - \lambda) \min\{u(x_{lj})\}]; \lambda \in [0, 1]$.

Das **HK** ist nicht ein Kriterium, sondern umfaßt je nach Wahl des Parameters λ eine Vielzahl von Kriterien, zu denen auch das **WK** gehört (mit $\lambda = 0$).

Um diese Kriterien besser beurteilen zu können, prüfen wir, ob sie einigen plausiblen Bedingungen genügen.

Bedingung 1 (**Ordnung**): Die durch das jeweilige Kriterium aufgrund einer subjektiven Bewertungsfunktion gebildete Rangfolge der Entscheidungen soll eine Ordnungsrelation sein, also eine reflexive, vollständige und transitive Präferenzrelation der Menge der offenstehenden Handlungen (Zeilen) bilden.

Bedingung 2 (**Symmetrie**): Diese Rangfolge der Entscheidungen ist unabhängig von der Kennzeichnung (Numerierung) von Zeilen und Spalten der Entscheidungsmatrix.

Bedingung 3 (**Dominanz**): Wenn für beliebige Umstände (Spalten) die Konsequenzen einer Handlung h_k jeweils besser sind als die einer anderen Handlung h_l, so ist h_k gegenüber h_l vorzuziehen.

Bedingung 4 (**Hinzufügung**): Die Rangfolge der Entscheidungen darf sich nicht dadurch ändern, daß eine neue Entscheidungsalternative (Zeile in der Entscheidungsmatrix) hinzutritt.

Bedingung 5 (**Linearität**): Eine positiv-lineare Transformation der subjektiven Bewertungsfunktionen darf an der Rangfolge der Entscheidungen nichts ändern.

Bedingung 6 (**Kontinuität**): Wenn eine Folge von Entscheidungsmatrizen gegen eine Matrix konvergiert und eine Entscheidung h_k für jede Matrix der Folge der Entscheidung h_l vorgezogen wird, dann gilt das auch für die Entscheidung h_k und h_l der Grenzwert-Matrix.

Bedingung 7 (**Konvexität**): $\langle h_k, h_l \rangle \in \tilde{g}(i) \wedge h_n = [\![\frac{1}{2}/h_k \& \frac{1}{2}/h_l]\!]$
$\rightarrow \langle h_n, h_k \rangle \in g(i)$.

Bedingung 8 (**Spaltenlinearität**): Die Rangordnung der Entscheidungen darf sich nicht ändern, wenn die Konsequenzen **eines** Umstandes (Spalte) bei den unterschiedlichen Entscheidungsalternativen (Zeilen) sich jeweils um den gleichen Betrag ändern.

Bedingung 9 (**Spaltenverdopplung**): Die Rangordnung der Entscheidungen darf sich nicht ändern, wenn ein weiterer Umstand berücksichtigt wird, bei dem die Konsequenzen der Entscheidungsalternativen genauso bewertet werden wie bei einem der zuvor berücksichtigten Umstände.

Keines der drei Kriterien genügt allen hier angeführten Bedingungen: Das **LK** verletzt Bedingung 9, das **WK** Bedingung 8 und das **HK** Bedingung 7 und 8 (für $\lambda \neq 0$).

Zweifelsohne sind die Bedingungen 1 bis 4 (Ordnung, Symmetrie, Dominanz und Hinzufügung) so grundlegend, daß man sie für alle Entscheidungskriterien fordern würde, und tatsächlich werden sie auch von den drei Kriterien erfüllt. Anders mag es sich mit den Bedingungen 7 bis 9 (Konvexität, Spaltenlinearität und Spaltenverdopplung) verhalten. Bedingung 9 beispielsweise, die das **LK** verletzt, wird auch nicht vom Bayes'schen Kriterium für Risikosituationen erfüllt.

Umgekehrt erlauben es diese Bedingungen aber, die drei Kriterien zu charakterisieren. Wir benötigen dazu die folgenden Lemmata.

Lemma 1/2: Aus den Bedingungen 1, 2 und 4 folgt: Für $r, s = 1, \ldots, m$: $\forall x_{kr}: \exists x_{ls}: [u(x_{kr}) = u(x_{ls})] \rightarrow \langle h_k, h_l \rangle \in \tilde{g}(i)$.

Beweis:

(1)	Annahme: Gegeben sei eine Entscheidungsmatrix wie in Abb. 3	
(2)	Der Matrix wird eine Folge von Zwischenzeilen $h_k, h_l, \ldots$ hinzugefügt, so daß sich je zwei Zeilen nur durch die Vertauschung zweier Spalten unterscheiden.	mögl. wg. Bedg. 4
(3)	$\langle h_k, h_l \rangle \in \tilde{g}(i)$.	wg. (2) u. Bedg. 2
(4)	(3) gilt für alle Zeilen $h_k, h_l, \ldots$ etc.	wiederholte Anwendg. von Bedg. 2
(5)	Die Aussage des Lemmas gilt allgemein.	wg. (2) – (4)

Lemma 2/2: Aus den Bedingungen 3 und 6 folgt, daß $\langle h_k, h_l \rangle \in g(i)$, wenn jede Bewertung in der Zeile h_k gleich der oder größer als die spaltenmäßig entsprechende Bewertung in der Zeile h_l ist.

Beweis: Folgt unmittelbar als Konsequenz der Bedingungen 3 und 6.

Lemma 3/2: Aus den Bedingungen 1, 2, 3, 4, 6 und 9 folgt:
$\min\{u(x_{kj}) \mid j = 1, \ldots, m\} = \min\{u(x_{lj}) \mid j = 1, \ldots, m\} \wedge$
$\max\{u(x_{kj}) \mid j = 1, \ldots, m\} = \max\{u(x_{lj}) \mid j = 1, \ldots, m\} \rightarrow \langle h_k, h_l \rangle \in \tilde{g}(i)$.

Beweis:

(1)	Annahme: Sei h_k eine Entscheidungsalternative (Zeile) mit der minimalen Bewertung u und der maximalen Bewertung U, d.h.: $h_k = [u, \ldots, U]$.	
(2)	$\langle [U, \ldots, U, u], h_k \rangle \in g(i) \wedge \langle h_k, [u, \ldots, u, U] \rangle \in g(i)$.	wg. (1) u. L. 2/2
(3)	$\begin{bmatrix} u, U \\ U, u \end{bmatrix} \leftrightarrow \begin{bmatrix} u, \ldots, u, U \\ U, \ldots, U, u \end{bmatrix}$	wg. Bedg. 9
(4)	$\langle [u, \ldots, u, U], [U, \ldots, U, u] \rangle \in \tilde{g}(i)$	wg. (3)

(5) Person i ist zwischen zwei Zeilen mit gleichem Minimum u und gleichem Maximum U indifferent — wg. (4)

Die folgenden Theoreme geben die Charakterisierung der drei Kriterien auf der Grundlage der obigen Bedingungen an.

Theorem 2/2:

Es gibt genau ein Kriterium, das die Bedingungen 1, 2, 3, 4 und 8 erfüllt: das Laplace-Kriterium (**LK**).

Beweisskizze:

(1) Annahme: Für zwei Entscheidungsalternativen h_k und h_l sei $\left[\sum_{j=1}^{m} u(x_{kj})\right]/m = \left[\sum_{j=1}^{m} u(x_{lj})\right]/m$.

(2) Die Bewertungen $u(x_{kj})$ und $u(x_{lj})$, $j = 1, \ldots, m$, werden jeweils nach zunehmender Größe angeordnet. — mögl. wg. L. 1/2 u. Bedg. 4

(3) Dann wird spaltenweise die jeweils kleinere Bewertung von der größeren subtrahiert. — mögl. wg. Bedg. 8

(4) Wiederholte Anwendung von (2) und (3) führt nach einer endlichen Zahl von Schritten dazu, daß alle Bewertungen in den Zeilen h_k und h_l zu Null werden. — wg. (1)

(5) $\langle h_k, h_l \rangle \in \tilde{g}(i)$. — wg. (4)

(6) $\left[\sum_{j=1}^{m} u(x_{kj})\right]/m > \left[\sum_{j=1}^{m} u(x_{lj})\right]/m \leftrightarrow \langle h_k, h_l \rangle \in \dot{g}(i)$. — wg. Bedg. 3 u. 4

(7) (1), (5) und (6) definieren das **LK**. — wg. **LK**

Theorem 3/2:

Es gibt genau ein Kriterium, das die Bedingungen 1, 2, 3, 4, 6, 7 und 9 erfüllt: das Wald-Kriterium (**WK**).

Beweisskizze:

(1) Statt ganzer Zeilen $h_k = [u(x_{k1}), \ldots, u(x_{kn})]$ können als Entscheidungsalternativen Paare $[u, U]$ mit $u \leqq U$ betrachtet werden. — wg. L. 3/2

(2) Annahme: Gegeben sei die folgende Matrix

$$\begin{bmatrix} u & 1/2(u+U) & 1/2(u+U) \\ u & u & U \\ u & U & u \end{bmatrix}$$

(3) $\langle [u, 1/2(u+U)], [u, U] \rangle \in g(i)$ — wg. (1), (2) u. Bedg. 7

(4) $\langle [u, u], [u, U] \rangle \in g(i)$. — wg. (1), (2), Bedg. 6 u. 7

(5) $\langle [u, u], [u, U] \rangle \in \tilde{g}(i)$. — wg. (1), (2), Bedg. 6 u. 7

(6) Es folgt das **WK**. — wg. (5) u. L. 2/2

Theorem 4/2:

Es gibt genau ein Kriterium, das die Bedingungen 1, 2, 3, 4, 5, 6 und 9 erfüllt: das Hurwicz-Kriterium (**HK**).

Beweisskizze:

(1) Wie im Beweis zu T. 3/2 genügt es, Paare $[u, U]$ mit $u \leqq U$ zu betrachten.

(2) Annahme: Sei λ die obere Schranke aller Zahlen λ' mit $\langle [0, 1], [\lambda', \lambda'] \rangle \in g(i)$.

(3) $0 \leqq \lambda \leqq 1$. — wg. Bedg. 3

(4) $\langle[\lambda, \lambda], [0, 1]\rangle \in \tilde{g}(i)$. wg. Bedg. 6
(5) $\langle[\lambda U + (1 - \lambda)u, \lambda U + (1 - \lambda)u], [u, U]\rangle \in \tilde{g}(i) \leftrightarrow u < U$. wg. Bedg. 5
(6) Daraus folgt das **HK**. wg. (5) u. L. 2/2

Wir fassen die Ergebnisse dieses Abschnitts noch einmal in Tabelle 2 zusammen.

Bedingungen	LK	WK	HK
1: Ordnung	*	*	*
2: Symmetrie	*	*	*
3: Dominanz	*	*	*
4: Hinzufügung	*	*	*
5: Linearität	+	+	*
6: Kontinuität	+	*	*
7: Konvexität	+	*	○
8: Spaltenlinearität	*	○	○
9: Spaltenverdoppelung	○	*	*

Tab. 2: Bedingungen der Entscheidungskriterien

In dieser Tabelle sind die Bedingungen, die zur Charakterisierung des jeweiligen Kriteriums notwendig sind, mit * gekennzeichnet, mit + jene Bedingungen, die das Kriterium erfüllt, ohne zur Charakterisierung notwendig zu sein, und mit ○ die Bedingungen, die das Kriterium nicht erfüllt.

Literatur: Bühlmann, Loeffel & Nievergelt (1975), Kap. 4, Luce & Raiffa (1957), Kap. 13, Marschak (1950), Maskin (1979), Milnor (1954/1965), Shubik (1983), Appendix A und C, von Neumann & Morgenstern (1944/1961).

Anmerkungen: Die zu Beginn des Abschnitts 2.1 vorgestellte Präferenzstruktur g eines Kollektivs K wird in der Literatur meist nicht als Funktion gefaßt, sondern als Menge oder n-Tupel der individuellen Präferenzrelationen beschrieben und gelegentlich als 'Präferenzprofil' bezeichnet; vgl. Sen (1970), S. 28 – anders jedoch Kelly (1988), S. 60. Wir haben die Funktion g u. a. deshalb eingeführt, weil damit von vornherein klar ist, daß jedes Individuum genau eine Präferenzrelation zugeordnet erhält. Das bleibt bei einer Beschreibung als Menge offen, sofern es nicht explizit festgelegt wird.
Die Stärke der Forderung nach Transitivität der individuellen Indifferenz wird deutlich, wenn man berücksichtigt, daß sich Indifferenz oft deshalb ergibt, weil Unterschiede zwischen den Alternativen nicht wahrnehmbar sind: Zwischen einem oder zwei und zwei oder drei Körnchen Salz in der Suppe ist man indifferent, weil sich geschmacklich kein Unterschied feststellen läßt. Aufgrund der Transitivität der Indifferenz muß man dann jedoch auch zwischen einem Körnchen und einem Eßlöffel Salz, also zwischen einer unversalzenen und einer versalzen schmeckenden Suppe indifferent sein; vgl. Kelly (1988), S. 59.
Theorem 1/2 in Abschn. 2.1 geht auf von Neumann & Morgenstern (1944/1961) zurück. Wir ziehen hier jedoch für das Theorem und den Beweis Marschak (1950) heran; vgl. dazu auch Chernoff (1954) sowie Herstein & Milnor (1953). Eine vereinfachte Darstellung der Annahmen, die zur 'Nutzenfunktion' u führen, liefert Bühlmann, Loeffel & Nievergelt (1975), Kap. 4.
Die in Abschn. 2.2 vorgestellten Kriterien für Entscheidungen unter Ungewißheit finden sich zusammenfassend bei Luce & Raiffa (1957), Kap. 13, und Shubik (1983), Appendix A und

C, dargestellt. Die Entscheidungsmatrix in Abb. 3 ist nach Tab. 13.2 in Luce & Raiffa (1957), S. 177, entworfen. L. 1/2 bis 3/2 und T. 2/2 bis 4/2 ist von Milnor (1954/1965) übernommen. Nicht erwähnt wurde dabei das Savage-Kriterium, mit dem das nachträgliche Bedauern über eine (falsche) Entscheidung minimiert werden soll. Es wird daher auch als Minimum-Regret-Kriterium bezeichnet, verletzt jedoch Bedingung 4 der Hinzufügung; vgl. Savage (1951) und Milnor (1954), T. 5. Tab. 2 ist nach Diagramm 1 in Milnor (1954/1965) zusammengestellt. Die erörterten Kriterien, insbesondere das Laplace- und das Wald-Kriterium, stimmen in ihrer logischen Struktur mit den in Kap. 9 thematisierten Kollektiven Wohlfahrtsprinzipien überein, worauf besonders Maskin (1979) aufmerksam gemacht hat.

3. Das Theorem von Arrow

3.1 Der kollektive Entscheidungsprozeß

Verstehen wir Politik als ein Verfahren, aufgrund dessen Entscheidungen gefällt werden, so liegt es nahe, dabei die Vorstellungen jener zu berücksichtigen, die an den Entscheidungen beteiligt sind. Wir wollen also davon ausgehen, daß der Prozeß kollektiver oder politischer Entscheidungen als ein Prozeß der Aggregation individueller Präferenzen über die anstehenden Alternativen zu einer gemeinsamen oder kollektiven Präferenz aufgefaßt werden kann.

Ein solcher kollektiver Entscheidungsprozeß soll im folgenden formal beschrieben werden. Eine Situation kollektiver Entscheidung ist durch das Quadrupel $\langle K, X, g, f \rangle$ charakterisiert.

Gegeben ist mit K irgendeine Gruppe von Personen oder ein Kollektiv. Wir interpretieren es hier als die Menge der **Entscheidungsbeteiligten** $i = 1, 2, \ldots, n$. Es ist also $\# K = n$. Dabei bleibt offen, ob die Entscheidungsbeteiligten (wir werden sie meist einfach Individuen oder Personen nennen) mit den Entscheidungsbetroffenen identisch sind oder nicht, ob also jene, die über die kollektive Entscheidung bestimmen, auch dieselben sind, für die die Entscheidung verbindlich ist. Da oft eine solche Identität nicht vorliegt, betrachten wir die Individuen i als Entscheidungsbeteiligte. Für alle folgenden Erörterungen ist stets $\# K \geqq 3$.

Gegeben ist mit X die aus Abschnitt 1.2 bekannte Menge der **Alternativen**, über die zu entscheiden ist. Die Elemente $x \in X$ können unterschiedlich interpretiert werden als Handlungsalternativen, Konsequenzen, mögliche Welten etc. Auch dies bleibt vorderhand offen. Im Sinne Arrows ist eine Alternative ein **Sozialzustand**, d. h. eine Gesamtbeschreibung der Lage aller Individuen in einer Gesellschaft unter sozialen, ökonomischen, politischen etc. Aspekten, die sich von einer anderen Gesamtbeschreibung in dem Punkt unterscheidet, über den zu entscheiden ist. Alternativen schließen einander also aus. Wenn nichts anderes festgelegt ist, gilt für alle folgenden Erörterungen stets $\# X \geqq 3$.

Weiter ist mit g die **Präferenzstruktur** in K gegeben. Diese Funktion ordnet, wie in Abschnitt 2.1 dargestellt, jeder Person aus K ihre individuelle Präferenzrelation zu (vgl. dazu D. 1/2 sowie auch die Festlegungen bezüglich der individuellen Präferenzrelationen: D. 2/2 und D. 3/2). Soweit nichts anderes gesagt ist, wird angenommen, daß die individuellen Präferenzrelationen Ordnungen, also reflexiv, vollständig und transitiv sind.

Schließlich ist mit f eine zunächst nicht näher spezifizierte **Aggregationsregel** (AR) gegeben, d. h. eine Funktion f, die jeder Präferenzstruktur g eine kollektive Präferenzrelation zuordnet.

Definition 1/3: Sei G die Menge aller logisch möglichen Präferenzstrukturen g, so ist eine AR eine Funktion f, so daß $f\colon G \ni g \mapsto R \in \mathrm{Pot}(X \times X)$; $R = f(g)$ und $P = \dot{f}(g)$.

Die kollektive strikte Präferenz $\dot{f}(g)$ und Indifferenz $\tilde{f}(g)$ wird analog zur individuellen strikten Präferenz $\dot{g}(i)$ und Indifferenz $\tilde{g}(i)$ aus der kollektiven schwachen Präferenz $f(g)$ abgeleitet.

Definition 2/3: $\langle x, y \rangle \in \dot{f}(g) \colon\leftrightarrow [\langle x, y \rangle \in f(g) \wedge \neg \langle y, x \rangle \in f(g)]$.

Definition 3/3: $\langle x, y \rangle \in \tilde{f}(g) \colon\leftrightarrow [\langle x, y \rangle \in f(g) \wedge \langle y, x \rangle \in f(g)]$.

Dabei ist noch offen, welche Eigenschaften die kollektive Präferenzrelation haben soll. Ist die kollektive Präferenz, die g mittels f zugeordnet erhält, ihrerseits eine Ordnung, so wollen wir f eine **Kollektive Wohlfahrtsfunktion** (KWF) nennen.

Definition 4/3: Eine AR f ist eine KWF: $\leftrightarrow \forall g \in G$: [f(g) ist reflexiv, vollständig und transitiv].

Mit Hilfe der beiden Funktionen g und f werden also die individuellen Ordnungen zu einer kollektiven Präferenzrelation aggregiert, indem zunächst jedem Individuum eine Ordnung zugeordnet und die so entstandene Präferenzstruktur dann in eine kollektive Präferenzrelation überführt wird. Letztere ist eine Ordnung, wenn die AR f eine KWF ist.

Diese zunächst ganz formale Beschreibung des kollektiven Entscheidungsprozesses enthält aber bereits eine wichtige Festlegung. Da die kollektive Präferenzrelation direkt von der Präferenzstruktur, also den individuellen Ordnungen, abhängig sein soll, spielen zwischen- oder übergeordnete Instanzen, die in den Entscheidungsprozeß eingreifen können, offenbar keine Rolle. Die zugrundeliegende Vorstellung ist vielmehr die einer direkten Überführung individueller Präferenzen in eine kollektive Präferenz, wie sie in Abbildung 4 wiedergegeben ist.

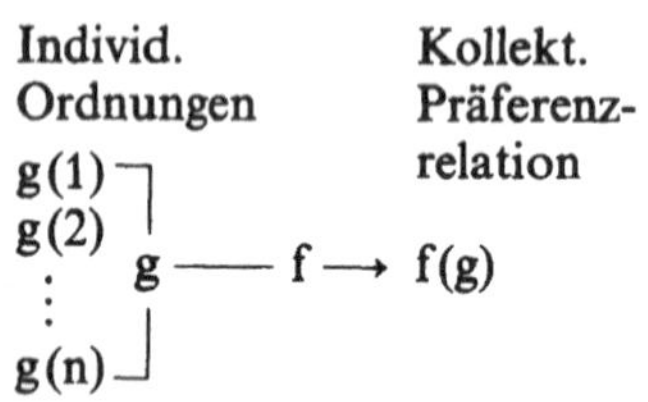

Abb. 4: Schema des kollektiven Entscheidungsprozesses

Diesem Schema würde die Modellvorstellung einer direkten Demokratie entsprechen, wenn vorausgesetzt werden könnte, daß der Kreis der Entscheidungsbeteiligten identisch ist mit dem Kreis der Entscheidungsbetroffenen und wenn zusätzlich gesichert wäre, daß es für eine kollektive Entscheidung mindestens einer Mehrheit der Beteiligten bedarf. Beides aber bleibt nach den bisherigen Festlegungen offen, weil die Definition der KWF weder etwas zur Identität von Beteiligten und Betroffenen sagt, noch die AR ausreichend spezifiziert.

Es wäre also möglich, daß (a) die Entscheidungsbeteiligten mit den -betroffenen identisch sind, sie können aber auch (b) eine Gruppe aus der Menge der Betroffenene sein, die für alle verbindliche Entscheidungen fällt. Es wäre sogar möglich, daß es sich (c) um eine Gruppe von Entscheidungsträgern handelt, für die die Entscheidungen nicht verbindlich sind.

Ebenso sind unterschiedliche Aggregationsregeln denkbar: (1) einer Entscheidung müssen alle Beteiligten zustimmen, (2) für eine Entscheidung ist die Mehrheit der Beteiligten erforderlich, (3) für eine Entscheidung bedarf es nur einer Minderheit der Beteiligten.

Nur wenn (a) zusammen mit (1) oder (2) eintritt, handelt es sich um ein Verfahren der direkten Demokratie, das im Falle von (3) zu einer direkten Minderheitsherrschaft bis hin zu einer direkten Diktatur wird. Tritt (b) zusammen mit (1) oder (2) auf, haben wir es mit einer repräsentativen Demokratie zu tun, vorausgesetzt die Entscheidungsbeteiligten sind gewählte Repräsentanten der Entscheidungsbetroffenen. Mit (c) ist stets ein nicht-demokratisches Verfahren gegeben, unabhängig davon ob es mit (1), (2) oder (3) kombiniert wird.

Alle diese Möglichkeiten sind mit der Definition der KWF vereinbar, die demnach so umfassend ist, daß sie auch nicht-demokratische Verfahren der Entscheidungsfindung einschließt. Wir werden im folgenden Abschnitt jedoch zunächst ein Problem aufgreifen, das bei Anwendung einer AR auftritt, die sicher als demokratisch bezeichnet werden kann: bei der Mehrheitsregel.

3.2 Das Abstimmungsparadox

Nehmen wir an, eine Gruppe von Personen benutze als Aggregationsregel das Mehrheitsprinzip – angewandt auf Paare von Alternativen. Die Gruppe bestehe aus drei Personen (i, j und k) und zur Entscheidung stünden drei Alternativen (x, y und z). Für diese liege die in Tabelle 3 wiedergegebene Präferenzstruktur vor. Dabei sind die individuellen (strikten) Präferenzen in den Spalten von oben nach unten zu lesen, so daß z. B. die Person i Alternative x gegenüber y und Alternative y gegenüber z strikt bevorzugt.

i	j	k
x	z	y
y	x	z
z	y	x

Tab. 3: Präferenzstruktur des Abstimmungsparadoxes

Wird diese Präferenzstruktur paarweise unter der Anwendung der Mehrheitsregel in eine kollektive Präferenzrelation überführt, so ergibt sich: Hinsichtlich des Paares x, y wird zweimal x gegenüber y bevorzugt, jedoch nur einmal y gegenüber x, so daß in der kollektiven Präferenz x gegenüber y bevorzugt werden muß. Für das Paar y, z ergibt sich entsprechend eine kollektive Bevorzugung von y gegenüber z. Wir haben aber noch das Paar z, x zu berücksichtigen, für das aufgrund der Mehrheitsregel die kollektive (strikte) Präferenz z gegenüber x sein muß.

Zusammengefaßt ergibt sich damit ein kollektives Resultat, bei dem x gegenüber y, y gegenüber z, zugleich aber z gegenüber x bevorzugt wird: eine zyklische Folge, die keine sinnvolle gemeinsame Entscheidung über die Alternativen erlaubt, da trotz konsistenter (strikter) Präferenzen der Individuen ein kollektives Resultat entsteht, bei dem innerhalb der zyklischen Folge jede Alternative gegenüber jeder anderen bevorzugt wird.

Das ist das 1785 vom Marquis de Condorcet entdeckte **Abstimmungsparadox**. Er selbst hat es mit einem Beispiel illustriert, das zeigt, daß es sich dabei keineswegs um einen konstruierten Einzelfall handelt, wie man zunächst meinen könnte. Sein Beispiel geht von einem Gremium von 60 Wahlmännern aus, das über die Kandidaten A, B und C zu entscheiden hat. Er nahm die in Tabelle 4 wiedergegebene Präferenzstruktur an.

Wie der Leser leicht selbst feststellen kann, muß sich bei Benutzung der Mehrheitsregel nach dem obigen Muster die kollektive Bevorzugung von A gegenüber

B, B gegenüber C, zugleich aber C gegenüber A ergeben, also wiederum eine zyklische Folge.

23 Wahl-männer (1)	17 Wahl-männer (2)	2 Wahl-männer (3)	10 Wahl-männer (4)	8 Wahl-männer (5)
A	B	B	C	C
B	C	A	A	B
C	A	C	B	A

Tab. 4: Condorcets Beispiel für das Abstimmungsparadox

Interessant ist hier, daß das Paradox bereits durch die individuellen Präferenzen (1), (2) und (4) herbeigeführt wird, die Präferenzen (3) und (5) mithin 'Füllsel' bilden, die offenbar das Entstehen der zyklischen Folge nicht verhindern. Weiterhin fällt auf, daß die das Paradox konstituierenden individuellen Präferenzen (1), (2) und (4) quantitativ gesehen keineswegs gleichverteilt sein müssen, um den Effekt der zyklischen Folge zu erzeugen.

Wenn damit auch an einem Beispiel deutlich wird, daß das Paradox bei Präferenzstrukturen auftreten kann, bei denen man es auf den ersten Blick nicht vermuten würde, so ist doch genauer zu fragen, wie häufig es auftreten kann. Sollte sich zeigen, daß es sehr selten ist, bestünde das Problem des Paradoxes zwar weiter, wäre aber in der Praxis ohne große Bedeutung.

Die Ergebnisse von Berechnungen der Wahrscheinlichkeit des Auftretens zyklischer Folgen, wie sie in Tabelle 5 aufgeführt sind, geben allerdings keinen Anlaß zu der Vermutung, daß Präferenzstrukturen, die zu zyklischen Folgen führen, sehr selten sind. Tatsächlich treten sie bei drei Entscheidungsbeteiligten und drei Alternativen bereits mit einer Wahrscheinlichkeit von 0,06 auf, d.h. 6% der möglichen (und als gleichwahrscheinlich angenommenen) Präferenzstrukturen führen zu einer zyklischen Folge, denn in diesem Fall gibt es $(3!)^3 = 216$ mögliche Präferenzstrukturen, von denen 12 eine zyklische Folge implizieren. Mit steigender Zahl von Entscheidungsbeteiligten und Alternativen erhöht sich die Wahrscheinlichkeit deutlich, so daß bei 7 Beteiligten und 4 Alternativen schon in 15% der Fälle eine Präferenzstruktur vorliegt, die eine zyklische Folge ergibt.

Warum aber, wenn es doch eine bestimmte theoretische Wahrscheinlichkeit für das Auftreten zyklischer Folgen gibt, lassen sich diese in concreto nicht beobachten? Dafür gibt es mehrere Gründe, die alle damit zu tun haben, daß der Effekt des Abstimmungsparadoxes in der Regel durch institutionelle Vorkehrungen verdeckt wird.

So werden bei Wahlen, gelegentlich aber auch bei sonstigen Abstimmungen, z.B. nur die Alternativen berücksichtigt, die in den individuellen Präferenzen an der Spitze rangieren. In die Präferenzstruktur und damit in deren Umformung zu einer kollektiven Präferenz gehen also die individuellen Präferenzen nur unvollständig ein.

Betrachten wir dazu noch einmal Condorcets Beispiel (Tab. 4), so halten offenbar 23 Wahlmänner Kandidat A für den besten, 19 Kandidat B und 18 Kandidat C.

Zahl der Alter-nativen	Zahl der Entscheidungsbeteiligten 3	5	7	9	11	21	31	∞
3	0,06	0,07	0,07	0,08	0,08	0,08	0,08	0,09
4	0,11	0,14	0,15	0,16	0,16	0,17	0,17	0,18
5	0,16	0,20	0,22	0,22	0,23	0,24	0,24	0,25
6	0,20	0,25	0,27	0,28	0,29	0,30	0,31	0,32
7	0,24	0,29	0,32	...	...	...	...	0,37
8	0,27	0,33	0,36	...	...	...	...	0,41

Tab. 5: Wahrscheinlichkeit des Auftretens zyklischer Folgen

Liegt nur diese Information vor, so ergibt sich daraus bei Anwendung des Mehrheitsprinzips das konsistente Resultat der kollektiven Bevorzugung von A gegenüber B, B gegenüber C und A gegenüber C.

Auf den ersten Blick erscheint dies als eine plausible Lösung des Problems des Abstimmungsparadoxes. Ist es aber bei genauerer Betrachtung nicht lediglich das künstliche Resultat einer institutionellen Vorkehrung, die es nicht erlaubt, die vollständigen Präferenzen der Individuen zu berücksichtigen?

Auf diesen Punkt hat Condorcet selbst mit einem Beispiel aufmerksam gemacht, das zeigt, daß es Präferenzstrukturen gibt, die (unter Anwendung der Mehrheitsregel) bei vollständiger und unvollständiger Berücksichtigung der Präferenzen der Individuen ganz unterschiedliche kollektive Resultate ergeben. Sein Beispiel war die in Tabelle 6 wiedergegebene Präferenzstruktur (wiederum wird von einem Gremium von 60 Wahlmännern ausgegangen, das über die Kandidaten A, B und C zu entscheiden hat).

Wenn wir bei dieser Präferenzstruktur zunächst ebenfalls nur die Alternativen berücksichtigen, die in den individuellen Präferenzen an der Spitze stehen (gestrichelte Linie in Tab. 6), so ergibt sich nach dem Mehrheitsprinzip eine kollektive Bevorzugung von A gegenüber B, B gegenüber C und A gegenüber C,

23 Wahlmänner (1)	19 Wahlmänner (2)	16 Wahlmänner (3)	2 Wahlmänner (4)
A	B	C	C
C	C	B	A
B	A	A	B

Tab. 6: Condorcets Beispiel für unterschiedliche Resultate bei vollständigen und unvollständigen individuellen Präferenzen

d.h. eine kollektive Präferenz, die genau der entspricht, die sich unter derselben (institutionellen) Voraussetzung aus dem ursprünglichen Beispiel (Tab. 4) ergeben hat.

Berücksichtigen wir aber in der Präferenzstruktur von Tabelle 6 die vollständigen individuellen Präferenzen, so lassen sich diese paarweise unter Verwendung der Mehrheitsregel in eine kollektives Resultat überführen, ohne daß eine zyklische Folge entsteht. Es ergibt sich die kollektive Bevorzugung von C gegenüber B, B gegenüber A und C gegenüber A.

Damit erhebt sich die Frage, welches dieser beiden kollektiven Resultate das 'richtigere' ist. Es sollte zu denken geben, daß zwei unterschiedliche Präferenzstrukturen (Tab. 4 und 6) bei ausschließlicher Berücksichtigung der Alternativen, die in den individuellen Präferenzen an der Spitze stehen, zum selben konsistenten Resultat der kollektiven Bevorzugung von A gegenüber B, B gegenüber C und A gegenüber C führen, während sie bei Berücksichtigung der vollständigen individuellen Präferenzen im einen Fall (Tab. 4) eine kollektive zyklische Folge ergeben, im anderen Fall (Tab. 6) hingegen ein konsistentes kollektives Resultat, das sich jedoch von dem unterscheidet, das aus den unvollständigen individuellen Präferenzen resultiert.

Eine weitere institutionelle Vorkehrung ist die folgende. In konkreten Abstimmungen wird so verfahren, daß zunächst unter Benutzung der Mehrheitsregel über ein Paar von Alternativen aus einem Tripel entschieden und dann der 'Gewinner' der verbliebenen dritten Alternative gegenübergestellt wird. Gehen wir von Condorcets erstem Beispiel (Tab. 4) aus und nehmen wir an, es würde zuerst über A und B abgestimmt. Nach der Mehrheitsregel wäre A der Gewinner. Wird nun über A und den verbleibenden Kandidaten C abgestimmt, gewinnt C.

Ganz anders ist das Ergebnis, wenn man mit B und C beginnt. Dann gewinnt B und in der Abstimmung über B gegen A gewinnt A. Schließlich ist als dritte Möglichkeit B der Sieger, wenn wir mit A und C beginnen. Das Endergebnis ist demnach vollständig abhängig davon, mit welchem Paar von Kandidaten die Abstimmung begonnen wird: es ist **pfadabhängig**. Damit zeigt sich, daß bei Vorliegen einer Präferenzstruktur, die zum Abstimmungsparadox führt, mittels institutioneller Festlegung einer Abstimmungsfolge jedes der drei möglichen Endergebnisse A, B oder C erzeugt werden kann.

Das Problem des Abstimmungsparadoxes ist offenbar ernster zu nehmen als es zunächst den Anschein hat. Die Wahrscheinlichkeitsberechnungen zeigen, daß es nicht mit der Behauptung abgetan werden kann, es trete sehr selten auf. Auch das Argument, es könne nicht direkt beobachtet werden, trifft nicht, da sich zeigen läßt, daß das Auftreten zyklischer Folgen durch bestimmte institutionelle Vorkehrungen verhindert wird, die aber ihrerseits die entstehenden Entscheidungsresultate als 'Kunstprodukte' erscheinen lassen.

3.3 Arrows Bedingungen

Das Abstimmungsparadox deckt eine Schwierigkeit bei der Anwendung der Mehrheitsregel auf. Eine naheliegende Frage ist die, ob es nicht andere Regeln gibt, die in ihrer Anwendung nicht diese Schwierigkeit aufweisen. Arrows Überlegungen können als ein Vorschlag verstanden werden, diese Frage systematisch anzugehen, und zwar indem zunächst die Anforderungen präzisiert werden, die an eine Aggregationsregel zu stellen sind, und dann gefragt wird, ob es Regeln gibt, die diese Anforderungen erfüllen.

Wir haben bei der formalen Beschreibung des kollektiven Entscheidungsprozesses in Abschnitt 3.1 bereits eine wichtige Anforderung formuliert: Die AR f soll eine KWF sein. Dementsprechend kann die kollektive Präferenzrelation für beliebige Präferenzstrukturen g nur eine Ordnung sein. Das schließt zyklische Folgen von vornherein aus, bedeutet aber zugleich, daß die Mehrheitsregel, die – wie wir gesehen haben – zu derartigen Resultaten führen kann, als Entscheidungsregel ausfällt.

Arrow führt die Forderung, daß beliebige Präferenzstrukturen g zulässig sein sollen, als Bedingung **U** des **Unbeschränkten Definitionsbereichs** der Funktion f ein. Unter dem Gesichtspunkt der Ansprüche, die an demokratische Aggregationsregeln zu stellen sind, erscheint sie unabdingbar, denn sie garantiert, daß die Individuen frei in der Wahl ihrer Präferenz sind, sofern es sich dabei um Ordnungen handelt. Wir müssen diese Bedingung hier nicht gesondert formulieren, da sie bereits in unserer Definition der KWF impliziert ist (vgl. D. 4/3).

Unter dem Gesichtspunkt demokratischer Ansprüche ist sicher auch Arrows Bedingung **D** des **Ausschlusses der Diktatur** unmittelbar einsichtig. Sie verbietet, daß irgendeine einzelne Person die kollektive Ordnung festlegt – unabhängig von den Ordnungen aller anderen Individuen.

Bedingung **D** (**Ausschluß der Diktatur**): $\neg \exists i \in K\colon \forall g \in G\colon \forall x, y \in X\colon [\langle x, y\rangle \in \dot{g}(i) \rightarrow \langle x, y\rangle \in \dot{f}(g)]$.

Dementsprechend definieren wir wie folgt.

Definition 5/3: Ein Individuum i aus K mit der Eigenschaft, daß $\forall g \in G\colon \forall x, y \in X\colon [\langle x, y\rangle \in \dot{g}(i) \rightarrow \langle x, y\rangle \in \dot{f}(g)]$, nennen wir einen **Diktator**.

Mit der Bedingung **D** werden Aggregationsregeln ausgeschlossen, die – politisch gesehen – die Konzentration der Entscheidungsmacht auf eine Person beinhalten. Die Bedingung würde jedoch Aggregationsregeln erlauben, nach denen wenige Personen oder eine Minderheit die kollektive Präferenz bestimmen können. Wir werden die Frage der 'Vetogruppe' im nächsten Kapitel aufgreifen.

Intuitiv einleuchtend erscheint auch die Bedingung **P** von Arrow, das **Pareto-Prinzip**. Es verlangt, daß eine Alternative kollektiv bevorzugt wird, wenn alle Entscheidungsbeteiligten sie bevorzugen.

Bedingung **P** (**Pareto-Prinzip**): $\forall g \in G\colon \forall x, y \in X\colon [\forall i \in K\colon \langle x, y\rangle \in \dot{g}(i) \rightarrow \langle x, y\rangle \in \dot{f}(g)]$.

Gibt es eine Übereinstimmung in den individuellen Ordnungen, so soll sich das im kollektiven Resultat auch auswirken. Dabei ist jedoch zu beachten, daß die Bedingung **P** nur übereinstimmende individuelle strikte Präferenzen in eine kollektive strikte Präferenz zu übertragen gestattet.

Diese Pareto-Bedingung ist die schwache Version des in der Ökonomie gängigen Pareto-Kriteriums, wonach eine Alternative bzw. ein ökonomischer Zustand paretomäßig als besser beurteilt wird als ein anderer, wenn er niemanden schlechter stellt und mindestens eine Person besser (vgl. Abschnitt 4.1).

Bedingung **SP** (**Striktes Pareto-Prinzip**): $\forall g \in G\colon \forall x, y \in X\colon [\forall i \in K\colon \langle x, y\rangle \in g(i) \wedge \exists j \in K\colon \langle x, y\rangle \in \dot{g}(j) \rightarrow \langle x, y\rangle \in \dot{f}(g)]$.

Arrows Bedingung **I** der **Unabhängigkeit von irrelevanten Alternativen** schließlich verlangt, daß das kollektive Resultat für eine Menge von Alternativen, z. B. für ein Paar, nur von den individuellen Ordnungen hinsichtlich **dieses** Paares abhängen darf und nicht von Änderungen der Stellung dritter, 'irrelevanter' Alternativen in den individuellen Präferenzen.

Bedingung **I (Unabhängigkeit von irrelevanten Alternativen)**: $\forall g, g' \in G: \forall x, y \in X$:
$[\forall i \in K: [\langle x, y\rangle \in g(i) \leftrightarrow \langle x, y\rangle \in g'(i)] \rightarrow [\langle x, y\rangle \in f(g) \leftrightarrow \langle x, y\rangle \in f(g')]]$.

Nun fragt man sich, wie die kollektive Ordnung eines Paares von Alternativen von etwas anderem als den individuellen Ordnungen über eben diesem Paar abhängen könnte. Betrachten wir ein Beispiel, um zu sehen, was die Bedingung genau bedeutet.

Gegeben seien die in Tabelle 7 aufgeführten Präferenzstrukturen g und g', für deren Überführung in eine kollektive Präferenz wir die Borda-Regel benutzen wollen. Das ist eine Art von 'Punktsummenregel', die folgendermaßen funktioniert: Jede Alternative erhält eine bestimmte Anzahl von Punkten für jede individuelle Präferenz – und zwar je nachdem wie sie in der jeweiligen individuellen Präferenz steht. In unserem Fall wollen wir festlegen, daß sie 4 Punkte erhält, wenn sie in einer individuellen Präferenz an erster Stelle steht, 3 Punkte, wenn sie an zweiter Stelle steht usw. Die Punkte für eine Alternative werden über die individuellen Präferenzen aufaddiert, so daß die Alternativen in der kollektiven Präferenz nach der Summe ihrer Punkte geordnet werden können.

Danach ergibt sich in Tabelle 7 aus der Präferenzstruktur g, daß x 10 Punkte erhält und w 9 Punkte, die kollektive Ordnung also $\langle x, w\rangle \in \mathfrak{f}(g)$ sein muß. Ändert sich in der Präferenzstruktur g' nun die individuelle Präferenz von k auf die Weise, daß y und z zwischen das Paar w und x geschoben wird, dann verliert die Alternative x und hat nur mehr 8 Punkte, während sich für w weiterhin 9 Punkte ergeben. Die kollektive Ordnung ist nun $\langle w, x\rangle \in \mathfrak{f}(g')$.

Punkt-werte	Präferenzstruktur g			Präferenzstruktur g'		
	i	j	k	i	j	k
4	x	w	w	x	w	w
3	y	x	x	y	x	y
2	z	y	y	z	y	z
1	w	z	z	w	z	x
Koll. Präf.	x: 10 P., w: 9 P., also: $\langle x, w\rangle \in \mathfrak{f}(g)$			w: 9 P., x: 8 P., also: $\langle w, x\rangle \in \mathfrak{f}(g')$		

Tab. 7: Verletzung der Bedingung **I** durch die Borda-Regel

Obwohl sich im Wechsel der Präferenzstruktur von g zu g' nichts an der Stellung von x zu w in den individuellen Präferenzen verändert hat (die Änderung betrifft die für die Aggregation von x und w 'irrelevanten' Alternativen y und z), kehrt sich die kollektive Bevorzugung von x gegenüber w zur Bevorzugung von w gegenüber x um. Damit verletzt die Borda-Regel die Bedingung **I**, denn diese fordert gerade, daß die kollektive Ordnung bezüglich x und w für die Präferenzstrukturen g und g' die gleiche sein muß, da die Stellung von x zu w in beiden Präferenzstrukturen übereinstimmt.

Bedingung **I** bedeutet also, daß die Aggregationsregel gleiche Präferenzstrukturen im Blick auf Paare von Alternativen auch gleich behandeln muß. Damit wird eine Art von Neutralitätsforderung eingeführt. Die Aggregationsregel soll 'neutral' hinsichtlich der Alternativen in dem Sinne sein, daß sich stets dasselbe kollektive Resultat ergeben muß, wenn sich an der Stellung der Alternativen zueinander in einem Paar in verschiedenen Präferenzstrukturen nichts ändert.

Eine weitere Konsequenz der Bedingung ist, daß sie die Berücksichtigung von Präferenzintensitäten ausschließt. In die Umformung zu einer kollektiven Präferenz geht nur die Information ein, daß die Individuen eine Alternative einer anderen vorziehen (oder nicht), nicht jedoch um wieviel oder wie intensiv. Das ist eine Informationsbeschränkung, die in politischen Zusammenhängen weniger problematisch ist als in anderen Bereichen.

Tatsächlich würde man in einem politischen Zusammenhang kaum daran denken, daß die Intensität der individuellen Bevorzugung beispielsweise eines Kandidaten gegenüber einem anderen für seine Wahl eine Rolle spielen soll. Das würde im übrigen auch gegen den Grundsatz verstoßen, daß jedem nur eine Stimme zusteht.

In anderen, etwa in ökonomischen Zusammenhängen hingegen spielt die Präferenzintensität eine wichtige Rolle. So baut der Marktmechanismus als Form der Überführung (ökonomischer) Präferenzen in ein kollektives Resultat gerade darauf auf, daß es die Möglichkeit gibt, durch größere oder geringere Zahlungsbereitschaft die Präferenzintensität der Nachfrager individuell zum Ausdruck zu bringen und angebotssteuernd einzusetzen. Dementsprechend kann der Marktmechanismus kein neutraler Aggregationsmechanismus sein.

3.4 Arrows Theorem: Der Beweis

Wir können nunmehr fragen, ob es Aggregationsregeln gibt, die den Bedingungen **D**, **P** und **I** gehorchen und die Kollektive Wohlfahrtsfunktionen sind. Prüfen wir die Frage zunächst intuitiv, so zeigt sich, daß bereits die Mehrheitsregel den Test nicht besteht. Sie erfüllt zwar die Bedingungen **D**, **P** und **I**, aber sie ist nicht stets eine KWF, denn sie erzeugt, wie wir gesehen haben, nicht immer eine kollektive Ordnung.

Die Borda-Regel weist zwar nicht diese Schwierigkeit auf, sie verletzt aber die Bedingung **I**, wie sich im vorigen Abschnitt zeigte. Wie steht es, wenn wir eine entsprechend formulierte Zufallsregel benutzen? Sie würde sicher nicht Bedingung **D** verletzen, denn es 'diktiert' der Zufall, nicht eine bestimmte Person; ebenso würde Bedingung **I** (trivialerweise) erfüllt sein. Diese Zufallsregel verletzt aber Bedingung **P**, da der Zufall jederzeit eine kollektive Präferenz entgegen den übereinstimmenden individuellen Präferenzen erzeugen kann.

Das zeigt im übrigen, daß die Pareto-Bedingung noch eine weitere Implikation hat. Sie verhindert, daß die kollektive Präferenz – etwa von einer äußeren Instanz – gegen die übereinstimmenden Präferenzen der Individuen erzwungen werden kann. Diese Implikation ist von Arrow (1963) als Bedingung der 'Souveränität der Bürger' bzw. als **Ausschluß der Erzwingung** (**AE**) formuliert worden. Bei der Zufallsregel spielt offensichtlich der Zufall die Rolle der äußeren Instanz.

Wir könnten mit der Überprüfung von Aggregationsregeln fortfahren, stets würde sich dasselbe herausstellen: die Regel verletzt mindestens eine von Arrows Forderungen. Und eben das ist die Aussage von **Arrows Theorem** (AT).

> *Theorem* 1/3:
> Es gibt keine Kollektive Wohlfahrtsfunktion, die zugleich den Bedingungen **D**, **P** und **I** genügt.

Das Theorem wird unter Heranziehung von drei Lemmata bewiesen, für die wir die folgenden Definitionen benötigen.

Definition 6/3: $\langle x, y\rangle \in \bar{E}(i) \equiv$ i aus K ist **entscheidend** bezüglich x und y in $\langle K, X, g, f\rangle$: $\leftrightarrow \forall g \in G$: $[\langle x, y\rangle \in \dot{g}(i) \rightarrow \langle x, y\rangle \in \dot{f}(g)]$.

Definition 7/3: $\langle x, y\rangle \in E(i) \equiv$ i aus K ist **fast entscheidend** bezüglich x und y in $\langle K, X, g, f\rangle$: $\leftrightarrow \forall g \in G$: $[\langle x, y\rangle \in \dot{g}(i) \wedge \forall j \in K \backslash \{i\}: \langle y, x\rangle \in \dot{g}(j) \rightarrow \langle x, y\rangle \in \dot{f}(g)]$.

Es gilt: $\langle x, y\rangle \in \bar{E}(i) \rightarrow \langle x, y\rangle \in E(i)$, aber nicht umgekehrt.

Definition 8/3: i_0 aus K ist fast entscheidend in L bezüglich $\langle K, X, g, f\rangle$: $\leftrightarrow L \subseteq K \wedge \forall g \in G: \forall x, y \in X: [\langle x, y\rangle \in \dot{g}(i_0) \wedge \forall i \in L \backslash \{i_0\}: \langle y, x\rangle \in \dot{g}(i) \rightarrow \langle x, y\rangle \in \dot{f}(g)]$.

Definition 9/3: L ist fast entscheidend bezüglich $\langle K, X, g, f\rangle$: $\leftrightarrow L \subseteq K \wedge \forall g \in G$: $\forall x, y \in X$: $[\forall i \in L: \langle x, y\rangle \in \dot{g}(i) \wedge \forall i \in K \backslash L: \langle y, x\rangle \in \dot{g}(i) \rightarrow \langle x, y\rangle \in \dot{f}(g)]$.

Definition 10/3: L ist eine **minimal fast entscheidende Menge** (MFEM) bezüglich $\langle K, X, g, f\rangle$: $\leftrightarrow$ L ist fast entscheidend bezüglich $\langle K, X, g, f\rangle$ und hat keine echte Teilmenge, die fast entscheidend bezüglich $\langle K, X, g, f\rangle$ ist.

Für den Beweis werden die folgenden Lemmata herangezogen.

> *Lemma* 1/3: Ist f eine KWF, so folgt aus den Bedingungen **P** und **I**, daß es in K eine Person gibt, die fast entscheidend ist.
>
> *Lemma* 2/3 ('**Dominanztheorem**'): Ist f eine KWF, die **P** und **I** erfüllt, dann gilt: Gibt es in K eine Person i_0, die fast entscheidend ist, so ist i_0 zugleich Diktator in K.
>
> *Lemma* 3/3 ('**Abstimmungsparadox**'): Ist f eine KWF, die **I** erfüllt, dann gibt es eine Präferenzstruktur g aus G, bei der jede MFEM von K genau ein Element enthält.

Mit den Lemmata 1/3 und 2/3 wäre das Theorem bewiesen. Wir beginnen mit Lemma 2/3, dem '**Dominanztheorem**', und zeigen, daß sich Lemma 1/3 als Korollar zu Lemma 3/3, dem '**Abstimmungsparadox**', ergibt.

Beweis zu Lemma 2/3:

(1)	Annahme: i_0 aus K sei fast entscheidend und $\# K \geqq 3$.	
(2)	Für $x, y \in X$ gilt: $\langle x, y\rangle \in E(i_0)$.	wg. (1)
(3)	$X' := \{x, y, z\}$, wobei $z \neq x$ und $z \neq y$.	möglich wg. (1)
(4)	Zu zeigen: i_0 ist Diktator bezüglich X', d.h. $\forall g \in G$: $\forall x, y \in X'$: $[\langle x, y\rangle \in \dot{g}(i_0) \rightarrow \langle x, y\rangle \in \dot{f}(g)]$.	
(5)	$\forall u, v \in X'$: $\langle u, v\rangle \in \bar{E}(i_0)$.	äquivalent zu (4)
(6)	$\forall u \in X'$: $\langle u, u\rangle \in \bar{E}(i_0)$.	wg. D. 6/3
(7)	Annahme: Gegeben seien die folgenden Präferenzstrukturen g und g':	möglich wg. f KWF (D. 4/3)

g:

i_0	i
x	
y	
sonst beliebig, aber fest	

g':

i_0	i	
x	y	y
y	x	z
z		
bezügl. x, z wie g		

(8)	$\langle y, z\rangle \in \dot{f}(g')$.	wg. (7) u. Bed. **P**
(9)	$\langle x, y\rangle \in \dot{f}(g')$.	wg. (2) u. (7)
(10)	$\langle x, z\rangle \in \dot{f}(g')$.	wg. (8), (9) u. f KWF (Transitivität)
(11)	$\langle x, z\rangle \in \dot{f}(g)$.	wg. (7), (10) u. Bed. **I**
(12)	Für beliebiges g: $\langle x, y\rangle \in \dot{g}(i_o) \rightarrow \langle x, z\rangle \in \dot{f}(g)$.	wg. (7) u. (11)
(13)	$\langle x, z\rangle \in \bar{E}(i_o)$.	äquivalent zu (12)
(14)	$\langle x, y\rangle \in E(i_o) \rightarrow \langle x, z\rangle \in \bar{E}(i_o)$.	wg. (2) u. (13)
(15)	Annahme: Gegeben sei eine andere Präferenzstruktur g″ wie folgt:	möglich wg. f KWF (D. 4/3)

g″:

i_o	i	
z	y	z
x	x	x
y		
bezügl. z, y wie g		

(16)	$\langle z, x\rangle \in \dot{f}(g'')$.	wg. (15) u. Bed. **P**
(17)	$\langle x, y\rangle \in \dot{f}(g'')$.	wg. (2) u. (15)
(18)	$\langle z, y\rangle \in \dot{f}(g'')$.	wg. (16), (17) u. f. KWF (Transitivität)
(19)	$\langle z, y\rangle \in \dot{f}(g)$.	wg. (15), (18) u. Bed. **I**
(20)	Für beliebiges g: $\langle x, y\rangle \in \dot{g}(i_o) \rightarrow \langle z, y\rangle \in \dot{f}(g)$.	wg. (7) und (19)
(21)	$\langle z, y\rangle \in \bar{E}(i_o)$.	äquivalent zu (20)
(22)	$\langle x, y\rangle \in E(i_o) \rightarrow \langle z, y\rangle \in \bar{E}(i_o)$.	wg. (2) u. (21)
(23)	Die restlichen Fälle $\langle z, x\rangle \in \bar{E}(i_o)$, $\langle y, z\rangle \in \bar{E}(i_o)$, $\langle x, y\rangle \in \bar{E}(i_o)$ und $\langle y, x\rangle \in \bar{E}(i_o)$ können in der gleichen Weise bewiesen werden.	
(24)	$\forall u, v \in X'$: $\langle u, v\rangle \in \bar{E}(i_o)$, d.h. i_o ist der Diktator bezüglich X′.	wg. (13), (21) u. (23)
(25)	Noch zu zeigen: $\forall u, v \in X$: $\langle u, v\rangle \in \bar{E}(i_o)$, d.h. i_o ist der Diktator bezüglich der gesamten Alternativenmenge.	
(26)	1. *Fall:* Für u, v aus X sei $\# \{u, v, x, y\} = 2$.	
(27)	$\langle u, v\rangle \in \bar{E}(i_o)$.	wg. (14) u. (26)
(28)	2. *Fall:* $\# \{u, v, x, y\} = 3$; ohne Verlust an Allgemeinheit nehmen wir an: $u = x$.	
(29)	$\langle u, v\rangle \in \bar{E}(i_o)$, da i_o bezüglich $X'' = \{x, y, v\}$ Diktator ist und $u = x$.	wg. (24) u. (28)
(30)	3. *Fall:* $\# \{u, v, x, y\} = 4$.	
(31)	i_o ist bezüglich $\{x, y, u\}$ Diktator.	wg. (24)
(32)	$\langle x, u\rangle \in \bar{E}(i_o)$.	wg. (24) u. (30)
(33)	i_o ist bezüglich $\{x, u, v\}$ Diktator.	wg. (24) u. (32)
(34)	$\langle u, v\rangle \in \bar{E}(i_o)$.	wg. (33)
(35)	Die drei Fälle sind für beliebige u, v aus X erschöpfend. Das beweist (25).	wg. (27), (29) u. (34)

Beweis zu Lemma 3/3:

(1) Annahme: Sei $V \subseteq K$ eine MFEM; sei $x, y \in X$ und $z \in X$ beliebig.

(2) Annahme: $\# V > 1$.

(3) Annahme: Sei V_1 irgendeine echte Teilmenge von V, so daß $V_2 := V \setminus V_1$ und $V_3 := K \setminus V$.

(4) Annahme: Wir wählen eine Präferenzstruktur g wie folgt: — möglich wg. f KWF (D. 4/3)

K		
V		
$i \in V_1$	$i \in V_2$	$i \in V_3$
x	z	y
y	x	z
z	y	x

(5) Zu zeigen: Für die Präferenzstruktur g ist die Annahme (2) logisch unmöglich.

(6) $\forall i \in V: \langle x, y\rangle \in \dot{g}(i) \wedge \forall i \in K\setminus V: \langle y, x\rangle \in \dot{g}(i)$. — wg. (4)

(7) $\langle x, y\rangle \in \dot{f}(g)$. — wg. (1) u. (6)

(8) Annahme: $\langle z, y\rangle \in \dot{f}(g)$.

(9) Annahme: Gegeben sei eine andere Präferenzstruktur g′ wie folgt: — möglich wg. f KWF (D. 4/3)

K	
$i \in V_2$	$i \in K\setminus V_2$
z	y
y	z

(10) $\langle z, y\rangle \in \dot{g}(i) \rightarrow i \in V_2, i \in V_2 \rightarrow \langle z, y\rangle \in \dot{g}'(i)$,
$\langle z, y\rangle \in \dot{g}'(i) \rightarrow i \in V_2, i \in V_2 \rightarrow \langle z, y\rangle \in \dot{g}(i)$. — wg. (4) u. (9)

(11) $\langle z, y\rangle \in \dot{g}(i) \leftrightarrow \langle z, y\rangle \in \dot{g}'(i)$. — wg. (10)

(12) $\langle y, z\rangle \in \dot{g}(i) \leftrightarrow \langle y, z\rangle \in \dot{g}'(i)$. — analog zu (10) u. (11)

(13) $\langle z, y\rangle \in \dot{f}(g) \leftrightarrow \langle z, y\rangle \in \dot{f}(g')$. — wg. (11), (12) u. Bed. I

(14) $\langle z, y\rangle \in \dot{f}(g) \rightarrow \langle z, y\rangle \in \dot{f}(g')$. — wg. (8) u. (13)

(15) $\forall i \in V_2: \langle z, y\rangle \in \dot{g}'(i) \wedge \forall i \in K\setminus V_2: \langle y, z\rangle \in \dot{g}'(i)$
$\rightarrow \langle z, y\rangle \in \dot{f}(g')$. — wg. (9) u. (14)

(16) $\forall g \in G$ ist V_2 fast entscheidend bezüglich z, y – im Widerspruch zu (1). — wg. (15) u. D. 9/3

(17) $\neg \langle z, y\rangle \in \dot{f}(g) \rightarrow \langle y, z\rangle \in f(g)$. — wg. (8) u. (16)

(18) $\langle x, y\rangle \in \dot{f}(g) \wedge \langle y, z\rangle \in f(g) \rightarrow \langle x, z\rangle \in \dot{f}(g)$. — wg. (7), (17) u. f KWF (Transitivität)

(19) Annahme: Gegeben sei eine weitere Präferenzstruktur g″ wie folgt: — möglich wg. f KWF (D. 4/3)

K	
$i \in V_1$	$i \in K\setminus V_1$
x	z
z	x

(20) $\forall i \in K: [\langle x, z\rangle \in \dot{g}(i) \leftrightarrow \langle x, z\rangle \in \dot{g}''(i)]$,
$\forall i \in K: [\langle z, x\rangle \in \dot{g}(i) \leftrightarrow \langle z, x\rangle \in \dot{g}''(i)]$. — analog zu (10)–(12)

(21) $\langle x, z\rangle \in \dot{f}(g) \leftrightarrow \langle x, z\rangle \in \dot{f}(g'')$. — wg. (20) u. Bed. I

(22) $\langle x, z\rangle \in \dot{f}(g) \rightarrow \langle x, z\rangle \in \dot{f}(g'')$. — wg. (18) u. (21)

(23) $\forall i \in V_1: \langle x, z\rangle \in \dot{g}''(i) \wedge \forall i \in K\setminus V_1: \langle z, x\rangle \in \dot{g}''(i)$
$\rightarrow \langle x, z\rangle \in \dot{f}(g'')$. — wg. (19) u. (22)

(24) $\forall g \in G$ ist V_1 fast entscheidend bezüglich x, z – im Widerspruch zu (1). — wg. (23) u. D. 9/3

(25) Aus den Annahmen, daß (1) $V \subseteq K$ eine MFEM ist und (2) $\# V > 1$, ergibt sich demnach der Widerspruch, daß V echte Teilmengen hat, die fast entscheidend sind. — wg. (16) u. (24)

(26) Daher $\neg \# V > 1 \rightarrow \# V = 1$, d.h. jede MFEM muß eine Einermenge sein. — wg. (25)

Lemma 1/3 ergibt sich nun als Korollar zu Lemma 3/3.

Beweis zu Lemma 1/3:

(1)	K ist entscheidend.	wg. Bed. **P**
(2)	K ist fast entscheidend.	wg. (1)
(3)	Annahme: Sei $K_1 = K$.	
(4)	K_1 ist keine MFEM.	wg. L. 3/3 u. $\# X \geqq 3$
(5)	Annahme: Sei K_2 eine beliebige, fast entscheidende Teilmenge von K_1 bzw. allgemein: $K_{i+1} \subset K_i$ und K_{i+1} fast entscheidend.	
(6)	Die Folge $K_1, K_2, \ldots, K_w$ ist endlich da K finit ist.	
(7)	Das letzte Glied der Folge $K_1, \ldots, K_w$ ist eine MFEM.	wg. D. 10/3 (MFEM)
(8)	K_w ist eine Einermenge.	wg. L. 3/3
(9)	Das Element in K_w ist eine fast entscheidende Person.	wg. L. 3/3

Damit ist gezeigt worden, daß es einen Diktator gibt, also die Bedingung **D** verletzt ist, wenn für die KWF stets die Bedingung **P** und **I** gelten soll. Daher kann keine KWF gleichzeitig die Bedingungen **D**, **P** und **I** erfüllen. Arrows Frage nach der Existenz von Aggregationsregeln, die diesen Anforderungen genügen, muß also negativ beantwortet werden, obwohl die Bedingungen für sich genommen eher einen zu schwachen als einen zu starken Eindruck machen (beispielsweise wird nur das 'Diktat' einer einzelnen Person, nicht auch das 'Diktat' weniger Personen ausgeschlossen).

3.5 Politische Verfahrensnormen

Ehe wir auf die Bedeutung des Theorems von Arrow für politische Entscheidungsverfahren eingehen, ist ein naheliegendes Mißverständnis auszuräumen. Das AT besagt nicht, daß es **nie** möglich ist, eine Präferenzstruktur mit Hilfe einer KWF unter den angegebenen Bedingungen in ein konsistentes kollektives Resultat zu überführen.

Aus den Wahrscheinlichkeitsberechnungen für zyklische Folgen (Tab. 5) geht hervor, daß sich mit der jeweiligen Gegenwahrscheinlichkeit nicht-zyklische Resultate ergeben. Bei drei Entscheidungsbeteiligten und drei Alternativen bedeutet das eine Wahrscheinlichkeit von 0,94, d.h. 94% aller möglichen Präferenzstrukturen führen unter Anwendung der Mehrheitsregel zu einem konsistenten kollektiven Resultat.

Arrows Theorem ist demnach so zu verstehen, daß es keine Aggregationsregel gibt, die **stets** die Bedingungen **D**, **P** und **I** erfüllt und **zugleich** eine KWF ist, also unter diesen Voraussetzungen in jedem Fall für beliebige Präferenzstrukturen eine kollektive Ordnung erzeugt.

Warum ist das Theorem von einschneidender, negativer Bedeutung für politische und demokratische Entscheidungsverfahren? Um die noch zu erörternde Antwort vorwegzunehmen: weil es zeigt, daß sich ein logischer Widerspruch ergeben muß, wenn wir politische Entscheidungsverfahren fordern (darunter Verfahren der direkten und repräsentativen Demokratie), die in jedem Fall die **Freiheit der Wahl** und die '**Neutralität**' des Verfahrens garantieren.

Die Aussage des Theorems ist so allgemein, daß sie auf alle politischen Entscheidungssysteme zutrifft, sofern wir davon ausgehen, daß in jedem politischen System an irgendeinem Punkt eine Beschlußfassung in einem Gremium oder Komitee erfolgt. Man könnte es auch die 'Unmöglichkeit nicht-diktatorischer politischer Entscheidung' nennen, wenn die Freiheit der Wahl und die 'Neutralität' des Verfahrens gewährleistet sein soll.

Das Theorem betrifft zunächst direkte politische Entscheidungsverfahren, d.h. Kollektive Wohlfahrtsfunktionen, die neben demokratischen auch nicht-demokratische Verfahren einschließen können. Schränken Arrows Bedingungen den Kreis der nicht-demokratischen Verfahren ein? Betrachten wir dazu die weiteren Festlegungen im System der Arrowschen Forderungen.

(a) Der Ausschluß der Erzwingung der kollektiven Präferenz durch eine äußere Instanz gegen die übereinstimmenden individuellen Präferenzen (Implikation der Bedingung **P**);
(b) der Ausschluß der Konzentration der Entscheidungsmacht auf eine Person (Bedingung **D**);
(c) die Freiheit der Wahl der individuellen Präferenz (Implikation der Bedingung **U** bzw. unserer Definition der KWF);
(d) die 'Neutralität' des Entscheidungsverfahrens in dem Sinne, daß zwei in sonst unterschiedlichen Präferenzstrukturen gleich zueinander stehende Alternativen zu gleichen kollektiven Entscheidungen bezüglich dieser zwei Alternativen führen müssen (Bedingung **I**).

Die Festlegungen (a) und (b) betreffen die Entscheidungsbeteiligung. Sie schließen aus, was in diesem Zusammenhang zweifelsfrei undemokratisch ist: zunächst einmal die Erzwingung der kollektiven Entscheidung 'von außen'. Diese Ausschlußbedingung wäre aber bereits erfüllt, wenn es unter den Entscheidungsbeteiligten **eine** Person gäbe, die das kollektive Resultat bestimmt. Dieser Fall wird nun durch Festlegung (b) ausgeschaltet, die aber ihrerseits verschiedene Möglichkeiten offen läßt: es können sehr wenige Beteiligte, eine Minderheit, eine Mehrheit oder alle Beteiligte nötig sein, um das Entscheidungsresultat zu bestimmen.

Arrows Bedingungen schränken die Menge der nicht-demokratischen Verfahren daher nur soweit ein, als diktatorische Verfahren ausgeschlossen sind. Sie erlauben neben demokratischen auch Verfahren, die wir nicht als demokratisch ansehen würden. Beide Arten von Verfahren unterliegen dem AT.

Die weiteren Festlegungen (c) und (d) betreffen zwei Aspekte, die zwar oft mit demokratischer Entscheidungsfindung identifiziert werden, die aber aus analytischen Gründen von den Festlegungen bezüglich der Entscheidungsbeteiligung zu trennen sind.

Festlegung (c) postuliert die Freiheit der Wahl, d.h. die individuelle Entscheidungssouveränität in dem Sinne, daß jeder Beteiligte (und Betroffene) selbst seine Präferenz wählen und über Änderungen seiner Präferenz befinden kann. Zwar sind dabei Einflüsse von anderen Personen nicht ausgeschlossen, prinzipiell aber gilt jeder Beteiligte (und Betroffene) als souverän in der Entscheidung über seine Präferenz.

Das ergibt sich aus der in unserer Definition der KWF (D. 4/3) implizierten Bedingung **U**, die technisch gesprochen bedeutet, daß die KWF für **jede** mögliche Präferenzstruktur 'funktionieren', d.h. ein Resultat liefern soll. Damit ist jede logisch mögliche Präferenzstruktur auch zulässig und mithin ist für die Individuen die Freiheit der Wahl ihrer Präferenz gesichert, die für demokratische Verfahren als selbstverständliche Forderung gilt.

Zugleich scheint dieser 'technischen' Forderung die Vorstellung zugrunde zu liegen, daß man vermeiden möchte, die Aggregationsregel wechseln zu müssen, sollten einzelne Präferenzstrukturen nicht zu (konsistenten) Resultaten führen. Zweifelsohne ist es attraktiver, Aggregationsregeln anzuwenden, die beibehalten werden können, da sie für jede denkbare Präferenzstruktur ein (konsistentes) Resultat liefern.

Die Forderung der Bedingung **U** – ob als Postulat der Freiheit der Wahl interpretiert oder als Postulat unverändert anwendbarer Aggregationsregeln – kann sich aber schnell als zu stark erweisen. Aus den Erörterungen zum Abstimmungsparadox in Abschnitt 3.2 ist deutlich geworden, daß die Mehrheitsregel, die ansonsten alle Bedingungen Arrows erfüllt, nur deshalb scheitert, weil wegen der individuellen Entscheidungssouveränität auch Präferenzstrukturen zulässig sind, die zu zyklischen Folgen führen.

Überraschenderweise trifft das aber auch auf nicht-demokratische Verfahren zu, obwohl man denken könnte, daß diese Festlegung für solche Verfahren gänzlich bedeutungslos ist: Die individuelle Entscheidungssouveränität kann es schließlich nicht verhindern, daß durch eine nicht-demokratische Aggregationsregel aus der vollständigen Präferenzstruktur nur die Präferenzen einiger weniger für die kollektive Entscheidung herangezogen werden. Die Aussage des AT greift jedoch sofort wieder, wenn die Präferenzen von mehr als zwei Personen herangezogen werden und über mehr als zwei Alternativen entschieden wird. Damit sind auch nicht-demokratische Verfahren mit der Schwierigkeit konfrontiert, daß sich das Postulat der Freiheit der Wahl (derer, die die Entscheidung bestimmen) als zu starke Forderung erweisen kann.

Auch die Festlegung (d) mit der Forderung nach 'Neutralität' des Verfahrens im geschilderten Sinn scheint auf den ersten Blick eher für demokratische als für nicht-demokratische Verfahren relevant. Sie führt in die demokratische Entscheidung eine Element von 'Fairness' ein: der bei einer Entscheidung Unterlegene kann das Ergebnis akzeptieren, da es aufgrund eines fairen, weil 'neutralen' Verfahrens zustandegekommen ist, das Verschiebungen in der Präferenzstruktur bezüglich 'irrelevanter' Alternativen unberücksichtigt läßt.

Die 'Neutralität' des Verfahrens ist jedoch auch für nicht-demokratische Verfahren von Bedeutung, denn sie impliziert neben einem Element von 'Fairness' auch ein Element von Vorhersehbarkeit: Welche Entscheidungsregel auch immer Anwendung findet, sie muß für zwei Alternativen zum selben Ergebnis führen, wenn sich an der Stellung dieser beiden Alternativen in verschiedenen Präferenzstrukturen nichts ändert. Diese Art von Vorhersehbarkeit oder Regelhaftigkeit ist selbst für nicht-demokratische Verfahren wichtig, wollen sie nicht von vornherein als regellos und willkürlich gelten.

Aus dem bisher Erörterten läßt sich festhalten: Es wäre sicher ein Mißverständnis, wenn wir Arrows Theorem so interpretieren würden, daß es nur die logische Unmöglichkeit des Verfahrens der direkten Demokratie bei Freiheit der Wahl und 'Neutralität' des Verfahrens erweist. Das ist zwar auch der Fall, es geht in seiner Aussage aber viel weiter, da es **alle** direkten, nicht-diktatorischen Entscheidungsverfahren betrifft.

Man könnte nun argumentieren, daß Arrow damit im Grunde, wenn auch auf der Basis einer ganz andersartigen Überlegung, zum selben Schluß gelangt wie schon Immanuel Kant in seiner Schrift „Zum ewigen Frieden“ (1795), nämlich alle **direkten** politischen Entscheidungsverfahren (die Kant als 'despotisch' bezeichnet) zu verwerfen. Aber auch das wäre nicht zutreffend. Kant verwirft direkte Verfahren, weil dabei, modern gesprochen, Legislative und Exekutive zusammenfallen, und läßt nur 'republikanische', gewaltenteilende Formen politischer Entscheidungsfindung zu. Die Aussage des AT geht jedoch noch weiter.

Wie wir eingangs in Abschnitt 3.1 erläutert haben, bleibt bei der formalen Beschreibung eines kollektiven Entscheidungsprozesses und bei der Definition der KWF (D. 4/3) offen, ob der Kreis der Entscheidungsbeteiligten mit dem Kreis der Entscheidungsbetroffenen identisch ist. Diese Identität aber müßte gegeben sein, wenn das AT nur für direkte Entscheidungsverfahren gelten soll. Da dies nicht der Fall ist, gilt das AT auch für indirekte (repräsentative) Verfahren, bei denen die Entscheidungsbeteiligten eine Teilmenge der Entscheidungsbetroffenen sind und (als gewählte Repräsentanten) für diese entscheiden. Nicht nur die direkte Demokratie, auch die repräsentative Demokratie unterliegt dem AT.

Wenn damit die Reichweite des Theorems geklärt ist, die offenbar auch nichtdemokratische Verfahren umfaßt, so bleibt für uns die Frage, was das AT für den Begriff der – direkten oder repräsentativen – Demokratie bedeutet. Müssen wir den Gedanken an demokratische Verfahrensweisen bei politischen Entscheidungen wegen logischer Widersprüchlichkeit aufgeben? Das wäre zweifelsohne der Fall, wenn wir daran festhalten, daß Arrows Bedingungen die Mindestanforderungen an ein demokratisches Entscheidungsverfahren definieren, denn dann würden wir ein System von Verfahrensnormen beibehalten wollen, das sich mangels logischer Konsistenz sicher nicht begründen läßt.

Wir können andererseits aber untersuchen, ob sich nicht die eine oder andere der Arrowschen Forderungen so weit abschwächen läßt, daß die Verfahrensnormen logisch miteinander verträglich sind, ohne daß das Entscheidungsverfahren, das sie definieren, damit undemokratisch wird. Es ist z. B. durchaus fraglich, ob eine demokratische AR eine KWF sein muß und ob es nicht Beschränkungen der individuellen Entscheidungssouveränität gibt, die sich mit demokratischen Entscheidungsverfahren vereinbaren lassen.

Wir werden daher in den folgenden Kapiteln prüfen, welche Möglichkeiten Abschwächungen der Arrowschen Bedingungen eröffnen und welche Konsequenzen sich daraus ergeben. Wir nehmen aus dieser Prüfung allerdings die Bedingungen **D** und **P** aus, da sie für demokratische Entscheidungsverfahren unverzichtbar sind. Die kollektive Entscheidung darf weder von einer äußeren Instanz, noch von einer einzelnen Person diktiert werden.

Literatur: Abrams (1980), Kap. 1 & 2, Arrow (1963, 1987), Craven (1992), Kap. 3, Feldman (1980), Kap. 10, Fishburn (1973), Kap. 16, Kelly (1978), Kap. 1–4, Kelly (1988), Kap. 2 & 7, MacKay (1980), Pattanaik (1971), Kap. 3, Schofield (1985), Kap. 2, Schwartz (1986), Kap. 3, Sen (1970), Kap. 3 & 3*, Suzumura (1983), Kap. 3.

Anmerkungen: Der formalen Beschreibung des kollektiven Entscheidungsprozesses in Abschn. 3.1 als ein Prozeß der Aggregation individueller Präferenzen zu einer kollektiven Präferenz liegen Annahmen zugrunde, die für die Position des **methodologischen Individualismus** zentral sind. Die Problematik dieser Annahmen wird in den Schlußbemerkungen diskutiert.

Die Definition einer Entscheidungsalternative als Sozialzustand ('*social state*') in Abschn. 3.1 findet sich bei Arrow (1963), S. 17. Die in D. 1/3 definierte Aggregationsregel entspricht einer '*Collective choice rule*' (CCR) bei Sen (1970), S. 28, und die in D. 4/3 definierte Kollektive Wohlfahrtsfunktion einer '*Social welfare function*' (SWF) bei Arrow (1963), S. 22f. (D. 4), für die Arrow später den Begriff '*constitution*' bevorzugte: Arrow (1987).
Diese ist nun zu unterscheiden von einer Sozialen Wohlfahrtsfunktion im Sinne Bergsons (BSWF). Das ist eine Funktion, die vollständige und transitive Wohlfahrtsurteile über alternative Sozialzustände erlaubt, d. h. die eine Ordnung R für die Gesellschaft in eine numerische Repräsentation überführt, so daß $\langle x,y\rangle \in R \leftrightarrow u(x) \geqq u(y)$, wobei eine **feste** Präferenzstruktur g als gegeben angenommen wird. R kann z. B. als **paretianisch** bezeichnet werden, wenn (a) $\forall i \in K: \langle x,y\rangle \in g(i) \rightarrow \langle x,y\rangle \in R$ und (b) $\forall_i \in K: \langle x,y\rangle \in g(i) \wedge \exists j \in K: \langle x,y\rangle \in g'(j) \rightarrow \langle x,y\rangle \in P(R)$, wobei P(R) den asymmetrischen Teil von R bildet. Eine paretianische BSWF ist demnach eine numerische Repräsentation einer paretianischen Ordnung R. In diesem Sinne läßt sich durch die BSWF ein bestimmtes Wohlfahrtsurteil – in diesem Fall ein paretianisches – zum Ausdruck bringen.
Eine KWF in unserem Sinne hingegen legt ihrerseits eine BSWF bzw. die ihr zugrundeliegende Ordnung R aufgrund einer beliebigen Präferenzstruktur g fest und liefert damit die, wenn auch zunächst nur formale Antwort auf die bei der Konstruktion der BSWF offen bleibende Frage, die sich Arrow gestellt hatte: Wie gelangt man von **beliebigen**, nicht fest vorgegebenen Präferenzstrukturen zu einer kollektiven Ordnung R? Siehe dazu Bergson (1938), Arrow (1963), Kap. II, Sen 1970, Kap. 3, Sen (1986), Abschn. 1.2, Sohmen (1976), Kap. 2, und Suzumura (1987).
Die Beispiele für die Erörterung des Abstimmungsparadoxes in Abschn. 3.2 stammen von Condorcet (1785); Tab. 4 und 6 sind nach Guilbaud (1966), S. 263f., zusammengestellt, vgl. auch Moulin & Young (1987). Tab. 5 über die Wahrscheinlichkeit zyklischer Folgen fußt auf Niemi & Weisberg (1968), Tab. 2, und Gehrlein & Fishburn (1976), Tab. 1; vgl. auch Garman & Kamien (1968), DeMeyer & Plott (1970) sowie Pomeranz & Weil (1970).
Die frühe Literatur hatte bereits Vorstellungen zur 'Lösung' des Abstimmungsparadoxes entwickelt, von denen einige noch heute relevant sind, darunter das Kriterium von Concorcet (1785), wonach das Paradox dann nicht auftritt, wenn es eine Alternative gibt, die im paarweisen Vergleich gegenüber **jeder** anderen Alternative die Mehrheit hat (vgl. die Condorcet-Bedingung in Abschn. 5.3). Eine solche Alternative wird **Condorcet-Gewinner** genannt (s. D. 11/5 in Abschn. 5.3).
Es ist daher eine wichtige Eigenschaft von Aggregationsregeln, daß sie 'condorcet-inklusiv' sind, d. h. den Condorcet-Gewinner auswählen, wenn es einen gibt. Als notwendige und hinreichende Bedingung für Aggregationsregeln jedoch würde das Kriterium eine erhebliche Einschränkung der zulässigen Präferenzstrukturen bedeuten. Ein weiterer Vorschlag war die zur Erläuterung der Bedingung **I** in Abschn. 3.3 herangezogene AR von Borda (1781). Eine Charakterisierung dieser Regel hat Young (1974) vorgelegt (s. auch die Anmerkung zu Abschn. 5.1).
Soweit bekannt, ist das Problem des Abstimmungsparadoxes im 19. Jh. nur von wenigen anderen Autoren thematisiert worden, darunter Dodgson (Lewis Carroll) (1876) und Nanson (1882), ansonsten aber vergessen gewesen, ehe es von Black (1958) wiederentdeckt wurde. Black (1958), Teil II, berichtet auch über die Geschichte des Paradoxes.
Es gibt den Beweis des AT in den unterschiedlichsten Versionen, vgl. z. B. Feldman (1980), S. 187ff., Fishburn (1973), S. 204ff., MacKay (1980), S. 105ff., Schofield (1985), S. 36ff., Schwartz (1986), S. 51ff. Meist aber wird der Beweisgang von Arrow (1963), S. 97ff., in der Fassung von Sen (1970), S. 42ff., zugrundegelegt, so z. B. bei Abrams (1980), S. 53ff., Kelly (1978), Kap. 4, Luce & Raiffa (1957), S. 339f., Ordeshook (1986), S. 62ff., und Riker & Ordeshook (1973), S. 91ff.
Auch unser Beweis in Abschn. 3.4 nimmt das Beweisargument von Arrow und Sen auf, ist jedoch in wichtigen Teilen neu. Die Neuformulierung stützt sich auf die Kritik von Routley (1979) an der Arrow-Sen-Version.

Weitere Probleme: Neben dem Abstimmungsparadox gibt es weitere Paradoxa, die sich darauf zurückführen lassen, daß nicht nur die Mehrheitsregel, sondern auch andere Aggregationsregeln wie die Borda-Regel stets mindestens eine der Bedingungen von Arrow verletzen. So

entsteht das 'Paradox des dominierten Gewinners', wenn bei Anwendung der Mehrheitsregel eine bestimmte Abstimmungsfolge eingehalten wird, das 'Paradox der umgekehrten Präferenz' sowie das 'Paradox des verschwundenen Gewinners', wenn die Borda-Regel auf Präferenzstrukturen angewandt wird, bei denen eine Alternative wegfällt, das 'Paradox des Mehrheitsgewinners', wenn auf eine Präferenzstruktur nacheinander die Mehrheits- und die Borda-Regel angewandt wird, und das 'Paradox der eingeschränkten Punktsumme', wenn die Punktgewichtung für die Ränge der Alternativen bei der Borda-Regel variiert wird; s. dazu Fishburn (1974), vgl. auch Abrams (1980), S. 30–35, und Ordeshook (1986), S. 67–69.
Arrow hatte sein Theorem ursprünglich nicht mit Bedingung **P**, sondern mit zwei anderen Bedingungen formuliert.
Bedingung **AE (Ausschluß der Erzwingung)**: $\forall x,y \in X: \exists g \in G: [\langle x,y \rangle \in \dot{f}(g)]$.
Bedingung **M (Monotonizität** bzw. **nicht-negative Reaktion)**: $\forall x \in X: \forall g, g' \in G:$

$$[[\forall i \in K: \forall y \in X: (\langle x,y \rangle \in g(i) \rightarrow \langle x,y \rangle \in g'(i)) \wedge (\langle x,y \rangle \in \dot{g}(i) \rightarrow \langle x,y \rangle \in \dot{g}'(i))$$
$$\wedge (\forall a,b \neq x: \langle a,b \rangle \in g(i) \rightarrow \langle a,b \rangle \in g'(i))] \rightarrow [\langle x,y \rangle \in \dot{f}(g) \rightarrow \langle x,y \rangle \in \dot{f}(g')]].$$

Das Theorem lautet dann, daß es keine KWF gibt, die zugleich den Bedingungen **M**, **AE**, **D** und **I** genügt. Diese Version kann als Korollar zum AT aufgefaßt werden, denn unter der Voraussetzung von **I** gilt die Implikation: **M** ∧ **AE** → **P**; s. Arrow (1963), Kap. III & IV, Arrow (1987) und MacKay (1980), S. 104.
Man braucht aber nicht einmal **M** (und auch nicht **P**), um zu einem Unmöglichkeitsresultat zu gelangen, es genügt dafür die folgende Bedingung.
Bedingung **UD (Ausschluß der umgekehrten Diktatur):** $\neg \exists i \in K: \forall g \in G: \forall x,y \in X:$ $[\langle x,y \rangle \in \dot{g}(i) \rightarrow \langle y,x \rangle \in \dot{f}(g)]$.

Wilson (1972) und Binmore (1975) konnten zeigen, daß es keine KWF gibt, die zugleich die Bedingungen **AE**, **UD**, **D** und **I** erfüllt. Sie wiesen nach, daß eine KWF, die **I** erfüllt, nur drei Möglichkeiten offen läßt: (a) Diktatur, (b) umgekehrte Diktatur, (c) Erzwingung der kollektiven Präferenz. Nun wird (a) durch **D**, (b) durch **UD** und (c) durch **AE** ausgeschlossen, womit sich das Unmöglichkeitsresultat ergibt; vgl. dazu auch Sen (1986), S. 1082.
Sen (1979, 1986) hat vorgeschlagen, für den Beweis des AT eine Variante der Bedingung der **Neutralität** (s. Abschn. 6.1 für die Formulierung der Bedingung) heranzuziehen, da diese, wie schon Blau (1972) herausgearbeitet habe, von **I** und **P** impliziert werde. Tatsächlich vereinfacht diese Implikation den Beweis ganz erheblich; vgl. auch McLean (1987), S. 174ff.
Eine Frage von eher akademischem Interesse ist, was geschieht, wenn die Menge der Individuen unendlich groß ist. Während Fishburn (1970) zeigen konnte, daß die Arrowschen Bedingungen dann miteinander vereinbar sind, entdeckten Kirman & Sondermann (1972) unter dieser Voraussetzung den 'unsichtbaren Diktator'. Da es im Arrowschen Zusammenhang wegen **P** stets eine Gruppe gibt, die entscheidend ist und diese Gruppe immer eine Teilgruppe enthält, die 'diktatorisch' entscheidet, kann es im unendlichen Fall zwar sein, daß es keine einzelne Person gibt, die der Diktator ist, jedoch eine 'unendlich kleine' Teilgruppe, die 'diktatorisch' entscheidet; vgl. auch Plott (1976).
Schließlich sind die Arbeiten von Chichilnisky (1980, 1982, 1983) zu erwähnen, die zeigen, daß sich auch ohne Bedingung **I** Unmöglichkeitsresultate ergeben, wobei **I** durch die Eigenschaft der 'Kontinuität', d.h. eine Art von Konsistenz zwischen Präferenzstrukturen, ersetzt wird.

4. Abschwächung der kollektiven Rationalität

4.1 Einstimmigkeit als Aggregationsregel

Die Forderung der kollektiven Rationalität bedeutet, wie wir im vorangegangenen Kapitel gesehen haben, daß die Aggregationsregel eine KWF sein soll, d.h. eine AR, die für jede Präferenzstruktur g eine reflexive, vollständige und transitive kollektive Präferenzrelation erzeugt. Mit dieser Forderung fällt jedoch die Mehrheitsregel als AR aus, da sie, wie sich zeigte, nicht immer die Forderung nach Transitivität der kollektiven Präferenzrelation erfüllt.

Anders ist dies mit der **Einstimmigkeitsregel (ER)**, die wir daher in diesem Abschnitt untersuchen wollen. Sie läßt sich unter Zugrundelegung des **Pareto-Prinzips** aus Abschnitt 3.3 wie folgt als AR definieren.

Definition 1/4: Eine AR f ist eine **ER**: $\leftrightarrow \forall g \in G: \forall x, y \in X: [\langle x, y\rangle \in \dot{f}(g) \leftrightarrow \forall i \in K: \langle x, y\rangle \in \dot{g}(i)]$.

Bei ihrer Anwendung entstehen sicher keine zyklischen Folgen. Überdies gibt es kaum eine überzeugendere Grundlage einer kollektiven Entscheidung als die Einstimmigkeit der Beteiligten.

Sie hat jedoch einen gravierenden Nachteil: Sie führt im allgemeinen zu kollektiven Präferenzrelationen, die bei weitem nicht vollständig sind. Stets dann, wenn bei einer Alternative keine Übereinstimmung im Kollektiv K besteht, gibt es aufgrund der **ER** auch keine kollektive Präferenz. (Wird die Regel dennoch angewandt, ist daher meist ein Diskussionsprozeß vorgeschaltet – in sog. primitiven Gesellschaften z.B. in Form des 'Palavers' – in dessen Verlauf sich Übereinstimmung herausbilden soll.)

Nun kann man versuchen, die **ER** so zu ergänzen, daß in allen Fällen eine kollektive Entscheidung möglich wird. Wir greifen dazu das **strikte Pareto-Prinzip** aus Abschnitt 3.3 auf und nennen eine Alternative x **paretooptimal**, wenn es keine paretobessere Alternative im Sinnne der Bedingung **SP** aus Abschnitt 3.3 gibt.

Definition 2/4: Eine Alternative $x \in X$ ist für K **paretooptimal**: $\leftrightarrow \neg \exists y \in X: [\forall i \in K: \langle y, x\rangle \in g(i) \wedge \exists j \in K: \langle y, x\rangle \in \dot{g}(j)]$.

Als einziges normatives Kriterium zur Beurteilung von Sozialzuständen, z.B. von Güterverteilungen, ist die Paretooptimalität allerdings problematisch, da auch extrem ungleiche Verteilungen paretooptimal sein können. Geht es etwa um die Verteilung eines beliebig teilbaren Gutes konstanter Größe und sind die individuellen Bewertungsfunktionen strikt monoton (zur Definition vgl. Abschn. 2.1), so ist jede logisch mögliche Verteilung dieses Gutes paretooptimal.

Schließt man allerdings interpersonelle Vergleiche der individuellen Bewertungsfunktionen völlig aus, ist man mangels anderer Kriterien auf Paretooptimalität angewiesen. Das gilt selbst dann, wenn 'erweiterte' individuelle Präferenzen zugrundegelegt werden, wie wir sie in Kapitel 8 einführen, weil der aus der Erweiterung resultierende Informationsgewinn wegen der interpersonellen Unvergleichbarkeit der Bewertungsfunktionen nicht genutzt werden kann.

Dagegen erscheint die Forderung nach Paretoinklusivität von Aggregationsregeln als sinnvoll. Eine **paretoinklusive** AR führt bei beliebigen Präferenzstrukturen zu einer kollektiven Präferenzrelation, die jeweils eine Alternative präferiert, die **paretobesser** ist.

Definition 3/4: Für x, y $\in$ X ist x **paretobesser** als y: $\langle x, y\rangle \in \mathfrak{P}_{X,K}$: $\leftrightarrow [\forall i \in K: \langle x, y\rangle \in g(i) \wedge \exists j \in K: \langle x, y\rangle \in \dot{g}(j)]$.

Das folgende Lemma verknüpft dieses Konzept mit der Paretooptimalität.

> *Lemma* 1/4: Eine Alternative ist genau dann **paretooptimal** bezüglich X in K, wenn es keine **paretobessere** Alternative gibt.

Beweis: Ergibt sich unmittelbar aus D. 2/4 und D. 3/4.

Damit kann **Paretoinklusivität** wie folgt definiert werden.

Definition 4/4: Eine AR f ist **paretoinklusiv**: $\leftrightarrow \forall g \in G: \forall x, y \in X: [\langle x, y\rangle \in \mathfrak{P}_{X,K} \rightarrow \langle x, y\rangle \in \dot{f}(g)]$.

In Bezug auf Güterverteilungen gibt es einen paretobesseren Zustand immer dann, wenn die Möglichkeit besteht, die Gesamtmenge eines Gutes zu erhöhen (vorausgesetzt die individuellen Bewertungsfunktionen sind monoton). Technisch gesprochen wird damit die 'Paretogrenze' nach außen verschoben, so daß neue (paretooptimale) Verteilungen entstehen, die paretobesser sind als die vorherigen, da in ihnen mindestens einer mehr bekommen kann als zuvor, ohne daß irgendjemand weniger bekommen müßte.

Damit ist ein Weg der Vermeidung von Verteilungskonflikten angedeutet, der für die Politik sehr attraktiv ist: die Erhöhung der 'Verteilungsmasse'. Das macht es verständlich, daß ökonomisches Wachstum als eines der zentralen Ziele in der Politik hochindustrialisierter Gesellschaften gilt.

Es ist leicht zu sehen, daß Paretooptimalität, verstanden als AR, ebenso unvollständig ist wie die **ER**, denn sie ist nicht anwendbar, wenn entgegengerichtete individuelle Präferenzen vorliegen, also ein Individuum x gegenüber y vorzieht, ein anderes aber y gegenüber x. In dem Fall sind x und y paretomäßig nicht vergleichbar.

Anders ausgedrückt: die Relation 'paretobesser' ist dann leer, wenn es keine zwei Alternativen in X gibt, die paretovergleichbar sind, d.h. von denen eine paretobesser ist als die andere. Das gilt bereits dann, wenn die Individuen aus K gegenüber den Alternativen aus X indifferent sind.

Definition 5/4: Zwei Alternativen x und y aus X sind **paretovergleichbar**: $\leftrightarrow [\langle x, y\rangle \in \mathfrak{P}_{X,K} \vee \langle y, x\rangle \in \mathfrak{P}_{X,K}]$.

Wir können nun zusätzlich den Begriff der **Paretoindifferenz** einführen.

Definition 6/4: Zwei Alternativen x und y aus X sind **paretoindifferent**: $\langle x, y\rangle \in \mathfrak{J}_{X,K} \leftrightarrow [\forall i \in K: \langle x, y\rangle \in \tilde{g}(i)]$.

Damit ergibt sich die **erweiterte** Paretoinklusivität und Paretovergleichbarkeit wie folgt.

Definition 7/4: Eine AR f ist **im weiteren Sinne paretoinklusiv**: $\leftrightarrow \forall g \in G: \forall x, y \in X: [[\langle x, y\rangle \in \mathfrak{P}_{X,K} \rightarrow \langle x, y\rangle \in \dot{f}(g)] \wedge [\langle x, y\rangle \in \mathfrak{J}_{X,K} \rightarrow \langle x, y\rangle \in \tilde{f}(g)]]$.

Definition 8/4: Zwei Alternativen x und y aus X sind **im weiteren Sinne paretovergleichbar**: $\leftrightarrow [\langle x, y\rangle \in \mathfrak{P}_{X,K} \vee \langle y, x\rangle \in \mathfrak{P}_{X,K} \vee \langle x, y\rangle \in \mathfrak{J}_{X,K}]$.

Fordern wir nun, daß alle Fälle entgegengerichteter individueller Präferenzen zu kollektiver Indifferenz zwischen den jeweiligen Alternativen führen sollen, dann ergibt sich die folgende **ergänzte Einstimmigkeitsregel (EER)** als AR.

Definition 9/4: Eine AR f ist eine **EER**: $\leftrightarrow \forall g \in G: \forall x, y \in X: [\langle x, y\rangle \in f(g) \leftrightarrow \neg [\forall i \in K: \langle y, x\rangle \in g(i) \wedge \exists j \in K: \langle y, x\rangle \in \dot{g}(j)]]$.

Das folgende Korollar klärt die logische Verbindung der Einstimmigkeitsregel **ER** zur ergänzten Einstimmigkeitsregel **EER**.

> *Korollar* 1/4: Ist f eine **ER** und f′ eine **EER**, dann gilt: $\forall g \in G: \forall x, y \in X: [\langle x, y\rangle \in \dot{f}(g) \rightarrow \langle x, y\rangle \in \dot{f}'(g)]$.

Beweis:

(1)	Annahme: $\langle x, y\rangle \in \dot{f}(g)$.	
(2)	$\forall i \in K: \langle x, y\rangle \in \dot{g}(i)$.	wg. (1) u. D. 1/4 (**ER**)
(3)	$\neg \forall i \in K: \langle y, x\rangle \in g(i)$.	wg. (2)
(4)	$\neg [\forall i \in K: \langle y, x\rangle \in g(i) \wedge \exists j \in K: \langle y, x\rangle \in \dot{g}(j)]$.	wg. (3)
(5)	$\langle x, y\rangle \in f'(g)$.	wg. (4) u. D. 9/4 (**EER**)
(6)	Noch zu zeigen: $\neg \langle y, x\rangle \in f'(g)$.	
(7)	Annahme: $\langle x, y\rangle \in \dot{f}(g) \wedge \langle y, x\rangle \in f'(g)$.	
(8)	$\neg [\forall i \in K: \langle x, y\rangle \in g(i) \wedge \exists j \in K: \langle x, y\rangle \in \dot{g}(j)]$.	wg. (7) u. D. 9/4 (**EER**)
(9)	$\neg \forall i \in K: \langle x, y\rangle \in g(i) \vee \neg \exists j \in K: \langle x, y\rangle \in \dot{g}(j)$.	wg. (8)
(10)	$\exists i \in K: \langle y, x\rangle \in \dot{g}(i) \vee \forall j \in K: \langle y, x\rangle \in g(j)$.	wg. (9)
(11)	$\forall i \in K: \langle x, y\rangle \in \dot{g}(i)$.	wg. (7) u. D. 1/4 (**ER**)
(12)	1. *Fall:* $\forall i \in K: \langle x, y\rangle \in \dot{g}(i) \wedge \exists j \in K: \langle y, x\rangle \in \dot{g}(j)$, ein Widerspruch.	wg. (10) u. (11)
(13)	2. *Fall:* $\forall i \in K: \langle x, y\rangle \in \dot{g}(i) \wedge \forall j \in K: \langle y, x\rangle \in g(j)$, ein Widerspruch.	wg. (10) u. (11)
(14)	Annahme (7) führt zum Widerspruch, demnach: $\neg \langle y, x\rangle \in f'(g) \rightarrow \langle x, y\rangle \in \dot{f}'(g)$.	wg. (12) u. (13)

Darüber hinaus läßt sich zeigen, daß die **EER** paretoinklusiv ist und zu kollektiver Indifferenz führt, wenn entweder Paretoindifferenz oder paretomäßige Unvergleichbarkeit vorliegt.

> *Korollar* 2/4: Ist f eine **EER**, so gilt:
> (a) $\langle x, y\rangle \in f(g) \leftrightarrow \neg \langle y, x\rangle \in \mathfrak{P}_{X,K}$
> (b) $\langle x, y\rangle \in \dot{f}(g) \leftrightarrow \langle x, y\rangle \in \mathfrak{P}_{X,K}$
> (c) $\langle x, y\rangle \in \tilde{f}(g) \leftrightarrow \neg \langle x, y\rangle \in \mathfrak{P}_{X,K} \wedge \neg \langle y, x\rangle \in \mathfrak{P}_{X,K}$
> (d) $\langle x, y\rangle \in \tilde{f}(g) \leftrightarrow \langle x, y\rangle \in \mathfrak{J}_{X,K} \vee \exists i, j \in K: [\langle x, y\rangle \in \dot{g}(i) \wedge \langle y, x\rangle \in \dot{g}(j)]$

Beweis:

(a)	Ergibt sich unmittelbar aus D. 9/4 und D. 3/4.	
(b)	(1) $\langle x, y\rangle \in \dot{f}(g) \leftrightarrow \langle x, y\rangle \in f(g) \wedge \neg \langle y, x\rangle \in f(g)$.	wg. D. 2/3
(2)	$\langle x, y\rangle \in f(g) \wedge \neg \langle y, x\rangle \in f(g) \leftrightarrow \neg \langle y, x\rangle \in \mathfrak{P}_{X,K} \wedge \langle x, y\rangle \in \mathfrak{P}_{X,K}$.	wg. K. 2/4 (a)
(3)	$\neg \langle y, x\rangle \in \mathfrak{P}_{X,K} \wedge \langle x, y\rangle \in \mathfrak{P}_{X,K} \leftrightarrow \langle x, y\rangle \in \mathfrak{P}_{X,K}$, da $\langle x, y\rangle \in \mathfrak{P}_{X,K} \rightarrow \neg \langle y, x\rangle \in \mathfrak{P}_{X,K}$.	wg. (2) u. D. 3/4
(c)	Ergibt sich unmittelbar aus (a), da nach D. 3/3: $\langle x, y\rangle \in \tilde{f}(g) \leftrightarrow \langle x, y\rangle \in f(g) \wedge \langle y, x\rangle \in f(g)$.	
(d)	’ → ‘:	
(1)	Annahme: $\neg \langle x, y\rangle \in \mathfrak{P}_{X,K} \wedge \neg \langle y, x\rangle \in \mathfrak{P}_{X,K}$.	wg. K. 2/4 (c)
(2)	$\neg [\forall i \in K: \langle x, y\rangle \in g(i) \wedge \exists j \in K: \langle x, y\rangle \in \dot{g}(j)] \wedge \neg [\forall i \in K: \langle y, x\rangle \in g(i) \wedge \exists j \in K: \langle y, x\rangle \in \dot{g}(j)]$.	wg. (1) u. D. 3/4
(3)	$[\exists i \in K: \neg \langle x, y\rangle \in g(i) \vee \forall j \in K: \neg \langle x, y\rangle \in \dot{g}(j)] \wedge [\exists i \in K: \neg \langle y, x\rangle \in g(i) \vee \forall j \in K: \neg \langle y, x\rangle \in \dot{g}(j)]$.	wg. (2)

(4) $[\exists i \in K: \langle y, x\rangle \in \dot{g}(i) \vee \forall j \in K: \langle y, x\rangle \in g(j)] \wedge$ wg. (3)
$[\exists i \in K: \langle x, y\rangle \in \dot{g}(i) \vee \forall j \in K: \langle x, y\rangle \in g(j)]$.
(5) $\forall j \in K: \langle x, y\rangle \in \tilde{g}(j) \vee [\exists i \in K: \langle y, x\rangle \in \dot{g}(i) \wedge$ wg. (4)
$\exists i \in K: \langle x, y\rangle \in \dot{g}(i)]$.
(6) $\langle x, y\rangle \in \mathfrak{I}_{X,K} \vee \exists i, j \in K: [\langle x, y\rangle \in \dot{g}(i) \wedge \langle y, x\rangle \in \dot{g}(j)]$. wg. (5) u. D. 6/4
’ $\leftarrow$ ‘:
(7) $\langle x, y\rangle \in \mathfrak{I}_{X,K} \vee \exists i, j \in K: [\langle x, y\rangle \in \dot{g}(i) \wedge \langle y, x\rangle \in \dot{g}(j)]$.
(8) $\forall i \in K: \langle x, y\rangle \in \tilde{g}(i) \vee [\neg \langle x, y\rangle \in \mathfrak{P}_{X,K} \wedge \neg \langle y, x\rangle \in \mathfrak{P}_{X,K}]$. wg. D. 6/4 u. D. 3/4
(9) $\langle x, y\rangle \in \check{f}(g)$, da $\forall i \in K: \langle x, y\rangle \in \tilde{g}(i) \rightarrow \neg \langle x, y\rangle \in \mathfrak{P}_{X,K} \wedge$
$\neg \langle y, x\rangle \in \mathfrak{P}_{X,K}$.

Die **EER** vervollständigt die **ER**, so daß sich für jede Präferenzstruktur g eine kollektive Präferenzrelation ergibt. Allerdings führen nach der **EER** alle problematischen Fälle, also Interessen- und Verteilungskonflikte, die sich in entgegengerichteten individuellen Präferenzen äußern, definitionsgemäß zu kollektiver Indifferenz. Gegenüber der **ER** ist das Problem daher nur verschoben: statt mit kollektiver Entscheidungsunfähigkeit werden wir nunmehr mit weitgehender kollektiver Indifferenz konfrontiert sein.

Die **EER** gibt jedem Entscheidungsbeteiligten ein Veto, denn es bedarf der individuellen strikten Präferenzen aller Beteiligten für, sagen wir, x gegenüber y, um zu einer kollektiven strikten Präferenz für x gegenüber y zu gelangen. Eine einzige entgegengerichtete individuelle Präferenz für y gegenüber x reicht aus, die kollektive strikte Präferenz in eine kollektive Indifferenz zwischen x und y zu verwandeln.

Damit kann unter der **EER** jeder Entscheidungsbeteiligte ein ihm nicht genehmes Resultat 'zu Fall‘ bringen. Dieser Umstand läßt die **EER** als allgemein anzuwendende AR wenig geeignet erscheinen. Aus Beispielen wie der Beschlußfassung im Ministerrat der EG oder im Sicherheitsrat der UNO ist die politisch oft lähmende Auswirkung von Vetomöglichkeiten wohlbekannt. Das hängt nicht zuletzt damit zusammen, daß eine Vetomöglichkeit zugleich ein Drohpotential beinhaltet, das zur verfälschten Darstellung der eigenen Präferenzen oder aber zu langwierigen Verhandlungen führen kann.

Eben wegen der Verfügung über ein Drohpotential kann andererseits Politikern daran gelegen sein, Vetopositionen einzunehmen. Unter bestimmten Voraussetzungen ist daher die **EER** für die Entscheidungsbeteiligten durchaus attraktiv. Neben den Einflußmöglichkeiten, die das der Vetoposition inhärente Drohpotential bietet, ist sie für die Entscheidungsbeteiligten sicher auch wünschenswert, wenn das Resultat 'keine Entscheidung‘ dem Überstimmtwerden vorgezogen wird, jedoch auch im Fall einer Entscheidung über sehr riskante Alternativen, d.h. wenn Fehlentscheidungen verheerende Konsequenzen haben würden.

Tatsächlich sind in den westlichen Demokratien nicht selten Verfahren zu beobachten, die der **EER** sehr nahe kommen. So wird in der Beschlußfassung über die 'Gemeinschaftsaufgaben‘ von Bund und Ländern in der Bundesrepublik faktisch nach der Einstimmigkeitsregel vorgegangen. In der Schweiz sind Anhörungen von Parteien und Interessengruppen in der Phase der Vorbereitung von Gesetzesvorhaben als 'Vernehmlassungsverfahren‘ institutionalisiert und zu einem System der **Konkordanzdemokratie** ausgebaut. Das hat nicht nur den Zweck, schon im Vorfeld der Entscheidung einen möglichst breiten Konsens herbeizuführen, sondern auch alle Beteiligten in die gemeinsame Verantwortung einzubinden.

4.2 Stimmentausch und politischer Kompromiß

Es gibt einen weiteren Grund, die Idee der Einstimmigkeit nicht von vornherein zu verwerfen: Übereinstimmung kann sich nämlich unter Voraussetzung entgegengesetzter Auffassungen bzw. Präferenzen der Individuen auch dann ergeben, wenn die Möglichkeiten des **Stimmentauschs** bzw. des politischen **Kompromisses** genutzt werden.

Als Beispiel gehen wir von zwei Personen, 1 und 2, aus. Die Alternativenmenge X habe die Elemente x_1 bis x_4, d.h. $X = \{x_1, \ldots, x_4\}$. Diese Elemente sollen sich aus jeweils zwei Komponenten zusammensetzen, so daß $x_1 := \langle a, b \rangle$, $x_2 := \langle a, \neg b \rangle$, $x_3 := \langle \neg a, b \rangle$ und $x_4 := \langle \neg a, \neg b \rangle$. Die kollektive Entscheidung für ein Element aus X erfolgt in zwei Abstimmungen. In der ersten Abstimmung wird über a oder $\neg$a und in der zweiten über b oder $\neg$b entschieden. Erst nach beiden Abstimmungen liegen also die kollektiven Präferenzen über X fest.

Person 1, so wollen wir annehmen, befürwortet a, lehnt aber b ab, umgekehrt befürwortet Person 2 b, lehnt jedoch a ab. Die weiteren Präferenzen von 1 und 2 seien wie in Tabelle 8 angegeben.

1	2
$\langle a, \neg b \rangle$	$\langle \neg a, b \rangle$
$\langle a, b \rangle$	$\langle a, b \rangle$
$\langle \neg a, \neg b \rangle$	$\langle \neg a, \neg b \rangle$
$\langle \neg a, b \rangle$	$\langle a, \neg b \rangle$

Tab. 8: Beispiel für Stimmentausch

Wird nun die AR **EER** auf die komponentenweise Abstimmung angewandt, muß sich, da nach Tabelle 8 genau entgegengesetzte Präferenzen der Personen 1 und 2 vorliegen, kollektive Indifferenz zwischen a und $\neg$a sowie b und $\neg$b ergeben.

Soweit kollektive Indifferenz die Beibehaltung des Status quo, sagen wir z, impliziert und für beide Personen gilt, daß $\langle a, b \rangle$ dem Status quo vorgezogen wird, besteht ein gemeinsames Interesse an einem Kompromiß, der zu $\langle a, b \rangle$ anstelle von z führt. Dieser Kompromiß nimmt die Form eines **Stimmentauschs** an: Person 1 verzichtet auf $\neg$b, stimmt also entgegen ihrer Spitzenpräferenz für b, zugleich entsprechend ihrer Spitzenpräferenz für a; im Gegenzug verzichtet Person 2 auf $\neg$a, stimmt also entgegen ihrer Spitzenpräferenz für a und entsprechend ihrer Spitzenpräferenz für b. Dann ergibt sich als gemeinsames Resultat $\langle a, b \rangle$. Das ist für beide zwar nur das zweitbeste Ergebnis, aber besser als kollektive Indifferenz bzw. der Status quo. Aus den entgegengesetzten individuellen Präferenzen ist mittels Stimmentausch Übereinstimmung geworden.

Der Stimmentausch ist, wie schon angedeutet, ein vereinfachtes Modell des politischen **Kompromisses**. Dieser beruht auf drei Voraussetzungen: (1) der Vermeidung eines Konflikts bzw. der Überwindung des Status quo, (2) der Möglichkeit der Drohung und (3) der Bereitschaft zu einem Angebot und dessen Realisierung durch die Beteiligten.

Zunächst müssen alle Beteiligten überzeugt sein, daß ihr bevorzugtes Ergebnis wegen entgegenstehender Auffassungen anderer nicht erreichbar ist. Gleichzeitig sollten sie gewillt sein, diesen Interessenkonflikt zu vermeiden, d.h. den Status quo zu überwinden. Weiter verfügt jeder Beteiligte über ein Drohpotential: er kann, wenn er bei seiner ursprünglichen Auffassung (seiner Spitzenpräferenz) bleibt, eine gemeinsame Entscheidung blockieren. Schließlich muß jeder Beteiligte ein Angebot machen, das er auch zu realisieren bereit ist. In der Regel wird er in einer Frage nachgeben, d.h. auf eine Spitzenpräferenz verzichten, die ihm (relativ) weniger wichtig ist, wenn er weiß, daß sie für den (oder die) anderen vorrangig ist – und umgekehrt.

Ein Kompromiß kann sich also ergeben, wenn die Beteiligten überzeugt sind, daß sie das für sie beste Ergebnis nicht erreichen können und zugleich das Kompromißresultat höher einschätzen als die gegenseitige Blockierung bzw. den Status quo.

Zweifelsohne ist der Stimmentausch bzw. der politische Kompromiß ein wichtiges Instrument, um zu einer Übereinstimmung zu gelangen. Eine ganz andere Frage aber ist es, ob er auch als allgemein anwendbare AR gelten kann. Das folgende Beispiel zeigt, daß es im Zusammenhang mit Stimmentausch ebenfalls zu zyklischen Präferenzfolgen kommen kann.

Wir nehmen wieder eine Entscheidungssituation nach dem obigen Muster an, auch die Präferenzen von Person 1 und 2 bleiben die gleichen. Es kommt jedoch eine dritte Person hinzu, deren Präferenzen in Tabelle 9 wiedergegeben sind.

1	2	3
$\langle a, \neg b \rangle$	$\langle \neg a, b \rangle$	$\langle \neg a, \neg b \rangle$
$\langle a, b \rangle$	$\langle a, b \rangle$	$\langle \neg a, b \rangle$
$\langle \neg a, \neg b \rangle$	$\langle \neg a, \neg b \rangle$	$\langle a, \neg b \rangle$
$\langle \neg a, b \rangle$	$\langle a, \neg b \rangle$	$\langle a, b \rangle$

Tab. 9: Zyklische Folge bei Stimmentausch

Würde abgestimmt wie oben erläutert wurde und nach der Mehrheitsregel entschieden, so ergäbe sich in der ersten Abstimmung eine Ablehnung von a, in der zweiten Abstimmung eine Ablehnung von b. Das Resultat wäre $\langle \neg a, \neg b \rangle$. Das ist für 3 das beste Ergebnis, für 1 und 2 hingegen das zweitschlechteste. Sie können es aber durch Stimmentausch verbessern – wir haben diesen Fall oben behandelt. Da 1 und 2 eine Mehrheit bilden, ist das Resultat $\langle a, b \rangle$.

Letzteres aber ist für 3 das schlechteste Ergebnis, so daß 3 versuchen wird, 2 einen Stimmentausch anzubieten. Ein Stimmentausch ist für 2 nur interessant, wenn er sich besser stellt als mit dem Resultat $\langle a, b \rangle$. 3 muß demnach $\langle \neg a, b \rangle$ anbieten. Gelingt dieser Stimmentausch, ergibt sich $\langle \neg a, b \rangle$, was wiederum für 1 das schlechteste Ergebnis ist, das 1 aber verbessern kann, indem er 3 $\langle \neg a, \neg b \rangle$ anbietet. Führt ein Stimmentausch zwischen 1 und 3 zu $\langle \neg a, \neg b \rangle$, ist der Ausgangspunkt wieder erreicht und der Zyklus könnte von neuem beginnen.

Es lassen sich sogar Beispiele angeben, die zeigen, daß in aufeinanderfolgenden Abstimmungen **mit** Stimmentausch für alle ein insgesamt schlechteres Ergebnis entsteht als **ohne** Stimmentausch und dennoch der einzelne sich dem Stimmentausch nicht entziehen kann, weil er sich sonst in den Einzelabstimmungen noch schlechter stellen würde.

Daraus wird erkennbar, daß der Stimmentausch – ohne seine positiven Möglichkeiten zu unterschätzen – als AR außerordentlich problematisch ist. Es zeigt sich überdies, daß die Idee der Einstimmigkeit keine generell anwendbare Lösung des Problems des AT darstellt, auch wenn die **EER** die Bedingungen von Arrow erfüllt, wie wir gleich zeigen werden.

4.3 Veto und Vetogruppe

Mit der KWF wird die recht starke Forderung erhoben, daß die kollektive Präferenzrelation dieselben Eigenschaften haben soll wie die individuellen Präferenzrelationen: Reflexivität, Vollständigkeit und Transitivität der schwachen Präferenzen und damit der Indifferenz. Nun stellt sich die Frage, ob man für kollektive Präferenzen die gleichen Konsistenzbedingungen fordern sollte wie für individuelle.

Dabei könnte man sich darauf stützen, daß laut Theorem 1/1 und 2/1 eine Abschwächung von Transitivität auf Quasi-Transitivität und sogar Azyklizität immer noch hinreicht, um sicherzustellen, daß die kollektive Präferenzrelation eine wohlbestimmte Auswahlfunktion erzeugt. Wir wollen daher untersuchen, ob nicht eine entsprechende Abschwächung der kollektiven Rationalität die Unmöglichkeit der Arrowschen Art vermeidet.

Die KWF wird demgemäß durch eine **Kollektive Entscheidungsfunktion** (KEF) ersetzt, deren Wertebereich aus kollektiven Präferenzrelationen besteht, die reflexiv, vollständig und quasi-transitiv oder azyklisch sind. Im ersteren Fall sprechen wir von einer **quasi-transitiven Kollektiven Entscheidungsfunktion** (QKEF), im letzteren von einer **azyklischen Kollektiven Entscheidungsfunktion** (AKEF).

Definition 10/4: Eine AR f ist eine KEF: $\leftrightarrow \forall g \in G$: [$a_R$ ist wohlbestimmt].

Nach Definition 1/3 ordnet die AR f jeder Präferenzstruktur g eine kollektive Präferenzrelation R zu. Eine KEF ordnet nun jeweils nur solche kollektiven Präferenzrelationen zu, für die die Auswahlmenge A (S, R) für alle Alternativenmengen S nicht leer ist, für die a_R mithin wohlbestimmt ist (vgl. D. 13/1).

Ist eine AR eine KWF, so ist sie auch eine KEF, und ist sie eine QKEF, ist sie auch eine AKEF. Die jeweiligen Umkehrungen gelten nicht. Ein auf den ersten Blick positiv wirkendes Resultat ist das folgende.

> *Theorem* 1/4:
> Es gibt eine QKEF, die den Bedingungen **D**, **P** und **I** genügt.

Beweis:

Zum Beweis ziehen wir die in Abschn. 4.1 erörterte **EER** heran, die nach D. 9/4 wie folgt definiert ist: $\forall g \in G$: $\forall x, y \in x$: $[\langle x,y\rangle \in f(g) \leftrightarrow \neg[\forall i \in K$: $\langle y,x\rangle \in g(i) \wedge \exists j \in K$: $\langle y,x\rangle \in \dot{g}(j)]]$, und zeigen, daß sie eine QKEF, also reflexiv, vollständig und quasi-transitiv ist und zugleich die Bedingungen **D**, **P** und **I** erfüllt.

(1)	Annahme: f ist eine **EER**.	
(2)	$\forall g \in G$: $\forall x \in X$: $\neg[\forall i \in K$: $\langle x,x\rangle \in g(i) \wedge \exists j \in K$: $\langle x,x\rangle \in \dot{g}(j)]$, wenn $x = y$.	wg. D. 9/4 (**EER**) u. L. 1/1 (a)
(3)	$\langle x,x\rangle \in f(g)$.	wg. (2) u. D. 9/4
(4)	f ist reflexiv.	wg. (3)
(5)	$\forall g \in G$: $\forall x,y \in X$: $[[\forall i \in K$: $\langle x,y\rangle \in g(i) \wedge \exists j \in K$: $\langle x,y\rangle \in \dot{g}(j)] \wedge [\forall i \in K$: $\langle y,x\rangle \in g(i) \wedge \exists j \in K$: $\langle y,x\rangle \in \dot{g}(j)]]$ ist kontradiktorisch.	

(6)	$\forall g \in G: \forall x, y \in X:$ $[\neg[\forall i \in K: \langle x,y\rangle \in g(i) \wedge \exists j \in K: \langle x,y\rangle \in \dot{g}(j)] \vee$ $\neg[\forall i \in K: \langle y,x\rangle \in g(i) \wedge \exists j \in K: \langle y,x\rangle \in \dot{g}(j)]]$.	wg. (5)
(7)	$\langle x,y\rangle \in f(g) \vee \langle y,x\rangle \in f(g)$.	wg. (6) u. D. 9/4
(8)	f ist vollständig.	wg. (7)
(9)	$\forall g \in G: \forall x, y \in X: [\langle x,y\rangle \in \dot{f}(g) \rightarrow \neg \langle y,x\rangle \in f(g)$ $\rightarrow \forall i \in K: \langle x,y\rangle \in g(i) \wedge \exists j \in K: \langle x,y\rangle \in \dot{g}(j)]$.	wg. D. 9/4
(10)	$\forall g \in G: \forall y, z \in X: [\langle y,z\rangle \in \dot{f}(g) \rightarrow \neg \langle z,y\rangle \in f(g)$ $\rightarrow \forall i \in K: \langle y,z\rangle \in g(i) \wedge \exists j \in K: \langle y,z\rangle \in \dot{g}(j)]$.	wg. D. 9/4
(11)	$\forall g \in G: [\langle x,y\rangle \in \dot{f}(g) \wedge \langle y,z\rangle \in \dot{f}(g) \rightarrow \forall i \in K:$ $[\langle x,z\rangle \in g(i) \wedge \exists j \in K: \langle x,z\rangle \in \dot{g}(j)]]$, da die individuellen Präferenzrelationen Ordnungen sind.	wg. (9) u. (10)
(12)	Für x und z gilt die Negation in der Definition der **EER** nicht, daher: $\neg\langle z,x\rangle \in f(g)$.	wg. (11) u. D. 9/4
(13)	$\langle x,y\rangle \in \dot{f}(g) \wedge \langle y,z\rangle \in \dot{f}(g) \rightarrow \langle x,z\rangle \in \dot{f}(g)$.	wg. (11) u. (12)
(14)	$\forall g \in G: [f(g) = R$ ist quasi-transitiv$]$.	wg. (13) u. D. 20/1
(15)	Die **EER** f ist eine QKEF.	wg. (4), (8) u. (14)
(16)	Die durch die **EER** f erzeugte Auswahlfunktion ist wohlbestimmt.	wg. (15) u. T. 1/1
(17)	$\exists j \in K: \langle x,y\rangle \in g(j) \rightarrow \langle x,y\rangle \in f(g)$.	wg. (1) u. D. 9/4
(18)	$\neg \exists i \in K: \forall g \in G: \forall x, y \in X: [\langle x,y\rangle \in \dot{g}(i) \rightarrow \langle x,y\rangle \in f(g)]$.	wg. (17)
(19)	f erfüllt **D**.	wg. (18)
(20)	$\forall i \in K: \langle x,y\rangle \in \dot{g}(i) \rightarrow \langle x,y\rangle \in \dot{f}(g)$.	wg. (1) u. D. 9/4
(21)	f erfüllt **P**.	wg. (20)
(22)	Annahme: $\forall i \in K: \langle x,y\rangle \in \dot{g}(i)$.	
(23)	$\forall i \in K: \langle x,y\rangle \in g(i)$.	wg. (22) u. L. 1/1 (b)
(24)	$\forall i \in K: \neg\langle y,x\rangle \in g(i)$.	wg. (22)
(25)	Annahme: $\forall i \in K: \langle x,y\rangle \in g(i) \leftrightarrow \langle x,y\rangle \in g'(i)$.	
(26)	$\forall i \in K: \langle x,y\rangle \in g'(i)$.	wg. (23)–(25)
(27)	$\langle x,y\rangle \in \dot{f}(g)$.	wg. (22) u. f **EER**
(28)	$\langle x,y\rangle \in \dot{f}(g')$.	wg. (26) u. f **EER**
(29)	Annahme: $\forall i \in K: \langle y,x\rangle \in \dot{g}(i)$.	
(30)	$\langle y,x\rangle \in \dot{f}(g) \wedge \langle y,x\rangle \in \dot{f}(g')$.	wg. (29) u. analog zu (22)–(28)
(31)	Annahme: $\exists i, j \in K: [\langle x,y\rangle \in g(i) \wedge \langle y,x\rangle \in g(j)]$.	
(32)	$\langle x,y\rangle \in f(g) \wedge \langle y,x\rangle \in f(g)$.	wg. (31) u. f **EER**
(33)	$\langle x,y\rangle \in f(g') \wedge \langle y,x\rangle \in f(g')$.	wg. (25) u. f **EER**
(34)	$\forall g, g' \in G: \forall x, y \in X: [[\forall i \in K: \langle x,y\rangle \in g(i) \leftrightarrow$ $\langle x,y\rangle \in g'(i)] \rightarrow [\langle x,y\rangle \in f(g) \leftrightarrow \langle x,y\rangle \in f(g')]]$.	wg. (22), (25), (29), vollst. Fallunterschdg. u. (27)–(33)
(35)	f erfüllt **I**.	wg. (34)
(36)	Die **EER** f erfüllt **D**, **P** und **I**.	wg. (19), (21), (35)

Die **EER**, die für diesen Beweis herangezogen wurde, ist dadurch gekennzeichnet, daß sie das gesamte Kollektiv K zur entscheidenden Gruppe im Sinne der nachfolgenden Definition 16/4 macht. Das bedeutet, daß jedes Individuum in K ein **Veto** hat. Denn: haben alle i die Präferenz $\langle x,y\rangle \in \dot{g}(i)$ und nur ein j die Präferenz $\langle y,x\rangle \in \dot{g}(j)$, dann ist das aufgrund der Präferenzen aller i nach der **EER** mögliche Resultat $\langle x,y\rangle \in \dot{f}(g)$ durch die Präferenz von j zu Fall gebracht, d.h. gemäß der **EER** in eine Indifferenz $\langle x,y\rangle \in \tilde{f}(g)$ verwandelt. Die Existenz einer **Vetogruppe** ist eine Folge der Abschwächung von Transitivität auf Quasi-Transitivität, wie im folgenden gezeigt wird.

Schließen wir die Vetogruppe nun mit Hilfe einer entsprechenden Ausschlußbedingung aus, so gelangen wir zu einem Resultat, das dem AT der Grundstruktur nach sehr ähnlich ist: Es läßt sich zeigen, daß es keine QKEF gibt, die den Bedingungen **P** und **I** sowie der Ausschlußbedingung genügt. Der Unterschied liegt darin, daß hier statt des Diktators die Vetogruppe ausgeschlossen wird und nicht eine KWF, sondern eine QKEF vorausgesetzt ist.

Definition 11/4: i aus K ist **halbentscheidend** bezüglich x und y in $\langle K, X, g, f\rangle$: $\leftrightarrow \forall g \in G: [\langle x,y\rangle \in \dot{g}(i) \rightarrow \langle x,y\rangle \in f(g)]$, so daß $\overline{HE}(i) := \{\langle x,y\rangle \mid x,y \in X \wedge \forall g \in G: [\langle x,y\rangle \in \dot{g}(i) \rightarrow \langle x,y\rangle \in f(g)]\}$.

Definition 12/4: i aus K ist **fast halbentscheidend** bezüglich x und y in $\langle K, X, g, f\rangle$: $\leftrightarrow \forall g \in G: [\langle x,y\rangle \in \dot{g}(i) \wedge \forall j \in K, i \neq j: \langle y,x\rangle \in \dot{g}(j) \rightarrow \langle x,y\rangle \in f(g)]$, so daß $HE(i) := \{\langle x,y\rangle \mid x,y \in X \wedge \forall g \in G: [\langle x,y\rangle \in \dot{g}(i) \wedge \forall j \in K, i \neq j: \langle y,x\rangle \in \dot{g}(j) \rightarrow \langle x,y\rangle \in f(g)]\}$.

Es gilt: $\langle x,y\rangle \in \overline{HE}(i) \rightarrow \langle x,y\rangle \in HE(i)$, aber nicht umgekehrt.

Definition 13/4: i_0 aus K ist fast halbentscheidend in L bezüglich $\langle K, X, g, f\rangle$: $\leftrightarrow L \subsetneq K \wedge \forall g \in G: \forall x,y \in X: [\langle x,y\rangle \in \dot{g}(i_0) \wedge \forall i \in L \setminus \{i_0\}: \langle y,x\rangle \in \dot{g}(i) \rightarrow \langle x,y\rangle \in f(g)$.

Definition 14/4: i_0 ist **Vetoinhaber** in L bezüglich $\langle K, X, g, f\rangle :\leftrightarrow L \subsetneq K \wedge \forall g \in G_L$: $\forall x,y \in X: [\langle x,y\rangle \in \dot{g}(i_0) \rightarrow \langle x,y\rangle \in f(g)]$, wobei G_L die Menge aller logisch möglichen Präferenzstrukturen in L ist.

Definition 15/4: L ist fast halbentscheidend bezüglich $\langle K, X, g, f\rangle$: $\leftrightarrow L \subsetneq K \wedge \forall g \in G: \forall x,y \in X: [\forall i \in L: \langle x,y\rangle \in \dot{g}(i) \wedge \forall i \in K \setminus L: \langle y,x\rangle \in \dot{g}(i) \rightarrow \langle x,y\rangle \in f(g)]$.

Definition 16/4: L ist entscheidend bezüglich $\langle K, X, g, f\rangle$: $\leftrightarrow L \subsetneq K \wedge \forall g \in G$: $\forall x,y \in X: [\forall i \in L: \langle x,y\rangle \in \dot{g}(i) \rightarrow \langle x,y\rangle \in \mathring{f}(g)]$.

Definition 17/4: L ist eine **minimal entscheidende Gruppe** (MEG) bezüglich $\langle K, X, g, f\rangle$: $\leftrightarrow$ L ist entscheidend bezüglich $\langle K, X, g, f\rangle$ und hat keine echte Teilmenge, die entscheidend bezüglich $\langle K, X, g, f\rangle$ ist.

Definition 18/4: L ist eine **Vetogruppe** bezüglich $\langle K, X, g, f\rangle$: $\leftrightarrow L \subsetneq K, \# L \geqq 2 \wedge \forall g \in G: \forall x,y \in X: [\forall i \in L: \langle x,y\rangle \in \dot{g}(i) \rightarrow \langle x,y\rangle \in \mathring{f}(g)] \wedge$ [Alle i aus L sind Vetoinhaber].

Aufgrund von Definition 14/4 und 18/4 können wir die folgenden Ausschlußbedingungen formulieren.

Bedingung **V** (**Ausschluß von Vetoinhabern**): Es darf keine Person i in K geben, die Vetoinhaber im Sinne von Definition 14/4 ist.

Bedingung **VG** (**Ausschluß von Vetogruppen**): Es darf keine Teilmenge L von K geben, die Vetogruppe im Sinne von Definition 18/4 ist.

Dann gilt das folgende 'Vetogruppen-Theorem' (VT).

> *Theorem* 2/4:
>
> Es gibt keine QKEF, die den Bedingungen **VG**, **P** und **I** genügt.

Für den Beweis werden die folgenden Lemmata herangezogen.

> *Lemma* 1/4: Ist f eine QKEF, so folgt aus Bedingung **P** und **I**, daß es in K eine Vetogruppe gibt.
>
> *Lemma* 2/4: Ist f eine QKEF, die **P** und **I** erfüllt, dann gilt: Gibt es in K eine Person i_0, die fast halbentscheidend ist, so ist i_0 ein Vetoinhaber in K.

Lemma 3/4: Ist f eine QKEF, die **I** erfüllt, dann gibt es eine Präferenzstruktur g aus G, so daß jede minimal entscheidende Gruppe L von K ihrerseits fast halbentscheidende Teilmengen hat.

Wie der Leser leicht selbst feststellen kann, ist L. 2/4 eine Entsprechung zu L. 2/3, dem 'Dominanztheorem', und L. 3/4 eine Entsprechung zu L. 3/3, dem 'Abstimmungsparadox' im Beweis des Arrowschen Theorems. Mit L. 1/4 und L. 2/4 wäre das Theorem bewiesen. Wir beginnen mit L. 2/4.

Beweis zu Lemma 2/4:

(1)	Annahme: i_0 aus K sei fast halbentscheidend und $\# K \geqq 3$.	
(2)	Für $x, y \in X$ gilt: $\langle x, y\rangle \in HE(i_0)$.	wg. (1) u. D. 13/4
(3)	$X' := \{x, y, z\}$, wobei $z \neq x \wedge z \neq y$.	möglich wg. (1)
(4)	Zu zeigen: i_0 ist Vetoinhaber bezüglich X', d.h. $\forall g \in G$: $\forall x, y \in X'$: $[\langle x, y\rangle \in \dot{g}(i_0) \rightarrow \langle x, y\rangle \in f(g)]$.	
(5)	$\forall u, v \in X'$: $\langle u, v\rangle \in \overline{HE}(i_0)$.	äquivalent zu (4)
(6)	$\forall u \in X'$: $\langle u, u\rangle \in \overline{HE}(i_0)$.	wg. D. 11/4
(7)	Annahme: Gegeben seien die folgenden Präferenzstrukturen g und g'.	möglich wg. f QKEF (D. 10/4)

g:

i_0	i
x	
y	
sonst beliebig, aber fest	

g':

i_0	i	
x	y	y
y	x	z
z		
bezügl. x, z wie g		

(8)	$\langle y, z\rangle \in \dot{f}(g')$.	wg. (7) u. Bed. **P**
(9)	$\langle x, y\rangle \in f(g')$.	wg. (2) u. (7)
(10)	$\langle x, z\rangle \in f(g')$, denn bei $\langle z, x\rangle \in \dot{f}(g')$ wäre $\langle y, z\rangle \in \dot{f}(g') \wedge \langle z, x\rangle \in \dot{f}(g) \rightarrow \langle y, x\rangle \in \dot{f}(g')$, im Widerspruch zu (9); daher: $\neg\langle z, x\rangle \in \dot{f}(g')$.	wg. (8) u. f QKEF (Quasi-Transitivität)
(11)	$\langle x, z\rangle \in f(g)$.	wg. (7), (10) u. **I**
(12)	$\langle x, y\rangle \in \dot{g}(i_0) \rightarrow \langle x, z\rangle \in f(g)$ für beliebiges g.	wg. (7) u. (11)
(13)	$\langle x, z\rangle \in \overline{HE}(i_0)$.	äquivalent zu (12)
(14)	$\langle x, y\rangle \in HE(i_0) \rightarrow \langle x, z\rangle \in \overline{HE}(i_0)$.	wg. (2) u. (13)
(15)	Annahme: Gegeben sei eine weitere Präferenzstruktur g'' wie folgt.	

g'':

i_0	i	
z	y	z
x	x	x
y		
bezügl. z, y wie g		

(16)	$\langle z, x\rangle \in \dot{f}(g'')$.	wg. (15) u. **P**
(17)	$\langle x, y\rangle \in f(g'')$.	wg. (15) u. (2)
(18)	$\langle z, y\rangle \in f(g'')$, denn bei $\langle y, z\rangle \in \dot{f}(g'')$ wäre $\langle y, z\rangle \in \dot{f}(g'') \wedge \langle z, x\rangle \in \dot{f}(g'') \rightarrow \langle y, x\rangle \in \dot{f}(g'')$, im Widerspruch zu (17); daher: $\neg\langle y, z\rangle \in \dot{f}(g'')$.	wg. (16) u. f QKEF (Quasi-Transitivität)
(19)	$\langle z, y\rangle \in f(g)$.	wg. (15), (18) u. **I**
(20)	$\langle x, y\rangle \in \dot{g}(i_0) \rightarrow \langle z, y\rangle \in f(g)$ für beliebiges g.	wg. (7) u. (19)
(21)	$\langle z, y\rangle \in \overline{HE}(i_0)$.	äquivalent zu (20)
(22)	$\langle x, y\rangle \in HE(i_0) \rightarrow \langle z, y\rangle \in \overline{HE}(i_0)$.	wg. (2) u. (21)

(23)	Die restlichen vier Fälle: $\langle z, x\rangle \in \overline{HE}(i_0)$, $\langle y, z\rangle \in \overline{HE}(i_0)$, $\langle x, y\rangle \in \overline{HE}(i_0)$, und $\langle y, x\rangle \in \overline{HE}(i_0)$ können in der gleichen Weise bewiesen werden.	analog zu (7)–(24)
(24)	$\forall u, v \in X'$: $\langle u, v\rangle \in \overline{HE}(i_0)$, d. h. i_0 ist der Vetoinhaber bezüglich X′.	wg. (13), (21) u. (23)

Beweis zu Lemma 3/4:

(1) Annahme: Sei $L \subsetneq K$ eine MEG (vgl. D. 17/4); sei $x, y \in X$ und $z \in X$ beliebig.
(2) Annahme: L hat keine Teilmengen, die fast halbentscheidend sind.
(3) Annahme: Sei L_1 irgendeine echte Teilmenge von L, so daß $L_2 := L \backslash L_1$ und $L_3 := K \backslash L$.
(4) Annahme: Wir wählen eine Präferenzstruktur g wie folgt.

K		
L		
$i \in L_1$	$i \in L_2$	$i \in L_3$
y	x	z
z	y	x
x	z	y

(5)	Zu zeigen: Für die Präferenzstruktur g ist die Annahme (2) logisch unmöglich.	
(6)	$\forall i \in L$: $\langle y, z\rangle \in \dot g(i)$.	wg. (4)
(7)	$\langle y, z\rangle \in \dot f(g)$.	wg. (1), (6) u. D. 16/4
(8)	Annahme: $\langle x, z\rangle \in \dot f(g)$.	
(9)	Annahme: Gegeben sei eine andere Präferenzstruktur g′ wie folgt.	

K	
$i \in L_2$	$i \in K \backslash L_2$
x	z
z	x

(10)	$\langle x, z\rangle \in \dot g(i) \rightarrow i \in L_2, i \in L_2 \rightarrow \langle x, z\rangle \in \dot g'(i)$, $\langle x, z\rangle \in \dot g'(i) \rightarrow i \in L_2, i \in L_2 \rightarrow \langle x, z\rangle \in \dot g(i)$.	wg. (4) u. (9)
(11)	$\forall i \in K$: $[\langle x, z\rangle \in \dot g(i) \leftrightarrow \langle x, z\rangle \in \dot g'(i)]$.	wg. (10)
(12)	$\forall i \in K$: $[\langle z, x\rangle \in \dot g(i) \leftrightarrow \langle z, x\rangle \in \dot g'(i)]$.	analog zu (10)–(11)
(13)	$\langle x, z\rangle \in \dot f(g) \leftrightarrow \langle x, z\rangle \in \dot f(g')$.	wg. (11), (12) u. I
(14)	$\langle x, z\rangle \in \dot f(g) \rightarrow \langle x, z\rangle \in \dot f(g')$.	wg. (8) u. (13)
(15)	$\forall i \in L_2$: $\langle x, z\rangle \in \dot g'(i) \wedge \forall i \in K \backslash L_2$: $\langle z, x\rangle \in \dot g'(i) \rightarrow \langle x, z\rangle \in \dot f(g')$.	wg. (9) u. (14)
(16)	Ist $\langle x, z\rangle \in \dot f(g)$, so wäre L_2 fast entscheidend und damit auch entscheidend bezüglich x und z, im Widerspruch zu (1).	wg. (14), (15), D. 9/3 u. L. 2/3
(17)	$\neg\langle x, z\rangle \in \dot f(g) \rightarrow \langle z, x\rangle \in f(g)$.	wg. (8) u. (16)
(18)	$\langle y, x\rangle \in f(g)$, denn wenn $\langle x, y\rangle \in \dot f(g)$, gilt: $\langle x, y\rangle \in \dot f(g) \wedge \langle y, z\rangle \in \dot f(g) \rightarrow \langle x, z\rangle \in \dot f(g)$, im Widerspruch zu (17); daher: $\neg\langle x, y\rangle \in \dot f(g)$.	wg. (7) u. f QKEF (Quasi-Transitivität)
(19)	Annahme: Gegeben sei eine weitere Präferenzstruktur g″ wie folgt.	

K	
$i \in L_1$	$i \in K \backslash L_1$
y	x
x	y

(20)	$\forall i \in K$: $[\langle y,x\rangle \in \dot{g}(i) \leftrightarrow \langle y,x\rangle \in \dot{g}''(i)]$. $\forall i \in K$: $[\langle x,y\rangle \in \dot{g}(i) \leftrightarrow \langle x,y\rangle \in \dot{g}''(i)]$.	analog zu (10)–(12)
(21)	$\langle y,x\rangle \in \dot{f}(g) \leftrightarrow \langle y,x\rangle \in \dot{f}(g'')$.	wg. (20) u. **I**
(22)	$\langle y,x\rangle \in f(g) \leftrightarrow \langle y,x\rangle \in f(g'')$.	wg. (21) u. L. 1/1 (b)
(23)	$\langle y,x\rangle \in f(g) \rightarrow \langle y,x\rangle \in f(g'')$.	wg. (18) u. (22)
(24)	$\forall i \in L_1$: $\langle y,x\rangle \in \dot{g}''(i) \wedge \forall i \in K \backslash L_1$: $\langle x,y\rangle \in g''(i) \rightarrow$ $\langle y,x\rangle \in f(g'')$.	wg. (19) u. (23)
(25)	$\forall g \in G$ ist L_1 fast halbentscheidend bezüglich y und x, im Widerspruch zu (2).	wg. (24) u. D. 15/4
(26)	Demnach kann (2) nicht gelten, also hat L echte Teilmengen, die fast halbentscheidend sind.	wg. (25)

Beweis zu Lemma 1/4:

(1)	L ist entscheidend.	wg. Bed. **P**
(2)	L ist fast entscheidend.	wg. (1)
(3)	Jedes Mitglied (Element) von L ist fast halbentscheidend bezüglich eines Paares von Alternativen.	wg. Beweis zu L. 3/4
(4)	Jedes Mitglied von L ist ein Vetoinhaber bezüglich $\langle K, X, g, f\rangle$.	wg. (3) u. L. 2/4
(5)	Keine andere Teilmenge von K außer L kann entscheidend und damit fast entscheidend sein.	wg. (1), (2) u. (4)
(6)	Ist L fast entscheidend für ein Paar von Alternativen aus X, so ist L entscheidend für alle Paare von Alternativen aus X.	wg. L. 2/3
(7)	$\# L \geqq 2$, da weder L_1 noch L_2 leere Mengen sein können.	wg. Beweis zu L. 3/4
(8)	L ist eine Vetogruppe.	wg. (1),(4),(7) u. D. 18/4

Damit ist gezeigt, daß es eine Vetogruppe gibt, wenn eine QKEF den Bedingungen **P** und **I** genügt. **P** und **I** sind demnach mit der zusätzlichen Forderung **VG** unvereinbar. Im AT wurde für die kollektive Präferenzrelation Transitivität verlangt. **P** und **I** implizierten in diesem Fall einen Diktator, während **P** und **I** bei Quasi-Transitivität der kollektiven Präferenzrelation eine Vetogruppe implizieren.

Definitionsgemäß bleibt dabei offen, wie groß die Vetogruppe ist. Sie kann, wie im Fall der **EER**, alle Individuen aus K umfassen, aber auch eine kleine Gruppe aus K. Aufgrund des Beweises zum VT gilt nun für alle Fälle, in denen die Vetogruppe drei oder mehr Mitglieder hat, das folgende Korollar.

> *Korollar* 3/4: Bei $\# L \geqq 3$ gibt es in der Vetogruppe L eine Teilmenge L', die bezüglich L ihrerseits eine Vetogruppe ist.

Umfaßt auch die Teil-Vetogruppe noch drei oder mehr Mitglieder, so hat diese wiederum eine Teilmenge, die bezüglich der Teil-Vetogruppe eine Vetogruppe ist. Damit ergibt sich bei großen Vetogruppen eine ganze 'Hierarchie' von Teil-Vetogruppen, die erst dann 'endet', wenn die Vetogruppe auf eine Gruppe mit zwei Mitgliedern reduziert ist, wie der Beweis zu Lemma 1/4 zeigt. Natürlich wird die jeweilige Teil-Vetogruppe nur dann für das kollektive Resultat entscheidend sein, wenn ihre Mitglieder eine übereinstimmende Präferenz haben, in der (größeren) Vetogruppe eine Übereinstimmung aber nicht vorliegt.

4.4 Weitere Vetogruppenresultate

Kann man sagen, daß das VT das mit dem AT aufgeworfene Problem löst? Nur in einem sehr technischen Sinn: Zwar ergibt sich nach Theorem 2/4 kein Diktator und nach Theorem 1/4 sogar eine QKEF, die allen Arrowschen Bedingungen genügt, der Preis aber ist eine Vetogruppe oder eine Hierarchie von Vetogruppen. Wir haben in Abschnitt 4.1 und 4.2 dargelegt, welche Nachteile die Vetomöglichkeit aller oder eines Teils der Entscheidungsbeteiligten hat. Die Ersetzung des Diktators durch eine Vetogruppe ist daher nicht unbedingt von Vorteil.

Diese Überlegung wird noch dadurch gestützt, daß die Einführung einer 'Verstärkung' der Pareto-Bedingung selbst bei abgeschwächter Anforderung an die kollektive Präferenzrelation (QKEF statt KWF) sofort wieder zum Diktator führt. Betrachten wir die folgende, zusätzliche Bedingung.

Bedingung **PR (Positive Reaktion)**: Zwei Präferenzstrukturen g und g' seien für alle Personen bis auf eine – j – identisch, so daß $\forall i \in K \backslash \{j\}$: $g(i) = g'(i)$. Die Präferenz von j ändere sich beim Übergang von g auf g' wie folgt: Entweder $\langle x,y\rangle \in \tilde{g}(j) \wedge \langle x,y\rangle \in \dot{g}'(j)$ oder $\langle y,x\rangle \in \dot{g}(j) \wedge \langle x,y\rangle \in g'(j)$. Dann soll gelten: $\langle x,y\rangle \in f(g) \rightarrow \langle x,y\rangle \in \dot{f}(g')$.

Fügt man diese Bedingung den Bedingungen **P**, **I** und **D** hinzu, dann ergibt sich das folgende Theorem.

Theorem 3/4

Es gibt keine QKEF, die den Bedingungen **P**, **I**, **D** und **PR** genügt.

Beweis:

(1)	Es existiert eine Vetogruppe, wenn eine QKEF Bedingung **P** und **I** erfüllt.	wg. T. 2/4
(2)	Die QKEF erfüllt die Bedingung **D**.	wg. (1)
(3)	Annahme: Eine Vetogruppe umfaßt zwei Vetoinhaber 1 und 2	möglich wg. D. 18/4
(4)	Annahme: $\langle x,y\rangle \in \dot{g}(1)$ und $\langle y,x\rangle \in \dot{g}(2)$.	
(5)	$\langle x,y\rangle \in f(g) \wedge \langle y,x\rangle \in f(g)$.	wg. (4) u. D. 14/4
(6)	$\langle x,y\rangle \in \tilde{f}(g)$, unabhängig von den Präferenzen eventueller anderer Personen.	wg. (5) u. D. 3/3
(7)	Die QKEF genügt nicht Bedingung **PR**.	wg. (6)

Mit der Abschwächung von Transitivität der kollektiven Präferenzrelation auf Quasi-Transitivität wird der Arrowsche Diktator durch eine Vetogruppe ersetzt. Die folgenden Ergebnisse zeigen, daß auch mit der weiteren Abschwächung auf Azyklizität kein wesentlicher Durchbruch zu erzielen ist.

Behalten wir zunächst noch Bedingung **PR** bei, so gilt das folgende Theorem, das wir ohne Beweis notieren.

Theorem 4/4:

Unter der Voraussetzung $\# K \geqq 4$ gibt es keine AKEF, die den Bedingungen **P**, **I**, **PR** und **V** genügt.

Ein ähnliches Resultat ergibt sich, ohne daß die recht starke Bedingung **PR** benutzt werden muß. Man kann die Positive Reaktion zur **Nicht-negativen Reaktion** abschwächen (bzw. zu **Monotonizität**: vgl. 'Weitere Probleme' im Anschluß an Kap. 3) und mit **Neutralität** (vgl. Abschn. 6.1) und **Irrelevanz** zur Bedingung **NIM** kombinieren.

Bedingung **NIM** (**Neutralität**, **Irrelevanz** und **Monotonizität**): $\forall g, g' \in G$: $\forall x, y, a, b \in X$: $[\forall i \in K$: $[[\langle a,b\rangle \in \dot{g}(i) \rightarrow \langle x,y\rangle \in \dot{g}'(i)] \wedge [\langle y,x\rangle \in \dot{g}'(i) \rightarrow \langle b,a\rangle \in \dot{g}(i)]] \rightarrow [\langle a,b\rangle \in \dot{f}(g) \rightarrow \langle x,y\rangle \in \dot{f}(g')]]$.

NIM ersetzt die Bedingungen **P**, **I** und **PR** von T. 4/4 und ist wegen der Implikation der Monotonizität schwächer als **PR**. Das folgende Theorem zeigt, daß es dennoch für die AKEF einen Widerspruch zum Ausschluß des Vetoinhabers gibt.

Theorem 5/4:

Unter Voraussetzung von $\# X \geqq \# K$ gibt es keine AKEF, die den Bedingungen **NIM** und **V** genügt.

Beweis:

(1) Annahme: **V** ist erfüllt, d. h. kein $i \in K$ ist Vetoinhaber.
(2) $\langle x,y\rangle \in \dot{g}(i) \wedge \forall j \in K \setminus \{i\}\ [\langle y,x\rangle \in \dot{g}(j)] \rightarrow \langle y,x\rangle \in \dot{f}(g)$. wg. **M** in **NIM**
(3) Annahme: Gegeben die Alternativmenge $X = \{x_1, \ldots x_n\}$ und eine Präferenzstruktur g wie folgt.

1	2	3 ... n	
x_1	x_2	x_3 ...	x_n
x_2	x_3	x_4 ...	x_1
x_3	x_4	x_5 ...	x_2
.	.	. ...	.
.	.	. ...	.
x_{n-1}	x_n	x_1 ...	x_{n-2}
x_n	x_1	x_2 ...	x_{n-1}

(4) $\langle x_1, x_2\rangle \in \dot{f}(g) \wedge \langle x_2, x_3\rangle \in \dot{f}(g) \wedge \ldots \wedge \langle x_{n-1}, x_n\rangle \in \dot{f}(g) \wedge \langle x_n, x_1\rangle \in \dot{f}(g)$ wg. (1), (2), (3)
(5) Azyklizität verletzt, f ist keine AKEF wenn **V** erfüllt ist, bzw. **V** ist nicht erfüllt, wenn f eine AKEF ist.

Überraschend ist nun, daß sich der Beweis zu T. 5/4 unverändert auch für eine Teilgruppe L von K durchführen läßt, wenn es eine Zerlegung von K in disjunkte Teilgruppen gibt, so daß L eine dieser Teilgruppen ist.

Definition 19/4: L hat ein **Veto** bezüglich $\langle K, X, g, f\rangle$: $\leftrightarrow L \subsetneq K \wedge \forall g \in G: \forall x, y \in X$: $[\forall i \in L: \langle x,y\rangle \in \dot{g}(i) \rightarrow \langle x,y\rangle \in f(g)]$.

Dann gilt das folgende Korollar zu Theorem 5/4.

Korollar 4/4: Sei $L_1, L_2, \ldots, L_t$ eine Zerlegung von K in t disjunkte Teilgruppen, dann gibt es unter Voraussetzung von $\# X \geqq t$ für eine AKEF, die Bedingung **NIM** erfüllt, ein c, so daß L_c ein Veto hat.

Die Aussage des Korollar gilt im übrigen auch, wenn Bedingung **NIM** durch die Bedingungen **P** und **I** ersetzt wird, jedoch mit der Einschränkung, daß L_c dann nur über $(\# X - t + 1)(\# X - 1)$ Paare von Alternativen ein Veto hat. Das Korollar hat gegenüber T. 5/4 den Vorzug, daß nicht $\# X \geqq \# K$, sondern $\# X \geqq t$ vorausgesetzt wird, d. h. es gilt für alle Alternativenmengen, die gleichviel oder mehr Elemente umfassen wie es disjunkte Teilgruppen gibt, in die K zerlegt ist. Wie groß aber kann L_c werden?

Es läßt sich zeigen, daß L_c mindestens v Individuen umfaßt, wobei $v \geqq \# K/t$. Angenommen $\# K = 120$ und $t = 6$, dann gibt es danach und nach K. 4/4 bei Anwendung einer AKEF, die **P** und **I** erfüllt, mindestens eine Gruppe mit 120/6 = 20 Mitgliedern, die über ein Veto verfügt. Tatsächlich aber wird es nicht nur eine, sondern viele Gruppen mit 20 Mitgliedern geben, die ein Veto haben, weil sich 120 Individuen auf die unterschiedlichste Weise in 6 disjunkte Teilgruppen mit 20 Mitgliedern zerlegen lassen.

Angenommen auf das obige Beispiel ($\# K = 120, t = 6$) werde eine AR angewandt, für die gilt, daß $\forall x, y \in X$: $\langle x, y \rangle \in \mathring{f}(g)$, wenn mindestens 101 Individuen x gegenüber y strikt bevorzugen, und $\langle y, x \rangle \in f(g)$ in allen anderen Fällen. Diese AR ist eine azyklische KEF, die Bedingung **NIM** erfüllt. Sie impliziert aber, daß **alle** Gruppen der Größe $\# K/t = 120/6 = 20$ ein Veto haben, jedoch keine Gruppe mit weniger als 20 Mitgliedern.

Daß bei einer AKEF, die **NIM** bzw. **P** und **I** erfüllt, alle (disjunkten) Teilgruppen einer bestimmten Größe ein Veto haben können, ist zwar ein Fortschritt gegenüber einer QKEF, bei der die Vetogruppe die kollektive Präferenz bestimmt, unter dem Gesichtspunkt demokratischer Entscheidungsfindung aber ebenfalls unbefriedigend. Zudem fragt sich, welche Teilgruppe von K unter Voraussetzung einer AKEF letztlich die kollektive Präferenz bestimmt. Die Teilgruppen L_c von K. 4/4 können es offensichtlich nicht sein, da sie nur eine Vetomöglichkeit haben.

Andererseits muß es für jede AR f, die **P** erfüllt, eine Gruppe geben, die die kollektive Präferenz bestimmt, d.h. eine MEG im Sinne von D. 17/4, da wegen **P** jedenfalls die Menge aller Individuen in K für die kollektive Präferenz entscheidend sein muß. Nehmen wir nun an, daß es je nach angewandter AR weitere Gruppen geben kann, die die kollektive Präferenz bestimmen, dann gilt für eine AKEF unter Voraussetzung von $\# X \geqq \# K$, daß jedes $\# X$-Tupel von entscheidenden Gruppen (MEGs) eine Schnittmenge haben muß, die nicht leer sein darf, wenn im kollektiven Resultat zyklische Präferenzfolgen von $\# X$ Alternativen vermieden werden sollen. Das ist nur dann möglich, wenn es mindestens ein $i \in K$ gibt, das zu **jeder** entscheidenden Gruppe gehört. Diese Schnittmenge kann auch eine Gruppe sein, die wir als **Vetokollegium** bezeichnen wollen.

Definition 20/4: Seien $L_1, \ldots, L_k$ entscheidende Gruppen im Sinne von Definition 16/4, dann umfaßt ein **Vetokollegium** alle Individuen $i \in \bigcap L_j$, $j = 1, \ldots, k$.

Da das Vetokollegium nicht seinerseits eine entscheidende Gruppe ist, kann es die kollektive Präferenz nicht bestimmen, vielmehr muß es dazu um eine weitere Gruppe ergänzt werden, die es zu einer entscheidenden Gruppe macht. Das läßt sich mit folgendem Beispiel illustrieren: Es sei $K = \{1, 2, 3, 4\}$ und $\{1, 2, 3\}$, $\{1, 2, 4\}$ sowie $\{1, 2, 3, 4\}$ seien die entscheidenden Gruppen. Die Schnittmenge ist $\{1, 2\}$, also $\bigcap L_j = \{1, 2\}$ das Vetokollegium, das allein jedoch nicht die kollektive Präferenz bestimmen kann, selbst wenn seine Mitglieder in ihren Präferenzen übereinstimmen. Es muß eines der Individuen 3 oder 4 hinzutreten und dessen Präferenz mit den Mitgliedern von $\bigcap L_j$ übereinstimmen. Wir können ähnlich wie für die Vetogruppe auch für diesen Fall eine Ausschlußbedingung formulieren.

Bedingung **VK (Ausschluß des Vetokollegiums)**: Es darf kein Vetokollegium $\bigcap L_j$ geben und keine weitere Gruppe $L \in \text{Pot}(K)$, so daß $\{\bigcap L_j \cup L\} \in \{L_1, \ldots, L_k\}$; d.h. $\forall i \in \{\bigcap L_j \cup L\}$: $\langle x, y \rangle \in \dot{g}(i) \rightarrow \langle x, y \rangle \in \mathring{f}(g)$.

Dann gilt das folgende Theorem, das wir ohne Beweis anführen (er besteht in einer analogen Anwendung des Beweisarguments zu T. 5/4).

Theorem 6/4:

Unter Voraussetzung von $\# X \geqq \# K$ gibt es keine AKEF, die den Bedingungen **P**, **I** und **VK** genügt.

Eine AKEF, die **P** und **I** erfüllt, wird unter dieser Voraussetzung also zu einem Vetokollegium und einer weiteren Gruppe führen, so daß beide zusammen die kollektive Präferenz bestimmen. Die praktische Konsequenz ist, daß für Kollektive Entscheidungsfunktionen 'große' Mehrheiten erforderlich sind (2/3- oder 3/4-Mehrheit o. ä.), um Azyklizität zu garantieren. Nach K. 4/4 besteht dann aber die Gefahr, daß relativ kleine Gruppen (einer mehr als 1/3 oder 1/4 von K) – und zwar **alle** Gruppen dieser Größe – über ein Veto verfügen. Das macht deutlich, warum mit der Abschwächung der Anforderung an die kollektive Rationalität auf Azyklizität der kollektiven Präferenzrelation kein wirklicher Durchbruch zu erzielen ist.

Für sich genommen ist das Vetokollegium politisch gesehen deshalb interessant, weil es eine bestimmte Form des Zusammenwirkens politischer Institutionen (oder von Instanzen innerhalb einer Institution) beschreibt. Ein Vetokollegium liegt vor, wenn eine unter mehreren Institutionen (oder eine Instanz unter mehreren) ein wirksames Veto gegen Beschlüsse aller anderen einlegen kann, weil diese Institution (oder diese Instanz) damit zu **jeder** entscheidenden Gruppe gehört.

4.5 Ergebnisse für Kollektive Auswahlfunktionen

Eine weitere Abschwächung der Anforderungen von Arrow besteht darin, von der AR f nicht zu verlangen, daß sie beliebigen Präferenzstrukturen reflexive, vollständige und transitive (oder quasi-transitive bzw. azyklische) kollektive Präferenzrelationen zuordnet, sondern stattdessen nur zu fordern, daß sie für beliebige g jeweils eine nicht-leere Auswahlmenge a(S) für jede Alternativenmenge S, $S \subset X$, festlegt. Der Schlüssel dazu ist die Umwandlung von Zyklen strikter kollektiver Präferenzen, wie sie beim Abstimmungsparadox entstehen, in Indifferenzklassen.

Dafür gibt es verschiedene Verfahren, die aber alle von der **transitiven Schließung** einer Relation Gebrauch machen.

Definition 21/4: Ist R eine beliebige zweistellige Relation auf X, dann ist ihre **transitive Schließung** R* eine ebenfalls zweistellige Relation auf X, für die gilt: $\langle x, y\rangle \in R^*: \leftrightarrow \exists z_1, \ldots, z_k \in X: [\langle z_1, z_2\rangle \in R \wedge \langle z_2, z_3\rangle \in R \wedge \ldots \wedge \langle z_{k-1}, z_k\rangle \in R \wedge x = z_1 \wedge y = z_k \wedge x \neq y]$.

Zusätzlich benötigen wir den Begriff des **asymmetrischen Teils** einer zweistelligen Relation auf X.

Definition 22/4: Ist R eine zweistellige Relation auf X, dann ist ihr **asymmetrischer Teil** R^{as} eine ebenfalls zweistellige Relation auf X, für die gilt: $\langle x, y\rangle \in R^{as}: \leftrightarrow [\langle x, y\rangle \in R \wedge \neg \langle y, x\rangle \in R]$.

Für die schwache kollektive Präferenzrelation f(g) = R ist R^{as} identisch mit der strikten kollektiven Präferenzrelation $\dot{f}(g) = P$. Wir benötigen R^{as} für die Definition der **Maximalität** einer Alternativenmenge S, $S \subset X$, bezüglich einer Relation R.

Definition 23/4: Die **Maximalität** einer Alternativenmenge $S \subset X$ bezüglich einer zweistelligen Relation R ist: $M(S, R) := \{x \mid x \in S \wedge \neg \exists y \in S: \langle y, x\rangle \in R^{as}\}$.

Ist R eine reflexive, vollständige und transitive kollektive Präferenzrelation und ist X endlich, so gilt für beliebige $S \subset X$: $A(S, R) = M(S, R)$, denn $\neg \exists y \in S: \langle y, x\rangle \in R^{as} \leftrightarrow \neg \exists y \in S: \langle y, x\rangle \in P \leftrightarrow \forall y \in S: \langle x, y\rangle \in R$. Interessant ist dann die Anwendung dieser Begriffe auf Fälle, in denen die kollektive Präferenzrelation eine oder mehrere dieser Eigenschaften (Reflexivität, Vollständigkeit, Transitivität) nicht hat.

Die Auswahlmenge a(S) aus S soll nun die Maximalität von S sein, wobei entweder die transitive Schließung der schwachen kollektiven Präferenz $f(g) = R$, so daß $a(S) = M(S, R^*)$, oder die transitive Schließung der strikten kollektiven Präferenz $\mathring{f}(g) = P$, so daß $a(S) = M(S, P^*)$, herangezogen wird.

Greifen wir zur Illustration auf das Abstimmungsparadox in Abschnitt 3.2 zurück. Sei R die zyklische kollektive Präferenzrelation, wie sie sich durch Anwendung der Mehrheitsregel auf die Präferenzstruktur von Tabelle 3 in der dort geschilderten Weise ergibt. Dann gilt für alle Alternativenpaare a, b aus $X = \{x, y, z\}$: $\langle a, b\rangle \in R^*$ und $\langle a, b\rangle \in P^*$. Die Maximalität der transitiven Schließung $M(X, R^*) = \{x \mid x \in X \wedge \neg\exists y \in X\colon \langle y, x\rangle \in R^{*as}\}$ ist gleich der Alternativenmenge X, da $\langle y, x\rangle \in R^{*as} \leftrightarrow [\langle y, x\rangle \in R^* \wedge \neg\langle x, y\rangle \in R^*]$, und das ist bei der zyklischen kollektiven Präferenzrelation R für kein Paar x, y aus X erfüllt. In diesem Fall ist auch $M(X, P^*)$ gleich X. Im allgemeinen gilt aber $M(S, P^*) \subseteq M(S, R^*)$, da $\langle x, y\rangle \in P^* \wedge \neg\langle y, x\rangle \in P^*$ auch dann erfüllt sein kann, wenn $\langle x, y\rangle \in R^* \wedge \neg\langle y, x\rangle \in R^*$ nicht erfüllt ist, aber nicht umgekehrt.

Ist die so bestimmte Auswahlfunktion a wohlbestimmt, d.h. legt a für beliebige Präferenzstrukturen g jeweils für alle nicht-leeren Teilmengen S von X eine nichtleere Auswahlmenge a(S) fest, so nennen wir die zugrundeliegende Aggregationsregel f ($R = f(g)$ bzw. $P = \mathring{f}(g)$) eine **Kollektive Auswahlfunktion** (KAF).

Definition 24/4: Eine AR f ist eine KAF: $\leftrightarrow \forall g \in G\colon [a \text{ ist wohlbestimmt} \wedge a(S) = M(S, R^*)]$.

Die Bedingungen Arrows können nun wie folgt für Kollektive Auswahlfunktionen umformuliert werden.

Bedingung $\hat{\mathbf{D}}$: $\neg\exists i \in K\colon \forall g \in G\colon \forall x, y \in X\colon [\langle x, y\rangle \in \dot{g}(i) \rightarrow \{x\} = a(\{x, y\})]$.

Bedingung $\hat{\mathbf{P}}$: $\forall g \in G\colon \forall x, y \in X\colon [\forall i \in K\colon \langle x, y\rangle \in \dot{g}(i) \rightarrow \{x\} = a(\{x, y\})]$.

Bedingung $\hat{\mathbf{I}}$: $\forall g, g' \in G\colon \forall S \subseteq X\colon [\forall i \in K\colon \forall x, y \in S\colon [\langle x, y\rangle \in g(i) \leftrightarrow \langle x, y\rangle \in g'(i)] \rightarrow a(S) = a'(S)]$.

Die Abschwächung der Anforderung an das Aggregationsresultat erlaubt das folgende Möglichkeitstheorem.

Theorem 7/4:

Es gibt eine KAF, die den Bedingungen $\hat{\mathbf{D}}$, $\hat{\mathbf{P}}$ und $\hat{\mathbf{I}}$ genügt.

Da es sich um ein Existenztheorem handelt, genügt zum Beweis der Nachweis **einer** KAF, die den genannten Bedingungen gehorcht. Es läßt sich leicht überprüfen, daß die nachfolgend definierte **Mehrheitsregel (MR)** eine KAF ist, wenn auf sie die Maximalität der transitiven Schließung angewandt wird.

Definition 25/4: Eine AR f ist die **MR**: $\leftrightarrow \forall g \in G\colon \forall x, y \in X\colon [\langle x, y\rangle \in f(g) \leftrightarrow \#\{i \mid \langle x, y\rangle \in \dot{g}(i)\} \geqq \#\{i \mid \langle y, x\rangle \in \dot{g}(i)\}]$.

Logisch gesehen bietet das Möglichkeitstheorem 7/4 also durchaus einen Ausweg aus dem Arrowschen Problem. Die Frage ist jedoch, wie weit diese Lösung trägt. Faktisch verwandelt sie in den tatsächlichen problematischen Fällen wie dem Abstimmungsparadox eine zyklische Folge in eine Indifferenzklasse. Damit verbleiben in diesen Fällen alle Alternativen in der Auswahlmenge, so daß eine Auswahl eigentlich nicht stattfindet.

Es gibt in diesem Zusammenhang jedoch ein weiteres Problem. Wir haben oben die Bedingung $\hat{\mathbf{P}}$ trotz des auswahlfunktionalen Zusammenhangs so formuliert, daß damit eine Auswahl aus Paaren von Alternativen impliziert war. Wir fassen sie im folgenden auf eine Weise, die eine Auswahl aus Teilmengen jeder Größe erlaubt.

Bedingung $\hat{\mathbf{P}}_A$: $\forall g \in G$: $\forall x, y \in X$: $[\forall i \in K$: $\langle x, y\rangle \in \dot{g}(i) \rightarrow [\forall S \subseteq X$: $[x \in S \rightarrow y \notin a(S)]]]$.

So formuliert, kann die Pareto-Bedingung leicht mit den Verfahren der (schwachen oder strikten) Maximalität der transitiven Schließung, angewandt auf die obige Mehrheitsregel, in Konflikt geraten. Das zeigt ein Beispiel, bei dem von der in Tabelle 10 wiedergegebenen Präferenzstruktur ausgegangen wird.

i	j	k
x	y	z
y	z	w
z	w	x
w	x	y

Tab. 10: Präferenzstruktur bei Verletzung der Bedingung $\hat{\mathbf{P}}_A$

Die paarweise Aggregation der Alternativen aufgrund dieser Präferenzstruktur mittels der Mehrheitsregel nach D. 25/4 würde die strikte zyklische Präferenzfolge: $\langle x, y\rangle \in P$, $\langle y, z\rangle \in P$, $\langle z, w\rangle \in P$ und $\langle w, x\rangle \in P$ ergeben. Die erwähnten Verfahren der transitiven Schließung führen zur Auswahlmenge $\{x, y, z, w\} = a(\{x, y, z, w\})$. Aber: z wird von **allen** Beteiligten gegenüber w vorgezogen; w müßte also nach $\hat{\mathbf{P}}_A$ aus der Auswahlmenge herausfallen. Die Verfahren der transitiven Schließung, auf denen das Möglichkeitstheorem beruht, können demnach Bedingung $\hat{\mathbf{P}}_A$ verletzen.

Das Theorem von Arrow läßt sich nun in einer auswahlfunktionalen und in einer basisrelationalen Version wiedergeben. Für die letztere ist die kollektive Präferenzrelation R als Basis-Relation R^b der Auswahlfunktion a zu interpretieren, so daß $\forall x, y \in X$: $[\langle x, y\rangle \in R^b \leftrightarrow x \in a(\{x, y\})]$ (vgl. D. 15/1).

Da die Auswahl damit ausschließlich aufgrund von Paaren von Alternativen erfolgt, muß die Forderung, daß die Auswahlfunktion a wohlbestimmt ist, ersetzt werden durch die Forderung, daß a hinsichtlich aller Paare von Alternativen wohlbestimmt sein muß und daß $\forall x, y, z \in X$: $[x \in a(\{x, y\}) \wedge y \in a(\{y, z\}) \rightarrow x \in a(\{x, z\})]$. Auch die Irrelevanzbedingung ist im Blick auf die paarweise Auswahl umzuformulieren.

Bedingung $\hat{\mathbf{I}}^p$: $\forall g, g' \in G$: $\forall S \subseteq X$: $\forall x, y \in S$: $[\forall i \in K$: $[\langle x, y\rangle \in g(i) \leftrightarrow \langle x, y\rangle \in g'(i)] \rightarrow a(\{x, y\}) = a'(\{x, y\})]$.

Dann gilt die folgende basisrelationale Version des AT.

> *Theorem* 8/4:
> Es gibt keine KAF mit transitiver Basis-Relation, die den Bedingungen $\hat{\mathbf{D}}$, $\hat{\mathbf{P}}$ und $\hat{\mathbf{I}}^p$ genügt.

Wird die kollektive Präferenzrelation R als Basis-Relation R^b der Auswahlfunktion a interpretiert, d.h. ist $R = R^b$, dann entspricht eine KAF mit transitiver Basis-Relation einer KWF. Das obige Theorem ist daher das AT und bedarf keines gesonderten Beweises.

Entsprechend läßt sich auch für das Vetogruppen-Theorem aus Abschnitt 4.3 eine basisrelationale Version angeben. Dazu muß die Bedingung für den Ausschluß von Vetogruppen umformuliert werden (vgl. D. 14/4 und 18/4).

Bedingung $\widehat{\mathbf{VG}}$: Es darf keine Vetogruppe geben, d.h. keine entscheidende Gruppe L, $L \subseteq K$, $\# L \geqq 2$, derart daß $\forall i \in L$: $\langle x, y \rangle \in \dot{g}(i) \rightarrow \{x\} = a(\{x, y\})$, bei der jedes Mitglied $i \in L$ ein Vetoinhaber ist, so daß für i: $\langle x, y \rangle \in \dot{g}(i) \rightarrow \neg \{y\} = a(\{x, y\})$.

Die basisrelationale Version des VT lautet dann.

Theorem 9/4:
Es gibt keine KAF mit quasi-transitiver Basis-Relation, die den Bedingungen $\widehat{\mathbf{VG}}$, $\hat{\mathbf{P}}$ und $\hat{\mathbf{I}}^p$ genügt.

Unter der Interpretation $R = R^b$ ist eine KAF mit quasi-transitiver Basis-Relation einer QKEF äquivalent. Theorem 9/4 ist daher das VT. Es gilt derselbe Beweis.

Das AT kann aber auch mittels der in Abschnitt 1.4 erörterten Auswahleigenschaften formuliert werden. Nach Theorem 8/1 ist eine Auswahlfunktion binär und die von ihr erzeugte Präferenzrelation $R^a = R^b$ transitiv, wenn sie den Eigenschaften α und β genügt. Hat eine KAF diese Eigenschaften, dann entspricht sie unter der Interpretation $R = R^b$ einer KWF. Daher gilt die folgende auswahlfunktionale Version des AT.

Theorem 10/4:
Es gibt keine KAF, die Auswahlfunktionen mit den Eigenschaften α und β erzeugt und die den Bedingungen $\hat{\mathbf{D}}$, $\hat{\mathbf{P}}$ und $\hat{\mathbf{I}}^p$ genügt.

Nach Theorem 10/1 (a) kann in diesem Theorem die Eigenschaft α zu α^- abgeschwächt werden, ohne daß sich die Aussage des Theorems ändert. Schwächen wir jedoch auch β zu β^- ab, dann ist die Basis-Relation R^b nach Theorem 10/1 (b) quasi-transitiv. Das erlaubt eine auswahlfunktionale Formulierung des VT.

Theorem 11/4:
Es gibt keine KAF, die Auswahlfunktionen mit den Eigenschaften α^- und β^- erzeugt und die den Bedingungen $\widehat{\mathbf{VG}}$, $\hat{\mathbf{P}}$ und $\hat{\mathbf{I}}^p$ genügt.

Verzichtet man auf jede Form der Konsistenz der Auswahl bei Mengenerweiterung und verlangt nur Konsistenz der Auswahl bei Mengenverringerung, d.h. die Eigenschaft α, so hat dies im auswahlfunktionalen Zusammenhang die folgende Konsequenz: Nach Theorem 9/1 (a) hat eine Auswahlfunktion mit der Eigenschaft α eine azyklische Basis-Relation R^b. Das bedeutet, daß eine KAF, die solche Auswahlfunktionen erzeugt, einer AKEF entspricht. Also sind hier die Theoreme 4/4 bis 6/4 und Korollar 4/4 einschlägig.

Wird nun umgekehrt auf Konsistenz der Auswahl bei Mengenverringerung verzichtet und nur Konsistenz der Auswahl bei Mengenerweiterung verlangt, auch in der starken Form der Eigenschaft β^+, dann ergibt sich ein Möglichkeitstheorem.

Theorem 12/4;
Es gibt eine KAF, die Auswahlfunktionen mit der Eigenschaft β^+ erzeugt und die den Bedingungen $\hat{\mathbf{D}}$, $\hat{\mathbf{P}}$ und $\hat{\mathbf{I}}$ genügt.

Nach Theorem 9/1 (b) hat eine Auswahlfunktion a mit der Eigenschaft β^+ eine transitive aufgedeckte Präferenzrelation R^a. Eine KAF, die Auswahlfunktionen dieser Art erzeugt, ist die Mehrheitsregel nach D. 25/4, wenn auf sie die Maximalität der transitiven Schließung angewandt wird. Damit werden, wie sich leicht überprüfen läßt, die Bedingungen $\hat{\mathbf{D}}$, $\hat{\mathbf{P}}$ und $\hat{\mathbf{I}}$ erfüllt. Theorem 12/4 ist demnach eine Spezifizierung von Theorem 7/4.

Hier zeigt sich eine charakteristische Eigenheit der Konsistenzeigenschaften von Auswahlfunktionen: Konsistenz der Auswahl bei Mengenverringerung, z. B. α, führt im Zusammenhang mit den anderen Postulaten rasch zu Unmöglichkeitstheoremen, während Konsistenz bei Mengenerweiterung den Bereich zulässiger Aggregationsregeln weniger drastisch einschränkt und in diesem Fall noch ein Möglichkeitstheorem zuläßt.

Zwar kann die oben angeführte KAF (die Auswahlfunktionen mit der Eigenschaft β^+ erzeugt) Konsistenz der Auswahl bei Mengenerweiterung garantieren, sie verletzt aber die Konsistenz der Auswahl bei Mengenverringerung. Das bedeutet: Alternativen, die Elemente der Auswahlmenge einer bestimmten Menge sind, fallen in der Auswahl aus einer Teilmenge dieser Menge heraus.

Greifen wir zur Illustration auf das Beispiel der Präferenzstruktur von Tabelle 10 zurück. Wie erläutert führen die dort angewandten Verfahren der transitiven Schließung aufgrund der gegebenen Präferenzstruktur zu folgender Auswahl aus der Gesamtmenge $X = \{x, y, z, w\}$: $a(\{x, y, z, w\}) = \{x, y, z, w\}$. Dieselben Verfahren ergeben für die Auswahl aus der Teilmenge $X' = \{z, w\}$ aber das Resultat $a(\{z, w\}) = \{z\}$, d. h. w fällt aus der Auswahlmenge der Teilmenge X' heraus, obwohl es Element der Auswahlmenge der Gesamtmenge X ist. Damit ist Eigenschaft α verletzt. Soll α aber nicht verletzt sein, sind wir sofort wieder mit Unmöglichkeitsresultaten konfrontiert, wie sich an Theorem 10/4 und 11/4 zeigt.

Im Ergebnis bedeutet dies, daß man in Bezug auf die Aufgabe von Konsistenzeigenschaften sehr weit gehen muß, um zu einem Möglichkeitstheorem zu gelangen: Man muß alle Eigenschaften von Konsistenz bei Mengenverringerung aufgeben und darf nur Eigenschaften von Konsistenz bei Mengenerweiterung zulassen.

4.6 Politische Auswahl

Sind die im letzten Abschnitt erörterten Resultate unter dem Gesichtspunkt politischer Entscheidungen von Belang? Bei politischen Abstimmungen könnte eine KAF in der Art der folgenden **auswahlfunktionalen Mehrheitsregel (AMR)** verwandt werden.

Definition 26/4: Eine KAF ist die **AMR**: $\leftrightarrow \forall g \in G$: $\forall x, y \in X$: $[a(\{x, y\}) = \{x\} \leftrightarrow \#\{i | \langle x, y\rangle \in \dot{g}(i)\} > \#\{i | \langle y, x\rangle \in \dot{g}(i)\}]$.

Wie leicht zu sehen ist, verwandelt die **AMR** die zyklische Präferenzfolge, die bei Anwendung der **MR** (D. 25/4) auf die Präferenzstruktur entsteht, die dem Abstimmungsparadox zugrundeliegt (vgl. Tab. 3, Abschn. 3.2), in eine Indifferenzklasse, d. h. die Auswahlmenge umfaßt alle drei Alternativen.

Die **AMR** stellt damit eine Antwort auf das Arrowsche Problem bereit, die die Idee von Theorem 7/4 aufnimmt. Dennoch ergibt sich eine Schwierigkeit, die gerade darin liegt, daß dann bei bestimmten Präferenzstrukturen unangemessen große Indifferenzklassen entstehen.

In der politischen Praxis führt dieser Sachverhalt zu dem Problem, ein Verfahren zu finden, das dennoch eine politische Entscheidung, also die Wahl **einer** Alternative ermöglicht. Werden in diesem Sinne **eindeutige** kollektive Entscheidungen verlangt, so muß die entsprechende AR jeweils für beliebige $S \subsetneq X$ als Auswahlmengen a(S) Einermengen induzieren, so daß $\# a(S) = 1$. Das ist natürlich im allgemeinen weder bei einer KWF, noch bei einer wohlbestimmten Auswahlfunktion gegeben.

Wie läßt sich die Ausschaltung kollektiver Indifferenzen im zweiten Schritt praktisch bewerkstelligen? Eine Möglichkeit wäre, einen Zufallsmechanismus einzuführen, der bei Auftreten kollektiver Indifferenzen eine Alternative herausgreift. Da im Fall der Indifferenz die Alternativen in gewissem Sinne 'gleichwertig' sind, erscheint es vertretbar, eine von ihnen zufällig zu bestimmen.

Obwohl in dem Fall nicht der Ausschluß der Erzwingung (vgl. Abschn. 3.4 und 'Weitere Probleme' im Anschluß an Kap. 3) verletzt wird, da das Zufallsverfahren nur bei bestimmten Präferenzstrukturen Anwendung findet, wirkt das Ergebnis dennoch unbefriedigend. Es suggeriert, daß das Kollektiv eine Alternative aus der Indifferenzklasse vorzieht, ohne daß es für diese Entscheidung eine Rechtfertigung gäbe, also ein Kriterium zweiter Stufe eingeführt wäre, das die Indifferenzklasse der ersten Stufe auflösen könnte.

Zufallsverfahren wie Losentscheid o. ä. werden denn auch nur in seltenen Ausnahmefällen bei Abstimmungen angewandt. Der Grund dafür dürfte wohl auch in der Überlegung liegen, daß die Verwendung eines Zufallsverfahrens den Eindruck erweckt, die Entscheidungsbeteiligten seien nicht in der Lage, selbst zu entscheiden.

Bei Abstimmungen werden deshalb meist indifferenzauflösende Zusatzregeln angewandt; etwa in der Form, daß ein Antrag in einer Abstimmung als abgelehnt gilt, wenn er nicht die Mehrheit der Stimmen enthält. Stimmengleichheit, also kollektive Indifferenz zwischen Zustimmung und Ablehnung des Antrags, wird demnach als Ablehnung des Antrags interpretiert. Eine andere indifferenzauflösende Zusatzregel ist die, daß der Vorsitzende eines Gremiums für den Fall von Stimmengleichheit die ausschlaggebende Stimme erhält.

Erkennbar haftet solchen Zusatzregeln ebenfalls etwas Willkürliches an, auch wenn sie weder Bedingung **AE**, noch Bedingung **D** verletzen. Mindestens im Fall der ausschlaggebenden Stimme des Vorsitzenden wird aber so etwas wie ein 'Diktator bei Stimmengleichheit' etabliert, der anstelle des Zufallsmechanismus die kollektive Indifferenz beseitigt.

Um die Eindeutigkeit der politischen Auswahl bei drei oder mehr Alternativen zu erreichen, wird oft so verfahren, daß man die Menge der Alternativen in aufeinanderfolgenden Abstimmungen paarweise reduziert. Ein Beispiel dafür hatten wir in Abschnitt 3.2 über das Abstimmungsparadox kennengelernt: Aus der Menge $\{x, y, z\}$ wird ein Paar herausgegriffen, über das man abstimmt, und der 'Gewinner' dieser Abstimmung wird in einer zweiten Abstimmung der dritten Alternative gegenübergestellt.

Das hat den Vorteil, daß nicht, wie bei korrekter Anwendung der **AMR** auf die Präferenzstruktur des Abstimmungsparadoxes (die erfordern würde, daß getrennt über **alle** Alternativenpaare abgestimmt wird, in die sich die Menge $\{x, y, z\}$ zerlegen läßt), eine Indifferenz zwischen drei Alternativen entsteht. Das Problem ist aber, daß bei diesem Verfahren über ein bestimmtes Paar **nicht** abgestimmt wird – und zwar über jenes, das sich aus dem 'Nicht-Gewinner' der ersten Abstimmung und der dritten Alternative zusammensetzt. Dieses Paar ist jeweils ein anderes, je nachdem mit welchem Paar die erste Abstimmung begonnen wird. Das Ergebnis der zweiten Abstimmung ist also, wie wir in Abschnitt 3.2 gesehen haben, abhängig davon, mit welchem Paar die erste Abstimmung einsetzt.

Nun möchte man vermeiden, daß das Resultat der (kollektiven) Auswahl aus $\{x, y, z\}$ davon abhängig ist, mit welchem Paar von Alternativen die Abstimmungen beginnen. Man fordert daher, daß die AR **pfadunabhängig** sein soll, d.h. es muß sich stets dasselbe Resultat ergeben, unabhängig davon, auf welchem Weg man zu ihm gelangt. Bei Verwendung der **AMR** unter paarweiser Reduktion der Alternativen wird die Eigenschaft der Pfadunabhängigkeit verletzt. Wir werden im nächsten Kapitel erörtern, welche Konsequenzen sich daraus ergeben.

Die paarweise Reduktion von Alternativen birgt noch ein weiteres Problem. Sie eröffnet den Entscheidungsbeteiligten die Möglichkeit, ihre Präferenzen falsch anzugeben, um entweder zu erreichen, daß ihre bevorzugte Alternative zum kollektiven Resultat wird, oder aber zu verhindern, daß eine von ihnen abgelehnte Alternative in die kollektive Auswahl gelangt. Es wird sich im folgenden Kapitel zeigen, daß ein solches **'strategisches Verhalten'** ein zentrales Problem von Aggregationsregeln ist, die eine einzige Alternative als beste auszeichnen.

Die Eindeutigkeit der politischen Auswahl ist demnach, so wünschenswert sie unter anderen Gesichtspunkten sein mag, eine höchst problematische Forderung: Sie kann die korrekte Anwendung der **AMR** verhindern, weil damit eine Indifferenzklasse entstehen würde, und führt stattdessen in Fällen kollektiver Indifferenz zur Willkürlichkeit indifferenzauflösender Zusatzregeln oder aber zur Verletzung der Pfadunabhängigkeit bzw. der Möglichkeit strategischen Verhaltens. Es wird sich im nächsten Kapitel jedoch auch zeigen, daß wir erneut mit dem Arrowschen Problem konfrontiert sind, wenn wir diese Schwierigkeiten vermeiden wollen.

Literatur: Brown (1975), Buchanan & Tullock (1962), Kelsey (1985*), Mas-Collel & Sonnenschein (1972), Riker (1982), Kap. 6, Schwartz (1986), Kap. 3 & 6, Sen (1970), Kap. 4 & 4* sowie Kap. 5 & 5*, Sen (1977) und Sen (1986), Abschn. 4.

Anmerkungen: Die Thematik von Abschn. 4.1 wird zum Teil in Sen (1970), Kap. 2 & 2*, behandelt. Wir haben uns hier besonders bemüht, die Konzepte der Paretooptimalität, Paretovergleichbarkeit, Paretoindifferenz und Paretoinklusivität zu klären und die logischen Verbindungen zwischen der Einstimmigkeitsregel (**ER**) und der ergänzten Einstimmigkeitsregel (**EER**) aufzuzeigen. Die **EER** ist die *'Pareto-extension rule'* von Sen (1970), Abschn. 5*2 und S. 52, sowie Sen (1986), S. 1084.
Über die Beschlußfassung hinsichtlich der 'Gemeinschaftsaufgaben' von Bund Ländern berichten Scharpf et al. (1976), die Verfahren der 'Konkordanzdemokratie' in der Schweiz werden von Lehmbruch (1976), Kriesi (1980) und Schumann (1971) analysiert.
Die Idee der Einstimmigkeit, speziell unter dem Gesichtspunkt der Möglichkeiten des Stimmentauschs und des politischen Kompromisses, wie wir sie in Abschnitt 4.2 darstellen, wird besonders von Buchanan & Tullock (1962) verfochten. Das Beispiel von Tab. 8 ist bei Enelow & Hinich (1984), S. 32, in etwas anderer Form zu finden (es entspricht seiner Präferenzstruktur nach dem Gefangenen-Dilemma, vgl. Abschn. 10.1). Von Riker (1982), S. 158f., stammt das Beispiel in Tab. 9 für einen 'zyklischen Stimmentausch'. Riker (1982), S. 158f., gibt auch ein Beispiel dafür, daß Stimmentausch selbst dann instabil sein kann, wenn es in der zugrundeliegenden Präferenzstruktur einen Condorcet-Gewinner gibt.
Der im selben Abschnitt erwähnte Fall, daß in mehreren aufeinanderfolgenden Abstimmungen **mit** Stimmentausch für alle ein insgesamt schlechteres Ergebnis entsteht als **ohne** Stimmentausch und dennoch der einzelne sich dem Stimmentausch nicht entziehen kann, weil

er sich sonst in den Einzelabstimmungen noch schlechter stellen würde, geht auf ein Beispiel zurück, das Riker & Brams (1973) erarbeitet haben, vgl. auch Riker (1982), S. 111 ff.
Die in Abschn. 4.3 definierte KEF (D. 10/4) entspricht der '*Social decision function*' (SDF) von Sen (1970), D. 4*1 in Abschn. 4*1. T. 1/4 ist T. 4*1 von Sen (1970), S. 52, dessen Beweis jedoch unvollständig ist, da er im Grunde nur beweist, daß die **EER** quasi-transitiv ist. Wir haben den Beweis vervollständigt. Das VT im selben Abschnitt (T. 2/4) ist in dieser Formulierung von Sen (1986), S. 1085, der es einem unveröffentlichten Manuskript von Gibbard (1969) zuschreibt. Wir haben den Beweis des VT genau analog zum Beweis des AT angelegt, so daß die Beweise Schritt für Schritt verglichen werden können. Korollar 3/4 geht auf eine Idee von Guha (1972) zurück, der als erster die 'Hierarchie' der Vetogruppen herausgearbeitet hat.
Die Theoreme 3/4 und 4/4 sind von Mas-Collel & Sonnenschein (1972), für die Beweise s. dort. T. 5/4 und der Beweis ist von Blau & Deb (1977), vgl. auch Sen (1986), S. 1086f. K. 4/4 entspricht T. 1 in Kelsey (1985*), S. 131, dessen Übertragung auf AKEFs, die **P** und **I** erfüllen, von Blair & Pollak (1982) geleistet wurde, vgl. auch Kelsey (1985*). Das Beispiel mit $\# K = 120$ und $t = 6$ stammt ebenfalls von Kelsey (1985*) wie auch der Nachweis, daß L_c mindestens $v \geq \# K/t$ Individuen umfaßt.
T. 6/4 geht auf Brown (1975) und Hansson (1976) zurück, vgl. auch Blair & Pollak (1982), S. 932 u. 940, Plott (1976), S. 545, und Sen (1986), Abschn. 3.4. Brown und Hansson haben ihr Resultat aus dem Begriff des **Filters** abgeleitet. Sei Ω die Menge aller entscheidenden Gruppen (MEGs), dann kann für sie gelten: (a) $K \in \Omega$, (b) $L \in \Omega \wedge L \subsetneq M \rightarrow M \in \Omega$, (c) $L_1, \ldots, L_k \in \Omega \rightarrow \bigcap_j L_j \neq \emptyset$, $j = 1, \ldots, k$, (d) $L, M \in \Omega \rightarrow L \cap M \in \Omega$, (e) $L \notin \Omega = K \backslash L \in \Omega$. Die Menge Ω ist ein **Vorfilter** genau dann, wenn (a), (b) und (c), ein **Filter** genau dann, wenn (a), (b), (c) und (d), und ein **Ultrafilter** genau dann, wenn (a), (b), (c), (d) und (e) gilt. Sei nun f^v eine AR, die für beliebige g eine kollektive Präferenzrelation erzeugt, die reflexiv und vollständig ist, dann ist Ω bei Azyklizität von $f^v(g)$ ein Vorfilter, bei Quasi-Transitivität von $f^v(g)$ ein Filter und bei Transitivität von $f^v(g)$ ein Ultrafilter, wenn die f^v die Bedingungen **P** und **I** erfüllt.
Im Fall von Azyklizität ist Ω also ein Vorfilter. Damit gibt es nach (c) eine Gruppe, deren Mitglieder zu jeder entscheidenden Gruppe von Individuen gehört: die Schnittmenge aller entscheidenden Gruppen, die wir als Vetokollegium definiert haben. Bei Quasi-Transitivität der $f^v(g)$ ist Ω ein Filter. Wegen (d) ist dann die Schnittmenge selbst entscheidend und bildet die Vetogruppe. Im Fall von Transitivität der $f^v(g)$ ist ein Ω ein Ultrafilter. Wird dann Bedingung **D** postuliert, darf keine Einermenge von Individuen entscheidend sein. Wegen (e) würden daher in K alle Gruppen von $n-1$ Individuen entscheidend sein. Aber diese entscheidenden Gruppen haben eine leere Schnittmenge: ein Widerspruch zu (c) und (d). Folglich gibt es eine entscheidende Einermenge: den Diktator. Auf diese Weise gelingt es, mit Hilfe des Begriffs des Filters bzw. des Vor- und Ultrafilters einen neuen Zusammenhang zwischen den wichtigsten der bisher erörterten Theoreme (AT, VT und T. 6/4 über das Vetokollegium) herzustellen.
In Abschn. 4.5 werden Ergebnisse für Kollektive Auswahlfunktionen behandelt, wie sie zusammenfassend bei Sen (1977), Abschn. 5, und Sen (1986) dargestellt sind. Sen bezeichnet die KAF (D. 24/4) als '*Functional collective choice rule*' (FCCR). T. 7/4 ist bei Sen (1986), S. 1093, das '*Choice-functional positive possibility theorem*'. Es kann um die auswahlfunktionalen Versionen der Bedingungen **A** und **NIM** verstärkt werden, ohne sich in seiner Aussage zu verändern. Das Beispiel von Tab. 10 ist Ferejohn & Grether (1977) entnommen, vgl. auch Sen (1986), S. 1103. T. 8/4 entspricht dem '*Base-relational general possibility theorem*' in Sen (1986), S. 1095, T. 9/4 der Proposition 22 in Sen (1977), S. 179, T. 10/4 dem '*Choice-functional general possibility theorem*' in Sen (1986), S. 1100, T. 11/4 dem '*Choice-functional oligarchy theorem*' in Sen (1986), S. 1101, und T. 12/4 schließlich ist von Bordes (1976).

5. Das Problem manipulations- und strategiefreier Regeln

5.1 Manipulation und strategisches Verhalten

Plinius der Jüngere berichtet, daß der Konsul Africanus Dexter in seinem Haus tot aufgefunden worden war. Es ließ sich nicht mehr feststellen, ob er durch eigene Hand gestorben war, ob er seine Freigelassenen angewiesen hatte, ihn zu töten, oder ob die Freigelassenen ihn aus eigenem Antrieb erschlagen hatten. Der Fall war bereits im Senat verhandelt und seine Freigelassenen zum Tode verurteilt worden. Plinius der Jüngere argumentierte als Konsul, daß die Beweise für die Schuld der Freigelassenen nicht ausreichten, und konnte so den Fall erneut vor den Senat bringen.

Die Frage für Plinius war nun, ob es ihm gelingen würde, im Senat einen Freispruch zu erreichen. Dabei mußte er davon ausgehen, daß es im Senat in dieser Frage drei Auffassungen gab: Fraktion 1 für Freispruch, Fraktion 2 für Verbannung und Fraktion 3 für Todesstrafe. Weiter hatte er zu beachten, daß Fraktion 2 und 3 je gleichviel Stimmen zählte und Fraktion 1 eine Stimme mehr als Fraktion 2 bzw. 3.

Das übliche Verfahren im Senat wäre gewesen, zunächst über Schuld oder Unschuld zu entscheiden und bei mehrheitlicher Feststellung der Schuld (aber nur dann, denn die Feststellung der Unschuld müßte zum Freispruch führen) über die Art der Strafe abzustimmen: Tod oder Verbannung. Plinius sah voraus, daß diese Abstimmungsfolge nicht zum Freispruch führen konnte, denn schon in der ersten Abstimmung hätte sich eine Mehrheit für einen Schuldspruch ergeben, wenn wir davon ausgehen, daß die Fraktionen, die eine Strafe befürworten (2 und 3), von der Schuld der Freigelassenen überzeugt sein müssen. In der zweiten Abstimmng wäre es dann wohl zu einer Entscheidung für Verbannung gekommen, da sich die Befürworter des Freispruchs sicher mit Fraktion 2 verbündet hätten, um die Todesstrafe zui vermeiden.

Plinius forderte daher eine andere Abstimmungsfolge und da er als Konsul die Sitzung im Senat leitete, konnte er sie bestimmen. Es sollte in einer einzigen Abstimmung über die drei Alternativen Freispruch, Verbannung und Todesstrafe entschieden werden. Damit hätte die Fraktion obsiegt, die die meisten Stimmen aufbringen konnte, also Fraktion 1, und es wäre zum Freispruch gekommen. Genau das aber ist nicht eingetreten. Die Änderung hatte zur Folge, daß die Fraktion 3, um den möglichen Freispruch zu verhindern, zusammen mit Fraktion 2 für die Verbannung stimmte. Der Versuch des Plinius, einen Freispruch zu erreichen, war damit gescheitert.

Die Geschichte des Plinius ist ein klassisches Beispiel für den Fall von Manipulation (der Abstimmungsfolge) und Gegenmanipulation in Form strategischen Verhaltens. Dabei steht der Begriff der **Manipulation** für jedes Verhalten, durch das der Manipulator ein von ihm bevorzugtes Resultat herbeizuführen versucht, während der (engere) Begriff des **strategischen Verhaltens** auf die Manipulation (Veränderung) der eigenen Präferenz zum Zweck der Herbeiführung des gewünschten Ergebnisses beschränkt ist.

Strategisches Verhalten ist zugleich Manipulation, aber nicht jede Manipulation ist strategisches Verhalten. Wir hatten mit dem Stimmentausch in Abschnitt 4.2 bereits ein Beispiel für strategisches Verhalten kennengelernt. Auch der politische Kompromiß impliziert strategisches Verhalten. In unserer Geschichte hatte Plinius manipuliert, indem er die Abstimmungsfolge änderte, während Fraktion 3 sich strategisch verhalten hat, indem sie in der entscheidenden Abstimmung eine andere als ihre wahre Präferenz angab.

Bereits an diesem Punkt wird deutlich, daß eine Manipulation in der Regel nur dann erfolgreich ist, wenn sie nicht durchschaut wird, die Beteiligten also ihre Stimme im Vertrauen auf eine korrekte Verfahrensweise 'ehrlich' abgeben. Wird die Manipulation rechtzeitig erkannt, gibt es in vielen Fällen die Möglichkeit der Gegenmanipulation. Das stellt den Manipulator vor die Frage, ob er den Beteiligten ehrliches oder strategisches Verhalten unterstellen soll. Plinius hatte offenbar bei seiner Manipulation gar nicht an die Möglichkeit strategischen Verhaltens gedacht.

Strategisches Verhalten zielt oft nicht auf das Erreichen einer bevorzugten Alternative (so jedoch die Definition im nächsten Abschnitt: D. 8/5), sondern die Verhinderung eines bestimmten Resultats. Dieses Ziel läßt auch dann noch Möglichkeiten der erfolgreichen Veränderung der eigenen Präferenz zu, wenn das Erreichen der bevorzugten Alternative selbst bei Veränderung der eigenen Präferenz nicht möglich ist. In der Geschichte des Plinius wäre es für die Fraktion 3 zwecklos, die Todesstrafe erreichen zu wollen, so sehr sie auch ihre Präferenz ändert. Bezüglich der Verhinderung des Freispruchs aber konnte sie erfolgreich sein.

In diesem Zusammenhang stellt sich auch die Frage, wie 'wahre' von veränderten oder verfälschten Präferenzen unterschieden werden können. Die LkE hat darauf im Grunde keine Antwort. Vielmehr zeigen die entsprechenden Definitionen in den folgenden Abschnitten (besonders D. 8/5 und 9/5 in Abschn. 5.2 sowie die Formulierung der Bedingung $\widehat{\mathbf{ES}}$ im Zusammenhang mit D. 10/5 in Abschn. 5.3), daß der Begriff der 'wahren' Präferenz als Residualkategorie behandelt wird: als 'wahr' gelten alle Präferenzen, die nicht in strategischer Absicht verändert wurden.

Nun dürfte aber klar sein, daß Präferenzen immer mit Bezug auf die 'wahren' Präferenzen verändert werden, weil man in der Veränderung eine Chance sieht, seiner 'wahren' Präferenz zum Sieg zu verhelfen. Daraus läßt sich schließen, daß nur die 'geäußerten' Präferenzen verändert sein können, für die individuell nicht geäußerten liegt dafür keine Notwendigkeit vor (es sei denn, man unterstellt so etwas wie 'falsches Bewußtsein'); sie werden also 'wahr' sein. Allerdings erlaubt das nicht den Schluß, daß alle geäußerten Präferenzen verändert sind. Vielmehr werden darunter auch 'wahre' sein. Um nun unter den geäußerten Präferenzen zwischen 'wahren' und in strategischer Absicht geänderten unterscheiden zu können, bedarf es des Einsatzes von Hilfsmitteln, die die LkE nicht bereitstellen kann.

Worauf ist es zurückzuführen, daß in der Geschichte des Plinius auf so einfache Weise die Abstimmungsfolge manipuliert und die individuelle Präferenz verändert werden kann? Wir hatten schon im letzten Abschnitt 4.6 darauf hingewiesen, daß dies unter anderem an einer bestimmten Handhabung der Mehrheitsregel liegt – und zwar wenn die **MR** bzw. die **AMR** nicht korrekt auf **alle** Paare von Alternativen angewandt wird, in die sich die Alternativenmenge aufteilen läßt. Wir wollen zunächst jedoch zeigen, daß die zugrundeliegende Präferenzstruktur nicht der Grund ist.

Man kann sich das klarmachen, wenn man die in der Geschichte des Plinius unvollständigen Präferenzen möglichst sinnvoll zu ergänzen versucht. Die so ergänzten Präferenzen sind in Tabelle 11 angegeben, wobei f für Freispruch, b für Bann und t für die Todesstrafe steht.

g Fraktionen 1	 2	 3
f	b	t
b	f	b
t	t	f

Tab. 11: Präferenzstruktur g des Senats

Aggregiert man diese Präferenzen unter Anwendung der **AMR** auf alle Paare von Alternativen, in die sich die Menge {f, b, t} aufteilen läßt, so verbleibt nur die Alternative b in der kollektiven Auswahl. Sie ist der '**Condorcet-Gewinner**', da sie den beiden anderen Alternativen f und t mehrheitlich kollektiv vorgezogen wird (vgl. 'Anmerkungen' im Anschluß an Kap. 3). Als vollständige kollektive Präferenz ergibt sich bei Anwendung der **MR** auf alle Paare von Alternativen, daß b gegenüber f und f gegenüber t vorgezogen wird – und zwar unabhängig von der Reihenfolge, in der die Alternativenpaare aggregiert werden.

Es liegt also eine Präferenzstruktur vor, die bei korrekter Anwendung der **MR** eine KWF ergibt. Dennoch sind unter Zugrundelegung dieser Präferenzstruktur dieselben Manipulationen möglich und führen zum selben Resultat wie in der Geschichte des Plinius. Allerdings werden in der Geschichte zwei Abstimmungsfolgen herangezogen, die sich von der unterscheiden, mittels der wir den Condorcet-Gewinner bzw. die vollständige kollektive Präferenz festgestellt haben. Offenbar liegt darin der Unterschied.

Die erste Abstimmungsfolge – wir hatten sie als das 'übliche Verfahren' im Senat bezeichnet – ist eine **schrittweise Reduktion** der Alternativenmenge, bei der diese zunächst in die zwei Teilmengen {f} und {b, t} zerlegt wird. Eine weitere Zerlegung durch eine zweite Abstimmung findet statt, wenn in der ersten Abstimmung {b, t} kollektiv bevorzugt wird (Abstimmungsfolge A in Abbildung 5).

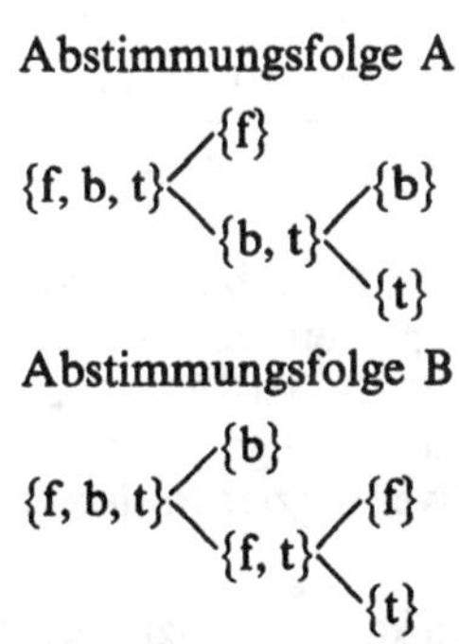

Abb. 5: Schema zweier Abstimmungsfolgen bei schrittweiser Reduktion

Eigentlich müßte sich dasselbe Resultat wie bei Abstimmungsfolge A ergeben, wenn die Menge der Alternativen anders zerlegt wird, z. B. entsprechend der Abstimmungsfolge B. Das ist aber nicht der Fall. Wegen der (wahren) Präferenzen von Fraktion 1 und 3 würde in der ersten Abstimmung zugunsten {f, t} entschieden und in der zweiten zugunsten {f} (Plinius hätte für seine Manipulation also auch diese Abstimmungsfolge benutzen können). Bei schrittweiser Reduktion der Alternativen ist das Ergebnis abhängig von der gewählten Abstimmungsfolge, d. h. es ist nicht **pfadunabhängig**. Demnach ergeben sich bei Verletzung der Pfadunabhängigkeit Manipulationsmöglichkeiten durch Änderung der Abstimmungsfolge.

Dieses Argument läßt sich auf die schließlich von Plinius gewählte Abstimmungsfolge übertragen. Soll Pfadunabhängigkeit gelten, müßte sich dasselbe Resultat wie bei Abstimmungsfolge A auch bei **gleichzeitiger Abstimmung** über die drei Alternativen nach Abstimmungsfolge C ergeben.

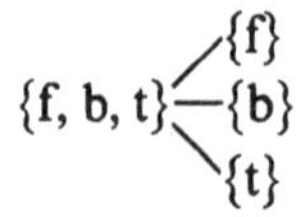

Abb. 6: Abstimmungsfolge C

Wie wir wissen, ist das Ergebnis hier jedoch bei 'ehrlicher' Stimmabgabe die Alternative f, denn für Abstimmungsfolge C wird davon ausgegangen, daß die Fraktionen nur die Alternativen angeben, die in ihren Präferenzen an der Spitze stehen. Das ist ein anderes Ergebnis wie bei Abstimmungsfolge A: Im Vergleich zwischen Abstimmungsfolge A und C ist Pfadunabhängigkeit nicht gegeben, so daß sich eine Manipulationsmöglichkeit eröffnet, die Plinius auszunutzen versucht hat.

Allerdings erklärt das nicht, warum gleichzeitig (erfolgreiches) strategisches Verhalten vorkommen kann. Betrachten wir dazu noch einmal die von Plinius bevorzugte Abstimmungsfolge C und nehmen als hypothetisches Beispiel eine weitere Präferenzstruktur g′ wie in Tabelle 12 an.

g′		
Fraktionen		
1	2	3
b	b	t
f	f	b
t	t	f

Tab. 12: Hypothetische Präferenzstruktur g′ des Senats

Da die Stellung der Alternativen t und b in g und g′ genau übereinstimmt, müßte g und g′ nach Bedingung **I** zum gleichen kollektiven Resultat bezüglich t und b führen. Bei Anwendung der **MR** unter Voraussetzung der Abstimmungsfolge C führt g jedoch bei ehrlicher Stimmabgabe zu kollektiver Indifferenz zwischen t und b, g′ hingegen zu kollektiver strikter Präferenz für b gegenüber t; Bedingung **I** ist nicht erfüllt.

Wie der Leser selbst feststellen kann, verletzt auch die schrittweise Reduktion der Alternativenmenge (Abstimmungsfolge A und B) Bedingung **I**. Es läßt sich daher vermuten, daß die Verletzung von **I** die Möglichkeit strategischen Verhaltens eröffnet. Wir können diese Vermutung mit der 'korrekten' Abstimmungsfolge testen, mittels der wir den Condorcet-Gewinner festgestellt hatten. Wir geben sie in Abbildung 7 wieder.

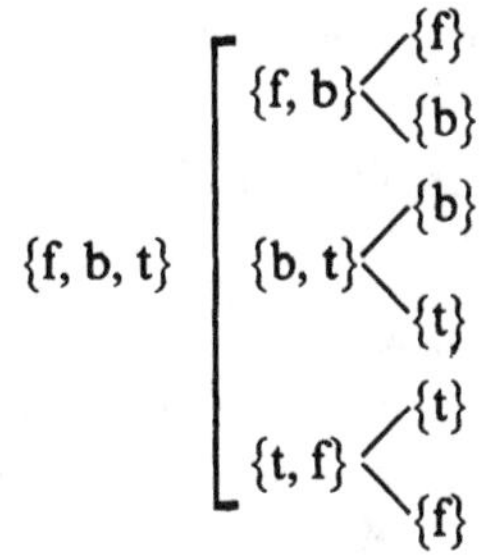

Abb. 7: Abstimmungsfolge D

Da hier unter Verwendung der **AMR** bzw. der **MR** über die Präferenzen (der Fraktionen) hinsichtlich aller Paare von Alternativen abgestimmt wird, in die sich {f, b, t} zerlegen läßt, kann diese Abstimmungsfolge nicht Bedingung **I** verletzen. Wir stellen dem Leser anheim zu überprüfen, daß es in diesem Fall tatsächlich zwecklos ist, individuelle Präferenzen zu verfälschen. Abstimmungsfolge D ist zugleich manipulationssicher, da sie pfadunabhängig ist, d. h. es ergibt sich stets dasselbe Resultat, in welcher Reihenfolge auch immer über die Alternativenpaare entschieden wird.

Das gilt nicht für Abstimmungsfolgen, die bei **schrittweisem Paarvergleich** möglich sind, auch wenn dabei ebenfalls paarweise verfahren wird, indem zunächst über ein Paar aus der Menge {f, b, t} abgestimmt und in einer zweiten Abstimmung die verbleibene dritte Alternative dem Gewinner der ersten Abstimmung gegenübergestellt wird. Abbildung 8 gibt eine Abstimmungsfolge dieser Art wieder.

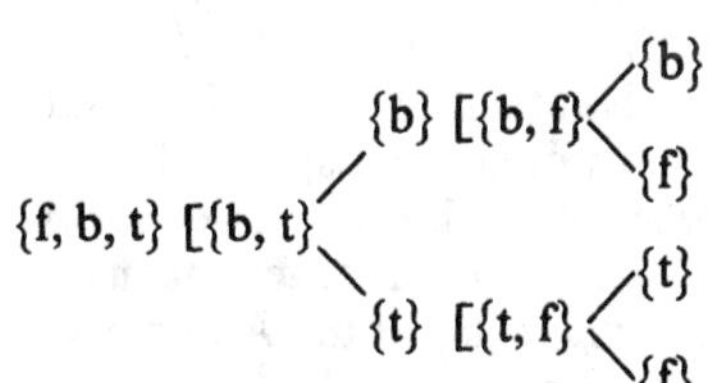

Abb. 8: Abstimmungsfolge E

Diese Abstimmungsfolge ist weder manipulations-, noch strategiefrei, da sie ebenso Pfadunabhängigkeit wie Bedingung **I** verletzt. Für Plinius wäre es die dritte Möglichkeit gewesen, einen Freispruch zu erreichen, vorausgesetzt es wäre ihm gelungen, 'seine' Fraktion 1 zu folgender Veränderung ihrer Präferenz zu bewegen: Da die Abstimmung über das erste Alternativenpaar die Paarung der Alternativen in der zweiten Abstimmung entscheidet (b gegen f oder t gegen f), ist es für Fraktion 1 notwendig, in der ersten Abstimmung – konterintuitiv – für t statt für b zu stimmen. In der zweiten Abstimmung würde dann t gegen f stehen und es müßte sich f als Resultat ergeben. Plinius hätte seinen Freispruch erreicht.

Wie bei der ersten und zweiten Manipulationsmöglichkeit des Plinius muß auch hier vorausgesetzt werden, daß alle anderen ehrlich abstimmen. Nehmen wir nämlich an, daß die Fraktion 3 die Manipulation durchschaut, könnte sie ihrerseits ihre Präferenz bezüglich des Paares t, b verfälschen und in der ersten Abstimmung für b votieren, womit aus dieser Abstimmung b resultieren würde. Die zweite Abstimmung würde dann zwischen b und f erfolgen und das Resultat wäre b: der Freispruch ist wiederum verhindert.

Es ist also festzuhalten, daß Plinius bei allen drei Manipulationsmöglichkeiten scheitert, die sich ihm bieten, wenn die folgenden Voraussetzungen vorliegen: (a) die Manipulation wird erkannt und (b) es gibt die Möglichkeit, durch veränderte Darstellung einer individuellen Präferenz das kollektive Resultat abzuwenden, das sich aus der Manipulation ergeben würde. Dazu ist, wie wir gesehen haben, Voraussetzung, daß die angewandte AR f bzw. die benutzte Abstimmungsfolge die Irrelevanzbedingung verletzt.

Ist das der Fall, wird die Manipulation durch strategisches Verhalten in der Regel erfolgreich abgewehrt werden können – besonders dann, wenn die Struktur der 'wahren' Präferenzen einen Condorcet-Gewinner impliziert und die Manipulation auf eine Alternative zielt, die nicht der Condorcet-Gewinner ist, weil dann durch entsprechendes strategisches Verhalten der Condorcet-Gewinner leicht zum kollektiven Resultat gemacht werden kann. Strategisches Verhalten, das die Manipulation erfolgreich konterkariert, ist jedoch auch möglich, ohne daß die Präferenzstruktur einen Condorcet-Gewinner aufweist.

Strategisches Verhalten kann daher in manchen Situationen eine positive Wirkung haben, insbesondere wenn es dadurch gelingt, daß jene Alternative zum kollektiven Resultat wird, die sich auch bei korrekter Anwendung der **AMR** ergeben hätte. Allerdings ist ein solcher positiver Effekt keineswegs stets gegeben. Es lassen sich leicht Fälle angeben, in denen die Änderung einer individuellen Präferenz das kollektive Resultat zugunsten des 'Verfälschers' und zuungunsten der anderen Entscheidungsbeteiligten beeinflußt.

Nehmen wir als Beispiel die in Tabelle 13 angegebenen Präferenzstrukturen, auf die die Borda-Regel angewandt werden soll. Wir hatten diese AR schon in Abschnitt 3.2 kennengelernt. Dabei erhält die in einer individuellen Präferenz höchstrangierende Alternative in unserem Beispiel 4 Punkte, die nächstrangierende 3 Punkte, die darauffolgende 2 Punkte etc. Für jede Alternative werden nun die Punkte aufaddiert, die sie aufgrund ihrer Stellung in den individuellen Präferenzen bekommt, womit sich die Punktsumme der Alternativen ergibt, die ihre 'Reihung' im kollektiven Resultat festlegt.

Präferenzstruktur g			Punkt-	Präferenzstruktur g′		
i	j	k	werte	i	j	k
w	x	y	4	w	x	y
x	y	z	3	x	z	z
y	z	x	2	y	w	x
z	w	w	1	z	y	w

Tab. 13: Strategisches Verhalten bei Anwendung der Borda-Regel

Unter Anwendung dieser AR auf die Präferenzstruktur g erhält x und y je 9 Punkte und w und z je 6 Punkte. Das kollektive Resultat ist demnach eine Indifferenz zwischen x und y. Person j nun kann dieses Resultat zu ihren Gunsten verändern, indem sie Alternative y in ihrer Präferenz, wie in g′ angegeben, an die letzte Stelle schiebt. Dadurch erhalten z und w je einen Punkt mehr, y aber zwei Punkte weniger, so daß x mit 9 Punkten an der Spitze der kollektiven Punktsummenwertung der Alternativen steht.

Möchte man strategisches Verhalten, das zu solchen Veränderungen des kollektiven Resultats führt, von vornherein ausschließen, so bietet sich die korrekte Anwendung der **AMR** als Lösung an. Wie sich aus der Erörterung der Geschichte des Plinius ergibt, ist damit erfolgreiches strategisches Verhalten ausgeschlossen, wenn vorausgesetzt werden kann, daß die Präferenzstrukturen nur strikte individuelle Präferenzen enthalten (und die Zahl der Entscheidungsbeteiligten ungerade ist). Wie der Leser leicht selbst feststellen kann, entsteht die Möglichkeit der erfolgreichen Veränderung einer individuellen Präferenz auch im obigen Beispiel dadurch, daß die Borda-Regel nicht die Irrelevanzbedingung erfüllt.

Aber abgesehen davon, daß mit der Ausschaltung strategischen Verhaltens auch dessen eventuelle positive Wirkungen wegfallen, entsteht mit der korrekten Anwendung der **AMR** das weitere, in Abschnitt 4.6 angeschnittene Problem, daß sich bei bestimmten Präferenzstrukturen zu umfassende Indifferenzklassen ergeben und eine kollektive Auswahl im Sinne der Reduzierung der gegebenen Alternativenmenge nicht stattfinden kann. Es scheint mithin, daß eine strategiefreie Anwendung der **AMR** nur um den Preis zu haben ist, daß in Einzelfällen große Indifferenzklassen entstehen.

5.2 Das Resultat von Gibbard und Satterthwaite

Es gibt gute Gründe für die Forderung nach eindeutigen kollektiven Entscheidungen in dem Sinne, daß aufgrund einer Präferenzstruktur für beliebige Teilmengen S von X als Auswahlmengen Einermengen induziert werden, so daß $\# a(S) = 1$. In politischen Zusammenhängen würde eine Indifferenzklasse als kollektives Resultat keine Entscheidung für eine der Alternativen erlauben, so daß mangels Entscheidung der Status quo selbst dann erhalten bliebe, wenn alle Entscheidungsbeteiligten irgendeine Alternative dem Status quo vorziehen.

Der Ausschluß kollektiver Indifferenz hat aber zur Folge, daß die **AMR** als AR ausfällt, da sie diese Forderung bei bestimmten Präferenzstrukturen nicht erfüllen kann. Es erhebt sich daher die Frage, ob es eine Aggregationsregel gibt, die stets ein im obigen Sinne eindeutiges Resultat erzeugt, ohne strategieanfällig zu sein. Ein von Gibbard und Satterthwaite erarbeitetes Resultat zeigt nun, daß die beiden Forderungen der Strategiefreiheit und des eindeutigen kollektiven Resultats die möglichen Aggregationsregeln auf die diktatorischen einschränken.

Die Forderung nach einem eindeutigen Resultat bedeutet für Kollektive Wohlfahrtsfunktionen, daß die kollektiven Präferenzrelationen nicht Ordnungen sein dürfen, da dann Indifferenzen vorkommen können, sondern strikte Ordnungen, die vollständig, asymmetrisch und transitiv sind (vgl. D. 9/1 und L. 3/1 in Abschn. 1.2). Kollektive Wohlfahrtsfunktionen dieser Art sollen als **Strikte Kollektive Wohlfahrtsfunktionen** (SKWF) bezeichnet werden.

Definition 1/5: Eine AR $\hat{f}$ ist eine SKWF: $\leftrightarrow \forall g \in G: \forall X' \in Pot(X), \# X' \geqq 3$: $[\hat{f}(g)$ ist vollständig, asymmetrisch und transitiv$]$.

Nun kann aber auch der Definitionsbereich einer SKWF noch eingeschränkt werden, indem man fordert, daß die individuellen Präferenzrelationen, aus denen sich die Präferenzstrukturen zusammensetzen, ebenfalls strikte Ordnungen sein sollen.

Definition 2/5: Eine Präferenzrelation g(i) ist eine individuelle **strikte Ordnung**: $\leftrightarrow \forall x, y \in X: [\langle x, y\rangle \in g(i) \vee \langle y, x\rangle \in g(i)]$ (Vollständigkeit) $\wedge$
$\forall x, y \in X: [\langle x, y\rangle \in g(i) \rightarrow \neg \langle y, x\rangle \in g(i)]$ (Asymmetrie) $\wedge$
$\forall x, y, z \in X: [\langle x, y\rangle \in g(i) \wedge \langle y, z\rangle \in g(i) \rightarrow \langle x, z\rangle \in g(i)]$ (Transitivität).

Sei die Menge aller Präferenzstrukturen, die sich aus individuellen strikten Ordnungen zusammensetzen, mit G^S bezeichnet, so soll eine Aggregationsregel, die jeder Präferenzstruktur g aus G^S eine strikte Ordnung als kollektives Resultat zuordnet, eine **eingeschränkte Strikte Kollektive Wohlfahrtsfunktion** (S*KWF) genannt werden.

Definition 3/5: Eine AR $\hat{f}^*$ ist eine S*KWF: $\leftrightarrow \forall g \in G^S: \forall X' \in Pot(X), \# X' \geqq 3$: $[\hat{f}^*(g)$ ist vollständig, asymmetrisch und transitiv$]$.

Da eine S*KWF definitionsgemäß nur Präferenzstrukturen aus strikten individuellen Ordnungen in strikte kollektive Ordnungen zu überführen gestattet, ist der Definitions- und der Wertebereich einer S*KWF gegenüber einer KWF eingeschränkt, hingegen ist nur der Definitionsbereich einer S*KWF gegenüber einer SKWF eingeschränkt, nicht der Wertebereich.

Selbstverständlich gilt Arrows Theorem auch für eingeschränkte Strikte Kollektive Wohlfahrtsfunktionen. Wir führen es im folgenden ein, weil es als Teil des Beweises zum Resultat von Gibbard und Satterthwaite benötigt wird. Dazu sind zunächst die Bedingungen von Arrow für eingeschränkte Strikte Kollektive Wohlfahrtsfunktionen umzuformulieren.

Bedingung **P***: $\forall g \in G^S: \forall x, y \in X', X' \in Pot(X): [\forall i \in K: \langle x, y\rangle \in g(i) \rightarrow \langle x, y\rangle \in \hat{f}^*(g)]$

Bedingung **I***: $\forall g, g' \in G^S: \forall x, y \in X', X' \in Pot(X): [[\forall i \in K: \langle x, y\rangle \in g(i) \leftrightarrow \langle x, y\rangle \in g'(i)] \rightarrow [\langle x, y\rangle \in \hat{f}^*(g) \leftrightarrow \langle x, y\rangle \in \hat{f}^*(g')]]$.

Bedingung **D***: $\neg \exists i \in K: \forall g \in G^S: \forall x, y \in X', X' \in Pot(X): [\hat{f}^*(g) = g(i)]$.

Aufgrund der letzteren Bedingung wird wie folgt definiert.

Definition 4/5: Eine Person $i \in K$ mit der Eigenschaft, daß $\forall g \in G^S$ und $\forall x, y \in X'$, $X' \in Pot(X)$: $[\hat{f}^*(g) = g(i)]$, ist ein **$\hat{f}^*$-Diktator**.

Dann gilt die folgende Variante des AT.

Theorem 1/5:

Erfüllt eine S*KWF $\hat{f}^*$ die Bedingungen **P*** und **I***, kann sie nicht Bedingung **D*** erfüllen, d.h. dann gibt es einen $\hat{f}^*$-Diktator.

Für Kollektive Auswahlfunktionen, wie sie in Abschnitt 4.5 eingeführt wurden, bedeutet die Einschränkung auf eindeutige kollektive Resultate im obigen Sinne, daß sie für beliebige Teilmengen von X als Auswahlmengen Einermengen induzieren müssen. Kollektive Auswahlfunktionen dieser Art seien als **Strikte Kollektive Auswahlfunktionen** (SKAF) bezeichnet, wobei vorausgesetzt wird, daß ihnen Präferenzstrukturen zugrunde liegen, die aus individuellen Ordnungen zusammengesetzt sind.

Definition 5/5: Eine Auswahlfunktion $\hat{a}$ ist eine SKAF: $\leftrightarrow \forall g \in G: \forall X' \in Pot(X)$: $[\# X' \geqq 3 \rightarrow \# \hat{a}_{f(g)}(X') = 1]$.

Analog zur weiteren Einschränkung Strikter Kollektiver Wohlfahrtsfunktionen kann auch für Strikte Kollektive Auswahlfunktionen gefordert werden, daß die zugrundeliegenden Präferenzstrukturen sich aus strikten individuellen Ordnungen zusammensetzen sollen. Solche Kollektiven Auswahlfunktionen nennen wir **eingeschränkte Strikte Kollektive Auswahlfunktionen** (S*KAF).

Definition 6/5: Eine Auswahlfunktion $\hat{a}^*$ ist eine S*KAF: $\leftrightarrow \forall g \in G^S$: $\forall X' \in Pot(X)$: $[\# X' \geqq 3 \rightarrow \# \hat{a}^*_{f(g)}(X') = 1]$.

Das Resultat von Gibbard und Satterthwaite ist für eingeschränkte Strikte Kollektive Auswahlfunktionen formuliert. Die Erweiterung auf Strikte Kollektive Auswahlfunktionen bzw. Kollektive Auswahlfunktionen wird weiter unten diskutiert. Zunächst sind die Bedingungen für eingeschränkte Strikte Kollektive Auswahlfunktionen wie folgt zu formulieren.

Bedingung $\hat{\mathbf{P}}^*$: $\forall g \in G^S$: $\forall X' \in Pot(X), X'' \subset X'$: $\forall x, y$, so daß $x \in X''$, $y \in X'$ und $y \notin X''$: $[\forall i \in K: \langle x, y \rangle \in g(i) \rightarrow \hat{a}^*_{f(g)}(X') \subseteq X'']$.

Bedingung $\hat{\mathbf{I}}^*$: $\forall g, g' \in G^S$: $\forall x, y \in X', X' \subset X$: $[\forall i \in K: [\langle x, y \rangle \in g(i) \leftrightarrow \langle x, y \rangle \in g'(i)] \rightarrow [\hat{a}^*_{f(g)}(X') = \hat{a}^*_{f(g')}(X')]]$.

Bedingung $\hat{\mathbf{D}}^*$: $\neg \exists i \in K: \forall g \in G^S: \forall x \in X', X' \subset X, x \neq \hat{a}^*_{f(g)}(X')$: $[\langle \hat{a}^*_{f(g)}(X'), x \rangle \in g(i)]$.

In der Notation unterscheiden wir i. F. der Übersichtlichkeit wegen nicht zwischen Einermenge und dem Element der Einermenge. Entsprechend dieser letzten Bedingung $\hat{\mathbf{D}}^*$ definieren wir wie folgt.

Definition 7/5: Eine Person $i \in K$ mit der Eigenschaft, daß $\forall g \in G^S$ und $\forall x \in X'$, so daß $X' \subset X$ und $\{x\} \neq \hat{a}^*_{f(g)}(X')$: $[\langle \hat{a}^*_{f(g)}(X'), x \rangle \in g(i)]$, ist ein **$\hat{a}^*$-Diktator**.

Eingeschränkte Strikte Kollektive Auswahlfunktionen werden weiter beschränkt durch die Forderung nach Ausschluß strategischen Verhaltens, so daß keine erfolgversprechende Veränderung individueller Präferenzen vorkommen kann. In diesem Zusammenhang führen wir zur Kennzeichnung von Veränderungen in Präferenzstrukturen die folgende Schreibweise ein:

$$g = \langle g(1), g(2), \ldots, g(n) \rangle,$$
$$g' = \langle g'(1), g'(2), \ldots, g'(n) \rangle,$$
$$g|g'(i) = \langle g(1), \ldots, g(i-1), g'(i), g(i+1), \ldots, g(n) \rangle,$$
$$g|g''(1), g''(2) = \langle g''(1), g''(2), g(3), \ldots, g(n) \rangle.$$

Sei $\mathbf{g}^S(i)$ die Menge der zulässigen individuellen Präferenzrelationen der Person i, also der strikten individuellen Ordnungen, so daß $\mathbf{g}^S(i) = \{g(i), g'(i), \ldots\}$, dann läßt sich Strategieanfälligkeit und Strategiefreiheit eingeschränkter Strikter Kollektiver Auswahlfunktionen wie folgt definieren.

Definition 8/5: Eine Auswahlfunktion $\hat{a}^*$ ist **strategieanfällig** bezüglich einer Präferenzstruktur $g \in G^S$: $\leftrightarrow \exists i \in K: [\exists g'(i) \in \mathbf{g}^S(i) \wedge \langle \hat{a}^*_{f(g|g'(i))}(X'), \hat{a}^*_{f(g)}(X') \rangle \in g(i)]$.

Definition 9/5: Eine Auswahlfunktion $\hat{a}^*$ ist genau dann **strategiefrei**, wenn es keine Präferenzstruktur $g \in G^S$ gibt, bezüglich derer sie strategieanfällig ist.

Dementsprechend lautet die Bedingung der Strategiefreiheit.

Bedingung $\hat{\mathbf{S}}^*$ **(Strategiefreiheit)**: $\neg \exists g \in G^S: \exists i \in K: [\exists g'(i) \in \mathbf{g}^S(i) \wedge \langle \hat{a}^*_{f(g|g'(i))}(X'), \hat{a}^*_{f(g)}(X') \rangle \in g(i)]$.

Dann gilt das folgende Resultat von Gibbard und Satterthwaite (RGS).

> *Theorem* 2/5:
> Erfüllt eine S*KAF $\hat{a}^*$ Bedingung $\hat{\mathbf{S}}^*$, so kann sie nicht Bedingung $\hat{\mathbf{D}}^*$ erfüllen, d.h. dann gibt es einen $\hat{a}^*$-Diktator.

Die Beweisidee zu diesem Theorem beruht darauf, zunächst mit Hilfe zweier Lemmata zu zeigen, daß die Irrelevanz- und die Pareto-Bedingung für die Strategiefreiheit einer Funktion $\hat{a}^*$ unabdingbar sind. Sodann wird eine Konstruktion eingeführt, die es erlaubt, eine Funktion $\hat{a}^*$ in eine Funktion $\hat{f}^*$ zu überführen. Erfüllt $\hat{f}^*$ nun die Irrelevanz- und die Pareto-Bedingung, dann kann aufgrund des AT Bedingung $\mathbf{D}^*$ nicht erfüllt sein, d.h. dann gibt es einen $\hat{f}^*$-Diktator. Da Bedingung $\mathbf{D}^*$ konstruktionsgemäß Bedingung $\hat{\mathbf{D}}^*$ impliziert, ist damit erwiesen, daß eine strategiefreie Auswahlfunktion $\hat{a}^*$ nicht Bedingung $\hat{\mathbf{D}}^*$ erfüllt.

> *Lemma* 1/5: Erfüllt eine Funktion $\hat{a}^*$ nicht Bedingung $\hat{\mathbf{I}}^*$, dann erfüllt sie auch nicht Bedingung $\hat{\mathbf{S}}^*$.

Beweis:

(1)	Annahme: $\hat{\mathbf{I}}^*$ ist nicht erfüllt, d.h. $\langle x, y \rangle \in g(i) \leftrightarrow \langle x, y \rangle \in g'(i)$, jedoch $\hat{a}^*_{f(g)}(X') = \{x\}$ und $\hat{a}^*_{f(g\|g'(i))}(X') = \{y\}$.	
(2)	Entweder $\langle x, y \rangle \in g(i)$ oder $\langle y, x \rangle \in g(i)$.	wg. D. 2/5
(3)	$\langle x, y \rangle \in g(i) \leftrightarrow \langle x, y \rangle \in g'(i)$.	wg. (1)
(4)	Ist $\langle x, y \rangle \in g(i)$, so ist $\hat{a}^*$ strategieanfällig, weil i einen Wechsel von $g'(i)$ zu $g(i)$ bevorzugt, der die Präferenzstruktur $g\|g'(i)$ zu g verändert.	wg. (1), (3) u. D. 8/5
(5)	Ist $\langle y, x \rangle \in g(i)$, so ist $\hat{a}^*$ strategieanfällig, weil i einen Wechsel von $g(i)$ zu $g'(i)$ bevorzugt, der die Präferenzstruktur g zu $g\|g'(i)$ verändert.	wg. (1) u. D. 8/5
(6)	$\hat{\mathbf{S}}^*$ ist nicht erfüllt.	wg. (4) u. (5)

> *Lemma* 2/5: Erfüllt eine Funktion $\hat{a}^*$ nicht Bedingung $\hat{\mathbf{P}}^*$, dann erfüllt sie auch nicht Bedingung $\hat{\mathbf{S}}^*$.

Beweis:

(1)	Annahme: $\hat{\mathbf{P}}^*$ ist nicht erfüllt, d.h. $y \in X''$, $x \notin X''$ und $\hat{a}^*_{f(g)}(X') = \{x\}$.	
(2)	Da $X'' \subset X'$ und beide Mengen nicht leer sind, gibt es eine Präferenzstruktur g', so daß $\hat{a}^*_{f(g')}(X') = \{y\}$.	
(3)	Annahme: $\forall i \in K, 0 \leqq i \leqq n: \{z_i\} = \hat{a}^*_{f(g\|g'(1),\ldots,g'(i))}(X')$, $z_0 = x \notin X''$ und $z_n = y \in X''$.	
(4)	Annahme: Sie j die kleinste ganze Zahl, so daß $z_j \in X''$, d.h. $\hat{a}^*_{f(g\|g'(1),\ldots,g'(j))}(X') \subset X''$ und $\hat{a}^*_{f(g\|g'(1),\ldots,g'(j-1))}(X') \not\subset X''$.	
(5)	$\hat{a}^*$ ist strategieanfällig, weil j einen Wechsel von g(j) zu g'(j) bevorzugt, der die Präferenzstruktur $g\|g'(1), \ldots, g'(j-1)$ zu $g\|g'(1), \ldots, g'(j)$ verändert.	wg. (4) u. D. 8/5
(6)	$\hat{\mathbf{S}}^*$ ist nicht erfüllt.	wg. (5)

Konstruktion der Funktion $\hat{f}^*$:

(1) Gegeben sei eine Präferenzstruktur $g \in G^S$ und ein Alternativenpaar $x, y \in X'$. Diese Präferenzstruktur wird wie folgt in die modifizierte Präferenzstruktur $\bar{g}$ umgeformt.

(2) $\forall i \in K$ ergibt sich $\bar{g}(i)$ aus g(i), indem x und y an die Spitze der individuellen Präferenzen gerückt werden, wobei die individuellen strikten

Ordnungen bezüglich x und y sowie bezüglich aller anderen Alternativen erhalten bleiben.

(3) Sei $\bar{g}(i)$ mit $g(i)^{xy}$ bezeichnet.

(4) Bezüglich des Paares x, y gilt dann: $\{x\} = \hat{a}^*_{f(\bar{g})}(X') \rightarrow \langle x, y \rangle \in \hat{f}^*(g)$.

(5) Diese Umformung wird für alle Paare von Alternativen durchgeführt und ergibt eine zweistellige Relation $\hat{f}^*(g)$.

(6) Die Wiederholung der Umformungen für alle zulässigen Präferenzstrukturen erzeugt eine Funktion $\hat{f}^*: G^S \ni g \mapsto \hat{f}^*(g) \in Pot(X \times X)$.

Beweis des Theorems:

(1)	$\hat{f}^*$ erfüllt **I***, andernfalls läßt sich zeigen, daß die zugrundeliegende Funktion $\hat{a}^*$ strategieanfällig ist.	wg. Beweis zu L. 1/5
(2)	$\hat{f}^*$ erfüllt **P*** bezüglich X′, andernfalls läßt sich zeigen, daß die zugrundeliegende Funktion $\hat{a}^*$ strategieanfällig ist.	wg. Beweis zu L. 2/5
(3)	Weiter zu zeigen: $\hat{f}^*$ ist eine S*KWF, d.h. $\hat{f}^*$ erzeugt $\forall g \in G^S$, $\forall x, y \in X$ eine (kollektive) Präferenzrelation $\hat{f}^*(g)$, die eine strikte Ordnung, also vollständig, asymmetrisch und transitiv ist.	
(4)	$\hat{f}^*$ erzeugt $\forall g \in G^S$ und $\forall x, y \in X$ eine zweistellige Relation $\hat{f}^*(g)$.	wg. Konstruktion von $\hat{f}^*$
(5)	$\hat{f}^*(g)$ ist vollständig und asymmetrisch.	wg. Konstruktion von $\hat{f}^*$
(6)	Noch zu zeigen: $\hat{f}^*(g)$ ist transitiv.	
(7)	Annahme: $\hat{f}^*(g)$ ist nicht transitiv.	
(8)	Es gibt eine Präferenzstruktur $g \in G^S$, so daß für $x, y, z \in X'$: $\{x\} = \hat{a}^*_{f(g(1)^{xy},\ldots,g(n)^{xy})}(X') \leftrightarrow \langle x, y \rangle \in \hat{f}^*(g)$, $\{y\} = \hat{a}^*_{f(g(1)^{yz},\ldots,g(n)^{yz})}(X') \leftrightarrow \langle y, z \rangle \in \hat{f}^*(g)$, $\{z\} = \hat{a}^*_{f(g(1)^{xz},\ldots,g(n)^{xz})}(X') \leftrightarrow \langle z, x \rangle \in \hat{f}^*(g)$.	wg. (7)
(9)	Annahme: g′ ergebe sich aus g, indem $\forall i \in K$ die Alternativen x, y, z an die Spitze der individuellen Präferenzen gerückt werden, wobei die individuellen strikten Ordnungen bezüglich $\{x, y, z\}$ sowie bezüglich aller anderen Alternativen aus X erhalten bleiben.	
(10)	Annahme: $\{x\} = \hat{a}^*_{f(g')}(X')$ aus g″ ergebe sich aus g′, indem die Alternative y in allen individuellen Präferenzen g′(i) in die dritte Position gerückt wird.	
(11)	Da $\langle x, z \rangle \in g(i) \leftrightarrow \langle x, z \rangle \in g''(i)$, gilt: $\langle z, x \rangle \in \hat{f}^*(g) \rightarrow \{z\} = \hat{a}^*_{f(g'')}(X')$.	wg. (8) u. **I***
(12)	Annahme: $\forall i \in K, 0 \leqq i \leqq n$: $\{w_i\} = \hat{a}^*_{f(g \mid g''(1),\ldots,g''(i))}(X')$ und sei j die kleinste ganze Zahl, so daß $w_j \neq x$.	
(13)	Ist $w_j = z$, dann ist $\hat{a}^*$ strategieanfällig.	wg. L. 1/5 u. D. 8/5
(14)	Ist $w_j = y$, dann ist $\hat{a}^*$ strategieanfällig, weil j einen Wechsel von g″(j) zu g′(j) bevorzugt, der die Präferenzstruktur $g' \mid g''(1), \ldots, g''(j)$ zu $g' \mid g''(1), \ldots, g''(j-1)$ verändert.	wg. (10), (12) u. D. 8/5
(15)	Annahme (7) führt zum Widerspruch zu Bedingung $\hat{\mathbf{S}}$*, $\hat{f}^*(g)$ muß daher transitiv sein.	wg. (13) u. (14)
(16)	$\hat{f}^*$ ist eine S*KWF, die Bedingung **I*** und **P*** erfüllt, andernfalls ist $\hat{a}^*$ strategieanfällig.	wg. (1), (2), (5) u. (15)
(17)	Eine S*KWF $\hat{f}^*$, die **I*** und **P*** erfüllt, kann nicht Bedingung **D*** erfüllen.	wg. T. 1/5
(18)	Bedingung **D*** impliziert Bedingung $\hat{\mathbf{D}}$*, d.h. der $\hat{f}^*$-Diktator ist der $\hat{a}^*$-Diktator.	wg. (19)–(21)
(19)	Ist i_0 ein $\hat{f}^*$-Diktator, dann ist $\forall g \in G^S: \hat{f}^*(g) = g(i_0)$.	wg. D. 4/5

(20)	$\forall x \in X', \{x\} \neq \hat{a}^*_{f(g)}(X'): \langle \hat{a}^*_{f(g)}(X'), x \rangle \in g(i_0)$.	wg. (19) u. Konstruktion $\hat{f}^*$
(21)	i_0 ist ein $\hat{a}^*$-Diktator.	wg. (20) u. D. 7/5
(22)	Eine strategiefreie S*KAF $\hat{a}^*$ kann nicht Bedingung $\hat{D}^*$ erfüllen.	wg. L. 1/5, L. 2/5 u. (16)–(18)

Ähnlich wie bei Arrows Theorem muß auch beim Resultat von Gibbard und Satterthwaite vor einem Mißverständnis gewarnt werden. Das RGS bedeutet nicht, daß nur diktatorische Auswahlfunktionen (im Sinne einer S*KAF) strategiefrei sind. Es besagt vielmehr, daß eine KAF, von der wir verlangen, daß sie stets – also für beliebige $g \in G^S$ – eine strategiefreie S*KAF ist, diktatorisch sein muß.

5.3 Erweiterungen des Resultats

Das RGS hat eine recht begrenzte Reichweite, da es nur für eingeschränkte Strikte Kollektive Auswahlfunktionen formuliert ist. Damit erhebt sich die Frage, ob andere Aggregationsregeln ebenfalls dem Problem ausgesetzt sind, das mit dem RGS formuliert wurde.

Tatsächlich sind auch andere Aggregationsregeln von diesem Problem betroffen. Zunächst einmal läßt sich zeigen, daß die Aussage des RGS analog auch für Strikte Kollektive Auswahlfunktionen allgemein zutrifft, d.h. ohne daß deren Definitionsbereich auf G^S eingeschränkt ist.

> *Korollar* 1/5: Theorem 2/5 gilt für Strikte Kollektive Auswahlfunktionen allgemein.

Beweis:

(1)	Zu zeigen: $\forall g \in G$ gehört $\hat{a}_{f(g)}(X')$ zur Menge der $g(1)$-maximalen Elemente (vgl. D. 23/4) im Wertebereich von $\hat{a}$, d.h. eine Person '1', die ein $\hat{a}^*$-Diktator ist, ist auch ein Diktator bezüglich des Definitionsbereichs von $\hat{a}$.	
(2)	Annahme: Sei B die Menge der $g(1)$-maximalen Elemente im Wertebereich von $\hat{a}$.	
(3)	Annahme: Sei $\dot{g} = \langle \dot{g}(1), \ldots, \dot{g}(n) \rangle \in G$, so daß $\forall y \in B \wedge z \in B \backslash X$: $\langle y, z \rangle \in \dot{g}(1) \wedge \langle z, y \rangle \in \dot{g}(i), i \neq 1$.	
(4)	$\hat{a}_{f(\dot{g})}(X') \subset B$.	wg. (3)
(5)	Es sei $\{w_i\} = \hat{a}_{f(\dot{g}(1), \ldots, \dot{g}(i), g(i+1), \ldots, g(n))}(X')$, $0 \leqq i \leqq n$, und j das kleinste i, so daß $w_i \in B$.	
(6)	Ist $j = 1$, so ist $\hat{a}$ strategieanfällig durch Veränderung der Präferenz von 1.	wg. (4) u. (5)
(7)	Ist $j > 1$, so ist $\hat{a}$ strategieanfällig durch Veränderung der Präferenzstruktur $\langle \dot{g}(1), \ldots, g(j), g(j+1), \ldots, g(n) \rangle$ zugunsten von j.	wg. (4) u. (5)
(8)	$w_0 \in B$, wenn $\hat{a}$ nicht strategieanfällig sein soll.	wg. (6) u. (7)

Weiterhin kann gezeigt werden, daß das Problem der Strategiefreiheit auch dann besteht, wenn die Auswahlmenge einer Kollektiven Auswahlfunktion mehr als eine Alternative umfaßt. Allerdings erfordert das eine Umformulierung der Bedingung der Strategiefreiheit.

Da man bei einer SKAF (bzw. einer S*KAF) einzelne Alternativen als kollektive Resultate erhält, kann die Information über die individuelle Beurteilung dieser Resultate, die für die Definition von Strategiefreiheit notwendig ist, direkt den individuellen Präferenzen entnommen werden. Das ist aber nicht mehr möglich, wenn bei einer KAF Teilmengen von Alternativen das kollektive Resultat sein können. Dann wird ein Kriterium der individuellen Beurteilung unterschiedlicher Teilmengen von Alternativen benötigt, für das jedoch nur die Information aus den individuellen Präferenzordnungen vorliegt.

Ausgehend von den individuellen Präferenzordnungen g(i) über X definieren wir daher im folgenden als Kriterium der individuellen Beurteilung von Teilmengen eine individuelle strikte partielle Ordnung T_i der nicht-leeren Teilmengen von X, d.h. eine individuelle Präferenzrelation bezüglich solcher Teilmengen, die asymmetrisch und transitiv ist (vgl. Tab. 1).

Definition 10/5: Gegeben die individuellen Ordnungen g(i) über X und die nicht-leeren Teilmengen Y und Z von X. $\langle Y, Z\rangle \in T_i: \leftrightarrow$

(1) $Y \subset Z \wedge \forall y \in Y: \forall z \in Z \backslash Y: [\langle y, z\rangle \in g(i)] \wedge \exists y \in Y: \exists z \in Z \backslash Y: [\langle y, z\rangle \in \dot{g}(i)]$
oder

(2) $Z \subset Y \wedge \forall y \in Y \backslash Z: \forall z \in Z: [\langle y, z\rangle \in g(i)] \wedge \exists y \in Y \backslash Z: \exists z \in Z: [\langle y, z\rangle \in \dot{g}(i)]$
oder

(3) $\neg Y \subseteq Z \wedge \neg Z \subseteq Y \wedge \forall y \in Y \backslash Z: \forall z \in Z \backslash Y: [\langle y, z\rangle \in g(i)] \wedge$
$\exists y \in Y \backslash Z: \exists z \in Z \backslash Y: [\langle y, z\rangle \in \dot{g}(i)]$.

Wird eine Teilmenge gegenüber einer anderen individuell vorgezogen, so soll danach eine Alternative, die hinzugefügt wurde, in den individuellen Präferenzen mindestens so gut wie alle anderen Alternativen sein, während eine Alternative, die weggelassen wurde, individuell als schlechter zu beurteilen ist als die verbliebenen Alternativen. Sei zum Beispiel $X = \{x, y, z\}$ und seien die individuellen Präferenzen $\langle x, y\rangle \in \dot{g}(i)$ und $\langle y, z\rangle \in \dot{g}(i)$, dann ist nach Definition 10/5: $\langle\{x, y\}, \{y\}\rangle \in T_i$, $\langle\{x\}, \{x, y\}\rangle \in T_i$ und $\langle\{x, y\}, \{x, z\}\rangle \in T_i$, aber nicht $\langle\{x, z\}, \{y\}\rangle \in T_i$.

Damit läßt sich die Bedingung der **erweiterten Strategiefreiheit** ($\widehat{ES}$) wie folgt formulieren.

Bedingung $\widehat{ES}$ **(Erweiterte Strategiefreiheit)**: $\neg \exists g \in G: \exists i \in K: [\exists g' \in G \wedge \langle a_{f(g|g'(i))}(X'), a_{f(g)}(X')\rangle \in T_i]$.

Im weiteren ersetzen wir die Pareto-Bedingung durch Bedingung $\hat{C}$, das **Condorcet-Kriterium**, das besagt, daß eine Alternative das kollektive Resultat bildet, wenn eine Mehrheit von Personen sie gegenüber allen anderen Alternativen bevorzugt. Außerdem wird die Bedingung $\hat{D}$ zur Bedingung der **Anonymität** ($\hat{A}$) und die Bedingung $\hat{I}$ zur Bedingung der **Neutralität** ($\hat{N}$) verstärkt (zu Anonymität und Neutralität vgl. in Abschn. 6.1).

Bedingung $\hat{C}$ **(Condorcet-Kriterium)**: $\exists x \in X: \forall y \in X, y \neq x: [\# \{i | \langle x, y\rangle \in \dot{g}(i)\} > \# \{i | \langle y, x\rangle \in \dot{g}(i)\} \rightarrow a_{f(g)}(X') = \{x\}]$.

Bedingung $\hat{A}$ **(Anonymität)**: $\forall i \in K: \forall \pi \in \Pi: \forall g, g' \in G: [g(i) = g'(\pi(i)) \rightarrow a_{f(g)}(X') = a_{f(g')}(X')]$, wobei Π die Menge aller Permutationen auf dem n-Tupel $\langle 1, 2, \ldots, n\rangle$ ist mit $\# K = n$.

Bedingung $\hat{N}$ **(Neutralität)**: $\forall g, g' \in G: \forall x, y, z, w \in X: [\forall i \in K: [[\langle x, y\rangle \in g(i) \leftrightarrow \langle z, w\rangle \in g'(i)] \wedge [\langle y, x\rangle \in g(i) \leftrightarrow \langle w, z\rangle \in g'(i)]] \rightarrow [[a_{f(g)}(X') = \{x\} \leftrightarrow a_{f(g')}(X') = \{z\}] \wedge [a_{f(g)}(X') = \{y\} \leftrightarrow a_{f(g')}(X') = \{w\}]]]$.

Dann gilt das folgende Korollar.

Korollar 2/5: Erfüllt eine KAF a die Bedingungen $\hat{A}$, $\hat{N}$ und $\hat{C}$, so kann sie nicht Bedingung $\widehat{ES}$ erfüllen.

Beweis:

(1) Annahme: Für $X' = \{x, y, z\}$ und $K' = \{i, j, k\}$ nehmen wir die folgenden Präferenzstrukturen g^1 bis g^3 an.

	g^1			g^2			g^3	
i	j	k	i	j	k	i	j	k
z	x	x	z	x y	x	z	y	x
y	y	z	y	z	z	y	x	z
x	z	y	x		y	x	z	y

(2) $a_{f(g^1)}(X') = \{x\}$. wg. $\hat{C}$

(3) $a_{f(g^3)}(X') = \{x, y, z\}$. (Abstimmungsparadox) wg. $\hat{A}$ u. $\hat{N}$

(4) Zu zeigen: a erfüllt nicht $\widehat{ES}$, welche nicht-leere Teilmenge von X' auch immer als Auswahlmenge $a_{f(g^2)}(X')$ gewählt wird. Vier Fälle sind zu unterscheiden:

(5) 1. *Fall*: $z \in a_{f(g^2)}(X')$.

(6) Für jede Menge Z, so daß $z \in Z$ ist, gilt: $\langle a_{f(g^1)}(X'), Z\rangle \in T_j$. wg. (1), (2) u. (5)

(7) a verletzt Bedingung $\widehat{ES}$, da Person j ein Interesse daran hat, durch Veränderung ihrer Präferenz von g^1 zu g^2 zu wechseln. wg. (2), (5) u. (6)

(8) 2. *Fall*: $a_{f(g^2)}(X') = \{x, y\}$.

(9) $\langle a_{f(g^2)}(X'), \{x, y, z\}\rangle \in T_j$. wg. (1) u. (8)

(10) a verletzt $\widehat{ES}$, da Person j ein Interesse daran hat, durch Veränderung ihrer Präferenz von g^3 zu g^2 zu wechseln.

(11) 3. *Fall*: $a_{f(g^2)}(X') = \{x\}$.

(12) Als weitere Präferenzstruktur sei angenommen.

	g^4	
i	j	k
y	x y	x
z	z	z
x		y

(13) $z \in a_{f(g^4)}(X') \rightarrow \langle a_{f(g^4)}(X'), x\rangle \in T_i$. wg. (1) u. (11)

(14) a verletzt $\widehat{ES}$, da Person i ein Interesse daran hat, durch Veränderung ihrer Präferenz von g^2 zu g^4 zu wechseln. wg. (11) u. (13)

(15) $z \notin a_{f(g^4)}(X') \rightarrow a_{f(g^4)}(X') = \{x, y\}$. wg. (12), $\hat{A}$ u. $\hat{N}$

(16) $\langle a_{f(g^4)}(X'), x\rangle \in T_i$. wg. (12) u. (15)

(17) a verletzt $\widehat{ES}$, da Person i ein Interesse daran hat, durch Veränderung ihrer Präferenz von g^2 zu g^4 zu wechseln. wg. (15) u. (16)

(18) 4. *Fall*: $a_{f(g^2)}(X') = \{y\}$.

(19) Als weitere Präferenzstruktur sei angenommen.

	g^5	
i	j	k
z	x y	z
y	z	x
x		y

(20) $a_{f(g^5)}(X') = \{z\} \rightarrow \langle a_{f(g^5)}(X'), y\rangle \in T_k$. wg. (18) u. (19)

(21) a verletzt $\widehat{ES}$, da Person k ein Interesse daran hat, durch Veränderung ihrer Präferenz von g^2 zu g^5 zu wechseln. — wg. (18) u. (20)
(22) $a_{f(g^5)}(X') \neq \{z\} \rightarrow x \in a_{f(g^5)}(X') \vee y \in a_{f(g^5)}(X')$. — wg. (1)
(23) Als weitere Präferenzstruktur sei angenommen.

	g^6	
i	j	k
z	x	z
y	y	x
x	z	y

(24) g^6 ergibt sich aus g^1 durch Permutation von x und z sowie Austausch der Präferenzordnungen von i und j. — wg. (1) u. (23)
(25) $a_{f(g^6)}(X') = \{z\}$. — wg. (2), (24), $\hat{A}$ u. $\hat{N}$
(26) Für alle Teilnehmer X″ von X′, die x oder y enthalten, gilt: $\langle X'', z\rangle \in T_j$. — wg. (23)
(27) a verletzt $\widehat{ES}$, da Person j ein Interesse daran hat, von ihrer Präferenz in der Präferenzstruktur g^6 abzuweichen. — wg. (26)
(28) Die Fälle 1 bis 4 erschöpfen die Möglichkeiten, denn für jede denkbare Auswahlmenge $a_{f(g^2)}(X')$ ließ sich eine Präferenzstruktur angeben, so daß Bedingung $\widehat{ES}$ verletzt wurde. — wg. (7), (10), (14), (17), (21) u. (27)

In einem weiteren Beweisschritt kann dieses Ergebnis – was wir hier nicht mehr durchführen – für mehr als drei Alternativen und mehr als drei Personen verallgemeinert werden.

Die Korollare 1/5 und 2/5 zeigen, daß die strategischen Möglichkeiten zu- und nicht abnehmen, wenn individuelle Indifferenzen in den Präferenzstrukturen zugelassen sind und wenn die kollektive Auswahl mehr als nur ein Element enthält. Insbesondere im Beweis zu Korollar 2/5 ergab sich, daß an entscheidenden Punkten auf die Annahme individueller Indifferenzen zurückgegriffen wurde.

Will man eine Lösung des Problems strategieanfälliger Kollektiver Auswahlfunktionen erreichen, so liegt es daher nahe, zunächst den Definitionsbereich auf Präferenzstrukturen einzuschränken, die nur strikte individuelle Ordnungen umfassen, also auf die Menge G^S. Allerdings reicht das allein nicht aus, wie K. 1/5 deutlich macht, ebensowenig reicht es aus, für die kollektive Auswahl nur Einermengen zuzulassen, wie das RGS zeigt. Es muß entweder der Definitions- oder der Wertebereich noch weiter beschränkt werden.

Eine Möglichkeit, Präferenzstrukturen weiter einzuschränken, bietet der Begriff des Condorcet-Gewinners.

Definition 11/5: Eine Alternative $x \in X$ ist ein **Condorcet-Gewinner**: $\leftrightarrow \forall y \in X$, $y \neq x$: $[\# \{i \mid \langle x, y\rangle \in \dot{g}(i)\} > \# \{i \mid \langle y, x\rangle \in \dot{g}(i)\}]$.

Würde die Menge der Präferenzstrukturen G^S auf die Menge G^C beschränkt, die einen Condorcet-Gewinner aufweist, so fiele die Möglichkeit des Wechsels zwischen Präferenzstrukturen, wie sie im Beweis zu K. 2/5 eine Rolle spielt, weg. Es könnte demnach Kollektive Auswahlfunktionen auf G^C geben, die strategiefrei sind, ohne diktatorisch zu sein.

Alternativ dazu könnte für Kollektive Auswahlfunktionen bezüglich des Wertebereichs vorgeschrieben sein, daß sie den Condorcet-Gewinner auszuwählen hätten, wenn es einen gibt, und in allen anderen Fällen die gesamte Alternativenmenge als Auswahlmenge anzugeben wäre. Auch dann bestünde nicht mehr die Möglichkeit der Veränderung individueller Präferenzen wie im Beweis zu K. 2/5, so daß derartige Kollektive Auswahlfunktionen ebenfalls strategiefrei und nicht-diktatorisch sein könnten. Das würde auch für die **AMR** gelten, sofern jede individuelle Präferenz eine strikte Ordnung wäre und die Zahl der Entscheidungsbeteiligten ungerade.

Diese Beispiele verdeutlichen, daß man mit Beschränkungen des Definitions- oder Wertebereichs recht weit gehen muß, um zu Kollektiven Auswahlfunktionen zu gelangen, die strategiefrei und nicht-diktatorisch sind. Daher stellt sich die Frage, ob die Forderung nach Strategiefreiheit so bedeutsam ist, daß sie derartige Einschränkungen rechtfertigt.

In der Literatur wird die Suche nach strategiefreien Aggregationsregeln meist damit begründet, daß strategisches (und manipulatives) Verhalten in die kollektive Entscheidung ein Element von Willkür einführt, daß dabei aufgrund ungleicher individueller strategischer (und manipulativer) Fähigkeiten bestimmte Individuen benachteiligt werden, und daß individuelle Versuche, strategisches (und manipulatives) Verhalten zu konterkarieren, regelmäßig zur Nicht-Aufdeckung der eigenen Präferenz führt, so daß eine 'offene' Kommunikation über individuell geäußerte Präferenzen, die für die kollektive Entscheidung wichtig erscheint, unmöglich wird.

So sehr diese Argumente zu würdigen sind, fragt sich doch, ob sie nicht das Ideal einer 'offenen Diskussionsgemeinschaft' zuungunsten der Individuen überhöhen. Es gibt Situationen, in denen es wenig sinnvoll ist, die 'wahren' Präferenzen anzugeben. Nehmen wir an, es sei bekannt (etwa durch eine Meinungsumfrage), daß für eine bestimmte Position ein Kandidat A ungefähr 45 % der Stimmen, ein Kandidat B ebenfalls 45 % und der dritte Kandidat C 10 % erhalten könnte. Es ist nun für Wähler, die eigentlich C bevorzugen, keineswegs anstößig zu überlegen, daß ihre Stimme für C im Grunde verschenkt wäre, weil dieser Kandidat wahrscheinlich nicht gewinnen wird, wohingegen ihre Stimme für die Wahl zwischen A und B den Ausschlag geben könnte.

Es sind in Wahlen und Abstimmungen viele solcher und ähnlicher Situationen denkbar, in denen die Wähler oder Entscheidungsbeteiligten, würde eine strategiefreie KAF angewandt, gezwungen wären, ihre 'wahren' Präferenzen anzugeben. Das würde ihnen die Möglichkeit nehmen, die eine Stimme, die sie zu vergeben haben, den Umständen und ihren Vorstellungen entsprechend einzusetzen. Das erscheint in solchen Fällen kaum gerechtfertigt.

Andere Situationen, in denen beispielsweise durch das strategische Verhalten einzelner andere schlechter gestellt werden, indem deren bevorzugte Alternative nicht zum Zuge kommt (die zum Zuge kommen könnte, wenn einzelne sich nicht strategisch verhielten), werden sicher anders zu beurteilen sein. Aber nicht einmal dann muß strategisches Verhalten in jedem Fall negativ beurteilt werden. Es kann zum Beispiel der oben in Abschnitt 5.1 geschilderte Fall eintreten, in dem strategisches Verhalten eingesetzt wird, um das Ergebnis einer Manipulation zu konterkarieren.

Tatsächlich problematisch ist jedoch strategisches Verhalten, das zur Erlangung kurzfristiger Vorteile eingesetzt wird, längerfristig aber alle Beteiligten schlechter stellt als sie gestellt sein könnten, hätten sie sich nicht strategisch verhalten. Wir werden in Kapitel 10 einen solchen Fall erörtern, in dem sich die Anwendung strategiefreier (und nicht-diktatorischer) Aggregationsregeln empfiehlt und der in Zusammenhang mit der Erstellung öffentlicher Güter bzw. der Verhinderung öffentlicher Übel steht.

5.4 Manipulationsfreiheit und Pfadunabhängigkeit

Neben strategischem Verhalten ist die Möglichkeit der Manipulation der Abstimmungsfolge wie in der Geschichte des Plinius (Abschnitt 5.1) ein weiteres Problem.

Definition 12/5: Eine KAF ist **pfadunabhängig** (PU): $\leftrightarrow \forall S, T \in Pot(X)$: $[a(S \cup T) = a(a(S) \cup a(T))]$.

Aus dieser Definition ergibt sich unmittelbar, daß eine pfadunabhängige KAF manipulationsfrei sein muß, denn: wenn $a(S \cup T) \neq a(a(S) \cup a(T))$, kann die Auswahl aus $S \cup T$ offenbar ein anderes Resultat zeitigen als die Auswahl aus $a(S) \cup a(T)$, was sich manipulativ nutzen läßt. Das ist jedoch nicht möglich, wenn $a(S \cup T) = a(a(S) \cup a(T))$.

Da Pfadunabhängigkeit Manipulationsfreiheit sichert, ist es wichtig zu untersuchen, welche Eigenschaften pfadunabhängige Kollektive Auswahlfunktionen haben. Zunächst läßt sich die Pfadunabhängigkeit (PU) wie folgt in die Teileigenschaften OPU und UPU zerlegen.

Definition 13/5: Eine KAF ist **teilpfadunabhängig nach oben** (OPU): $\leftrightarrow \forall S, T \in Pot(X)$: $[a(S \cup T) \subseteq a(a(S) \cup a(T))]$.

Definition 14/5: Eine KAF ist **teilpfadunabhängig nach unten** (UPU): $\leftrightarrow \forall S, T \in Pot(X)$: $[a(a(S) \cup a(T)) \subseteq a(S \cup T)]$.

Offensichtlich ist PU $\leftrightarrow$ OPU $\wedge$ UPU. Die obere Teilpfadunabhängigkeit OPU ist äquivalent zu α, der wichtigsten Auswahleigenschaft bei Mengenverringerung, die wir in Abschnitt 1.4 kennengelernt haben. Umgekehrt ist die untere Teilpfadunabhängigkeit UPU jedoch nicht mit β äquivalent. Vielmehr erfüllt PU neben α eine andere Auswahleigenschaft bei Mengenerweiterung, die schwächer ist als β, aber stärker als β^-.

Eigenschaft ε: $\forall S, T \in Pot(X)$: $[S \subset T \rightarrow \neg (a(T) \subseteq a(S))]$.

Eigenschaft ε heißt, daß bei der Auswahl aus der 'größeren' Menge T (die S als Teilmenge enthält) nicht Elemente aus a(S) weggelassen und andere beibehalten werden können, ohne in a(T) Elemente aufzunehmen, die nicht zu a(S) gehören.

Die Tatsache, daß PU äquivalent mit α und ε ist, hat zur Folge, daß PU als Auswahleigenschaft recht schwach ist, da sie für sich genommen lediglich die Quasi-Transitivität der Basis-Präferenz R^b zu sichern vermag und nicht einmal die Binarität der Auswahlfunktion garantiert. Letzteres ist erst dann der Fall, wenn zu PU die Eigenschaft γ hinzutritt. Das folgende, vierteilige Lemma formuliert die erwähnten Zusammenhänge.

> *Lemma* 3/5: (a) OPU $\leftrightarrow \alpha$, (b) PU $\leftrightarrow \alpha \wedge \varepsilon$, (c) PU $\rightarrow$ [$R^a = R^b$ ist quasi-transitiv], (d) $\beta^+ \rightarrow$ UPU.

Beweis:

(a) '$\rightarrow$':

(1) Annahme: Es gelte OPU und $\exists C, D \in Pot(X)$, so daß $x \in C$, $C \subset D$ und $x \in a(D)$.

(2) $x \in a(a(C) \cup a(D \setminus C))$. wg. (1) u. OPU

(3) $x \in a(C)$. wg. (2)
(4) α ist erfüllt. wg. (1) u. (3)
' ← ':
(5) Annahme: Es gelte α und es sei $x \in a(S \cup T)$. Dann sind zwei Fälle zu unterscheiden.
(6) 1. *Fall*: $x \in S \rightarrow x \in a(S)$. wg. α
(7) 2. *Fall*: $x \in T \rightarrow x \in a(T)$. wg. α
(8) $x \in a(S) \cup a(T)$. wg. (6) u. (7)
(9) $(a(S) \cup a(T)) \subset S \cup T \rightarrow x \in a(a(S) \cup a(T))$. wg. (8) u. α
(10) OPU ist erfüllt. wg. (5) u. (9)
(11) $[(\text{OPU} \rightarrow \alpha) \wedge (\alpha \rightarrow \text{OPU})] \rightarrow [\text{OPU} \leftrightarrow \alpha]$. wg. (1), (4), (5) u. (10)

(b) ' → ':
(1) Da $\text{OPU} \rightarrow \alpha$, folgt $\text{PU} \rightarrow \alpha$, weil $\text{PU} \leftrightarrow \text{OPU} \wedge \text{UPU}$. wg. L. 3/5 (a)
(2) Weiter zu zeigen: $\text{PU} \rightarrow \varepsilon$.
(3) Annahme: Es gelte PU, jedoch nicht ε.
(4) $S \subseteq T \wedge T = S \cup T$. wg. (3)
(5) $a(T) = a(a(S) \cup a(T))$. wg. (4) u. PU
(6) $a(T) \subset a(S)$, wg. (3)
(7) $a(a(S)) = a(a(S) \cup a(T))$. wg. (5) u. (6)
(8) $a(a(S)) = a(S)$. wg. (7) u. α
(9) $a(S) = a(T)$; ein Widerspruch. wg. (5), (7) u. (8)
(10) Also muß ε gelten, wenn PU gilt. wg. (3) u. (9)
(11) $\text{PU} \rightarrow \alpha \wedge \varepsilon$. wg. (1) u. (10)
' ← ':
(12) $(a(S) \cup a(T)) \subset S \cup T$. unmittelbar
(13) $a(S \cup T) \not\subset a(a(S) \cup a(T))$. wg. ε u. (12)
(14) $a(S \cup T) \subseteq a(a(S) \cup a(T))$. wg. α
(15) $a(S \cup T) = a(a(S) \cup a(T))$. wg. (13) u. (14)
(16) Damit gilt PU. wg. (15) u. D. 9/5
(17) $\alpha \wedge \varepsilon \rightarrow \text{PU}$. wg. (13), (14) u. (16)
(18) $\text{PU} \leftrightarrow \alpha \wedge \varepsilon$. wg. (11) u. (17)

(c) (1) Annahme: $\langle x, y\rangle \in P^b \wedge \langle y, z\rangle \in P^b$.
(2) $\{x\} = a(\{x, y\}) \wedge \{y\} = a(\{y, z\})$. wg. (1) u. D. 13/1
(3) $\{x\} = a(\{x, y, z\})$. wg. (2) u. PU
(4) $\neg[\langle x, z\rangle \in P^b] \rightarrow z \in a(\{x, z\})$. wg. D. 15/1
(5) $a(\{x, y, z\}) = a(a(\{x, y\}) \cup a(\{z\})) = a(\{x, z\})$. wg. (2), (4) u. PU
(6) $z \in a(\{x, y, z\})$; im Widerspruch zu (3). wg. (5)
(7) Also $\langle x, z\rangle \in P^b$ und R^b ist quasi-transitiv. wg. (1) u. (6)
(8) $R^a = R^b$, da $\text{PU} \rightarrow \alpha$. wg. L. 3/5 (b) u. T. 6/1

(d) (1) Annahme: $x \in a(S \cup T) \wedge x \in S$.
(2) $a(S) \subseteq a(S \cup T)$. wg. (1) u. β^+
(3) $(a(S) \cup a(T)) \subset S \cup T$. unmittelbar.
(4) $\exists x \in X: x \in a(S) \cup a(T) \wedge x \in a(S \cup T)$. wg. (1) u. (3)
(5) $a(a(S) \cup a(T)) \subseteq a(S \cup T)$. wg. (4) u. β^+
(6) $\beta^+ \rightarrow \text{UPU}$. wg. (2), (4) u. D. 11/5

Dieses Lemma ermöglicht es, unter Zuhilfenahme der Ergebnisse aus Abschnitt 4.5 näher zu bestimmen, wie sich die Pfadunabhängigkeit bei Kollektiven Auswahlfunktionen auswirkt. Nach Lemma 3/5 (c) wissen wir, daß Pfadunabhängigkeit quasi-transitive Basis-Relationen R^b impliziert. Andererseits gibt es nach Theorem 8/4 aus Abschnitt 4.5 keine KAF mit quasi-transitiver Basis-Relation, die den Bedingungen $\widehat{VG}$, $\hat{P}$ und $\hat{I}^p$ genügt. Aufgrund von L. 3/5 (c) und T. 8/4 läßt sich daher das folgende Korollar formulieren.

> *Korollar* 3/5: Es gibt keine pfadunabhängige KAF, die den Bedingungen $\widehat{VG}$, $\hat{P}$ und $\hat{I}^p$ genügt.

Tatsächlich ist das Korollar 3/5 nichts anderes als das Vetogruppen-Theorem (T. 2/4) aus Abschnitt 4.3 in anderer Formulierung, denn unter der Interpretation $R = R^b$ impliziert eine pfadunabhängige KAF eine KAF mit quasi-transitiver Basis-Relation, die ihrerseits zu einer QKEF äquivalent ist.

Das Korollar stellt uns aber im Blick auf die Vermeidung von Manipulationen der Abstimmungsfolge vor ein schwieriges Dilemma: Entweder wir halten an der Manipulationsfreiheit und damit an Pfadunabhängigkeit fest, müssen dann aber akzeptieren, daß das kollektive Resultat durch eine Vetogruppe bestimmt sein kann, oder aber wir verwerfen letzteres, können dann aber nicht sicher sein, daß die KAF pfadunabhängig, also manipulationsfrei ist.

Es gibt einen Ausweg aus diesem Dilemma, wenn man nicht auf der vollen Pfadunabhängigkeit besteht, sondern sich auf die Teileigenschaft der unteren Teilpfadunabhängigkeit (UPU) beschränkt. Nach Lemma 3/5 (d) impliziert die Auswahleigenschaft β^+ diese Teileigenschaft und aufgrund von Theorem 12/4 in Abschnitt 4.5 gibt es eine KAF mit der Eigenschaft β^+, die die Bedingungen $\hat{P}$, $\hat{I}$ und $\hat{D}$, mithin auch die in diesem Zusammenhang 'schwächere' Bedingung $\widehat{VG}$ erfüllt.

> *Korollar* 4/5: Es gibt eine KAF, die teilpfadunabhängig nach unten ist und die die Bedingungen $\hat{D}$, $\hat{P}$ und $\hat{I}$ erfüllt.

Mit diesem Ausweg sind aber offenkundig wieder Probleme verbunden. Zunächst einmal ist wegen der Beschränkung auf die untere Teilpfadunabhängigkeit die Möglichkeit zu Manipulationen nicht vollständig ausgeschlossen. Darüber hinaus genügt die obige KAF keiner der Auswahleigenschaften bei Mengenverringerung, z.B. α. Das bedeutet, wie in Abschnitt 4.5 erläutert, daß bei Anwendung einer solchen KAF Alternativen, die Elemente der Auswahlmenge einer bestimmten Menge sind, aus der Auswahl aus einer Teilmenge dieser Menge herausfallen können. Das ist ein recht gravierender Nachteil Kollektiver Auswahlfunktionen, die teilpfadunabhängig nach unten sind, der jedoch unvermeidbar erscheint, will man das Dilemma vermeiden, das sich aufgrund von Korollar 3/5 ergibt.

Literatur: Farquharson (1969), Feldman (1980), Kap. 11, Gibbard (1973), Green & Laffont (1979), Kap. 2, Kelly (1978), Kap. 6, Kelly (1988), Kap. 10 & 11, Kern (1979), Moulin (1983), Kap. 4 & 5, Nurmi (1987), Kap. 9, Pattanaik (1978), Riker (1982), Kap. 6 & 7, Satterthwaite (1975), Sen (1986), Abschn. 7.

Anmerkungen: Das durchlaufende Beispiel in Abschn. 5.1 ist von Farquharson (1969). Es stützt sich auf einen Brief Plinius des Jüngeren, der dort, S. 57–60, abgedruckt ist. Offenbar ist nicht eindeutig geklärt, ob der Vorfall den geschilderten Ausgang nahm. Wir folgen hier der Darstellung bei Riker (1982), S. 173f. und S. 283 (Anm. 2 zu Kap. 7). Die diskutierten Abstimmungsfolgen finden sich ebenfalls bei Farquharson (1969), s. bes. Appendix I, S. 61–67; vgl. im übrigen auch Riker (1986), Kap. 7.

Tab. 13 in diesem Abschnitt gibt ein Beispiel für erfolgreiches strategisches Verhalten bei Anwendung der Borda-Regel. Wie in Abschn. 3.2 erläutert, verletzt die Borda-Regel die Bedingung der Unabhängigkeit von irrelevanten Alternativen und nach L. 1/5 ist eine AR, die diese Bedingung nicht erfüllt, strategieanfällig. Eine Charakterisierung der Borda-Regel von Young (1974) zeigt die Strategieanfälligkeit auf andere Weise: Die Borda-Regel muß neben bestimmten Konsistenz- und Neutralitätseigenschaften auch eine Bedingung der '**Präferenztreue**' erfüllen, d. h. sie muß zum selben Ergebnis kommen, zu dem ein Individuum gekommen wäre, wenn es als einziges zu entscheiden gehabt hätte (wie z. B. als Arrowscher Diktator, der stets seine 'wahre' Präferenz angibt, da diese zur kollektiven Präferenz wird). Die Borda-Regel behandelt die individuellen Präferenzen also so, als ob es 'wahre' Präferenzen wären, unabhängig davon, ob sie es sind oder nicht.

Das RGS, das in Abschn. 5.2 mit seinem Beweis vorgestellt wird, wurde ursprünglich für '*game forms*' formuliert, d. h. für Funktionen, die jedes n-Tupel individueller Strategien (im Sinne der Spieltheorie) in ein eindeutiges Resultat ('*outcome*') überführen bzw. für '*voting schemes*', die jedem n-Tupel abgegebener Stimmen eine der Wahlalternativen zuordnen, s. Gibbard (1973), vgl. auch Sen (1986), S. 1130 ff. Die Übertragung dieses Resultats auf eingeschränkte Strikte Kollektive Auswahlfunktionen erfolgte durch Schmeidler & Sonnenschein (1978). Unser Beweis ist von Green & Laffont (1979), S. 14–19, übernommen, die ihrerseits auf Schmeidler & Sonnenschein (1978), S. 227–230, zurückgreifen. Eine interessante Vereinfachung des Beweises hat Feldman (1980), S. 206 ff., vorgelegt. Die Erweiterung des RGS auf Strikte Kollektive Auswahlfunktionen in Abschn. 5.3 (K. 1/5) ist von Schmeidler & Sonnenschein (1978), S. 230, und die Erweiterung auf Kollektive Auswahlfunktionen (K. 2/5) von Gärdenfors (1976).

Die in Abschn. 5.3 erwähnte Lösung des Problems des RGS durch Einschränkung des Definitionsbereichs einer S* KAF auf Präferenzstrukturen, die einen Condorcet-Gewinner aufweisen, ist in einem von Kalai, Pazner & Schmeidler (1976) erarbeiteten Theorem impliziert. Die erwähnte Beschränkung des Wertebereichs geht auf ein Theorem von Gärdenfors (1976), S. 225, zurück.

Der Hinweis, daß die **AMR** unter bestimmten Voraussetzungen (ausschließlich strikte individuelle Ordnungen und ungerade Zahl der Entscheidungsbeteiligten) strategiefrei und nicht-diktatorisch ist, verweist darauf, daß Einschränkungen des Definitionsbereichs, die das Problem des AT lösen (Beschränkungen dieser Art werden in Kap. 6 diskutiert), auch eine Lösung für das Problem des RGS bieten. Tatsächlich gibt es eine logische Verbindung zwischen dem RGS und dem AT, denn es läßt sich zeigen, daß eine S* KWF, die den Arrowschen Bedingungen genügt, zu einer S* KAF äquivalent ist, die strategiefrei und nicht-diktatorisch ist; s. Satterthwaite (1975) und Pattanaik (1978), Kap. 7, vgl. auch Muller & Satterthwaite (1985). Das AT könnte also auch als Korollar zum RGS formuliert werden.

Der Zusammenhang zwischen Manipulationsfreiheit und Pfadunabhängigkeit, den wir in Abschnitt 5.4 aufgreifen, ist – obschon offensichtlich – in der Literatur erst in jüngster Zeit durch Nurmi (1987), Abschn. 9.4, thematisiert worden. Das Konzept der Pfadunabhängigkeit wurde von Plott (1973) entwickelt. L. 3/5 (a) bis (d) entsprechen Prop. 17, 19, 18 und 21 resp. in Sen (1977), S. 68–71, die Beweise finden sich ebendort. K. 3/5 und K. 4/5 sind von Sen (1986), S. 1105. Letzteres Resultat stützt sich auf Ergebnisse von Bordes (1976) und Ferejohn & Grether (1977).

Weitere Probleme: Dem RGS liegt ein Konzept von strategischem Verhalten zugrunde, das sich auf einzelne Personen bezieht, wobei überdies angenommen wird, daß die Präferenzen der anderen Personen unverändert bleiben. Beides muß nicht zutreffen. Es kann sein, daß sich mehrere Personen zur Änderung ihrer Präferenzen verabreden und es kann sein, daß diese 'Koalition' mit einer 'Gegenkoalition' zu rechnen hat, die ihrerseits die individuellen Präferenzen verändert. Insbesondere Pattanaik hat in einer Serie von Arbeiten, die in Pattanaik (1978) zusammengefaßt sind, Situationen dieser Art analysiert, vgl. auch Kelly (1988), Kap. 11. Das generelle Resultat ist, daß auch in solchen Situationen Strategiefreiheit und Nicht-Diktatur in Widerspruch geraten können.

Wir hatten gegen Ende von Abschn. 5.3 die Frage gestellt, ob die Strategiefreiheit einer KAF nicht eine zu starke Forderung ist. Tatsächlich werden in der Literatur interessante Abschwächungen dieser Forderung diskutiert. So begnügt man sich z. B. mit Kollektiven Auswahlfunktionen, die strategieanfällig sein können, wobei aber für Strukturen veränderter Präferenzen ein Nash-Gleichgewicht (s. D. 4/10) induziert werden soll, das zum selben Resultat führt wie die Anwendung einer KAF auf Strukturen 'wahrer' Präferenzen. Dutta (1977), Dutta & Pattanaik (1978) sowie Peleg (1978) konnten zeigen, daß es nicht-diktatorische Abstimmungsverfahren gibt, die dieser Anforderung genügen.

Dieses Problem kann nun noch erweitert werden, indem man eine '*game form*' voraussetzt, die für jedes n-Tupel individueller Strategien ein 'Gleichgewichts'-Resultat erzeugt (z. B. ein Nash-Gleichgewicht), und getrennt davon die Aggregation individueller ('wahrer') Präferenzen durch eine KWF oder KAF erfolgen läßt, deren Ergebnis als 'normative Beurteilung' aufgefaßt werden kann. Die Forderung ist dann, daß das Gleichgewichts-Resultat mit dem 'normativen Urteil' übereinstimmen soll. Dieses 'Implementierungsproblem' (die Vorstellung dabei ist, daß die '*game form*' das Ergebnis der Anwendung einer KWF oder KAF 'implementiert') ist ausführlich von Dasgupta, Hammond & Maskin (1979) behandelt worden. Es ist verwandt mit dem Problem der Präferenzaufdeckung bzw. der Anreizkompatibilität bei Entscheidungen über öffentliche Güter, s. dazu Hurwicz (1962) und Green & Laffont (1979).

6. Beschränkungen individueller Präferenzen

6.1 Die Charakterisierung der Mehrheitsregel

Wir haben die Arrowschen Bedingungen **D**, **P** und **I** als Forderungen an die KWF formuliert. Während **D** und **P** intuitiv überzeugend sind und im vorangegangenen Kapitel die Bedeutung von **I** für die Strategiefreiheit von Aggregationsregeln deutlich wurde, scheint die Forderung, daß die AR f eine KWF sein soll, unnötig stark zu sein, denn sie verlangt, daß f beliebigen Präferenzstrukturen reflexive, vollständige und transitive kollektive Präferenzrelationen zuordnet.

Wir haben in Kapitel 4 eine Art der Abschwächung dieser Forderung diskutiert, die darin besteht, die (logischen) Anforderungen an die kollektive Präferenzrelation zu lockern. Eine andere Art der Abschwächung ist die, den Bereich der AR f einzuschränken, für den f eine KWF sein soll. Nach D. 6/3 umfaßt der Definitionsbereich der KWF die Menge aller logisch möglichen Präferenzstrukturen.

Man kann solche Einschränkungen als eine Begrenzung zulässiger individueller Präferenzrelationen interpretieren: ein Teil der logisch zwar möglichen, aber entweder empirisch unwahrscheinlichen oder aus anderen Gründen nicht erwünschten individuellen Präferenzrelationen wird aus der Aggregation ausgeschlossen.

Unter Umständen können auch moralische Überlegungen zu einem Ausschluß bestimmter individueller Präferenzen führen. So ist vorgeschlagen worden, offensichtlich pathologische Präferenzen nicht zu berücksichtigen. Unter solchen Gesichtspunkten ist die Forderung von Arrow, den Definitionsbereich der KWF nicht einzuschränken, von anderen Autoren als 'exzessiver Individualismus' kritisiert worden.

Im folgenden soll nun diese zweite Art der Abschwächung diskutiert werden. Dabei steht die Frage der logischen Verträglichkeit von Beschränkungen individueller Präferenzen mit der in Abschnitt 4.5 eingeführten **Mehrheitsregel (MR)** im Mittelpunkt. Wir werden daher zunächst die Charakterisierung dieser AR behandeln, deren Definition wir noch einmal wiederholen.

Definition 1/6: Die AR f ist eine **MR**: $\leftrightarrow \forall g \in G: \forall x, y \in X: [\langle x, y\rangle \in f(g) \leftrightarrow \# \{i \mid \langle x, y\rangle \in \dot{g}(i) \geqq \# \{i \mid \langle y, x\rangle \in \dot{g}(i)\}]$.

Da im folgenden Beschränkungen individueller Präferenzen eingeführt werden sollen, kann die **MR** nur bezüglich des eingeschränkten Definitionsbereichs eine KWF sein, nicht aber im Sinne von D. 4/3. Dies vorausgesetzt, erfüllt die **MR** die Bedingungen **P**, **D**, und **I** und darüber hinaus das Strikte Pareto-Prinzip (Bedingung **SP**) aus Abschnitt 3.3, das **P** impliziert, sowie die Anonymitäts- und Neutralitätsbedingung, die Verallgemeinerungen von **D** und **I** sind.

Bedingung **SP (Striktes Pareto-Prinzip)**: $\forall g \in G: \forall x, y \in X: [\forall i \in K: \langle x, y\rangle \in g(i) \wedge \exists i \in K: \langle x, y\rangle \in \dot{g}(i) \rightarrow \langle x, y\rangle \in \dot{f}(g)]$.

Die Bedingung der **Anonymität** besagt, daß die kollektive Präferenz bei Permutationen der Individuen bezüglich ihrer Präferenzen unverändert bleibt.

Bedingung **A (Anonymität)**: $\forall i \in K: \forall \pi \in \Pi: \forall g, g' \in G: [g(i) = g'(\pi(i)) \rightarrow f(g) = f(g')]$, wobei Π die Menge aller Permutationen auf dem n-Tupel $\langle 1, 2, \ldots, n\rangle$ ist mit $\# K = n$.

Die Bedingung der Neutralität verlangt: Stehen zwei Alternativen, x und y, in einer Präferenzstruktur in den individuellen Präferenzen genauso zueinander wie die Alternativen z und w in einer anderen Präferenzstruktur, dann muß die kollektive Präferenz bezüglich x und y im einen Fall dieselbe sein wie bezüglich z und w im anderen Fall. Ist die Anonymitätsbedingung als eine Bedingung der Nicht-Diskriminierung zwischen Personen zu interpretieren, so kann die Neutralitätsbedingung als eine Bedingung der Nicht-Diskriminierung zwischen Alternativen angesehen werden.

Bedingung **N** (**Neutralität**): $\forall g, g' \in G: \forall x, y, z, w \in X: [\forall i \in K: [[\langle x, y\rangle \in g(i) \leftrightarrow \langle z, w\rangle \in g'(i)] \wedge [\langle y, x\rangle \in g(i) \leftrightarrow \langle w, z\rangle \in g'(i)]] \rightarrow [[\langle x, y\rangle \in f(g) \leftrightarrow \langle z, w\rangle \in f(g')] \wedge [\langle y, x\rangle \in f(g) \leftrightarrow \langle w, z\rangle \in f(g')]]]$.

Bedingung **N** impliziert Bedingung **I**, wie sich direkt aus dieser Definition ergibt, wenn $x = z$ und $y = w$ gesetzt wird, aber nicht umgekehrt.

Wir ziehen außerdem die Bedingung der **Positiven Reaktion** aus Abschnitt 4.4 heran, da sie Ausgangspunkt einer Implikation ist, die für das nachfolgende Theorem von Bedeutung ist. Diese Implikation, die das folgende Lemma aufzeigt, ist in Bezug auf die Mehrheitsregel deshalb wichtig, weil sie bedeutet, daß die im Sinne des nachfolgenden Theorems für die **MR** konstitutiven Bedingungen unmittelbar auch die Bedingung **SP** implizieren.

Lemma 1/6: Die Bedingungen **PR** und **N** implizieren die Bedingung **SP**.

Beweis: unmittelbar

Das folgende Theorem bietet dann die Charakterisierung der Mehrheitsregel im Sinne der Definition 1/6.

Theorem 1/6:

Die AR f ist genau dann eine **MR**, wenn f die Bedingungen **A**, **N** und **PR** erfüllt.

Beweis: ' → ':

(1)	Die **MR** erfüllt **A**, **N** und **PR**.	unmittelbar
	' ← ':	
(2)	Die individuellen und kollektiven Präferenzen sind nur bezüglich Paaren von Alternativen zu betrachten.	wg. **N** bzw. **I**
(3)	Die kollektive Präferenz bezüglich eines Paares, x und y, hängt nur von der Zahl der Personen ab, die hinsichtlich dieses Paares x gegenüber y vorziehen oder y gegenüber x oder zwischen x und y indifferent sind.	wg. **A**
(4)	Annahme: $\# \{i \mid \langle x, y\rangle \in \dot{g}(i)\} = \# \{i \mid \langle y, x\rangle \in \dot{g}(i)\} \rightarrow \neg \langle x, y\rangle \in \tilde{\dot{f}}(g)$.	
(5)	$\# \{i \mid \langle x, y\rangle \in \dot{g}(i)\} \neq \# \{i \mid \langle y, x\rangle \in \dot{g}(i)\} \rightarrow \langle x, y\rangle \in \tilde{\dot{f}}(g)$.	äquivalent zu (4)
(6)	Annahme: g' ergibt sich aus g mittels einer Permutation von x und y in allen individuellen Präferenzrelationen, so daß $\forall i \in K$: $[[\langle x, y\rangle \in \dot{g}(i) \rightarrow \langle y, x\rangle \in \dot{g}'(i)] \wedge [\langle y, x\rangle \in \dot{g}(i) \rightarrow \langle x, y\rangle \in \dot{g}'(i)]]$.	
(7)	$\langle x, y\rangle \in \dot{f}(g) \leftrightarrow \langle y, x\rangle \in \dot{f}(g')$, $\langle y, x\rangle \in \dot{f}(g) \leftrightarrow \langle x, y\rangle \in \dot{f}(g')$, im Widerspruch zu (5).	wg. (5), (6) u. **N** ($z = y$, $w = x$)
(8)	$\# \{i \mid \langle x, y\rangle \in \dot{g}(i)\} = \# \{i \mid \langle y, x\rangle \in \dot{g}(i)\} \rightarrow \langle x, y\rangle \in \tilde{\dot{f}}(g)$.	wg. (4) u. (7)
(9)	$\exists x, y \in X: [\# \{i \mid \langle x, y\rangle \in \dot{g}(i)\} > \# \{i \mid \langle y, x\rangle \in \dot{g}(i)\} \rightarrow \langle x, y\rangle \in \dot{f}(g)]$.	wg. (8) u. **PR**
(10)	(8) und (9) definieren die **MR**.	wg. D. 1/6

Theorem 1/6 zeigt, daß die Mehrheitsregel stärkere und allgemeinere Bedingungen erfüllt als sie Arrow vorschreibt: **A** statt nur **D**, **N** statt nur **I** und nach Lemma 1/6 **SP** statt nur **P**. Dennoch scheitert die **MR** an Arrows Theorem, weil sie nicht in jedem Fall eine KWF ist. Das wiederum ist unter anderem darauf zurückzuführen, daß nach D. 4/3 der Definitionsbereich der KWF keinerlei Beschränkungen unterliegt, also alle logisch möglichen Präferenzstrukturen zulässig sind.

6.2 Qualitative Beschränkungen

Man kann zwischen qualitativen und quantitativen Einschränkungen der individuellen Präferenzen bzw. der Präferenzstrukturen unterscheiden. Erstere verbieten bestimmte individuelle Präferenzrelationen, während letztere sich auf die Präferenzstruktur insgesamt beziehen, indem beispielsweise die Häufigkeit des Auftretens bestimmter Präferenzrelationen beschränkt wird.

Zu den Bedingungen der ersteren Art gehört die Forderung der Beschränkung auf solche Präferenzstrukturen, die für jede Person bei mindestens einer Anordnung der Alternativen einen **eingipfligen** Graph wie Graph 3 in Abbildung 9(a) aufweisen.

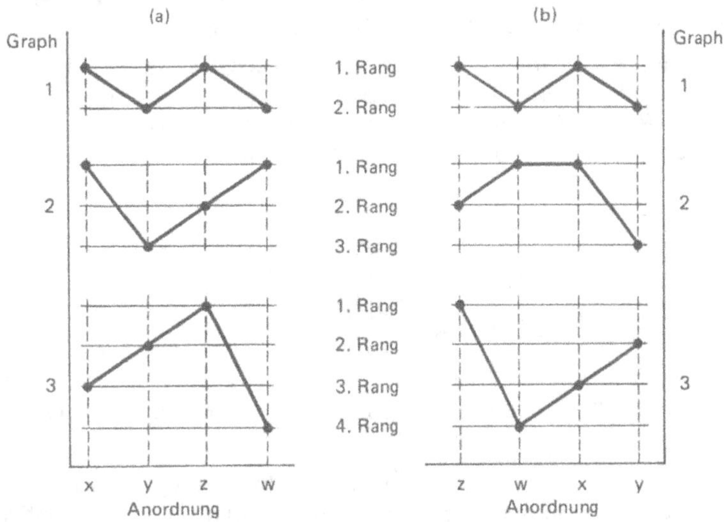

Graphen 3	Graphen 2	Graphen 1	Ränge	Graphen 3	Graphen 2	Graphen 1
z	x, w	x, z	1. Rang	z	x, w	x, z
y	z	y, w	2. Rang	y	z	y, w
x	y		3. Rang	x	y	
w			4. Rang	w		

Abb. 9 und **Tab. 14:** Graphen individueller Präferenzrelationen in zwei Anordnungen (a) und (b) der Alternativen x, y, z und w

Die Graphen 1–3 in dieser Abbildung stellen drei individuelle Präferenzrelationen bezüglich einer bestimmten Anordnung der Alternativen (hier dem Quadrupel: $\langle x, y, z, w\rangle$) dar. Hinsichtlich dieser Anordnung ist nur die durch den Graph 3 wiedergegebene Präferenzrelation eingipflig. In Bezug auf die Anordnung $\langle z, w, x, y\rangle$ in Abbildung 9 (b) ist dagegen keine einzige der drei individuellen Präferenzrelationen eingipflig, obwohl es sich um die gleichen Präferenzrelationen handelt.

Das bedeutet, daß Eingipfligkeit keine Eigenschaft individueller Präferenzrelationen ist, sondern ein zweistelliges Prädikat, das sich sowohl auf die infragestehende individuelle Präferenzrelation als auch auf jeweils eine bestimmte Anordnung der Alternativen bezieht.

Man kann sich rasch klarmachen, daß es für jede individuelle Präferenzrelation R_i eine Anordnung der Alternativen gibt, so daß R_i in Bezug auf diese Anordnung eingipflig ist. Die interessante Eigenschaft ist daher die durchgängige Eingipfligkeit von Präferenzstrukturen bei einer bestimmten Anordnung der Alternativen.

Definition 2/6: Eine individuelle Präferenzrelation g(i) ist bei einer Anordnung $\chi = \langle x_1, \ldots, x_n \rangle$ **eingipflig**: $\leftrightarrow \exists k_i \in \{1, \ldots, n\}$: $[\forall \alpha, \beta \in \{1, \ldots, k_i\}$: $[\langle x_\alpha, x_\beta \rangle \in \dot{g}(i) \leftrightarrow \alpha > \beta] \wedge [\forall \gamma, \delta \in \{k+1, \ldots, n\}: \langle x_\gamma, x_\delta \rangle \in \dot{g}(i) \leftrightarrow \delta > \gamma]]$.

Definition 3/6: Eine Präferenzstruktur $g \in G$ ist in X **potentiell eingipflig**: $\leftrightarrow \exists \chi = \langle x_1, \ldots, x_n \rangle \in X^n$: $\forall i \in K$: [g (i) ist bei χ eingipflig].

Stellen wir in der folgenden Abbildung 10 die Präferenzstruktur, auf der das Abstimmungsparadox beruht (Tab. 3 in Abschn. 3.2), für die Anordnung $\chi = \langle x, y, z \rangle$ in ähnlicher Weise in Graphen dar wie in Abbildung 9, so zeigt sich, daß nur die Präferenzrelationen von i und k eingipflig sind, nicht aber die von j.

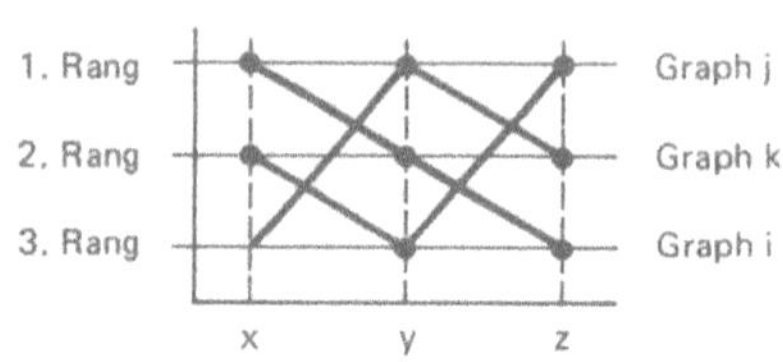

Abb. 10: Graphen der Präferenzstruktur des Abstimmungsparadoxes

Wie der Leser leicht selbst ausprobieren kann, gibt es bezüglich dieser Präferenzrelationen bei jeder denkbaren Anordnung von Alternativen stets eine individuelle Präferenzrelation, die nicht eingipflig ist. Diese Präferenzstruktur ist daher nicht potentiell eingipflig, denn es gibt keine Anordnung der Alternativen x, y und z, bei der alle individuellen Präferenzen eingipflig sind.

Die durchgängige Eingipfligkeit einer Präferenzstruktur bei einer bestimmten Anordnung der Alternativen erlaubt nun das folgende Theorem.

Theorem 2/6:

Ist # K ungeradzahlig und G_0 eine Menge potentiell eingipfliger Präferenzstrukturen, so gilt für die Mehrheitsregel: $\forall g \in G_0$: [f(g) ist eine Ordnungsrelation], wobei f eine **MR** ist, d.h. die **MR** ist eine KWF.

Für den Beweis benötigen wir ein Lemma und die folgenden Definitionen, mit denen Vollständigkeit für individuelle strikte Präferenzrelationen eingeführt wird.

Definition 4/6: Ist $\dot{g}(i)$ vollständig, also $\forall x, y \in X$: $[\langle x, y\rangle \in \dot{g}(i) \vee \langle y, x\rangle \in \dot{g}(i)]$, so heißt diese individuelle Präferenzrelation g(i) **strikt-vollständig**.

Definition 5/6: Gilt $\forall i \in K$: [g(i) ist strikt-vollständig], dann heißt die Präferenzstruktur g **strikt**.

Unter Voraussetzung dieser Definitionen läßt sich das folgende Lemma formulieren.

> *Lemma* 2/6: Ist g eine strikte Präferenzstruktur, dann gilt: $\forall x, y, z, w \in X$: $[\forall i \in K: [\langle x, y\rangle \in g(i) \rightarrow \langle z, w\rangle \in g(i)] \rightarrow [\langle x, y\rangle \in f(g) \rightarrow \langle z, w\rangle \in f(g)]]$, wobei f eine **MR** ist.

Beweis:

(1)	Annahme: $\langle x, y\rangle \in f(g)$ und g ist eine strikte Präferenzstruktur.	
(2)	Annahme: $\langle x, y\rangle \in g(i) \rightarrow \langle z, w\rangle \in g(i)$.	
(3)	$\# \{i \mid \langle z, w\rangle \in g(i)\} \geqq \# \{i \mid \langle x, y\rangle \in g(i)\}$.	wg. (2) u. f **MR**
(4)	$\# \{i \mid \langle x, y\rangle \in g(i)\} \geqq \# \{i \mid \langle y, x\rangle \in g(i)\}$.	wg. (1) u. f **MR**
(5)	$\langle w, z\rangle \in g(i) \rightarrow \neg \langle z, w\rangle \in g(i) \rightarrow \neg \langle x, y\rangle \in g(i) \rightarrow \langle y, x\rangle \in g(i)$.	wg. (1) u. (2)
(6)	$\# \{i \mid \langle y, x\rangle \in g(i)\} \geqq \# \{i \mid \langle w, z\rangle \in g(i)\}$.	wg. (5) u. f **MR**
(7)	$\# \{i \mid \langle z, w\rangle \in g(i)\} \geqq \# \{i \mid \langle w, z\rangle \in g(i)\}$.	wg. (3), (4) u. (6)
(8)	$\langle z, w\rangle \in f(g)$.	wg. (7) u. f **MR**

Beweis des Theorems:

(1)	$\forall g \in G_0$: $\forall x, y \in X$: $[\langle x, y\rangle \in f(g) \vee \langle y, x\rangle \in f(g)]$.	wg. f **MR**
(2)	$\forall g \in G_0$: [f(g) ist vollständig].	wg. (1)
(3)	$\forall g \in G_0$: $\forall x \in X$: $[\langle x, x\rangle \in f(g)]$.	wg. (1) mit $x = y$
(4)	$\forall g \in G_0$: [f(g) ist reflexiv].	wg. (3)
(5)	Annahme: g ist eine strikte und potentiell eingipflige Präferenzstruktur mit $\# K$ ungeradzahlig.	
(6)	Annahme: $\langle x, y\rangle \in f(g) \wedge \langle y, z\rangle \in f(g)$.	
(7)	1. *Fall*: $\# \{x, y, z\} = 1$. Dann ist $\langle x, z\rangle \in f(g)$.	wg. (3)
(8)	2. *Fall*: $\# \{x, y, z\} = 2$. Dann kann $x = y$, $y = z$ oder $x = z$ sein.	unmittelbar
(9)	$x = y \rightarrow [\langle y, z\rangle \in f(g) \rightarrow \langle x, z\rangle \in f(g)]$.	unmittelbar
(10)	$y = z \rightarrow [\langle x, y\rangle \in f(g) \rightarrow \langle x, z\rangle \in f(g)]$.	unmittelbar
(11)	$x = z \rightarrow [\langle x, z\rangle \in f(g)]$.	wg. (3)
(12)	$\langle x, z\rangle \in f(g)$.	wg. (6) u. (8)–(11)
(13)	3. *Fall*: $\# \{x, y, z\} = 3$. Dann gibt es genau drei Möglichkeiten für jede individuelle Präferenzrelation aus g: (a) $\langle x, y\rangle \in g(i) \wedge \langle y, z\rangle \in g(i) \vee$ (b) $\langle y, x\rangle \in g(i) \wedge \langle x, z\rangle \in g(i) \vee$ (c) $\langle y, z\rangle \in g(i) \wedge \langle z, x\rangle \in g(i)$.	
(14)	(a) $\rightarrow \langle x, z\rangle \in g(i)$.	unmittelbar
(15)	$\langle x, y\rangle \in f(g) \rightarrow \langle x, z\rangle \in f(g)$.	wg. (14) u. L. 2/6 bei Ersetzung $z \rightharpoonup x$ u. $w \rightharpoonup z$
(16)	(b) $\rightarrow \langle y, z\rangle \in g(i)$.	wg. (5)
(17)	$\langle y, z\rangle \in g(i) \rightarrow \langle x, z\rangle \in g(i)$.	wg. (13) u. (16)
(18)	$\langle y, z\rangle \in f(g) \rightarrow \langle x, z\rangle \in f(g)$.	wg. (17) u. L. 2/6 bei Ersetzung $x \rightharpoonup y$, $y \rightharpoonup z$, $z \rightharpoonup x$ u. $w \rightharpoonup z$
(19)	(c): (5) $\wedge$ (6) $\rightarrow \neg$ (c), denn bei $\# K = n$ und $\# \{i \mid \langle y, x\rangle \in g(i)\} = n'$ ist unter Voraussetzung von (c): $n' = n/2$, im Widerspruch zu $\# K$ ungeradzahlig. Also (c) $\rightarrow \neg [(5) \wedge (6)]$.	

(20) $\forall g \in G_0$: [f(g) ist transitiv]. wg. (6), (7), (12), (15) u. (18)

(21) $\forall g \in G_0$: [f(g) ist eine Ordnungsrelation]. wg. (2), (4) u. (20)

Die Eingipfligkeit der Präferenzstruktur und die Ungeradzahligkeit der Menge der Entscheidungsbeteiligten sind sehr restriktive Forderungen. Zudem wird für die individuellen Präferenzrelationen verlangt, daß sie strikt-vollständig sein sollen. Man hat daher versucht, diese Forderungen abzuschwächen bzw. die Eingipfligkeit zu verallgemeinern.

Letzteres läßt sich leicht erreichen, wenn man beachtet, daß Eingipfligkeit nach D. 2/6 bedeutet, daß in einer individuellen Präferenz bezüglich eines beliebigen Tripels $\langle x, y, z\rangle$ nicht zugleich x gegenüber y und z gegenüber y vorgezogen werden darf. Das kommt der Forderung gleich, daß in dem Fall y nicht die schlechteste Alternative in diesen individuellen Präferenzen sein darf.

Dieser Überlegung folgend kann die Menge der Präferenzstrukturen auf **wertrestriktive** Präferenzstrukturen eingeschränkt werden. Das sind Präferenzstrukturen, in denen es für jedes Tripel $\langle x, y, z\rangle$ aus X mindestens eine Alternative gibt, so daß diese in keiner individuellen Präferenz den 'Wert' der schlechtesten oder der mittleren oder der besten Alternative annimmt.

Definition 6/6: Eine Präferenzstruktur $g \in G$ ist **wertrestriktiv** bezüglich aller Tripel von Alternativen aus X: $\leftrightarrow \forall X_0 \in \mathrm{Pot}(X),\ \# X_0 = 3: \exists x \in X_0: \forall i \in K$:
$[[\langle x, y\rangle \in \dot{g}(i) \vee \langle x, z\rangle \in \dot{g}(i)] \vee [\langle y, x\rangle \in \dot{g}(i) \vee \langle z, x\rangle \in \dot{g}(i)] \vee$
$[(\langle x, y\rangle \in \dot{g}(i) \wedge \langle x, z\rangle \in \dot{g}(i)) \vee (\langle y, x\rangle \in \dot{g}(i) \wedge \langle z, x\rangle \in \dot{g}(i))]]$.

Da Individuen, die zwischen allen Alternativen eines Tripel indifferent sind, an einem Mehrheitsergebnis nichts verändern können, müssen sie nicht ausgeschlossen werden. Wir bezeichnen sie als **nicht-interessierte** Personen. Die Forderung der Wertrestriktion bezieht sich hingegen auf die Gruppe K_0 der **interessierten** Personen, d. h. K_0 ist diejenige Teilmenge von K, in der alle Personen bei mindestens einem Paar von Alternativen aus X_0 nicht indifferent sind.

Da hier individuelle Indifferenzen bezüglich Paaren oder Tripeln von Alternativen zulässig sind, kann auch die Einschränkung auf strikt-vollständige Präferenzrelationen fallengelassen werden, so daß die individuellen Präferenzrelationen Ordnungen sind. Die Beschränkung der Menge der Präferenzstrukturen auf wertrestriktive Präferenzstrukturen erlaubt nun das folgende Theorem, das wir ohne Beweis formulieren.

Theorem 3/6:

Ist $\# K_0$ ungeradzahlig und die Präferenzstruktur g wertrestriktiv, dann ist die **MR** eine KWF.

Zwar muß nun nicht $\# K$ ungeradzahlig sein, jedoch $\# K_0$. Es kann aber auch diese Beschränkung aufgegeben werden, wenn wir uns statt der KWF mit einer KEF begnügen, die quasi-transitive kollektive Präferenzrelationen induziert, wie das folgende Theorem zeigt.

Theorem 4/6:

Ist die Präferenzstruktur g wertrestriktiv, dann ist die **MR** eine QKEF.

Nun ist die QKEF nach Theorem 2/4 mit dem Problem belastet, daß sie zu einer Vetogruppe führt. Daher würde man sich eine Beschränkung der individuellen

Präferenzen wünschen, die eine KWF ergeben kann, ohne die Ungeradzahligkeit von $\# K$ oder $\# K_0$ zu erfordern.

Eine solche Art der Beschränkung ist mit **extremalrestriktiven** Präferenzstrukturen gegeben. Das ist eine Beschränkung, bei der die Präferenzen einer (beliebigen) Person hinsichtlich eines Tripels von Alternativen als gegeben angenommen, dann aber die Präferenzen der anderen Personen in Bezug auf diese Alternativen eingeschränkt werden. Zieht z. B. eine Person x gegenüber y und y gegenüber z vor, so können die anderen zwar im Gegensatz dazu z gegenüber x vorziehen, müssen dann aber auch z gegenüber y und y gegenüber x vorziehen.

Definition 7/6: Eine Präferenzstruktur $g \in G$ ist **extremalrestriktiv** bezüglich aller Tripel von Alternativen aus X: $\leftrightarrow \forall X_0 \in Pot(X),\ \# X_0 = 3$: $[\exists i \in K_0$: $[\langle x, y\rangle \in \dot{g}(i) \wedge \langle y, z\rangle \in \dot{g}(i)] \rightarrow \forall j \in K_0{:}\, j \neq i$: $[\langle z, x\rangle \in \dot{g}(j) \rightarrow (\langle z, y\rangle \in \dot{g}(j) \wedge \langle y, x\rangle \in g(j))]]$.

Diese Einschränkung ermöglicht das folgende Theorem.

Theorem 5/6:
Ist die Präferenzstruktur g extremalrestriktiv, dann ist die **MR** eine KWF.

Eine weitere Beschränkung individueller Präferenzen ist die **begrenzt übereinstimmende** Präferenzstruktur. Diese Einschränkung geht davon aus, daß die individuellen Präferenzen bezüglich eines Tripels von Alternativen mindestens für ein Paar von Alternativen übereinstimmen.

Definition 8/6: Eine Präferenzstruktur $g \in G$ ist **begrenzt übereinstimmend** bezüglich aller Tripel von Alternativen aus X: $\leftrightarrow \forall X_0 \in Pot(X),\ \# X_0 = 3$: $[\exists x, y \in X_0{:}\ \forall i \in K_0{:}\ \langle x, y\rangle \in g(i)]$.

Diese Beschränkung läßt jedoch nur wieder eine **MR** zu, die eine KEF ist.

Theorem 6/6:
Ist die Präferenzstruktur g begrenzt übereinstimmend, dann ist die **MR** eine KEF.

Als Korollar zu den Theoremen 3/6 bis 6/6 kann das folgende zusammenfassende Resultat formuliert werden.

Korollar 1/6: Ist die Präferenzstruktur entweder wertrestriktiv oder extremalrestriktiv oder begrenzt übereinstimmend, so ist dies notwendig und hinreichend dafür, daß die **MR** eine KEF ist.

Wenn die erörterten Beschränkungen der Präferenzstrukturen unter normalen Anwendungsverhältnissen gegeben wären, so hätten mit den Theoremen 2/6 bis 6/6 die in den Kapiteln 3 und 4 diskutierten Unmöglichkeitsresultate ihre Relevanz weitgehend eingebüßt. Leider kann man davon jedoch nicht ausgehen: Schon die dem Abstimmungsparadox zugrundeliegende Präferenzstruktur ist keineswegs ungewöhnlich und kann auch für größere Gruppen nicht ausgeschlossen werden.

6.3 Quantitative Beschränkungen

Die Einführung quantitativer Beschränkungen der Präferenzstrukturen kann sich die Tatsache zunutze machen, daß genau entgegengerichtete, also invers zueinander stehende individuelle Präferenzen bezüglich Paaren oder Tripeln von Alternativen sich nach der **MR** aufheben, d. h. zu kollektiver Indifferenz führen.

Das gilt auch für Präferenzstrukturen insgesamt, wenn alle individuellen Präferenzen in einer Präferenzstruktur eine inverse Entsprechung zu den individuellen Präferenzen in einer anderen Präferenzstruktur haben. Tabelle 15 gibt ein Beispiel dafür wieder, bei dem (a) die Präferenzstruktur ist, die dem Abstimmungsparadox zugrunde liegt, und (b) die genau gegenläufige Präferenzstruktur, die bei Anwendung der **MR** ebenfalls eine zyklische kollektive Präferenz bezüglich der Menge {x, y, z} ergibt. Wegen dieses Resultats nennt man eine solche Präferenzstruktur auch einen **Zyklus**.

(a)			(b)		
i	j	k	l	m	n
x	y	z	z	y	x
y	z	x	y	x	z
z	x	y	x	z	y

Tab. 15: Zyklus individueller Präferenzen im Uhrzeigersinn (a) und entgegen dem Uhrzeigersinn (b)

Der Leser kann sich selbst leicht klarmachen, daß der eine Zyklus den anderen aufhebt, so daß beide Zyklen zusammen bei Anwendung der **MR** zu kollektiver Indifferenz zwischen x, y und z führen, wenn die Zahl der Personen in jeder Zeile im einen wie im anderen Zyklus genau gleich ist. Daher könnte man in einer Präferenzstruktur durchaus einen Zyklus individueller Präferenzen zulassen, sofern gesichert ist, daß es in der Präferenzstruktur dieselbe Anzahl von Personen im Gegenzyklus gibt.

Um diese Idee genauer zu formulieren, führen wir die folgende Vereinfachung der Schreibweise ein.

Definition 9/6: $\forall X_0 \in \mathrm{Pot}(X),\ \# X_0 = 3: \forall u, v, w \in X_0: \forall i \in K_0:$

$$[\langle u, v, w\rangle \in \bar{g}(i): \leftrightarrow [\langle u, v\rangle \in g(i) \wedge \langle v, w\rangle \in g(i)],$$
$$\langle u, v, w\rangle \in \ddot{g}(i): \leftrightarrow [\langle u, v\rangle \in \dot{g}(i) \wedge \langle v, w\rangle \in \dot{g}(i)],$$
$$\langle u, v, w\rangle \in \dot{\tilde{g}}(i): \leftrightarrow [\langle u, v\rangle \in \dot{g}(i) \wedge \langle v, w\rangle \in \tilde{g}(i)],$$
$$\langle u, v, w\rangle \in \dot{g}(i): \leftrightarrow [\langle u, v\rangle \in \tilde{g}(i) \wedge \langle v, w\rangle \in \dot{g}(i)]].$$

Die Sequenz individueller Präferenzen $\langle u, v, w\rangle \in \bar{g}(i)$ bzw. $\langle u, v, w\rangle \in \ddot{g}(i)$ sei als individuelle (strikte) **Präferenzfolge** bezeichnet. Die Präferenzfolgen aus Tabelle 15 lassen sich dann wie folgt schreiben:

(i) $\langle x, y, z\rangle \in \bar{g}(i)$ (l) $\langle z, y, x\rangle \in \bar{g}(l)$
(j) $\langle y, z, x\rangle \in \bar{g}(i)$ (m) $\langle y, x, z\rangle \in \bar{g}(m)$
(k) $\langle z, x, y\rangle \in \bar{g}(k)$ (n) $\langle x, z, y\rangle \in \bar{g}(n)$

Wir nennen die Präferenzstruktur, die sich aus (i), (j) und (k) zusammensetzt, einen **Zyklus im Uhrzeigersinn** und bezeichnen ihm mit $\bar{g}(\vec{Z})$ bzw. mit $\ddot{g}(\vec{Z})$, wenn es sich um den entsprechenden Zyklus individueller strikter Präferenzfolgen handelt. Analog dazu ist die Präferenzstruktur, die sich aus (l), (m) und (n) zusammensetzt, ein **Zyklus entgegen dem Uhrzeigersinn** $\bar{g}(\overleftarrow{Z})$ bzw. $\ddot{g}(\overleftarrow{Z})$.

Nun gehört zu einem Zyklus individueller Präferenzfolgen – wie ihn Tabelle 16 ausweist – auch ein entsprechender Zyklus der strikten Präferenzfolgen. Ebenso aber gehört dazu ein analoger Zyklus, bei dem in den individuellen Präferenzfolgen jeweils auf eine strikte Präferenz eine Indifferenz folgt und umgekehrt auf eine Indifferenz eine strikte Präferenz (vgl. D. 9/6). In Tabelle 16 sind die vollständigen Zyklen aufgeführt.

$\bar{g}(\vec{Z})$-Zyklus					
$\ddot{g}(\vec{Z})$		$\grave{\dot{g}}(\vec{Z})$		$\tilde{\dot{g}}(\vec{Z})$	
(1)	$\langle x, y, z\rangle \in \ddot{g}(i)$	(4)	$\langle x, y, z\rangle \in \grave{\dot{g}}(i)$	(7)	$\langle x, y, z\rangle \in \tilde{\dot{g}}(i)$
(2)	$\langle y, z, x\rangle \in \ddot{g}(i)$	(5)	$\langle y, z, x\rangle \in \grave{\dot{g}}(i)$	(8)	$\langle y, z, x\rangle \in \tilde{\dot{g}}(i)$
(3)	$\langle z, x, y\rangle \in \ddot{g}(i)$	(6)	$\langle z, x, y\rangle \in \grave{\dot{g}}(i)$	(9)	$\langle z, x, y\rangle \in \tilde{\dot{g}}(i)$

$\bar{g}(\overleftarrow{Z})$-Zyklus					
$\ddot{g}(\overleftarrow{Z})$		$\grave{\dot{g}}(\overleftarrow{Z})$		$\tilde{\dot{g}}(\overleftarrow{Z})$	
(10)	$\langle z, y, x\rangle \in \ddot{g}(i)$	(13)	$\langle z, y, x\rangle \in \grave{\dot{g}}(i)$	(16)	$\langle z, y, x\rangle \in \tilde{\dot{g}}(i)$
(11)	$\langle y, x, z\rangle \in \ddot{g}(i)$	(14)	$\langle y, x, z\rangle \in \grave{\dot{g}}(i)$	(17)	$\langle y, x, z\rangle \in \tilde{\dot{g}}(i)$
(12)	$\langle x, z, y\rangle \in \ddot{g}(i)$	(15)	$\langle x, z, y\rangle \in \grave{\dot{g}}(i)$	(18)	$\langle x, z, y\rangle \in \tilde{\dot{g}}(i)$

Tab. 16: Vollständiger $\bar{g}(\vec{Z})$- und $\bar{g}(\overleftarrow{Z})$-Zyklus

In diesen Zyklen stimmen die individuellen Präferenzfolgen (4) und (15) überein, ebenso (5) und (14) sowie (6) und (13), so daß $\grave{\dot{g}}(\vec{Z})$ mit $\grave{\dot{g}}(\overleftarrow{Z})$ äquivalent ist und ebenso $\tilde{\dot{g}}(\vec{Z})$ mit $\tilde{\dot{g}}(\overleftarrow{Z})$. Für die weiteren Überlegungen können daher die Folgen (13) bis (18) außer Betracht bleiben: die Folgen (1) bis (12) geben alle logisch möglichen Präferenzfolgen der Menge $\{x, y, z\}$ wieder, wenn nur interessierte Personen berücksichtigt werden.

Wir nehmen nun die eingangs erläuterte Idee auf und wollen sagen, eine Präferenzstruktur g sei im **zyklischen Gleichgewicht** genau dann, wenn dieselbe Anzahl von Personen im $\ddot{g}(\vec{Z})$- wie im $\ddot{g}(\overleftarrow{Z})$-Zyklus ist.

Definition 10/6: Eine Präferenzstruktur $g \in G$ eines Kollektivs K ist im **zyklischen Gleichgewicht**: $\leftrightarrow \forall i \in K_0$: $[\# \{i \mid \ddot{g}(i) \in \ddot{g}(\vec{Z})\} = \# \{i \mid \ddot{g}(i) \in \ddot{g}(\overleftarrow{Z})\}]$.

Die Eigenschaft des zyklischen Gleichgewichts ermöglicht dann das folgende Theorem.

> *Theorem* 7/6:
>
> Ist die Präferenzstruktur g im zyklischen Gleichgewicht, dann ist die **MR** eine KWF.

Beweis:

(1) Annahme: g setze sich aus den Präferenzfolgen (1) bis (12) aus Tab. 16 zusammen.

(2) Sei $n_1 = \# \{i \mid \langle x, y, z\rangle \in \ddot{g}(i)\}$, $n_2 = \# \{i \mid \langle y, z, x\rangle \in \ddot{g}(i)\}, \ldots,$ $n_{12} = \# \{i \mid \langle x, z, y\rangle \in \ddot{g}(i)\}$; vgl. ebenfalls Tab. 16.

(3) $\langle x, y\rangle \in f(g) \leftrightarrow n_1 + n_3 + n_4 + n_9 + n_{12} \geqq n_2 + n_5 + n_8 + n_{10} + n_{11}$. wg. (1), (2) u. f **MR**

(4) $\langle y, z\rangle \in f(g) \leftrightarrow n_1 + n_2 + n_5 + n_7 + n_{11} \geqq n_3 + n_6 + n_9 + n_{10} + n_{12}$. wg. (1), (2) u. f **MR**

(5)	Nach Addition der Ungleichheiten aus (3) und (4) und Eliminierung von Gliedern: $2n_1 + n_4 + n_7 \geqq n_6 + n_8 + 2n_{10}$.	wg. (3) u. (4)
(6)	$\langle x, z\rangle \in f(g) \leftrightarrow n_1 + n_4 + n_7 + n_{11} + n_{12} \geqq n_2 + n_3 + n_6 + n_8 + n_{10}$.	wg. (1), (2) u. f **MR**
(7)	$2n_1 + n_4 + n_7 = n_1 + n_4 + n_7 + n_{11} + n_{12} + n_1 - n_{11} - n_{12}$.	wg. (5) u. (6)
(8)	$n_6 + n_8 + 2n_{10} = n_2 + n_3 + n_6 + n_8 + n_{10} - n_2 - n_3 + n_{10}$.	wg. (5) u. (6)
(9)	Aus (5) folgt (6), wenn $n_{11} + n_{12} - n_1 \geqq n_2 + n_3 - n_{10}$ bzw. durch Umstellen: $n_{10} + n_{11} + n_{12} \geqq n_1 + n_2 + n_3$.	wg. (6) – (8)
(10)	Die Ungleichheit (9) ist hinreichend dafür, daß: $\langle x, y\rangle \in f(g) \wedge \langle y, z\rangle \in f(g) \rightarrow \langle x, z\rangle \in f(g)$.	wg. (3)–(9)
(11)	Aufgrund des gleichen Arguments ist (9) hinreichend für: $\langle y, z\rangle \in f(g) \wedge \langle z, x\rangle \in f(g) \rightarrow \langle y, x\rangle \in f(g)$ und $\langle z, x\rangle \in f(g) \wedge \langle x, y\rangle \in f(g) \rightarrow \langle z, y\rangle \in f(g)$.	wg. (3)–(9)
(12)	Die Ungleichheit $n_1 + n_2 + n_3 \geqq n_{10} + n_{11} + n_{12}$ ist hinreichend dafür, daß: $\langle x, z\rangle \in f(g) \wedge \langle z, y\rangle \in f(g) \rightarrow \langle x, y\rangle \in f(g)$, $\langle y, x\rangle \in f(g) \wedge \langle x, z\rangle \in f(g) \rightarrow \langle y, z\rangle \in f(g)$, $\langle z, y\rangle \in f(g) \wedge \langle y, x\rangle \in f(g) \rightarrow \langle z, x\rangle \in f(g)$.	analog zu (10)–(11)
(13)	Gilt zugleich (9) und (12), d.h. ist: $n_1 + n_2 + n_3 = n_{10} + n_{11} + n_{12}$, so ist dies hinreichend dafür, daß f(g) für alle Paare von Alternativen aus der Menge $\{x, y, z\}$ transitiv ist.	wg. (10)–(12)
(14)	Die Voraussetzung in (13) definiert das zyklische Gleichgewicht.	wg. (2) u. D. 10/6

Wir haben hier also erstmals eine Einschränkung, die alle individuellen Präferenzordnungen bezüglich eines Tripels von Alternativen zuläßt und nur der Präferenzstruktur insgesamt eine Beschränkung auferlegt: die Zahl der Personen im $\ddot{g}(\vec{Z})$-Zyklus muß der Zahl der Personen im $\ddot{g}(\overleftarrow{Z})$-Zyklus entsprechen. Allerdings ist diese Forderung recht restriktiv, denn es wird wohl nur zufällig einmal in einer Präferenzstruktur die Zahl der Personen in diesen beiden Zyklen gleich sein, vorausgesetzt es liegen überhaupt beide Zyklen vor.

Nun hat aber Theorem 7/6 eine interessante Implikation. Es kann gezeigt werden, daß die Forderung des zyklischen Gleichgewichts notwendig und hinreichend dafür ist, daß einer gegebenen Präferenzstruktur im zyklischen Gleichgewicht in beliebiger Weise individuelle Präferenzfolgen des Typs $\dot{\hat{g}}(i)$ oder $\tilde{\bar{g}}(i)$ hinzugefügt oder weggenommen werden können, ohne daß die Eigenschaft der Transitivität von f(g) zerstört wird.

Wie auch der Beweis zu T. 7/6 zeigt, kommt es für das zyklische Gleichgewicht nur darauf an, daß die Zahl der Personen im $\ddot{g}(\vec{Z})$-Zyklus und im $\ddot{g}(\overleftarrow{Z})$-Zyklus gleich ist – unabhängig davon wie sich Personen mit Präferenzfolgen des Typs $\dot{\hat{g}}(i)$ oder $\tilde{\bar{g}}(i)$ in der Präferenzstruktur verteilen.

Das kann durch Tabelle 17 verdeutlicht werden, in der die Präferenzstrukturen g und g′ hinsichtlich der Verteilung der Präferenzfolgen des Typs $\dot{\hat{g}}(i)$ und $\tilde{\bar{g}}(i)$ übereinstimmen, sich aber bezüglich der Verteilung der Präferenzfolgen $\ddot{g}(i)$ in der Weise unterscheiden, daß g im zyklischen Gleichgewicht ist, g′ jedoch nicht.

Bei Anwendung der **MR** ergibt sich für g eine transitive kollektive Präferenzrelation, nicht aber für g′. Das jedoch kann nur daraus resultieren, daß die individuellen Präferenzfolgen $\ddot{g}(i)$ im einen Fall im zyklischen Gleichgewicht waren, im anderen Fall jedoch nicht, denn die Verteilung der Präferenzfolgen $\dot{\hat{g}}(i)$ bzw. $\tilde{\bar{g}}(i)$ war in g und g′ dieselbe. Das bedeutet im Umkehrschluß, daß die Verteilung der Präferenzfolgen des Typs $\dot{\hat{g}}(i)$ oder $\tilde{\bar{g}}(i)$ in einer Präferenzstruktur im Fall des zy-

	g		g′
i:	$\langle x, y, z\rangle \in \ddot{g}(i)$	i:	$\langle x, y, z\rangle \in \ddot{g}'(i)$
j:	$\langle x, y, z\rangle \in \ddot{g}(j)$	j:	$\langle x, y, z\rangle \in \ddot{g}'(j)$
k:	$\langle x, z, y\rangle \in \ddot{g}(k)$	k:	$\langle x, z, y\rangle \in \ddot{g}'(k)$
l:	$\langle y, x, z\rangle \in \ddot{g}(l)$		
m:	$\langle z, x, y\rangle \in \breve{\dot{g}}(m)$	m:	$\langle z, x, y\rangle \in \breve{\dot{g}}'(m)$
n:	$\langle z, y, x\rangle \in \tilde{\dot{g}}(n)$	n:	$\langle z, y, x\rangle \in \tilde{\dot{g}}'(n)$
o:	$\langle z, y, x\rangle \in \tilde{\dot{g}}(o)$	o:	$\langle z, y, x\rangle \in \tilde{\dot{g}}'(o)$

Tab. 17: Beliebigkeit der Verteilung von Präferenzfolgen des Typs $\tilde{\dot{g}}(i)$ und $\breve{\dot{g}}(i)$

klischen Gleichgewichts beliebig sein kann und dennoch die Transitivität der kollektiven Präferenzrelation gesichert ist.

Diesen Umstand kann man sich zunutze machen, um von der Präferenzstruktur eines Kollektivs K zur **reduzierten** Präferenzstruktur dieses Kollektivs zu gelangen, die, wenn sie Präferenzfolgen aus beiden Zyklen enthält, also **zyklisch gemischt** ist, die **MR** zu einer KWF macht.

Wir betrachten zunächst wieder Tabelle 16, die die beiden vollständigen $\bar{g}(Z)$-Zyklen wiedergibt. Wie wir bereits notiert hatten, ist $\breve{\dot{g}}(\vec{Z})$ mit $\breve{\dot{g}}(\overleftarrow{Z})$ und $\tilde{\dot{g}}(\vec{Z})$ mit $\tilde{\dot{g}}(\overleftarrow{Z})$ äquivalent. Es macht also keinen Unterschied, ob $\breve{\dot{g}}(\vec{Z})$ im $\bar{g}(\vec{Z})$- oder im $\bar{g}(\overleftarrow{Z})$-Zyklus angeordnet wird oder $\tilde{\dot{g}}(\vec{Z})$ im $\bar{g}(\vec{Z})$- oder im $\bar{g}(\overleftarrow{Z})$-Zyklus. Wir entscheiden uns, im folgenden die Zyklen:

$$\ddot{g}(\vec{Z}) \quad \breve{\dot{g}}(\vec{Z}) \quad \bar{g}(\vec{Z})$$
$$\ddot{g}(\overleftarrow{Z}) \quad \tilde{\dot{g}}(\overleftarrow{Z}) \quad \bar{g}(\overleftarrow{Z})$$

zu berücksichtigen (vgl. Tab. 16), also $\breve{\dot{g}}(\overleftarrow{Z})$ und $\tilde{\dot{g}}(\vec{Z})$ außer Betracht zu lassen.

1. *Reduktionsstufe* (R^1): Je zwei Präferenzfolgen, die invers zueinander stehen, können gestrichen werden, da sie sich bei Anwendung der **MR** aufheben. Beispiel: $\langle x, y, z\rangle \in \ddot{g}(i) \wedge \langle z, y, x\rangle \in \ddot{g}(i) \rightarrow \langle x, y, z\rangle \in \tilde{f}(g)$.
2. *Reduktionsstufe* (R^2): Vollständige $\breve{\dot{g}}(Z)$- bzw. $\tilde{\dot{g}}(Z)$-Zyklen lassen sich streichen, ohne die Mehrheitsverhältnisse zu verändern. Beispiel: $\langle x, y, z\rangle \in \breve{\dot{g}}(i) \wedge \langle y, z, x\rangle \in \breve{\dot{g}}(i) \wedge \langle z, x, y\rangle \in \breve{\dot{g}}(i) \rightarrow \langle x, y, z\rangle \in \tilde{f}(g)$.
3. *Reduktionsstufe* (R^3): Zwei $\breve{\dot{g}}(i)$-Folgen lassen sich in eine $\tilde{\dot{g}}(i)$-Folge überführen, ebenso können zwei $\tilde{\dot{g}}(i)$-Folgen in eine $\breve{\dot{g}}(i)$-Folge transformiert werden. Beispiel: $\langle y, z, x\rangle \in \breve{\dot{g}}(i) \wedge \langle z, x, y\rangle \in \breve{\dot{g}}(i) \rightarrow \langle z, y, x\rangle \in \tilde{\dot{g}}(i)$.
4. *Reduktionsstufe* (R^4): Paare nicht-inverser strikter Präferenzfolgen $\ddot{g}(i)$, die zu verschiedenen $\ddot{g}(Z)$-Zyklen gehören, lassen sich in eine $\breve{\dot{g}}(i)$- oder eine $\tilde{\dot{g}}(i)$-Folge transformieren, die dann doppelt zu zählen ist. Beispiel:
   $\langle y, z, x\rangle \in \ddot{g}(i) \wedge \langle y, x, z\rangle \in \ddot{g}(i) \rightarrow$ 2mal: $\langle y, z, x\rangle \in \breve{\dot{g}}(i)$, oder:
   $\langle y, z, x\rangle \in \ddot{g}(i) \wedge \langle z, y, x\rangle \in \ddot{g}(i) \rightarrow$ 2mal: $\langle y, z, x\rangle \in \dot{g}(i)$.

Diese Reduktionen führen zum Begriff der **Standardstruktur**.

Definition 11/6: Die Präferenzstruktur eines Kollektivs K ist eine **Standardstruktur** g^* genau dann, wenn alle vier Reduktionen durchgeführt wurden, d. h.
$g^*: \leftrightarrow \forall k \in \{1, 2, 3, 4\}: [R^k(g^*) = g^*]$.

Das folgende Lemma gibt eine wichtige Konsequenz dieser Reduktionsprozedur wieder.

Lemma 3/6: Es gibt genau zwölf verschiedene Standardstrukturen.

Beweis:

(1) Annahme: Sei die Präferenzstruktur von K eine Standardstruktur, so daß $R^k(g^*) = g^*$.
(2) Die Standardstruktur werde im folgenden mit g^*_{lm}, $l \in \{0, 1, 2, 3\}$, $m \in \{0, 1, 2\}$, bezeichnet, wobei l die Zahl der $\ddot{g}(i)$-Folgen und m die der $\acute{\dot{g}}(i)$- oder $\tilde{\dot{g}}(i)$-Folgen angibt.
(3) Zu zeigen: Die Präferenzstruktur g^* kommt in einer der Standardstrukturen g^*_{lm} vor.
(4) Vier Fälle sind zu unterscheiden.
1. *Fall*: $R^1(g^*) = g^*$.
(5) Für jedes Paar invers zueinander stehender Präferenzfolgen des Typs $\ddot{g}(i)$, $\acute{\dot{g}}(i)$ oder $\tilde{\dot{g}}(i)$ kann nur eine Folge vorkommen. — wg. R^1
(6) Die Zahl solcher Folgen ist nicht beschränkt. (Es kann z. B. ein gesamter $\ddot{g}(Z)$-Zyklus vorliegen.) — wg. R^1
(7) 2. *Fall*: $R^1(g^*) = R^2(g^*) = g^*$.
(8) Zusätzlich zu (5)–(6): Es existiert kein vollständiger $\acute{\dot{g}}(\vec{Z})$- oder $\tilde{\dot{g}}(\overleftarrow{Z})$-Zyklus. — wg. R^2
(9) Aus dem $\acute{\dot{g}}(\vec{Z})$- oder $\tilde{\dot{g}}(\overleftarrow{Z})$-Zyklus können höchstens jeweils zwei unterschiedliche $\acute{\dot{g}}(i)$- oder $\tilde{\dot{g}}(i)$-Folgen vorkommen. — wg. (8)
(10) Im Fall (9) kann es, wenn eine Präferenzfolge aus dem jeweiligen Gegenzyklus vorkommt, nur die sein, die invers zu der steht, die im ersten Zyklus nicht vorkommt. — wg. R^1
(11) 3. *Fall*: $R^1(g^*) = R^2(g^*) = R^3(g^*) = g^*$.
(12) Zusätzlich zu (5)–(6) und (8)–(10) kann einer der $\acute{\dot{g}}(\vec{Z})$ oder $\tilde{\dot{g}}(\overleftarrow{Z})$-Zyklen nur höchstens eine $\acute{\dot{g}}(i)$- oder $\tilde{\dot{g}}(i)$-Folge enthalten. — wg. R^3
(13) 4. *Fall*: $R^1(g^*) = R^2(g^*) = R^3(g^*) = R^4(g^*) = g^*$.
(14) Zusätzlich zu (5)–(6), (8)–(10) und (12) gilt, daß alle noch verbliebenen $\ddot{g}(i)$-Folgen zum selben $\ddot{g}(Z)$-Zyklus gehören müssen. — wg. R^4
(15) g^* umfaßt genau 0, 1, 2 oder 3 Präferenzfolgen, die alle zum gleichen $\ddot{g}(Z)$-Zyklus gehören. — wg. (6) u. (14)
(16) g^* umfaßt genau 0, 1 oder 2 Präferenzfolgen, die zu unterschiedlichen $\acute{\dot{g}}(Z)$- bzw. $\tilde{\dot{g}}(Z)$-Zyklen gehören. — wg. (9) u. (12)
(17) Die Präferenzstruktur g^* kommt in einer der Standardstrukturen g^*_{lm} vor. — wg. (15) u. (16)

Ehe wir die Eigenschaft der **zyklischen Gemischtheit** einer Präferenzstruktur einführen, ist der Begriff der Komponenten einer Präferenzfolge zu erläutern. Nach R^4 können zwei strikte Folgen aus verschiedenen $\ddot{g}(Z)$-Zyklen, die nicht invers zueinander stehen, zu einer $\acute{\dot{g}}(i)$- oder $\tilde{\dot{g}}(i)$-Folge zusammengefaßt werden, die doppelt zu zählen ist. Wir werden diese strikten Folgen die **Komponenten** der $\acute{\dot{g}}(i)$- oder $\tilde{\dot{g}}$-Folge nennen, zu der sie zusammengefaßt werden können, so daß z. B. $\langle x, y, z\rangle \in \ddot{g}(i)$ und $\langle x, z, y\rangle \in \ddot{g}(i)$ die Komponenten der Folge $\langle x, y, z\rangle \in \acute{\dot{g}}(i)$ sind.

Definition 12/6: Eine Präferenzstruktur g ist **zyklisch gemischt** genau dann, wenn in der reduzierten Struktur g^* Präferenzfolgen aus beiden $\bar{g}(Z)$-Zyklen vorliegen und zwar in der Weise, daß von je zwei invers zueinander stehenden Folgen $\langle u, v, w\rangle \in \bar{g}(i)$ und $\langle w, v, u\rangle \in \bar{g}(i)$, $\forall u, v, w \in \{x, y, z\}$, höchstens eine Folge vorkommt oder wenn alle Folgen in g^* identisch sind oder wenn g^* leer ist.

Das folgende dreiteilige Lemma setzt die Eigenschaft der zyklischen Gemischtheit mit den oben erörterten Standardstrukturen in Beziehung.

Lemma 4/6:

(a) Ergibt sich eine der Standardstrukturen $g^*_{00}, g^*_{01}, g^*_{02}$, oder g^*_{10}, so ist die Ausgangsstruktur stets zyklisch gemischt.

(b) Ergibt sich eine der Standardstrukturen $g^*_{20}, g^*_{30}, g^*_{31}$ oder g^*_{32}, so ist die Ausgangsstruktur niemals zyklisch gemischt.

(c) Ergibt sich eine der Standardstrukturen $g^*_{11}, g^*_{12}, g^*_{21}$ oder g^*_{22}, so ist die Ausgangsstruktur genau dann zyklisch gemischt, wenn mindestens eine ihrer $\acute{\ddot{g}}(i)$- oder $\tilde{\ddot{g}}(i)$-Folgen zwei $\ddot{g}(i)$-Folgen als Komponenten hat, so daß eine dieser Komponenten invers zu der einen (oder den beiden) strikten Folgen steht, die in dem $\ddot{g}(Z)$-Zyklus nicht vorkommen, zu dem die l strikten Folgen der Standardstruktur g^*_{lm} gehören.

Wir werden den Beweis zu diesem Lemma nicht vollständig führen; (a) und (b) ergibt sich unmittelbar aus D. 12/6 und (c) wollen wir anhand eines Beispiels demonstrieren. Nehmen wir an, $\langle x, y, z\rangle \in \ddot{g}(i)$ sei die einzige strikte Präferenzfolge in den Standardstrukturen g^*_{11} und g^*_{12}. Dann darf nach D. 12/6 in g^*_{11} und g^*_{12}:

(1) keine der Folgen $\langle z, y, x\rangle \in \acute{\ddot{g}}(i)$ oder $\langle z, y, x\rangle \in \tilde{\ddot{g}}(i)$ (oder eine, die sich in diese umwandeln läßt) vorkommen,

(2) oder aber eine dieser Folgen nur zusammen mit einer anderen, zulässigen Folge.

In Tabelle 18 sind Beispiele für g^*_{11} und g^*_{12} angegeben. Der Leser kann selbst überprüfen, daß g^*_{12} D. 12/6 erfüllt: Es kommen Präferenzfolgen aus beiden $\bar{g}(Z)$-Zyklen vor, ohne daß eine Folge invers zu einer anderen steht. Das ist bei g^*_{11} nicht der Fall: Entweder man ordnet $\langle z, x, y\rangle \in \acute{\ddot{g}}(j)$ dem $\bar{g}(\bar{Z})$-Zyklus zu, dann hat man zwei Folgen aus dem gleichen $\bar{g}(Z)$-Zyklus, oder man ordnet $\langle z, x, y\rangle \in \acute{\ddot{g}}(j)$ dem $\bar{g}(\bar{Z})$-Zyklus zu (was möglich ist, da $\langle z, x, y\rangle \in \acute{\ddot{g}}(j) \leftrightarrow \langle z, y, x\rangle \in \acute{\ddot{g}}(i)$), damit aber stehen zwei Folgen invers zueinander.

g^*_{11}	g^*_{12}
$\forall i$: $\langle x, y, z\rangle \in \ddot{g}(i)$	$\forall i$: $\langle x, y, z\rangle \in \ddot{g}(i)$
$\forall j$: $\langle z, x, y\rangle \in \acute{\ddot{g}}(j)$	$\forall j$: $\langle z, x, y\rangle \in \acute{\ddot{g}}(j)$
	$\forall k$: $\langle x, z, y\rangle \in \tilde{\ddot{g}}(k)$

Tab. 18: Beispiele von Standardstrukturen g^*_{11} und g^*_{12}

Gleichzeitig ist festzustellen, daß g^*_{11} nicht die obigen Forderungen (1) und (2) erfüllt: $\langle z, x, y\rangle \in \acute{\ddot{g}}(j)$ kann in $\langle z, y, x\rangle \in \acute{\ddot{g}}(j)$ umgeformt werden und diese Folge soll entweder nicht vorkommen oder nur zusammen mit einer weiteren, zulässigen Folge. Damit verletzt g^*_{11} auch die Forderung nach L. 4/6 (c): $\langle z, x, y\rangle \in \acute{\ddot{g}}(j)$ hat als Komponenten die strikten Folgen $\langle z, x, y\rangle \in \ddot{g}(j)$ und $\langle z, y, x\rangle \in \ddot{g}(j)$. Keine dieser beiden Folgen steht invers zu den nicht vorkommenden strikten Folgen aus dem $\ddot{g}(Z)$-Zyklus, zu dem $\langle x, y, z\rangle \in \ddot{g}(i)$ gehört. Das gilt im übrigen auch für die anderen in Forderung (1) genannten Folgen.

Die Standardstruktur g^*_{12} in unserem Beispiel hingegen erfüllt Forderung (2) wegen der zusätzlichen Folge $\langle x, z, y\rangle \in \tilde{\ddot{g}}(k)$. Damit genügt sie auch der Anforderung (c) von L. 4/6, denn $\langle x, z, y\rangle \in \tilde{\ddot{g}}(k)$ hat als Komponenten $\langle x, z, y\rangle \in \ddot{g}(k)$ und $\langle z, x, y\rangle \in \ddot{g}(k)$, wobei $\langle x, z, y\rangle \in \ddot{g}(k)$ invers zu $\langle y, z, x\rangle \in \ddot{g}(i)$ steht, also zu einer nicht vorkommenden strikten Folge aus dem $\ddot{g}(Z)$-Zyklus, zu dem $\langle x, y, z\rangle \in \ddot{g}(i)$ gehört.

Die Eigenschaft der zyklischen Gemischtheit von Präferenzstrukturen führt nun zu folgendem Theorem.

> *Theorem* 8/6:
>
> Die **MR** ist eine KWF genau dann, wenn die Präferenzstruktur g von K für alle Tripel von Alternativen zyklisch gemischt ist.

Wir werden auch für dieses Theorem den Beweis nicht vollständig führen, sondern nur anhand eines Beispiels die Beweisidee skizzieren. Aus L. 3/6 folgt, daß nur die zwölf Standardstrukturen zu betrachten sind, und aus L. 4/6, daß nur die Ausgangsstruktur der beiden in (a) und (c) von L. 4/6 genannten Gruppen von Standardstrukturen zyklisch gemischt ist. Dabei umfaßt die Gruppe (a) weitgehend triviale Fälle, wie die leere Standardstruktur g^*_{00} oder die Standardstruktur mit nur einer Präferenzfolge g^*_{10} oder g^*_{01}. Wir greifen daher aus der Gruppe (c) die Standardstruktur g^*_{12} heraus und geben in Tabelle 19 ein entsprechendes Beispiel an.

$\forall i: \langle x, y, z\rangle \in \ddot{g}(i)$	$\in \ddot{g}(\vec{Z})$
$\forall j: \langle y, z, x\rangle \in \acute{\dot{g}}(j) \rightarrow \langle y, x, z\rangle \in \acute{\dot{g}}(j)$	$\in \acute{\dot{g}}(\overleftarrow{Z})$
$\forall k: \langle z, y, x\rangle \in \tilde{\dot{g}}(k) \rightarrow \langle y, z, x\rangle \in \tilde{\dot{g}}(k)$	$\in \tilde{\dot{g}}(\vec{Z})$

Tab. 19: Ein Beispiel für die Standardstruktur g^*_{12}

Wir haben in dieser Tabelle zugleich die Zuordnung der Präferenzfolgen zu den Zyklen angegeben, die zeigt, daß sie verschiedenen Zyklen zugeordnet werden können, ohne daß invers zueinander stehende Folgen vorkommen (das wäre allerdings der Fall, wenn $\langle z, y, x\rangle \in \tilde{\dot{g}}(k)$ dem $\tilde{\dot{g}}(\overleftarrow{Z})$-Zyklus zugeordnet würde).

Es ist mithin noch nachzuweisen, daß in diesem Fall die **MR** tatsächlich eine KWF ist, d. h. insbesondere transitive kollektive Präferenzrelationen erzeugt. Wir nehmen an:

$$\# \{i\} > 0, \ \# \{j\} > 0, \ \# \{k\} > 0 \tag{1}$$

Bei Anwendung der **MR** auf das Beispiel für g^*_{12}:

$$\langle x, y\rangle \in \dot{f}(g) \leftrightarrow \# \{i\} > (\# \{j\} + \# \{k\}) \tag{2}$$

$$\langle x, z\rangle \in \dot{f}(g) \leftrightarrow \# \{i\} > \# \{k\}. \tag{3}$$

Da nach (1): $\# \{i\} + \# \{j\} > 0$, ergibt sich aus dem Beispiel für g^*_{12}: $\langle y, z\rangle \in \dot{f}(g)$. Wenn $\langle y, x\rangle \in \dot{f}(g)$ und $\langle x, z\rangle \in \dot{f}(g)$ ist, muß demnach f(g) transitiv sein, so daß noch die Fälle $\langle x, y\rangle \in f(g)$ und $\langle z, x\rangle \in f(g)$ zu betrachten sind, wobei zu zeigen ist, daß $\langle x, y\rangle \in f(g) \rightarrow \langle x, z\rangle \in \dot{f}(g)$ und $\langle z, x\rangle \in f(g) \rightarrow \langle y, x\rangle \in \dot{f}(g)$.

Bei Anwendung der **MR** auf das Beispiel für g^*_{12}:

$$\langle x, y\rangle \in f(g) \leftrightarrow \# \{i\} \geqq (\# \{j\} + \# \{k\}) \tag{4}$$

Da $\# \{j\} > 0$, gilt $\# \{i\} \geqq (\# \{j\} + \# \{k\}) \rightarrow \# \{i\} > \# \{k\}$, also nach (3): $\langle x, z\rangle \in \dot{f}(g)$. Weiter aufgrund der **MR**:

$$\langle z, x\rangle \in f(g) \leftrightarrow \# \{i\} \leqq \# \{k\}$$

$$\# \{i\} \leqq \# \{k\} \rightarrow \# \{i\} < (\# \{j\} + \# \{k\}).$$

Damit ist nach (2): $\langle y, x\rangle \in \dot{f}(g)$, was zu beweisen war.

Die Eigenschaft der zyklischen Gemischtheit von Präferenzstrukturen ist gegenüber dem zyklischen Gleichgewicht weit weniger restriktiv: Es muß nicht eine gleiche Anzahl von Personen im $\ddot{g}(\vec{Z})$- wie im $\ddot{g}(\overleftarrow{Z})$-Zyklus sein, vielmehr reicht es aus, wenn die Präferenzstruktur auf eine Standardstruktur zurückgeführt werden kann, in der Präferenzfolgen aus beiden $\bar{g}(Z)$-Zyklen vorkommen, die nicht invers zueinander stehen.

Nachteilig ist die etwas komplizierte Handhabung des Konzepts. Tatsächlich müssen für jede Präferenzstruktur erst alle Reduktionen durchgeführt werden, ehe man zu einer Struktur gelangt, die daraufhin untersucht werden kann, ob sich ihre Präferenzfolgen unterschiedlichen $\bar{g}(Z)$-Zyklen zuordnen lassen, ohne daß sie invers zueinander stehen.

Welche Beziehungen bestehen zwischen zyklischer Gemischtheit und den anderen Beschränkungen? Für das zyklische Gleichgewicht ist offensichtlich, daß es zyklische Gemischtheit impliziert. Interessant ist nun, daß es auch eine logische Verbindung zwischen Extremalrestriktion und zyklischer Gemischtheit gibt, wie das folgende Theorem zeigt.

> *Theorem* 9/6:
> Ist eine Präferenzstruktur g extremalrestriktiv, dann ist sie auch zyklisch gemischt.

Beweis:

(1)	Annahme: g ist extremalrestriktiv, d. h. $\forall X_0 \in \text{Pot}(X)$, $\# X_0 = 3$: $[\exists i \in K_0: \langle x, y, z\rangle \in \ddot{g}(i) \rightarrow \forall j \in K_0: [\langle z, x\rangle \in \dot{g}(j) \rightarrow \langle z, y, x\rangle \in \ddot{g}(j)]]$.	
(2)	Zu zeigen: g ist zyklisch gemischt.	
(3)	Annahme: g enthält ausschließlich Präferenzfolgen des Typs $\overset{+}{g}(i)$ oder $\tilde{g}(i)$.	
(4)	Vollständige $\overset{+}{g}(Z)$- oder $\tilde{g}(Z)$-Zyklen werden eliminiert.	wg. R^2
(5)	Es verbleiben in g nur mehr höchstens zwei verschiedene $\overset{+}{g}(i)$-Folgen und zwei verschiedene $\tilde{g}(i)$-Folgen.	wg. (4)
(6)	Invers zueinander stehende Folgen werden eliminiert.	wg. R^1
(7)	Je zwei $\overset{+}{g}(i)$-Folgen werden in eine $\tilde{g}(i)$-Folge überführt bzw. je zwei $\dot{g}(i)$-Folgen in eine $\overset{+}{g}(i)$-Folge.	wg. R^3
(8)	Die resultierende Standardstruktur g^* kann nur zur Gruppe (a) von L. 4/6 gehören.	wg. (5)–(7)
(9)	Annahme: g enthalte eine Präferenzfolge des Typs $\ddot{g}(i)$, so daß $\exists i \in K_0: \langle x, y, z\rangle \in \ddot{g}(i)$.	
(10)	$\forall j \in K_0: [\langle z, x\rangle \in \dot{g}(j) \rightarrow \langle z, y, x\rangle \in \ddot{g}(j)]$. Dann sind vier Fälle zu unterscheiden:	wg. (1) u. (9)
(11)	1. *Fall*: $\exists j \in K_0: \langle z, x\rangle \in \dot{g}(j)$.	
(12)	$\langle z, y, x\rangle \in \ddot{g}(j) \wedge \forall k \in K_0: [\langle x, z\rangle \in \dot{g}(k) \rightarrow \langle x, y, z\rangle \in \ddot{g}(k)]$.	wg. (1), (10) u. (11)
(13)	$\forall i \in K_0$ $(i \neq j \neq k)$ gilt, daß außer $\langle x, y, z\rangle \in \ddot{g}(i)$ und $\langle z, y, x\rangle \in \ddot{g}(i)$ in g noch die Folgen $\langle y, z, x\rangle \in \overset{+}{g}(i)$ und $\langle z, x, y\rangle \in \tilde{g}(i)$ vorkommen können.	wg. (1), (9) u. (10)
(14)	Diese Folgen lassen sich auf eine der Standardstrukturen g^*_{00}, g^*_{01}, g^*_{10} oder g^*_{11} zurückführen.	wg. R^1
(15)	2. *Fall*: $\neg \exists j \in K_0: [\langle z, x\rangle \in \dot{g}(j)] \wedge \exists j \in K_0: [\langle x, z, y\rangle \in \ddot{g}(j)]$.	
(16)	$\forall k \in K_0: [\langle y, x\rangle \in \dot{g}(k) \rightarrow \langle y, z, x\rangle \in \ddot{g}(k)]$.	wg. (1) u. (15)
(17)	$\forall i \in K_0$ $(i \neq j \neq k)$ kann jedoch $\langle y, z, x\rangle \in \ddot{g}(i)$ in g nicht vorkommen und auch nicht $\langle y, z, x\rangle \in \overset{+}{g}(i)$ und $\langle y, x, z\rangle \in \ddot{g}(i)$.	wg. (1) u. (9)

(18)	Damit verbleiben in g die Folgen: $\langle x, y, z\rangle \in \ddot{g}(i)$, $\langle x, y, z\rangle \in \hat{\dot{g}}(i)$, $\langle x, y, z\rangle \in \tilde{\dot{g}}(i)$, $\langle x, z, y\rangle \in \ddot{g}(i)$ und $\langle x, z, y\rangle \in \tilde{\dot{g}}(i)$.	wg. (1), (9) u. (15)–(17)
(19)	Diese Folgen lassen sich auf eine der Standardstrukturen g^*_{01}, g^*_{02}, g^*_{11} oder g^*_{12} zurückführen.	wg. R^1-R^4
(20)	3. *Fall*: $\neg\, \exists j \in K_0: [\langle z, x\rangle \in \dot{g}(j)] \wedge \exists j \in K_0: [\langle y, x, z\rangle \in \ddot{g}(j)]$.	
(21)	$\forall i \in K_0\ (i \neq j \neq k)$ verbleiben in g die Präferenzfolgen: $\langle x, y, z\rangle \in \ddot{g}(i)$, $\langle x, y, z\rangle \in \hat{\dot{g}}(i)$, $\langle x, y, z\rangle \in \tilde{\dot{g}}(i)$, $\langle y, x, z\rangle \in \ddot{g}(i)$ und $\langle y, x, z\rangle \in \hat{\dot{g}}(i)$.	analog zu (15)–(19)
(22)	Diese Folgen lassen sich auf eine der Standardstrukturen g^*_{01}, g^*_{02}, g^*_{11} oder g^*_{12} zurückführen.	wg. R^1-R^4
(23)	4. *Fall*: $\neg\, \exists j \in K_0: [\langle z, x\rangle \in \dot{g}(j)] \wedge \neg\, \exists j \in K_0: [\langle x, z, y\rangle \in \ddot{g}(j)] \wedge \neg\, \exists j \in K_0: [\langle y, x, z\rangle \in \ddot{g}(j)]$.	
(24)	$\forall i \in K_0\ (i \neq j)$ verbleiben in g die Folgen $\langle x, y, z\rangle \in \ddot{g}(i)$, $\langle x, y, z\rangle \in \hat{\dot{g}}(i)$, $\langle x, y, z\rangle \in \tilde{\dot{g}}(i)$, $\langle x, z, y\rangle \in \tilde{\dot{g}}(i)$ und $\langle y, z, x\rangle \in \hat{\dot{g}}(i)$.	wg. (1) u. (23)
(25)	Diese Folgen lassen sich auf die Standardstrukturen g^*_{10}, g^*_{11} oder g^*_{12} zurückführen.	wg. R^1-R^4
(26)	Die Annahmen (3), (9), (11), (15), (20) und (23) erschöpfen die Möglichkeiten.	unmittelbar
(27)	Es ergaben sich stets Standardstrukturen der Gruppen (a) und (c) von L. 4/6.	wg. (8), (14), (19), (22) u. (25)
(28)	Die Ausgangsstruktur ist in allen Fällen zyklisch gemischt.	wg. (27) u. L. 4/6

Was die Beschränkungen der Wertrestriktion und der begrenzten Übereinstimmung betrifft, so implizieren sie nicht zyklische Gemischtheit. Jedoch erfüllen die Standardstrukturen die Eigenschaft der Wertrestriktion sowie der begrenzten Übereinstimmung, wenn die Ausgangsstruktur zyklisch gemischt ist.

Literatur: Black (1958), Fishburn (1973), Kap. 7–13, Gaertner & Salles (1981), Kelly (1978), Kap. 7 & 8, Pattanaik (1971), Kap. 4, Sen (1970), Kap. 10 & 10*, Sen (1986), Abschn. 8.

Anmerkungen: Der in Abschnitt 6.1 erwähnte Vorschlag der Nicht-Berücksichtigung pathologischer Präferenzen ist von Harsanyi (1978) gemacht worden. Die Kennzeichnung der Forderung Arrows nach einem unbeschränkten Definitionsbereich als 'exzessiver Individualismus' stammt von Schlicht (1974). Die Axiomatisierung der Mehrheitsregel ist von May (1952) entwickelt worden. Wir präsentieren sie hier in der Form, wie sie von Sen (1970) in Kap. 5*, Lemma 5*d und Theorem 5*1, vorgelegt wurde; für die Beweise zu L. 1/6 und T. 1/6 siehe dort, S. 72f.

Die in Abschnitt 6.2 vorgestellte Idee der Eingipfligkeit ist von Black (1958). In der Literatur wird oft nicht deutlich gemacht, daß für diese Eigenschaft die Anordnung der Alternativen eine Rolle spielt (vgl. unsere Definition 2/6). L. 2/6 sowie T. 2/6 und die dazugehörigen Beweise sind von Arrow (1963), S. 77ff. Allerdings setzt Arrow asymmetrische individuelle Präferenzrelationen voraus. Diese Annahme erschien uns nicht notwendig, weil der damit verfolgte Zweck, die Sicherung der Vollständigkeit individueller strikter Präferenzrelationen, sich auch erreichen läßt, wenn man diese Eigenschaft direkt einführt (vgl. D. 4/6 und 5/6).

Die Gruppe der Theoreme 3/6 bis 6/6 in Abschnitt 6.2, die die Beschränkungen der Wertrestriktion, Extremalrestriktion und begrenzten Übereinstimmung betreffen, stützt sich auf Sen (1970), Kap. 10*; für die entsprechenden Beweise siehe dort, S. 174ff., vgl. im übrigen auch Sen (1986), Abschn. 8.

Hinsichtlich der quantitativen Beschränkungen haben wir uns in Abschnitt 6.3 auf das zyklische Gleichgewicht und die zyklische Gemischtheit konzentriert. Das zyklische Gleichgewicht ist von Saposnik (1975) entwickelt worden; für T. 7/6 und den Beweis dazu siehe dort, S. 3ff. Das Konzept der zyklischen Gemischtheit stammt von Gaertner (1977). Die entsprechenden Lemmata 3/6 und 4/6 und Theoreme 8/6 und 9/6 sowie die dazugehörigen

Beweise finden sich in Gaertner (1979), S. 97ff. Die Tabellen 16 und 17 sind Gaertner (1977), S. 68f., entnommen und die Tabellen 18 und 19 Gaertner (1979), S. 100f.
Weitere Probleme: Die oben in den Abschnitten 6.2 und 6.3 erörterten Beschränkungen des Definitionsbereichs, seien sie qualitativer Art (Eingipfligkeit, Wertrestriktion, Extremalrestriktion, begrenzte Übereinstimmung) oder quantitativer Art (zyklisches Gleichgewicht, zyklische Gemischtheit), sind nicht die einzigen geblieben. Tatsächlich werden in der Literatur eine ganze Reihe weiterer Beschränkungen diskutiert; einen ausgezeichneten Überblick bieten Gaertner & Salles (1981).
Wir erwähnen nur zwei weitere Vorschläge, die aus unterschiedlichen Gründen Bedeutung erlangt haben: zum einen das Konzept der '**intermediären Präferenzen**' von Grandmont (1978), das eine quantitative Beschränkung darstellt, die sich auf Fälle mit mehrdimensionalen individuellen Präferenzen anwenden läßt und damit eine Lösung des 'Allgemeinen Instabilitätstheorems' verspricht (wir kommen in Abschnitt 7.2 darauf zurück). Zum anderen haben Kalai & Muller (1977) das Konzept der '**Zerlegbarkeit**' der Menge der zulässigen individuellen Präferenzrelationen vorgeschlagen, das eine spezifische Art der Verallgemeinerung der 'Eingipfligkeit' ist. Dieses Konzept ist von Bedeutung, weil es für Kollektive Auswahlfunktionen allgemein Strategiefreiheit zugleich mit Nicht-Diktatur zu sichern vermag (vgl. das vorige Kapitel), während dies bei 'Eingipfligkeit' nur für bestimmte Kollektive Auswahlfunktionen, etwa die **AMR**, gelingt.

7. Mehrdimensionale Entscheidungen

7.1 Eindimensionalität und der Medianwähler

Wir hatten in Abschnitt 6.2 die Bedingung der Eingipfligkeit als (qualitative) Beschränkung der Präferenzstrukturen eingeführt, die es möglich macht, daß die Arrowschen Bedingungen **P**, **D** und **I** bei Anwendung der Mehrheitsregel miteinander kompatibel sind. Dieser Bedingung kann nun eine 'geometrische' Deutung gegeben werden, die zeigt, daß die 'Eindimensionalität' individueller Präferenzen eine entscheidende Voraussetzung für Eingipfligkeit ist. Das bedeutet, daß die Alternativen von den Individuen nur unter einem Gesichtspunkt (in einer Dimension) beurteilt werden. Diese Annahme ist auch Ausgangspunkt des im weiteren darzustellenden 'Medianwählerresultats' und seiner Anwendung durch Downs.

Wir stellen uns vor, daß die Alternativen x, y und z wie in der folgenden Abbildung 11 angegeben in einer bestimmten Folge als Punkte auf einer Geraden angeordnet sind. Weiter nehmen wir an, daß für die individuellen Präferenzen hinsichtlich dieser Alternativen die Entfernung zwischen den Punkten auf der Geraden maßgebend ist, und zwar in der Weise, daß, ausgehend vom individuell bevorzugtesten Punkt, näher an ihm liegende Punkte gegenüber weiter entfernten vorgezogen werden.

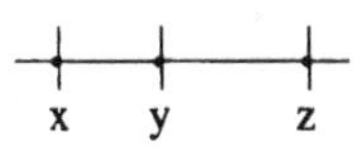

Abb. 11: Alternativen in einer Dimension

Sei für eine Person i in Abbildung 11 beispielsweise x der bevorzugteste Punkt, so muß von dieser Person y gegenüber z bevorzugt werden, da z weiter von x entfernt ist als y. Außerdem wird i natürlich x gegenüber y und z vorziehen, da x ihr bevorzugtester Punkt ist, so daß i eine individuelle Präferenz für x gegenüber y und y gegenüber z hat. Genau die umgekehrte Präferenz für z gegenüber y und y gegenüber x ergibt sich für eine Person, für die z der bevorzugteste Punkt ist, während eine Person, die y am meisten bevorzugt, nach Lage der Punkte auf der Geraden in Abbildung 11 x gegenüber z bevorzugen muß, also eine Präferenz für y gegenüber x und x gegenüber z hat.

Das bedeutet, daß die Wahl des bevorzugtesten Punktes zugleich die Präferenzen bezüglich der weiteren Punkte festlegt, wenn eine bestimmte Anordnung der Alternativen auf der Geraden gegeben ist. Wie der Leser leicht selbst feststellen kann, sind die unter diesen Annahmen entstehenden Präferenzstrukturen stets eingipflig. Eine wesentliche Vorbedingung dafür ist jedoch, daß die Möglichkeit besteht, die Alternativen unter **einem** Gesichtspunkt zu vergleichen, so daß sie dementsprechend in einer bestimmten Folge auf einer Geraden angeordnet werden können. Das ist zum Beispiel der Fall, wenn verschiedene Programme der Regierung nach der Höhe ihrer Kosten beurteilt oder Parteien nach ihrer Stellung auf dem Links-Rechts-Spektrum eingeschätzt werden.

Es wird also, um das Vorstehende formal zu präzisieren, davon ausgegangen, daß die Alternativen als Ausprägungen auf einer Dimension, d. h. als Punkte auf einer Geraden, darstellbar sind. Für jede Person i gibt es auf der Geraden einen Punkt x^i, den die jeweilige Person am meisten bevorzugt. Dieser Punkt wird der **Idealpunkt** von i genannt.

Gegeben zwei Punkte y und z auf der Geraden, sei zunächst angenommen, daß y und z entweder links von x^i oder rechts von x^i liegen. Dann gilt, daß y gegenüber z genau dann vorgezogen wird, wenn die Entfernung auf der Geraden zwischen y und x^i kleiner ist als die Entfernung zwischen z und x^i.

Definition 1/7: $\langle y, z \rangle \in P_i : \leftrightarrow |y - x^i| < |z - x^i|$.

Damit wird zugleich die Präferenz von i bezüglich y und z beschrieben, wenn y und z auf der Geraden auf verschiedenen Seiten, also links und rechts von x^i, liegen. In diesem Fall werden die Präferenzen von i als **symmetrisch** bezeichnet.

Unter Voraussetzung symmetrischer Präferenzen ist i zwischen y und z indifferent genau dann, wenn y von x^i genau gleich weit entfernt ist wie z von x^i.

Definition 2/7: $\langle y, z \rangle \in I_i : \leftrightarrow |y - x^i| = |z - x^i|$.

Sind die Präferenzen nicht symmetrisch, wird eine Person i im allgemeinen nicht indifferent zwischen zwei Punkten sein, die von x^i gleich weit entfernt sind. Im symmetrischen Fall sind die Präferenzen einer Person i ausschließlich durch die Entfernungen zwischen den Punkten auf der Geraden und dem Idealpunkt x^i festgelegt. Je geringer dabei die Entfernung zwischen einem Punkt und dem Idealpunkt ist, desto eher wird dieser Punkt gegenüber Punkten bevorzugt, für die die Entfernung zum Idealpunkt größer ist. Im nicht-symmetrischen Fall ist die Präferenz durch die Entfernung nur für jene Punkte festgelegt, die in Bezug auf x^i auf der gleichen Seite liegen.

Sei $\{x^1, x^2, \ldots, x^n\}$ die Menge der Idealpunkte für die Individuen $i = 1, \ldots, n$ und $n = \# K$, dann ist ein Punkt auf der Geraden ein **Medianpunkt** für K genau dann, wenn mindestens n/2 Idealpunkte links von ihm oder auf ihm liegen und mindestens n/2 Idealpunkte recht von ihm oder auf ihm liegen.

Definition 3/7: Ein Punkt auf der Geraden ist ein **Medianpunkt** $x_{med} : \leftrightarrow n_R \geqq n/2 \wedge n_L \geqq n/2$. Dabei ist n_R die Zahl der Personen, für die x_{med} rechts ihrer Idealpunkte x^i oder auf x^i liegt, und n_L die Zahl der Personen, für die x_{med} links ihrer Idealpunkte x^i oder auf x^i liegt.

Wir wollen die Eigenschaften des Medianpunkts an einem Beispiel verdeutlichen. Angenommen in einem 5-Personen-Komitee gehe es um die Höhe des Budgets für ein Regierungsprogramm, das bislang 60 Millionen DM betrug. Die Idealpunkte der fünf Komiteemitglieder in Bezug auf die Budgethöhe seien die folgenden (jeweils in Millionen DM): für Mitglied 1: 120, für 2: 100, für 3: 30, für 4: 15 und für 5: 60 (vgl. Abb. 12). Nach Definition 3/7 ist 60 der Medianpunkt, denn er ist der einzige Punkt, für den $n_R \geqq n/2$ und $n_L \geqq n/2$.

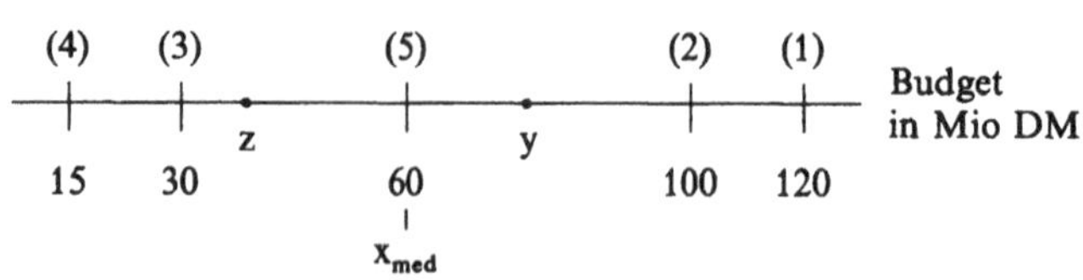

Abb. 12: Idealpunkte und Medianpunkt in einem 5-Personen-Komitee

Wird nun im Komitee eine Erhöhung des Budgets um einen bestimmten Betrag vorgeschlagen, z. B. Alternative y in Abb. 12, so muß dieser Vorschlag gegenüber dem Medianpunkt verlieren, denn nur die Idealpunkte der Mitglieder 1 und 2 liegen näher an y als an x_{med}. Daher werden auch nur diese Mitglieder für y stimmen, die anderen hingegen für den Medianpunkt (der in diesem Fall zugleich der Status-quo-Punkt ist). Ebenso aber wird auch ein Vorschlag zur Verringerung des Budgets, wie Alternative z in Abb. 12, gegenüber dem Medianpunkt verlieren, denn nur die Idealpunkte der Mitglieder 3 und 4 liegen näher an z als an x_{med}, so daß sie für z stimmen, die Mitglieder 1, 2 und 5 hingegen für den Medianpunkt.

Es gibt jedoch nicht stets nur einen Medianpunkt. Besteht das obige Komitee z. B. nur aus den vier Mitgliedern 1, 2, 3 und 4 (mit den angegebenen Idealpunkten), dann ist 60 zwar weiterhin ein Medianpunkt, aber nicht mehr der einzige. Tatsächlich sind dann alle Punkte zwischen 30 und 100 einschließlich dieser Punkte selbst Medianpunkte, denn für alle diese Punkte gilt, daß $n_R \geqq n/2$ und $n_L \geqq n/2$.

Die Ungeradzahligkeit der Entscheidungsbeteiligten ist eine entscheidende Voraussetzung dafür, daß ein einziger Medianpunkt vorliegt, denn dann gibt es mindestens eine Person, deren Idealpunkt der Medianpunkt ist (wie im obigen Beispiel Mitglied 5). Es kann jedoch auch bei einer geraden Anzahl von Entscheidungsbeteiligten einen einzigen Medianpunkt geben – und zwar dann, wenn zwei oder eine gerade Anzahl von Personen den gleichen Idealpunkt haben.

Die Eigenschaften des Medianpunkts führen zu folgendem Theorem, das auch als 'Medianwählerresultat' bekannt ist.

> *Theorem* 1/7:
> Ist y ein Medianpunkt für ein Kollektiv K, so muß die Zahl der Stimmen für y gleich oder größer als die Zahl der Stimmen für irgendeine andere Alternative z sein.

Beweis:

(1)	Annahme: Liege z auf der Geraden links vom Medianpunkt y.	
(2)	Alle Idealpunkte rechts von y liegen näher an y als an z.	wg. (1)
(3)	Bezüglich dieser Idealpunkte liegen y und z auf derselben Seite (links von x^i).	wg. (1) u. (2)
(4)	Personen mit solchen Idealpunkten werden für y statt für z stimmen	wg. (1) u. D. 1/7
(5)	Personen, deren Idealpunkt auf dem Punkt y liegt, werden ebenfalls für y stimmen.	unmittelbar
(6)	Da y Medianpunkt ist, gibt es mindestens n/2 Individuen, deren Idealpunkte rechts von y oder auf y liegen.	wg. (1) u. D. 3/7
(7)	Daher ist die Zahl der Stimmen für y größer oder gleich n/2.	wg. (6)
(8)	Ein analoges Argument gilt für den Fall, daß der Punkt z rechts des Medianpunkts y liegt, so daß auch dann die Zahl der Stimmen für y größer oder gleich n/2 ist.	wg. (2)–(6)

Hierzu läßt sich ergänzend das folgende Korollar formulieren.

> *Korollar* 1/7: Gibt es einen einzigen Medianpunkt x_{med} für K und sind die individuellen Präferenzen symmetrisch, dann wird eine Alternative y von einer Mehrheit gegenüber einer anderen, z, vorgezogen, wenn y näher an x_{med} liegt als z.

Beweis:

(1) Annahme: Liege z links von y und die übrigen Punkte auf der Geraden wie in Abb. 13.

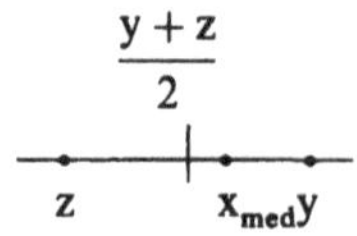

Abb. 13: Lage des Medianpunkts und des Mittelpunkts zwischen z und y

(2)	Da y näher an x_{med} liegt als z, muß der Punkt [y + z]/2 links von x_{med} liegen. Das gilt auch, wenn z und y links von x_{med} liegen.	wg. (1)
(3)	Der Punkt [y + z]/2 ist als Mittelpunkt zwischen y und z genau gleich weit von y und z entfernt.	unmittelbar
(4)	Alle Idealpunkte rechts des Punktes [y + z]/2 liegen näher an y als an z, alle Idealpunkte links von [y + z]/2 liegen näher an z als an y.	wg. Abb. 13
(5)	Da x_{med} der einzige Medianpunkt ist, beträgt die Zahl der Idealpunkte rechts von x_{med} oder auf x_{med} mehr als n/2.	wg. D. 3/7
(6)	Diese Idealpunkte liegen näher an y als an z.	wg. Abb. 13
(7)	Bei symmetrischen individuellen Präferenzen zieht daher eine Mehrheit y gegenüber z vor.	wg. (5) u. (6)

Das Medianwählerresultat bedeutet, daß unter den gegebenen Annahmen bei Anwendung der Mehrheitsregel der Medianpunkt gegenüber allen anderen Alternativen 'gewinnt'. Der 'Medianwähler' spielt in diesem Zusammenhang insofern eine ausschlaggebende Rolle, weil er es ist, der die Mehrheit für den Medianpunkt gegen jeden anderen Punkt sichert.

Downs hat daraus für den politischen Wettbewerb der Parteien die These entwikkelt, daß sich die Parteien in einem Zwei-Parteien-System einander in ihren Programmen und Wahlplattformen notwendig annähern müßten, um diesen 'Medianeffekt' in Wählerstimmen umsetzen zu können.

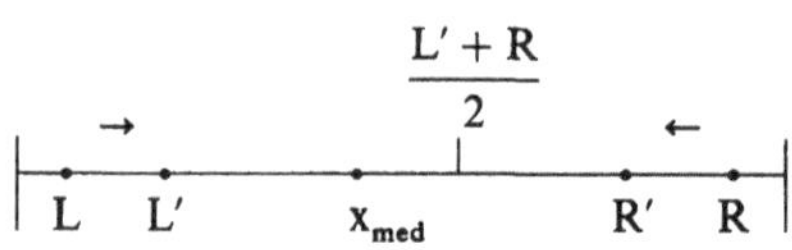

Abb. 14: Medianpunkt und Zwei-Parteiendynamik

Gesetzt den Fall, die erste der beiden Parteien sei nach ihrer ursprünglichen Programmatik links des Medianpunkts (Punkt L in Abb. 14) und die zweite Partei rechts des Medianpunkts (Punkt R in Abb. 14) angesiedelt. Dann werden Wähler, deren Idealpunkte links von L liegen, sicher die erste Partei wählen und Wähler, deren Idealpunkte rechts von R liegen, die zweite Partei.

Setzen wir weiter voraus, daß der Medianpunkt selbst keine wählbare Alternative darstellt und genau gleich weit von L und R entfernt ist, dann werden Wähler, deren Idealpunkte zwischen L und x_{med} liegen, die erste Partei wählen, da ihr Idealpunkt näher an L als an R liegt, während aus einem analogen Grund Wähler, deren Idealpunkte zwischen R und x_{med} liegen, die zweite Partei wählen.

Nach den bisherigen Festlegungen müssen aber Wähler, deren Idealpunkt auf x_{med} liegt, zwischen den beiden Parteien indifferent sein (vgl. D. 2/7) und werden daher keine der beiden Parteien wählen. Da die Parteien aber die Medianwähler benötigen, um die Mehrheit zu gewinnen, haben sie ein starkes Motiv, dieses Wählerpotential auszuschöpfen. Dazu müssen sie für die Medianwähler 'wählbar' sein, was nur möglich ist, wenn sie ihren programmatischen Standpunkt zum Medianpunkt hin verschieben. Der erste Schritt in dieser Richtung von einer der beiden Parteien setzt jedoch nach Downs eine Dynamik in Gang, die darin endet, daß die Programme der Parteien mit dem Medianpunkt übereinstimmen.

Nehmen wir an, die erste Partei verschiebt ihren programmatischen Standpunkt von L nach L' (vgl. Abb. 14). Dann liegt der Medianpunkt näher an L' als an R (der Mittelpunkt zwischen L' und R liegt bei [L' + R]/2), so daß die Medianwähler die erste Partei wählen werden. Für die zweite Partei besteht jedoch ein gleich starkes Motiv, ihren programmatischen Standpunkt nach links zu verschieben. Hier nun ist es zur Erklärung der 'Dynamik' des Vorgangs wichtig festzuhalten, daß die zweite Partei ihren Standpunkt stärker zum Medianpunkt hin verschieben muß als die erste Partei den ihren, wenn sie die Medianwähler gewinnen will (d.h. die Strecke $\overline{RR'}$ in Abb. 14 muß länger sein als die Strecke $\overline{LL'}$), andernfalls bleiben die Medianwähler entweder bei der ersten Partei (wenn $\overline{LL'}$ länger als $\overline{RR'}$ ist) oder sie werden indifferent zwischen den beiden Parteien sein (wenn $\overline{LL'}$ gleich $\overline{RR'}$ ist).

Dieser Schritt der zweiten Partei bedeutet für die erste Partei, daß sie ihren Standpunkt über L' hinaus noch weiter nach rechts verschieben muß, um sich die 'Medianstimmen' zu sichern. Es läßt sich nun leicht vorstellen, daß daraus für die beiden Parteien eine immer stärkere Annäherung an den Medianpunkt resultiert, die erst ihr Ende findet, wenn die Standpunkte beider Parteien mit dem Medianpunkt identisch sind.

Daran knüpft sich die Frage, ob diese 'Parteiendynamik' nur die logische Folgerung aus letztlich realitätsfernen Annahmen ist oder ob sie empirische Relevanz beanspruchen kann. Selbst wenn wir zunächst die (restriktiven) Annahmen unbeachtet lassen, die Grundlage des Medianwählerresultats sind, kann die Frage nicht eindeutig beantwortet werden.

Zwar läßt sich für die westlichen Demokratien generell feststellen, daß die programmatischen Standpunkte großer Parteien einander nähergerückt sind, in keinem Fall aber ist die Annäherung so weit gegangen, daß die Standpunkte identisch geworden sind, wie es die Schlußfolgerung von Downs voraussagt. Im Gegenteil: gerade im 'klassischen' Zwei-Parteiensystem Großbritanniens ist zeitweise ein 'ideologisches Auseinanderrücken' der Positionen von Labour und Konservativer Partei zu beobachten. Die tatsächliche Bewegung von Parteipositionen scheint also durch die Downssche 'Parteiendynamik' nur zum geringen Teil richtig wiedergegeben zu werden.

Der Grund dafür dürfte sein, daß sich die Schlußfolgerungen von Downs nur dann ableiten lassen, wenn angenommen wird, daß Parteien im politischen Wettbewerb gewillt sind, 'jeden Preis zu bezahlen', um Wählerstimmen zu gewinnen, auch den Preis der Veränderung ihrer programmatischen Positionen. Das aber ist (mindestens in kurz- oder mittelfristiger Sicht) keine plausible Annahme, wenn man berücksichtigt, daß bei solchen Veränderungen die ideologische Identität und programmatische Glaubwürdigkeit einer Partei auf dem Spiel steht. Dem widerspricht nicht, daß es langfristige Anpassungsprozesse der Positionen der Parteien 'zur Mitte hin' geben kann, so daß die Downssche 'Parteiendynamik' allenfalls einen längerfristigen Trend beschreibt.

Darüber hinaus ist eine wichtige stillschweigende Voraussetzung des Resultats, daß das Spektrum der Präferenzen in der Wählerschaft von den programmatischen Festlegungen der Parteien selbst unbeeinflußt ist. Wenn diese Voraussetzung nicht erfüllt ist, d.h. wenn man auch einen Einfluß der Parteipositionen auf Wählerpräferenzen annehmen muß (zusätzlich zum postulierten Einfluß der Wählerpräferenzen auf Parteipositionen), dann würde eine stimmenmaximierende Festlegung von Programmen einem Gleichgewichtspunkt zwischen Veränderung der Präferenzen in der Wählerschaft zugunsten der jeweiligen Grundtendenz der Partei auf der einen und programmatischer Anpassung im Sinne des Medianwählerresultats auf der anderen Seite zustreben.

Grundsätzlich muß auch beachtet werden, daß mit der Annahme stimmenmaximierenden Verhaltens der Parteien bzw. der Politiker die Vorstellung verbunden ist, Politiker hätten kein anderes Ziel außer der Erlangung und Erhaltung ihrer Macht – und diesem Ziel werde alles andere untergeordnet. Diese 'machiavellistische' Annahme, obzwar Ausgangspunkt der 'Ökonomischen Theorie der Politik' (zu deren wichtigen Vertretern Downs zählt), greift letztlich zu kurz, da sie all das an politischen Aktionen und Vorgängen, was nicht direkt zu Machtgewinn und Machterhalt führt, vernachlässigt.

Die Annahme erfaßt demnach nur einen, wenn auch wichtigen Teilaspekt des politischen Geschehens. Auch deshalb ist die empirische Relevanz der Downschen 'Parteiendynamik' begrenzt. Da dies im Prinzip ebenso für andere Anwendungsbereiche dieses theoretischen Ansatzes gilt, werden wir ihn hier nicht weiterverfolgen.

7.2 Stabilität bei mehrdimensionalen Präferenzen

Das Medianwählerresultat, so hatten wir im vorigen Abschnitt gesehen, beruht auf einer Reihe recht restriktiver Annahmen. Andererseits garantieren eben diese Voraussetzungen, daß es bei Anwendung der Mehrheitsregel stets eine Alternative gibt, die der Mehrheitsgewinner ist. Insofern sichern diese Annahmen die 'Stabilität' der kollektiven Entscheidung bei gegebenen individuellen Präferenzen.

Nun erhebt sich die Frage, ob das Medianwählerresultat auf den Fall übertragbar ist, in dem die Individuen die Alternativen unter mehr als einem Gesichtspunkt, also in zwei oder mehr Dimensionen beurteilen. Wir werden im folgenden sehen, daß dies unter bestimmten Voraussetzungen möglich ist.

Wir betrachten zunächst den einfachsten mehrdimensionalen Fall mit zwei Dimensionen, bei dem die individuellen Präferenzen auf der Ebene darzustellen sind. In diesem Fall tritt zum ersten ein weiterer Gesichtspunkt der Beurteilung hinzu. Alternativen wie etwa Regierungsprogramme können, wie wir es im vorigen Abschnitt dargestellt haben, nach ihren Kosten beurteilt werden (erste Dimension), darüber hinaus jedoch z.B. auch nach dem Nutzen, den sie für die Bevölkerung haben (zweite Dimension).

Alternativen dieser Art sind Kombinationen der jeweiligen Ausprägungen auf den beiden Dimensionen oder anders ausgedrückt: eine Alternative ist ein Punkt $\mathbf{y}$ auf der Ebene mit den zwei Ausprägungen y_1 und y_2, so daß $\mathbf{y} = (y_1, y_2)$, wie in Abbildung 15 dargestellt. Ein individueller Idealpunkt auf der Ebene, $\mathbf{x}^i = (x_1^i, x_2^i)$, bezeichnet dann die Kombination von Ausprägungen auf den beiden Dimensionen, die die jeweilige Person am meisten bevorzugt.

Individuelle Präferenzen können nun analog zu D. 1/7 und D. 2/7 wie folgt definiert werden: Eine Alternative **y** wird gegenüber **z** genau dann vorgezogen, wenn die Entfernung zwischen **y** und $\mathbf{x}^i$ kleiner ist als zwischen **z** und $\mathbf{x}^i$. Ist die Entfernung zwischen **y** und $\mathbf{x}^i$ und die zwischen **z** und $\mathbf{x}^i$ genau gleich, besteht Indifferenz zwischen **y** und **z**.

Definition 4/7: $\langle \mathbf{y}, \mathbf{z} \rangle \in P_i : \leftrightarrow \| \mathbf{y} - \mathbf{x}^i \| < \| \mathbf{z} - \mathbf{x}^i \|$.

Definition 5/7: $\langle \mathbf{y}, \mathbf{z} \rangle \in I_i : \leftrightarrow \| \mathbf{y} - \mathbf{x}^i \| = \| \mathbf{z} - \mathbf{x}^i \|$.

Dabei gilt für die Entfernung zwischen einem Punkt $\mathbf{y} = (y_1, y_2)$ und $\mathbf{z} = (z_1, z_2)$ auf der Ebene.

Definition 6/7: $\| \mathbf{y} - \mathbf{z} \| := [(y_1 - z_1)^2 + (y_2 - z_2)^2]^{1/2}$.

Die stärkere oder geringere individuelle Bevorzugung von bestimmten Alternativen vor anderen ist also durch die geringere oder größere Entfernung der entsprechenden Punkte auf der Ebene vom Idealpunkt $\mathbf{x}^i$ bestimmt. Zwischen Punkten, die auf einem Kreis mit beliebigem Radius um den Mittelpunkt $\mathbf{x}^i$ liegen, besteht individuelle Indifferenz.

Wir führen nun die Annahme ein, daß die individuellen Idealpunkte $\mathbf{x}^i$ aller Personen i genau gleichförmig auf der Fläche des Rechtecks ABCD in Abbildung 15 verteilt sind. Unter dieser Voraussetzung ist der Mittelpunkt des Rechtecks der **Medianpunkt $\mathbf{x}_{med}$ in beiden Richtungen**, denn es ist der einzige Punkt für den bezüglich Dimension 1 wie Dimension 2 gilt, daß $n_R \geqq n/2$ und $n_L \geqq n/2$. Jede Gerade durch diesen Punkt zerlegt das Viereck ABCD in zwei genau gleiche Teilflächen, und jede Gerade, die ABCD in zwei gleiche Teilflächen zerlegt, muß durch $\mathbf{x}_{med}$ laufen.

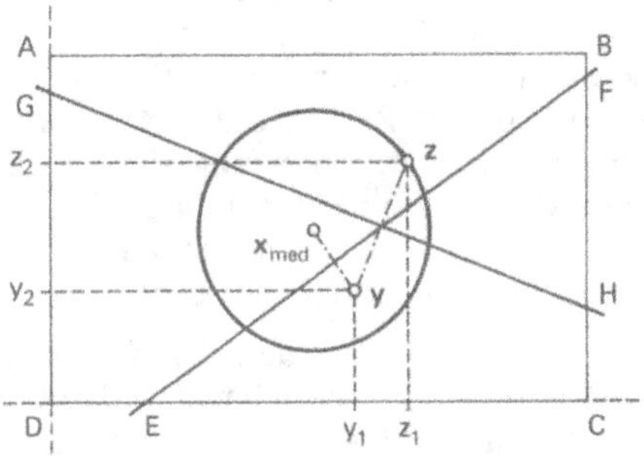

Abb. 15: Medianpunkt und Medianresultat im zweidimensionalen Fall

Damit können Theorem 1/7 und Korollar 1/7 auf den zweidimensionalen Fall übertragen werden, wie sich anhand von Abbildung 15 zeigen läßt. Theorem 1/7 bedeutet in diesem Zusammenhang, daß der Punkt $\mathbf{x}_{med}$ eine Mehrheit gegenüber jedem anderen Punkt im Viereck ABCD haben muß.

Das läßt sich wie folgt anhand der Abb. 15 zeigen: Wir verbinden den Punkt $\mathbf{x}_{med}$ mit einem beliebigen Punkt **y** auf der Fläche ABCD und errichten auf dem Mittelpunkt der Strecke $\overline{\mathbf{x}_{med}\mathbf{y}}$ die Lotrechte. Diese schneidet ABCD in den Punkten E und F. Nach D. 5/7 sind alle Personen, deren Idealpunkte auf der Geraden EF liegen, zwischen $\mathbf{x}_{med}$ und **y** indifferent. Nach D. 4/7 müssen alle Personen, deren Idealpunkte auf der Teilfläche ABFED liegen, $\mathbf{x}_{med}$ gegenüber **y**. vorziehen, und alle Personen, deren Idealpunkte auf der Teilfläche EFC liegen, **y** gegenüber $\mathbf{x}_{med}$. Da die Fläche ABFED größer ist als die Fläche EFC, muß $\mathbf{x}_{med}$ eine Mehrheit gegenüber **y** haben. Das gilt auch für jeden anderen Punkt auf ABCD, der nicht mit $\mathbf{x}_{med}$ zusammenfällt.

Korollar 1/7 besagt in analoger Anwendung, daß ein Punkt, der näher an $\mathbf{x}_{med}$ liegt als ein anderer, die Mehrheit gegenüber dem anderen Punkt haben muß. Wir beziehen uns erneut auf Abbildung 15 und wählen auf der Fläche des Vierecks ABCD zwei beliebige Punkte **y** und **z**. Ziehen wir nun einen Kreis um $\mathbf{x}_{med}$ mit dem Radius $\overline{\mathbf{x}_{med}\mathbf{z}}$, so zeigt sich, daß **y** näher an $\mathbf{x}_{med}$ liegt als **z**. Nach K. 1/7 müßte demnach **y** eine Mehrheit gegenüber **z** haben. Das ist tatsächlich der Fall, denn: verbinden wir **y** mit **z** und errichten auf dem Mittelpunkt der Strecke $\overline{\mathbf{yz}}$ die Lotrechte, so schneidet diese ABCD in den Punkten G und H. Alle Personen, deren Idealpunkte auf der Teilfläche GHCD liegen, ziehen nach D. 4/7 **y** gegenüber **z** vor und umgekehrt ziehen alle Personen, deren Idealpunkte auf der Teilfläche ABHG liegen, **z** gegenüber **y** vor. Da die Fläche GHCD größer ist als die Fläche ABHG, muß eine Mehrheit **y** gegenüber **z** bevorzugen.

Eine wichtige Voraussetzung dieser Übertragung des Medianwählerresultats auf den zweidimensionalen Fall ist die implizite Symmetrieannahme der gleichförmigen Verteilung der individuellen Idealpunkte auf der Fläche des Rechtecks ABCD. Zwar kann diese Annahme variiert werden, so daß statt einer rechteckigen Fläche eine quadratische oder eine Kreisfläche vorausgesetzt wird und statt der gleichförmigen Verteilung der Idealpunkte auf der jeweiligen Fläche eine gleichförmige Verteilung auf dem Rand des Quadrats oder des Kreises, dabei bleibt aber die implizite Symmetrie erhalten.

Es gibt nun die Möglichkeit der Verallgemeinerung des Resultats für den m-dimensionalen Fall, die ohne diese Symmetrieannahme auskommt. Dazu ist jedoch die 'Halbierungseigenschaft' des Medianpunkts erforderlich. Mit anderen Worten: zwar können wir eine beliebige, auch unregelmäßige Verteilung der Idealpunkte zum Beispiel im dreidimensionalen Raum voraussetzen, wir benötigen dann aber einen Punkt im Raum, genauer einen **Medianpunkt** $\mathbf{x}_{med}$ **in drei Richtungen**, so daß jede Hyperebene (in diesem Fall: Fläche) durch diesen Punkt den Raum so zerlegt, daß die beiden Teilräume genau gleich viel Idealpunkte umfassen und jede Hyperebene mit dieser Eigenschaft durch $\mathbf{x}_{med}$ geht.

Für diese Verallgemeinerung führen wir den Begriff der **intermediären Relation** ein. Sei R eine zweistellige Relation, die reflexiv und vollständig ist, aber nicht notwendigerweise auch transitiv (ist sie es, sprechen wir, wie bisher, von einer Ordnung).

Definition 7/7: R ist die **intermediäre Relation** zu R_1 und R_2, d.h. $R \in (R_1, R_2)$: $\leftrightarrow \forall x, y \in X$: [(a) $\langle x,y\rangle \in R_1 \wedge \langle x,y\rangle \in R_2 \rightarrow \langle x,y\rangle \in R$, (b) $\langle x,y\rangle \in P_1 \wedge \langle x,y\rangle \in P_2 \rightarrow \langle x,y\rangle \in P$, (c) $[\langle x,y\rangle \in I_1 \wedge \langle x,y\rangle \in P_2] \vee [\langle x,y\rangle \in P_1 \wedge \langle x,y\rangle \in I_2] \rightarrow \langle x,y\rangle \in P$].

Danach ist R in dem Sinne mit R_1 und R_2 kompatibel, daß, gegeben $\langle x,y\rangle \in R_1$, aus $\langle x,y\rangle \in R_2$: $\langle x,y\rangle \in R$ folgt und umgekehrt, gegeben $\langle x,y\rangle \in R_2$, aus $\langle x,y\rangle \in R_1$: $\langle x,y\rangle \in R$ (und entsprechend für die strikten Präferenzen P, P_1 und P_2).

Intermediäre Relationen können recht einfach dargestellt werden, wenn wir davon ausgehen, daß Präferenzrelationen durch Bewertungsfunktionen repräsentiert sind. Seien R_1 und R_2 durch die Bewertungsfunktionen $U_1(x)$ und $U_2(x)$ repräsentiert. Dann ist eine Relation R, die durch $V(x) = f[U_1(x), U_2(x)]$ wiedergegeben wird, eine intermediäre Relation zu R_1 und R_2 im Sinne von D. 7/7, wenn f zum Beispiel eine reellwertige Funktion, definiert auf der Fläche E^2, ist, die in jedem ihrer Argumente strikt zunimmt.

Wir betrachten die Klasse von Relationen $(R_a)_{a \in A}$. Dabei bezeichnet der Index a Elemente einer offenen, konvexen Teilmenge A eines beliebigen m-dimensionalen (euklidischen) Raumes E^m. Die Elemente aus A können als (individuell variierende) Idealpunkte interpretiert werden, so daß für irgend ein Paar x und y aus X x genau dann gegenüber y schwach präferiert wird, wenn die Entfernung zwischen x und a nicht größer ist als die Entfernung zwischen y und a.

Für die Klasse von Relationen $(R_a)_{a \in A}$ können nun bestimmte Eigenschaften gefordert werden. Als wichtig für die Verallgemeinerung des Medianwählerresultats hat sich eine schwache Kontinuitätsforderung und die Forderung der Regularität erwiesen.

Schwache Kontinuität (SK): $\forall x, y \in X$ ist die Menge $\{a \in A \mid \langle x, y \rangle \in R_a\}$ in A geschlossen.

Regularität (RG): $\forall a', a'' \in A$: $[a \in (a', a'') \rightarrow R_a \in (R_{a'}, R_{a''})]$.

Die Regularitätsforderung bedeutet, daß R_a zu $R_{a'}$ und $R_{a''}$ intermediär ist, wenn a eine 'konvexe Kombination' von a' und a'' ist, so daß a die Form $\lambda a' + (1 - \lambda) a''$ hat, wobei λ zwischen 0 und 1 liegt.

Die Forderungen **SK** und **RG** haben für die Klasse von Relationen $(R_a)_{a \in A}$ eine wichtige Konsequenz, die wir im folgenden Lemma wiedergeben, das wir ohne Beweis notieren.

> *Lemma* 1/7: $(R_a)_{a \in A}$ genügt **SK** und **RG**: $\leftrightarrow \forall x, y \in X$: $\forall a \in A$: [Entweder: $\langle x, y \rangle \in P_a \vee \langle x, y \rangle \in I_a \vee \langle y, x \rangle \in P_a$, oder: $\exists q \in E^m$, $q \neq 0$: $\exists c \in \mathbb{R}$, $c \geqq 0$: $[\langle x, y \rangle \in P_a \rightarrow qa > c$, $\langle x, y \rangle \in I_a \rightarrow qa = c$, $\langle y, x \rangle \in P_a \rightarrow qa < c]]$, wobei qa das Skalarprodukt von q und a ist.

Wenn wir annehmen, daß alle i in K Präferenzrelationen der Klasse $(R_a)_{a \in A}$ haben, kann die Verteilung der Individuen hinsichtlich der Präferenzen durch eine Wahrscheinlichkeitsverteilung v auf A beschrieben werden. Für das Paar x, y aus X gibt $v(\langle x, y \rangle \in R_a)$ den Anteil an Individuen wieder, für die $\langle x, y \rangle \in R_a$ gilt. Die **Mehrheitsrelation** R_M bezüglich x und y läßt sich danach wie folgt definieren.

Definition 8/7: $\forall x, y \in X$: $[\langle x, y \rangle \in R_M \leftrightarrow v(\langle x, y \rangle \in R_a) \geqq v(\langle y, x \rangle \in R_a)]$.

Für jede Hyperebene H, d.h. für jeden (m−1)-dimensionalen, affinen Unterraum des m-dimensionalen Raumes E^m, seien A' und A'' die Schnittmengen von A mit den beiden geschlossenen Halbräumen, die durch H festgelegt sind. Dann läßt sich bezüglich der Verteilung v die folgende **'Halbierungseigenschaft'** formulieren.

Halbierungseigenschaft (HE): $\exists a^* \in A$: [Für jede Hyperebene H von E^m ist $v(A') = v(A'') \leftrightarrow a^* \in H$].

Genügt R_a den Forderungen **SK** und **RG** und v der Eigenschaft **HE**, dann ist die Mehrheitsrelation R_M mit der Relation R_{a^*} identisch.

> *Theorem* 2/7:
> Genügt die Klasse der Relationen $(R_a)_{a \in A}$ den Forderungen **SK** und **RG**, dann fällt für jede Verteilung v bezüglich A, die **HE** erfüllt, die Mehrheitsrelation R_M mit R_{a^*} zusammen.

Damit folgt die Transitivität der Mehrheitsrelation R_M direkt aus der Transivität von R_{a^*}, wenn die individuellen Präferenzen als transitiv angenommen werden.

Die Eigenschaft **HE** formuliert für den m-dimensionalen Fall, was oben unter Verwendung der Eigenschaften des Medianpunkts $\mathbf{x}_{med}$ für den zweidimensionalen Fall vorausgesetzt wurde: Jede Hyperebene, die durch a* läuft, zerlegt die Verteilung v in zwei gleiche Teile, so daß $v(A') = v(A'')$, und umgekehrt muß jede Hyperebene mit dieser Eigenschaft durch a* laufen.

Für $m \geqq 2$ erfüllt jede Verteilung die Eigenschaft **HE**, die symmetrisch um einen Punkt a* verteilt ist. Die Eigenschaft ist aber allgemeiner als Symmetrie, wie sich an folgendem Beispiel zeigt, für das $A = E^2$ angenommen wird.

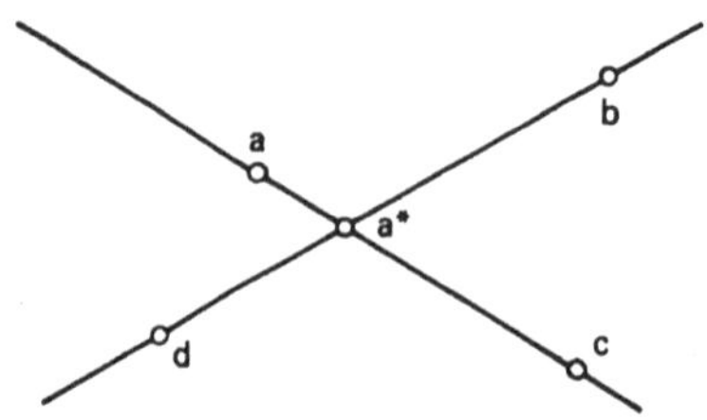

Abb. 16: Beispiel einer diskreten, nicht-symmetrischen Verteilung v

In Abbildung 16 ist eine Verteilung v wiedergegeben, die diskret ist und in den Punkten a, b, c, d, und a* konzentriert. Diese Verteilung ist nicht symmetrisch, genügt aber **HE** genau dann, wenn $v(a) = v(c)$, $v(b) = v(d)$ und $v(a^*) > 0$. Ist $v(a^*) = 0$, so ist zwar richtig, daß jede Gerade durch a* die Verteilung in zwei gleiche Teile zerlegt, aber das ist dann nicht der einzige Punkt mit dieser Eigenschaft. Darüber hinaus lassen sich in dem Fall leicht Beispiele finden, in denen die Mehrheitsrelation nicht transitiv ist.

Für den eindimensionalen Fall läßt sich zeigen, daß die Klasse $(R_a)_{a \in A}$, die **SK** und **RG** erfüllt, eine eingipflige Präferenzstruktur beschreibt und umgekehrt eine eingipflige Präferenzstruktur die Klasse $(R_a)_{a \in A}$ impliziert, die **SK** und **RG** erfüllt.

Definition 9/7: Die Klasse der $(R_a)_{a \in A}$ ist bei einer Anordnung $\chi = \langle x, y, z \rangle$ **eingipflig**: $\leftrightarrow \forall a \in A$: $[[\langle y, x \rangle \in P_a \dot{\vee} \langle y, z \rangle \in P_a] \vee [\langle x, y \rangle \in P_a \dot{\vee} \langle z, y \rangle \in P_a] \wedge \neg \langle x, y, z \rangle \in I_a]$.

Die Klasse eingipfliger Relationen $(R_a)_{a \in A}$ kann nun als die eindimensionale Klasse $(R_a)_{a \in A}$ dargestellt werden, die **SK** und **RG** erfüllt.

Wir gehen dazu davon aus, daß H die einzige Hyperebene ist (wenn es eine gibt), für die $qa = c$ ist und für die daher hinsichtlich der Präferenzrelationen bezüglich x, y aus X Lemma 1/7 gilt. Sei $\mathscr{H}$ die Klasse dieser Hyperebenen, die sich ergibt, wenn x und y aus X variieren, dann läßt sich die Halbierungseigenschaft wie folgt formulieren.

HE': $\forall H \in \mathscr{H}$: $[v(A') \geqq v(A'') \leftrightarrow a^* \in A']$.

Auch **HE'** (wie **HE**) ist notwendig und hinreichend dafür, daß für ein $a^* \in A$ die Mehrheitsrelation R_M mit R_{a^*} zusammenfällt.

Die dreizehn Präferenzfolgen auf der Menge $X = \{x, y, z\}$ (vgl. dazu D. 9/6 in Abschn. 6.3) können zunächst als zweidimensionale Klasse von Präferenzrelationen beschrieben werden ($A = E^2$), für die **SK** und **RG** gilt. Dies zeigt Abbildung 17, bei der sich in Abb. 17(a) die Klasse $\mathscr{H}$ der Hyperebenen aus den Geraden $\alpha\alpha'$, $\beta\beta'$ und $\gamma\gamma'$ zusammensetzt. Dabei ist die Gerade $\alpha\alpha'$ der Ort aller Punkte a, so daß x zu y indifferent ist. Punkte links dieser Geraden bedeuten, daß x gegenüber y vorgezogen wird, und Punkte rechts dieser Geraden, daß y gegenüber x vorgezogen wird. Ähnlich können die Geraden $\beta\beta'$ bezüglich z, y und $\gamma\gamma'$ bezüglich z, x interpretiert werden. Der Punkt 0 entspricht der Indifferenz zwischen allen drei Alternativen.

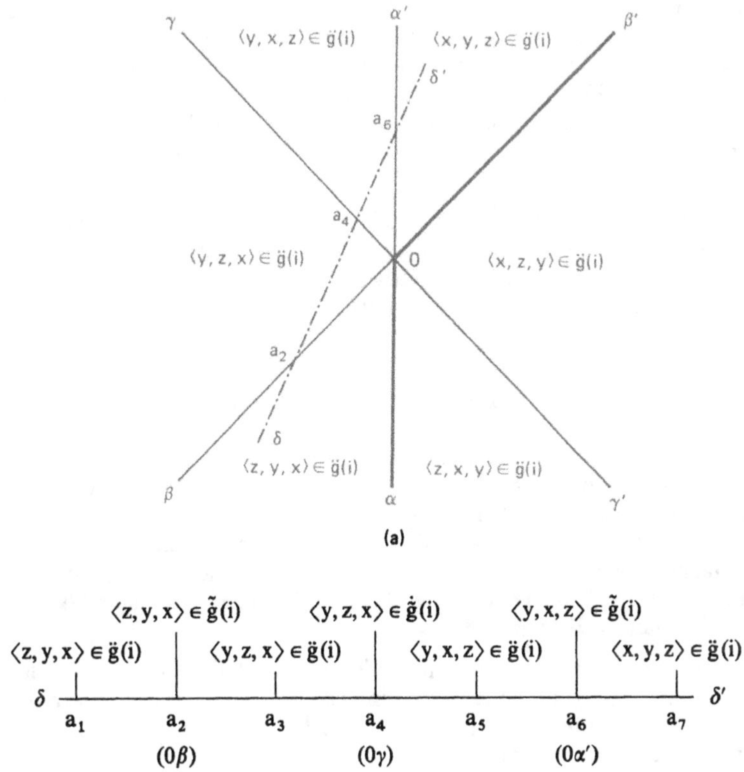

Abb. 17: (a) Zwei- und (b) eindimensionale Darstellung einer eingipfligen Präferenzstruktur

Nehmen wir nun an, die Präferenzstruktur einer Gruppe K sei eingipflig, so bedeutet dies, daß es für die Personen i aus K eine Alternative, sagen wir y, gibt die in ihren Präferenzfolgen nicht die schlechteste ist. Dementsprechend können die Personen i aus K nur Präferenzfolgen haben, die in Abb. 17(a) im offenen Bereich links der gekrümmten Geraden $\alpha 0 \beta'$ liegen. Diese Präferenzstruktur umfaßt sieben Präferenzfolgen, die als eindimensionale Klasse $(R_a)_{a \in A}$ dargestellt werden können, die **SK** und **RG** erfüllt.

Dazu muß nur im offenen Bereich links von $\alpha 0 \beta'$ eine Gerade gezogen werden, die 0β, 0γ und $0\alpha'$ schneidet. Wir haben diese Gerade mit $\delta\delta'$ bezeichnet und noch einmal getrennt in Abb. 17(b) wiedergegeben. Hier setzt sich die Klasse der Hyperebenen $\mathscr{H}$ aus den drei Punkten a_2, a_4 und a_6 zusammen, die für den eindimensionalen Fall den Halbgeraden 0β, 0γ und $0\alpha'$ des zweidimensionalen Falles entsprechen.

Da sich umgekehrt auch zeigen läßt (was wir hier nicht mehr darstellen), daß die eindimensionale Klasse von Relationen $(R_a)_{a\in A}$, die **SK** und **RG** erfüllt, eine eingipflige Präferenzstruktur impliziert, ist letztere zu ersterer äquivalent. Im weiteren erweist sich, daß unter diesen Voraussetzungen die Verteilung v genau dann Eigenschaft **HE**′ erfüllt, wenn die Zahl der Individuen ungerade ist.

Theorem 2/7 hat den Effekt, daß eine Verteilung von Individuen bezüglich der Präferenzen entsteht, so daß sich die Präferenzfolgen (außer R_{a*}) entweder in der Mehrheitsentscheidung aufheben oder aber, daß sie R_{a*} in die eine oder andere Richtung verstärken. Die Idee einander aufhebender Präferenzfolgen, die eine Folge zur bestimmenden macht, die sich nicht aufhebt, lag im übrigen auch dem Konzept des zyklischen Gleichgewichts und der zyklischen Gemischtheit zugrunde (Abschnitt 6.3).

Kann man voraussetzen, daß die individuellen Präferenzfolgen einander aufheben, soweit sie nicht R_{a*} in die eine oder andere Richtung verstärken, wird die Anwendung der Mehrheitsregel stets eine eindeutige kollektive Präferenzrelation ergeben, so daß ein 'stabiles' kollektives Resultat entsteht.

7.3 Allgemeine Instabilität

Wir haben im vorangegangenen Abschnitt dargelegt, welche Voraussetzungen vorliegen müssen, damit bei mehrdimensionalen individuellen Präferenzen 'stabile' Resultate in dem Sinne entstehen, daß sich bei Anwendung der Mehrheitsregel stets kollektive Präferenzen ergeben, die Ordnungen sind. Dabei ließ sich zeigen, daß die zunächst eingeführten, strengen Symmetrieannahmen zwar gelockert werden können, daß aber die 'Halbierungseigenschaft' eines **Medianpunkts in allen Richtungen** erhalten bleiben muß.

Mit dem folgenden Beispiel wollen wir verdeutlichen, daß auch diese Forderung für sich genommen recht restriktiv ist und in vielen Fällen nicht erfüllt sein dürfte. Liegt diese Voraussetzung aber nicht vor, kann sich leicht eine intransitive kollektive Präferenzrelation ergeben.

In Abbildung 18 ist eine zweidimensionale Situation dargestellt, in der die drei Personen 1, 2 und 3 mit ihren Idealpunkten $\mathbf{x}^1$, $\mathbf{x}^2$ und $\mathbf{x}^3$ wiedergegeben sind. Weiter sind die Alternativen **w**, **y** und **z** angegeben. Die Frage ist, welche kollektive Präferenz die drei Personen hinsichtlich dieser Alternativen haben.

Die individuellen Präferenzen lassen sich leicht aus der Lage der Punkte **w**, **y** und **z** zum jeweiligen Idealpunkt erschließen. So liegt **z** näher an $\mathbf{x}^1$ als **y** und **y** näher an $\mathbf{x}^1$ als **w**. Nach D. 4/7 muß Person 1 daher **z** gegenüber **y** und **y** gegenüber **w** vorziehen, Person 2 entsprechend **w** gegenüber **z** und **z** gegenüber **y** sowie Person 3 **y** gegenüber **w** und **w** gegenüber **z**.

Die Idealpunkte weisen bezüglich der Dimension 1 einen Medianpunkt in dieser Richtung auf ($\mathbf{x}^2$), ebenso bezüglich der Dimension 2 ($\mathbf{x}^3$). Die beiden Medianpunkte fallen jedoch nicht zusammen, so daß es keinen **Medianpunkt in beiden Richtungen** gibt.

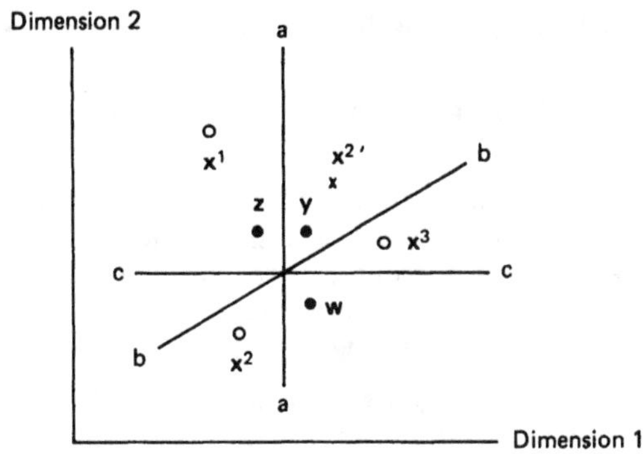

Abb. 18: Abstimmungsparadox in zweidimensionaler Darstellung

Die Geraden aa, bb und cc trennen die Individuen voneinander, die bezüglich der Alternativenpaare **z**, **y** sowie **z**, **w** und **y**, **w** jeweils entgegengesetzte Präferenzen haben. Wie aus Abbildung 18 ersichtlich, zieht hinsichtlich des Paares **z**, **y** eine Mehrheit (Person 1 und 2) **z** gegenüber **y** vor, so daß nach D. 8/7: $\langle \mathbf{z}, \mathbf{y} \rangle \in P_M$. Da zugleich eine Mehrheit (Person 1 und 3) **y** gegenüber **w** und eine Mehrheit (Person 2 und 3) **w** gegenüber **z** bevorzugt, so daß: $\langle \mathbf{y}, \mathbf{w} \rangle \in P_M$ und $\langle \mathbf{w}, \mathbf{z} \rangle \in P_M$, ergibt sich insgesamt eine intransitive kollektive Präferenzrelation. Tatsächlich gibt die Situation in Abbildung 18, wie der Leser leicht selbst feststellen kann, das Abstimmungsparadox in zweidimensionaler Darstellung wieder.

Das wäre nicht der Fall, wenn es einen **Medianpunkt in beiden Richtungen** gäbe. Angenommen der Idealpunkt der Person 2 wäre $\mathbf{x}^{2'}$ statt $\mathbf{x}^2$. Dann ist $\mathbf{x}^{2'}$ ein Medianpunkt in der einen Richtung (Dimension 1) ebenso wie in der anderen Richtung (Dimension 2), d.h. ein Medianpunkt in beiden Richtungen. Zugleich würden sich die individuellen Präferenzen der Person 2 ändern und dementsprechend die Mehrheitsverhältnisse bezüglich der Alternativen **y**, **z** und **w**, so daß bei Anwendung der Mehrheitsregel $\langle \mathbf{y}, \mathbf{z} \rangle \in P_M$, $\langle \mathbf{z}, \mathbf{w} \rangle \in P_M$ und $\langle \mathbf{y}, \mathbf{w} \rangle \in P_M$ ist, d.h. eine transitive kollektive Präferenzrelation entsteht.

Die Existenz eines Medianpunkts in beiden Richtungen ist in diesem Zusammenhang also entscheidend dafür, daß sich eine transitive Mehrheitsrelation R_M ergeben kann. Wie wir jedoch gesehen haben, ist dessen Existenz bereits im zweidimensionalen Fall keineswegs gesichert. Um so weniger wahrscheinlich dürfte es im allgemeinen m-dimensionalen Fall sein, daß es einen **Medianpunkt in allen Richtungen** gibt, denn dazu müßten alle Medianpunkte der einzelnen Richtungen zusammenfallen.

Daraus ist zu schließen, daß die kollektiven Ergebnisse im allgemeinen m-dimensionalen Fall in der Regel in dem Sinne instabil sind, als sich unter Anwendung der Mehrheitsregel intransitive kollektive Präferenzen ergeben können, so daß bei einer gegebenen Präferenzstruktur unterschiedliche kollektive Resultate entstehen.

Dieser Sachverhalt läßt sich als Theorem formulieren. Wir führen dazu den Begriff der **Gewinnmenge** ein, die für eine bestimmte Alternative alle Alternativen angibt, die irgendeine Mehrheit ihr gegenüber bevorzugt.

Definition 10/7: Eine Menge W(x) ist eine **Gewinnmenge** bezüglich x aus X: $\leftrightarrow W(x) = \{y \mid \langle y, x \rangle \in P_M\}$.

Dann gilt das folgende 'Allgemeine Instabilitätstheorem' (AIT).

Theorem 3/7:
$\forall x \in X: \exists y \in X: [\langle y, x\rangle \in P_M]$, d.h. $\forall x \in X: [W(x) \neq \emptyset]$.

Wir haben die Aussage des Theorems intuitiv plausibel zu machen versucht und führen den Beweis nicht an, weil er ziemlich lang und mathematisch nicht einfach ist. Daß im allgemeinen m-dimensionalen Fall die Gewinnmenge bezüglich einer bestimmten Alternative x aus X nicht leer ist, bedeutet, daß es stets möglich ist, eine Mehrheit für eine andere Alternative zu finden. (Das wäre nur dann nicht der Fall, wenn die Gewinnmenge bezüglich x leer ist.)

Im Zusammenhang mit dem obigen Beispiel könnte der Eindruck entstehen, daß die Instabilität der kollektiven Resultate sich auf eine Teilmenge von Alternativen beschränkt, so daß zum Beispiel einige Alternativen einen Zyklus bilden, jede von ihnen aber gegenüber allen anderen bevorzugt wird.

Das folgende Korollar zeigt jedoch, daß es im allgemeinen m-dimensionalen Fall keine 'natürliche' Beschränkung der Länge der Zyklen gibt. Sie können sich von jedem Punkt im m-dimensionalen Raum zu jedem beliebigen anderen erstrecken.

Korollar 2/7: Für ein beliebiges Paar von Alternativen x und y aus X gibt es eine Sequenz von Alternativen $z_0, \ldots, z_k$ mit $z_0 = x$ und $z_k = y$, so daß $\langle z_j, z_{j-1}\rangle \in P_M$, $j = 1, \ldots, k$.

Das Allgemeine Instabilitätstheorem und das Korollar bedeuten, daß im m-dimensionalen Fall ohne Annahme eines Medianpunkts in allen Richtungen bzw. bestimmter Symmetrieeigenschaften der Verteilung der individuellen Idealpunkte die Mehrheitsrelation im allgemeinen nicht transitiv sein wird, so daß die Gewinnmenge nicht leer ist und Zyklen entstehen können, die sich von jedem beliebigen Punkt zu jedem anderen Punkt erstrecken. Die Anwendung der Mehrheitsregel scheint im Zusammenhang dieser 'allgemeinen Instabilität' kaum besser gerechtfertigt als die Verwendung eines Zufallsmechanismus: in beiden Fällen wird offenkundig ein beliebiger Punkt herausgegriffen.

7.4 Stabilität bei Einschränkungen der Agenda

Wir haben im vorangegangenen Abschnitt gesehen, daß im allgemeinen m-dimensionalen Fall das Mehrheitsresultat zu jedem beliebigen Punkt 'wandern' kann. Das kollektive Resultat wird damit – auch bei gegebener und bekannter Präferenzstruktur – unvorhersehbar, weil zyklische Folgen von unbekannter Länge auftreten können. Damit erhebt sich die Frage, wie sie ähnlich im Zusammenhang des Abstimmungsparadoxes in Abschnitt 3.2 angeschnitten wurde: Wie kann es sein, wenn es doch eine so hohe Wahrscheinlichkeit des Auftretens zyklischer Folgen gibt, daß diese in der Realität nicht beobachtbar sind?

Wir hatten in Abschnitt 3.2 in bezug auf das Abstimmungsparadox die vorläufige Antwort gegeben, daß dies an bestimmten institutionellen Vorkehrungen liegt, die es verhindern, daß eine zyklische kollektive Präferenz zum Ausdruck kommen kann, auch wenn sie vorliegt. Wir werden im folgenden argumentieren, daß dies auch im m-dimensionalen Fall gilt. Daran schließt sich allerdings die Frage an, ob eine durch institutionelle Vorkehrungen herbeigeführte 'Stabilität' normativ zu rechtfertigen ist.

Solche institutionellen Vorkehrungen können zunächst einmal die Form der Einführung eines **Vorschlagsrechts** annehmen, mit dem festgelegt wird, wer über die Agenda, d. h. die Menge der Punkte, die zur Abstimmung stehen sollen, bestimmt.

Das kann wie folgt formuliert werden: Für irgendeine Koalition von Personen S, $\# S \geqq 1$, $S \in Pot(K)$ sei $T_S(x)$ die Menge der Alternativen (im allgemeinen Fall: Punkte im m-dimensionalen Raum), die diese Koalition an einem Punkt x zur Abstimmung vorschlagen kann. Hat beispielsweise ein einzelnes Individuum i ein ausschließliches Vorschlagsrecht für die Agenda, so gilt für dieses i: $\forall x \in X$: $[T_i(x) = X] \wedge \forall j \in K, j \neq i$: $\forall x \in X$: $[T_j(x) = \emptyset]$.

Im Zusammenhang der Formulierung eines Vorschlagsrechts ist es nun wichtig zu wissen, ob für eine Koalition überhaupt ein Anreiz besteht, bestimmte Alternativen zur Abstimmung vorzuschlagen, d.h. ob die Mitglieder einer Koalition Elemente aus $T_S(x)$ gegenüber x vorziehen. Sei die Menge dieser Punkte $P_S(x)$, so daß $P_S(x) := \{y \in T_S(x) \mid \forall i \in S: \langle y, x \rangle \in P_i\}$, dann kann wie folgt definiert werden.

Definition 11/7: Ein Punkt x ist **instabil**: $\leftrightarrow \exists y \in X$: $[\exists S \in Pot(K)$: $y \in P_S(x) \wedge y \in W(x)]$.

Definition 12/7: Ein Punkt x* ist **strukturell stabil** genau dann, wenn er nicht instabil ist.

Ein Punkt x* im m-dimensionalen Raum ist demnach genau dann strukturell stabil, wenn für alle denkbaren Koalitionen S von Personen: $W(x^*) \cap P_S(x^*) = \emptyset$. Das bedeutet, daß x* nur dann strukturell stabil ist, wenn Punkte, die gegenüber x* Mehrheitsgewinner sein können, entweder aufgrund des Vorschlagrechts nicht zur Abstimmung vorgeschlagen werden können oder nur durch Koalitionen, in deren Interesse es nicht liegt, sie vorzuschlagen, weil sie sie nicht gegenüber x* vorziehen.

Umgekehrt: ist die Schnittmenge von $W(x^*)$ und $P_S(x^*)$ nicht leer, dann muß es Punkte geben, die eine Koalition S das Recht hat zur Abstimmung vorzuschlagen und die sie auch interessiert ist vorzuschlagen, weil sie sie gegenüber x* vorzieht. Damit ist x* instabil, weil es Alternativen gibt, die eine Mehrheit ihr gegenüber vorzieht und von denen sicher ist, daß sie auf der Agenda erscheinen.

Es ist nun leicht zu sehen, daß ohne irgendwelche Festlegungen bezüglich des Vorschlagrechts die Situation im allgemeinen instabil sein wird. Dann nämlich hat jedes Individuum das Recht, jede beliebige Alternative zur Abstimmung vorzuschlagen, so daß an jedem Punkt x für alle i aus K: $T_i(x) = X$. Zugleich gibt es zu jedem Punkt x wenigstens ein i, so daß für irgendeinen anderen Punkt $y \in W(x)$: $\langle y, x \rangle \in P_i$. Das bedeutet, daß die Schnittmenge aus $W(x)$ und $P_i(x)$ nicht leer sein kann, x also nach D. 11/7 instabil ist.

Nehmen wir hingegen an, im Beispiel des Abstimmungsparadoxes in der Darstellung nach Abbildung 18 habe eine Person, sagen wir Person 2, ein ausschließliches Vorschlagsrecht. Dann liegt es nahe, daß sie, da sie **w** gegenüber **z** und **z** gegenüber **y** vorzieht und sich auch jeweils eine Mehrheit für diese Präferenzen finden läßt (vgl. Abb. 18), zunächst das Paar **z** und **y** zur Abstimmung vorschlägt. Der 'Mehrheitsgewinner' aus dieser Abstimmung wird dann der Alternative **w** gegenübergestellt, woraus sich **w** als kollektives Resultat ergibt, also genau die Alternative, die Person 2 gegenüber den beiden anderen Alternativen vorzieht.

Zwar ist in diesem Beispiel W(**w**) nicht leer (eine Mehrheit der Personen 1 und 3 würde **y** gegenüber **w** vorziehen), jedoch ist P_2(**w**) leer, da Person 2 keine der Alternativen **y** und **z** gegenüber **w** vorzieht. Demnach ist auch die Schnittmenge von W(**w**) und P_2(**w**) leer. Aufgrund von D. 12/7 ist der Punkt **w** strukturell stabil. Obwohl die Situation in Abb. 18 wegen der zugrundeliegenden Präferenzstruktur nach dem AIT instabil ist, führt die Spezifizierung eines Vorschlagrechts (z.B. wenn Person 2 ein ausschließliches Vorschlagsrecht eingeräumt wird) zur Stabilität im Sinne von D. 12/7.

Die institutionelle Vorkehrung kann auch in der Einführung einer bestimmten **Abstimmungsfolge** bestehen, ohne daß dazu ein Vorschlagsrecht formuliert sein müßte. Wir hatten solche Abstimmungsfolgen schon in Abschnitt 5.1 kennengelernt. Der entscheidende Punkt ist, daß dabei nicht zwischen allen Paaren von Alternativen entschieden wird, in die sich eine Menge von Alternativen zerlegen läßt. Vielmehr wird mit einem bestimmten Paar begonnen, der Mehrheitsgewinner dieser Abstimmung wird in der nächsten Abstimmung der dritten Alternative gegenübergestellt, der Mehrheitsgewinner dieser Abstimmung der vierten Alternative usf.

Wird dabei die **AMR** angewandt (vgl. D. 26/4), so entsteht von vornherein keine zyklische kollektive Präferenz, sondern eine Indifferenzklasse. Darüber hinaus reduziert eine solche Abstimmungsfolge diese Indifferenzklasse auf ein einziges Element – und zwar dadurch, daß es bei jeder Abstimmung in der Folge zwischen zwei Alternativen nicht nur einen 'Gewinner' gibt (die Alternative, die die Mehrheit erhält), sondern auch einen 'Verlierer' in dem Sinne, daß die Alternative, die nicht die Mehrheit hat, für alle folgenden Abstimmungen ausfällt. Das ist eine typische Eigenheit aller bekannten Formen von Abstimmungsfolgen, die diese grundlegend von der Anwendung der **MR** oder der **AMR** auf alle Paarvergleiche unterscheidet, die bezüglich einer bestimmten Alternativmenge möglich sind. Entscheidungsverfahren, die solche Abstimmungsfolgen benutzen, sind von vornherein azyklisch, so daß eine Reduktion selbst großer Indifferenzklassen auf einzelne Elemente jederzeit möglich ist.

Eine Abstimmungsfolge kann also gekennzeichnet werden als ein m-Tupel von Abstimmungen $A^1, \ldots, A^m$ zwischen je zwei Teilmengen von Alternativen unter Verwendung der **AMR**, wobei m die Zahl der Abstimmungen angibt, die notwendig ist, um die Alternativenmenge X auf ein einzelnes Element zu reduzieren.

Um im folgenden Abstimmungsfolgen genauer beschreiben zu können, wird eine Abstimmung so gekennzeichnet, daß nach A mit einer hochgestellten Zahl, die angibt, die wievielte Abstimmung es ist, in Klammern die beiden Alternativen (oder Teilmengen von Alternativen) angegeben werden, zwischen denen die Abstimmung stattfindet, so daß $A^1(x_1, x_2)$ heißt: die erste Abstimmung findet zwischen x_1 und x_2 statt.

Die folgenden Typen von Abstimmungsfolgen treten auf, wobei der 'Schrittweise Paarvergleich' Abstimmungsfolge E, die 'Schrittweise Reduktion' Abstimmungsfolge A und B und die 'Gleichzeitige Abstimmung' Abstimmungsfolge C in Abschnitt 5.1 entspricht.

Abstimmungsfolge **Typ I (Schrittweiser Paarvergleich)**: Bezüglich der Alternativenmenge $X = \{x_1, x_2, \ldots, x_l\}$, $\# X = l$, wird wie folgt abgestimmt: $\langle A^1(x_1, x_2) = G_1,\ A^2(G_1, x_3) = G_2, \ldots, A^m(G_{m-1}, x_l) = G_m \rangle$, wobei G_1 der Mehrheitsgewinner aus der ersten Abstimmung, G_2 der Mehrheitsgewinner aus der zweiten Abstimmung etc. ist.

Abstimmungsfolge **Typ II (Schrittweise Reduktion)**: Bezüglich der Alternativenmenge $X = \{x_1, x_1, \ldots, x_l\}$, $\# X = l$, wird wie folgt abgestimmt:

$\langle A^1(x_1,\{x_2,\ldots,x_l\}),\ G_1=\{x_2,\ldots,x_l\}\colon A^2(x_2,\{x_3,\ldots,x_l\}),\ G_2=\{x_3,\ldots,x_l\}\colon A^3(x_3,\{x_4,\ldots,x_l\}),\ldots,G_{m-1}=\{x_{l-1}\}\colon A^m(x_{l-1},x_l)\rangle$.

Abstimmungsfolge **Typ III (Gleichzeitige Abstimmung)**: Über die Alternativenmenge $X=\{x_1,x_2,\ldots,x_l\}$, $\#X=l$, wird in einer einzigen Abstimmung $A^1(x_1,\ldots,x_l)$ entschieden, wobei jede Person i eine Stimme hat, die sie für eine Alternative aus X abgeben kann. Kollektiv wird die Alternative ausgewählt, die die meisten Stimmen erhält.

Für die Abstimmungsfolge des Typs III kommt natürlich nicht die **AMR** in Frage, vielmehr wird dazu die folgende auswahlfunktionale Version der **Regel der relativen Mehrheit (ARRM)** herangezogen.

Auswahlfunktionale Regel der relativen Mehrheit (ARRM): Sei $s(x)$ die Zahl der Stimmen, die für eine Alternative $x\in X$ abgegeben werden, so daß $s(x)=\#\{i\,|\,\langle y,x\rangle\in P_i$ für kein $y\in X\}$, dann gilt: $a(X)=\{x\}\leftrightarrow\forall y\in X\colon s(x)>s(y)$.

Hierzu ist anzumerken, daß die **ARRM** den erheblichen Nachteil hat, Alternativen als (kollektiv) beste auszuwählen, die nicht der Condorcet-Gewinner sind, obwohl die zugrundeliegende Präferenzstruktur einen Condorcet-Gewinner aufweist. Das kann am Beispiel der Präferenzstruktur in Tabelle 20 gezeigt werden.

Die Anwendung der **AMR** auf diese Präferenzstruktur bei vollständigem Paarvergleich ergibt die Alternative y als Resultat; y ist der Condorcet-Gewinner, denn y hat eine Mehrheit gegenüber jeder anderen Alternative. Im Unterschied dazu ergibt die **ARRM** jedoch x als Resultat, wenn man davon ausgeht, daß die Personen die eine Stimme, über die sie definitionsgemäß verfügen, für die von ihnen am meisten bevorzugte Alternative abgeben.

1	2	3	4	5
x	x	y	z	w
y	y	w	y	y
w	z	z	w	z
z	w	x	x	x

Tab. 20: Präferenzstruktur eines 5-Personen-Komitees

Es ist darüber hinaus leicht zu sehen, daß die **AMR** unter Verwendung von Abstimmungsfolgen des Typs I oder II nicht diese Eigenschaft hat. Unabhängig von dem Paar von Alternativen aus $\{x,y,z,w\}$, mit dem die Abstimmungen begonnen werden, ist das kollektive Resultat der Abstimmungsfolge des Typs I aufgrund der Präferenzstruktur von Tabelle 20 stets y. Dasselbe gilt bezüglich der Abstimmungsfolge des Typs II für die schrittweise Reduktion dieser Alternativenmenge. Die Abstimmungsfolgen des Typs I und II haben also gegenüber Typ III den Vorteil, daß sie den Condorcet-Gewinner auswählen, wenn es einen gibt.

Der Typ I ist sicher die in Entscheidungsgremien jedwelcher Art am häufigsten benutzte Abstimmungsfolge. Sie hat einige Varianten, für die die 'inhaltliche' Distanz der Alternativen zum Status quo eine Rolle spielt. Angenommen für alle Alternativen aus X läßt sich deren 'inhaltliche' Distanz zum Status quo bestimmen, so daß x^ω die am weitesten und x^α die am wenigsten weit vom Status quo entfernte Alternative ist. Die Status-quo-Alternative sei x^0.

Abstimmungsfolge **Typ I (a)**: Bezüglich der Alternativenmenge $X = \{x^0, x^\alpha, \ldots, x^\omega\}$ wird wie folgt abgestimmt: $\langle A^1(x^\omega, x^{\omega-1}) = G_1,\ A^2(G_1, x^{\omega-2}) = G_2, \ldots, A^{m-1}(G_{m-2}, x^\alpha) = G_{m-1},\ A^m(G_{m-1}, x^0) = G_m\rangle$.

Abstimmungsfolge **Typ I (b)**: Bezüglich der Alternativenmenge $X = \{x^0, x^\alpha, \ldots, x^\omega\}$ wird wie folgt abgestimmt: $\langle A^1(x^\alpha, x^{\alpha+1}) = G_1,\ A^2(G_1, x^{\alpha+2}) = G_2, \ldots, A^{m-1}(G_{m-2}, x^\omega) = G_{m-1},\ A^m(G_{m-1}, x^0) = G_m\rangle$.

Abstimmungsfolge **Typ I (c)**: Bezüglich der Alternativenmenge $X = \{x^0, x^\alpha, \ldots, x^\omega\}$ wird wie folgt abgestimmt: $\langle A^1(\cdot\,,\cdot) = G_1,\ A^2(G_1,\cdot) = G_2, \ldots, A^m(G_{m-1}, x^0) = G_m\rangle$.

Der Typ I (a) präzisiert und ergänzt die bekannte Regelung, wonach 'über den weitestgehenden Antrag zuerst abgestimmt wird'. Typ I (b) stellt die genaue Umkehrung dieser Regelung dar: hier beginnt die Abstimmungsfolge mit den beiden am nächsten am Status quo liegenden Alternativen.

Während Typ I (a) und (b) die gesamte Folge der Abstimmungen von vornherein festlegt (vorausgesetzt, die inhaltliche Distanz der Alternativen zum Status quo läßt sich eindeutig bestimmen), bleibt der 'Weg' der Abstimmungen bei Typ I (c) weitgehend offen: festgelegt ist nur, daß in der letzten Abstimmung zwischen dem Gewinner aus allen vorausgegangenen Abstimmungen und der Status-quo-Alternative x^0 entschieden wird. Da alle Abstimmungsfolgen des Typs I diese Schlußabstimmung vorschreiben, ist Typ I (c) die allgemeinste Beschreibung einer Abstimmungsfolge des Typs I. Sie ist daher besonders geeignet, die 'Stabilitätseigenschaften' dieses wichtigsten Typs zu untersuchen.

Dazu ist zunächst festzuhalten, daß auch in dem Fall $W(x^0) \neq \emptyset$ ist, d. h. das AIT (Theorem 3/7) bleibt für die Abstimmungsfolge Typ I (c) gültig, es sei denn, es gäbe einen Condorcet-Gewinner. Die Abstimmungsfolge bewirkt jedoch, daß Korollar 2/7 nicht mehr in vollem Umfang Geltung besitzt. Tatsächlich kann das Mehrheitsresultat nicht mehr beliebig 'wandern', wenn wenigstens eine der Alternativen für die Schlußabstimmung feststeht.

Das läßt sich anhand von Abbildung 19 zeigen, die noch einmal die Situation von Abbildung 18 wiedergibt, nur daß **z** durch die Status-quo-Alternative $\mathbf{x}^0$ ersetzt ist. Die drei Kreise um die Idealpunkte der Personen 1, 2 und 3 als Mittelpunkte sind der geometrische Ort aller Punkte, so daß die Personen zwischen diesen und $\mathbf{x}^0$ indifferent sind. Punkte weiter im Innern der Kreise werden von der jeweiligen Person gegenüber $\mathbf{x}^0$ bevorzugt. Die schraffierten Kreisausschnitte A, B und C

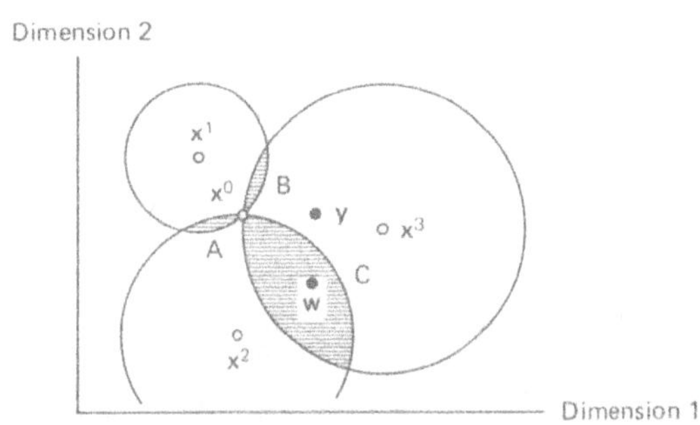

Abb. 19: Beschränkung der Gewinnmenge $W(\mathbf{x}^0)$ durch eine Schlußabstimmung mit $\mathbf{x}^0$

geben daher die Menge aller Punkte an, die irgendeine Mehrheit von zwei der drei Personen gegenüber $\mathbf{x}^0$ bevorzugt, bilden also die Menge $W(\mathbf{x}^0)$.

Nun ist aber, wie Abbildung 19 zeigt, nur die Alternative $\mathbf{w}$ Element von $W(\mathbf{x}^0)$. Es kann demnach nur $\mathbf{w}$ oder $\mathbf{x}^0$ das Resultat der Schlußabstimmung sein, die $\mathbf{x}^0$ einschließt. Das bedeutet, daß die Festlegung, über $\mathbf{x}^0$ zum Schluß abzustimmen, hinreicht, $W(\mathbf{x}^0)$ so weit zu beschränken, daß zyklische Präferenzen oder eine Indifferenzklasse (wenn eine pattauflösende Zusatzregel definiert ist) als kollektives Resultat ausgeschlossen sind, auch wenn $W(\mathbf{x}^0)$ damit nicht leer ist. Dieser Sachverhalt läßt sich wie folgt als Korollar formulieren.

> *Korollar* 3/7: Wird unter Verwendung der **MR** oder **AMR** bei entsprechender Abstimmungsfolge über die Status-quo-Alternative $\mathbf{x}^0$ zum Schluß abgestimmt, ist entweder $\mathbf{x}^0$ oder irgendeine Alternative $\mathbf{y} \in W(\mathbf{x}^0)$ das kollektive Resultat.

Bezeichnen wir das Tripel $\langle A, AR, AF \rangle$, wobei A den Umfang der Agenda angibt ($A = X$ oder $A \subset X$), AR die angewandte Aggregationsregel (**MR**, **AMR** oder **ARRM**) und AF die Abstimmungsfolge, als eine **Abstimmungsregelung**, so ist Voraussetzung dieses Korollars eine Abstimmungsregelung mit $A = X$, Anwendung der **MR** oder **AMR** und einer Abstimmungsfolge des Typs I oder II (Typ III kann nicht in Frage kommen, da es dabei keine gesonderte Schlußabstimmung gibt). Die kollektiven Resultate, die sich nach dem obigen Korollar unter diesen Voraussetzungen ergeben, können weder eine zyklische Präferenz, noch eine Indifferenzklasse sein, auch wenn sie im allgemeinen im Sinne des AIT 'instabil' sein werden.

Die Frage ist nun, ob sich diese institutionellen Vorkehrungen, die faktisch Beschränkungen der Agenda darstellen, auch unabhängig davon rechtfertigen lassen, daß sie 'Stabilität' in eine ansonsten instabile Situation bringen bzw. die Gewinnmenge ausreichend einschränken. Dabei kann man sich auf die Fälle konzentrieren, in denen kein Condorcet-Gewinner vorliegt (sich also je nach angewandter Aggregationsregel ein zyklisches Resultat oder eine Indifferenzklasse ergeben würde), da Abstimmungsregelungen existieren, die den Condorcet-Gewinner auswählen, wenn es einen gibt.

In diesen Fällen führen Vorschlagsrechte und Abstimmungsregelungen deshalb zu eindeutigen kollektiven Ergebnissen, weil sie auf je spezifische Weise zwischen den Alternativen diskriminieren. Wird beispielsweise einer Person ein Vorschlagsrecht gegeben, so ist klar, daß diese Person bei der Festlegung der Abstimmungsfolge so verfahren wird, daß die von ihr bevorzugten Alternativen die größte Chance haben, zum kollektiven Resultat zu werden. Die Person diskriminiert damit zugunsten der Alternativen, die sie bevorzugt.

Eine andere Art der Diskriminierung liegt bei der Abstimmungsfolge vor, nach der über den weitestgehenden Vorschlag zuerst abgestimmt wird – und folglich über den am wenigsten weitgehenden Vorschlag zum Schluß. Damit haben Alternativen mit geringerer (inhaltlicher) Distanz zum Status quo eine größere Chance, zum kollektiven Resultat zu werden.

Läßt sich eine solche Diskriminierung zwischen den Alternativen rechtfertigen? Eigentlich nicht: wir hatten in Abschnitt 6.1 die Bedingung der **Neutralität** kennengelernt, die dort zur Charakterisierung der Mehrheitsregel herangezogen wurde (vgl. T 1/6). Diese Bedingung schreibt im Zusammenhang der Aggregation individueller Präferenzen explizit vor, daß dabei nicht zwischen den Alternativen diskriminiert werden darf. Im Sinne einer 'Gleichbehandlung' der Alternativen war auch in Abschnitt 4.5 nach einer Lösung des Arrowschen Aggregationsproblems gesucht worden, die darin mündete, die zyklische Folge in der kollektiven Präferenz in eine Indifferenzklasse umzuwandeln (vgl. T. 6/4 sowie die Formulierung der **AMR** in Abschn. 4.6).

Nun können die diskutierten Beschränkungen der Agenda als Vorschläge verstanden werden, wie diese Indifferenzklasse aufzulösen wäre. Allerdings sind die dabei zugrundeliegenden Kriterien nicht gerade überzeugend, denn sie bedeuten, daß entweder die Status-quo-Alternative eine besondere Rolle spielt oder daß die Alternativen nach ihrer (inhaltlichen) Nähe oder Distanz zum Status quo bevorzugt werden oder aber, daß sich die Bevorzugung bestimmter Alternativen an den Präferenzen einer Person orientiert. Es scheint also, daß die Vermeidung von Instabilität bzw. eine ausreichende Beschränkung der Gewinnmenge der einzige Grund ist, der für die Einführung von Vorschlagsrechten oder Abstimmungsregelungen angegeben werden kann.

Hinzu kommt, daß Abstimmungsregelungen aufgrund ihrer Instabilität strategieanfällig sind. Greifen wir, um dies zu illustrieren, erneut auf die der Abbildung 18 bzw. 19 zugrundeliegende Präferenzstruktur zurück und nehmen als Einschränkung der Agenda an, daß über die Status-quo-Alternative zum Schluß abgestimmt wird. Dann würde zunächst über das Paar $\mathbf{y}$ und $\mathbf{w}$ entschieden, wobei sich bei Angabe der wahren Präferenzen eine Mehrheit (Person 1 und 3) für $\mathbf{y}$ gegenüber $\mathbf{w}$ ergibt. In der zweiten Abstimmung würde dann $\mathbf{y}$ der Status-quo-Alternative $\mathbf{x}^0$ gegenübergestellt – mit dem Resultat, daß die Mehrheit (Person 1 und 2) den Status quo bevorzugt. Dieses Ergebnis würde sich aber ändern, wenn die Person 3 in der ersten Abstimmung, um den Sieg der Status-quo-Alternative zu verhindern, entgegen ihrer wahren Präferenz für $\mathbf{w}$ votiert. Dann würde in der zweiten Abstimmung nicht $\mathbf{y}$, sondern $\mathbf{w}$ gegen $\mathbf{x}^0$ stehen und eine Mehrheit (Person 2 und 3) $\mathbf{w}$ den Vorzug geben.

Allerdings ist das kein sehr starkes Gegenargument, denn auch die Resultate, die sich aufgrund strategischen Verhaltens ergeben, müssen Elemente der Gewinnmenge $W(\mathbf{x}^0)$ oder $\mathbf{x}^0$ selbst sein. Im obigen Beispiel kann sich nur $\mathbf{w}$ oder $\mathbf{x}^0$ ergeben, unabhängig davon ob die 'wahren' oder veränderte Präferenzen angegeben werden. Mit anderen Worten: die Festlegung, daß über $\mathbf{x}^0$ zum Schluß abgestimmt wird, beschränkt die 'strategischen' Möglichkeiten auf dieselbe Weise wie die kollektiven Resultate bei Angabe der 'wahren' Präferenzen.

Unabhängig davon kann man sagen, daß der Versuch, die Schwierigkeiten der 'Allgemeinen Instabilität' durch die Einführung von Vorschlagsrechten oder Abstimmungsregelungen zu umgehen, auch dann nicht vollständig überzeugt, wenn man weiß, daß derartige institutionelle Vorkehrungen sehr häufig praktiziert werden. Dem Versuch liegt offenkundig eine Form der Diskriminierung zwischen Alternativen zugrunde, die schwer zu rechtfertigen ist.

Literatur: Downs (1957/1968), bes. Teil I, Enelow & Hinich (1984), Kap. 2 & 3, Grandmont (1978), Kern (1990), Riker & Ordeshook (1973), Shepsle (1979, 1986), Shepsle & Weingast (1981, 1982), Tullock (1967).

Anmerkungen: Die Erörterung des **Medianwählerresultats** in Abschn. 7.1 folgt im wesentlichen Enelow & Hinich (1984), Kap. 2; T. 1/7 und K. 1/7 sowie die Beweise dazu finden sich dort,

S. 12f. Das Beispiel des Komitees in Abb. 12 ist ebenfalls von Enelow & Hinich (1984), S. 9f. Das eindimensionale Abstimmungsmodell, auf dem das Medianwählerresultat beruht, geht auf Arbeiten von Hotelling (1929) und Smithies (1941) zurück. Die Anwendung dieses Modells auf den (Zwei-)Parteienwettbewerb ist, wie im Text erwähnt, von Downs (1957/1968) geleistet worden. Die restriktiven Annahmen des Modells haben dem Medianwählerresultat den Vorwurf eingetragen, es sei ein 'Artefakt' (Hinich 1977); für einen Überblick über die kritischen Einschätzungen s. Rowley (1984). Überraschenderweise spielt bei dieser Kritik unser Einwand der Nichtbeachtung des Einflusses programmatischer Festlegungen der Parteien auf die Verteilung der Wählerpräferenzen kaum eine Rolle. Über Erweiterungen und Ergänzungen der Annahmen des Modells berichten Riker & Ordeshook (1973), Kap. 11 & 12. Unsere skeptischen Bemerkungen zur Downsschen 'Parteiendynamik' und damit im Zusammenhang zur 'Ökonomischen Theorie der Politik' generell sollen nicht bedeuten, daß wir diesen Ansatz grundsätzlich verwerfen. Er ist als 'Teiltheorie' von Politik sehr wohl relevant, jedoch nur für eine bestimmte Dimension, die *politics*-Dimension politischen Geschehens. Diese aber ist im Rahmen unserer Fragestellungen nicht von Interesse.

Die in Abschnitt 7.2 diskutierte Übertragung des Medianwählerresultats auf eine Entscheidung mit zwei Dimensionen geht auf Tullock (1967) zurück. Abb. 15 ist ebenfalls Tullock (1967), Kap. III, entnommen; vgl. auch Enelow & Hinich (1984), Kap. 3. Plott (1967) hat gezeigt, welche strengen Symmetriebedingungen eingehalten werden müssen, damit das Medianwählerresultat auch auf eine Situation mit mehr als zwei Dimensionen übertragen werden kann; s. auch Riker & Ordeshook (1973), Kap. 11, und vgl. dazu Enelow & Hinich (1983), Kramer (1973), McKelvey & Wendell (1976) sowie Rubinstein (1980).

Erst Grandmont (1978) ist es mit Hilfe der von ihm eingeführten 'intermediären Präferenzen' gelungen, eine Verallgemeinerung zu formulieren, die zeigt, daß für die Übertragung des Medianwählerresultats auf den m-dimensionalen Fall nicht bestimmte Symmetrieannahmen hinsichtlich der Verteilung der Wählerpräferenzen im m-dimensionalen Raum, sondern die 'Halbierungseigenschaft' eines Medianpunkts in allen Richtungen entscheidend ist. L. 1/7 entspricht der '*Proposition*' in Grandmont (1978), S. 322; für den Beweis s. dort. Die 'Schwache Kontinuität' ist die Forderung H. 1 und die 'Regularität' die Forderung H. 2 in Grandmont (1978), S. 321 f. T. 2/7 ist das '*Theorem*' in Grandmont (1978), S. 324. Abb. 16 und 17 sind ebenfalls Grandmont (1978), S. 326ff., entnommen.

Die Entscheidungssituation in Abb. 18, mit der die Erörterung der 'Allgemeinen Instabilität' in Abschn. 7.3 einsetzt, ist von Davis, De Groot & Hinich (1972), S. 151, übernommen. T. 3/7 über die 'Allgemeine Instabilität' ist das '*Disequilibrium theorem*' in Shepsle & Weingast (1982), S. 368. Die Autoren verweisen für den Beweis auf Cohen (1979), S. 5ff. Das Theorem ist in dieser Formulierung natürlich nur dann richtig, wenn der (sehr seltene) Fall eines Medianpunkts in allen Richtungen ausgeschlossen wird. Ähnliche Resultate und Ergänzungen dazu haben Cohen & Matthews (1980), Kramer (1977), McKelvey (1979), McKelvey & Schofield (1986) sowie Schofield (1978) vorgelegt. Für noch weiter verallgemeinerte 'Instabilitäts'- bzw. 'Ungleichgewichts'-Resultate s. Schwartz (1981) und Schofield (1983). K. 2/7, das 'McKelvey-Agenda-Theorem', entspricht Theorem 2 in McKelvey (1976), S. 475; für den Beweis s. dort, S. 475ff.

Mit der Entdeckung der 'Allgemeinen Instabilität' nach T. 3/7 und K. 2/7 in den späten 70er Jahren (die das Abstimmungsparadox aus Abschn. 3.2 verallgemeinert) sind – zumindest in der angelsächsischen Diskussion – erstmals die weitreichenden Konsequenzen des Abstimmungsparadoxes von Condorcet deutlich geworden: Es scheint entgegen der Auffassung von Spitz (1984) für das meistbenutzte Verfahren in politischen Entscheidungen, die Mehrheitsregel, keine vernünftige Begründung zu geben, denn: wie kann die Anwendung einer Regel gerechtfertigt werden, wenn diese Entscheidungsresultate produziert, die zyklische Folgen bilden bzw. die – innerhalb solcher Folgen – beliebig 'wandern'? Das hat eine lebhafte Debatte ausgelöst, die in ihren wichtigsten Beiträgen in dem Band von Ordeshook & Shepsle (1982) dokumentiert ist.

Als Reaktion darauf hat in einem Teil der Literatur eine Art 'Kehrtwendung' eingesetzt. Anknüpfend an die zu Beginn des Abschnitts 7.4 gestellte Frage bzw. die Beobachtung des Widerspruchs zwischen Theorie (die das Auftreten zyklischer Folgen bzw. das stete 'Wandern' des Entscheidungsresultats postuliert) und Empirie (wonach solche zyklischen Folgen nicht

zu beobachten sind) ist immer eingehender untersucht worden, durch welche institutionellen Vorkehrungen der politische Entscheidungsgang kanalisiert und strukturiert wird, so daß zyklische Folgen, auch wenn sie vorliegen, nicht zum Ausdruck kommen. Den Beginn dieses 'Zweiges' der LkE markieren die Arbeiten von Shepsle (1979) und Shepsle & Weingast (1981), fortgeführt u. a. durch Untersuchungen von Bendor & Moe (1986), Carter & Schap (1987), Greenberg & Shepsle (1987), Grofman, Owen, Noviello & Glazer (1987) sowie Shepsle (1985, 1986) und Shepsle & Weingast (1984, 1987); vgl. auch Tullock (1981) und Koford (1982). Dabei gelingt Shepsle (1979, 1986) z. B. eine interessante Rekonstruktion des parlamentarischen Entscheidungsgangs; zur Kritik s. Kern (1990).
Wir haben von diesen 'institutionellen Vorkehrungen' in Abschn. 7.4 nur die 'Vorschlagsrechte' und die 'Abstimmungsregelungen' thematisiert, weil sie besonders gut verdeutlichen, wie sich solche institutionellen Regelungen auswirken. Die Idee der 'Vorschlagsrechte' wird entwickelt in Shepsle & Weingast (1981), Sect. III, sowie in Shepsle (1979). Die Abstimmungsfolgen des Typs I–III sind in Anlehnung an die '*Procedures*' formuliert, wie sie in Farquharson (1969), Appendix I, zusammenfassend wiedergegeben werden. In Ergänzung dazu bieten Ordeshook & Schwartz (1987) eine detaillierte Analyse der Abstimmungsregelungen im amerikanischen Kongreß. Das Beispiel aus Tab. 20 ist Fishburn (1973), S. 162, entnommen und Abb. 19 dem Beitrag von Shepsle & Weingast (1982), S. 370, K. 3/7 ist das '*Theorem*' in Shepsle & Weingast (1982), S. 368. Der Nachweis, daß unter Zugrundelegung von K. 3/7 die 'strategischen' Möglichkeiten auf dieselbe Weise beschränkt sind wie die kollektiven Resultate bei Angabe der 'wahren' Präferenzen, findet sich bei Shepsle & Weingast (1984).
Dieser Zweig der Literatur, der sich auf die entscheidungslogische Rekonstruktion vorgefundener institutioneller Regelungen konzentriert, ist insofern problematisch als die Autoren dazu neigen, die bestehenden institutionellen Strukturen unbesehen zu akzeptieren und ihnen sogar einen positiven Wert beizumessen, da sie zyklische Folgen in den Entscheidungsresultaten unterdrücken können. Dabei wird übersehen, daß aufgrund des Theorems von Arrow die Vermeidung zyklischer Folgen nur durch Verletzung bzw. ausreichende Abschwächung einer (oder mehrerer) der Bedingungen von Arrow sicher zustande kommen kann. Abgesehen von den Folgeproblemen, die sich bei Abschwächung oder Aufgabe einzelner Bedingungen von Arrow ergeben (wir hatten in den vorangegangenen Kapiteln mehrfach Gelegenheit, auf solche Probleme hinzuweisen), erhebt sich damit die ungelöste Frage, warum bestimmte Bedingungen aufgegeben werden sollen und nicht andere; vgl. dazu Inman (1987), Abschn. 3.4.1, und Kern (1990).

8. Erweiterung der Aggregationsbasis

Die LkE stützt sich auf zwei Grundbegriffe: den der individuellen und den der kollektiven Präferenz. Mit diesen beiden Grundbegriffen lassen sich – wie die Kapitel 1 bis 3 gezeigt haben – die Begriffe der individuellen Präferenzrelation, der kollektiven Präferenzrelation, der Aggregationsregel, der Indifferenz, der Präferenzstruktur etc. definieren. Bei der Untersuchung des Aggregationsproblems sind wir auf eine Reihe von Schwierigkeiten gestoßen, in deren Zentrum das Theorem von Arrow in Kapitel 3 stand. Bei dem Versuch, die in diesem Theorem konstatierte Unmöglichkeit einer vernünftigen Methode kollektiver Entscheidungsfindung in befriedigender Weise aufzulösen, taten sich neue Schwierigkeiten auf, die wir in den Kapiteln 4–6 behandelt haben und die derart gravierend erscheinen, daß eine Hinwendung zu den begrifflichen Grundlagen der LkE naheliegt. Die Frage ist, ob sich durch einen veränderten oder erweiterten begrifflichen Rahmen eine Reihe der aufgeworfenen Probleme lösen oder zumindest ihre Gründe genauer klären lassen.

Die zentrale Fragestellung der LkE ist, in welcher Weise und nach welchen Prinzipien individuelle Präferenzen zu aggregieren sind, um zu einer gemeinsamen (kollektiven) Entscheidung zu gelangen wie sie z. B. in vielfältiger Weise in Politik, Wirtschaft, Verwaltung täglich notwendig sind. Das was aggregiert wird, also die individuellen Präferenzen, nennen wir die **Aggregationsbasis**. Die in die Aggregation eingehenden 'Informationen' beschränkten sich bisher ausschließlich auf inhaltlich nicht weiter geklärte – Präferenzrelationen der Individuen. Bei der Frage nach der richtigen kollektiven Entscheidung wurde also ausschließlich die Information darüber vorausgesetzt, welche Alternative von welcher Person vorgezogen wird. Weder der Charakter dieser Präferenz, noch deren Stärke oder Intensität spielten dabei eine Rolle. Informationen der letzteren Art aber würden, soweit sie in die Aggregation eingehen, die Aggregationsbasis erweitern. Wir wollen im folgenden untersuchen, was für eine solche Erweiterung spricht und in welcher Form sie vorgenommen werden könnte.

8.1 Die Problematik interdependenter Präferenzen

Das Grundmodell der LkE, wie es in Abschn. 3.1 dargestellt wurde, ist in dem Sinne **statisch**, daß die individuellen Präferenzrelationen – zusammengefaßt in der Präferenzstruktur g – als gegeben angenommen werden. Die individuellen Präferenzen hängen jedoch faktisch in komplizierter Weise von den Einschätzungen der Präferenzen anderer Personen ab. Ein Grund dafür ist, daß die Erfolgsaussichten der eigenen Präferenzen von denen anderer Personen abhängen (dies hat uns in Kapitel 5 zum Problem der Strategie- und Manipulationsfreiheit geführt). Ein anderer Grund ist die Rolle moralischer Erwägungen, die dazu führen, daß subjektive Präferenzen auch davon beeinflußt werden, was die betreffende Person für gerechter, fairer oder dem Gemeinwohl entsprechender hält. Auch die Aggregationsregel selbst kann zu Formen der Präferenzinterdependenz führen – nämlich immer dann, wenn eine Aggregationsregel (etwa die Mehrheitsregel) von einer Person akzeptiert ist und sie das tatsächliche oder vermutete Ergebnis der Aggregation in ihren eigenen subjektiven Präferenzen einfließen läßt.

Es ist durchaus denkbar, daß eine Person eine Alternative x einer Alternative y aus Gründen des persönlichen Interesses strikt vorzieht, aber sich für die Verwirklichung von y einsetzt, da sie weiß, daß eine Mehrheit für y votieren würde. Eine solche Präferenz (zweiter Ordnung) ist sogar vereinbar damit, daß die Person unverändert – auch unter Einbeziehung normativer Gesichtspunkte – die Alternative x für besser hält. So mag ein Mitglied eines Gemeinderates fest davon überzeugt sein, daß eine Umgehungsstraße im allgemeinen Interesse liegt und sich dennoch gegen ihren Bau einsetzen, weil eine Mehrheit im Gemeinderat sich so entschieden hat. Die Aggregationsregel bzw. das kollektive Entscheidungsverfahren wirkt auf solche Weise auf die individuellen Präferenzen, die sich ganz konkret im Entscheidungsverhalten der Person widerspiegeln, zurück. Zunächst ist jedoch das Problem der Präferenzinterdependenz unter Ausklammerung dieses spezifischen Aspektes der Aggregationsproblematik zu betrachten.

Was mit Präferenzinterdependenz gemeint ist, läßt sich am besten an einer alltäglichen Entscheidungssituation erläutern: Nehmen wir an, A und B seien befreundet und auf Reisen. Es stellt sich für sie eines Tages die Frage, gemeinsam das Nationalmuseum in Neapel zu besuchen (x_1) oder an einen Strand der nahegelegenen Costa Amalfitana zu gehen (x_2). Es ergeben sich für das Paar zwei kollektive Entscheidungsmöglichkeiten: $\langle x_1, x_2 \rangle \in \mathring{f}(g)$ oder $\langle x_2, x_1 \rangle \in \mathring{f}(g)$, da wir annehmen wollen, daß die Liaison so jung ist, daß wir die Alternativenmenge nicht um x_3 (A an den Strand, B ins Museum) und x_4 (B an den Strand, A ins Museum) erweitern müssen.

Ist die Liebe groß, kommen sie vermutlich in ein Dilemma, das wir mit Hilfe einiger Begriffsdifferenzierungen für die Logik kollektiver Entscheidungen ausschließen möchten: Die beiden wissen nicht, was sie wollen. A würde mit B lieber ins Museum gehen, wenn B lieber ins Museum will und zugleich würde A mit B lieber an den Strand gehen, wenn B lieber an den Strand will. Symmetrisches gilt für B. Eine solche Situation läßt sich formal folgendermaßen beschreiben:

(1) $\langle x_1, x_2 \rangle \in \dot{g}(B) \rightarrow \langle x_1, x_2 \rangle \in \dot{g}(A)$
(2) $\langle x_2, x_1 \rangle \in \dot{g}(B) \rightarrow \langle x_2, x_1 \rangle \in \dot{g}(A)$
(3) $\langle x_1, x_2 \rangle \in \dot{g}(A) \rightarrow \langle x_1, x_2 \rangle \in \dot{g}(B)$
(4) $\langle x_2, x_1 \rangle \in \dot{g}(A) \rightarrow \langle x_2, x_1 \rangle \in \dot{g}(B)$

In einem solchen Fall sprechen wir von zirkulär bestimmten Präferenzen. Das läßt sich für eine Gruppe von Personen oder ein Kollektiv K wie folgt verallgemeinern.

Definition 1/8: Eine Präferenzstruktur g ist **zirkulär bestimmt**: $\leftrightarrow \exists K_0 \subset K$: $\exists X_0 \subset X$: $\exists b_1 \in \mathrm{Bij}(\{1, 2, \ldots, n\},\ K_0)$: $\exists b_2 \in \mathrm{Bij}(\{1, 2, \ldots, n\},\ X_0 \times X_0)$: $\forall k \in \{1, 2, \ldots, n-1\}$: $[b_2(k) \in g(b_1(k)) \rightarrow b_2(k+1) \in g(b_1(k+1))] \wedge [b_2(n) \in g(b_1(n)) \rightarrow b_2(1) \in g(b_1(1))]$.

Am Ende des Urlaubs, wenn die Liebe schon merklich abgekühlt ist und möglicherweise bereits Zeiten gegenseitiger Aversion vorkommen, mag sich in Rom eine ähnliche Situation mit ganz anderen Konsequenzen ergeben: Jetzt geht es um die Frage, ob sie heute nach Ostia fahren (x_1) oder die Sixtinische Kapelle besuchen (x_2) sollen. Nunmehr will aber A gerade dann nach Ostia, wenn es B bevorzugt, die Sixtinische Kapelle zu besuchen. Andererseits hat A ein besonderes Interesse an der Sixtinischen Kapelle gerade dann, wenn sich B in Ostia sonnen möchte.

Sind die Präferenzen von B in symmetrischer Weise von den Präferenzen von A abhängig, ergibt sich folgende Präferenzinterdependenz:

(5) $\langle x_1, x_2 \rangle \in \dot{g}(B) \rightarrow \langle x_2, x_1 \rangle \in \dot{g}(A)$
(6) $\langle x_2, x_1 \rangle \in \dot{g}(B) \rightarrow \langle x_1, x_2 \rangle \in \dot{g}(A)$
(7) $\langle x_1, x_2 \rangle \in \dot{g}(A) \rightarrow \langle x_2, x_1 \rangle \in \dot{g}(B)$
(8) $\langle x_2, x_1 \rangle \in \dot{g}(A) \rightarrow \langle x_1, x_2 \rangle \in \dot{g}(B)$

Je nachdem zu welcher anfänglichen wechselseitigen Einschätzung der Präferenzen es kommt, bleibt es bei stabilen, aber entgegengesetzten Präferenzen. Hat sich dagegen die Abhängigkeit der Präferenzen von B seit Urlaubsbeginn nicht geändert, gilt also (3), (4), (5) und (6), handelt es sich um eine logisch widersprüchliche Präferenzstruktur. In diesem Fall sprechen wir von kontradiktorisch bestimmten Präferenzen. Auch dies läßt sich für eine Gruppe K verallgemeinern.

Definition 2/8: Eine Präferenzstruktur g ist **kontradiktorisch bestimmt**: $\leftrightarrow \exists K_0 \subset K$: $\exists X_0 \subset K$: $\exists b_1 \in \mathrm{Bij}(\{1,2,\ldots,n\}, K_0)$: $\exists b_2 \in \mathrm{Bij}(\{1,2,\ldots,n\}, X_0 \times X_0)$: $\forall k \in \{1,2,\ldots,n-1\}$: $[b_2(k) \in g(b_1(k)) \rightarrow b_2(k+1) \in g(b_1(k+1))] \wedge [b_2(n) \in g(b_1(n)) \rightarrow \neg\, b_2(1) \in g(b_1(1))]$.

Präferenzinterdependenz kann unterschiedliche Ursachen haben: Zuneigung, Abneigung, Verantwortungsgefühl, moralische Überzeugung etc. Unabhängig von den möglichen Ursachen und Gründen stellt sich die Frage, welche Konsequenzen wechelseitige Präferenzinterdependenz hat. Eine Hypothese liegt nahe: Wenn die Personen ihre subjektiven Bewertungen der Zustände von den subjektiven Bewertungen (dieser oder anderer Zustände) anderer Personen abhängig machen, gibt es jeweils einen Gleichgewichtspunkt, in dem diese wechselseitige Abhängigkeit nicht mehr zu einer Veränderung der Bewertung führt. Diese Hypothese ist jedoch – wie gleich gezeigt wird – falsch, und entsprechend dringlich stellt sich die Frage, auf was sich normative Aggregationsregeln beziehen.

Wir haben uns bislang mit der genauen Interpretation des Grundbegriffs der Alternativenmenge nicht befaßt. Die Interdependenzproblematik zeigt jedoch, daß sich je nach Interpretation der Alternativenmenge auch eine Veränderung des individuellen Präferenzbegriffs ergeben kann. Bleiben wir zunächst bei dem obigen Beispiel. Es handelt sich um zwei Alternativen und um zwei Personen. Die Personen haben offensichtlich eine bedingte Präferenz über die Alternativen a und b. Da sich bedingte Präferenzen nicht ohne weiteres in das bisherige Modell der Logik kollektiver Entscheidungen integrieren lassen, liegt es nahe, zunächst zu versuchen, durch eine Erweiterung des Alternativenbegriffs zu nicht-bedingten individuellen Präferenzen zurückzukehren.

Im folgenden seien daher zwei Alternativen z und z' schon dann verschieden, wenn in z eine bestimmte Person i bezüglich eines Alternativenpaares eine andere (strikte) Präferenz hat als in z'. Wenn wir mit ab_A die individuelle Präferenz $\langle a, b \rangle \in \dot{g}(A)$ benennen, dann erweitert sich die Alternativenmenge X in unserem Beispiel von $\{a, b\}$ zu $X^* = \{\langle a, ab_A \rangle, \langle a, ba_A \rangle, \langle b, ab_A \rangle, \langle b, ba_A \rangle, \langle a, ab_B \rangle, \langle a, ba_B \rangle, \langle b, ab_B \rangle, \langle b, ba_B \rangle\}$.

Die bedingten Präferenzen der Personen beziehen sich jedoch jeweils nur auf eine Teilmenge dieser erweiterten Alternativenmenge X*. Genauer gesagt bilden die den bedingten Präferenzen der Individuen entsprechenden Präferenzen über X keine vollständige Präferenzrelation in X. Selbst wenn man die auf die Personen bezogene Teilmenge von X* herausgreift, in der die eigenen Präferenzen von A keine Rolle spielen, bildet A keine vollständige Präferenzrelation über X. Die bedingten Präferenzen von A verwandeln sich in nicht-bedingte Präferenzen über die Alternativenpaare $\langle a, ab_B \rangle$ und $\langle b, ab_B \rangle$ bzw. $\langle a, ba_B \rangle$ und $\langle b, ba_B \rangle$. A kann man jedoch keine Präferenz zwischen folgenden Alternativen: $\langle a, ab_B \rangle$ und $\langle b, ba_B \rangle$, $\langle a, ab_B \rangle$ und $\langle a, ba_B \rangle$, $\langle b, ab_B \rangle$ und $\langle b, ba_B \rangle$, sowie $\langle a, ba_B \rangle$ und $\langle b, ab_B \rangle$ zuordnen.

Die Rückkehr zu nicht-bedingten Präferenzen über eine Erweiterung der Alternativenmenge scheint also versperrt oder nur dann möglich, wenn man überaus unklare Grundbegriffe in Kauf nimmt. Wir legen daher explizit fest, daß im folgenden Alternativen ohne Bezugnahme auf die individuellen Präferenzen der Personen aus K vollständig charakterisiert werden. Man könnte auch sagen, eine Alternative umfaßt ausschließlich die **objektiven** Merkmale einer sozialen Situation. Subjektive Merkmale im Sinne individueller Präferenzen, Vorlieben, Werturteile etc. gehören nicht zu den Charakteristika einer Alternative x aus X.

In Kapitel 2 wurde dargelegt, in welcher Weise individuelle Präferenzen einer Person, soweit sie bestimmte Rationalitätsbedingungen erfüllen, eine subjektive Bewertungsfunktion konstituieren. Wir nehmen an, daß die Präferenzen aller Personen aus K jeweils bezüglich der (auf objektive Merkmale beschränkten) Alternativenmenge X diese Bedingungen erfüllen, so daß jeder Person eine kardinale subjektive Bewertungsfunktion über X zugeordnet ist. Wir nennen subjektive Präferenzen bzw. die entsprechende subjektive Bewertungsfunktion von **erster Ordnung**, wenn sie unabhängig von den Präferenzen anderer Personen gebildet ist.

Wechselseitige Präferenzinterdependenz schlägt sich nun in entsprechenden Interdependenzfunktionen nieder, d.h. eine Person macht ihre Bewertung eines Zustandes (bzw. ihre individuelle Präferenzrelation) davon abhängig, wie ein Zustand von einer anderen Person bewertet wird (bzw. an welcher Stelle in der durch die Präferenzrelation konstituierten Rangordnung sich die Alternative einordnet).

Die Präferenzen erster Ordnung haben notgedrungen einen 'egozentrischen' Charakter, denn die Situation anderer Personen in einer Alternative kann nur unter Berücksichtigung ihrer subjektiven Präferenzen angemessen beurteilt werden. Da diese Beurteilung jedoch für die Präferenzen erster Ordnung keine Rolle spielt, sind altruistische Gefühle, aber auch moralische Überlegungen für die Bildung dieser Präferenzen ausgeschlossen.

Im übrigen bleibt offen, ob Präferenzen erster Ordnung das subjektive Wohlergehen einer gut über sich selbst informierten Person in den jeweiligen Zuständen widerspiegelt oder ob andere subjektive Bewertungsaspekte eine Rolle spielen: Auch die Präferenzen erster Ordnung sind gegenüber ihren Kriterien nicht festgelegt. Bestimmte Kriterien, unter anderem auch moralische, scheinen jedoch aus begrifflichen Gründen für Präferenzen erster Ordnung gar nicht oder zumindest nur beschränkt anwendbar, da für Präferenzen erster Ordnung Präferenzen und subjektive Bewertungen anderer Personen keine Rolle spielen. Abgesehen von dieser Einschränkung bleibt die inhaltliche Füllung subjektiver Bewertungsfunktionen erster Ordnung offen.

Die interpersonelle Interdependenz subjektiver Bewertungen de facto kann zwar nicht bestritten werden, dennoch ist erst noch zu zeigen, inwiefern man damit zur Aufgabe des uniformen Präferenzbegriffs der Entscheidungstheorie gezwungen ist. Dies kann durch die Analyse einiger weniger Beispiele von 2-Personen-Interdependenz geleistet werden.

Angenommen die beiden Personen A und B seien vollständig informiert und würden ihre subjektiven Bewertungen der Alternativen abhängig machen von den Bewertungen, die die andere Person vornimmt. Nun ist natürlich auch bei zwei Personen wechselseitige Nutzeninterdependenz in den unterschiedlichsten Formen denkbar.

Beispiel 1: In einem besonders einfachen Fall haben beide Personen als Interdependenzfunktion (Int) die identische Abbildung: $Int_{AB}(u_A(z)) = u_B(z)$ und $Int_{BA}(u_B(z)) = u_A(z)$, wie in Abbildung 20 dargestellt.

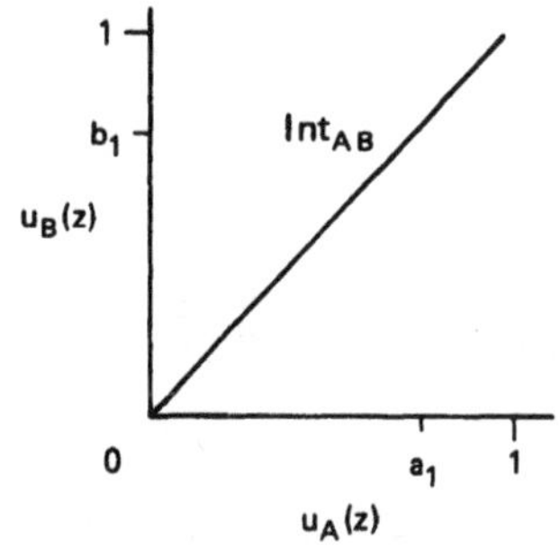

Abb. 20: Interdependenzfunktion als identische Abbildung

Nehmen wir an, Person A schätzt die subjektive Bewertung des Zustandes z durch B mit a_1 ein. Dann ist der durch diese Einschätzung bedingte subjektive Wert des Zustandes z für A: $u_A(z) = Int(u_B(z)) = Int(a_1) = a_1$. Angenommen weiter, die zweite Person B schätzt den subjektiven Wert, den die Alternative z für A hat, mit b_1 ein, dann ist der bedingte subjektive Wert, den der Zustand z für B hat, ebenfalls b_1: $u_B(z) = Int(u_A(z)) = Int(b_1) = b_1$.

Wenn es in dieser Situation zu einer wechselseitigen Information über die tatsächlichen subjektiven Werte von z für A bzw. B kommt, dann wird jede der beiden Personen aufgrund dieser Information zu einer neuen Bewertung dieses Zustandes für A bzw. B kommen: für A wird die Alternative z nach dieser Information den subjektiven Wert b_1 und für B wird diese Alternative den subjektiven Wert a_1 annehmen. Weitere wechselseitige Informationen ändern an der mißlichen Lage nichts: die subjektiven Bewertungen der beiden Personen würden bei jeder erneuten Information weiterhin zwischen diesen beiden Werten a_1 und b_1 alternieren.

Dieser Analyse könnte entgegengehalten werden, daß die angenommenen subjektiven Bewertungen auf Fehlinformationen der Personen beruhten. Ein solcher Einwand wäre jedoch Folge eines Mißverständnisses: für einen uniformen Präferenzbegriff ist die Anwendung des Begriffs der Fehlinformation in diesem Beispiel unzulässig, denn die tatsächlichen Präferenzen hängen offensichtlich von bestimmten Vermutungen über die Präferenzen anderer Personen ab, und der Begriff der wahren Präferenz einer Person (neben ihren offenbarten Präferenzen) macht innerhalb dieses begrifflichen Rahmens keinen Sinn.

Wir können diese Art von Interdependenz an obigem Beispiel illustrieren: Die Personen A und B, die überlegen, ob sie gemeinsam das Nationalmuseum in Neapel (x_1) oder den Strand bei Amalfi (x_2) aufsuchen wollen, werden deshalb nicht zu einer Entscheidung kommen, weil A die Alternative x_1 (bzw. x_2) genauso bewertet wie B **und zugleich** B die Alternative x_2 (bzw. x_1) genauso wie A, so daß sich nach Offenlegung der Bewertungen die ursprünglichen Präferenzen für jede der beiden Personen umkehren, wenn man annimmt, daß diese ursprünglich entgegengerichtet gewesen sind. Bei weiteren Offenlegungen alternieren die Präferenzen jeweils erneut. Daß dieses Ergebnis eintritt, obwohl beide Personen sich ausweislich ihrer Interdependenzfunktion nach der anderen Person richten wollen, ist Folge der **beidseitigen** Abhängigkeit. Bei einseitiger Abhängigkeit der Präferenzen wäre ein Konsens schon nach der ersten Offenlegung gegeben.

Beispiel 2: Angenommen beide Personen hätten eine symmetrische Nutzeninterdependenz, wie sie in der nachstehenden Abbildung 21 dargestellt ist.

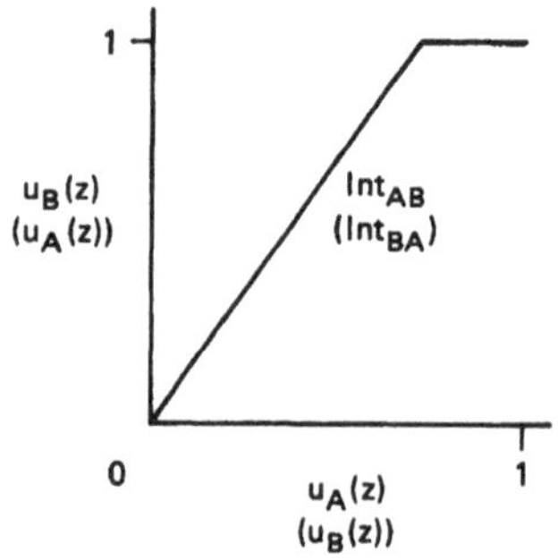

Abb. 21: Konvergierende Interdependenzfunktion

Eine Interdependenz subjektiver Bewertungen dieser Art hat eine erstaunliche Konsequenz: wie auch immer die beiden Zustände (aufgrund einer Vermutung über die subjektive Bewertung der anderen Person) bewertet werden, die wechselseitige Information führt bei beiden Personen zu einer Bewertungsfolge, die gegen den maximalen Wert (hier auf 1 normiert) konvergiert.

Beispiel 3: Mit diesem Beispiel stellen wir den Fall einer von vornherein gegebenen **einseitigen** Abhängigkeit der individuellen Präferenzen dar: Hat eine der beiden Personen eine konstante Interdependenzfunktion, so ergibt sich – unabhängig davon wie die Interdependenzfunktion der anderen Person gestaltet ist – schon nach der ersten wechselseitigen Information eine stabile subjektive Bewertung des betreffenden Zustandes durch beide Personen (Abbildung 22).

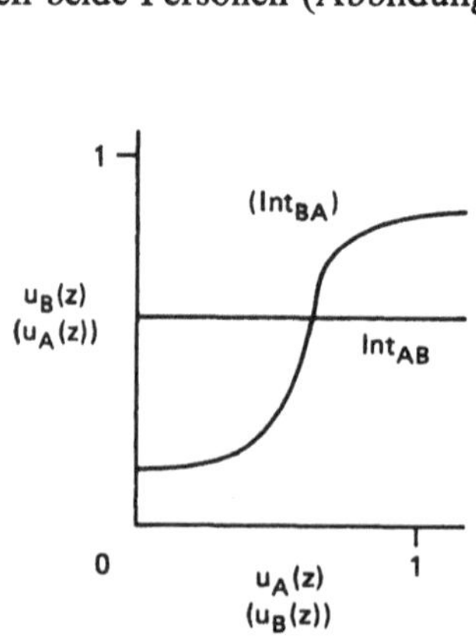

Abb. 22: Konstante Interdependenzfunktion

Diese subjektiven Bewertungen ändern sich bei erneuter wechselseitiger Information nicht mehr. Wenn A die konstante Interdependenzfunktion und die anfängliche Bewertung a_1 für z hat, dann gilt auch nach Kenntnis der Bewertung von B: $u_A(z) = a_1$.

Da auch weitere Offenlegungen der aktuellen subjektiven Bewertungen daran nichts ändern, bleibt die subjektive Bewertung des Zustandes durch B unverändert. Wenn also jemand die Bewertung eines Zustandes in keiner Weise von der Bewertung dieses Zustandes durch den anderen abhängig macht, dann ist damit in einer 2-Personen-Welt unabhängig von der Interdependenz der Bewertungen des anderen eine stabile Verteilung der subjektiven Bewertungen garantiert.

Beispiel 4: Wenn A die Interdependenzfunktion $u_A(z) = 1 - u_B(z)$ und B die Interdependenzfunktion $u_B(z) = u_A(z)^2$ hat, dann ergeben sich aufgrund wiederholter Offenlegungen der subjektiven Bewertungen sowohl für A wie für B jeweils divergente Bewertungsfolgen.

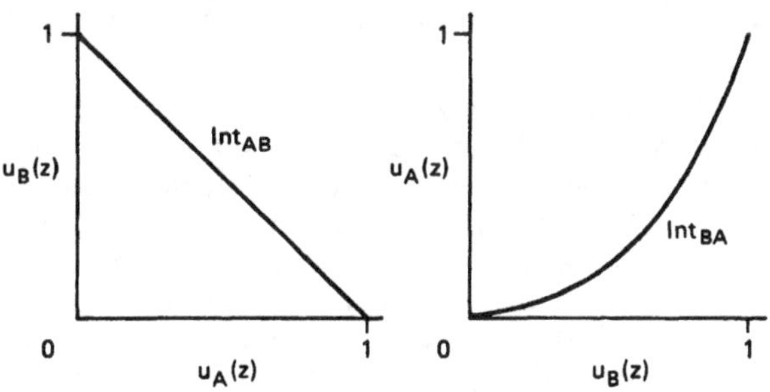

Abb. 23: Unterschiedliche Interdependenzfunktionen für die Personen A und B

In diesem Beispiel konvergieren Teilfolgen der Bewertungsfolge von A gegen 0, während andere Teilfolgen gegen 1 konvergieren. Die Bewertungen der Person A nehmen also allein aufgrund wechselseitiger Information zunehmend extremere Werte an. Dieses Phänomen tritt für beliebige Kombinationen von Anfangsbewertungen des Zustandes z durch A und B auf.

Während die ordinale Betrachtungsweise zu Beginn dieses Abschnittes einen statischen Charakter hatte, ist die kardinale Darstellung anhand der vier Beispiele dynamisch: Man stellt sich vor, daß aufgrund wechselseitiger Informationen eine Beeinflussung der interdependenten Präferenzen stattfindet. Nun kann man selbstverständlich auch auf kardinaler Grundlage die Problematik ohne dieses dynamische Element analysieren. Zu diesem Zweck wäre es notwendig, den Begriff einer Gleichgewichtsbewertung relativ zu einer gegebenen Interdependenzstruktur einzuführen.

Eine Gleichgewichtsbewertung ist ein n-Tupel individueller subjektiver Bewertungen, das mit der gegebenen Präferenzstruktur in K ($\# K = n$) vereinbar wäre. Interdependenzstrukturen, die solche Gleichgewichtspunkte aufweisen, bestimmen damit die Menge der zulässigen Bewertungsstrukturen in K; 'zulässig' im Sinne von: 'stabil gegenüber wechselseitiger Information'. Im zweiten Beispiel ist, wie aufgezeigt, die einzige kollektive Gleichgewichtsbewertung, wenn sowohl A wie

B z mit 1 bewerten. Im dritten Beispiel gibt es unendlich viele kollektive Gleichgewichtsbewertungen: wenn z für A den subjektiven Wert $u_A(z) = a$ hat, dann ergibt sich die entsprechende Gleichgewichtsbewertung zu $\langle a_B, Int_{BA}(u_A(z))\rangle$. Im ersten und vierten Beispiel gibt es überhaupt keine Gleichgewichtsbewertung, was in der ordinalen Darstellung dem Fall einer kontradiktorisch bestimmten Präferenzstruktur in K entspricht.

Diese vier Beispiele stehen jeweils für eine ganze Klasse von Interdependenzsituationen. Es gibt solche, die zu einer je konvergenten Bewertungsfolge führen, für die also gilt, daß zusätzliche Informationen die Bewertungen einer Person unverändert lassen oder einer bestimmten Grenzbewertung annähern (Beispiel 3). Unter diesen gibt es allerdings Fälle, in denen die Grenzwerte der subjektiven Bewertungen völlig unabhängig von der gewählten Ausgangsbewertung jeweils dem gleichen Grenzwert zustreben, wie etwa in Beispiel 2 dem höchsten subjektiven Wert überhaupt. In diesen Fällen bestimmt mithin allein die Interdependenzstruktur, welchen Platz ein Zustand in der Präferenzordnung einer Person letztlich (d.h. aufgrund wechselseitiger Informationen) erhält. Andere Typen von Interdependenzstrukturen führen unabhängig von den Ausgangsbewertungen jeweils zu intrapersonell divergenten Bewertungsfolgen bei wechselseitiger Information (Beispiel 4).

Die Möglichkeit der Interdependenz individueller Präferenzen ist mit den Intuitionen, die dem Aggregationsmodell zugrundeliegen, schwer vereinbar. Es setzt implizit Personen voraus, deren subjektive Situation ausschließlich von 'objektiven' Merkmalen des gesellschaftlichen Zustandes geprägt ist – Merkmale, die ihrerseits nicht auf die subjektive Situation anderer Personen rekurrieren. Wenn die Personen aus K jedoch die Bewertung eines Zustandes auch davon abhängig machen, wie andere Personen diesen Zustand bewerten, mit anderen Worten wenn die subjektiven Präferenzen interdependent sind, dann wird das Aggregationsmodell insgesamt in Frage gestellt. Interdependente Präferenzen eignen sich für eine Aggregation im üblichen Sinne nicht.

Die Beispiele der beiden Reisenden zu Beginn dieses Abschnitts deuteten schon darauf hin, daß bei interdependenten Präferenzen Probleme der intuitiven Interpretation des Aggregationsmodells (einschließlich der Modelle des fairen Interessenausgleichs) auftreten würden. Der Übergang von einem uniformen zu einem differenzierten Präferenzbegriff wird durch die Aporien der oben analysierten Beispiele nahegelegt. Auf welche Weise dieser Übergang zu bewerkstelligen ist, sei an folgendem Beispiel erläutert.

Ein altes Ehepaar teilt seine Frühstückssemmeln jeweils in eine obere und eine untere Hälfte. Sie ißt immer die obere und er die untere Hälfte. Am Morgen ihres Goldenen Hochzeitstages hat die alte Dame einen besonderen Wunsch: „Heute hätte ich zur Feier des Tages ausnahmsweise einmal lieber die untere Hälfte. Denk' nicht, daß es mir während der vielen gemeinsamen Jahre schwergefallen wäre, sie an Dich abzutreten – nein, im Gegenteil, das habe ich gerne getan, weil ich wußte, daß Du sie gegenüber der oberen vorziehst – und ab morgen wollen wir es auch wieder so halten wie bisher". Im weiteren Gespräch stellt sich jedoch heraus, daß er nur deshalb 50 Jahre lang auf die obere Hälfte verzichtet hat, weil er die ganze Zeit glaubte, daß seine Frau die obere Semmelhälfte bevorzuge.

Beide hatten offensichtlich bis zu dieser Aussprache eine (interdependente) Präferenz für die Semmelhälfte, die sie dann tatsächlich auch verspeist haben. Die Anwendung des Pareto-Kriteriums auf diese Präferenzen würde also keinerlei Probleme machen und bis zum Goldenen Hochzeitstag den Verzehr der unteren Hälfte durch den Mann und den Verzehr der oberen Hälfte durch seine Frau empfehlen. Der naheliegende Einwand, diese Präferenzen der beiden würden auf falschen Informationen beruhen, läßt sich bei Zugrundelegung eines uniformen Präferenzbegriffs nicht einmal formulieren, denn es kann nicht bestritten werden: Beide Personen hatten bis zu ihrem Goldenen Hochzeitstag tatsächlich die genannten Präferenzen und dementsprechend hatten sie korrekte Vermutungen über die Präferenzen des anderen.

Die naheliegende Interpretation unseres Beispiels wäre jedoch, daß beide Personen während der langen Zeit ihrer Ehe jeweils eine wahre Präferenz (w-Präferenz) hatten, die ihnen gegenseitig unbekannt geblieben ist. Die Frau hatte eine w-Präferenz für die untere Hälfte und der Mann hatte eine w-Präferenz für die obere Hälfte. Aufgrund einer falschen Vermutung über die w-Präferenzen der jeweils anderen Person hatten sie jedoch entgegengesetzte **resultierende Präferenzen**. Die Interdependenz der individuellen Präferenzen äußert sich darin, daß die resultierenden individuellen Präferenzen abhängig sind von den w-Präferenzen (bzw. den Vermutungen über die w-Präferenzen) anderer Personen. In unserem Beispiel werden die w-Präferenzen beider Personen an ihrem Goldenen Hochzeitstag durch einen Zufall aufgedeckt und entsprechend verschwinden die auf falschen Vermutungen über die w-Präferenzen beruhenden resultierenden Präferenzen. Es scheint in diesem Beispiel plausibel zu fordern, daß eine Aggregationsregel zur kollektiven Entscheidungsfindung nicht auf die 'resultierenden', sondern auf die w-Präferenzen der beiden Beteiligten und die mit ihnen korrespondierenden subjektiven Bewertungsfunktionen angewendet werden sollte.

Es wurde in diesem Abschnitt gezeigt, daß die Plausibilität des einfachen Aggregationsmodells vom Typ der zu aggregierenden Präferenzen abhängt: Interdependente Präferenzen sind als Aggregationsbasis offensichtlich ungeeignet. Da jedoch Interdependenz als ein empirisches Datum gelten kann, ist die Vorstellung der Aggregation resultierender (handlungsanleitender) Präferenzen nicht länger aufrechtzuerhalten. Die Logik kollektiver Entscheidungen ist historisch und systematisch eng mit der Wohlfahrtsökonomie verbunden. Die Wohlfahrtsökonomie ist im Blick auf planerisch tätige Institutionen der Bürokratie und Politik entwickelt worden. Die zeitgenössische LkE hat ihr Anwendungsgebiet jedoch wesentlich erweitert. In den Vordergrund gerückt sind ihre demokratietheoretischen und sozialethischen Aspekte. Für die zeitgenössische LkE stellt sich daher dringlicher als für die traditionelle Wohlfahrtsökonomie die Frage, von welcher Art die zu aggregierenden Präferenzen sind. Daher ist neben dem Problem der Interdependenz ein weiteres, nämlich das Problem der Differenzierung von praktischer und theoretischer Aggregation in die Diskussion um eine Erweiterung der Aggregationsbasis einzubeziehen.

8.2 Interessen- versus Urteilsaggregation

Aggregationsverfahren dienen einem praktischen Konsens: Der intuitive Grundgedanke ist, daß Personen unterschiedliche Interessen haben, es jedoch in einem Gemeinwesen in vielen Fällen notwendig ist, diese individuellen Interessen in der einen oder anderen Weise zu koordinieren, sowie kollektive Entscheidungen herbeizuführen. Im Idealfall wären sich die Personen bei jeder beliebigen Interessenkonstellation, wie sie sich in der Präferenzstruktur abbildet, aufgrund eines bestimmten Aggregationsverfahrens bzw. einer akzeptierten Aggregationsregel einig, was als 'gerechter Ausgleich' dieser unterschiedlichen individuellen Ansprüche gelten kann oder was im 'gemeinsamen Interesse' ist oder was angesichts dieser Interessenkonstellation die 'angemessene kollektive Entscheidung' etwa gegenüber konkurrierenden Gruppen oder im Falle der internationalen Politik gegenüber anderen Staaten wäre.

In einer sozialethischen Interpretation dienen Aggregationsregeln dazu, aufgrund einer empirisch gegebenen Interessenkonstellation festzustellen, was moralisch geboten ist – unabhängig davon wer jeweils Entscheidungsträger der 'kollektiven Präferenzrelation' ist. Da diese sozialethische Interpretation der LkE jedoch in höherem Maße interpersonelle Vergleiche erforderlich macht, haben wir diesen Aspekt bisher hintangestellt. Nach den notwendigen begrifflichen Klärungen in diesem Kapitel kommen wir jedoch in Kapitel 9 und folgende ausführlich auf die sozialethische Problemstellung der LkE zurück.

Die Interpretation einer Aggregation individueller Präferenzen im Sinne eines Verfahrens zur Herstellung eines praktischen Konsenses setzt voraus, daß die individuellen Präferenzen nicht etwa Ausdruck moralischer Beurteilung der Situation sind. Theoretiker in der einschlägigen Literatur betonen, daß es um die Aggregation **subjektiver** Präferenzen gehe. Der Begriff der 'subjektiven Präferenz' wirkt auf den ersten Blick wie ein Pleonasmus, denn Präferenzen scheinen immer etwas Subjektives zu sein.

Soweit eine Präferenz als subjektiv gekennzeichnet werden kann, erhebt derjenige, der diese Präferenz hat, vernünftigerweise nicht den Anspruch, diese Präferenz entspreche einem Urteil, das unabhängig von den subjektiven Merkmalen seiner Person Gültigkeit hat. Wenn eine Person eine Alternative x gegenüber einer Alternative y vorzieht, so kann dies jedoch auch Ausdruck der moralischen Überzeugung dieser Person sein, daß die Alternative x 'objektiv' besser, z. B. gerechter ist als die Alternative y. Wenn eine andere Person y für gerechter hält, dann besteht zwischen A und B nicht ein Interessenkonflikt, sondern ein Konflikt, den wir einen **theoretischen Konflikt** nennen wollen.

Das Leben in der Gesellschaft ist von Konflikten geprägt, deren Charakter meist nicht eindeutig interessenbezogen oder theoretisch ist. Besonders im Feld der politischen Auseinandersetzung werden interessenorientierte Konflikte meist in einer Form ausgetragen, die den Eindruck erweckt, es handele sich um einen theoretischen Konflikt. Bisweilen entspricht dieser Eindruck auch dem subjektiven Bewußtsein der Konfliktbeteiligten, was in der marxistischen Überbautheorie zur Grundlage der Bewußtseinsanalyse gemacht wird.

Eine Aggregationsregel sichert einen **praktischen Konsens**, wenn sich die Personen bei jeder Interessenkonstellation einig sind, was als gerechter (fairer, angemessener) Ausgleich individueller Ansprüche gelten kann oder was aufgrund der gegebenen Interessenkonstellation als gemeinsames Interesse oder – rousseauistisch gesprochen – als Gemeinwille akzeptiert ist. Die Interessenkonstellation ist jeweils empirisch gegeben und die normative Aggregationstheorie begründet ein gemeinsames Urteil über das, was aufgrund dieser Interessenkonstellation geboten ist. Um eine übereinstimmende Beurteilung der jeweils vorliegenden Interessenkonstellation zu erhalten, ist interpersonelle Vergleichbarkeit nötig – das erforderliche Ausmaß ist theorieabhängig (wir kommen in Abschnitt 8.4 darauf zurück).

Wenn unterschiedliche Ansichten in K bestehen, welches Aggregationsverfahren das jeweils angemessenere ist, dann gibt es auch bei einer übereinstimmenden empirischen Analyse der vorliegenden Interessenkonstellation unterschiedliche Auffassungen darüber, welche kollektive Entscheidung angemessen ist. Diese unterschiedlichen Auffassungen konstituieren keinen praktischen, sondern einen theoretischen Dissens. Wer auch für diesen Fall die Anwendung einer Aggregationsregel vorschlägt, muß wissen, daß die Adäquanzkriterien für diesen Anwendungsbereich sich gegenüber denjenigen unterscheiden, die für den ursprünglich ins Auge gefaßten Bereich der bloßen Interessenkonstellation angemessen sind.

Nun könnte eingewandt werden, daß auch rein subjektive Präferenzen einen theoretischen Aspekt haben, denn wer eine Alternative x einer Alternative y aufgrund seiner persönlichen Interessen vorzieht, äußerst damit ebenfalls eine Überzeugung, etwa die, daß es ihm in dieser Situation besser gehen würde als in der anderen. Wesentlich ist jedoch nicht die Reflexion als solche, sondern der Anspruch, der mit einer bestimmten Präferenz verbunden ist. Eine Person, die die genannte interessenorientierte Präferenz hat und der entsprechenden (theoretischen) Überzeugung ist, behauptet damit nicht, daß x 'objektiv' besser ist, sondern daß x besser für **ihn** ist. Mithin ist x nach seiner Auffassung nicht besser unter einem allgemeingültigen Kriterium, etwa dem der Gerechtigkeit.

Diese Unterscheidung der theoretischen und der praktischen Ebene der Aggregation könnte nur dann als irrelevant für die Logik kollektiver Entscheidungen gelten, wenn sich auf beiden Ebenen die gleichen Aggregationsregeln als adäquat erweisen würden. Die folgenden Beispiele und Kriterien zeigen aber, daß dies keineswegs der Fall ist.

Tatsächlich kann es zweckmäßig sein, sich für den Fall eines theoretischen Dissenses Kriterien zu überlegen, an die sich eine Gruppe von Personen halten sollte, wenn sie zu einem kollektiven Urteil kommen möchte oder kommen muß. Damit ist der theoretische Dissens natürlich nicht behoben, das Gruppenurteil nicht als richtig erwiesen.

Obwohl sich einige empirische Untersuchungen mit der Thematik der 'Aggregation' individueller Urteile beschäftigt haben, beschränken wir uns auf eine logische Analyse. Wir gehen dabei von einem äußerst einfachen Modell aus: Meinungsänderungen aufgrund von Kommunikation und interpersonell verschiedene Irrtumswahrscheinlichkeiten bleiben unberücksichtigt.

Stellen wir uns zunächst vor, eine Gruppe von Personen stehe angesichts einer Reihe von Alternativen vor der Notwendigkeit einer kollektiven Entscheidung. Die einzelnen Personen haben jeweils eine persönliche Überzeugung davon, was in dieser Situation die beste kollektive Entscheidung wäre. Zum Beispiel könnte man sich vorstellen, daß die Personen dieser Gruppe alle vollkommen moralisch sind – nicht in dem Sinne, daß sie im Besitz der richtigen normativ-ethischen Theorie sind, sondern in dem Sinne, daß ihre individuellen Präferenzurteile ausschließlich aufgrund ihrer jeweiligen moralischen Überzeugung erfolgen, was für die Gruppe das Richtige sei.

Das ist ohne Zweifel ein Grenzfall der üblichen Ausgangssituation in der Logik kollektiver Entscheidungen, denn in diesem Fall geht es interessanterweise ausschließlich um die Frage: Wie komme ich von individuellen Urteilen, die sich mit einer gewissen Wahrscheinlichkeit irren, zu einem guten Gruppenurteil? Diese Frage stellt sich für normative Urteile in der gleichen Weise wie für empirische (oder deskriptive) und sie hat mit der gerechten Aggregation individueller Interessen offensichtlich nichts zu tun.

Die individuellen Urteile seien binär, d.h. so zerlegt, daß sie für eine endliche Anzahl von Propositionen p in 'Ja'/'Nein'-Antworten umgeformt werden können. Die Aggregation individueller Urteile d_i zu einem Gruppenurteil D erfolge aufgrund einer **Regel kollektiven Urteils** (RkU). Die RkU ist eine Funktion, die jeder Urteilsstruktur d in K ein Gruppenurteil $RkU(d) = D$ zuordnet. Die individuellen Urteile der gleichen Urteilsstruktur beziehen sich auf jeweils eine einzige (interpersonell invariante) Proposition p ebenso wie das zugehörige Gruppenurteil.

Definition 3/8: Eine **Regel kollektiven Urteils** (RkU) ist eine Funktion RkU: $U \ni d \rightarrow D \in \{w, f, u\}$, wobei U die Menge aller logisch möglichen Urteilsstrukturen bezüglich der Proposition p in K ist und eine Urteilsstruktur d eine Funktion $d\colon K \ni i \rightarrow d(i) \in \{w, f\}$.

Das Gruppenurteil kann die drei Werte 'ja': w, 'nein': f und 'unbestimmt': u annehmen während die individuellen Urteile jeweils bestimmt sein sollen (also nur 'ja': w oder 'nein': f). Wir wollen nämlich nicht voraussetzen, daß es bezüglich jeder RkU zu einer beliebigen Urteilsstruktur ein Gruppenurteil gibt. Manche Regeln kollektiven Urteils mögen nur unter bestimmten Bedingungen, die von der Urteilsstruktur erfüllt sein müssen, ein kollektives Urteil erlauben. Um das in unserem Modell zu erfassen, ordnen wir solchen Urteilsstrukturen, denen bezüglich einer Regel kollektiven Urteils kein Urteil zugeordnet wird, den Wert u zu, so daß trotzdem jede RkU eine Funktion ist. Nur wenn $RkU(d) \neq u$, sprechen wir von einem kollektiven oder einem Gruppenurteil.

Sei $w(d_i)$ die Wahrscheinlichkeit dafür, daß das individuelle Urteil der Person i richtig ist. Nehmen wir weiter – stark vereinfachend – an, wir hätten keinen Grund für individuell unterschiedliche Wahrscheinlichkeiten a priori, d.h.: $\forall i, j \in K$: $w(d_i) = w(d_j) = w_0$. Je nach Wahl der Regel kollektiven Urteils ergeben sich danach unterschiedliche Wahrscheinlichkeiten für die Richtigkeit des Gruppenurteils D in Abhängigkeit von w_0; $w_D (= w(D))$ ist Funktion von RkU und w_0 (bzw. im allgemeinen Fall von $w_1, w_2, \ldots, w_n$). Sucht man nun nach einem Bewertungskriterium für die unterschiedlichen Aggregationsregeln im theoretischen Bereich, ist es naheliegend, die Irrtumswahrscheinlichkeit des Gruppenurteils mit der Irrtumswahrscheinlichkeit der individuellen Urteile $(1 - w_0)$ zu vergleichen. (Sei X dabei eine beliebige RkU).

Definition 4/8: Das **allgemeine Gütekriterium** G für eine Regel kollektiven Urteils ist: $G(X) = \int_0^1 (w_D(X, w_0) - w_0) dw_0$.

Definition 5/8: Das **spezifische Gütekriterium** G_s für eine Regel kollektiven Urteils ist: $G_s(X, w_0) = w_D(X, w_0) - w_0$.

Um die Güte einer Regel kollektiven Urteils für unterschiedliche individuelle Irrtumswahrscheinlichkeiten vergleichen zu können, führen wir außerdem noch ein **relatives spezifisches Gütekriterium** G_{rel} ein.

Definition 6/8: $G_{rel}(X, w_0) = [w_D(X, w_0) - w_0]/[(1 - w_D) \cdot w_0]$.

Der Übergang vom spezifischen zum relativen spezifischen Gütekriterium erfolgt deshalb, weil die absolute Veränderung der Wahrscheinlichkeiten durch die Anwendung einer RkU ein verzerrter Maßstab wäre: Eine Verbesserung der Wahrheitswahrscheinlichkeit um 0,09 von $w_0 = 0{,}90$ auf $w_D = 0{,}99$ stellt eine weit grössere Leistung einer Regel kollektiven Urteils dar als eine Verbesserung der Wahrheitswahrscheinlichkeit um 0,1 von $w_0 = 0{,}4$ auf $w_D = 0{,}5$. Ebenso stellt aber auch eine Verbesserung der Wahrheitswahrscheinlichkeit um 0,09 von $w_0 = 0{,}01$ auf $w_D = 0{,}10$ eine größere Leistung dar als eine Verbesserung der Wahrheitswahrscheinlichkeit um 0,1 von $w_0 = 0{,}4$ auf $w_D = 0{,}5$. Dieser Überlegung werden die Gütekriterien G_s und G_{rel} gerecht. Stellen wir die Ergebnisse der beiden Kriterien für diese drei Beispiele gegenüber, so ergibt sich:

(1) für $w_0 = 0{,}90$ und $w_D = 0{,}99$: $G_{rel} = 10{,}0$ und $G_s = 0{,}09$
(2) für $w_0 = 0{,}40$ und $w_D = 0{,}50$: $G_{rel} = 0{,}5$ und $G_s = 0{,}10$
(3) für $w_0 = 0{,}01$ und $w_D = 0{,}10$: $G_{rel} = 10{,}0$ und $G_s = 0{,}09$.

Eine Verbesserung der Wahrheitswahrscheinlichkeit von 0,90 auf 0,99 und von 0,01 auf 0,10 wird vom relativen spezifischen Gütekritierum zwanzigfach höher bewertet wie eine Verbesserung von 0,4 auf 0,5, während das spezifische Gütekriterium die Veränderung von 0,4 auf 0,5 am höchsten bewertet.

Während die Wahrscheinlichkeit $\overline{w}_D$ dafür, daß eine bestimmte Person i aus K ein falsches Urteil fällt, gleich $1 - w_0$ ist, gilt nicht $\overline{w}_D = 1 - w_D$, da nicht jeder Urteilsstruktur von K bei der Anwendung einer beliebigen Regel kollektiven Urteils X ein Gruppenurteil D zugeordnet wird. Die Wahrscheinlichkeit dafür, daß es aufgrund einer Regel kollektiven Urteils bei gegebenem w_0 zu keinem Gruppenurteil kommt, ist $\dot{w}_D(w_0) = 1 - [w_D(w_0) + \overline{w}_D(w_0)]$.

Analog zu Definition 4/8 wäre ein **allgemeines Gütekriterium** $\overline{G}$ für die Vermeidung **falscher** kollektiver Urteile wie folgt zu formulieren.

Definition 7/8: $\overline{G}(X) = \int_0^1 (\overline{w}_0 - \overline{w}_D)\, dw_0$.

Das dazugehörige **spezifische** und **relative spezifische Gütekriterium** $\overline{G}_s$ und $\overline{G}_{rel}$ wird entsprechend definiert.

Definition 8/8: $\overline{G}_s(X, w_0) = \overline{w}_0 - \overline{w}_D(X, w_0)$.

Definition 9/8: $\overline{G}_{rel}(X, w_0) = [\overline{w}_0 - \overline{w}_D(X, w_0)]/[\overline{w}_D(1 - \overline{w}_0)]$.

Alle bisher genannten Kriterien sind nur epistemisch orientiert: sie berücksichtigen nur Glaubensgrade und nicht die **Folgen** falscher Vermutungen.

Geht es um die Auswahl einer Regel kollektiven Urteils in einer Entscheidungssituation, in der die Nachteile eines falschen Gruppenurteils, die Vorteile eines richtigen und die Konsequenzen eines nicht erfolgten kollektiven Urteils abgeschätzt werden können, so bietet sich als Gütekriterium einer Regel kollektiven Urteils der Nutzenerwartungswert von X in dieser Entscheidungssituation an:

$$U(X) = \int_0^1 [R \cdot w_D(X, w_0) + F \cdot \overline{w}_D(X, w_0) + I \cdot \dot{w}_D(X, w_0)]\, dw_0.$$

Dabei ist R der Nutzen eines richtigen kollektiven Urteils, F der Nutzen (bzw. der Schaden) eines falschen und I der eines nicht erfolgten kollektiven Urteils. Ist w_0 bekannt, so kann das entsprechende (spezifische) Gütekriterium verwandt werden:

$$U_s(X, w_0) = R \cdot w_D(X, w_0) + F \cdot \overline{w}_D(X, w_0) + I \cdot \dot{w}_D(X, w_0).$$

Damit läßt sich für eine gegebene individuelle, in K konstante Irrtumswahrscheinlichkeit $\overline{w}_0$ diejenige Regel kollektiven Urteils zur Grundlage des Gruppenurteils machen, die in der jeweiligen Entscheidungssituation – R, F und I sind Funktionen der Entscheidungssituation – den höchsten Wert von $U_s(X, w_0)$ hat.

Dieses Modell ist bei weitem nicht differenziert genug, um in allen Situationen die Anwendung bestimmter Regeln kollektiven Urteils begründen zu können, immerhin aber kann es die Anwendung einzelner Regeln wie sie in vielen Organisationen üblich sind, plausibel machen. Es verdeutlicht u. a., daß pauschale Urteile darüber, welche Regeln kollektiven Urteils allgemein vorzuziehen sind, auf einer mangelnden Differenzierung in der Analyse der Entscheidungssituationen beruhen.

An einigen Aggregationsregeln, deren Analoga auch in der Literatur zur LkE diskutiert werden, wollen wir die Brauchbarkeit der vorgeschlagenen Gütekriterien prüfen, um damit zu verdeutlichen, wie notwendig die Trennung der theoretischen von der praktischen Ebene der Aggregationsproblematik ist.

1. *Beispiel*: **Meinungsdiktatur** (MD)

Bei der Meinungsdiktatur lautet die Regel kollektiven Urteils MD: $D = d_i$, i sei der Name des Diktators. Hier gilt:

$$w_D(MD, w_0) = w_0 \text{ für } w_0 \in [0,1],$$
$$G(MD) = 0,\ G_s(MD, w_0) = w_D(MD, w_0) - w_0 = 0, \text{ für alle } w_0,$$
$$G_{rel}(MD, w_0) = 0,$$
$$\overline{G}(MD) = 0,\ \overline{G}_s(MD, w_0) = 0,\ \overline{G}_{rel}(MD, w_0) = 0.$$

2. *Beispiel*: **Meinungsanarchie** (MA)

Es kommt nur dann zu einem Gruppenurteil D, wenn alle Personen in ihrem Urteil übereinstimmen, d. h. es ist: $MA(d) = D \leftrightarrow \forall i \in K\colon d_i = D$.

Ist die Wahrscheinlichkeit dafür, daß eine Person i aus K mit ihrem Urteil recht hat, w_0, dann ist die Wahrscheinlichkeit dafür, daß das aufgrund der Einstimmigkeitsregel erfolgte Gruppenurteil D richtig ist, $w_D(MA, w_0) = w_0^n$ mit $\# K = n$. Mithin ergibt sich für das Gütekriterium:

$$G(MA) = \int_0^1 (w_0^n - w_0)\, dw_0 = 1/(n+1) - 1/2.$$

Das bedeutet: für $\# K \geqq 2$ liefert unser Gütekriterium für die Einstimmigkeitsregel kollektiven Urteils ein negatives Ergebnis. Anders gesagt, die Wahrscheinlichkeit, mit dem eigenen Urteil richtig zu liegen, ist größer als die eines ausschließlich durch allgemeine Übereinstimmung erfolgten Gruppenurteils (und zwar für beliebige Werte von w_0).

Das heißt allerdings nicht, daß die Einstimmigkeitsregel für jede Situation, in der ein Gruppenurteil gefällt werden soll, unzweckmäßig ist. Die Wahrscheinlichkeit dafür, daß ein aufgrund der Einstimmigkeitsregel getroffenes Urteil falsch ist, ist ebenfalls klein: $\overline{w}_D(MA, w_0) = (1 - w_0)^n$. Ist man also primär daran interessiert, ein falsches Gruppenurteil zu vermeiden, so bietet sich die Einstimmigskeitsregel besonders an, denn es ist:

$$\overline{G}(MA) = \int_0^1 (\overline{w}_0 - \overline{w}_D)\, dw_0 = 1/2 - 1/(n+1).$$

Das ausschließlich epistemisch orientierte Gütekriterium $\overline{G}$ zur Vermeidung falscher Gruppenurteile ist damit positiv für $\# K \geqq 2$ (und wächst monoton mit n).

Die absolute Veränderung der Irrtumswahrscheinlichkeit des kollektiven Urteils gegenüber der Irrtumswahrscheinlichkeit des individuellen Urteils zeigt das Gütekriterium G_s bzw. $\overline{G}_s$:

$$G_s(MA, w_0) = w_D(MA, w_0) - w_0 = w_0^n - w_0,$$
$$\overline{G}_s(MA, w_0) = \overline{w}_0 - \overline{w}_D(MA, w_0) = 1 - w_0 - (1 - w_0)^n.$$

Beispiel 1: Für $\# K = n = 10$ und $w_0 = 0{,}9$:
$$G_s(MA, 0{,}9) = -0{,}551 \text{ und}$$
$$\overline{G}_s(MA, 0{,}9) = 0{,}1 - 10^{-10} = 0{,}1$$

Beispiel 2: Für $n = 10$ und $w_0 = 0{,}5$:
$$G_s(MA, 0{,}5) = 9{,}8 \cdot 10^{-4} - 0{,}5 = -0{,}499$$
$$\overline{G}_s(MA, 0{,}5) = 0{,}5 - 9{,}8 \cdot 10^{-4} = 0{,}499$$

Beispiel 3: Für $n = 10$ und $w_0 = 0{,}1$:
$$G_s(MA, 0{,}1) = 10^{-10} - 0{,}1 = -0{,}1$$
$$\overline{G}_s(MA, 0{,}1) = 0{,}9 - 10^{-10} = 0{,}9.$$

Diese Beispiele zeigen durchgängig ein Charakteristikum der Einstimmigkeitsregel: für die Verringerung der Irrtumswahrscheinlichkeit positive Werte, für die Verbesserung der Wahrheitswahrscheinlichkeit negative Werte.

Die Anwendung der relativen spezifischen Gütekriterien gibt eine bessere Vergleichsgrundlage ab. Damit ergibt sich für eine 'anarchistische' Regel kollektiven Urteils folgende Bewertung in Abhängigkeit von der individuellen Irrtumswahrscheinlichkeit:

$$G_{rel}(MA, w_0) = [w_D(MA, w_0) - w_0]/(1 - w_D)w_0 = [w_0^n - w_0]/(1 - w_0^n)w_0,$$
$$\overline{G}_{rel}(MA, w_0) = [\overline{w}_0 - \overline{w}_D(MA, w_0)]/\overline{w}_D(1 - \overline{w}_0) = [1 - w_0 - (1 - w_0)^n]/(1 - w_0)^n w_0.$$

Angewandt auf die drei Beispiele für eine Gruppe von jeweils 10 Personen:

(1) $G_s(MA, 0{,}9) = -0{,}551$ und $G_{rel}(MA, 0{,}9) = -0{,}941$,
$\overline{G}_s(MA, 0{,}9) = 0{,}1$ und $\overline{G}_{rel}(MA, 0{,}9) = 1{,}1 \cdot 10^9$,

(2) $G_s(MA, 0{,}5) = -0{,}499$ und $G_{rel}(MA, 0{,}5) = -0{,}998$,
$\overline{G}_s(MA, 0{,}5) = 0{,}499$ und $\overline{G}_{rel}(MA, 0{,}5) = 1022$,

(3) $G_s(MA, 0{,}1) = -0{,}1$ und $G_{rel}(MA, 0{,}1) = -1{,}0$,
$\overline{G}_s(MA, 0{,}1) = 0{,}9$ und $\overline{G}_{rel}(MA, 0{,}1) = 15{,}8$.

Ist die Wahrscheinlichkeit richtiger individueller Urteile hoch, so liefert uns das relative spezifische Gütekriterium $\overline{G}_{rel}$ bei der Einstimmigkeitsregel extrem hohe Werte. Auch für größere individuelle Irrtumswahrscheinlichkeiten schneidet die Einstimmigkeitsregel unter dem Kriterium $\overline{G}_{rel}$ sehr gut ab – ganz im Gegensatz zu den Ergebnissen unter dem Kriterium G_{rel}.

3. *Beispiel*: **Meinungsoligarchie** (MO)

Erfolgt das Gruppenurteil D aufgrund der Übereinstimmung einer festen Gruppe $L \subset K$, so ist $MO(d) = D \leftrightarrow \forall i \in L: d_i = D$. Somit gilt analog zur Einstimmigkeitsregel kollektiven Urteils:

$$w_D(w_0) = w_0^m \text{ mit } \# L = m < \# K = n,$$

und für das allgemeine Gütekriterium G ergibt sich:

$$G(MO, w_0) = \int_0^1 (w_0^m - w_0)dw_0 = 1/(m+1) - 1/2.$$

Die weitere Diskussion der Meinungsoligarchie erübrigt sich, da sie sich aus dem letzten Beispiel ergibt, wenn man jeweils 'n' durch 'm' ersetzt.

4. *Beispiel*: **Mindestzahlregel** ('Quorum': MQ)

Das Gruppenurteil erfolgt aufgrund einer Übereinstimmung von mindestens m Personen in der Gruppe K, $\# K = n > m$. Es gilt:

$$MQ(d) = D \leftrightarrow \exists k \in \{1,2,\ldots,n\}: \exists \sigma \in Bij(\{1,2,\ldots,n\}): \forall \sigma(i) \leqq k: d_{\sigma(i)} = D.$$

Damit ist die Wahrscheinlichkeit dafür, daß aufgrund der Mindestzahlregel eine richtige Gruppenentscheidung erfolgt:

$$w_D(d) = \sum_{i=m}^{n} \binom{n}{i} w_0^i (1 - w_0)^{n-i}.$$

Die Wahrscheinlichkeit dafür, daß aufgrund von MQ ein falsches Gruppenurteil (bei der Urteilsstruktur d in der Gruppe K) erfolgt, ist demgegenüber:

$$\overline{w}_D(d) = \sum_{i=m}^{n} \binom{n}{i} (1 - w_0)^i w_0^{n-i},$$

und die Wahrscheinlichkeit dafür, daß aufgrund der Mindestzahlregel keine Gruppenentscheidung erfolgt:

$$\dot{w}(d) = 1 - (w_D(d) + \overline{w}_D(d)).$$

Das allgemeine Gütekriterium, angewandt auf die Mindestzahlregel kollektiven Urteils (die im Fall von $m > n/2$ eine qualifizierte Mehrheitsregel darstellt), ergibt:

$$G(MQ) = \int_0^1 [w_D(MQ, w_0) - w_0] dw_0 = \int_0^1 \sum_{i=m}^{n} \binom{n}{i} [w_0^i (1 - w_0)^{n-i} - w_0] dw_0.$$

Für eine Gruppe von sechs Personen und ein Quorum von 2 wäre dieses Gütekriterium beispielsweise $G(MQ) = 0{,}214$. Das allgemeine Gütekriterium für die Vermeidung falscher kollektiver Urteile ergibt:

$$\overline{G}(MQ) = \int_0^1 [\overline{w}_0 - \overline{w}_D(MQ, w_0)] dw_0 = \int_0^1 \left[1 - w_0 - \sum_{i=m}^{n} \binom{n}{i} (1 - w_0)^i w_0^{n-i}\right] dw_0.$$

Für den angenommenen Fall von $n = 6$ und $m = 2$ würde dieses Gütekriterium den Wert $\overline{G}(MQ) = -0{,}214$ annehmen.

Sind die individuellen Irrtumswahrscheinlichkeiten bekannt, kann man die relativen spezifischen Gütekriterien G_{rel} und $\overline{G}_{rel}$ zur Beurteilung heranziehen. Wir nehmen den Fall $n = 5$ und $m = 3$, womit in diesem einfachen Beispiel zugleich die Mehrheitsentscheidung als Regel kollektiver Urteilsfindung beurteilt wird.

Für eine Gruppe von 5 Personen und die Mindestzahl 3 gilt: Bei kleiner Irrtumswahrscheinlichkeit, etwa $w_0 = 0{,}9$, ist: G_{rel} (MQ, 0,9) = 0,09/0,01 = 9; bei mittlerer Irrtumswahrscheinlichkeit, etwa $w_0 = 0{,}5$, ist G_{rel} (MQ, 0,5) = 0/0,249 = 0; und bei hoher Irrtumswahrscheinlichkeit, etwa $w_0 = 0{,}1$, ist: G_{rel}(MQ, 0,1) = − 0,0915/0,09915 = − 0,092285.

Die Regel der Mehrheitsentscheidung ist also für niedrige individuelle Irrtumswahrscheinlichkeiten eine gute Regel kollektiven Urteils. Dies gilt auch unter dem Aspekt der Vermeidung falscher kollektiver Urteile, denn in unserem Beispiel liefern die beiden relativen spezifischen Gütekriterien G_{rel} und $\overline{G}_{rel}$ für beliebige individuelle Irrtumswahrscheinlichkeiten $1 - w_0$ jeweils gleiche Bewertungen, d.h. in diesem Fall ist $\forall w_0 \in [0,1]$: $G_{rel}(MQ, w_0) = \overline{G}_{rel}(MQ, w_0)$.

8.3 Erweiterungen des Präferenzbegriffs

8.3.1 Gesellschaftliche Positionen

Eine Alternative aus X wurde von Arrow als 'gesellschaftlicher Zustand' ('*social state*'), d.h. als eine Gesamtbeschreibung aller für die Personen aus K relevanten Umstände interpretiert. Welcher Zusammenhang besteht nun zwischen Alternativen in diesem Sinne und gesellschaftlichen Positionen, die von einzelnen Individuen eingenommen werden?

Jeder gesellschaftliche Zustand x aus X enthält eine Reihe von Positionen. Eine **Position** q ist eine anonyme Beschreibung aller Umstände, die für die Beurteilung der Stellung einer Person in einer bestimmten gesellschaftlichen Situation relevant sind. Eine Positionszuordnung ϕ gibt an, welches Individuum welche Position in x einnimmt. Ist die Anzahl der Personen gleich der Anzahl der Positionen, wird die Positionszuordnung ϕ zur Bijektion.

Wenn alle gesellschaftlichen Positionen einer Alternative bekannt sind, aber nicht, welches Individuum in welcher dieser Positionen ist, so handelt es sich um einen anonymen gesellschaftlichen Zustand z. Die Angabe einer vollständigen Positionszuordnung führt – sozusagen qua Deanonymisierung – z in einen 'gesellschaftlichen Zustand' x im Sinne Arrows über. Natürlich muß gefordert werden, daß die Anzahl der Positionen eines anonymen gesellschaftlichen Zustands $\# z$ größer ist als die Anzahl n der Personen in K.

Definition 10/8: Eine **Positionszuordnung** ist eine Funktion ϕ: $K \ni i \mapsto q \in z, z \in Z$.

Wenn Z die Menge der anonymen gesellschaftlichen Zustände ist und Φ die Menge aller möglichen Positionszuordnungen, dann ist das Kreuzprodukt $Z \times \Phi$ die ursprüngliche Alternativenmenge X. Einem einzigen anonymen gesellschaftlichen Zustand z entsprechen $\# z!/(\# z - n)!$ gesellschaftliche Zustände im Sinne Arrows, die durch Deanonymisierung aus z hervorgehen.

Wenn man vereinfachend annimmt, daß die Anzahl der Positionen jedes anonymen gesellschaftlichen Zustandes gleich der Anzahl n der Personen aus K ist, dann entsprechen einem einzigen anonymen gesellschaftlichen Zustand $n!/(n-n)! = n!$ gesellschaftliche Zustände – die Anzahl der gesellschaftlichen Zustände ist gleich der Anzahl der Permutationen (ohne Wiederholung) in K. Wenn die Anzahl der anonymen gesellschaftlichen Zustände $\# Z = r$ ist und die Anzahl der Positionen jedes anonymen gesellschaftlichen Zustandes z aus Z der Anzahl der Individuen aus K entspricht, dann hat die der Menge der anonymen gesellschaftlichen Zustände Z entsprechende Menge X von Alternativen im Sinne Arrows die Mächtigkeit $r \cdot n!$. Schon diese Zahlenverhältnisse machen deutlich, in welchem Maße das neue Modell Differenzierungen gegenüber dem ursprünglichen Ansatz von Arrow enthält.

Wenn wir in D. 10/8 Positionen als Elemente von z charakterisieren, dann wird ein anonymer gesellschaftlicher Zustand z als vollständige Aufzählung aller Positionen verstanden, die mit diesem Zustand verbunden sind. Daher genügt es, nur den Begriff der Position als Grundbegriff zu nehmen und anonyme sowie Arrowsche Zustände durch Definition einzuführen.

Definition 11/8; Sei Q die Menge aller gesellschaftlichen Positionen, dann ist Pot(Q) die Menge aller **anonymen gesellschaftlichen Zustände**.

Definition 12/8: Das geordnete Paar $\langle i, q \rangle$, wobei $i \in K$ und $q \in Q$, nennen wir eine **individuelle Position**.

Definition 13/8: Das geordnete Paar $\langle \phi, z \rangle = x$ nennen wir einen **Arrowschen Zustand**. Die Menge aller Arrowschen Zustände sei X.

Die nachfolgende Tabelle 21 beschreibt diese Zusammenhänge noch einmal auf andere Weise. Danach kann ein anonymer gesellschaftlicher Zustand z wie folgt in einen Arrowschen Zustand x übergeführt werden: Ausgehend von den anonymen Positionsbeschreibungen des Zustandes z werden die Personen i, j etc. aus K mit Hilfe einer Funktion ϕ den einzelnen Positionen zugeordnet. Damit ergibt sich eine Menge individueller Positionen, die zusammen einem Arrowschen Zustand entsprechen.

Anonyme Positionen	Personen	Positions-zuordnung	Individuelle Positionen
q	i	$\phi: i \rightarrow q'$	$\langle i, q' \rangle$
q'	j	$\phi: j \rightarrow q$	$\langle j, q \rangle$
q''	k	$\phi: k \rightarrow q''$	$\langle k, q'' \rangle$
⋮	⋮	⋮	⋮
Anonymer gesellsch. Zustand z	Kollektiv K	Funktionen aus Φ	Arrowscher Zustand $\langle \phi, z \rangle = x$

Tab. 21: Überführung des gesellschaftlichen Zustandes $z \in Z$ in einen Arrowschen Zustand $x \in X$

Eine naheliegende und weit verbreitete Interpretation des klassischen Ansatzes der Logik kollektiver Entscheidungen interpretiert die individuellen Präferenzrelationen als eigeninteressierte oder selbstorientierte Rangordnungen von Alternativen. Dies ist allerdings in keiner Weise zwingend, denn über die hinter den einzelnen individuellen Präferenzen stehenden Motivationen werden i.a. keine Annahmen gemacht. Interessant ist jedoch, daß sich mit Hilfe des Positionsbegriffes unterschiedliche Arten individueller Präferenzen formal charakterisieren lassen, womit sich für die Logik kollektiver Entscheidungen neue Gebiete der Analyse insbesondere im Bereich normativer Ethik erschließen.

Eine Person, die völlig desinteressiert ist, was die Situation anderer Personen angeht, wäre z.B. jeweils zwischen zwei Positionszuordnungen ϕ und ϕ' bezüglich eines anonymen gesellschaftlichen Zustandes z indifferent, soweit die eigene Position unverändert bliebe:

$$\forall \phi, \phi' \in \Phi\colon [\phi(i) = \phi'(i) \rightarrow \langle\langle \phi, z \rangle, \langle \phi', z \rangle\rangle \in \tilde{g}(i)].$$

Da es eine eineindeutige Zuordnung von Arrowschen Zuständen und Positionszuordnungen gibt, induziert g über X bei festem anonymen gesellschaftlichem Zustand z eine Teilrelation g_z über Φ_z: statt '$\langle\langle \phi, z \rangle, \langle \phi', z \rangle\rangle \in g(i)$' können wir daher auch kurz '$\langle \phi, \phi' \rangle \in g(i)$' schreiben.

Bei gegebenem (festem) anonymen gesellschaftlichem Zustand z ergibt sich eine individuelle Präferenzrelation über der Menge der Positionszuordnungen Φ. Die Menge der Positionszuordnungen zerfällt bei einer ausschließlich eigenorientierten Person i in Äquivalenzklassen nach Maßgabe $\phi(i) = \phi'(i)$, und zwischen den Positionszuordnungen unterschiedlicher Äquivalenzklassen besteht die folgende Präferenzrelation g(i).

Definition 14/8: **Eigenorientierte Präferenzen:** $\langle \phi, \phi' \rangle \in g(i) \leftrightarrow \langle \phi(i), \phi'(i) \rangle \in \mathbf{g}(i)$

Wenn alle Personen Präferenzen dieser Art hätten, dann wäre allerdings der Positionen-Ansatz völlig überflüssig. Wir wollen jedoch annehmen, daß die Äquivalenzklassenbildung bei Personen nicht derart einfach vor sich geht bzw. für die Ausprägung individueller Präferenzen nicht nur die eigenen Positionsveränderungen, sondern auch diejenigen anderer Personen eine Rolle spielen. Eine Person i kann etwa eine Präferenz für $\langle j,q \rangle$ gegenüber $\langle j,q' \rangle$, also eine Präferenz dafür haben, daß eine andere Person j in einer Position q statt in einer Position q' ist. Wir wollen sogar zulassen, daß sich die Präferenzen auch auf 'gemischte' individuelle Positionen beziehen, etwa $\langle \langle j,q \rangle, \langle k,q' \rangle \rangle \in \mathbf{g}(i)$. Die individuellen Präferenzrelationen über $K \times Q$ kennzeichnen wir mit **g**.

Es ist ein interessantes Merkmal dieses Ansatzes, daß es wenig Sinn macht zu sagen, i habe eine Rangordnung über Positionen, vielmehr muß angegeben werden, in welchem Sinne diese Rangordnung zu verstehen ist. So kann jemand bestimmte Positionen als für viele Personen besonders interessant und erstrebenswert halten, ohne diese selbst anzustreben: eine Rangfolge von Positionen anzugeben ist erst dann sinnvoll, wenn geklärt ist, wer diesen Positionen zugeordnet wird. Die ausschließlich eigeninteressierte Person wird Präferenzen über fremde Positionszuordnungen nur insoweit haben, als diese die eigenen Zielsetzungen direkt oder indirekt beeinflussen. Andere Personen werden Präferenzen über fremde Positionszuordnungen haben, die durch Sympathie oder Antipathie motiviert sind.

Aber auch ausschließlich moralische Erwägungen können – etwa unter dem Gesichtspunkt der Gerechtigkeit – die Präferenzen über fremde Positionszuordnungen bestimmen. Das letzte Beispiel verweist allerdings auch auf die Problematik dieses Ansatzes, da es durchaus plausibel ist anzunehmen, daß moralisch motivierte Präferenzen in hohem Maße unvollständig sind, denn unter Gerechtigkeitsaspekten läßt sich i. a. nur zwischen Arrowschen Alternativen (also in K vollständigen Positionszuordnungen) eine Rangfolge herstellen, während zwischen individuellen Zuordnungen keine Präferenz unter Gerechtigkeitsaspekten angegeben werden kann. (Natürlich hängt das von den zugrundegelegten Gerechtigkeitskriterien ab. Für ein rein utilitaristisches Gerechtigkeitskriterium – gerecht ist das, was den Gesamtnutzen maximiert – gilt diese Einwendung nicht oder jedenfalls dann nicht, wenn das Nutzenniveau ein Merkmal einer gesellschaftlichen Position ist und sich nicht erst aus den individuellen Positionszuordnungen ergibt).

In der Literatur werden Präferenzen, die sich auf die Menge $K \times Q$ beziehen, **erweiterte Präferenzen** genannt. Diese Bezeichnung ist dann sinnvoll, wenn die üblichen einfachen Präferenzen über X als eigenorientierte Präferenzen aufgefaßt werden, denn dann wären diese Präferenzen mit einer Subrelation der erweiterten Präferenzrelation **g** über $K \times Q$, nämlich mit g über $\{i\} \times Q$ zu identifizieren. Wenn man dagegen die ursprünglichen Präferenzen für jede Interpretation offen hält, dann werden unterschiedliche inhaltliche Merkmale der individuellen Präferenzen formal charakterisierbar. So läßt sich z. B. erst mit Hilfe der neuen Präferenzstruktur **g** Eigenorientierung individueller Präferenzen explizit machen, was im Rahmen des Arrowschen Ansatzes nicht möglich war. Trotz dieser Schwäche der verbreiteten Terminologie nennen wir **g** die **erweiterte Präferenzstruktur**, dementsprechend **g**(i) die **erweiterte Präferenzrelation** und $\langle\langle j, q\rangle, \langle k, q'\rangle\rangle \in \mathbf{g}(i)$ eine **erweiterte Präferenz** von i dafür, daß j in der Position q ist, statt daß k in der Position q' ist.

8.3.2 Ethische Präferenzen und das Prinzip von Suppes

In einem subjektiven Sinne sind ethische Präferenzen solche Präferenzen einer Person, die Ergebnis einer möglichst unparteiischen Abwägung konkurrierender Interesse unter Berücksichtigung von Gesichtspunkten der Gerechtigkeit o. ä. sind. Es ist ein wesentliches Merkmal einer rationalen Person, zwischen ihren persönlichen Interessen und dem moralisch Angemessenen unterscheiden zu können. Insofern ist es naheliegend, Personen nicht nur subjektive Präferenzen als Repräsentation ihrer persönlichen Interessen zuzuordnen, sondern auch subjektiv ethische Präferenzen.

Ob eine Präferenz einer Person für eine Alternative als eine subjektiv ethische Präferenz gelten kann oder nicht, entscheidet sich nicht danach, ob sich diese Präferenz auf der Grundlage einer bestimmten ethischen Theorie rechtfertigen läßt, sondern ausschließlich danach, wie diese Präferenz durch die Person motiviert ist. Dennoch gibt es einen Zusammenhang zwischen der akzeptierten normativ-ethischen Theorie einerseits und dem, was man als eine moralische Motivation andererseits zu akzeptieren bereit ist. Das macht es verständlich, daß in der Literatur vielfach der Weg beschritten wird, subjektive und ethische Präferenzen zu unterscheiden, wobei subjektive Präferenzen mit den tatsächlichen Präferenzen einer Person identifiziert und ethische Präferenzen als diejenigen Präferenzen definiert werden, die bestimmte Kriterien der Unparteilichkeit erfüllen.

Dieses Verfahren ist jedoch insofern unbefriedigend als damit zwei Fragestellungen vermengt werden: Die Frage, welchen Status bestimmte Präferenzen haben, ob sie also die persönlichen Interessen widerspiegeln oder bestimmte moralische Urteile der Person zum Ausdruck bringen, und andererseits die Frage, in welcher Weise sich aus persönlichen Interessen ethische Präferenzen ableiten lassen.

Wir können hier die Frage offen lassen, in welcher Weise sich ethisch motivierte Präferenzen von anderweitig (besonders durch Eigeninteressen) motivierten Präferenzen unterscheiden lassen. Stattdessen werden im folgenden Konzeptionen objektiv ethischer Präferenzen dargestellt.

Sei **g**(i) die erweiterte Präferenzrelation des i-ten Individuums auf dem Kartesischen Produkt $K \times Q$ der Menge der Personen K und der Menge der Positionen Q. Auch für die erweiterte Präferenzrelation verlangen wir, daß es sich um eine Ordnung handelt, d. h. daß sie reflexiv, vollständig und transitiv ist. Die strikte Präferenz der erweiterten Ordnung läßt sich ebenso wie die Indifferenz analog der einfachen Präferenzrelation definieren (vgl. D. 4/1 und D. 5/1).

Definition 15/8: **Strikte Präferenz**: $\langle\langle j, q\rangle, \langle k, q'\rangle\rangle \in \dot{\mathbf{g}}(i) :\leftrightarrow \langle\langle j, q\rangle, \langle k, q'\rangle\rangle \in \mathbf{g}(i) \wedge \neg \langle\langle k, q'\rangle, \langle j, q\rangle\rangle \in \mathbf{g}(i)$.

Definition 16/8: **Indifferenz**: $\langle\langle j, q\rangle, \langle k, q'\rangle\rangle \in \tilde{\mathbf{g}}(i) :\leftrightarrow \langle\langle j, q\rangle, \langle k, q'\rangle\rangle \in \mathbf{g}(i) \wedge \langle\langle k, q'\rangle, \langle j, q\rangle\rangle \in \mathbf{g}(i)$.

Der Zusammenhang zwischen erweiterter Präferenzrelation und einfacher Präferenzrelation wird meist durch die folgende Forderung hergestellt $\langle\langle i, q\rangle, \langle i, q'\rangle\rangle \in \mathbf{g}(i) :\leftrightarrow \langle q, q'\rangle \in g(i)$. Da q jedoch nur **ein** Merkmal eines Arrowschen Zustandes ist (in der ökonomischen Diktion entspräche q etwa der Ausstattung der Person i mit bestimmten Gütern), darf man diese einfache Präferenzrelation nicht mit der Präferenzrelation über X verwechseln.

Für erweiterte Präferenzrelationen lautet das Pareto-Kriterium: Ein Arrowscher Zustand $\langle\phi, z\rangle$ ist paretooptimal genau dann, wenn $\neg\exists\langle\phi', z'\rangle \in \Phi \times Z: \langle\langle\phi', z'\rangle, \langle\phi, z\rangle\rangle \in P$, wobei P die **Paretobesser-Relation** ist.

Definition 17/8: $\langle\langle\phi, z\rangle, \langle\phi', z'\rangle\rangle \in P: \leftrightarrow [\forall i \in K: \langle\langle\phi, z\rangle, \langle\phi', z'\rangle\rangle \in g(i) \wedge \exists j \in K: \langle\langle\phi, z\rangle, \langle\phi', z'\rangle\rangle \in \dot{g}(j)]$.

Dieses Parteto-Kriterium unterscheidet sich in keiner Weise von der ursprünglichen Fassung. Betrachten wir hingegen folgende Fassung.

Definition 18/8: $\langle\langle\phi, z\rangle, \langle\phi', z'\rangle\rangle \in P: \leftrightarrow [\forall i \in K: \langle\phi(i), \phi'(i)\rangle \in \mathbf{g}(i) \wedge \exists j \in K: \langle\phi(j), \phi'(j)\rangle \in \dot{\mathbf{g}}(j)]$.

Da z und z' im Definiens nicht mehr vorkommt, kann man die Paretobesser-Relation auch ausschließlich über die Positionszuordnungen aus Φ definieren.

Definition 19/8: $\langle\phi, \phi'\rangle \in P: \leftrightarrow [\forall i \in K: \langle\phi(i), \phi'(i)\rangle \in \mathbf{g}(i) \wedge \exists j \in K: \langle\phi(j), \phi'(j)\rangle \in \dot{\mathbf{g}}(j)]$.

Es ist zu beachten, daß die Aussage des Pareto-Kriteriums gemäß D. 19/8 eine andere ist als die direkte Übersetzung des Pareto-Kriteriums in die Terminologie der Positionen. Das neue Kriterium macht ausschließlich die Präferenzen über die **eigenen** Positionen zur Grundlage der Beurteilung, während das ursprüngliche Pareto-Kriterium gegenüber unterschiedlich motivierten individuellen Präferenzen offen ist. Da nichts darüber ausgesagt wird, aus welchen Gründen die einzelnen Personen einen Zustand präferieren, kann es durchaus sein, daß eine Person nur deshalb eine Präferenz für einen bestimmten Zustand hat, weil in diesem Zustand eine andere Person besser gestellt ist. Das wäre jedoch mit der neuen Fassung des Pareto-Kriteriums nach D. 18/8 nicht vereinbar. Allerdings entspricht diese Version des Pareto-Kriteriums der gängigen Interpretation des ursprünglichen: es macht sie jedoch explizit, d. h. andere Interpretationen, die von der alten Fassung nicht ausgeschlossen wurden, sind mit der neuen nicht vereinbar.

Ein interpersoneller Vergleich hat in den bisherigen Anwendungen noch keine Rolle gespielt, obwohl die neue Terminologie dafür Möglichkeiten eröffnet, denn die erweiterten Präferenzrelationen spiegeln die Beurteilung der Situation anderer Personen wider. Allerdings bleibt dennoch offen, welchen Charakter die individuellen Präferenzen über die Positionen anderer Personen haben. Erweiterte Präferenzen sind z. B. mit empathisch motivierten Präferenzen vereinbar: man könnte sich vorstellen, daß die Präferenzen über die Positionen anderer Personen die Vermutung der präferierenden Person darüber wiedergeben, was andere Personen vorziehen würden. In einer Gesellschaft, in der alle Personen über ideale empathische Fähigkeiten verfügen, müßte eine Bedingung der Schwachen Identität erfüllt sein.

Definition 20/8: **Schwache Identität**: $\forall i, j \in K: [\langle\phi(i), \phi'(i)\rangle \in \mathbf{g}(i) \rightarrow \langle\phi(i), \phi'(i)\rangle \in \mathbf{g}(j)]$.

Man kann diese Bedingung als Ausdruck der Respektierung der persönlichen Vorlieben anderer Personen interpretieren. Aber diese Interpretation wäre nicht zwingend, denn auch wenn eine Person die persönlichen Vorlieben einer anderen Person respektiert, kann sie dennoch aus anderen Gründen der Auffassung sein, es sei angemessen, daß die andere Person nicht in eine Position kommt, die sie selber bevorzugt. Eine weit stärkere Bedingung verlangt, daß die Personen in K übereinstimmende erweiterte Präferenzrelationen haben.

Definition 21/8: **Vollständige Identität**: $\forall i,j \in K$: $[\langle \phi(k), \phi'(l) \rangle \in \mathbf{g}(i) \rightarrow \langle \phi(k), \phi'(l) \rangle \in \mathbf{g}(j)]$, wobei $k,l \in K$.

Diese Bedingung ist zwar sehr stark, aber sie verlangt nicht – wie man vielleicht auf den ersten Blick meinen könnte, daß alle Personen die gleichen Vorlieben haben sollen; sie ist sogar damit vereinbar, daß jede Person ihre Präferenzen über die Menge aller Positionen völlig frei bestimmt.

Da nicht von vornherein klar ist, wie übereinstimmende erweiterte Präferenzen entstehen können, geben wir das folgende Beispiel, bei dem wir von zwei Personen ausgehen, von denen der eine ein überzeugter Biertrinker ist und der andere ein Diabetiker. Die Positionen bestehen in Verteilungen von je einem Liter Bier und einem Liter Mineralwasser auf die beiden Personen. Die anonyme Zustandsbeschreibung enthält damit zwei Positionen. In diesem Fall sind auch nur zwei individuelle Positionszuordnungen möglich, die in Tabelle 22 angegeben sind.

Alternativen	i: Biertrinker	j: Diabetiker
$x = \langle \phi, z \rangle$	1 l Mineralw.	1 l Bier
$y = \langle \phi', z \rangle$	1 l Bier	1 l Mineralw.

Tab. 22: Ein Beispiel für übereinstimmende erweiterte Präferenzen

Der ausschließlich eigeninteressierte Vergleich der Positionszuordnungen ergibt für beide Personen:

$$\langle \phi'(i), \phi(i) \rangle \in \dot{\mathbf{g}}(i) \tag{1}$$
$$\langle \phi'(j), \phi(j) \rangle \in \dot{\mathbf{g}}(j) \tag{2}$$

Sind die Personen im Sinne schwacher Identität empathisch orientiert, werden sie die Vorlieben der jeweils anderen Personen bei diesem Vergleich respektieren:

$$\langle \phi'(j), \phi(j) \rangle \in \dot{\mathbf{g}}(i) \tag{3}$$
$$\langle \phi'(i), \phi(i) \rangle \in \dot{\mathbf{g}}(j) \tag{4}$$

Probleme wirft allerdings der 'Diagonalvergleich' der individuellen Positionen $\phi(i)$ mit $\phi'(j)$ und $\phi'(i)$ mit $\phi(j)$ auf. Das bloße Nachvollziehen der Präferenzen der anderen Person reicht für diesen interpersonellen Vergleich nicht aus. Wenn die erweiterten Präferenzen wirkliche empathische Qualität haben, kann man sich jedoch vorstellen, daß der Biertrinker sich bei der Beurteilung von $\phi'(j)$ in die Lage des Diabetikers versetzt und umgekehrt der Diabetiker bei der Beurteilung von $\phi(i)$ in die Lage des Biertrinkers. Dann würde sich ergeben:

$$\langle \phi'(j), \phi(i) \rangle \in \dot{\mathbf{g}}(i) \tag{5}$$
$$\langle \phi'(j), \phi(i) \rangle \in \dot{\mathbf{g}}(j) \tag{6}$$

Unter der Voraussetzung empathischer Präferenzen müßte der zweite 'Diagonalvergleich' zwischen $\phi'(i)$ und $\phi(j)$ wie folgt ausfallen:

$$\langle \phi'(i), \phi(j) \rangle \in \dot{\mathbf{g}}(i) \tag{7}$$
$$\langle \phi'(i), \phi(j) \rangle \in \dot{\mathbf{g}}(j) \tag{8}$$

Man kann diese empathischen Präferenzen auch auf den Vergleich zwischen ϕ(i) und ϕ(j) bzw. ϕ'(i) und ϕ'(j) ausdehnen. Dann liegen folgende Präferenzen nahe:

$$\langle\phi\,(i), \phi\,(j)\rangle \in \tilde{g}(i) \tag{9}$$
$$\langle\phi\,(i), \phi\,(j)\rangle \in \tilde{g}(j) \tag{10}$$
$$\langle\phi'(i), \phi'(j)\rangle \in \tilde{g}(i) \tag{11}$$
$$\langle\phi'(i), \phi'(j)\rangle \in \tilde{g}(j) \tag{12}$$

Aus (1) bis (12) folgt, daß die Personen i und j unter der Voraussetzung empathischer Präferenzen in ihren erweiterten Präferenzen vollständig übereinstimmen. Es ergibt sich eine Präferenzstruktur, die für k = i, j folgende Relationen enthält:

$$\langle\phi'(i), \phi'(j)\rangle \in \tilde{g}(k) \wedge \langle\phi'(j), \phi(i)\rangle \in \dot{g}(k) \wedge \langle\phi(i), \phi(j)\rangle \in \tilde{g}(k).$$

Nimmt man für diese Relationen PI-Transitivität bzw. IP-Transitivität nach L. 2/1, (c) und (d), an, so ist die übereinstimmende Präferenzstruktur der Personen i und j bezüglich ϕ(i), ϕ'(i), ϕ(j) und ϕ'(j) eindeutig bestimmt.

Das Beispiel verdeutlicht, daß die Bedingung der vollständigen Identität sehr stark ist, da sie nur bei empathisch motivierten Präferenzen plausibel ist. Diese Bedingung verlangt jedoch nicht, die eigenen Vorlieben zu verleugnen. In einer konsequent empathisch motivierten Gruppe von Personen kann man darauf zählen, daß die anderen die eigenen Vorlieben respektieren werden, während man selbst die Vorlieben der anderen respektiert.

Auf der Grundlage interpersoneller Positionenvergleiche läßt sich nun ein Kriterium interpersoneller Gerechtigkeit formulieren, das im wesentlichen eine Ausweitung des Pareto-Kriteriums darstellt und daher noch ohne kardinale interpersonelle Vergleiche auskommt, auf die wir im nächsten Abschnitt eingehen. Im Sinne dieses Prinzips, das Suppes (1966) vorgeschlagen hat, ist ein Zustand x relativ zu den individuellen erweiterten Präferenzen einer Person i S-gerecht genau dann, wenn es keinen S-gerechteren Zustand y gibt. Sei $x = \langle\phi, z\rangle$ und $y = \langle\phi', z'\rangle$. Beschränken wir uns auf die Relationen über Φ, so läßt sich die personenrelative Relation 'S-gerechter' (G_i) wie folgt formulieren.

Definition 22/8: Die Alternative x ist für i S-**gerechter** als y, d. h. $\langle x, y\rangle \in G_i$:
$\leftrightarrow \exists\pi \in \mathrm{Bij}(K, K)$: $[\forall j \in K$: $\langle\phi(j), \phi'(\pi(j))\rangle \in \mathbf{g}(i) \wedge \exists k \in K$: $\langle\phi(k), \phi'(\pi(k))\rangle \in \dot{\mathbf{g}}(i)]$.

Eine Alternative x ist also dann für i S-gerechter als eine Alternative y, wenn es in der Beurteilung von i zu jeder Person j eine andere Person π(j) gibt, der es in der Position $\phi'(\pi(j))$ schlechter oder höchstens genauso gut geht wie j in der Position ϕ(j), und es mindestens eine Person k gibt, der es – wiederum nach der Beurteilung von i – in der Position ϕ(k) besser geht als der Person π(k) in der Position $\phi'(\pi(k))$. Oder kürzer, aber nicht ganz präzise: Ein Zustand x ist dann S-gerechter als ein Zustand y, wenn es zwar nicht jeder Person individuell in x besser geht als in y, es jedoch eine Permutation π über K gibt, so daß es jeder Person in x besser oder mindestens so gut geht wie der ihr (bei dieser Permutation) zugeordneten Person in y.

Die Relation 'S-gerechter' hat zwei problematische Eigenschaften. Sie ist nicht vollständig und nicht paretoinklusiv. Letzteres läßt sich an folgendem Beispiel zeigen. Unter der Annahme $x = \langle\phi, z\rangle$ und $y = \langle\phi', z\rangle$ ist aufgrund der in Tabelle 23 angegebenen Präferenzstruktur y paretobesser als x: $\langle y, x\rangle \in P$, während für beide Personen x S-gerechter ist als y: $\langle x, y\rangle \in G_i$ für i = 1, 2.

1	2
ϕ (2)	ϕ (1)
ϕ'(1)	ϕ'(2)
ϕ (1)	ϕ (2)
ϕ'(2)	ϕ'(1)

Tab. 23: Nicht-Pareto-Inklusivität der Relation 'S-gerechter'

Das folgende Theorem zeigt, welche Voraussetzungen gegeben sein müssen, damit die Pareto-Relation mit der Relation 'S-gerechter' kompatibel ist.

Theorem 1/8:

Die Pareto-Relation in der ursprünglichen Fassung ist eine Teilrelation jeder individuellen Relation G_i, d. h. $\langle x, y\rangle \in P \rightarrow \langle x, y\rangle \in G_i$, wenn die Bedingung der schwachen Identität erfüllt ist und die einfachen Präferenzen eigenorientiert sind.

Beweis:

(1)	Annahme: $x = \langle \phi, z\rangle$ und $y = \langle \phi', z\rangle$ sowie $\langle x, y\rangle \in P$.	
(2)	Annahme: $\langle \phi, \phi'\rangle \in g(i) \leftrightarrow \langle \phi(i), \phi'(i)\rangle \in \mathbf{g}(i)$.	wg. D. 14/8
(3)	Annahme: $\langle \phi(j), \phi'(j)\rangle \in \mathbf{g}(j) \rightarrow \langle \phi(j), \phi'(j)\rangle \in \mathbf{g}(i)$.	wg. D. 20/8
(4)	$\forall i \in K$: $\langle\langle \phi, z\rangle, \langle \phi', z\rangle\rangle \in g(i) \wedge \exists j \in K$: $\langle\langle \phi, z\rangle, \langle \phi', z\rangle\rangle \in \dot{g}(j)$.	wg. (1) u. D. 17/8
(5)	$\forall i \in K$: $\langle \phi(i), \phi'(i)\rangle \in \mathbf{g}(i) \wedge \exists j \in K$: $\langle \phi(j), \phi'(j)\rangle \in \dot{\mathbf{g}}(j)$.	wg. (1), (4) u. D. 19/8
(6)	$\forall i \in K$: $\langle \phi(i), \phi'(i)\rangle \in \mathbf{g}(i) \wedge \exists j \in K$: $\langle \phi(j), \phi'(j)\rangle \in \dot{\mathbf{g}}(i)$.	wg. (3) u. (5)
(7)	$\langle x, y\rangle \in G_i$.	wg. (6) u. D. 22/8

Habermas hat an Rawls kritisiert, dieser gehe von der empiristischen Annahme aus, 'daß Interessendefinitionen jedem Teilnehmer privatim überlassen bleiben'. Das aber schließt nicht aus, daß die eigenen Präferenzen über fremde Positionszuordnungen die Interessen anderer respektieren, wie es etwa die beiden Identitätsbedingungen zum Ausdruck bringen. Eine Theorie gesellschaftlicher Gerechtigkeit verlangt in jedem Fall ein bestimmtes Maß interpersoneller Vergleichbarkeit, wie im folgenden Kapitel gezeigt wird. Die Bedingung der vollständigen Identität in der Positionen-Terminologie entspricht vollständiger interpersoneller Vergleichbarkeit der individuellen Bewertungsfunktionen.

8.4 Interpersonelle Vergleichbarkeit

Die Frage der interpersonellen Vergleichbarkeit individueller Präferenzen spielt eine große Rolle in der Politischen Ökonomie, in der Wohlfahrtstheorie und in der Logik kollektiver Entscheidungen. Die neuere paretianische Tradition der Wohlfahrtsökonomie unterscheidet sich von der klassischen insbesondere in der unterschiedlichen Einschätzung der Vergleichbarkeitsfrage. Die Entwicklung der Logik kollektiver Entscheidungen ist weithin von dem Bestreben geprägt, ohne volle kardinale Vergleichbarkeit subjektiver Bewertungen zu kollektiven Handlungsempfehlungen zu kommen.

In Kapitel 2 haben wir eine Methode der Kardinalisierung individueller Präferenzen dargestellt. Voraussetzung dieser Kardinalisierung sind Präferenzen, die auch bei risikobehafteten Alternativen (Wahrscheinlichkeitsverteilungen) bestimmte Konsistenzbedingungen erfüllen. Die Kardinalisierung individueller Präferenzen stellt ihre Repräsentierbarkeit in Form einer reellwertigen Bewertungsfunktion (individuelle Nutzenfunktion) sicher, die aufgrund einer bestimmten Präferenzrelation über die Alternativenmenge sowie die Menge der Wahrscheinlichkeitsverteilungen über diese Alternativenmenge bis auf lineare Transformation eindeutig bestimmbar ist.

Diese Kardinalisierung individueller Präferenzen garantiert jedoch noch keine interpersonelle Vergleichbarkeit subjektiver Bewertungen, denn die individuelle Bewertungsfunktion ist aufgrund der vorgegebenen Präferenzen nur bis auf lineare Transformationen eindeutig festgelegt. Die Kardinalisierung erlaubt intrapersonelle Vergleiche, so daß sich beurteilen läßt, ob die Alternative a gegenüber b von der betreffenden Person intensiver vorgezogen wird als die Alternative c gegenüber d. Allerdings läßt sich damit noch nicht beurteilen, ob die Präferenz einer Person für a gegenüber b intensiver ist als die Präferenz einer anderen Person für c gegenüber d. Auch der interpersonelle Vergleich der Präferenzintensität eines bestimmten Alternativenpaares a und b ist aufgrund der Kardinalisierung allein nicht möglich. Kurz: die von Neumann-Morgensternsche Kardinalisierung individueller Präferenzen erlaubt nur intrapersonelle, aber keine interpersonellen kardinalen Nutzenvergleiche.

Die Kardinalität der subjektiven Bewertungen sagt etwas über intrapersonelle Vergleichbarkeit von Präferenzen aus, während eine ordinale Skala ausschließlich darüber Auskunft gibt, welcher Zustand welchem anderen vorgezogen wird. Die Größe der Differenz zweier Nutzenbewertungen hat in einer ordinalen Skala keine Bedeutung, während sie in einer kardinalen Skala als Intensität der Präferenz interpretiert werden kann.

Zwei ordinale Bewertungsfunktionen, die durch eine positiv-monotone Transformation ineinander übergehen, haben den gleichen Aussagegehalt. Zwei kardinale Bewertungsfunktionen, die durch eine positiv-monotone Transformation ineinander übergehen, haben dagegen im allgemeinen einen unterschiedlichen Aussagegehalt – außer wenn es sich um den Sonderfall einer **linearen** positiv-monotonen Transformation handelt.

Je nach Ausmaß der interpersonellen Vergleichbarkeit erweitert sich die **Informationsbasis**. Der Ausdruck 'Informationsbasis' ist insofern gerechtfertigt als die kollektive Präferenzrelation oder die kollektive Bewertungsfunktion **Funktion** einer wie auch immer gearteten **Charakterisierung** individueller Bewertungen ist. Bisher war die kollektive Präferenzrelation bzw. die zugeordnete Auswahlfunktion Funktion der Präferenzstruktur in K. Die Präferenzstruktur g ordnete jeder Person ihre (ordinale) Präferenzrelation zu.

Als Funktion von g wird zwei gesellschaftlichen Situationen, die sich zwar in den Intensitäten der Präferenzen einzelner Personen in Bezug auf bestimmte Alternativen unterscheiden, aber gleiche Rangordnungen und gleiche Positionszuordnungen beinhalten, notwendigerweise die gleiche kollektive Präferenzrelation bzw. Auswahlfunktion zugeordnet. Veränderungen in den Intensitäten der Präferenzen schlagen sich nur dann nieder, wenn sie zu veränderten individuellen Rangfolgen führen.

Von den zahlreichen unterschiedlichen Merkmalen einer gesellschaftlichen Situation gehen nur die individuellen Rangordnungen als Information in die Aggregation ein, andere Gesichtspunkte wie Einkommen, Wohlergehen, bisherige Verdienste, gesellschaftliche Rangstellung, Geschlecht, Konfession, Intensität der Wünsche, Bedürftigkeit, Charakter der Präferenzen etc. bleiben unberücksichtigt.

Es gibt unterschiedliche Möglichkeiten, die jeweils zugrundegelegte Informationsbasis zu charakterisieren. Im Rahmen der Logik kollektiver Entscheidungen liegt es nahe, die Vergleichbarkeitsannahmen der Informationsbasis in Form von **Aggregationspostulaten** explizit zu machen.

Definition 23/8: Eine **Bewertungsstruktur** in K ist eine Funktion u, die jede Person aus K eine individuelle Bewertungsfunktion zuordnet: u: $K \ni i \mapsto u_i \in F_X^{\mathbb{R}}$.

Die Bewertungsstruktur u ordnet also analog zur Präferenzstruktur g (vgl. D. 1/2) jeder Person aus K ihre individuelle Bewertung der Alternativen aus der Menge aller Bewertungen $F_X^{\mathbb{R}}$ zu.

Definition 24/8: Eine Bewertungsstruktur u ist **repräsentativ**: $\leftrightarrow \forall i \in K, \forall x, y \in X$: $[u_i(x) \geqq u_i(y) \leftrightarrow \langle x, y \rangle \in g(i)]$.

Die Repräsentativität der Bewertungsstruktur garantiert eine direkte ‚Übersetzung' der individuellen Präferenzen in das quantitative Maß der individuellen Bewertungsfunktion u_i. Ist für eine Person i die Repräsentativität von u_i verletzt, so daß $\exists x, y \in X$: $\neg [u_i(x) \geqq u_i(y) \leftrightarrow \langle x, y \rangle \in g(i)]$, sprechen wir von einer **nicht-repräsentativen** individuellen Bewertungsfunktion u_i.

So wie die Aggregationsregel f jeder Präferenzstruktur g eine kollektive Präferenzrelation zuordnet, so ordnet ein Bewertungs- oder Wohlfahrtsprinzip **f** jeder Bewertungsstruktur u eine kollektive Präferenzrelation zu.

Definition 25/8: Ein **kollektives** Bewertungs- oder **Wohlfahrtsprinzip** (KWP) ist eine Funktion **f**: $U \ni u \mapsto R \in \text{Pot}(X \times X)$; $R = \mathbf{f}(u)$ und $P = \mathbf{\hat{f}}(u)$.

Im Zusammenhang mit **f** wird die Bewertungsstruktur u zur **Informationsbasis** der jeweiligen Aggregation.

Definition 26/8: Die Informationsbasis eines KWP **f** ist **ordinal vergleichbar**: $\leftrightarrow \forall u, u' \in U$: $[\forall i \in K$: $\exists \tau \in T_m^+$: $\forall x \in X$: $\tau u_i(x) = u'(x) \rightarrow \mathbf{f}(u) = \mathbf{f}(u')]$, wobei T_m^+ die Menge der **positiv-monotonen** Transformationen auf $\mathbb{R}$ ist.

Definition 27/8: Die Informationsbasis eines KWP **f** ist **kardinal vergleichbar** bzw. **quantitativ vollständig**: $\leftrightarrow \forall u, u' \in U$: $[\forall i \in K$: $\exists \tau \in T_l^+$: $\forall x \in X$: $\tau u_i(x) = u'(x) \rightarrow \mathbf{f}(u) = \mathbf{f}(u')]$, wobei T_l^+ die Menge der **positiv-linearen** Transformationen ist.

Definition 28/8: Die Informationsbasis eines KWP **f** ist **niveaubezogen vollständig**: $\leftrightarrow \forall u, u' \in U$: $[\forall a \in \mathbb{R}$: $\forall i \in K$: $\forall x \in X$: $bu_i(x) + a = u_i'(x) \rightarrow \mathbf{f}(u) = \mathbf{f}(u')]$ und $b \in \mathbb{R}^+$ beliebig aber fest für jedes i.

Definition 29/8: Die Informationsbasis eines KWP **f** ist **einheitenbezogen vollständig**: $\leftrightarrow \forall u, u' \in U$: $[\exists b \in \mathbb{R}^+ : \forall i \in K : \forall x \in X : bu_i(x) + a = u_i'(x) \rightarrow \mathbf{f}(u) = \mathbf{f}(u')]$ und $a \in \mathbb{R}$ beliebig aber fest für jedes i.

Diese Charakterisierungen unterschiedlicher Vergleichbarkeit sind auf das jeweilige Wohlfahrtsprinzip relativiert. Quantitativ vollständige, d.h. interpersonell vollständig kardinal vergleichbare Bewertungsfunktionen teilen sehr viel mehr über die individuellen Bewertungen mit als interpersonell nicht vergleichbare.

Dennoch hängt es weitgehend vom Charakter der Präferenzen ab, wie Bewertungsniveaus und -differenzen zu interpretieren sind. Wenn man etwa $u_i(x) > u_j(y)$ als 'i geht es in x besser als j in y' interpretiert, so ist das nur unter der Prämisse sinnvoll, daß sich die individuellen Präferenzen nach den persönlichen Interessen richten, was im Rahmen des '*revealed-preference*'-Konzepts keineswegs selbstverständlich ist. Unabhängig vom spezifischen Charakter der zugrundegelegten Präferenzen lassen sie bei interpersoneller kardinaler Einheitenvergleichbarkeit (D. 29/8) Aussagen wie 'Person i präferiert die Alternative x intensiver gegenüber y als Person j' durch $[u_i(x) - u_i(y)] > [u_j(x) - u_j(y)]$ ausdrücken, während dies mit der von Neumann-Morgensternschen Kardinalisierung von Nutzenfunktionen allein nicht möglich ist.

Die Informationsbasis spielt in zweierlei Hinsicht eine große Rolle für normative Theorien der Politikwissenschaft, der Wohlfahrtsökonomie und der Sozialethik. Einmal machen verschiedene normative Theorien in unterschiedlicher Weise Gebrauch von Informationen über subjektive Bewertungen, so daß die Informationsbasis mit darüber entscheidet, welche Theorie adäquat ist. Wenn es sich z. B. als unmöglich herausstellen würde, die Zunahme bzw. Abnahme des persönlichen Wohlergehens durch die Wahl einer bestimmten Alternative interpersonell vergleichbar zu bestimmen, so würde das den utilitaristischen Theorien ihre Informationsbasis entziehen. Dann wäre nicht entscheidbar, welche von zwei Alternativen unter einem utilitaristischen Kriterium als besser gelten muß.

Ein Sonderfall ist davon allerdings ausgenommen: Wenn es allen Personen in x besser geht als in y, dann ist x unter allen Umständen utilitaristisch besser als y. Bei interpersonell nicht vergleichbaren ordinalen subjektiven Bewertungsfunktionen als Informationsbasis ergibt sich so als einzige utilitaristisch gerechtfertigte Entscheidungsregel die Pareto-Regel: Entscheide dich bei zwei Alternativen, x und y, für x, wenn x in allen individuellen Bewertungsfunktionen höher als y rangiert.

Zum anderen kann es sinnvoll sein, sozialethische Kriterien zu 'axiomatisieren', d. h. eine Reihe von Metakriterien der Aggregation anzugeben, die zusammen notwendig und hinreichend für das betreffende sozialethische Kriterium sind. Eine solche Axiomatisierung hat zwei Funktionen. Sie kann der Begründung dienen, wenn diese Metakriterien für sich eine stärkere Evidenz beanspruchen können als das Kriterium selbst. Eine Axiomatisierung (oder Charakterisierung) dieser Art ist aber auch schon dann sinnvoll, wenn damit die Unterschiede konkurrierender sozialethischer Kriterien schärfer herausgearbeitet werden, so daß sich die Diskussion, welches Kriterium vorzuziehen sei, neben konkreten Einzelfallbeurteilungen auch auf die theoretische Differenz stützen kann. Sehr gründlich ist das bisher für die Konkurrenz von Utilitarismus und Rawlsschem Differenzprinzip in der Interpretation der LkE geleistet worden (vgl. hierzu Kap. 9).

Da wir im folgenden Kapitel in einigen Fällen die volle interpersonelle kardinale Vergleichbarkeit der individuellen Bewertungsfunktionen voraussetzen, müssen wir uns hier mit der Frage auseinandersetzen, ob eine so reichliche Informationsbasis gerechtfertigt werden kann. Ist es sinnvoll, einen 'absoluten Nutzen' im Sinne vollständiger kardinaler Vergleichbarkeit (auch als 'quantitative Vollständigkeit' bezeichnet) vorauszusetzen? Das Problem spaltet sich in zwei zu unterscheidende Fragestellungen auf: 1. Existiert ein absoluter Nutzen? 2. Wie ist der absolute Nutzen meßbar?

Quantitative Vollständigkeit hat eine wesentliche Stütze in der Vermutung, daß sich die subjektiven Bewertungen rationaler Personen durch beschränkte Nutzenintervalle repräsentieren lassen. Tatsächlich hat die Annahme ausschließlich beschränkter Nutzenintervalle intuitiv sehr überzeugende Argumente für sich. Denn wäre der Nutzenbereich einer Person i nach oben unbeschränkt, so hätte das eine paradoxe Konsequenz, die sich wie folgt darstellen läßt.

Sei ε^+ ein irgendwie geartetes, für eine Person i besonders positives Ereignis und ε^- ein für i äußerst unangenehmes Ereignis, so muß es, wäre der Nutzenbereich von i nach oben unbeschränkt, dennoch ein Ereignis ε^0 geben, so daß i aufgrund rationaler Entscheidung eine Lotterie, die mit 99% Wahrscheinlichkeit das unangenehme Ereignis ε^- ergäbe $(0{,}01\,\varepsilon^0 \& 0{,}99\,\varepsilon^-)$ dem langersehnten sicheren Ereignis ε^+ vorziehen würde. Denn: angenommen $\exists \varepsilon^+, \varepsilon^- \in \text{Pot}(X)\colon \neg \exists \varepsilon^0 \in \text{Pot}(X)\colon [0{,}01 \cdot u_i(\varepsilon^0) + 0{,}99 \cdot u_i(\varepsilon^-) > u_i(\varepsilon^+) \rightarrow \exists \varepsilon^+, \varepsilon^- \in \text{Pot}(X)\colon \neg \exists \varepsilon^0 \in \text{Pot}(X)\colon [u_i(\varepsilon^0) > 100 \cdot u_i(\varepsilon^+) - u_i(\varepsilon^-)] \rightarrow \forall u \in W(u_i)\colon u \leqq 100\, u_i(\varepsilon^+)$, und das bedeutet, daß der Wertebereich der subjektiven Bewertungsfunktion $W(u_i)$ nach oben beschränkt ist.

Falls nur eine Ereigniskombination $\varepsilon^+, \varepsilon^-$ gefunden werden kann, für die eine solche Präferenz undenkbar ist, so müssen wir von einer nach oben beschränkten Bewertungsfunktion u_i ausgehen. Eine analoge Argumentation liefert uns die Beschränkung von $W(u_i)$ nach unten. Es liegt nahe, die individuellen beschränkten Nutzenfunktionen auf ein Intervall, z. B. $[0,1]$ zu normieren. Sind die individuellen Nutzenfunktionen kardinal, hätten wir mit diesem Verfahren die Existenz eines absoluten Nutzenmaßes garantiert. Die Meßbarkeit dieses Bewertungsmaßes ist natürlich damit noch in keiner Weise geklärt.

Aber zunächst stellt sich die Frage, ob die so gewonnene vollständige interpersonelle Nutzenvergleichbarkeit adäquat ist oder ob sie nicht mit anderen Vergleichskriterien in Konflikt gerät. So steht dieses Verfahren in einem gewissen Spannungsverhältnis zu der intuitiven Überzeugung, daß Menschen in unterschiedlicher Weise zu Zufriedenheit befähigt sind. Wer dennoch an dieser Art des interpersonellen Nutzenvergleichs festhält, könnte dies im Rahmen einer normativen Theorie rechtfertigen. So führt der Utilitarismus in einem gewissen Sinne zu einer 'Übervorteilung' der 'weniger Glücksfähigen', wenn wir eine klassische Nutzeninterpretation zugrunde legen. Da sich jeder so verhalten soll, daß der Gesamtnutzen maximiert wird, gelangen in einer utilitaristisch geprägten Gesellschaft Güter tendenziell in die Hände derjenigen, bei welchen sie eine stärkere Zunahme der individuellen Wohlfahrt hervorrufen. Das würde jedoch nicht gelten, wenn sich das utilitaristische Kriterium auf individuelle Bewertungsfunktionen stützt, die in der oben genannten Weise normiert sind.

Das sei an einem einfachen Beispiel erläutert. Man stelle sich eine Welt vor, die aus zwei Personen A und B und einem Gut x, materiell oder immateriell, aber kontinuierlich teilbar, besteht. Die beiden Bewertungsfunktionen seien:

$$u_1(x) = \begin{Bmatrix} 0, & \text{für } x < 1 \\ 2 \cdot \ln x, & \text{für } x \geqq 1 \end{Bmatrix} \quad \text{und } u_2(x) = \begin{Bmatrix} 0, & \text{für } x < 1 \\ \ln x, & \text{für } x \geqq 1 \end{Bmatrix}.$$

Die utilitaristische Handlungsanleitung fordert eine Maximierung des Gesamtnutzens, d.h. $U(x_1, x_2) = u_1(x_1) + u_2(x_2)$ soll maximal sein, wobei $x_1 + x_2 = x$. Ist von diesem Gut nur eine bestimmte Menge x_0 vorhanden, so ist eine Verteilung $\langle x, x_0 - x \rangle$, $x \in [0, x_0]$ so zu wählen, daß $u_1(x) + u_2(x_0 - x)$ maximal wird. In unserer Welt ist A 'glücksfähiger' als B: Bei derselben Ausstattung ist das Nutzenniveau von A mindestens so groß wie das von B, und dieselbe zusätzliche Gütermenge bringt A bei gleicher Anfangsausstattung mehr zusätzlichen Nutzen als B. Letzteres zeigt ein Vergleich der ersten Ableitungen der beiden Bewertungsfunktionen. Der Anstieg der Bewertungsfunktionen von A ist bei einer Zunahme des

Gutes jeweils größer als der von B:

$$u'_1(x) = du_1(x)/dx = 2/x \quad \text{und } u'_2(x) = du_2(x)/dx = 1/x.$$

Die Tatsache, daß $u'_1(x) > u'_2(x)$ für $x \in [0, x_0]$, ist entscheidend dafür, daß A in einer utilitaristischen Gesellschaft den größeren Anteil als B bekommt. Die Zunahme des Gesamtnutzens infolge des zusätzlich aufgeteilten Gutes dx ist bei einer Verteilung $\langle x, x_0 - x\rangle$ maximal, bei der $u_1(x) + u_2(x_0 - x)$ maximal ist, was für $u'_1(x) = u'_2(x_0 - x)$ bzw. bei $x = 2/3\,x_0$ eintritt:

$U(x_0, x) := u_1(x) + u_2(x_0-x),\ 0 < x < x_0$;
$(\delta/\delta x) \cdot U(x_0, x) = (\delta/\delta x) \cdot u_1(x) + (\delta/\delta x) \cdot u_2(x_0 - x) = 2/x - 1/(x_0 - x) = 0 \leftrightarrow x = 2/3\,x_0$; und das ist gerade der Fall bei: $(\delta/\delta x) \cdot u_1(x) = (\delta/\delta x) \cdot u_2(x_0 - x)$.

Die Funktionen u_1 und u_2 haben eine für subjektive Bewertungsfunktionen typische Eigenschaft: sie sind konvex und monoton ansteigend. Für lineare Funktionen, etwa $u_1 = 2x$ und $u_2 = x$, stünde B überhaupt kein Güteranteil aufgrund utilitaristischer Ethik zu. Modifizieren wir die Funktionen u_1 und u_2 ein wenig, z.B. $u_1(x) = 2\ln x$ und $u_2 = \ln x$ für $x \geqq 0$, so ist A für $x \in [0,1]$ schlechter gestellt als B. An der utilitaristischen Verteilung $\langle 2/3\,x_0, 1/3\,x_0\rangle$ ändert das nichts.

Das Nutzenniveau von A ist für $x < 1$ niedriger als das von B bei der gleichen Güterausstattung. Bei der utilitaristisch gebotenen Verteilung geht es A besser als B, wenn die Gesamtgütermenge $x_0 > 3/4$ ist: $2\ln(2/3x_0) - \ln(1/3x_0) > 0 \rightarrow x_0 > 3/4$.

Für $x_0 \in \langle 3/4, 3/2\rangle$ wird derjenige durch die utilitaristische Verteilung bevorzugt, dem es bei Gleichverteilung der Güter schlechter gegangen wäre. Für alle anderen Größen der Gesamtgütermenge bleibt derjenige, der mit der gleichen Güterausstattung ein höheres Nutzenniveau verbindet, auch in der utilitaristischen Verteilung der Bessergestellte. Interessant ist noch, die Veränderung gegenüber der Gleichverteilung in Abhängigkeit von x_0 zu betrachten. Für $x_0 > 3$ verschlechtert sich die Situation des schon bei Gleichverteilung Benachteiligten in der utilitaristisch gebotenen Verteilung. Für $x_0 < 2/3$ verbessert sich die Situation des bei Gleichverteilung Schlechtergestellten. Aber nur für $x_0 > 3/4$ reicht diese Verbesserung aus, um ihn über das Nutzenniveau des bei der Gleichverteilung Bessergestellten zu bringen.

Ganz andere sozialethische Konsequenzen würden sich ergeben, wenn die individuellen Nutzenfunktionen beschränkt und normiert wären, z.B. auf [0,1]. Für A würde dann gelten:

$u'_1(x) = a_1 + b_1 u_1(x),\ a_1 \in \mathbb{R},\ b_1 \in \mathbb{R}^+;\ \min\{u'_1(x)\} = 0 \rightarrow a_1 = 0;$
$\max\{u'_1(x)\} = 1 = b_1 \cdot 2\ln x_0 \rightarrow b_1 = 1/(2\ln x_0),$
und analog für B: $a_2 = 0$ und $b_2 = 1/\ln x_0$.

In unserem Beispiel hätte das die Konsequenz, daß: $\forall x \in [0, x_0]: u_1(x) = u_2(x)$. Die utilitaristisch gebotene Verteilung wäre damit: $\langle 0{,}5x_0, 0{,}5x_0\rangle$.

Es wäre übrigens ein Irrtum zu glauben, Gleichverteilung sei genau dann utilitaristisch geboten, wenn die individuellen Nutzenfunktionen gleich sind. Es gilt nicht einmal eine Richtung: interpersonelle Gleichheit ist weder eine notwendige, noch eine hinreichende Bedingung dafür, daß Gleichverteilung utilitaristisch geboten ist. Sind die individuellen Nutzenfunktionen interpersonell gleich, konkav und nach oben unbeschränkt, so wäre es sogar utilitaristisch geboten, einer Person alles und den übrigen nichts zu geben. Interpersonelle Gleichheit ist aber auch keine notwendige Bedingung, wie man sich anhand geeigneter Nutzenfunktionen rasch klarmachen kann.

In der 2-Personen-Welt der nachstehenden Abbildung 24 beispielsweise wäre bei einer Gesamtgütermenge von $x_0 = 2a$ die Gleichverteilung utilitaristisch geboten – mit $U(x, x_0) = 2b$ als maximalem Gesamtnutzen.

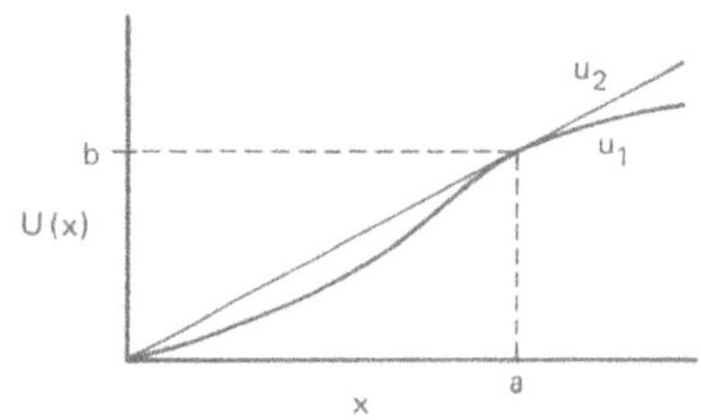

Abb. 24: Gleichverteilung unter utilitaristischen Annahmen

Nun kann eine Methode interpersoneller Nutzenvergleiche nicht zureichend dadurch allgemein begründet werden, daß sie die intuitive Plausbilität einer speziellen Theorie normativer Sozialethik erhöht. Immerhin besteht aber die Möglichkeit, die Methode interpersoneller Nutzenvergleiche relativ zu einer Theorie der Sozialethik zu wählen und zu rechtfertigen. Im Rahmen des Utilitarismus wären damit verschiedene normative Theorien möglich, die sich ausschließlich in der gewählten Vergleichsmethode unterscheiden: Die Wahl einer Vergleichsmethode wäre damit Teil der normativen Theorie selbst und könnte mit moralischen Argumenten verteidigt werden. Der Status der Vergleichsmethode wäre in dieser Interpretation ein normativer.

Natürlich kann man auch den Versuch machen, eine Vergleichsmethode als allgemeines Metakriterium für beliebige teleologische Theorien normativer Sozialethik zu bestimmen. So könnte die Methode der Normierung beschränkter Nutzenfunktionen (nur die Beschränktheit ist eine empirische Annahme) auf ein interpersonell invariantes Intervall (i. a. ein offenes Intervall, da nicht vorausgesetzt werden kann, daß der Wertebereich einer individuellen Nutzenfunktion ein maximales Element enthält) mit Gleichheitsprinzipien allgemeiner Art und ohne direkten Bezug auf konkrete sozialethische Aggregationsregeln gerechtfertigt werden. Auch in diesem Fall bliebe die Wahl der Vergleichsmethode ein Gegenstand normativ-ethischer Beurteilung. Wenn dagegen die sozialethische Informationsbasis als empirisches Problem behandelt wird, dürfen Argumente dieser Art keine Rolle spielen.

Auch wenn die Existenz eines absoluten Nutzens bejaht wird, ist die Frage der Meßbarkeit dieses Nutzens noch in keinem Fall geklärt. Unbestreitbar ist man sich intersubjektiv häufig einig in der festen Überzeugung, ein bestimmtes Ereignis ε habe für eine Person A weit gravierendere Konsequenzen als für eine andere Person B oder mit anderen Worten: ε verursache bei A eine weit größere Nutzenveränderung als bei B. Die Abwägung, welches als überwiegendes Interesse in einem diesbezüglichen Konflikt gelten kann, ist für alltägliche moralische Entscheidungen von großer Bedeutung. Es steht daher zu vermuten, daß auch ethische Theorien ohne Berücksichtigung solcher Differenzierungen inadäquat bleiben müssen. Ein Mindestmaß an interpersoneller Vergleichbarkeit subjektiver Bewertungen erscheint daher zumindest für teleologische Theorien unverzichtbar.

Literatur: Grofman, Owen & Feld (1983), Lehrer & Wagner (1981), Miller (1986), Nida-Rümelin (1987), Schick (1984), Sen (1986), Svensson (1977).

Anmerkungen: In Abschnitt 8.1 wird die Problematik der Präferenzinterdependenz erstmals ausführlich behandelt; vgl. dazu auch Nida-Rümelin (1987), § 7 und Anhang. Zwar ist das Phänomen der Präferenzinterdependenz in der LkE durchaus bekannt, es wird meist jedoch nur erwähnt, um im Anschluß daran die Möglichkeit interdependenter Präferenzen auszuschalten, da sie in vielen Zusammenhängen schon bestehende Probleme weiter verschärfen; vgl. z. B. Farrell (1976) und Suzumura (1978). So hat Gibbard (1974) im Zusammenhang des 'Liberalen Paradoxes' (vgl. Kap. 11) gezeigt, daß schon die Bedingung des Unbeschränkten Definitionsbereichs (die interdependente Präferenzen zuläßt) mit der Liberalitäts-Bedingung (die es erlaubt, daß es für jede Person mindestens ein Paar von Alternativen gibt, so daß die individuelle Entscheidung darüber unverändert in die kollektive Entscheidung eingeht) in Widerspruch geraten kann, ohne daß die Pareto-Bedingung ins Spiel kommt. Anders ausgedrückt: Bedingung **U** und **L** können zusammen zyklische Folgen in der kollektiven Entscheidung generieren, wenn wir annehmen müssen, daß interdependente Präferenzen vorliegen.

Sen (1976), S. 234f., hat dies mit dem hübschen Beispiel von Zubeida und Rehana illustriert: Zubeida zieht es vor, immer in derselben Farbe wie ihre Freundin Rehana gekleidet zu sein, während Rehana sich von Zubeida in der Farbe ihres Kleides unterscheiden will. Stehen nur die Kleiderfarben Rot (R) und Grün (G) zur Verfügung, so ergeben sich folgende Alternativen, d. h. Kombination von Kleiderfarben für die beiden Freundinnen: GG, RR, RG und GR, wobei jeweils der linke Buchstabe für die Farbe des Kleides von Zubeida und der rechte für die des Kleides von Rehana steht. Gehen wir nun davon aus, daß die Wahl der eigenen Kleiderfarbe im Sinne der Bedingung **L** unverändert in die kollektive Entscheidung eingeht, so kann jede der beiden über zwei Paare von Alternativen entscheiden, die sich nur in der Farbe des jeweiligen eigenen Kleides unterscheiden. Nach der obigen Voraussetzung muß Zubeida RR gegenüber GR und GG gegenüber RG vorziehen, Rehana hingegen RG gegenüber RR und GR gegenüber GG. Da diese individuellen Entscheidungen nach Bedingung **L** zu kollektiven werden, kann sich der Leser leicht selbst die zyklischen Folgen zusammenstellen, die entstehen – unabhängig davon, mit welcher Alternative begonnen wird.

Ein Beispiel von Schick (1972), S. 61, zeigt, daß Präferenzinterdependenz sich auch auf Alternativen beziehen kann, die in ihren sozialen Folgen nicht so harmlos sind. Bestimmte Gruppen von Schwarzen in den USA ziehen Separation gegenüber Integration vor, weil sie der Überzeugung sind, daß die Weißen immer gegen Integration sein werden. Manche 'progressive' Weiße unterstützen diese Bewegung unter den Schwarzen. Die Folge davon könnte sein, daß alle Schwarzen Separation vorziehen, weil sie wissen, daß die Weißen Separation wollen, und alle Weißen ebenfalls Separation vorziehen, weil sie den Eindruck haben, daß die Schwarzen selbst das wollen. Dann würde kollektiv Separation gegenüber Integration bevorzugt, auch wenn alle die Separation beklagen.

Schick (1978, 1984) ist einer der wenigen Autoren, die sich mit dem Problem der Präferenzinterdependenz auseinandergesetzt haben. Er schlägt vor, bei der Aggregation nur solche individuellen Präferenzen zu berücksichtigen, die sich im Gleichgewicht befinden. Zwar würden damit in vielen Fällen interdependente Präferenzen ausgeschlossen werden, aber nicht in allen: Das obige Beispiel der Präferenzen Schwarzer und Weißer hinsichtlich der Frage von Separation oder Integration zeigt, daß bei Vorliegen interdependenter Präferenzen Gleichgewichtsresultate entstehen können, die 'eigentlich' keiner gewollt hat. Wir halten daher unsere in Abschn. 8.1 entwickelte Idee einer Differenzierung zwischen resultierenden und w-Präferenzen für adäquater.

Auch die in Abschn. 8.2 eingeführte Trennung einer Aggregation individueller Interessen von einer Aggregation der Urteile, d.h. der praktischen von der theoretischen Ebene der Aggregation, ist in der LkE nicht unbekannt. So unterscheidet Sen (1977), S. 53f., das Resultat der Aggregation dahingehend, daß es ein '*judgment on social welfare*' oder aber einfach eine '*acceptable decision*' sein könne. Allerdings ist diese Unterscheidung bislang in der LkE keineswegs konsequent durchgehalten worden. In Plott (1978) wird beispielsweise die Auffassung vertreten, daß das Rawlssche Differenzprinzip eine 'Diktatur der am schlechtesten gestellten Person' impliziere. Das aber ist nur dann richtig, wenn die im Rawslsschen Zusammenhang intendierte Urteilsaggregation mit der Interessenaggregation gleichgesetzt wird.

Im Zusammenhang dieser Unterscheidung wird in der LkE selbst, z. B. bei Estlund & Waldron (1989), der bisherige Mangel an Beschäftigung mit dem 'epistemischen' Aspekt demokratischer bzw. kollektiver Entscheidungsfindung beklagt – wie sie durch die Formulierung von Gütekriterien für die Regel kollektiven Urteils nach D. 3/8 und entsprechenden Vergleichen unterschiedlicher Entscheidungsregeln in Abschn. 8.2 geleistet wird; vgl. hierzu Nida-Rümelin (1987), Anhang, S. 287–299.

Dabei hatte bereits die frühe LkE mit dem '*Jury Theorem*' von Condorcet (1785) dafür ein eindrucksvolles Beispiel geliefert. Tatsächlich ist erst die Wiederentdeckung dieses Theorems durch Grofman (1978) der Ausgangspunkt einer neuerlichen Debatte über die epistemischen Aspekte kollektiver Entscheidungen gewesen; vgl. dazu Grofman (1981), Grofman, Owen & Feld (1983), Grofman & Feld (1988), Estlund & Waldron (1989), Miller (1986). Das '*Jury-Theorem*' von Condorcet besagt, daß bei Verwendung der Mehrheitsregel und einer hohen Zahl von Entscheidungsbeteiligten die Wahrscheinlichkeit eines richtigen Gruppenurteils gegen 1 geht, wenn die individuelle Irrtumswahrscheinlichkeit $1 - w_0$ unter 0,5 liegt, und gegen 0, wenn $1 - w_0$ über 0,5 liegt (vgl. unser 4. Beispiel: Mindestzahlregel). Die von Lehrer & Wagner (1981) favorisierte Konsensregel hingegen ist nur in Situationen zu empfehlen, in denen es vorrangig um die Vermeidung eines falschen Gruppenurteils geht (vgl. unser 2. Beispiel: 'Meinungsanarchie').

Bei den Erweiterungen des Präferenzbegriffs führen wir in Abschnitt 8.3.1 zunächst 'gesellschaftliche Positionen' ein. Dieser Begriff geht auf eine Idee von Sen (1970), S. 152, zurück. Er bezeichnet (x, i) als 'Position des Individuums i im Sozialzustand x' und schlägt vor, die individuellen Präferenzen entsprechend zu erweitern, so daß z. B. $\langle(x,i),(y,j)\rangle \in \tilde{R}_i$ eine erweiterte individuelle Ordnung ist. Bei dieser Bezeichnung bleibt jedoch unklar, was genau unter einer Position zu verstehen ist und wie sie sich von einem Sozialzustand im Sinne Arrows unterscheidet. Svensson (1977), S. 10ff., versucht eine genauere Klärung des Begriffs, bei der aber das Verhältnis der Positionen zu den Sozialzuständen unbestimmt bleibt.

Die Definition der 'Schwachen Identität' und der 'Vollständigen Identität' (D. 20/8 und D. 21/8) entspricht Axiom 9*1 und 9*2 ('*Identity*' und '*Complete Identity*') in Sen (1970), S. 156. Das Beispiel des Biertrinkers und Diabetikers ist von Kern (1980*), S. 230ff. Die Bezeichnung der Relation G_i (D. 22/8) als 'S-gerechter' soll daran erinnern, daß dieses Kriterium interpersoneller Gerechtigkeit auf einen Vorschlag von Suppes (1966) zurückgeht. Da sich Suppes dabei aber einer Terminologie bedient hat, die Positionenvergleiche nicht kennt, ist die hier vorgeschlagene Gerechtigkeitsrelation G_i gegenüber dem '*Grading Principle*' von Suppes deutlich expliziter. Die Frage der Vereinbarkeit der Pareto-Relation mit der Relation G_i wird auch in Sen (1970), S. 154ff., diskutiert. T. 1/8 entspricht Theorem 9*3 in Sen (1970), S. 156; für den Beweis s. dort. Das Zitat von Habermas findet sich in Habermas (1978), S. 122.

Die in Abschnitt 8.4 eingeführten Annahmen bezüglich der interpersonellen Vergleichbarkeit individueller Bewertungsfunktionen (D. 26/8–D. 29/8) entsprechen den in der LkE üblichen; vgl. z. B. Sen (1986), S. 1112f. Das in D. 25/8 definierte Kollektive Wohlfahrtsprinzip ist bei Sen (1986), S. 1111f., das '*Social Welfare Functional*' (SWFL). Für die Erörterung der Frage, ob ein 'absoluter Nutzen' im Sinne vollständiger kardinaler Vergleichbarkeit vorausgesetzt werden kann und die Einführung beschränkter Bewertungsintervalle vgl. Nida-Rümelin (1987), §6.

9. Charakterisierung Kollektiver Wohlfahrtsprinzipien

9.1 Positionszuordnungen und das Maximin-Prinzip

Wir haben in den letzten beiden Abschnitten des vorangegangenen Kapitels Erweiterungen der Aggregationsbasis kennengelernt, die einen deutlichen Zugewinn an Information über individuelle Präferenzen brachten. Die Frage ist nun, wie sich dieser Informationsgewinn nutzen läßt, wobei die Aufgabe weiterhin darin besteht, zu einer kollektiven Ordnung Arrowscher Zustände zu gelangen – und zwar in diesem Fall aufgrund einer erweiterten Präferenzstruktur **g** oder einer Bewertungsstruktur u.

Ziehen wir zunächst die Erweiterung der Aggregationsbasis mittels Einführung gesellschaftlicher Positionen (Abschn. 8.3.1) heran, so scheint die Anwendung des Kriteriums der S-Gerechtigkeit ein erster Schritt in dieser Richtung zu sein, denn damit würden die individuellen erweiterten Präferenzen in individuelle Präferenzen über Arrowsche Zustände umgeformt werden, so daß die erweiterte Präferenzstruktur **g** in eine einfache Präferenzstruktur g überführt wäre, wenn die Umformung für alle Personen vorgenommen wird. Das würde Schritt (a) im Schema der Abbildung 25 entsprechen, dem Schritt (b) zu folgen hätte, um zu einer kollektiven Präferenz f(g) über die Arrowschen Zustände zu gelangen.

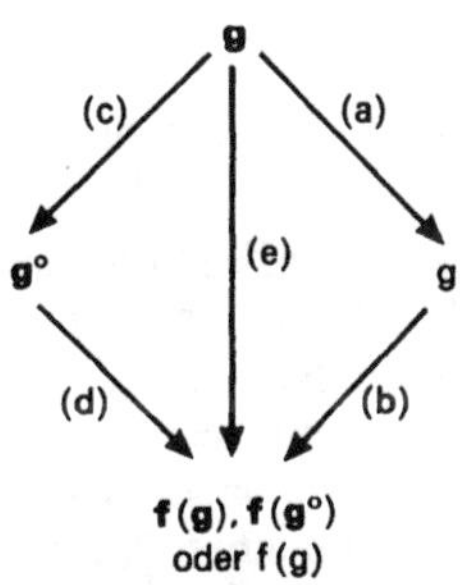

Abb. 25: Überführung einer erweiterten Präferenzstruktur **g** in eine kollektive Ordnung Arrowscher Zustände

Allerdings sind die beiden Schritte (a) und (b) mit erheblichen Problemen belastet. Aufgrund der Erörterungen in Abschnitt 8.3.2 wissen wir, daß die Relation 'S-gerechter' nicht vollständig ist. In vielen Fällen wäre daher Schritt (a) nicht durchführbar. Aber selbst wenn wir zu einer Präferenzstruktur g gelangen, stellt sich bei deren Aggregation zu einer kollektiven Ordnung f(g) das Problem des Theorems von Arrow, so daß auch Schritt (b) nicht in jedem Fall möglich ist.

Betrachten wir nun die alternative Möglichkeit, auf direktem Weg von der erweiterten Präferenzstruktur **g** zu einer kollektiven Ordnung von Positionszuordnungen **f**(**g**) zu gelangen: Schritt (e), so ergeben sich dabei erneut Schwierigkeiten. Angenommen es sei eine erweiterte Präferenzstruktur **g** wie in Tabelle 24 gegeben, und die entsprechenden n individuellen erweiterten Präferenzordnungen sollen unter

Zuhilfenahme der Mehrheitsregel (paarweise auf die Positionszuordnungen angewandt) zu einer einzigen Ordnung der Positionszuordnungen aggregiert werden.

Wie der Leser leicht selbst feststellen kann, ergibt sich damit eine Präferenzfolge von Positionszuordnungen, bei der ϕ(i) gegenüber ϕ'(i), ϕ'(i) gegenüber ϕ''(i) usw. vorgezogen wird – bis zu ϕ'(k) gegenüber ϕ''(k), jedoch auch ϕ''(k) gegenüber ϕ(i), so daß insgesamt eine zyklische Präferenzfolge entsteht: Trotz erweiterter Aggregationsbasis hat sich eine Situation konstruieren lassen, die dem Abstimmungsparadox gleicht. Offensichtlich gilt auch in diesem Zusammenhang das Theorem von Arrow, so daß es keine Möglichkeit der Aggregation einer beliebigen erweiterten Präferenzstruktur **g** zu einer kollektiven Ordnung von Positionszuordnungen gibt, die die entsprechend umformulierten Bedingungen von Arrow erfüllen würde.

i	j	k
ϕ(i)	ϕ''(i)	ϕ'(j)
ϕ'(i)	ϕ(j)	ϕ''(j)
ϕ''(i)	ϕ'(j)	ϕ(k)
ϕ(j)	ϕ''(j)	ϕ'(k)
ϕ'(j)	ϕ(k)	ϕ''(k)
ϕ''(j)	ϕ'(k)	ϕ(i)
ϕ(k)	ϕ''(k)	ϕ'(i)
ϕ'(k)	ϕ(i)	ϕ''(i)
ϕ''(k)	ϕ'(i)	ϕ(j)

Tab. 24: Beispiel des Abstimmungsparadoxes für Positionszuordnungen

Eine Erweiterung der Aggregationsbasis reicht also für sich genommen keineswegs aus, das Problem zu lösen, das sich mit dem Theorem von Arrow stellt, solange die Individuen ihre Präferenzen hinsichtlich der Positionszuordnungen völlig unabhängig voneinander festlegen. Erst bestimmte Interdependenzen dieser Präferenzen, etwa im Sinne der Forderung nach schwacher oder vollständiger Identität der erweiterten Präferenzen, würden einen Ausweg aus dem Dilemma bieten. Wie der Leser aber feststellen kann, erfüllt die erweiterte Präferenzstruktur **g** in Tabelle 24 weder die Forderung der schwachen, noch der vollständigen Identität.

Der interpersonelle Vergleich individueller Präferenzen hingegen ermöglicht es, eine erweiterte Präferenzstruktur **g** soweit einzuschränken, daß das Problem des Theorems von Arrow irrelevant wird. Gilt z. B. die Annahme der vollständigen Identität, so ist die erweiterte Präferenzstruktur **g** auf die eingeschränkte erweiterte Präferenzstruktur $\mathbf{g}^0$ reduziert, die statt n nur mehr **eine** (da mit allen anderen übereinstimmende) Präferenzfolge von Positionszuordnungen umfaßt.

Die Annahme der vollständigen Identität ermöglicht demnach Schritt (c) im Schema von Abbildung 25. Daran müßte sich Schritt (d) anschließen, d. h. die Überführung dieser eingeschränkten erweiterten Präferenzstruktur $\mathbf{g}^0$ in eine kollektive Präferenzordnung $\mathbf{f}(\mathbf{g}^0)$ über Arrowsche Zustände (womit die Schritte (c) und (d) den Schritt (e) ersetzt hätten). Diese Aufgabe, d. h. Schritt (d), soll ein **Allgemeines Wohlfahrtsprinzip** (AWP) übernehmen.

Definition 1/9: Ein **Allgemeines Wohlfahrtsprinzip** (AWP) ist eine Funktion **f**, so daß $\mathbf{f}: \mathbf{G} \ni \mathbf{g}^0 \mapsto R \in \mathrm{Pot}(X \times X)$; $R = \mathbf{f}(\mathbf{g}^0)$ und $P = \dot{\mathbf{f}}(\mathbf{g}^0)$.

Die eingeschränkte erweiterte Präferenzstruktur $\mathbf{g}^0$, die die Aggregationsbasis des AWP bildet, ist gegenüber unterschiedlichen Interpretationen offen. So stellt die vollständige Empathie, wie wir sie in Abschnitt 8.3.2 erläutert haben, eine der möglichen Einschränkungen dar, aufgrund derer sich die Präferenzstruktur $\mathbf{g}^0$ ergeben kann. In diesem Fall würde jede Person die entsprechenden Vorlieben jeder anderen respektieren, was sich formal dadurch niederschlägt, daß die Struktur erweiterter Präferenzen $\mathbf{g}^0$ die Bedingung der vollständigen Identität erfüllt.

Die Präferenzstruktur $\mathbf{g}^0$ kann sich jedoch auch aufgrund der erweiterten Präferenzordnung eines einzelnen 'ethischen Beobachters' ergeben. In beiden Fällen entsteht die Präferenzstruktur $\mathbf{g}^0$ auf der Grundlage eines interpersonellen Vergleichs, d. h. eines 'Sich-Hineinversetzens-in-die-Lage-anderer', und hat damit eine spezifische ethische Qualität.

Wir hatten oben festgehalten (Abschn. 8.3.2), daß die Annahme der vollständigen Identität durchaus unterschiedliche individuelle Präferenzen hinsichtlich der Positionen zuläßt. Diese Voraussetzung macht auch Rawls für seine 'ursprüngliche Situation' (*original position*), in die er die Beteiligten versetzt, damit diese zu einer Entscheidung über ein 'gesellschaftliches Leitprinzip' gelangen können, wenn er annimmt, daß die Beteiligten je für sich eine 'bessere' Position einer 'weniger guten' vorziehen.

Dabei wird die ethische Relevanz dieser Entscheidung nicht durch eine Annahme wie die der vollständigen Empathie gesichert, sondern durch die ganz andersartige Annahme eines 'Schleiers des Nicht-Wissens', wonach die Beteiligten an der Entscheidung weder ihre Fähigkeiten und Talente, noch die der anderen, weder ihren Platz in der künftigen Gesellschaft, noch den der anderen kennen. Damit wird die Möglichkeit ausgeschaltet, individuelle Präferenzen über Positionszuordnungen zu formulieren, die andere Personen benachteiligen.

Rawls hat auf der Grundlage dieser (hypothetischen) Entscheidungssituation sein bekanntes Differenzprinzip entwickelt. Dessen Grundgedanke: die Optimierung der Situation der 'am schlechtesten gestellten (repräsentativen) Person', läßt sich wie folgt als ein AWP formulieren.

Definition 2/9: Das **Maximin-Prinzip** (MP) ist ein AWP, dem die wie folgt definierte Maximin-Relation M ('maximinmäßig schwach besser') zugrundeliegt: $\langle x, y\rangle \in M: \leftrightarrow \exists k \in K: [\forall i \in K: \langle \phi(i), \phi'(k)\rangle \in \mathbf{g}^0(i)]$, wobei hier und im folgenden jeweils ϕ die Positionszuordnung von x und ϕ' die von y sowie $x, y \in X$ ist.

Diese Definition besagt, daß die Position $\phi(i)$ in der Präferenzstruktur $\mathbf{g}^0$ gegenüber der Position $\phi'(k)$ übereinstimmend schwach präferiert wird. Also ist die Person k in y in der Sicht aller Beteiligten offenbar nicht besser gestellt als irgendeine Person i in x und wird demnach – weil sie wie i zugleich 'irgendeine' Person ist – in x besser oder genausogut wie in y gestellt sein.

Die Formulierung des Grundgedankens des Differenzprinzips als ein AWP kann zu Mißverständnissen Anlaß geben. Im Rawlsschen Zusammenhang ist das **Maximin-Prinzip** bzw. das Differenzprinzip (letzteres ist umfassender als ersteres) nicht als ein Prinzip gedacht, mit dem einzelne Alternativen im Sinne Arrowscher Zustände, z. B. bestimmte Verteilungen von Gütern, zugunsten schlechter gestellter Personen gegenüber anderen Alternativen ausgezeichnet werden sollen, sondern als ein Maßstab für die Gerechtigkeit institutioneller Arrangements der Gesellschaft.

Das Prinzip ordnet demnach, genau genommen, nicht Arrowsche Zustände, z. B. im Sinne von Allokationen, sondern die längerfristige Aussicht, zu solchen Allokationen zu gelangen. Bei Rawls drückt sich das darin aus, daß es in der ursprünglichen Situation nicht um Entscheidungen über Allokationen konkreter Güter geht, sondern um Entscheidungen über Allokationen gesellschaftlicher **Grundgüter**. Darunter werden Güter allgemeinerer Art verstanden wie z. B. Rechte, Freiheiten, Einkommen, Vermögen, von denen angenommen wird, daß erst sie es den Individuen erlauben, ihre Absichten in der Gesellschaft, ihre Bedürfnisse und Interessen, kurz: ihren Lebensplan, zu verwirklichen.

Im Unterschied zur Relation G_i ist die Relation M reflexiv, vollständig und transitiv, also eine Ordnung. Welche Beziehung besteht nun zwischen der Maximin-Relation und der Relation 'S-gerechter'? Letztere läßt sich wie folgt als allgemeine Gerechtigkeitsrelation SG formulieren.

Definition 3/9: Dem **Prinzip der S-Gerechtigkeit** (PSG) liegt die wie folgt definierte Relation SG ('S-gerechter') zugrunde: $\langle x, y\rangle \in SG: \leftrightarrow \exists\pi \in Bij(K, K)$: $[\forall j \in K: \langle\phi(j), \phi'(\pi(j))\rangle \in \mathbf{g}^0(j) \wedge \exists k \in K: \langle\phi(k), \phi'(\pi(k))\rangle \in \dot{\mathbf{g}}^0(k)]$.

Das folgende Theorem zeigt, daß die Relation SG die Relation M impliziert.

Theorem 1/9:

$\forall \mathbf{g}^0 \in \mathbf{G}: \forall x, y \in X: [\langle x, y\rangle \in SG \rightarrow \langle x, y\rangle \in M]$, aber nicht umgekehrt.

Beweis: ' → ':

(1) Annahme: $\langle x, y\rangle \in SG$.

(2) $\exists\pi \in Bij(K, K): [\forall j \in K: \langle\phi(j), \phi'(\pi(j))\rangle \in \mathbf{g}^0(j)]$. wg. (1) u. D. 3/9

(3) $\exists k \in K: [\forall j \in K: \langle\phi(j), \phi'(k)\rangle \in \mathbf{g}^0(j)]$. wg. (2)

(4) $\langle x, y\rangle \in M$. wg. (3) u. D. 2/9

'$\not\leftarrow$ ':

(5) Annahme: $X = \{x, y\}$, $K = \{1, 2\}$ und bei vollständiger Identität sei (a) $\langle\phi(1), \phi'(2)\rangle \in \dot{\mathbf{g}}(1) \wedge \langle\phi(2), \phi'(2)\rangle \in \dot{\mathbf{g}}(2)$, jedoch zugleich (b) $\langle\phi'(1), \phi(1)\rangle \in \dot{\mathbf{g}}(1) \wedge \langle\phi'(1), \phi(2)\rangle \in \dot{\mathbf{g}}(2)$.

(6) $\langle x, y\rangle \in M$. wg. (5a) u. D. 2/9

(7) $\neg\langle x, y\rangle \in SG$. wg. (5b) u. D. 3/9

Daß die Relation M nicht umgekehrt auch die Relation SG impliziert, hat seinen Grund darin, daß die Relation SG nicht vollständig ist. Es lassen sich daher leicht Fälle angeben wie im Beweis zu Theorem 1/9, für die zugleich $\neg\langle x, y\rangle \in SG$ und $\neg\langle y, x\rangle \in SG$ gilt, während bei Anwendung des Maximin-Prinzips ein eindeutiges Resultat entsteht.

Eine weitere wichtige Frage ist, wie weit die Pareto-Relation mit der Maximin-Relation verträglich ist. Diese kann in Bezug auf die eingeschränkte erweiterte Präferenzstruktur $\mathbf{g}^0$ in den folgenden Varianten formuliert werden.

Definition 4/9: $\langle x, y\rangle \in \bar{R}: \leftrightarrow \forall i \in K: \langle\phi(i), \phi'(i)\rangle \in \mathbf{g}^0(i)$.

Definition 5/9: $\langle x, y\rangle \in \bar{P}: \leftrightarrow \forall i \in K: \langle\phi(i), \phi'(i)\rangle \in \dot{\mathbf{g}}^0(i)$.

Definition 6/9: $\langle x, y\rangle \in \bar{\bar{P}}: \leftrightarrow [\forall i \in K: \langle\phi(i), \phi'(i)\rangle \in \mathbf{g}^0(i) \wedge \exists j \in K: \langle\phi(j), \phi'(j)\rangle \in \dot{\mathbf{g}}^0(j)]$.

Das folgende Theorem zeigt, daß die Pareto-Relationen $\bar{R}$ und $\bar{P}$ die Maximin-Relation M implizieren. Das MP ist daher ein paretoinklusives Prinzip. Die umgekehrten Implikationen gelten nicht, weil auch die Relationen $\bar{R}$ und $\bar{P}$ nicht vollständig sind.

Theorem 2/9:
$\forall \mathbf{g}^0 \in \mathbf{G}$ und $\forall x, y \in X$ gilt: (a) $\langle x, y\rangle \in \bar{R} \rightarrow \langle x, y\rangle \in M$ und (b) $\langle x, y\rangle \in \bar{P} \rightarrow [\langle x, y\rangle \in M \wedge \neg \langle y, x\rangle \in M]$.

Beweis:

(a) (1) $\forall x, y \in X: \langle x, y\rangle \in \bar{R} \rightarrow \forall i \in K: \langle \phi(i), \phi'(i)\rangle \in \mathbf{g}^0(i)$. — wg. D. 4/9
(2) $\exists k \in K: \forall i \in K: \langle \phi(i), \phi'(k)\rangle \in \mathbf{g}^0(i)$. — wg. (1)
(3) $\langle x, y\rangle \in M$. — wg. (2) u. D. 2/9
(b) (4) Annahme: $\langle x, y\rangle \in \bar{P} \wedge \langle y, x\rangle \in M$.
(5) $\exists k \in K: [\forall i \in K: \langle \phi'(i), \phi(k)\rangle \in \mathbf{g}^0(i)]$. — wg. (4) u. D. 2/9
(6) $\exists k \in K: \langle \phi'(k), \phi(k)\rangle \in \mathbf{g}^0(k)$. — wg. (5)
(7) $\langle y, x\rangle \in M \rightarrow \neg \langle x, y\rangle \in \bar{P}$, im Widerspruch zu (4), daher: $\neg \langle y, x\rangle \in M$. — wg. (4), (6) u. D. 5/9
(8) $\langle x, y\rangle \in \bar{P} \rightarrow \langle x, y\rangle \in \bar{R}$. — wg. L. 1/1 (b) u. D. 5/9
(9) $\langle x, y\rangle \in \bar{R} \rightarrow \langle x, y\rangle \in M$. — wg. T. 2/9 (a)
(10) $\langle x, y\rangle \in \bar{P} \rightarrow \langle x, y\rangle \in M$. — wg. (8) u. (9)
(11) $\langle x, y\rangle \in \bar{P} \rightarrow [\langle x, y\rangle \in M \wedge \neg \langle y, x\rangle \in M]$. — wg. (7) u. (10)

Eine Schwierigkeit gibt es jedoch mit der Relation $\bar{\bar{P}}$. Da Fälle von Indifferenz bezüglich M unter bestimmten Bedingungen mit der strikten Paretobesser-Relation vereinbar sind, kann unter Umständen sowohl $\langle x, y\rangle \in M$ als auch $\langle y, x\rangle \in \bar{\bar{P}}$ gelten.

Theorem 3/9:
Es gibt eingeschränkte erweiterte Präferenzstrukturen $\mathbf{g}^0$, so daß $\langle x, y\rangle \in \bar{\bar{P}}$ und $\langle y, x\rangle \in M$.

Beweis:

(1) Annahme: $X = \{x, y\}$, $K = \{1, 2\}$ und $\langle \phi(1), \phi'(1)\rangle \in \dot{\mathbf{g}}^0(i)$, $\langle \phi'(1), \phi(2)\rangle \in \mathbf{g}^0(i)$ sowie $\langle \phi(2), \phi'(2)\rangle \in \tilde{\mathbf{g}}^0(i)$, $i = 1, 2$.
(2) Für $i = 1, 2$: $\langle \phi'(i), \phi(2)\rangle \in \mathbf{g}^0(i)$. — wg. (1)
(3) $\langle y, x\rangle \in M$. — wg. (2) u. D. 2/9
(4) $\langle x, y\rangle \in \bar{\bar{P}}$. — wg. (1) u. D. 5/9

Für den in (1) angenommenen Fall läßt sich das in Tabelle 25 wiedergegebene Beispiel anführen, bei dem die Arrowschen Zustände x und y Verteilungen fiktiver Wohlfahrtswerte auf die Individuen i und j, d.h. genauer: Aussichten auf diese Verteilungen, sein sollen.

Arrowsche Zustände	Individuen i	Individuen j
$x = \langle \phi, z\rangle$	60	40
$y = \langle \phi', z'\rangle$	50	40

Tab. 25: Beispiel für $\langle y, x\rangle \in M$ und $\langle x, y\rangle \in \bar{\bar{P}}$

Es ist leicht zu sehen, daß die Anwendung des strikten Pareto-Prinzips zur kollektiven Bevorzugung von x gegenüber y führen muß, da der 'Zustand' x eine

Person besser stellt und niemanden schlechter, während bei Anwendung des Maximin-Prinzips eine kollektive Indifferenz zwischen x und y entsteht, da die schlechter gestellte Person j sich mit x und y genau gleich gut (oder schlecht) stellt.

Um zu garantieren, daß $\bar{\bar{P}}$ auch unter Maximin stets eine strikte kollektive Präferenz impliziert, ist eine Modifikation von M erforderlich – und zwar eine 'lexikographische' Erweiterung des Maximin-Prinzips. Die Idee ist, bei der Anwendung des Maximin-Prinzips schlechter gestellte Personen dann unbeachtet zu lassen, wenn sie sich mit den Alternativen gleich gut (oder schlecht) stellen. Das Maximin-Prinzip kommt also erst bei jener am schlechtesten gestellten Person zum Zuge, die nicht zwischen den Alternativen indifferent ist. Für diese lexikographische Version $\hat{M}$ gilt dann: $\langle x, y \rangle \in \bar{\bar{P}} \rightarrow [\langle x, y \rangle \in \hat{M} \wedge \neg \langle y, x \rangle \in \hat{M}]$.

Im obigen Beispiel würde dies bedeuten, daß Person j unbeachtet bleibt und das Maximin-Prinzip auf die nächst-schlechtest gestellte Person i angewandt wird – mit dem Ergebnis der kollektiven Bevorzugung von x gegenüber y; und das stimmt mit dem Ergebnis der Anwendung des strikten Pareto-Prinzips überein.

Ein kritischer Punkt ist nun der, daß das Maximin-Prinzip sich auf die Situation der am schlechtesten gestellten (repräsentativen) Person konzentriert. Daher kann es sein, daß das Prinzip Alternativen bevorzugt, die zwar die am schlechtesten gestellte Person besser stellen, für andere Personen aber die Verteilung der Aussichten auf Wohlfahrt ungleicher machen. Das Beispiel in der folgenden Tabelle 26 verdeutlicht dies.

Aufgrund des Maximin-Prinzips wird y gegenüber x zu bevorzugen sein, da die erkennbar am schlechtesten gestellte Person k mit y besser gestellt ist als mit x. Während sich jedoch bei y im Vergleich zu x der Abstand zwischen j und k deutlich verringert, wird der Abstand zwischen j und i erheblich größer, so daß y als Verteilung von Aussichten auf Wohlfahrt insgesamt 'ungleicher' wirkt als die Alternative x.

Arrowsche Zustände	Individuen i	j	k
$x = \langle \phi, z \rangle$	100	80	60
$y = \langle \phi', z' \rangle$	100	62	61

Tab. 26: Bevorzugung 'ungleicher' Verteilungen durch das Maximin-Prinzip

Rawls führt gegen dieses Problem das Argument von der 'Verkettung' der Aussichten an. Damit ist gemeint, daß Beispiele dieser Art unter gewöhnlichen Bedingungen nicht auftreten werden. Vielmehr sei zu erwarten, daß eine Verbesserung der Aussichten der am schlechtesten gestellten Person auch die Aussichten besser gestellter Personen verbessert, so daß der geschilderte Fall unter dieser Voraussetzung nicht eintreten kann.

Das Maximin-Prinzip erfordert als Informationsgrundlage ausschließlich ordinale Niveauvergleiche der Aussichten der Individuen wie sie die Alternativen beschreiben. Auf dieser Basis lassen sich Veränderungen der Abstände 'dritter Personen' zu der am besten oder der am schlechtesten gestellten Person nicht erfassen, es sei denn, das Niveau an Aussichten der dritten Person unterschreitet das der am schlechtesten gestellten oder übersteigt das der am besten gestellten Person. Dann aber ist die dritte Person ihrerseits die am besten oder am schlechtesten gestellte Person.

Bei dieser Informationsgrundlage ist es auch nicht möglich, die 'Gewinne' an Aussichten der schlechter gestellen Person mit den 'Verlusten' an Aussichten der besser gestellten Person zu vergleichen, so daß das Maximin-Prinzip selbst dann zugunsten der schlechter gestellten Person entscheidet, wenn dabei ein sehr geringer 'Gewinn' an Aussichten für diese Person einem sehr großen 'Verlust' an Aussichten für die besser gestellte Person gegenübersteht. Anders läßt sich in einem rein ordinalen Rahmen die Besserstellung schlecht gestellter Personen nicht garantieren. Die Aufrechnung von 'Gewinnen' und 'Verlusten' an Aussichten würde überdies eine Informationsbasis erfordern wie sie dem utilitaristischen Prinzip zugrundeliegt.

Es konnte in diesem Abschnitt gezeigt werden, daß sich die Erweiterung der Aggregationsbasis – in diesem Fall durch Einführung gesellschaftlicher Positionen – sehr wohl nutzen läßt: Sie ermöglicht die Formulierung neuer Kriterien wie des oben vorgestellten, vom Rawlsschen Differenzprinzip abgeleiteten Maximin-Prinzips. Dieses Prinzip kann wegen der Art der zugrundeliegenden Präferenzstruktur als '(sozial-)ethisches Prinzip' angesprochen werden.

Dazu mußte zuvor jedoch die Frage beantwortet werden, wie sich die individuellen erweiterten Präferenzen $\mathbf{g}(i)$ in eine kollektive Präferenz überführen lassen. Nachdem sich der Weg, zunächst die individuellen Präferenzrelationen $\mathbf{g}(i)$ in die individuellen Präferenzrelationen $g(i)$ zu transformieren und diese dann zu einer kollektiven Präferenz $f(g)$ zu aggregieren, als nicht gangbar erwiesen hat, wurde mittels der Identitätsannahme ein anderer Weg beschritten: Diese Annahme erlaubt die Reduzierung der erweiterten Präferenzstruktur $\mathbf{g}$ auf die eingeschränkte erweiterte Präferenzstruktur $\mathbf{g}^0$, die durch ein Allgemeines Wohlfahrtsprinzip wie das Maximin-Prinzip in eine kollektive Präferenz $\mathbf{f}(\mathbf{g}^0)$ überführt werden kann.

9.2 Das utilitaristische Prinzip

Allgemeine Wohlfahrtsprinzipien wie das im letzten Abschnitt vorgestellte Maximin-Prinzip haben eine ordinale Aggregationsbasis und lassen sich daher als Kollektive Wohlfahrtsprinzipien gemäß D. 25/8 und D. 26/8 (Absch. 8.4) darstellen. Man kann nun durch Einführung weiterer Annahmen hinsichtlich der interpersonellen Vergleichbarkeit (vgl. D. 27/8–D. 29/8) die Informationsbasis von Wohlfahrtsprinzipien dieser Art so ausweiten, daß die Formulierung nicht-ordinaler Prinzipien möglich wird. Zu diesen zählt das utilitaristische Prinzip.

Definition 7/9: Das **Utilitaristische Wohlfahrtsprinzip** (UWP) ist ein KWP $\mathbf{f}$, für das gilt: $\langle x, y\rangle \in \mathbf{f}(u)$: $\leftrightarrow \sum_{i=1}^{n} u_i(x) \geq \sum_{i=1}^{n} u_i(y)$, wobei hier und im folgenden $x, y \in X$, u eine (kardinale) Bewertungsstruktur in K und $\# K = n$ ist.

Definition 8/9: Das **Utilitarismus-Prinzip** (UP) ist ein (nicht vollständiges) KWP, für das gilt: $\sum_{i=1}^{n} u_i(x) > \sum_{i=1}^{n} u_i(y) \rightarrow \langle x, y\rangle \in \dot{\mathbf{f}}(u)$.

Mit dem utilitaristischen Prinzip werden Alternativen, d.h. Sozialzustände im Sinne Arrows, kollektiv danach geordnet, ob sie für die Individuen insgesamt eine größere Wohlfahrts- oder 'Nutzen'-summe ergeben. Vergleichen wir dazu die nachfolgende Formulierung des Maximin-Prinzips als Kollektives Wohlfahrtsprinzip bzw. dessen lexikographische Ergänzung, so wird unmittelbar deutlich, daß das MP bzw. das LMP im Unterschied zum UWP bzw. zum UP nur eine ordinale interpersonelle Vergleichbarkeit der inviduellen Wohlfahrtsniveaus benötigt, denn diese Prinzipien entscheiden zugunsten der Alternative, bei der sich das Wohlfahrtsniveau der am schlechtesten gestellten Person erhöht oder mindestens nicht verringert.

Definition 9/9: Das **Maximin-Prinzip** (MP) ist ein KWP **f**, so daß $\langle x, y\rangle \in \mathbf{f}(u)$: $\leftrightarrow \min_i u_i(x) \geqq \min_i u_i(y)$.

Definition 10/9: Das **Lexikographische Maximin-Prinzip** (LMP) ist ein KWP **f**, so daß $\langle x, y\rangle \in \dot{\mathbf{f}}(u)$: $\leftrightarrow \exists r \in \mathbb{N} \cap [1, n]$: $[\forall i < r: u_{i(x)}(x) = u_{i(y)}(y) \wedge u_{r(x)}(x) > u_{r(y)}(y)]$, wobei r(x), i(x) den Wohlfahrtsrang einer Person im Sozialzustand x angibt (je höher die Ziffer, desto höher der Rang), und $\langle x, y\rangle \in \tilde{\mathbf{f}}(u)$: $\leftrightarrow$ $\forall i \leqq n$: $[u_{i(x)}(x) = u_{i(y)}(y)]$.

Die Art der interpersonellen Vergleichbarkeit wird demnach bei der Charakterisierung dieser Prinzipien, d. h. bei den notwendigen und hinreichenden Bedingungen, die für sie gelten, sicher eine Rolle spielen. Das wird auch klar, wenn wir zunächst einen Bezug zum Theorem von Arrow herstellen und dazu die Arrowschen Bedingungen wie folgt für Kollektive Wohlfahrtsprinzipien umformulieren.

Bedingung $\overline{\mathbf{D}}$ **(Ausschluß der Diktatur)**: $\neg \exists i \in K: \forall u \in U: \forall x, y \in X: [u_i(x) > u_i(y) \rightarrow \langle x, y\rangle \in \dot{\mathbf{f}}(u)]$.

Bedingung $\overline{\mathbf{P}}$ **(Pareto-Prinzip)**: $\forall u \in U: \forall x, y \in X: [\forall i \in K: u_i(x) > u_i(y) \rightarrow \langle x, y\rangle \in \dot{\mathbf{f}}(u)]$.

Bedingung $\overline{\mathbf{I}}$ **(Unabhängigkeit von irrelevanten Alternativen)**: $\forall u, u' \in U: \forall x, y \in X$: $[\forall i \in K: [u_i(x) = u_i'(x) \wedge u_i(y) = u_i'(y)] \rightarrow [\langle x,y\rangle \in \mathbf{f}(u) \leftrightarrow \langle x, y\rangle \in \mathbf{f}(u')]]$.

Wir ergänzen diese Bedingungen nun noch um die Annahme der ordinalen sowie der kardinalen Nicht-Vergleichbarkeit. Diese beiden Annahmen müssen nicht gesondert formuliert werden, da sich ihre Definition als Negation der Definition der ordinalen Vergleichbarkeit (D. 26/8) und der Definition der kardinalen Vergleichbarkeit (D. 27/8) ergibt.

Dann gelten die folgenden beiden Theoreme.

> *Theorem* 4/9:
>
> Es gibt kein Kollektives Wohlfahrtsprinzip mit ordinal nicht-vergleichbarer Informationsbasis, das zugleich den Bedingungen $\overline{\mathbf{D}}$, $\overline{\mathbf{P}}$ und $\overline{\mathbf{I}}$ genügt.
>
> *Theorem* 5/9:
>
> Es gibt kein Kollektives Wohlfahrtsprinzip mit kardinal nicht-vergleichbarer Informationsbasis, das zugleich den Bedingungen $\overline{\mathbf{D}}$, $\overline{\mathbf{P}}$ und $\overline{\mathbf{I}}$ genügt.

Die beiden Theoreme sind erkennbar Varianten des Theorems von Arrow. Die Einschränkung auf eine ordinal nicht-vergleichbare Informationsbasis läßt nur gemäß einer 'Rangfolge' geordnete individuelle Präferenzen bezüglich der Alternativen zu, die nicht miteinander verglichen werden können. Sie machen das KWP damit faktisch zu einer KWF. Interessanterweise gilt etwas Vergleichbares auch für die Einschränkung auf eine kardinal nicht-vergleichbare Informationsbasis, denn damit gibt es für alle individuellen Präferenzen zwar kardinale Repräsentationen, die aber interpersonell nicht vergleichbar sind. Daher gilt auch für diesen

Fall die Aussage des Theorems von Arrow, andernfalls hätte bereits die Einführung individueller Bewertungsfunktionen in Abschnitt 2.1 (durch die individuelle Präferenzen eine kardinale Repräsentation erhalten) das Problem des Theorems von Arrow gelöst.

Das korrespondiert zu unserer Beobachtung im vorangegangenen Abschnitt, wonach Erweiterungen der Informationsbasis (in dem Fall durch Positionszuordnungen) solange nichts zur Lösung des Aggregationsproblems beizutragen vermögen, als sie nicht um Annahmen hinsichtlich der interpersonellen Vergleichbarkeit ergänzt werden.

Sind solche Annahmen jedoch eingeführt, so sind die umformulierten Arrowschen Bedingungen $\overline{\mathrm{D}}$, $\overline{\mathrm{P}}$ und $\overline{\mathrm{I}}$ nicht nur für Kollektive Wohlfahrtsprinzipien kompatibel – und versprechen insofern eine Überwindung des Aggregationsproblems –, sondern diese erfüllen auch stärkere und allgemeinere Bedingungen: $\overline{\mathrm{A}}$ und $\overline{\mathrm{SA}}$ (**Anonymität** und **Strikte Anonymität**) statt nur $\overline{\mathrm{D}}$, $\overline{\mathrm{PI}}$, $\overline{\mathrm{PPI}}$ und $\overline{\mathrm{SP}}$ (**Pareto-Indifferenz**, **Schwaches** und **Striktes Pareto-Prinzip**) statt nur $\overline{\mathrm{P}}$ und $\overline{\mathrm{N}}$ (**Neutralität**) statt nur $\overline{\mathrm{I}}$.

Bedingung $\overline{\mathrm{A}}$ (**Anonymität**: $\forall i \in K$: $\forall \pi \in \Pi$: $\forall u, u' \in U$: $[u_i = u'_{\pi(i)} \to \mathbf{f}(u) = \mathbf{f}(u')]$.

Bedingung $\overline{\mathrm{SA}}$ (**Strikte Anonymität**): $\forall i \in K$: $\forall \pi \in \Pi$: $\forall u, u' \in U$: $[\exists x \in X$: $u_i(x) = u'_{\pi(i)}(x) \wedge \forall y \in X,\ y \neq x$: $u_i(y) = u'_i(y) \to \mathbf{f}(u) = \mathbf{f}(u')]$.

Bedingung $\overline{\mathrm{PI}}$ (**Pareto-Indifferenz**): $\forall x, y \in X$: $\forall u \in U$: $[\forall i \in K$: $u_i(x) = u_i(y) \to \langle x, y\rangle \in \bar{\mathbf{f}}(u)]$.

Bedingung $\overline{\mathrm{PPI}}$ (**Schwaches Pareto-Prinzip**): $\forall x, y \in X$: $\forall u \in U$: $[\forall i \in K$: $u_i(x) \geqq u_i(y) \to \langle x, y\rangle \in \mathbf{f}(u)]$.

Bedingung $\overline{\mathrm{SP}}$ (**Striktes Pareto-Prinzip**): $\forall x, y \in X$: $\forall u \in U$: $[[\forall i \in K$: $u_i(x) \geqq u_i(y) \wedge \exists j \in K$: $u_j(x) > u_j(y) \to \langle x, y\rangle \in \dot{\mathbf{f}}(u)] \wedge [\forall i \in K$: $u_i(x) = u_i(y) \to \langle x, y\rangle \in \bar{\mathbf{f}}(u)]]$.

Bedingung $\overline{\mathrm{N}}$ (**Neutralität**): $\forall x, y, w, z \in X$: $\forall u, u' \in U$: $[\forall i \in K$: $[u_i(x) = u'_i(w) \wedge u_i(y) = u'_i(z)] \to [\langle x, y\rangle \in \mathbf{f}(u) \leftrightarrow \langle w, z\rangle \in \mathbf{f}(u')]]$.

Wir erörtern zunächst einige Implikationen dieser Bedingungen. Wie das folgende Lemma zeigt, reicht bereits die Pareto-Indifferenz aus, um die Irrelevanzbedingung zur Neutralitätsbedingung zu verstärken.

Lemma 1/9: Erfüllt ein KWP $\mathbf{f}$ die Bedingung $\overline{\mathrm{PI}}$, so gilt: $\overline{\mathrm{I}} \leftrightarrow \overline{\mathrm{N}}$.

Beweis:

(1)	Annahme: $X = \{x, y, w, z\}$ und $\{x, y\} = \{w, z\}$.	
(2)	$\overline{\mathrm{N}} \to \overline{\mathrm{I}}$.	wg. (1), $\overline{\mathrm{N}}$ u. $\overline{\mathrm{I}}$
(3)	Annahme: $X = \{a, b, c\}$, $b \neq c$.	
(4)	Zu zeigen: $\langle a, b\rangle \in \mathbf{f}(u^1) \leftrightarrow \langle a, c\rangle \in \mathbf{f}(u^2)$ und $\langle b, a\rangle \in \mathbf{f}(u^1) \leftrightarrow \langle c, a\rangle \in \mathbf{f}(u^2)$, wenn für $u^1, u^2 \in U$: $\forall i \in K$: $u^1_i(a) = u^2_i(a)$ und $u^1_i(b) = u^2_i(c)$.	
(5)	Annahme: $\exists u^3 \in U$: $\forall i \in K$: $u^1_i(a) = u^3_i(a)$ und $u^1_i(b) = u^3_i(b) = u^3_i(c)$.	
(6)	$\langle a, b\rangle \in \mathbf{f}(u^1) \leftrightarrow \langle a, b\rangle \in \mathbf{f}(u^3)$.	wg. (5) u. $\overline{\mathrm{I}}$
(7)	$\langle b, c\rangle \in \bar{\mathbf{f}}(u^3)$.	wg. (5) u. $\overline{\mathrm{PI}}$
(8)	$\langle a, b\rangle \in \mathbf{f}(u^3) \wedge \langle b, c\rangle \in \bar{\mathbf{f}}(u^3) \to \langle a, c\rangle \in \mathbf{f}(u^3)$.	wg. (6), (7) u. $\mathbf{f}$ KWP (Transitivität)
(9)	$\langle a, c\rangle \in \mathbf{f}(u^3) \leftrightarrow \langle a, c\rangle \in \mathbf{f}(u^2)$.	wg. (5), (8) u. $\overline{\mathrm{I}}$
(10)	$\langle a, b\rangle \in \mathbf{f}(u^1) \leftrightarrow \langle a, c\rangle \in \mathbf{f}(u^2)$.	wg. (6), (8) u. (9)
(11)	$\langle b, a\rangle \in \mathbf{f}(u^1) \leftrightarrow \langle b, a\rangle \in \mathbf{f}(u^3)$.	wg. (5) u. $\overline{\mathrm{I}}$

(12) $\langle c, b\rangle \in \tilde{\mathbf{f}}(u^3)$. wg. (5) u. $\overline{\mathbf{PI}}$
(13) $\langle c, b\rangle \in \tilde{\mathbf{f}}(u^3) \wedge \langle b, a\rangle \in \mathbf{f}(u^3) \rightarrow \langle c, a\rangle \in \mathbf{f}(u^3)$. wg. (11), (12) u. **f** KWP (Transitivität)
(14) $\langle c, a\rangle \in \mathbf{f}(u^3) \leftrightarrow \langle c, a\rangle \in \mathbf{f}(u^2)$. wg. (5), (13) u. $\overline{\mathbf{I}}$
(15) $\langle b, a\rangle \in \mathbf{f}(u^1) \leftrightarrow \langle c, a\rangle \in \mathbf{f}(u^2)$. wg. (11), (13), (14)
(16) Mit einem analogen Argument läßt sich der Beweis auf $\# X > 3$ erweitern.
(17) $\overline{\mathbf{I}} \rightarrow \overline{\mathbf{N}}$. wg. (4), (10), (15), (16)

Die Bedingung der Neutralität, die ein Kollektives Wohlfahrtsprinzip danach bereits erfüllt, wenn es $\overline{\mathbf{I}}$ und $\overline{\mathbf{PI}}$ genügt, ist sehr stark. Das kann an folgendem Beispiel verdeutlicht werden. In Tabelle 27 sind die Alternativen x und y als Verteilung von Wohlfahrtswerten auf die beiden Individuen i und j dargestellt.

Alter- nativen	Individuen i	j
x	10	4
y	8	7

Tab. 27: Beispiel einer Verteilung von Wohlfahrtswerten

Man kann sich nun zwei unterschiedliche Fälle vorstellen, die durch diese Verteilung von Wohlfahrtswerten abgebildet werden. Im ersten Fall geht es um die Einführung einer Steuer zum Zweck der Umverteilung: x ist der Zustand vor Einführung der Steuer (mit einer erheblichen Wohlfahrtsdifferenz zwischen i und j) und y der Zustand nach Einführung der Steuer (mit einer deutlich verringerten Wohlfahrtsdifferenz). Zwar ist i weiterhin besser gestellt als j, jedoch hat er gegenüber x durch die Umverteilung einen Wohlfahrtsverlust, der schlechter gestellte j hingegen einen Wohlfahrtsgewinn.

Im zweiten Fall ist i ein Revolutionär im Kampf gegen ein autoritäres Regime, der aber von dessen Geheimpolizei aufgegriffen und in ein Gefängnis gebracht wurde, j der Geheimpolizist, der von ihm Informationen über die Mitkämpfer erlangen soll. Im Zustand x hat j noch nicht zu Foltermethoden gegriffen, im Zustand y foltert er i, um die Informationen zu bekommen. Die Wohlfahrtswerte von Tab. 27 sind für diesen Fall leicht zu motivieren: Der Revolutionär lebt im Bewußtsein, die 'bessere Sache' zu vertreten, was ihm auch hilft, die Leiden der Folter zu ertragen. Der Geheimpolizist ist demgegenüber schlechter gestellt, weil ihm bewußt ist, daß er die 'falsche Seite' vertritt, er zieht aber einen 'sadistischen' Wohlfahrtsgewinn aus dem Foltern.

Wenn wir im ersten Fall – z. B. weil wir ein Prinzip der Verbesserung der Lage bislang Benachteiligter vertreten – y gegenüber x vorziehen, also Besteuerung und Umverteilung befürworten, dann zwingt uns die Bedingung der Neutralität, im zweiten Fall ebenfalls y gegenüber x zu bevorzugen, d. h. die Folter zu befürworten.

Dies erscheint deshalb als eine widersinnige Folgerung aus der Neutralitätsbedingung, weil wir solche Fälle nach unserem moralischen 'Alltagsverständnis' unabhängig voneinander und mit unterschiedlichen Kriterien beurteilen würden. Der Bedingung der Neutralität liegt jedoch der entgegengesetzte Gedanke zugrunde, für die verschiedenen Anwendungsfälle einen einheitlichen Beurteilungsmaßstab bereitzustellen, so daß darauf basierende ethische Urteile verallgemeinerbar sind, d.h. von einem auf den anderen Fall übertragen werden können.

Im obigen Beispiel, aber auch in der Formulierung der Neutralitätsbedingung, sind es ausschließlich die Wohlfahrtswerte, die für die moralische Beurteilung herangezogen werden, so daß, wenn die in Tab. 27 aufgeführten Wohlfahrtswerte die Situation in den beiden geschilderten Fällen richtig wiedergeben, die Schlußfolgerung kaum zu umgehen ist, daß auch im zweiten Fall y vorgezogen werden muß, wenn es im ersten Fall bevorzugt wird.

Einige Autoren bezeichnen daher Kollektive Wohlfahrtsprinzipien, die die Neutralitätsbedingung erfüllen, als '**welfaristisch**' und verbinden dies mit dem kritischen Hinweis, daß die Aggregation damit ausschließlich auf der Grundlage von Wohlfahrtswerten unter Vernachlässigung andersartiger Informationen über die Alternativen erfolge.

Andererseits sollte zwischen der Aggregationsbasis und dem Kriterium unterschieden werden, nach dem in den verschiedenen Fällen entschieden wird. Daß für die Aggregation auf Wohlfahrtswerte zurückgegriffen wird, ist zunächst nicht problematisch, sondern erst dann, wenn ausschließlich Wohlfahrtswerte zugrundegelegt werden **und** wenn dabei durch die Neutralitätsbedingung ein Ergebnis eines Entscheidungskriteriums, das in einem Fall eingesetzt wird (wie oben im ersten Fall das Prinzip der Bevorzugung Benachteiligter), umstandslos auf einen anderen Fall übertragen wird.

Damit zeigt sich, daß der 'Welfarismus' solcher Wohlfahrtsprinzipien ein schwieriges Problem aufwirft: einerseits garantiert er, daß ethische Urteile verallgemeinert werden können, daß also der seit Kant erhobenen Forderung nach ethischer Universalisierbarkeit Rechnung getragen wird, andererseits aber macht das geschilderte Beispiel deutlich, daß es Situationen gibt, in denen Differenzierungen erforderlich werden, die eine getrennte Beurteilung einzelner Fälle nach unterschiedlichen Kriterien erlauben.

Wollte man als Ausweg aus dem Problem die Differenzierung in einzelne Fälle zur prinzipiellen Forderung erheben, so hätte dies den Nachteil, daß damit der Anspruch auf ethische Universalisierbarkeit von vornherein aufgegeben wäre, ohne daß die Möglichkeit bestünde, Gruppen oder Typen von Fällen zu identifizieren, in denen er doch eingelöst werden könnte. Erfolgversprechender erscheint der umgekehrte Weg, zunächst die Neutralitätsbedingung beizubehalten, ihr Potential auszuloten und dann zu untersuchen, ob sie nicht auf bestimmte Entscheidungsbereiche eingeschränkt werden soll.

Die Bedingungen $\overline{\mathbf{PI}}$ und $\overline{\mathbf{I}}$ implizieren nicht nur die Neutralitätsbedingung, sondern – wenn man die Anonymitätsbedingung hinzunimmt – auch eine weitere Bedingung, die die Möglichkeit der Permutation von Personen bezüglich der Wohlfahrtswerte unterschiedlicher Alternativen eröffnet, ohne daß sich das kollektive Resultat ändert. Wir nennen diese Bedingung **Suppes-Indifferenz** ($\overline{\mathbf{SI}}$), denn sie stellt eine 'interpersonelle Erweiterung' der Pareto-Indifferenz dar und könnte daher den 'Indifferenzteil' des Prinzips der S-Gerechtigkeit bilden.

Bedingung $\overline{\mathbf{SI}}$ (**Suppes-Indifferenz**): $\forall u \in U$: $\forall x, y \in X$: $[\exists \pi \in \Pi$: $\forall i \in K$: $u_i(x) = u_{\pi(i)}(y) \rightarrow \langle x, y \rangle \in \tilde{\mathbf{f}}(u)]$.

Dann gilt die folgende Implikation.

Lemma 2/9: Erfüllt ein KWP **f** die Bedingungen $\overline{\mathbf{PI}}$, $\overline{\mathbf{I}}$ und $\overline{\mathbf{A}}$, so erfüllt es auch $\overline{\mathbf{SI}}$.

Beweis:

(1)	Wir betrachten zunächst den einfachen Fall, in dem die Wohlfahrtswerte von zwei Individuen bezüglich der Alternativen x und y permutiert werden, für alle anderen Individuen und Alternativen aber gleich bleiben.	
(2)	Annahme: $\exists i, j \in K$: $\exists x, y \in X$: $\exists u \in U$: $[u_i(x) = u_j(y) = s \wedge u_j(x) = u_i(y) = t \wedge \forall k \in K \backslash \{i, j\}$: $u_k(x) = u_k(y) = v_k]$; $\exists u', u'' \in U$: $[\forall k \in K \backslash \{i, j\}$: der Wohlfahrtswert für alle Alternativen aus X ist $v_k]$; für $i, j \in K$ und $\forall z \in X \backslash \{x, y\}$: $u_i'(z) = u_j'(z) = u_i''(z) = u_j''(z)$, während die Präferenzen von i und j bezüglich x und y wie folgt angenommen werden:	

	u		u′		u″	
	i	j	i	j	i	j
x	s	t	s	t	t	s
y	t	s	t	s	s	t

(3)	Annahme: $\neg \langle x, y \rangle \in \tilde{\mathbf{f}}(u)$.	
(4)	Annahme: $\langle x, y \rangle \in \dot{\mathbf{f}}(u)$.	mögl. wg. (3)
(5)	$\langle x, y \rangle \in \dot{\mathbf{f}}(u')$.	wg. (2), (4) u. $\bar{\mathbf{I}}$
(6)	$\langle x, y \rangle \in \dot{\mathbf{f}}(u'')$.	wg. (2), (5) u. $\bar{\mathbf{A}}$
(7)	$\langle y, x \rangle \in \dot{\mathbf{f}}(u)$, im Widerspruch zu (4).	wg. (2), (6) u. L. 1/9
(8)	$\langle x, y \rangle \in \tilde{\mathbf{f}}(u)$.	wg. (3), (4) u. (7)
(9)	Wir betrachten im folgenden beliebige Permutationen der Wohlfahrtswerte der Personen bezüglich der Alternativen.	
(10)	Annahme: Für $x, y \in X$ und $u \in U$ gibt es ein $\pi \in \Pi$, so daß $\forall i \in K$: $u_i(x) = u_{\pi(i)}(y)$.	analog zu (2)
(11)	Annahme: $X = \{x, y\}$ wird um m Alternativen $z_1, \ldots, z_m$, $m < n$, erweitert.	mögl. wg. $\bar{\mathbf{I}}$
(12)	Annahme: Die Wohlfahrtswerte der Alternativen x, y und $z_1, \ldots, z_m$ werden so angeordnet, daß für alle Paare (x, z_1), $(z_1, z_2), \ldots, (z_m, y)$ die Annahme (2) gilt.	mögl. wg. L. 1/9
(13)	$\langle x, z_1 \rangle \in \tilde{\mathbf{f}}(u)$, $\langle z_1, z_2 \rangle \in \tilde{\mathbf{f}}(u), \ldots, \langle z_m, y \rangle \in \tilde{\mathbf{f}}(u)$.	wg. (12) u. (1)–(8)
(14)	$\langle x, y \rangle \in \tilde{\mathbf{f}}(u)$.	wg. (13) u. **f** KWP (Transitivität)
(15)	Im einfachen wie im allgemeinen Fall ergibt sich $\langle x, y \rangle \in \tilde{\mathbf{f}}(u)$, wenn das Antezedenz von $\overline{\mathbf{SI}}$ erfüllt ist.	wg. (2), (8), (10)–(12) u. (14)

Die Suppes-Indifferenz ermöglicht es nun zusammen mit Bedingung $\bar{\mathbf{I}}$, die Anonymitätsbedingung zur Bedingung der Strikten Anonymität zu verstärken.

> Lemma 3/9: Erfüllt ein KWP **f** die Bedingungen $\bar{\mathbf{I}}$ und $\overline{\mathbf{SI}}$, so erfüllt es auch $\overline{\mathbf{SA}}$.

Beweis:

(1)	Zu zeigen: $\mathbf{f}(u) = \mathbf{f}(u')$, wenn $\forall i \in K$: $\forall \pi \in \Pi$: $\forall u, u' \in U$: $[\exists x \in X$: $u_i(x) = u'_{\pi(i)}(x) \wedge \forall y \in X, y \neq x$: $u_i(y) = u_i'(y)]$.	wg. $\overline{\mathbf{SA}}$
(2)	$\forall i \in K$ und für alle Paare von Alternativen, die x nicht einschließen: $u_i(y) = u_i'(y) \rightarrow \mathbf{f}(u) = \mathbf{f}(u')$.	unmittelbar
(3)	Annahme: Neben x und y wird eine dritte Alternative $z \in X$ eingeführt und zwei weitere Bewertungsstrukturen u″ und u‴, so daß $\forall i \in K$: (a) $u_i(x) = u_i''(x) = u_i''(z) = u_i'''(z)$, (b) $u_i'(x) = u_i'''(x)$, (c) $u_i(y) = u_i''(y) = u_i'(y) = u_i'''(y)$.	

(4)	Annahme: $\langle x, y\rangle \in \mathbf{f}(u)$.	
(5)	$\langle x, y\rangle \in \mathbf{f}(u'')$.	wg. (4), (3a, c) u. $\overline{\mathrm{I}}$
(6)	$\langle x, z\rangle \in \tilde{\mathbf{f}}(u'')$.	wg. (3a) u. $\overline{\mathrm{SI}}$
(7)	$\langle z, y\rangle \in \mathbf{f}(u'')$.	wg. (5), (6) u. **f** KWP (Transitivität)
(8)	$\langle z, y\rangle \in \mathbf{f}(u''')$.	wg. (7), (3a, c) u. $\overline{\mathrm{I}}$
(9)	$\forall i \in K$: $u_i(x) = u'_{\pi(i)}(x) = u'''_{\pi(i)}(x)$.	wg. (1) u. (3b)
(10)	$\forall i \in K$: $u_i(x) = u_i'''(z)$.	wg. (3a)
(11)	$\langle x, z\rangle \in \tilde{\mathbf{f}}(u''')$.	wg. (9), (10) u. $\overline{\mathrm{SI}}$
(12)	$\langle x, y\rangle \in \mathbf{f}(u''')$.	wg. (8), (11) u. **f** KWP (Transitivität)
(13)	$\langle x, y\rangle \in \mathbf{f}(u')$.	wg. (12), (3b, c) u. $\overline{\mathrm{I}}$
(14)	Mit einem analogen Argument kann gezeigt werden, daß $\langle x, y\rangle \in \mathbf{f}(u') \rightarrow \langle x, y\rangle \in \mathbf{f}(u)$ und $\langle y, x\rangle \in \mathbf{f}(u) \leftrightarrow \langle y, x\rangle \in \mathbf{f}(u')$.	
(15)	$\mathbf{f}(u) = \mathbf{f}(u')$, wenn das Antezedenz der Bedingung $\overline{\mathrm{SA}}$ erfüllt ist.	wg. (2), (4), (13) u. (14)

Die Bedingung der Strikten Anonymität ist sehr stark. Sie verlangt nicht nur, daß die kollektive Präferenz unverändert bleibt, wenn Personen bezüglich der Bewertungsstrukturen permutiert, sondern sogar dann, wenn sie bezüglich der Wohlfahrtswerte einer bestimmten Alternative permutiert werden (ohne eine Permutation bei den Wohlfahrtswerten anderer Alternativen). Eine solche Permutation kann die tatsächliche individuelle Präferenz umkehren, dennoch wird mit $\overline{\mathrm{SA}}$ verlangt, daß die kollektive Präferenz sich nicht verändert.

Aufgrund dieser Lemmata kann eine erste Charakterisierung des **Utilitaristischen Wohlfahrtsprinzips** (UWP) formuliert werden, die Milnors Idee der Charakterisierung des Laplace-Kriteriums (T. 2/2 und Beweis in Abschn. 2.2) aufnimmt.

Bedingungen der Entsch.-krit. i. Kap. 2	Bedingungen der KWP
1: Ordnung	impliziert i. D. 25/8 des KWP **f**
2: Symmetrie	$\overline{\mathrm{A}}$: Anonymität
3: Dominanz	$\overline{\mathrm{SP}}$: Strikt. Pareto-P.
4: Hinzufügung	$\overline{\mathrm{I}}$: Irrelevanz
8: Spaltenlinearität	Informationsbasis einheitenbez. vollst.

Tab. 28: Entsprechungen der Bedingungen in Kap. 2 und Kap. 9

Um die Beweisargumente vergleichen zu können, muß man allerdings die Entsprechungen der Bedingungen für die Entscheidungskriterien in Kap. 2 zu denen der Kollektiven Wohlfahrtsprinzipien in diesem Kapitel kennen. Sie sind in Tabelle 28 wiedergegeben.

Theorem 6/9:

Ein KWP **f** ist genau dann das **Utilitaristische Wohlfahrtsprinzip** (UWP), wenn seine Informationsbasis einheitenbezogen vollständig ist und es die Bedingungen $\overline{\mathrm{SP}}$, $\overline{\mathrm{I}}$ und $\overline{\mathrm{A}}$ erfüllt.

Beweis: ' → ':

(1)	Annahme: Zu den individuellen Wohlfahrtswerten $u_i(x)$, $u_i(y)$ etc. wird jeweils eine (positive oder negative) Konstante hinzuaddiert.	
(2)	Annahme: Die individuellen Wohlfahrtswerte $u_i(x)$, $u_i(y)$ etc. werden jeweils mit einer gleichen positiven Konstante multipliziert.	
(3)	Die individuelle Wohlfahrtsdifferenz $[u_i(x) - u_i(y)]$ bleibt von den Annahmen (1) und (2) unberührt.	unmittelbar wg. (1) und (2)
(4)	Die Informationsbasis des UWP ist einheitenbezogen vollständig.	wg. (1)–(3), D. 29/8 und D. 7/9
(5)	Das UWP erfüllt $\overline{\mathbf{SP}}$, $\overline{\mathbf{I}}$ und $\overline{\mathbf{A}}$.	unmittelbar wg. D 7/9
(6)	$\overline{\mathbf{SP}} \rightarrow \overline{\mathbf{PI}}$.	unmittelbar
(7)	Das UWP erfüllt $\overline{\mathbf{N}}$.	wg. (5), (6) u. L. 1/9
(8)	Das UWP erfüllt $\overline{\mathbf{SI}}$.	wg. (5)–(7) u. L. 2/9
(9)	Das UWP erfüllt $\overline{\mathbf{SA}}$.	wg. (5), (8) u. L. 3/9
	' ← ':	
(10)	Annahme: $\sum_{i=1}^{n} u_i(x) = \sum_{i=1}^{n} u_i(y)$.	
(11)	Zu zeigen: $\langle x, y \rangle \in \tilde{\mathbf{f}}(u)$.	wg. D. 7/9
(12)	Annahme: Die individuellen Wohlfahrtswerte für x und y werden nach absteigender Größe angeordnet, so daß sich für a = x, y die Folge: $u_n(a) \geqq u_{n-1}(a) \geqq \ldots \geqq u_2(a) \geqq u_1(a)$ ergibt.	mögl. wg. $\overline{\mathbf{N}}$ u. $\overline{\mathbf{SA}}$
(13)	Von jedem $u_i(a)$ wird das Minimum der Wohlfahrtswerte $\{u_i(x), u_i(y)\}$ abgezogen.	
(14)	Es ergibt sich eine neue Bewertungsstruktur u′ wie folgt: $\forall i \in K$: $u'_i(x) = u_i(x) - c_i$ und $u'_i(y) = u_i(y) - c_i$, wobei $c_i = \text{Min}\,\{u_i(x), u_i(y)\}$.	wg. (12) u. (13)
(15)	Die Überführung von u zu u′ läßt die kollektive Ordnung zwischen x und y unberührt.	wg. KWP einheitenbez. vollständig
(16)	Entweder $u'_i(x)$ oder $u'_i(y)$ wird zu Null.	wg. (13) u. (14)
(17)	Erneute Anordnung der Wohlfahrtswerte nach absteigender Größe, so daß sich die Folge $u'_n(a) \geqq u'_{n-1}(a) \geqq \ldots \geqq u'_2(a) \geqq u'_1(a)$ ergibt, und Subtraktion des Minimums von $\{u'_i(x), u'_i(y)\}$ von jedem $u'_i(a)$ führt zu einer neuen Bewertungsstruktur u″.	
(18)	Wiederholte Durchführung von (17) führt in t Schritten zu einer Bewertungsstruktur u^t, die für alle individuellen Wohlfahrtswerte von x und y den Wert Null annimmt, so daß $\forall i \in K$ und für a = x, y: $u^t_i(a) = 0$.	wg. (16) u. (17)
(19)	Für u^t: $\langle x, y \rangle \in \tilde{\mathbf{f}}(u^t)$.	wg. (18) u. $\overline{\mathbf{SP}} \rightarrow \overline{\mathbf{PI}}$
(20)	$\forall u \in U$: $\langle x, y \rangle \in \tilde{\mathbf{f}}(u)$.	wg. (19), (15) u. **f** KWP (Transitivität)
(21)	Annahme: $\sum_{i=1}^{n} u_i(x) > \sum_{i=1}^{n} u_i(y)$.	
(22)	Zu zeigen: $\langle x, y \rangle \in \dot{\mathbf{f}}(u)$.	wg. D. 7/9
(23)	Wiederholte Durchführung von (12) und (13) führt in t Schritten zu einer Bewertungsstruktur u^t, für die $u^t_i(y) = 0$ für alle i aus K und $u^t_i(x) > 0$ für ein i aus K ist.	analog zu (14)–(18)
(24)	$\forall u \in U$: $\langle x, y \rangle \in \dot{\mathbf{f}}(u)$.	wg. (23), $\overline{\mathbf{SP}}$, **f** KWP (Transit.) u. **f** einheit.-bez. voll.
(25)	(10) und (20) sowie (21) und (24) definieren das UWP.	wg. D. 7/9

Diese Charakterisierung des UWP macht sich im Beweisargument zum einen die Implikationen der Bedingungen $\overline{\mathbf{PI}}$, $\overline{\mathbf{I}}$ und $\overline{\mathbf{A}}$ nach L. 1/9–3/9 zunutze, denn ohne diese Implikationen – insbesondere die Bedingungen $\overline{\mathbf{N}}$ und $\overline{\mathbf{SA}}$ – wäre die Anordnung der Wohlfahrtswerte wie im Beweisschritt (12) und (17) nicht möglich, zum anderen spielt aber auch die Art der Informationsbasis eine Rolle: der von Milnor für den Beweis des Laplace-Kriteriums vorgeschlagene sukzessive Subtraktionsprozeß ließe sich nicht auf den Beweis zur Charakterisierung des UWP übertragen, wenn nicht – wie Beweisschritt (15) zeigt – durch die einheitenbezogene Vollständigkeit der Informationsbasis gesichert wäre, daß die im Verlauf des Subtraktionsprozesses auftretenden neuen Bewertungsstrukturen u′, u″ etc. die kollektive Ordnung der jeweiligen Alternativen nicht verändern.

Nun ist von einigen Autoren zu Recht eingewandt worden, daß es in ethischer Sicht wenig überzeugend ist, die Charakterisierung eines bestimmten Wohlfahrtsprinzips darauf zu stützen, welche Informationen für die Aggregation zur Verfügung stehen. Wir wollen daher im folgenden eine alternative Möglichkeit der Charakterisierung des Utilitarismus vorstellen, die bezüglich der Informationsbasis etwas flexibler ist.

Diese alternative Charakterisierung greift zum einen die zentrale Idee des Utilitarismus in der folgenden Weise auf. Stellen wir uns eine Situation vor, in der eine Person x gegenüber y vorzieht, eine andere (möglicher- aber nicht notwendigerweise schlechter gestellte) Person hingegen y gegenüber x, während für alle anderen Personen x gleich gut wie y ist, so würde diese Situation im utilitaristischen Sinne durch den Vergleich der Summen der individuellen Wohlfahrtswerte für x und y und die Entscheidung für die Alternative mit der größeren Wohlfahrtssumme gelöst werden. Wir können diesen Gedanken als Bedingung der **Utilitaristischen Gerechtigkeit** (**UG**) formulieren.

Definition 13/9: Ein KWP **f** erfüllt die Bedingung **UG**: $\leftrightarrow \forall u \in U\colon \forall x, y \in X\colon \forall i, j \in K\colon\ [u_i(x) + u_j(x) < u_i(y) + u_j(y) \wedge \forall k \in K \backslash \{i, j\}\colon\ u_k(x) = u_k(y) \rightarrow \langle y, x\rangle \in \dot{\mathbf{f}}(u)]$.

Zum anderen macht sich diese Charakterisierung eine weitere Implikation der Neutralitätsbedingung zunutze: Diese erlaubt es nämlich, daß Eigenschaften Kollektiver Wohlfahrtsprinzipien bzw. der Relation **f**(u) auf Relationen übertragen werden können, die auf dem n-dimensionalen Raum der Wohlfahrtsvektoren definiert sind. Sei E^K der euklidische Raum der Wohlfahrtsvektoren, wobei E die Zahlengerade und E^K der n-dimensionale Raum ist, in dem jede Dimension (Koordinate) den Namen eines Individuums i, $i = 1, \ldots, n$, trägt. Auf E^K kann eine zweistellige Relation R^+ wie folgt definiert werden.

Definition 14/9: $\forall a, b \in E^K\colon [\langle a, b\rangle \in R^+ \leftrightarrow \exists x, y \in X\colon \exists u \in U\colon [\forall i \in K\colon u_i(x) = a_i \wedge u_i(y) = b_i \wedge \langle x, y\rangle \in \mathbf{f}(u)]]$.

P^+ und I^+ werden in der üblichen Weise aus R^+ abgeleitet (vgl. D. 4/1 und 5/1). Dann zeigt das folgende Lemma, daß $\overline{\mathbf{N}}$ die Übertragbarkeit der Ordnungseigenschaft von **f**(u) auf R^+ sichert.

Lemma 4/9: Erfüllt ein KWP **f** die Bedingung $\overline{\mathbf{N}}$, so ist R^+ eine Ordnung auf E^K.

Beweis:

(1) R^+ ist vollständig und reflexiv. wg. D. 25/8 u. D. 14/9

(2) Zu zeigen: R^+ ist auch transitiv.

(3) Annahme: $\exists a, b, c \in E^K\colon [\langle a, b\rangle \in R^+ \wedge \langle b, c\rangle \in R^+]$.

(4) $\exists x, y, z \in X$: $\exists u \in U$: $[\forall i \in K$: $u_i(x) = a_i \wedge u_i(y) = b_i \wedge u_i(z) = c_i]$. wg. (3) u. D. 14/9
(5) $\langle x, y\rangle \in \mathbf{f}(u) \wedge \langle y, z\rangle \in \mathbf{f}(u)$. wg. (3), (4), D. 14/9 u. $\overline{\mathbf{N}}$
(6) $\langle x, z\rangle \in \mathbf{f}(u)$. wg. (5) u. **f** KWP (Transitivität)
(7) $\langle a, c\rangle \in R^+$. wg. (6) u. $\overline{\mathbf{N}}$
(8) R^+ ist transitiv. wg. (3) u. (7)
(9) R^+ ist eine Ordnung. wg. (1) u. (8)

Dank Bedingung $\overline{\mathbf{N}}$ haben auch die anderen Bedingungen der Kollektiven Wohlfahrtsprinzipien ein Analogon bezüglich R^+. Wichtig für unsere Beweisführung sind die folgenden beiden Bedingungen.

Bedingung $\overline{\mathbf{SP}}^+$: $\forall a, b \in E^K$: $[[\forall i \in K$: $a_i \geqq b_i \wedge \exists j \in K$: $a_j > b_j \rightarrow \langle a, b\rangle \in P^+] \wedge [\forall i \in K$: $a_i = b_i \rightarrow \langle a, b\rangle \in I^+]]$.

Bedingung $\mathbf{UG}^+$: $\forall a, b \in E^K$: $\forall i, j \in K$: $[b_i + b_j > a_i + a_j \wedge \forall k \in K \setminus \{i, j\}$: $a_k = b_k \rightarrow \langle b, a\rangle \in P^+]$.

Wir geben ohne Beweis das folgende Lemma wieder, das die Übertragbarkeit der Bedingungen $\overline{\mathbf{SP}}$ und **UG** auf R^+ formuliert.

> *Lemma* 5/9: Erfüllt ein KWP **f** die Bedingungen $\overline{\mathbf{N}}$ und $\overline{\mathbf{SP}}$, dann gehorcht R^+ dem Pareto-Kriterium $\overline{\mathbf{SP}}^+$; unter denselben Voraussetzungen gehorcht R^+ der Utilitaristischen Gerechtigkeit $\mathbf{UG}^+$ genau dann, wenn das KWP **f** die Bedingung **UG** erfüllt.

Mit Hilfe dieser Lemmata läßt sich das folgende Theorem beweisen.

> *Theorem* 7/9:
> Erfüllt ein (nicht vollständiges) KWP die Bedingungen $\overline{\mathbf{SP}}$, $\overline{\mathbf{I}}$ und **UG**, so ist es das **Utilitarismus-Prinzip** (UP).

Beweis:

(1) Das KWP **f** erfüllt $\overline{\mathbf{N}}$. wg. $\overline{\mathbf{SP}} \rightarrow \overline{\mathbf{PI}}$ u. L. 1/9
(2) Annahme: $\forall a, b \in E^K$: $[M_0 \cup H_0 = K \wedge M_0 \cap H_0 = \emptyset \wedge \# M_0 = m_1 - 1 \geqq 2 \wedge \forall h \in H_0$: $a_h = b_h \wedge \sum_{i=1}^{n} a_i < \sum_{i=1}^{n} b_i \rightarrow \langle b, a\rangle \in P^+]$.
(3) Annahme: $M_1 \cup H_1 = K \wedge M_1 \cap H_1 = \emptyset \wedge \# M_1 = m_1$.
(4) Annahme: Für $a^l, b^l \in E^K$: $[\forall h \in H_1$: $a_h^l = b_h^l \wedge \sum_{i=1}^{n} b_i^l - \sum_{i=1}^{n} a_i^l = 2\varepsilon > 0]$.
(5) $\exists j, k \in M_1$: $[M_1 \setminus \{j, k\} \neq \emptyset]$. wg. (2) u. (3)
(6) Annahme: $\exists c \in E^K$: $[c_k = b_k^l + (b_j^l - a_j^l) - \varepsilon \wedge c_j = a_j^l \wedge \forall i \in K \setminus \{j, k\}$: $c_i = b_i^l]$.
(7) $c = a^l$ für $H_1 \cup \{j\}$, $c = b^l$ für $K \setminus \{j, k\}$. wg. (4) u. (6)
(8) $H_1 = K \setminus M_1 \subset K \setminus \{j, k\}$. wg. (3) u. (5)
(9) $\sum_{i=1}^{n} c_i = \sum_{i=1}^{n} b_i - \varepsilon$. wg. (6)–(8)
(10) $\sum_{i=1}^{n} a_i^l < \sum_{i=1}^{n} c_i < \sum_{i=1}^{n} b_i^l$. wg. (9), (6) u. (4)
(11) $\langle b^l, c\rangle \in P^+ \wedge \langle c, a^l\rangle \in P^+$ wg. (10) u. (2)
(12) $\langle b^l, a^l\rangle \in P^+$. wg. (11) u. L. 4/9
(13) Für R^+ gilt die Bedingung $\mathbf{UG}^+$. wg. (1) u. L. 5/9

(14) $\forall a, b \in E^K: \left[\sum_{i=1}^{n} a_i < \sum_{i=1}^{n} b_i \rightarrow \langle b, a \rangle \in P^+ \right].$ wg. (2), (6), (12) u. (13)

(15) Das (nicht vollständige) KWP ist das UP. wg. (14), D. 8/9 u. $\overline{\mathbf{N}}$

Im Charakterisierungstheorem 7/9 ist zwar keine Anforderung an die Informationsbasis genannt, dennoch ist die Art der Informationsbasis auch bei dieser Charakterisierung relevant: Die Bedingung **UG** formuliert implizit eine Mindestanforderung, wonach wenigstens die Information bereitstehen muß, die es ermöglicht, die individuellen Wohlfahrtswerte der einzelnen Alternativen aufzusummieren. Das bedeutet, daß die Informationsbasis mindestens einheitenbezogen vollständig sein muß, aber auch der stärkeren Anforderung nach vollständiger kardinaler Vergleichbarkeit genügen kann.

Die Charakterisierung des Utilitarismus-Prinzips nach T. 7/9 wirkt auf den ersten Blick trivial, denn sie scheint nicht mehr zu besagen als daß das UP durch eben jenes Kriterium (**UG**) charakterisiert ist, das für dieses Prinzip konstitutiv ist. Zugleich erfüllt das UP aber auch die Bedingungen $\overline{\mathbf{SP}}$ und $\overline{\mathbf{I}}$, wegen der Implikation $\overline{\mathbf{SP}} \rightarrow \overline{\mathbf{PI}}$ also nach L. 1/9 ebenso die Bedingung der Neutralität. Diese Bedingung ist nun, wie oben ausgeführt, hinreichend dafür, daß ein solches Prinzip der Forderung nach Verallgemeinerbarkeit genügen kann. Die Charakterisierung nach T. 7/9 besagt also, daß das UP – und nach T. 6/9 auch das UWP – universalisierbar ist.

Das ist eine wichtige Eigenschaft Kollektiver Wohlfahrtsprinzipien, die jedoch nicht nur positiv zu bewerten ist. Das oben diskutierte Umverteilungs-/Folterbeispiel zeigte, daß bei einer universellen Anwendung eines bestimmten Prinzips (wofür Bedingung $\overline{\mathbf{N}}$ die Grundlage bietet) sehr problematische Entscheidungsresultate entstehen können – im geschilderten Fall unter Verwendung des UP z.B. eine 'utilitaristische Rechtfertigung' der Folter.

Tatsächlich hat die Kritik am utilitaristischen Prinzip immer wieder durch solche und ähnliche Beispiele zu zeigen versucht, daß dessen Anspruch auf universelle Geltung verfehlt ist, weil sich bei seiner Anwendung auf bestimmte Einzelfälle moralisch nicht vertretbare Entscheidungen ergeben. Das liegt an der Eigenheit des utilitaristischen Prinzips, die Alternativen in der kollektiven Präferenz ausschließlich nach der Höhe der Wohlfahrtssummen zu ordnen, die sich für sie ergeben. Die Alternativen werden damit nicht nur nach ihren Konsequenzen ('Konsequentialismus'), sondern ausschließlich nach ihren 'Wohlfahrts'-Konsequenzen für die Individuen beurteilt, nicht nach anderen Eigenschaften.

Es gibt einen interessanten Ansatz, die generelle Anwendbarkeit des utilitaristischen Prinzips dadurch zu sichern, daß der Begriff der Alternative umgedeutet wird: den **Regelutilitarismus**. Wir hatten den Begriff der Alternative bislang offen gehalten bzw. darunter – bis zur näheren Klärung – einen Sozialzustand im Sinne Arrows verstanden. Nun ist das utilitaristische Prinzip besonders dann der Gefahr ausgesetzt, in seiner Anwendung auf bestimmte Einzelfälle moralisch nicht vertretbare Entscheidungen zu erzeugen, wenn die Alternativen als Handlungsmöglichkeiten der Individuen interpretiert werden, das utilitaristische Prinzip also **aktutilitaristisch** gedeutet wird. Tatsächlich können individuelle Handlungen wie Vertrauensbruch, Betrug und sogar Tötung eine (akt)utilitaristische Rechtfertigung erhalten, wenn sich im jeweiligen Einzelfall zeigen läßt, daß der Wohlfahrtsgewinn der Schädiger den Wohlfahrtsverlust der Geschädigten übersteigt.

Eine solche Rechtfertigung ist nicht möglich, wenn die Alternativen nicht individuelle Handlungsmöglichkeiten, sondern die entsprechenden handlungsleitenden

Regeln sind, denn dann wird mittels des utilitaristischen Prinzips nicht über individuelle Handlungen, sondern über alternative Regeln entschieden (Regelutilitarismus). Da weiterhin im Sinne des utilitaristischen Prinzips zugunsten der höheren Wohlfahrtssumme entschieden wird, bevorzugt das UWP in dieser regelutilitaristischen Interpretation stets die (handlungsleitende) Regel, die, wenn sie in der Gesellschaft von allen befolgt wird, die höhere Wohlfahrtssumme erzeugt.

Der Regelutilitarismus stellt gegenüber dem Aktutilitarismus zweifelsohne einen großen Fortschritt dar, aber auch er kann nicht alle Probleme lösen, die dem utilitaristischen Prinzip wegen seines konsequentialistischen und welfaristischen Charakters anhaften. Auch regelutilitaristisch können z. B. Einschränkungen von Freiheitsrechten zugunsten von Wohlfahrtsverbesserungen gerechtfertigt werden. Das würde Verletzungen der Autonomie und Integrität der von den Einschränkungen betroffenen Individuen bedeuten, die unter einem moralischen Gesichtspunkt ausgeschlossen sein sollten.

9.3 Lexikographisches Maximin-Prinzip und gemeinsame Charakterisierung

Die Charakterisierung des Maximin-Prinzips, das wir in Abschnitt 9.1 kennengelernt hatten, und seiner lexikographischen Version, wie sie eingangs des vorangegangenen Abschnitts formuliert wurde, läßt sich wesentlich vereinfachen, wenn eine Bedingung eingeführt ist, die – ähnlich wie oben für das utilitaristische Prinzip – angibt, welche Konsequenz sich im Sinne des Maximin-Prinzips aus der 2-Personen-Konfliktsituation ergibt, in der eine Person y gegenüber x vorzieht, eine andere, annahmegemäß schlechter gestellte Person hingegen x gegenüber y (alle anderen Personen sollen sich mit x und y gleich gut stellen). Wird dieser Konflikt zugunsten der schlechter gestellten der beiden Personen entschieden bzw. mindestens nicht zu ihren Ungunsten, so würde das dem Maximin-Prinzip entsprechen und ebenso dem Rawlsschen Grundgedanken der Besserstellung benachteiligter Personen.

Bedingung **MG (Maximin-Gerechtigkeit)**: Ein KWP $\mathbf{f}$ erfüllt die Bedingung **MG**: $\leftrightarrow \forall u \in U\colon \forall x, y \in X\colon \forall i, j \in K\colon [\forall k \in K \setminus \{i, j\}\colon [u_k(x) = u_k(y)] \wedge u_i(y) \leqq u_i(x) \leqq u_j(x) < u_j(y) \rightarrow \langle x, y\rangle \in \mathbf{f}(u)]$.

Bedingung **LMG (Lexikographische Maximin-Gerechtigkeit)**: Ein KWP $\mathbf{f}$ erfüllt die Bedingung **LMG**: $\leftrightarrow \forall u \in U\colon \forall x, y \in X\colon \forall i, j \in K\colon [\forall k \in K \setminus \{i, j\}\colon [u_k(x) = u_k(y)] \wedge u_i(y) < u_i(x) \leqq u_j(x) < u_j(y) \rightarrow \langle x, y\rangle \in \mathbf{f}(u)]$.

Dem läßt sich eine Bedingung gegenüberstellen, die einen solchen 2-Personen-Konflikt nicht zugunsten der schlechter gestellten, sondern zugunsten der besser gestellten Person, wenigstens aber nicht zu ihren Ungunsten entscheidet.

Bedingung **MMG (Maximax-Gerechtigkeit)**: Ein KWP $\mathbf{f}$ erfüllt die Bedingung **MMG**: $\leftrightarrow \forall u \in U\colon \forall x, y \in X\colon \forall i, j \in K\colon [\forall k \in K \setminus \{i, j\}\colon [u_k(x) = u_k(y)] \wedge u_i(y) < u_i(x) \leqq u_j(x) \leqq u_j(y) \rightarrow \langle y, x\rangle \in \mathbf{f}(u)]$.

Bedingung **LMMG (Lexikographische Maximax-Gerechtigkeit)**: Ein KWP $\mathbf{f}$ erfüllt die Bedingung **LMMG**: $\leftrightarrow \forall u \in U\colon \forall x, y \in X\colon \forall i, j \in K\colon [\forall k \in K \setminus \{i, j\}\colon [u_k(x) = u_k(y)] \wedge u_i(y) < u_i(x) \leqq u_j(x) < u_j(y) \rightarrow \langle y, x\rangle \in \mathbf{f}(u)]$.

Zu diesen Bedingungen korrespondiert ein Kollektives Wohlfahrtsprinzip und dessen lexikographische Erweiterung, das nicht nach den minimalen, sondern nach den maximalen Wohlfahrtswerten der Personen bezüglich der Alternativen entscheidet.

Definition 15/9: Das **Maximax-Prinzip** (MMP) ist ein KWP **f**, so daß $\langle x, y\rangle \in \mathbf{f}(u)$: $\leftrightarrow \max_i u_i(x) \geqq \max_i u_i(y)$.

Definition 16/9: Das **Lexikographische Maximax-Prinzip** (LMMP) ist ein KWP f, so daß $\langle x, y\rangle \in \dot{\mathbf{f}}(u)$: $\leftrightarrow \exists r \in \mathbb{N} \cap [1, n]$: $\forall i > r$: $[u_{i(x)}(x) = u_{i(y)}(y) \wedge u_{r(x)}(x) > u_{r(y)}(y)]$, wobei r(x), i(x) den Wohlfahrtsrang einer Person im Sozialzustand x angibt (je höher die Ziffer, desto höher der Rang), und $\langle x, y\rangle \in \tilde{\mathbf{f}}(u)$: $\leftrightarrow \forall i \leqq n$: $[u_{i(x)}(x) = u_{i(y)}(y)]$.

Unter dem Aspekt einer 'gerechten' Verteilung von Wohlfahrt zwischen den Personen ist das MMP wie das LMMP schwer zu rechtfertigen, denn: welcher Grund könnte dafür angegeben werden, eine bereits besser gestellte Person durch eine Entscheidung für die von ihr bevorzugte Alternative noch weiter zu bevorzugen? Diese Prinzipien werden daher in den verschiedenen gemeinsamen Charakterisierungen Kollektiver Wohlfahrtsprinzipien entweder von vornherein ausgeschaltet oder aber nur der Vollständigkeit halber 'mitgeführt'.

Eine Charakterisierung des Lexikographischen Maximin-Prinzips kann nun so erfolgen, daß zunächst das Maximin-Prinzip charakterisiert wird; die Charakterisierung des LMP ergibt sich dann als Korollar dazu.

Theorem 8/9:

Ein KWP **f**, das die Bedingungen $\overline{\mathbf{PPI}}$, $\bar{\mathbf{I}}$ und $\bar{\mathbf{A}}$ erfüllt, ist genau dann das Maximin-Prinzip, wenn es außerdem der Bedingung **MG** genügt, und genau dann das Maximax-Prinzip, wenn es darüber hinaus der Bedingung **MMG** gehorcht.

Es ist unmittelbar ersichtlich, daß diese Prinzipien die Bedingungen $\overline{\mathbf{PPI}}$, $\bar{\mathbf{I}}$ und $\bar{\mathbf{A}}$ erfüllen. Damit ist nach L. 1/9–3/9 zugleich Bedingung $\bar{\mathbf{N}}$ und $\overline{\mathbf{SA}}$ erfüllt.

Die Wohlfahrtswerte der Alternativen können also hinsichtlich der Individuen permutiert, z.B. nach auf- oder absteigender Größe angeordnet werden, ohne daß sich die kollektive Ordnung der diesbezüglichen Alternativen ändert. Diese Eigenschaft wird in den Beweisen der folgenden Lemmata und des Theorems mehrfach genutzt werden. Es ist jedoch zunächst zu zeigen, daß die Prinzipien den Bedingungen **MG** bzw. **MMG** gehorchen.

Lemma 6/9: Das MP erfüllt die Bedingung **MG** und das MMP die Bedingung **MMG**.

Beweis:

(1)	Bezüglich des Antezedenz der Bedingung **MG** sind drei Fälle denkbar.	
(2)	1. *Fall*: Person i ist die schlechtest gestellte Person bezüglich x und auch bezüglich y.	
(3)	$\min_k u_k(x) = u_i(x) \geqq \min_k u_k(y) = u_i(y)$.	wg. (2) u. **MG**
(4)	$\langle x, y\rangle \in \mathbf{f}(u)$.	wg. (3) u. MP
(5)	2. *Fall*: Es gibt eine Person $k \in K \setminus \{i, j\}$, die weder bezüglich y schlechter, noch bezüglich x besser gestellt ist als i.	
(6)	$\min_j u_j(y) = u_i(y) \leqq u_k(y) = u_k(x) \leqq \min_j u_j(x)$.	wg. (5) u. **MG**

(7)	$\langle x, y\rangle \in \mathbf{f}(u)$.	wg. (6) u. MP
(8)	3. *Fall*: Es gibt eine Person $k \in K\backslash\{i, j\}$, die mit y schlechter gestellt ist als i.	
(9)	$\forall k \in K\backslash\{i, j\}$: $u_k(x) = u_k(y)$.	wg. (8) u. **MG**
(10)	$\langle x, y\rangle \in \mathbf{f}(u)$.	wg. (9) u. MP
(11)	In allen drei Fällen, die die Möglichkeiten erschöpfen, ergibt sich $\langle x, y\rangle \in \mathbf{f}(u)$.	wg. (4), (7), u. (10)
(12)	Das MP erfüllt **MG**.	wg. (1) u. (11)
(13)	Unter Zugrundelegung von **MMG** kann eine analoge Argumentation hinsichtlich der am besten gestellten Person durchgeführt werden.	wg. **MMG** genau spiegelbildl. zu **MG**
(14)	Das MMP erfüllt **MMG**.	

Im weiteren muß gezeigt werden, daß aus den genannten Bedingungen die Wohlfahrtsprinzipien folgen. Das geschieht mit Hilfe der folgenden beiden Lemmata, denenzufolge andere Personen außer i und j die Konsequenz der Bedingung **MG** bzw. **MMG** unter verschiedenen Konstellationen nicht beeinflussen.

Lemma 7/9: Erfüllt ein KWP **f** die Bedingungen $\overline{\mathbf{PPI}}$, $\bar{\mathbf{I}}$ und $\bar{\mathbf{A}}$ sowie
(a) die Bedingung **MG**, dann gilt: $\forall x, y \in X$: $[\exists i, j \in K$: $[u_i(y) \leqq u_i(x) \leqq u_j(x) < u_j(y)] \wedge \neg \exists k \in K, k \neq j$: $[u_k(y) > u_k(x)] \rightarrow \langle x, y\rangle \in \mathbf{f}(u)]$;
(b) die Bedingung **MMG**, dann gilt: $\forall x, y \in X$: $[\exists i, j \in K$: $[u_i(y) < u_i(x) \leqq u_j(x) \leqq u_j(y)] \wedge \neg \exists k \in K, k \neq i$: $[u_k(y) < u_k(x)] \rightarrow \langle y, x\rangle \in \mathbf{f}(u)]$.

Beweis:

(a)	(1) Annahme: Sei $M = K\backslash\{i, j\}$ und u eine Bewertungsstruktur, die die Annahmen von (a) zum Ausdruck bringt, so daß für $i, j \in K$: $u_i(y) \leqq u_i(x) \leqq u_j(x) < u_j(y)$ und für alle $k \in M$: $u_k(y) \leqq u_k(x)$.	
(2)	Annahme: Sei $z \in X$ eine weitere Alternative und u' eine Bewertungsstruktur bezüglich x, y und z, die so konstruiert ist, daß das Verhältnis der Wohlfahrtswerte von u für x und y erhalten bleibt, so daß $\forall i \in K$: $u'_i(x) = u_i(x)$, $u'_i(y) = u_i(y)$, $\forall k \in K\backslash\{j\}$: $u'_k(y) \leqq u'_k(x) = u'_k(z)$, $u'_j(x) < u'_j(y) = u'_j(z)$.	
(3)	$\langle x, z\rangle \in \mathbf{f}(u')$.	wg. (1), (2) u. **MG**
(4)	$\langle z, y\rangle \in \mathbf{f}(u')$.	wg. (1), (2) u. $\overline{\mathbf{PPI}}$
(5)	$\langle x, y\rangle \in \mathbf{f}(u')$.	wg. (3), (4) u. **f** KWP (Transitivität)
(6)	$\langle x, y\rangle \in \mathbf{f}(u)$.	wg. (5), (2), (1) u. $\bar{\mathbf{I}}$
(b)	(7) Ein analoges Argument für **MMG** führt zum Ergebnis $\langle y, x\rangle \in \mathbf{f}(u)$.	wg. **MMG** genau spiegelbildl. zu **MG**

Lemma 8/9: Erfüllt ein KWP **f** die Bedingungen $\overline{\mathbf{PPI}}$ und $\bar{\mathbf{I}}$ sowie
(a) die Bedingung **MG**, dann gilt: $\forall x, y \in X$: $[\exists i \in K$: $[u_i(x) \geqq u_i(y)] \wedge \forall j \in K$: $[u_j(y) > u_j(x) \rightarrow u_j(x) \geqq u_i(x)] \rightarrow \langle x, y\rangle \in \mathbf{f}(u)]$;
(b) die Bedingung **MMG**, dann gilt: $\forall x, y \in X$: $[\exists j \in K$: $[u_j(y) \geqq u_j(x)] \wedge \forall i \in K$: $[u_i(x) > u_i(y) \rightarrow u_j(y) \geqq u_i(y)] \rightarrow \langle y, x\rangle \in \mathbf{f}(u)]$.

Beweis:

(a) (1) Annahme: Es sei $J = \{j \in K \mid u_j(y) > u_j(x) \geqq u_i(x) \geqq u_i(y)\}$ die Menge der Personen, die mit y besser als mit x gestellt sind, und es sei L die Restmenge der Personen in K, $L = (K\backslash J)\backslash\{i\}$, so daß $L = \{k \in K, k \neq i \mid u_k(x) \geqq u_k(y)\}$.

	Drei Fälle sind zu unterscheiden.	
(2)	1. *Fall*: $\# J = 0$.	
(3)	$\forall i \in K$: $u_i(x) \geqq u_i(y)$.	wg. (2) u. (1)
(4)	$\langle x, y\rangle \in \mathbf{f}(u)$.	wg. (3) u. $\overline{\mathbf{PPI}}$
(5)	2. *Fall*: $\# J = 1$.	
(6)	$\langle x, y\rangle \in \mathbf{f}(u)$.	wg. (5), (1) u. L. 7/9 (a)
(7)	3. *Fall*: $\# J = r$.	
(8)	Zu zeigen: Gilt die Aussage des Lemmas für $\# J = r$, dann ist sie auch für $\# J = r+1$ gültig.	
(9)	Annahme: Es sei $J^{r+1} = J^r \cup \{h\}$, $\neg h \in J^r$, und u sei eine Bewertungsstruktur, die diese und die obigen Annahmen erfüllt, so daß $\forall j \in J^r$: $u_j(y) > u_j(x) \geqq u_h(x) \geqq u_h(y)$, $\forall k \in L^r = K \backslash \{i\} \backslash J^r \backslash \{h\}$: $u_k(x) \geqq u_k(y)$.	
(10)	Annahme: Sei $z \in X$ eine weitere Alternative und u′ eine Bewertungsstruktur, die die obige Ordnung der Wohlfahrtswerte von x und y erhält, so daß $\forall i \in K$: $u'_i(x) = u_i(x)$, $u'_i(y) = u_i(y)$, $\forall j \in J^r$: $u'_j(x) < u'_j(y) = u'_j(z)$, $u'_h(x) \geqq u'_h(y) = u'_h(z)$, $\forall k \in L^r$: $u'_k(y) \leqq u'_k(x) = u'_k(z)$.	
(11)	$\langle x, z\rangle \in \mathbf{f}(u')$.	wg. (8)–(10)
(12)	$\langle z, y\rangle \in \mathbf{f}(u')$.	wg. (9), (10) u. $\overline{\mathbf{PPI}}$
(13)	$\langle x, y\rangle \in \mathbf{f}(u')$.	wg. (11), (12) u. **f** KWP (Transitivität)
(14)	$\langle x, y\rangle \in \mathbf{f}(u)$.	wg. (13), (10), (9) u. $\overline{\mathbf{I}}$
(15)	Die Aussage des Lemmas gilt auch für $\# J = r+1$.	wg. (14) u. (9)
(b)	(16) Ein analoges Argument führt bezüglich **MMG** zum Resultat $\langle y, x\rangle \in \mathbf{f}$ (u).	wg. **MMG** genau spiegelbild. zu **MG**

Beweis des Theorems 8/9:

(1)	Annahme: Die Wohlfahrtswerte der Alternativen x und y bezüglich der Personen $1, \ldots, n$ werden nach aufsteigender Größe angeordnet.	mögl. wg. $\overline{\mathbf{N}}$ u. $\overline{\mathbf{SA}}$
(2)	Annahme: Ohne Verlust an Allgemeinheit sei für die kleinsten Wohlfahrtswerte $u_1(x) \geqq u_1(y)$. Zwei Fälle sind möglich.	
(3)	1. *Fall*: $\forall i \in K$: $u_i(x) \geqq u_i(y)$.	
(4)	$\langle x, y\rangle \in \mathbf{f}(u)$.	wg. (3), (2) u. $\overline{\mathbf{PPI}}$
(5)	2. *Fall*: $\exists j \in K, j > 1$: $u_j(y) > u_j(x) \wedge u_j(x) > u_1(x)$.	
(6)	$\langle x, y\rangle \in \mathbf{f}(u)$.	wg. (5), (2) u. L. 8/9 (a)
(7)	Das Ergebnis ist ausschließlich abhängig vom Verhältnis der minimalen Wohlfahrtswerte der Alternativen.	wg. (2)–(6)
(8)	(7) gibt das Maximin-Prinzip wieder.	wg. (7) u. D. 9/9
(9)	Annahme: Ohne Verlust an Allgemeinheit sei für die größten Wohlfahrtswerte $u_n(y) \geqq u_n(x)$. Zwei Fälle sind möglich.	
(10)	1. *Fall*: $\forall i \in K$: $u_i(y) \geqq u_i(x)$.	
(11)	$\langle y, x\rangle \in \mathbf{f}(u)$.	wg. (9), (10) u. $\overline{\mathbf{PPI}}$
(12)	2. *Fall*: $\exists j \in K, j < n$: $u_j(x) > u_j(y) \wedge u_n(y) > u_j(y)$.	
(13)	$\langle y, x\rangle \in \mathbf{f}(u)$.	wg. (12), (9) u. L. 8/9 (b)
(14)	Das Ergebnis ist ausschließlich abhängig vom Verhältnis der maximalen Wohlfahrtswerte der Alternativen.	wg. (9)–(13)
(15)	(14) gibt das Maximax-Prinzip wieder.	wg. (14) u. D. 15/9

Für die Charakterisierung der lexikographischen Versionen des Maximin- und Maximax-Prinzips können nun die folgenden beiden Lemmata herangezogen werden, die genau analog zu L. 7/9 und 8/9 angelegt sind.

Lemma 9/9: Erfüllt ein KWP **f** die Bedingungen $\overline{\mathbf{SP}}$, $\bar{\mathbf{I}}$ und $\bar{\mathbf{A}}$ sowie
(a) die Bedingung **LMG**, dann gilt: $\forall x, y \in X$: $[\exists i, j \in K$: $[u_i(y) < u_i(x) \leqq u_j(x) < u_j(y)] \wedge \neg \exists k \in K, k \neq j$: $[u_k(y) > u_k(x)] \rightarrow \langle x, y\rangle \in \dot{\mathbf{f}}(u)]$;
(b) die Bedingung **LMMG**, dann gilt: $\forall x, y \in X$: $[\exists i, j \in K$: $[u_i(y) < u_i(x) \leqq u_j(x) < u_j(y)] \wedge \neg \exists k \in K, k \neq i$: $[u_k(y) < u_k(x)] \rightarrow \langle y, x\rangle \in \dot{\mathbf{f}}(u)]$.

Lemma 10/9: Erfüllt ein KWP **f** die Bedingungen $\overline{\mathbf{SP}}$ und $\bar{\mathbf{I}}$ sowie
(a) die Bedingung **LMG**, dann gilt: $\forall x, y \in X$: $[\exists i \in K$: $[u_i(x) > u_i(y)] \wedge \forall j \in K$: $[u_j(y) > u_j(x) \rightarrow u_j(x) \geqq u_i(x)] \rightarrow \langle x, y\rangle \in \dot{\mathbf{f}}(u)]$;
(b) die Bedingung **LMMG**, dann gilt: $\forall x, y \in X$: $[\exists j \in K$: $[u_j(y) > u_j(x)] \wedge \forall i \in K$: $[u_i(x) > u_i(y) \rightarrow u_i(y) \geqq u_j(y)] \rightarrow \langle y, x\rangle \in \dot{\mathbf{f}}(u)]$.

Wir geben für diese Lemmata nicht gesondert die Beweise an, da die Beweisargumente analog denen zu den Lemmata 7/9 und 8/9 sind (der wesentliche Unterschied besteht darin, daß sich wegen der Bedingungen $\overline{\mathbf{SP}}$, **LMG** und **LMMG** die strikten Präferenzen $\langle x, y\rangle \in \dot{\mathbf{f}}(u)$ bzw. $\langle y, x\rangle \in \dot{\mathbf{f}}(u)$ als Resultat ergeben). Damit läßt sich für das LMP und das LMMP das folgende Charakterisierungstheorem formulieren.

Theorem 9/9:

Ein KWP **f**, das die Bedingungen $\overline{\mathbf{SP}}$, $\bar{\mathbf{I}}$ und $\bar{\mathbf{A}}$ erfüllt, ist genau dann das LMP, wenn es außerdem der Bedingung **LMG** genügt, und genau dann das LMMP, wenn es darüber hinaus der Bedingung **LMMG** gehorcht.

Beweis:

(1)	Annahme: Die Wohlfahrtswerte der Alternativen x und y bezüglich der Personen 1, ..., n werden nach aufsteigender Größe angeordnet.	mögl. wg. $\bar{\mathbf{N}}$ u. $\overline{\mathbf{SA}}$
(2)	Annahme: Ohne Verlust an Allgemeinheit sei für die kleinsten Wohlfahrtswerte $u_1(x) \geqq u_1(y)$. Dann lassen sich drei Fälle unterscheiden.	
(3)	1. *Fall*: $\forall i \in K$: $u_i(x) = u_i(y)$.	
(4)	$\langle x, y\rangle \in \tilde{\mathbf{f}}(u)$.	wg. (3) u. $\overline{\mathbf{SP}}$
(5)	2. *Fall*: Für Person 1 ist $u_1(x) > u_1(y)$ und für alle anderen $j \in K \setminus \{1\}$: $u_j(x) \geqq u_j(y)$.	
(6)	$\langle x, y\rangle \in \dot{\mathbf{f}}(u)$.	wg. (5) u. $\overline{\mathbf{SP}}$
(7)	3. *Fall*: Für Person 1 wie in (5) und für eine Person j, $j > 1$, ist $u_j(y) > u_j(x)$.	
(8)	$u_j(x) \geqq u_1(x)$.	wg. (1)
(9)	$\langle x, y\rangle \in \dot{\mathbf{f}}(u)$.	wg. (7), (8) u. L. 10/9 (a)
(10)	Das Verhältnis der kleinsten differierenden Wohlfahrtswerte bezüglich x und y war ausschlaggebend für die strikte kollektive Präferenz, und kollektive Indifferenz resultierte, wenn die Wohlfahrtswerte der Alternativen für alle Personen übereinstimmten.	wg. (3)–(9)
(11)	(10) gibt das LMP wieder.	wg. (10) u. D. 10/9
(12)	Ein analoges Argument bezüglich der größten Wohlfahrtswerte der Alternativen führt zum LMMP.	wg. **LMMG** genau spiegelbild. zu **LMG**

Für die Charakterisierung des LMP und des LMMP nach T. 9/9 spielt die Bedingung **LMG** bzw. **LMMG** eine zentrale Rolle. Tatsächlich unterscheiden sich diese beiden Kollektiven Wohlfahrtsprinzipien danach ausschließlich durch das jeweils für sie konstitutive Gerechtigkeitskriterium voneinander, weil **LMG** bzw. **LMMG** die – diametral entgegengesetzte – Konsequenz formuliert, die sich bei Anwendung des LMP bzw. des LMMP auf den geschilderten 2-Personen-Konflikt ergibt, während die anderen Bedingungen mit ihren Implikationen (vgl. L. 1/9–3/9) dafür sorgen, daß diese Konsequenz auf den n-Personen-Fall übertragbar ist. Die obige Charakterisierung besagt also, daß ebenso die lexikographische Maximin- wie die lexikographische Maximax-Gerechtigkeit universalisierbar ist.

Das ist insofern ein interessantes Ergebnis, als die Bedingungen, die diese Universalisierbarkeit sichern, offenbar nicht zwischen dem LMP und dem LMMP zu diskriminieren vermögen. Will man der Überlegung Geltung verschaffen, daß das LMMP schwer zu rechtfertigen ist, so müßte eine zusätzliche Bedingung formuliert sein, die entweder das LMMP direkt ausschaltet oder die Konsequenz von **LMMG** ausschließt. Erst mit einer solchen Zusatzbedingung ließe sich T. 9/9 in ein Charakterisierungstheorem für das LMP umformen.

Es tragen jedoch auch die Gerechtigkeitskriterien **LMG** und **LMMG** selbst mit ihren Implikationen zu dieser 'Nicht-Diskriminierung' bei. Beide Kriterien sind zwar für jede beliebige Informationsbasis geeignet, reduzieren jedoch faktisch die interpersonelle Vergleichbarkeit auf ordinale Wohlfahrtsniveauvergleiche, d. h. es werden auch dann nur die ordinalen Informationen genutzt, wenn z. B. eine kardinale Informationsbasis vorliegt.

Dieser Sachverhalt läßt sich für eine alternative Charakterisierung der Wohlfahrtsprinzipien nutzen, die von einer übereinstimmenden, ordinal vergleichbaren Informationsbasis ausgeht. Dazu werden die folgenden Varianten der lexikographischen Maximin- bzw. Maximax-Gerechtigkeit herangezogen.

Bedingung **LMG***: Ein KWP **f** erfüllt die Bedingung **LMG***: $\leftrightarrow \forall u \in U$: $\forall x, y \in X$: $\forall i, j \in K$: $[\forall k \in K \setminus \{i, j\}$: $[u_k(x) = u_k(y)] \wedge u_i(y) < u_i(x) < u_j(x) < u_j(y) \rightarrow \langle x, y \rangle \in \mathbf{f}(u)]$.

Bedingung **LMMG***: Ein KWP **f** erfüllt die Bedingung **LMMG***: $\leftrightarrow \forall u \in U$: $\forall x, y \in X$: $\forall i, j \in K$: $[\forall k \in K \setminus \{i, j\}$: $[u_k(x) = u_k(y)] \wedge u_i(y) < u_i(x) < u_j(x) < u_j(y) \rightarrow \langle y, x \rangle \in \mathbf{f}(u)]$.

Diese beiden Bedingungen haben nun noch eine weitere gemeinsame Implikation (ähnlich aber auch **LMG** und **LMMG**): Sie schließen alle Personen aus, die sich mit den Alternativen genau gleich gut stellen. Das kann getrennt als Bedingung der **Eliminierung indifferenter Personen** (**EI**) formuliert werden.

Bedingung **EI**: $\exists u^1, u^2 \in U$: $\exists M \subset K$: $[\forall i \in M$: $\forall x \in X$: $[u_i^1(x) = u_i^2(x)] \wedge \forall h \in K \setminus M$: $\forall x, y \in X$: $[u_h^1(x) = u_h^1(y) \wedge u_h^2(x) = u_h^2(y)] \rightarrow \mathbf{f}(u^1) = \mathbf{f}(u^2)]$.

Ausgangspunkt der alternativen Charakterisierung ist nun das folgende grundlegende Resultat, wonach die Bedingungen die Menge der denkbaren Kollektiven Wohlfahrtsprinzipien auf jene zwei einschränken, für die die Gerechtigkeitskriterien **LMG*** und **LMMG*** konstitutiv sind. (Wir führen die Beweise zu diesem und den folgenden Theoremen nicht an, weil sie relativ aufwendig sind).

Theorem 10/9:

Genügt ein KWP **f** mit ordinal vergleichbarer Informationsbasis den Bedingungen $\overline{\mathbf{SP}}$, $\overline{\mathbf{I}}$, $\overline{\mathbf{A}}$ und **EI**, so erfüllt es entweder Bedingung **LMG*** oder Bedingung **LMMG***.

Kann man nun zeigen, daß die Bedingungen $\overline{\mathbf{SP}}$, $\overline{\mathbf{I}}$, $\overline{\mathbf{A}}$ und **LMG*** (bzw. **LMMG***) notwendig und hinreichend für das LMP (bzw. das LMMP) sind (das kann auf prinzipiell ähnliche Weise geschehen wie oben in der Beweisargumentation zu T. 9/9 und zu den dazugehörigen Lemmata), so ergibt sich unmittelbar die folgende gemeinsame Charakterisierung.

> *Theorem* 11/9:
>
> Erfüllt ein KWP **f** mit ordinal vergleichbarer Informationsbasis die Bedingungen $\overline{\mathbf{SP}}$, $\overline{\mathbf{I}}$, $\overline{\mathbf{A}}$ und **EI**, so ist es entweder das LMP oder das LMMP.

In die gemeinsame Charakterisierung kann nun auch das Utilitaristische Wohlfahrtsprinzip (UWP) mit einbezogen werden, denn es ist nach T. 6/9 durch eine einheitenbezogen vollständige Informationsbasis und die Bedingungen $\overline{\mathbf{SP}}$, $\overline{\mathbf{I}}$ und $\overline{\mathbf{A}}$ charakterisiert und erfüllt nach T. 7/9 die Bedingung **UG**, also auch Bedingung **EI**. Demnach läßt sich aufgrund der Theoreme 6/9 und 11/9 die folgende gemeinsame Charakterisierung formulieren.

> *Theorem* 12/9:
>
> Ein KWP **f**, das die Bedingungen $\overline{\mathbf{SP}}$, $\overline{\mathbf{I}}$, $\overline{\mathbf{A}}$ und **EI** erfüllt, ist genau dann das UWP, wenn es eine einheitenbezogen vollständige Informationsbasis hat, und genau dann das LMP oder das LMMP, wenn es eine ordinal vergleichbare Informationsbasis hat.

Für eine alternative gemeinsame Charakterisierung können jedoch auch die Gerechtigkeitskriterien **UG**, **LMG*** und **LMMG*** herangezogen werden, die für das jeweilige Wohlfahrtsprinzip bzw. dessen lexikographische Version konstitutiv sind. Aufgrund der Theoreme 7/9 und 9/9 ergibt sich damit.

> *Theorem* 13/9:
>
> Ein KWP **f**, das die Bedingungen $\overline{\mathbf{SP}}$, $\overline{\mathbf{I}}$ und $\overline{\mathbf{A}}$ erfüllt, ist das UWP, wenn es auch **UG** gehorcht, das LMP, wenn es auch **LMG*** gehorcht, und das LMMP, wenn es auch **LMMG*** gehorcht.

Die gemeinsame Charakterisierung nach T. 12/9 hebt auf den Unterschied in den Informationsbedingungen ab. Das ist insofern problematisch als es unter einem ethischen Gesichtspunkt schwer zu rechtfertigen ist, durch Vorschrift einer bestimmten Informationsbasis andere als die damit verknüpften Wohlfahrtsprinzipien auszuschalten (postuliert man bspw. eine ordinal vergleichbare Informationsbasis, so wäre das utilitaristische Prinzip von vornherein ausgeschlossen). Darüber hinaus ist diese Charakterisierung nicht trennscharf genug, um zwischen dem – diametral entgegengesetzten – LMP und LMMP zu unterscheiden. Wie oben angemerkt, bedürfte es also einer zusätzlichen Ausschlußbedingung, um eines dieser Wohlfahrtsprinzipien aus der Charakterisierung auszuschließen.

Im Unterschied dazu trennt die gemeinsame Charakterisierung nach T. 13/9 alle drei Wohlfahrtsprinzipien voneinander, da sie auf dem Unterschied in den diesen Prinzipien zugrundeliegenden Gerechtigkeitskriterien **UG**, **LMG*** und **LMMG*** basiert. Nun implizieren die Bedingungen $\overline{\mathbf{SP}}$, $\overline{\mathbf{I}}$ und $\overline{\mathbf{A}}$ laut L. 1/9–3/9 die Bedingungen $\overline{\mathbf{N}}$ und $\overline{\mathbf{SA}}$, so daß die Charakterisierung zugleich bedeutet, daß die genannten Gerechtigkeitskriterien universalisierbar sind.

Damit wird auch deutlich, daß das Maximin-Prinzip und seine lexikographische Erweiterung einem analogen Problem zu dem des utilitaristischen Prinzips ausgesetzt ist: Aufgrund seines 'Welfarismus' ist das Prinzip universell anwendbar, kann also auch in Situationen eingesetzt werden, in denen seine Anwendung nicht angemessen erscheint.

Die Kritik am Differenzprinzip von Rawls, z. B. von Harsanyi (1975), liefert– ähnlich wie die Kritik am utilitaristischen Prinzip – eine ganze Reihe von Gegenbeispielen, die zeigen sollen, daß seine Anwendung in bestimmten Fällen zu inakzeptablen Konsequenzen führt, z. B. zur systematischen Vernachlässigung begabter Personen (weil ihnen als den 'Bessergestellten' Förderung verweigert wird, die aufgrund des Differenzprinzips minder oder nicht begabte Personen erhalten, obwohl der Nutzen daraus für die Gesellschaft geringer ist als der aus der Förderung Begabter).

Dabei wird von der Kritik allerdings oft übersehen, daß das Problem bei Rawls bereits entschärft, wenn auch nicht vollständig gelöst ist. Rawls geht dabei einen Weg, der nicht unähnlich dem ist, durch den der Regelutilitarismus zu einer sinnvollen Anwendung des utilitaristischen Prinzips zu gelangen versucht: den der Spezifizierung des Anwendungsbereichs.

Vorauszuschicken ist, daß bei Rawls, wie in Abschn. 9.1 ausgeführt, nicht Sozialzustände im Sinne Arrows, sondern institutionelle Strukturen unter dem Gesichtspunkt ihrer Verteilungstendenz beurteilt werden. Daher wird der Begriff des gesellschaftlichen Grundgutes – der sozialen Grundlagen der Selbstachtung – eingeführt und werden Prinzipien formuliert, die sich auf die Verteilung dieser Grundgüter beziehen. Nun unterscheidet Rawls zwischen bestimmten Gruppen von Grundgütern, für die dann auch unterschiedliche Prinzipien gelten sollen, so daß das Differenzprinzip keineswegs auf alle Grundgüter angewandt werden kann.

Dem Differenz- oder Unterschiedsprinzip im weiteren Sinne (2. Grundsatz) ist bei Rawls ein 1. Grundsatz vorangestellt, der jedem ein gleiches Recht auf das umfangreichste System gleicher Grundfreiheiten zuspricht, das mit dem gleichen System für alle anderen verträglich ist. Damit wird für bestimmte Grundgüter, nämlich Rechte und Freiheiten, ein Prinzip der Gleichverteilung eingeführt, das dem Differenzprinzip lexikographisch vorgeordnet ist.

Als Teil des 2. Grundsatzes bezieht sich das Differenzprinzip im engeren Sinne (dessen Grundgedanken wir als Maximin-Prinzip formuliert hatten) hingegen insbesondere auf die Grundgüter Einkommen und Vermögen. Darüber hinaus geht in den 2. Grundsatz ein weiteres Prinzip ein: das der fairen Chancengleichheit, das für jeden gleiche Chancen fordert, in Ämter und Positionen zu gelangen.

Sind die Anwendungsbereiche der genannten Prinzipien in der geschilderten Weise spezifiziert, läßt sich der Einwand, daß die universelle Anwendung des Differenzprinzips in manchen Fällen zu unvertretbaren Konsequenzen führt, nicht mehr aufrechterhalten. Tatsächlich würde aus dieser Spezifizierung von Anwendungsbereichen folgen, daß für das oben erwähnte Beispiel der Förderung begabter und weniger begabter Personen nicht das Differenzprinzip im engeren Sinne, sondern das Prinzip der fairen Chancengleichheit heranzuziehen ist.

Andererseits bedeutet eine solche Spezifizierung zugleich, daß die genannten Prinzipien, insbesondere das Differenzprinzip, nicht universell, sondern nur mehr im jeweiligen Anwendungsbereich eingesetzt werden können. Das ist eine gewisse Beschränkung, die aber notwendig erscheint, da sie es ermöglicht, Wohlfahrtsprinzipien in einer Weise anzuwenden, die nicht von vornherein zu problematischen Ergebnissen führt.

Die hier vorgestellten Charakterisierungen sind mit dem Ziel entwickelt worden, durch Verwendung möglichst schwacher und allgemein akzeptierter 'ethischer' Bedingungen eine universelle Begründung des jeweiligen Wohlfahrtsprinzips zu erreichen. Dieser Versuch ist nicht vollständig gelungen. Zwar ist ein Teil der Bedingungen ($\overline{\mathbf{SP}}$, $\overline{\mathbf{I}}$, $\overline{\mathbf{A}}$) durchaus 'allgemein akzeptiert', auch ist richtig, daß für bestimmte Prinzipien sogar schwächere Bedingungen ausreichen würden, aber diese Bedingungen gelten übereinstimmend für alle drei Wohlfahrtsprinzipien, diskriminieren also nicht zwischen ihnen, und sie werden für die Charakterisierung herangezogen, weil sie nach L. 1/9–3/9 sehr 'starke' Implikationen haben.

Außerdem wird für die Charakterisierung der Prinzipien noch jeweils eine Bedingung benötigt, die entweder die Informationsbasis beschränkt (vgl. T. 12/9), also rein deskriptiver und nicht ethischer Natur ist, oder ein Kriterium bereitstellt (vgl. T. 13/9 bzw. T. 9/9), mit dem die eigentlich zu begründende 'Lösung' des Verteilungskonflikts durch das jeweilige Prinzip auf direktem Wege eingeführt wird. Die Charakterisierungen können demnach nicht als axiomatische Zusammenhänge angesehen werden, die die Prinzipien universell begründen. Wir stehen damit vor dem Problem einer Konkurrenz von inhaltlich unterschiedlichen Wohlfahrtsprinzipien, für das die Mittel der LkE keine Lösung bieten, weil sie für diese Prinzipien zwar die notwendigen und hinreichenden Bedingungen angeben können, diese ihrerseits aber in den entscheidenden Punkten nicht zu begründen vermögen.

9.4 Ein Fairness-Prinzip

Das Maximin-Prinzip und seine lexikographische Erweiterung haben – wie schon in Abschn. 9.1 erläutert – den Nachteil, daß sie andere als die am schlechtesten gestellten Personen benachteiligen können. Daher ist die Frage naheliegend, ob sich Prinzipien finden lassen, die die Grundidee des Maximin-Prinzips bewahren, aber solche Benachteiligungen vermeiden.

Das Prinzip der Gleichverteilung von Wohlfahrt (oder Gütern) bzw. der Aussichten darauf, das sich in diesem Zusammenhang zunächst anbietet, weil es garantiert, daß niemand gegenüber den anderen benachteiligt ist, hat jedoch einen gravierenden Nachteil: Es lassen sich leicht Beispiele angeben, die zeigen, daß ungleiche Verteilungen gegenüber Gleichverteilungen von allen bevorzugt werden.

Greifen wir noch einmal das Beispiel des Biertrinkers und des Diabetikers aus Abschn. 8.3.2 (Tab. 22) auf: Die Gleichverteilung wäre in diesem Zusammenhang, wenn jeder der beiden genau einen Liter Bier und einen Liter Mineralwasser erhalten würde. Jedoch ist unmittelbar einsichtig, daß beide Personen demgegenüber eine Ungleichverteilung vorziehen würden, die dem Biertrinker zwei Liter Bier und dem Diabetiker zwei Liter Mineralwasser gibt. Unterschiede in Bedürfnissen oder Vorlieben können dazu führen, daß Ungleichverteilungen gegenüber Gleichverteilungen bevorzugt werden und letztere sogar als ausgesprochen 'ungerecht' erscheinen.

Will man dem Rechnung tragen, so kann das von Foley (1967) für ökonomische Zusammenhänge entwickelte Konzept der **Neidfreiheit** herangezogen werden, das, verknüpft mit dem Begriff der **Effizienz** im Sinne des Pareto-Prinzips, zum Konzept der **Fairness** führt.

Bezogen auf Positionszuordnungen beneidet eine Person i eine andere Person j, wenn sie die Positionszuordnung der anderen Person gegenüber der eigenen vorzieht, so daß für i: $\langle\phi(j), \phi(i)\rangle \in \mathbf{g}(i)$. Ein **neidfreier** (Arrowscher) Zustand ist demnach einer, in dem keine Person solche Präferenzen bezüglich der Positionszuordnungen hat, so daß sich die Menge der neidfreien Zustände N(S) wie folgt angeben läßt.

Definition 17/9: $N(S) := \{x \in S \mid \forall i, j \in K: \langle\phi(i), \phi(j)\rangle \in \mathbf{g}(i)\}$, wobei hier und im folgenden $\forall x, y \in X$: $x = \langle\phi, z\rangle$ und $y = \langle\phi', z'\rangle$ sowie $S \subseteq X$ ist.

Für die Bestimmung paretoeffizienter (Arrowscher) Zustände greifen wir auf den in Abschn. 8.3 eingeführten Begriff **eigenorientierter** Präferenzen (D. 14/8) zurück, wonach $\langle\phi, \phi'\rangle \in g(i) \leftrightarrow \langle\phi(i), \phi'(i)\rangle \in \mathbf{g}(i)$. Ein **effizienter** Zustand liegt demgegenüber vor, wenn es keinen anderen gibt, der ihm gegenüber übereinstimmend vorgezogen wird, so daß die Menge der effizienten Zustände E(S) wie folgt angegeben werden kann.

Definition 18/9: $E(S) = \{x \in S \mid \neg \exists y \in S: \forall i \in K: \langle\phi', \phi\rangle \in \dot{g}(i)\}$.

Die Menge der **fairen** Zustände F(S) setzt sich dann aus den Zuständen zusammen, die zugleich neidfrei und effizient sind.

Definition 19/9: $F(S) := N(S) \cap E(S)$.

Das Problem liegt darin, daß ein neidfreier Zustand nicht immer zugleich effizient ist und umgekehrt ein effizienter Zustand nicht immer zugleich neidfrei, so daß die Menge der fairen Zustände in vielen Fällen leer sein wird. Das zeigt das folgende Beispiel, bei dem von den in Tab. 29 angegebenen Präferenzen der Personen 1 und 2 hinsichtlich der Positionszuordnungen von ϕ und ϕ' ausgegangen wird.

1	2
$\phi'(2)$	$\phi'(2)$
$\phi'(1)$	$\phi'(1)$
$\phi(1)$	$\phi(2)$
$\phi(2)$	$\phi(1)$

Tab. 29: Neidfreie und effiziente Zustände

Offensichtlich wird von beiden Personen ϕ' gegenüber ϕ vorgezogen, denn es ist $\langle\phi'(1), \phi(1)\rangle \in \dot{\mathbf{g}}(1)$ und $\langle\phi'(2), \phi(2)\rangle \in \dot{\mathbf{g}}(2)$. Von den entsprechenden Arrowschen Zuständen $\langle\phi, z\rangle$ und $\langle\phi', z\rangle$ ist also nur der letztere effizient. Hingegen ist nicht $\langle\phi', z\rangle$, sondern $\langle\phi, z\rangle$ neidfrei, denn nur in diesem Zustand ziehen beide Personen die jeweils eigene Position gegenüber der des anderen vor: $\langle\phi(1), \phi(2)\rangle \in \dot{\mathbf{g}}(1)$ und $\langle\phi(2), \phi(1)\rangle \in \dot{\mathbf{g}}(2)$. Die Schnittmenge F(S) der beiden Mengen $N(S) = \{\langle\phi, z\rangle\}$ und $E(S) = \{\langle\phi', z\rangle\}$ ist jedoch leer, d.h. es gibt in diesem Fall keinen fairen Zustand.

Angesichts dieses Beispiels stellt sich die Frage, unter welchen Umständen und Bedingungen sich faire Zustände ergeben können. Wir wollen diese Frage so angehen, daß wir eine Funktion konstruieren, die es erlaubt, aufgrund einer beliebigen erweiterten Präferenzstruktur **g** faire Zustände zu generieren, und dann fragen, welchen Bedingungen diese Funktion gehorchen muß, ohne in Widersprüche zu geraten.

Die bisher diskutierten Kollektiven Wohlfahrtsprinzipien werden in der Regel nicht zu Präferenzen führen, die neidfreie Zustände auszeichnen. Das ist für das utilitaristische Prinzip unmittelbar ersichtlich und gilt, wie eingangs erwähnt, auch für das Maximin-Prinzip und seine lexikographische Erweiterung. Statt eines Kollektiven Wohlfahrtsprinzips werden wir daher ein Kollektives Auswahlprinzip einführen, das analog zu einer Kollektiven Auswahlfunktion konstruiert ist (vgl. Abschn. 4.5).

Legt eine Funktion **a** für beliebige erweiterte Präferenzstrukturen **g** jeweils für alle nicht-leeren Teilmengen S von X eine nicht-leere Auswahlmenge **a**(S) fest, dann soll das zugrundeliegende Aggregationsprinzip **f** (R = **f**(**g**) bzw. P = $\dot{\mathbf{f}}$(**g**)) als **Kollektives Auswahlprinzip** (KAP) bezeichnet werden.

Definition 20/9: Ein Aggregationsprinzip ist ein KAP **a**: $\leftrightarrow \forall \mathbf{g} \in \mathbf{G}: \forall S \in \mathrm{Pot}(X) \backslash \emptyset:$ $[\mathbf{a}(S) \neq \emptyset]$.

Um die gestellte Frage zu beantworten, ist es zunächst naheliegend, für das KAP die Bedingung der **Fairness** (**F**) zu fordern.

Bedingung **F** (**Fairness**): Ein KAP **a** erfüllt die Bedingung **F**: $\leftrightarrow \forall \mathbf{g} \in \mathbf{G}:$ $[\forall S \in \mathrm{Pot}(X) \backslash \emptyset: [F(S) \neq \emptyset \rightarrow \mathbf{a}(S) \subseteq F(S)]]$.

Des weiteren benötigen wir eine Beschränkung der erweiterten Präferenzstrukturen **g**. Wir wollen hier nicht so weit gehen, die vollständige Identität zu verlangen (wodurch für Allgemeine Wohlfahrtsprinzipien nach D. 1/9 eine eingeschränkte erweiterte Präferenzstruktur $\mathbf{g}^0$ zugrundegelegt wird), sondern begnügen uns mit der Forderung nach **schwacher Identität** in Abschnitt 8.3.2 (D. 20/8) die besagt, daß die eigenorientierten Präferenzen jeder Person (D. 14/8) von jeder anderen Person unverändert übernommen werden sollen.

Schließlich sind, wie für Auswahlfunktionen, auch für Auswahlprinzipien die Auswahleigenschaften α, β etc. von Bedeutung (diese gelten für Auswahlprinzipien, wenn in ihren Formulierungen in Abschn. 1.4 und 5.4 jeweils das a durch **a** ersetzt wird). Wir ziehen hier besonders die Eigenschaft der Pfadunabhängigkeit (PU) heran, die sich, wie in Abschn. 5.4 ausgeführt, in die Eigenschaften der oberen Teilpfadunabhängigkeit (OPU) und der unteren Teilpfadunabhängigkeit (UPU) zerlegen läßt, so daß PU $\leftrightarrow$ OPU $\wedge$ UPU. Dabei ist OPU äquivalent zu α und UPU äquivalent zu ε. Letztere ist demnach als Eigenschaft der Auswahlkonsistenz bei Mengenerweiterung recht schwach. Sie besagt, daß die Auswahlmenge aus der 'größeren' Menge keine echte Teilmenge der Auswahlmenge aus der 'kleineren' Menge sein darf (vgl. Abschn. 5.4). Um so mehr erstaunt das folgende Resultat.

> *Theorem* 14/9:
>
> Es gibt kein KAP **a**, das bei schwacher Identität der zugrundeliegenden Präferenzstruktur **g** zugleich Bedingung **F** und Eigenschaft ε erfüllt.

Für den Beweis, den wir hier nur skizzieren, genügt ein Beispiel einer erweiterten Präferenzstruktur **g**, für die Bedingung **F** und Eigenschaft ε inkompatibel sind. Wir gehen von der in Tabelle 30 wiedergegeben erweiterten Präferenzstruktur **g** aus, die der schwachen Identität genügt, und nehmen an, daß $S = \{\langle\phi, z\rangle, \langle\phi', z'\rangle\}$ und $T = \{\langle\phi, z\rangle, \langle\phi', z'\rangle, \langle\phi'', z''\rangle\}$. Dann muß aufgrund der Bedingung **F**: $\mathbf{a}(S) = F(S) = S$ und $\mathbf{a}(T) = F(T) = \{\langle\phi, z\rangle\}$ sein. Also ist $S \subset T$, aber $\mathbf{a}(T) \subset \mathbf{a}(S)$, im Widerspruch zu ε (vgl. Abschn. 5.4).

Dieses Theorem schränkt die Möglichkeiten der Formulierung von Fairness-Prinzipien ganz erheblich ein, weil es zeigt, daß bereits eine sehr schwache Forderung nach Auswahlkonsistenz bei Mengenerweiterung mit der Bedingung **F** in Wider-

1	2
ϕ (1)	ϕ''(2)
ϕ''(2)	ϕ' (2)
ϕ''(1)	ϕ (2)
ϕ' (1)	ϕ (1)
ϕ' (2)	ϕ''(1)
ϕ (2)	ϕ'(1)

Tab. 30: Inkompatibilität von Bedingung F und Eigenschaft ε

spruch gerät. Es scheint daher unausweichlich zu sein, diese Bedingung abzuschwächen und nicht auf der vollen Fairness zu bestehen. Dazu führen wir zunächst eine Einschränkung des Pareto-Prinzips ein.

Bedingung **BP (Bedingtes Pareto-Prinzip)**: Ein KAP **a** erfüllt Bedingung **BP**: $\leftrightarrow$ $\forall \mathbf{g} \in \mathbf{G}$: $\forall x, y \in X$: $[N(\{x,y\}) = \emptyset \wedge \forall i \in K$: $[\langle\langle \phi, z\rangle, \langle \phi', z'\rangle\rangle \in \dot{\mathbf{g}}(i)] \rightarrow \mathbf{a}(\{x,y\}) = \{x\}]$.

Darüber hinaus kann die Bedingung der Fairness zur **Fairness-Inklusion** abgeschwächt werden, um den Fall abzudecken, daß die Menge der fairen Zustände leer ist. Dazu führen wir die Hilfsrelation 'neidfreier' (R^N) ein, die wie folgt definiert ist.

Definition 21/9: $\forall x, y \in X$: $[\langle x, y\rangle \in R^N$: $\leftrightarrow \neg[y \in N(X) \wedge x \notin N(X)]]$.

Damit läßt sich die Bedingung der Fairness-Inklusion wie folgt formulieren.

Bedingung **FI (Fairness-Inklusion)**: Ist $\forall \mathbf{g} \in \mathbf{G}$ und $\forall S \in \mathrm{Pot}(X)$: $F(S) = \emptyset$, dann gilt $\forall x, y \in X$: (a) $x \in S \wedge \langle x, y\rangle \in R^N \wedge y \in \mathbf{a}(S) \rightarrow x \in \mathbf{a}(S)$ und (b) $x \in S \wedge \forall i \in K$: $\langle x, y\rangle \in \dot{\mathbf{g}}(i) \wedge y \in \mathbf{a}(S) \rightarrow x \in \mathbf{a}(S)$.

Die Bedingung besagt, daß ein Zustand, der 'neidfreier' oder 'effizienter' ist als ein Zustand, der sich schon in der Auswahlmenge befindet, ebenfalls in die Auswahlmenge gehört. Allerdings stoßen wir auch mit diesen Abschwächungen noch auf Probleme, wie das folgende Theorem zeigt.

Theorem 15/9:
Es gibt kein KAP **a**, das bei schwacher Identität der zugrundeliegenden erweiterten Präferenzstruktur **g** zugleich Bedingung **BP** und **FI** sowie Eigenschaft α erfüllt.

Wir begnügen uns auch hier mit der Skizzierung der Beweisidee und ziehen dazu die in Tab. 31 wiedergegebene erweiterte Präferenzstruktur **g** heran, die der schwachen Identität genügt. Es sei $S = \{x = \langle \phi, z\rangle, y = \langle \phi', z'\rangle\}$ und $T = \{x = \langle \phi, z\rangle, y = \langle \phi', z'\rangle, z = \langle \phi'', z''\rangle\}$. Offenkundig ist $N(T) = \{\langle \phi'', z''\rangle\}$ und wegen **BP**: $\mathbf{a}(S) = \{\langle \phi, z\rangle\}$. Bezüglich $\mathbf{a}(T)$ können die Fälle auftreten, daß $\langle \phi, z\rangle$ oder $\langle \phi', z'\rangle$ Element von $\mathbf{a}(T)$ ist. In beiden Fällen gilt nach Bedingung **FI** (a): $\langle \phi'', z''\rangle \in \mathbf{a}(T)$. Setzen wir umgekehrt $\langle \phi'', z''\rangle \in \mathbf{a}(T)$ voraus, so muß nach **FI** (b) $\langle \phi, z\rangle$ und $\langle \phi', z'\rangle$ Element von $\mathbf{a}(T)$ sein. Demnach $\mathbf{a}(T) = T$. Das aber bedeutet, daß $\langle \phi', z'\rangle \in S$ und $\langle \phi', z'\rangle \in \mathbf{a}(T)$, jedoch $\langle \phi', z'\rangle \notin \mathbf{a}(S)$, im Widerspruch zu α.

1	2
ϕ (2)	ϕ (1)
ϕ (1)	ϕ (2)
ϕ' (2)	ϕ' (1)
ϕ' (1)	ϕ' (2)
ϕ''(1)	ϕ''(2)
ϕ''(2)	ϕ''(1)

Tab. 31: Inkompatibilität der Bedingungen **BP** und **FI** und der Eigenschaft α

Eine Abschwächung von α ist die Eigenschaft η, die auch als Eigenschaft der 'Auswahl-Stabilität' bezeichnet wird.

Eigenschaft η: $\forall S \in \text{Pot}(X)$: $[\mathbf{a}(S) = \mathbf{a}(\mathbf{a}(S))]$.

OPU ebenso wie α implizieren η, jedoch nicht umgekehrt. Diese Eigenschaft beruht auf dem Gedanken, daß die Elemente einer Auswahlmenge (wenn diese mehr als ein Element umfaßt) als gleichwertig anzusehen sind, so daß eine nochmalige Anwendung eines Auswahlprinzips auf die Auswahlmenge nicht zwischen deren Elementen diskriminieren darf, also nicht ein Element gegenüber anderen auszeichnen soll.

Als Implikation von OPU (bzw. α) erscheint die Auswahleigenschaft η auf den ersten Blick recht schwach. Sie hat aber dennoch Trennschärfe, was sich daran zeigt, daß die Borda-Regel dieser Eigenschaft nicht genügt. Wenden wir die Borda-Regel nämlich auf die in Tabelle 32 (a) wiedergegebene Präferenzstruktur an, so ergibt sich aufgrund des Rangs der einzelnen Alternativen in den individuellen Präferenzen bzw. der entsprechenden Punktwerte (wie sie in Tab. 32 angegeben sind) jeweils die Punktsumme 5 für die Alternativen z und w und die Summe 4 für x und y. Die Auswahlmenge besteht demnach aus z und w, so daß $\mathbf{a}(S) = \{z, w\}$ für $S = \{x, y, z, w\}$.

Punkte	i	j	k
3	w	z	x
2	y	w	z
1	x	y	y
0	z	x	w

(a)

Punkte	i	j	k
1	w	z	z
0	z	w	w

(b)

Tab. 32: Verletzung der Eigenschaft η durch die Borda-Regel

Wird nun auf die Auswahlmenge $\mathbf{a}(S)$ unter Zugrundelegung der Rangfolge von z und w in der Präferenzstruktur von Tab. 32 (a), wie sie Tab. 32 (b) zeigt, erneut die Borda-Regel angewandt, so erhält z eine höhere Punktsumme als w, so daß $\mathbf{a}(\mathbf{a}(S)) = \{z\}$. Es ist also $\mathbf{a}(S) \neq \mathbf{a}(\mathbf{a}(S))$, im Widerspruch zu η.

Um innerhalb der abgesteckten Grenzen ein widerspruchsfreies Fairness-Prinzip zu entwickeln, formulieren wir zunächst – zusätzlich zur Hilfsrelation ‚neidfreier' (R^N) – eine weitere Hilfsrelation 'effizienter' (R^E).

Definition 22/9: $\forall x, y \in X$: $[\langle x, y\rangle \in R^E: \leftrightarrow \forall i \in K: \langle x, y\rangle \in g(i)]$.

Bezeichnen wir den asymmetrischen Teil der Relationen R^N bzw. R^E mit $P(R^N)$ bzw. $P(R^E)$, so bildet die Vereinigung dieser Relationen den asymmetrischen Teil der Fairness-Relation R^F.

Definition 23/9: $P(R^F) := P(R^E) \cup P(R^N)$.

Nach D. 23/9 gilt $\langle x, y\rangle \in P(R^F)$ genau dann, wenn x 'effizienter' oder 'neidfeier' als y ist. Auf dieser Grundlage läßt sich ein 'faires' Auswahlprinzip definieren, das auf eine Idee von Goldman und Sussangkarn (1978) zurückgeht und das wir daher als GS-Prinzip bezeichnen wollen.

Definition 24/9: Ein KAP **a** ist das GS-**Prinzip**: $\leftrightarrow \forall g \in \mathbf{G}$: $[\mathbf{a}_{GS}$ ist wohlbestimmt $\wedge\ \mathbf{a}_{GS}(S) = \{x \in S \mid \forall y \in S: (\langle x, y\rangle \in P(R^{*F}) \vee \langle y, x\rangle \notin P(R^{*F}))\}]$, wobei $P(R^{*F})$ die transitive Schließung von $P(R^F)$ ist (vgl. D. 21/4).

Dieses Prinzip erzeugt eine Auswahlmenge, deren Elemente alle fairen Zustände umfaßt, wenn die Menge der fairen Zustände nicht leer ist; es genügt daher Bedingung **F**. Ist die Menge der fairen Zustände leer, so enthält die Auswahlmenge alle neidfreien und effizienten Zustände; das Prinzip genügt also auch Bedingung **FI**. Weiterhin ist leicht zu sehen, daß es nicht die Pareto-Bedingung in der üblichen Formulierung, jedoch die Bedingung **BP** erfüllt.

Da das GS-Prinzip als Kollektives Auswahlprinzip analog zu einer Kollektiven Auswahlfunktion konstruiert ist, kann man annehmen, daß hier ein Analogon zu Theorem 7/4 gilt. Das würde bedeuten, daß das GS-Prinzip eine entsprechend umformulierte Irrelevanz-Bedingung ebenso wie eine umformulierte Bedingung des Ausschlusses der Diktatur (die sich sogar zur Bedingung der Anonymität verstärken läßt) erfüllen kann.

Insoweit ist das Ziel erreicht: Wir haben ein Auswahlprinzip gefunden, das die Forderung nach Fairness in ausreichendem Maße erfüllt und ebenso die (Arrowschen) Bedingungen der Irrelevanz und der Anonymität sowie der Paretooptimalität im Sinne von Bedingung **BP**.

Das Problem liegt darin, daß, um die Erfüllung dieser Forderungen zu garantieren, hinsichtlich der Konsistenz der Auswahl erhebliche Abstriche gemacht werden müssen. Das GS-Prinzip genügt weder der Eigenschaft α noch der Eigenschaft ε (wie sich durch Beispiele wie nach Tab. 30 und 31 leicht nachweisen läßt), sondern nur der oben erläuterten Abschwächung von α: der Eigenschaft η.

Dieser Sachverhalt hat Folgen: Da das GS-Prinzip weder OPU noch UPU erfüllt, also nicht pfadunabhängig ist, muß es nach den Erkenntnissen aus Abschn. 5.4 (die hier analog anwendbar sind) manipulationsanfällig sein.

Welche Elemente in die Auswahlmenge gelangen, hängt also ganz davon ab, in welcher Reihenfolge die Zustände aggregiert werden. Zwar garantiert das GS-Prinzip, daß die ausgewählten Zustände fair oder neidfrei oder effizient sein werden, wegen der Abhängigkeit des kollektiven Resultats von der 'Abstimmungsfolge' aber kann es sein, daß sich in der Auswahlmenge effiziente Zustände befinden, obwohl es neidfreie Zustände gibt, oder daß unter den neidfreien Zuständen willkürlich ausgewählt wird.

Ein weiterer kritischer Punkt ist, daß das GS-Prinzip als Auswahlprinzip in vielen Fällen umfangreiche Indifferenzklassen generieren kann. Will man aber – durch welches Verfahren auch immer – eine 'große' Auswahlmenge auf ein Element reduzieren, so stellt sich das in Kapitel 5 thematisierte Problem des Resultats von Gibbard und Satterthwaite (RGS), das analog auch für Kollektive Auswahlprinzipien und damit ebenso für das GS-Prinzip gilt: Entweder wird das Prinzip 'diktatorisch' gehandhabt, d. h. eine bestimmte Person wählt unter den fairen, neidfreien oder effizienten Zuständen einen aus, oder die Auswahl ist strategieanfällig, so daß sie durch bewußte Veränderungen individueller Präferenzen beeinflußt werden kann.

Es gibt ein weiteres Problem, das aber erst durch eine ökonomische Analyse deutlich wird: Faire Zustände in einem ökonomischen Sinne, also z. B. faire Allokationen, lassen sich nur mittels erheblicher Eingriffe in ökonomische Abläufe aufrechterhalten. Wir können diese Analyse hier nicht im einzelnen vorstellen, sondern deuten im folgenden nur die wichtigsten Ergebnisse an.

Allokationen, also z. B. Verteilungen von Gütern auf die Personen, sind fair, wenn sie neidfrei und paretoeffizient sind, so daß keine Person das Güterbündel einer anderen Person gegenüber dem eigenen vorzieht und es keine andere Verteilung gibt, die niemanden schlechter und mindestens eine Person besser stellt. Die für Ökonomen interessante Frage ist, ob es Allokationen dieser Art geben kann.

Unter bestimmten Voraussetzungen ist das der Fall. Angenommen wir haben eine Anfangsausstattung der Individuen, die jedem ein genau gleiches Güterbündel gibt. Eine solche Allokation ist neidfrei, wegen der Verschiedenheit der Bedürfnisse und Vorlieben in der Regel aber nicht effizient. Erlauben wir nun den Individuen, ihre Güter zu verkaufen und entsprechend ihrer Vorlieben von anderen zu kaufen bis das Marktgleichgewicht erreicht ist, so ist die daraus resultierende Allokation fair.

Diese Voraussetzungen sind sehr restriktiv: Zum einen muß die Gleichverteilung der Anfangsausstattung – etwa durch eine umverteilende Besteuerung – in gewissen Abständen wiederhergestellt werden, denn nur eine Gleichverteilung von Gütern oder Einkommen sichert die Fairness der aus dem Marktgleichgewicht resultierenden Allokation. Eine nicht-gleiche, aber faire Ausgangsallokation kann bereits zu einer nicht-fairen Allokation im Marktgleichgewicht führen.

Zum anderen müssen alle Geld- und Gütertransfers über den Markt vorgenommen werden. Das schaltet Schenkungen, Donationen, Stiftungen u. ä. aus und würde unser gesamtes Erbrecht obsolet machen. Der Grund dafür ist, daß Nicht-Markt-Transfers die durch das Marktgleichgewicht erreichte (faire) Allokation verzerren können.

Wir haben die Frage der Produktion zunächst außer acht gelassen, aber es ist klar, daß die 'Gerechtigkeit' einer Allokation auch daran gemessen wird, ob und wieweit der Einzelne zur Produktion der Güter beigetragen hat. Die Frage wäre nur dann einfach zu beantworten, wenn wir davon ausgehen könnten, daß jeder einen genau gleichen 'Arbeitsbeitrag' zum ökonomischen Gesamtprodukt liefert. Aufgrund der unterschiedlichen Begabungen und Fähigkeiten der Individuen müssen wir aber nicht nur davon ausgehen, daß jeder einen vom anderen sehr verschiedenen Arbeitsbeitrag leistet, sondern darüber hinaus annehmen, daß dieser Beitrag nicht in jedem Fall zu den individuellen Bedürfnissen und Vorlieben korrespondiert. Fähigkeiten aber sind nicht einfach transferierbar.

Für dieses grundsätzliche Problem werden in der Literatur vor allem zwei Auswege angeboten. Man nimmt entweder eine gewisse Substituierbarkeit von Fähigkeit durch Leistung an und gelangt so zu einem Begriff von 'Leistungs-Fairness' oder Leistungsgerechtigkeit. Oder aber man geht davon aus, daß die Fähigeren bereit und in der Lage sind, für die weniger Fähigen zu arbeiten. Eine Rechtfertigung dafür könnte sein, daß die Verteilung der Fähigkeiten und Begabungen auf die Individuen das Resultat einer natürlichen Lotterie ist, so daß niemand ein exklusives Recht auf Nutzung seiner Fähigkeiten hat. Diese Überlegung würde so etwas wie 'Fähigkeits-Fairness' begründen.

Wie läßt sich die Substitution von Fähigkeit durch Leistung denken? Man kann sich vorstellen, daß der weniger Fähige mehr leistet, also z. B. länger arbeitet, um die geringere Fähigkeit auszugleichen. Ein darauf aufbauender Begriff von 'Leistungs-Fairness' würde bedeuten, daß die individuellen Güter-Output-Bündel miteinander verglichen werden und daß von zwei Personen, die über ein genau gleiches Güter-Output-Bündel verfügen, nicht die eine Person die andere beneiden darf, weil die andere in der Lage war, sich dieses Bündel in kürzerer Zeit zu erarbeiten (so daß sie dementsprechend mehr Freizeit hat). Unter dieser Voraussetzung ist eine Allokation leistungsfair, wenn in ihr niemand das Güter-Output-Bündel eines anderen gegenüber dem eigenen vorzieht.

Als Anfangsausstattung erhält jedes Individuum ein gleiches Güterbündel (oder gleiches Einkommen) sowie **eine** Einheit an Freizeit. Wird das (Walras'sche) Marktgleichgewicht erreicht, so läßt sich zeigen, daß die daraus resultierende Allokation 'leistungsfair' im geschilderten Sinne ist. Eine Korrektur nach Unterschieden in den individuellen Fähigkeiten findet nicht statt.

Abgesehen von den schon notierten Problemen (periodische Wiederherstellung der anfänglichen Gleichverteilung und Ausschluß von Nicht-Markt-Transfers) ist diese Konzeption mit zwei weiteren Schwierigkeiten belastet. Sie dürfte zum einen nur anwendbar sein, wenn in der Produktion relativ einfache Technologien vorherrschen, denn man kann sich zwar bei einfachen Tätigkeiten einen Ausgleich mangelnder Fähigkeit durch mehr Leistung (insbesondere mehr Arbeit) vorstellen, kaum mehr aber bei komplexen Tätigkeiten. Zum anderen vernachlässigt sie alle Personen, die die erforderliche Leistung aus Gründen nicht erbringen können, die sie selbst nicht zu vertreten haben (Behinderte, Kranke, Alte etc.). Für diese Fälle läßt sich aber eine 'Versicherungslösung' vorstellen.

Der zweite Weg ist der einer vollständigen Korrektur der individuellen Unterschiede in den Fähigkeiten. Die entsprechende Konzeption von Fairness fußt auf einem Vergleich der individuellen Güter-Freizeit-Bündel, so daß eine Allokation 'fähigkeitsfair' ist, wenn in ihr niemand das Güter-Freizeit-Bündel eines anderen gegenüber dem eigenen vorzieht. Von zwei Personen, die über ein genau gleiches Güter-Freizeit-Bündel verfügen, darf die eine Person nicht die andere beneiden, weil die andere in derselben Zeit weniger geleistet hat (womit deren Freizeit als 'billiger' erworben erscheint). Die Korrektur der Unterschiede in den individuellen Fähigkeiten wird in dieser Konzeption also über den Umweg der Gleichsetzung von Freizeit hergestellt: Die Freizeit des Fähigeren wird genau gleich bewertet wie die des weniger Fähigen und damit ergibt sich der Effekt, daß der Fähigere mit seiner – gemessen am Output – teuren Freizeit den weniger Fähigen mit seiner 'billigeren' Freizeit 'bezahlt'.

Als Anfangsausstattung erhält jedes Individuum wie oben ein gleiches Güterbündel (oder gleiches Einkommen) sowie einen **gleichen** Anteil an der Freizeit aller Individuen. Auch hier läßt sich zeigen, daß bei Erreichen des (Walras'schen) Marktgleichgewichts eine Allokation entsteht, die im geschilderten Sinne 'fähigkeitsfair' ist.

Das Problem dieser Konzeption von Fairness ist natürlich, daß sie das genaue Gegenteil der 'Leistungs-Fairness' darstellt und den Fähigen gewissermaßen bestraft, wenn er produktiver ist als andere. Während ihm die 'Leistungs-Fairness' die Früchte seiner Arbeit läßt, werden sie ihm durch die 'Fähigkeits-Fairness' beschnitten, weil seine Freizeit (das Komplement seiner Arbeitszeit) nicht mehr wert ist als die aller anderen: Er arbeitet in diesem Sinne für andere.

Auch wenn diese Konzeption mit dem oben angeführten Argument der 'natürlichen Lotterie der Begabungen' gerechtfertigt werden könnte, so bleibt dennoch die Frage, ob damit nicht ein wichtiger Anreiz hinsichtlich der Arbeitsmotivation verloren geht. Jedenfalls ist festzuhalten, daß sich eine solche Konzeption von Fairness insbesondere für die produktiven und innovativen Tätigkeiten ganz auf die intrinsische Motivation der Individuen verlassen muß.

Es hat sich in diesem Abschnitt gezeigt, daß der Gedanke der Fairness durchaus attraktiv ist, da er einen wichtigen Schritt über die Idee des Maximin-Prinzips hinausgeht. Andererseits aber erwies sich, daß das Konzept der Fairness – ob als GS-Prinzip formuliert oder in seiner ökonomischen Umsetzung betrachtet – mit so erheblichen Problemen belastet ist, daß es kaum praktikabel erscheint und insofern die Grenze dessen markiert, was im Sinne sozialer Gerechtigkeit realistischerweise erreichbar ist.

Literatur: Baumol (1986), Kap. 1–3, d'Aspremont (1985), Feldman (1980), Kap. 8, Hammond (1976), Harsanyi (1977, 1980), Kern (1980, 1980*), Koller (1987), Teil I, Kolm (1972), Moulin (1988), Kap. 1 und 2, Rawls (1975), von Rothkirch (1981), Teil II und III, Schmidt (1991), Kap. V, Sen (1970), Kap. 9 und 9*, Sen (1977*), Sen (1986), Abschn. 6, Sen & Williams (1982), Suzumura (1983), Kap. 5 und 6, Thomson & Varian (1985), Varian (1981), Abschn. 7.7.

Anmerkungen: Wir diskutieren in Abschn. 9.1 die Präzisierung des Grundgedankens des Differenzprinzips, die Sen (1970), Kap. 9, in Gestalt des von ihm so bezeichneten Maximin-Prinzips als einer der ersten vorgelegt hat. Allerdings ziehen wir zur Formulierung dieses Prinzips die in Abschn. 8.3 eingeführte Positionen-Notation heran, weil sie uns besser geeignet erscheint, den Grundgedanken des Differenzprinzips zu erfassen. Das Schema in Abb. 25 ist aus Kern (1980*), S. 228, übernommen. Das Beispiel des Abstimmungsparadoxes für Positionszuordnungen in Tab. 24 und die daran anknüpfende Feststellung, daß auch für die Aggregation von Positionszuordnungen ein Resultat nach dem Muster des Theorems von Arrow gilt, wird bestätigt durch Theorem 1 in Roberts (1980), S. 411.
Das in D. 1/9 definierte **Allgemeine Wohlfahrtsprinzip** entspricht einer *Generalized social welfare function* (GSWF) bei Hammond (1976), S. 796, und Roberts (1980), S. 410. Die Darlegung der 'ursprünglichen Situation' (*original position*) findet sich bei Rawls (1975) in Kap. 3, Abschn. 20–25, und die darauf aufbauende Herleitung des **Differenzprinzips** im selben Kapitel, Abschn. 26–30. Die Definition des **Maximin-Prinzips** nach D. 2/9 folgt der Idee von Sen (1970), D. 9*5 in Abschn. 9*4, S. 157. Die Definition des **Prinzips der S-Gerechtigkeit** in D. 3/9 folgt der Formulierung in Hammond (1976), S. 797, sowie D. 9*3 in Sen (1970), S. 153. Theorem 1/9 entspricht T. 9*5 in Sen (1970), S. 157; der Beweis findet sich dort. Theorem 2/9 und 3/9 entspricht T. 9*6 und L. 9*b in Sen (1970), Kap. 9*, S. 158. Die anschließenden kritischen Anmerkungen zum Maximin-Prinzip folgen ebenfalls z. T. Sen (1970), Kap. 9, S. 135 ff. Das Zahlenbeispiel von Tab. 26 ist übernommen von Sen (1970), S. 139. Das Argument der 'Verkettung' der Aussichten findet sich bei Rawls (1975), S. 101 ff.
Für die Darstellung der Charakterisierung des utilitaristischen Prinzips in Abschn. 9.2 haben wir uns vor allem auf d'Aspremont & Gevers (1977), Deschamps & Gevers (1978), Harsanyi (1977) und Sen (1977*) gestützt. Die diesbezüglichen Ergebnisse sind in d'Aspremont (1985),

von Rothkirch (1981) und Sen (1986) noch einmal rekapituliert. In D. 7/9–10/9 werden das **Utilitaristische Wohlfahrtsprinzip**, das **Utilitarismus-Prinzip**, das **Maximin-Prinzip** sowie das **Lexikographische Maximin-Prinzip** als Kollektive Wohlfahrtsprinzipien formuliert. Letztere entsprechen den *Social Welfare Functionals* (SWFL) im Sinne von Sen (1986), S. 1111 f.

Yaari (1981) hat mit guten Gründen Einwände dagegen erhoben, daß das utilitaristische Prinzip in Formulierungen wie D. 7/9 bzw. D. 8/9 als einfache Aufsummierung der individuellen 'Nutzenwerte' dargestellt wird, denn damit werde unterstellt, daß jede Person mit 'gleichem Gewicht' in die Aufsummierung eingehe. Wir behalten diese Formulierungen, die den in der Literatur üblichen entsprechen, vgl. Sen (1977*), S. 1546ff., dennoch bei, weil wir meinen, daß Yaaris Einwand in erster Linie das Problem der Vergleichbarkeit und Messung individuellen Nutzens betrifft. Wie oben in Abschn. 8.4 erläutert, können je nach 'Lösung' dieses Problems die Personen tatsächlich unterschiedlich 'gewichtet' sein. Wir gehen hier zur Vereinfachung davon aus, daß eine adäquate Meß- und Vergleichsmethode vorliegt und in die Formulierung des UWP bzw. des UP eingeht.

Theorem 4/9 und 5/9 entspricht T. 1 und T. 2 in Sen (1977*), S. 1543f. Lemma 1/9 findet sich als T. 6 in Sen (1977*), S. 1553f. bzw. als T. 2.3 in d'Aspremont (1985), S. 34f. (jeweils mit Beweis). Das Umverteilungs-/Folterbeispiel, mit dem die problematischen Konsequenzen der Neutralitätsbedingung aufgezeigt werden sollen, ist (mit Tab. 27) übernommen aus Sen (1979*), S. 473. Kritisch zum 'Welfarismus' Kollektiver Wohlfahrtsprinzipien – also nicht nur des utilitaristischen, sondern auch des Maximin-Prinzips und seiner lexikographischen Ergänzung – äußert sich insbesondere Sen (1977*, 1979 und 1979*), vgl. aber auch d'Aspremont (1985), S. 25ff. Lemma 2/9 entspricht L. 4 in d'Aspremont & Gevers (1977), S. 206f., und Lemma 3/9 T. 7 in Sen (1977*), S. 1554f.; für die Beweise s. dort.

Theorem 6/9, das Charakterisierungstheorem zum **Utilitaristischen Wohlfahrtsprinzip**, findet sich als T. 3 in d'Aspremont & Gevers (1977), S. 203 (Beweis: S. 207). Der Beweis benutzt die Beweisidee, die Milnor für die Charakterisierung des Laplace-Kriteriums (T. 2/2 in Abschn. 2.2) vorgeschlagen hat. Um die Beweisargumente vergleichen zu können, haben wir in Tab. 28 die Entsprechungen der Bedingungen in Kap. 2 und in diesem Kapitel wiedergegeben. Die Tabelle ist nach Maskin (1979) zusammengestellt. Für die alternative Charakterisierung des **Utilitarismus-Prinzips** nach T. 7/9 werden die beiden Lemmata 4/9 und 5/9 benötigt. Sie entsprechen L. 3 und L. 5 in d'Aspremont & Gevers (1977), S. 202 und S. 206f., sowie L. 1 und L. 2 in Deschamps & Gevers (1978), S. 151f; der Beweis zu T. 7/9–T. 5 bei Deschamps & Gevers (1978) – findet sich ebda., S. 152f. Für eine kritische Würdigung des Utilitarismus s. Sen (1979*), Sen & Williams (1982) und Smart & Williams (1973), vgl. aber auch Hammond (1986, 1987); zum **Regelutilitarismus** s. bes. Harsanyi (1977, 1977*, 1978, 1979, 1980), vgl. auch den Überblicksband von Höffe (1975).

Die Entwicklung der Charakterisierung des Maximin-Prinzips (MP) und seiner lexikographischen Ergänzung (LMP) in Abschnitt 9.3 folgt in wesentlichen Teilen von Rothkirch (1981), Kap. 10*. Dessen Beweisargumentation geht in den zentralen Punkten auf Strasnick (1975, 1976) und Hammond (1976) zurück. Letzterer legt zwar eine Formulierung des MP bzw. des LMP als Allgemeines Wohlfahrtsprinzip (vgl. D. 1/9) zugrunde, die Beweisidee läßt sich jedoch nach d'Aspremont & Gevers (1977) auch auf das MP bzw. das LMP formuliert als Kollektives Wohlfahrtsprinzip (vgl. D. 25/8) übertragen. Bei Strasnick (1976), Sen (1977*) und d'Aspremont (1985) ist die – im übrigen ähnliche – Beweisargumentation etwas anders arrangiert: Es wird zunächst eine 2-Personen-Version des MP bzw. des LMP bewiesen (bei d'Aspremont (1985) auch eine 2-Personen-Version des UWP), um dann zu zeigen, daß diese Versionen der jeweiligen Prinzipien unter den gegebenen Bedingungen für n Personen verallgemeinert werden können.

T. 8/9, das Charakterisierungstheorem zum MP und MMP, findet sich – ohne die Ergänzung zum MMP – als Satz 10*2 bei von Rothkirch (1981), S. 145. Für den Beweis werden die drei Lemmata 6/9–8/9 benötigt; das erste ist in der ersten Hälfte des Beweises zu Satz 10*2 bei von Rothkirch enthalten, das zweite und dritte entspricht L. 10*2.1 und L. 10*2.2, ebda., S. 146f. (mit Beweis). Daran schließt sich bei von Rothkirch (1981), S. 147f., der Beweis zu Satz 10*2 (T. 8/9) an. T. 9/9 entspricht Satz 10*3 bei von Rothkirch (1981), S. 145. Der Beweis wird mit Hilfe von L. 9/9 und L. 10/9 geführt; für die Beweise der Lemmata und des Theorems s. dort, S. 148f. T. 10/9 entspricht T. 4 in d'Aspremont & Gevers (1977), S. 203. Zusammen mit einem Theorem, das zeigt, daß sich LMP (bzw. LMMP) mittels $\overline{\mathbf{SP}}$, $\overline{\mathbf{I}}$, $\overline{\mathbf{A}}$ und **LMG*** (bzw. **LMMG***) charakterisieren läßt, führt es unmittelbar zu T. 11/9; vgl. dazu T. 3.4.2, T. 3.4.4 sowie L. 3.4.3 in d'Aspremont (1985), S. 55ff. T. 12/9 faßt T. 6/9 und T. 11/9 zusammen und T. 13/9 T. 3–5 in Deschamps & Gevers (1978), S. 147f., vgl. auch T. 5 und 6 in d'Aspremont & Gevers (1977), S. 203. Insbesondere Schmidt (1991), Kap. V, legt in einer sorgfältigen Analyse dar, daß jedoch die mit diesen Charakterisierungstheoremen angestrebte universelle Fundierung der Wohlfahrtsprinzipien nicht erreicht werden kann.

Die Literatur zu Rawls und dem von ihm vorgeschlagenen Differenzprinzip einschließlich dessen lexikographischer Ergänzung, das wir mit den Theoremen in Abschn. 9.3 zu charakterisieren versucht haben, hat in der Zwischenzeit einen kaum mehr zu überblickenden Umfang angenommen. Gute Einführungen mit Literaturhinweisen auf dem jeweiligen Stand bieten: Blocker & Smith (1980), Daniels (1975) und Höffe (1977); eingehende kritische Würdigungen haben neuerdings Kley (1989) und Schmidt (1991) vorgelegt.

Wegen der einseitigen Konzentration des Maximin-Prinzips und seiner lexikographischen Erweiterung auf die wohlfahrtsmäßig am schlechtesten gestellte (repräsentative) Person ist versucht worden, Prinzipien zu finden, die auch die weniger schlecht gestellten Personen einbeziehen. So ist von Gaertner (1981, 1983) ein **gewichtetes gerechtes Prinzip** (*Equity-type Positional Broad Borda Method*: EPBB) entworfen worden, das unter Verwendung der Borda-Regel für den Wohlfahrtsvergleich sozialer Zustände neben der niedrigsten sozialen Position auch höhere Positionen heranzieht; vgl. dazu auch Sen (1986), Abschn. 9.2, S. 1150ff.

Mit den Erörterungen zu den Schwierigkeiten der Formulierung eines Fairness-Prinzips in Abschn. 9.4 folgen wir zunächst weitgehend Kap. 5 in Suzumura (1983); D. 17/9–19/9 findet sich dort, S. 128. Das Beispiel nach Tab. 29 ist Bsp. 5.1 in Suzumura (1983), S. 129. Das in D. 20/9 definierte **Kollektive Auswahlprinzip** (KAP) wird bei Suzumura (1983), S. 128, als *extended collective choice rule* bezeichnet. Die Bedingung der **Fairness** (**F**) ist bei uns etwas weniger stark formuliert als die Bedingung der *fairness extension* (*FE*) bei Suzumura (1983), S. 130. Dennoch gilt auch dafür T. 14/9, ein Theorem, dem T. 5.1 in Suzumura (1983), S. 131, bzw. T. 2 in Suzumura (1981) entspricht; für den Beweis, der das Beispiel von Tab. 30 benutzt, s. dort.

Die Abschwächungen des bedingten Pareto-Prinzips (**BP**) und der Fairness-Inklusion (**FI**) – bei Suzumura (1983), S. 130ff. – führen erneut zu einem Unmöglichkeitstheorem, wenn man Eigenschaft α voraussetzt: T. 15/9 ist T. 5.2 in Suzumura (1983), S. 132, bzw. T. 3 in Suzumura (1981); für den Beweis, bei dem das Beispiel nach Tab. 31 benutzt wird, s. dort. Eigenschaft η ist das *Stability axiom* der Auswahlkonsistenz bei Suzumura (1983), S. 42. Daß die Borda-Regel dieser Eigenschaft nicht genügt, wird unter Heranziehung des Beispiels nach Tab. 32 in Suzumura (1981*), S. 359f., gezeigt. Die Definition des GS-**Prinzips** nach D. 24/9 findet sich als D. 5.32 bei Suzumura (1983), S. 141. Daß dieses Prinzip Bedingung F und **FI** erfüllt, wird bewiesen in T. 5.5 bei Suzumura (1983), S. 142f. Dort wird auch gezeigt, daß es der Irrelevanz- und der Anonymitätsbedingung genügt. Beispiel 5.2 und 5.3 sowie T. 5.6, ebda., S. 144ff., zeigen dann, daß das GS-Prinzip weder Eigenschaft ε noch Eigenschaft α erfüllt, sondern nur Eigenschaft η.

Das Konzept der Fairness ist zuerst von Foley (1967) für ökonomische Zusammenhänge entwickelt worden; unabhängig davon aber auch von Kolm (1972). Die diesbezüglichen Fragen der Existenz fairer Allokationen und ihrer Eigenschaften sind u.a. von Daniel (1975), Feldman & Kirman (1974), Feldman & Weiman (1979), Pazner (1976, 1977), Pazner & Schmeidler (1974, 1978) sowie Varian (1974, 1975, 1976) behandelt worden. Überblicke über die Fairness-Theorie finden sich bei Baumol (1986), Kap. 1–3, und Thomson & Varian (1985); vgl. auch Feldman (1987), Hammond (1987*) und Varian (1987). Weitere Arbeiten umfassen u.a. Allingham (1976), Archibald & Donaldson (1979), Crawford (1979), Demange (1984), Kleinberg (1980) und Svensson (1989).

Einen Beweis der Existenz fairer Allokationen in einem (Walras'schen) Marktgleichgewicht hat Varian (1974) mit seinem Theorem 2.2, S. 68 und 79f. (Beweis), vorgelegt; vgl. jedoch auch Schmeidler & Vind (1972) sowie Kolm (1972). 'Leistungs-Fairness' ist Varians (1974) '*wealth fairness*'. Die Existenz leistungsfairer Allokationen wird mit T. 3.3 in Varian (1974), S. 74, formuliert (Beweis: S. 85f.). 'Fähigkeits-Fairness' ist Varians (1974) '*income fairness*'. Die Existenz entsprechender Allokationen wird in Varian (1974), T. 3.4, S. 75, formuliert.

Es gibt einige Vorschläge, die den Gegensatz zwischen 'Leistungs'- und 'Fähigkeits-Fairness' (letzteres Konzept korrigiert die Unterschiede in den Fähigkeiten vollständig, ersteres enthält keinerlei Korrektur für unterschiedliche Fähigkeiten) zu überbrücken versuchen. Dazu gehört die Vorstellung 'ausgewogener' Allokationen von Daniel (1975) und die Idee 'egalitär-äquivalenter' Allokationen von Pazner & Schmeidler (1978), die von Crawford (1979) und Demange (1984) weiterverfolgt wurde.

Weitere Probleme: Neben den in diesem Kapitel thematisierten Vorstellungen utilitaristischer Gerechtigkeit, der Maximin-Gerechtigkeit und der Fairness gibt es noch einen Begriff 'sozialistischer' Gerechtigkeit, selbst wenn dieser eher negativ als Abwesenheit von Ausbeutung und Entfremdung bestimmt ist. Auch in diesem Zusammenhang haben in den letzten Jahren zunehmend Versuche der entscheidungslogischen Präzisierung eingesetzt, für die es bereits die Sammelbezeichnung 'analytischer Marxismus' gibt (Roemer (1986)). Wir skizzieren im folgenden knapp die spieltheoretische Formulierung des Ausbeutungsbegriffs, wie sie von Roemer (1982), Kap. 7, und Roemer (1982*) vorgelegt wurde. Hierzu wird das Instrumentarium der Theorie kooperativer Spiele und eines ihrer Lösungskonzepte, der 'Kern', herangezogen.
Unter der Prämisse, daß die Spieler in n-Personen-Spielen durch Zusammenschluß oft mehr erreichen können, als wenn sie einzeln agieren, untersucht die Theorie kooperativer Spiele, welche Koalitionen sich bei der jeweiligen Auszahlungsstruktur bilden können und wie stabil sie sind. Spiele dieser Art werden nicht durch eine Auszahlungsmatrix (wie die in Abschn. 10.1 vorgestellten Nicht-Nullsummenspiele), sondern durch die **charakteristische Funktion** gekennzeichnet. Das ist eine Funktion v, die jeder Teilmenge S der Menge aller Spieler K, $\# K = n$, einen Wert $v(S)$ zuordnet, der den 'Nutzen' angibt, den das Spiel für S hat. Die Auszahlungen an die einzelnen Spieler werden durch eine Auszahlungsstruktur bzw. einen Auszahlungsvektor $\mathbf{x} = \langle x_1, \ldots, x_n \rangle$ erfaßt. Ein Spieler wird einer Koalition nur beitreten, wenn er besser, mindestens aber nicht schlechter gestellt ist denn als Einzelner, also $x_i \geqq v(\{i\})$ für alle i aus K. Weiter soll gelten, daß $\Sigma_{i \in K} x_i \geqq v(K)$, d. h. daß die Summe der individuellen Auszahlungen nicht geringer ist als der Wert des Spiels für K. Auszahlungsvektoren, die diesen beiden Eigenschaften genügen, werden **Imputationen** genannt.
Man würde nun aus der Menge der Imputationen gern jene herausfinden, die im Blick auf Koalitionsbildung besonders stabil sind. Ein Konzept dafür ist der Begriff des **Kerns**. Das sind alle Imputationen, für die $\Sigma_{i \in S} x_i \geqq v(S)$ für alle S gilt, so daß keine Koalition einen Anlaß oder eine Möglichkeit hat, sich zu verbessern. Damit bildet der Kern die Menge der Imputationen, die keine Koalition blockieren kann.
Aus dem Konzept des Kerns läßt sich ein allgemeiner Begriff von Ausbeutung ableiten, denn der Kern umfaßt alle Auszahlungsvektoren, die nicht ausbeutend sind. Das wird klar, wenn man überlegt, daß Auszahlungsvektoren, die nicht im Kern sind, nach den obigen Festlegungen die Eigenschaften $\Sigma_{i \in S} x_i < v(S)$ und $\Sigma_{i \in T} x_i > v(T)$ bezüglich S und einer Gegenkoalition T, $T = K \setminus S$ und $S \cap T = \emptyset$, haben. Das würde bedeuten, daß die Spieler in der Koalition S weniger erhalten als sie aufgrund von $v(S)$ erhalten könnten, und die Spieler in T mehr als nach $v(T)$ möglich wäre. Daher kann man sagen, daß die Koalition T die Koalition S ausbeutet, wenn sich zeigen läßt, daß es Umstände gibt, unter denen sich die Spieler aus S besser stellen würden, wenn sie die Koalition verließen. Werden diese Umstände und der Auszahlungsvektor (ökonomisch gesprochen: die Allokation, die angibt, was jedem zur Verfügung steht) spezifiziert, können bestimmte Formen von Ausbeutung unterschieden werden. Das ist schon deshalb erforderlich, weil sonst nicht verständlich wäre, welchen Bezug dieser sehr allgemeine 'spieltheoretische' Begriff von Ausbeutung zum marxistischen Denken haben könnte.
Aufgrund der obigen Annahmen läßt sich 'feudale' und 'kapitalistische' Ausbeutung wie folgt rekonstruieren. Betrachtet man die vereinfachte Allokation einer feudalen Ökonomie, in der die Grundherren das Land besitzen und außerdem über die Hand-, Spann- und Felddienste der Hörigen verfügen können, während diese nur Kleinparzellen für den Eigenbedarf haben, so ist klar, daß letztere sich besser gestellt hätten, wenn sie unter Mitnahme ihrer Arbeitskraft und ihrer Kleinparzelle aus der Koalition der Hörigen ausgeschieden wären. Damit wären die Grundherren zugleich schlechter gestellt gewesen, da sie dann nicht mehr

über die Dienste der Hörigen hätten verfügen können. Also waren in der feudalen Ökonomie die Hörigen eine ausgebeutete und die Grundherren eine ausbeutende Koalition.
In der kapitalistischen Ökonomie gibt es eine Koalition, die über die Produktionsmittel bzw. das Produktivvermögen verfügt, der eine Koalition der Nicht-Besitzer von Produktionsmitteln gegenübersteht, die nur über ihre Arbeitskraft verfügen. Könnten letztere unter Mitnahme ihrer Arbeitskraft und eines gleichen Anteils am Produktivvermögen wie jeder andere aus der Koalition der Nicht-Besitzer ausscheiden, so wären sie zweifelsohne besser gestellt, die Besitzer von Produktivvermögen hingegen schlechter, da sie – außer über ihre Arbeitskraft – dann nurmehr über einen gleichen Anteil am Produktivvermögen wie jeder andere verfügen würden. Also sind in der kapitalistischen Ökonomie die Besitzer des Produktivvermögens eine ausbeutende und die Nicht-Besitzer eine ausgebeutete Koalition.
Diese Rekonstruktion der unterschiedlichen Formen von Ausbeutung basiert auf einem Gedankenexperiment, bei dem eine hypothetische Alternative konstruiert wird, an der man die in der jeweiligen Ökonomie vorherrschende Allokation mißt. Das ist für die feudale Ökonomie die Alternative der freien Verfügbarkeit über die eigene Arbeitskraft für jedermann (die die 'feudale' Allokation nicht erfüllt), während es für die kapitalistische Ökonomie die Alternative der Verfügung nicht nur über die eigene Arbeitskraft, sondern zugleich über einen gleichen Anteil am Produktivvermögen für jedermann ist (der die 'kapitalitische' Allokation nicht genügt). Der daraus folgende Begriff kapitalistischer Ausbeutung, wie er oben dargelegt wurde, ist nach Roemer (1982*), S. 95, äquivalent zur bekannten marxistischen Definition von Ausbeutung, die mit den Begriffen sozial notwendiger Arbeit und Mehrwert operiert. Für eine kritische Würdigung dieser Überlegungen s. Kieve (1986) und Reimann (1987).

10. Rationalität und Kooperation

10.1 Das Gefangenen-Dilemma und seine Interpretationen

In den alten Tagen des 'Wilden Westens' soll sich die folgende Geschichte zugetragen haben: Der Sheriff hat zwei Fremde aufgegriffen, von denen er sicher ist, daß sie den Überfall auf die Postkutsche verübt haben, der zwei Reisenden das Leben kostete. Er kann es aber nicht beweisen. So nimmt er beide gefangen und läßt sie sich nacheinander vorführen.

Jedem der Gefangenen erklärt er, daß sie zwei Möglichkeiten hätten: den Überfall zu gestehen oder nicht zu gestehen. Gestehen **beide nicht**, könnten sie auch nicht wegen des Überfalls verurteilt werden, sondern nur wegen eines geringeren Vergehens zu je einem halben Jahr Gefängnis. Gestehen **beide**, so könne er versprechen, daß sie wegen ihres Geständnisses weniger als die Höchststrafe erhalten, nämlich 8 Jahre Gefängnis jeder.

Gestehe jedoch **einer**, der andere aber **nicht**, so würde das Geständnis des einen gegen den anderen verwandt, so daß der Nicht-Geständige die Höchststrafe von 10 Jahren erhalte, der Geständige aber als Kronzeuge der Anklage frei käme. Die Situation ist in der nachfolgenden Tabelle 33 in schematisierter Form wiedergegeben. Wie werden sich die Gefangenen entscheiden?

		Gefangener 2	
	Strategien	Nicht Gestehen	Gestehen
Gefangener 1	Nicht Gestehen	1/2 Jahr für 1 1/2 Jahr für 2	10 Jahre für 1 0 Jahre für 2
	Gestehen	0 Jahre für 1 10 Jahre für 2	8 Jahre für 1 8 Jahre für 2

Tab. 33: Beispiel des Gefangenen-Dilemmas für 2 Personen

Die Handlungsmöglichkeiten, die den Gefangenen in diesem Beispiel zur Verfügung stehen (Gestehen oder Nicht-Gestehen), werden in der Spieltheorie als **Strategien** bezeichnet. Es wird davon ausgegangen, daß jeder Spieler i in einem Spiel über eine Menge S_i von Strategien verfügt, aus denen er eine bestimmte Strategie $s_i \in S_i$ auswählt. Damit ergibt sich für alle Spieler $i = 1, \ldots, n$ das Strategie-n-Tupel oder Strategieprofil $s = \langle s_1, \ldots, s_n \rangle$ eines Spiels.

Jedes Strategieprofil $s \in S$ hat nun aufgrund seiner Konsequenzen für jeden Spieler einen bestimmten 'Wert' oder 'Nutzen', der durch eine Auszahlungs- oder Bewertungsfunktion zum Ausdruck kommt. Die **Auszahlungsfunktion** U_i ordnet also für jeden Spieler i jedem Strategieprofil $s \in S$ eine bestimmte Auszahlung oder Bewertung, d.h. eine reelle Zahl, zu. Das n-Tupel $U = \langle U_1, \ldots, U_n \rangle$ kann nun für alle Spieler und für alle Strategieprofile s, s' etc. tabelliert werden, z.B. durch Bestimmung eines n-dimensionalen Schemas von n Vektoren. Im Fall von $n = 2$ Spielern und $\# S_i = 2$ Strategien liefert das eine Vierfelder-Matrix wie in der nachfolgenden Tabelle 34, deren Elemente aus geordneten Paaren reeller Zahlen bestehen.

Definition 1/10: Ein Spiel Γ in der Normalform ist durch das Tripel $\langle K, S, U \rangle$ gekennzeichnet. Dabei ist $K = \{1, \ldots, n\}$ die Menge der Spieler; $S = S_1 \times S_2 \times \ldots \times S_n$ ist die Produktmenge der Mengen der individuellen Strategien S_i, $i = 1, \ldots, n$, mit $s_i \in S_i$ und $s = \langle s_1, \ldots, s_n \rangle$ als Strategieprofil eines Spiels, $s \in S$; $U = \langle U_1, \ldots, U_n \rangle$ schließlich ist das n-Tupel der individuellen Auszahlungsfunktionen U_i, die für jeden Spieler i jedem Strategieprofil $s \in S$ einen bestimmten Wert, d.h. eine reelle Zahl, zuordnen.

Es ist wichtig darauf hinzuweisen, daß die obige Tabelle 33, mittels der wir unser Beispiel dargestellt haben, keine Matrix derartiger Bewertungs- oder Auszahlungsfunktionen darstellt, sondern eine Matrix der 'Handlungsfolgen', d.h. sie gibt für jedes der vier möglichen Strategieprofile an, wieviel Jahre Gefängnis die Gefangenen zu gewärtigen haben. Das besagt nichts über die individuelle Bewertung dieser Handlungsfolgen, denn dazu müßte erst etwas über den individuellen 'Nutzen' verschieden langer Gefängnisaufenthalte bekannt sein.

Wenn wir annehmen, daß jeder Gefangene einen kürzeren einem längeren Gefängnisaufenthalt vorzieht, so läßt sich aufgrund dieser Annahme und der Matrix der Handlungsfolgen die in der folgenden Tabelle 34 wiedergegebene Matrix der individuellen **ordinalen** (und interpersonell nicht vergleichbaren) Auszahlungsfunktionen ableiten.

1 \ 2	$\overline{G}_2$	G_2
$\overline{G}_1$	$\langle 3, 3 \rangle$	$\langle 1, 4 \rangle$
G_1	$\langle 4, 1 \rangle$	$\langle 2, 2 \rangle$

Tab. 34: Matrix der Auszahlungsfunktionen des 2-Personen-Gefangenen-Dilemmas

Die Zahlen in den vier Feldern dieser Matrix sind ordinal aufzufassen, d.h. es kommt nur darauf an, daß die eine Zahl größer (oder kleiner) ist als die nächste, nicht aber um wieviel größer. Die Zahl links des Kommas in den spitzen Klammern gibt die 'Bewertung' oder Auszahlung für den Spieler 1, die rechts des Kommas die für den Spieler 2 für das jeweilige Strategieprofil an (G steht für die Strategie 'Gestehen', $\overline{G}$ für 'Nicht Gestehen').

Auch diese Matrix ist mit Vorsicht zu interpretieren. Sie bringt genau genommen nur zum Ausdruck, daß die Spieler 1 bzw. 2 sich mit bestimmten Strategieprofilen besser oder schlechter stellen als mit anderen. Das muß nicht unbedingt bedeuten, daß sie auch dementsprechende Präferenzen haben oder ihre Strategiewahl danach ausrichten. Wir wollen zunächst jedoch annehmen, daß genau dies der Fall ist: Die Spieler entscheiden sich für die Strategie, die ihnen individuell die höchstmögliche Auszahlung sichert.

Kommen wir auf unser Beispiel zurück und setzen diese Annahme voraus, so zeigt sich, daß die gemeinsame Strategie 'Nicht-Gestehen' für beide Gefangene ein besseres Resultat erbringt als die gemeinsame Strategie 'Gestehen'. Dennoch gilt, daß 'Gestehen' je individuell die optimale Strategie ist, denn: Nimmt Spieler 2 an, daß Spieler 1 gesteht, dann hat er die Wahl zwischen 'Gestehen' (8 Jahre Gefängnis) oder 'Nicht Gestehen' (10 Jahre), und da er 8 Jahre gegenüber 10 Jahren vorzieht, wird Spieler 2 gestehen. Nimmt 2 hingegen an, daß 1 nicht gesteht, hat er die Wahl zwischen 'Gestehen' (0 Jahre Gefängnis) und 'Nicht Gestehen' (1/2 Jahre), und da er 0 Jahre gegenüber 1/2 Jahre vorzieht, wird er auch in diesem Fall gestehen. Gleiches gilt für Spieler 1.

Unter dieser Voraussetzung ist 'Gestehen' die beste Strategie für jeden der beiden, denn sie garantiert ein individuell besseres Resultat unabhängig davon, wie sich der andere entscheidet (Auszahlung 4 statt 3, wenn der andere nicht gesteht, und 2 statt 1, wenn der andere gesteht; das gilt für beide, da das Spiel insofern symmetrisch ist). In der Sprache der Spieltheorie ist eine solche Strategie eine 'dominante' Strategie.

Ehe wir diesen Begriff formal definieren, ist die folgende Schreibweise für Veränderungen in Strategieprofilen einzuführen (die analog zu Veränderungen in Präferenzstrukturen in Abschnitt 5.2 angelegt ist):

$$s = \langle s_1, s_2, \ldots, s_n \rangle$$
$$s \,|\, t_i = \langle s_1, s_2, \ldots, s_{i-1}, t_i, s_{i+1}, \ldots, s_n \rangle$$
$$s' \,|\, t_i, t_j = \langle s'_1, s'_2, \ldots, s'_{i-1}, t_i, t_j, s'_{j+1}, \ldots, s'_n \rangle$$

Definition 2/10: Eine Strategie $t_i \in S_i$ ist für $i \in K$ **dominant**: $\leftrightarrow \forall s \in S$: $[U_i(s \,|\, t_i) > U_i(s)]$.

Definition 3/10: Eine Strategie $t_i \in S_i$ ist für $i \in K$ **schwach dominant**: $\leftrightarrow \forall s \in S$: $[U_i(s \,|\, t_i) \geqq U_i(s)]$.

Wählen beide Gefangenen ihre dominante Strategie, so sind sie im Endergebnis schlechter daran als wenn sie übereinstimmend die nicht-dominante Strategie 'Nicht Gestehen' gewählt hätten (Auszahlungen $\langle 2, 2 \rangle$ statt $\langle 3, 3 \rangle$ nach Tabelle 34 bzw. 8 Jahre Gefängnis für jeden gegenüber nur 1/2 Jahr für jeden nach Tab. 33).

Das Dilemma, das sich damit ergibt und das seit langem als **Gefangenen-Dilemma** (GD) bekannt ist, besteht darin, daß die übereinstimmende Wahl der dominanten Strategie zu einem Ergebnis führt, das durch ein anderes paretodominiert wird, welches jedoch nur erreichbar ist, wenn beide eine Strategie wählen, für die es eigentlich keine 'rationale' Begründung gibt: die nicht-dominante Strategie.

Das Dilemma wird daher oft als Konflikt zwischen 'individueller Rationalität' und 'kollektiver Optimalität' beschrieben, wobei sich individuell rationales Verhalten in der Wahl der dominanten Strategie zeigt und kollektive Optimalität im Erreichen des paretobesseren Resultats. Die orthodoxe Spieltheorie sieht allerdings im GD kein Dilemma, da sie auf dem '*revealed preference*'-Konzept besteht: Für sie ergeben sich die individuellen Bewertungs- oder Auszahlungsfunktionen demnach unmittelbar aus der tatsächlichen Strategiewahl der Spieler; daher ist das Strategieprofil $\langle G_1, G_2 \rangle$ das einzig mögliche Ergebnis, wenn die Beschreibung der Auszahlungsfunktionen in Tabelle 34 korrekt ist. Ergäbe sich ein anderes Strategieprofil – etwa $\langle \overline{G}_1, \overline{G}_2 \rangle$ – als Resultat, so müssen die Auszahlungsfunktionen in Tabelle 34 falsch erfaßt gewesen sein.

Dieses 'orthodoxe' Argument jedoch entkleidet die Spieltheorie im Grunde jeglichen normativen und empirischen Gehalts. Tatsächlich ist das GD erst dann ein theoretisches Dilemma, wenn den Konzepten der strategischen Dominanz und der Paretooptimalität ein normativer (oder empirischer), d. h. ein handlungsanleitender (oder handlungserklärender) Charakter zugebilligt wird. Wird keinem dieser Konzepte ein normativer oder empirischer Gehalt zugestanden, kann sich auch kein Dilemma ergeben.

Von einigen Autoren wird die Auffassung vertreten, daß das Dilemma zwei Probleme impliziert: das Problem der **Koordination** und das Problem des **Vertrauens**. Ersteres ist das Problem der wechselseitigen Abstimmung unter den Beteiligten, um eine Entscheidung zu erreichen, die ein für alle besseres Ergebnis zeitigt als die aufgrund individueller Rationalität getroffene Entscheidung, und letzteres ist das Problem, daß es für die individuelle Wahl der nicht-dominanten Strategie erst dann gute Gründe gibt, wenn man davon ausgehen kann, daß der andere ebenfalls die nicht-dominante Strategie wählt. Allerdings bedeutet eine Lösung des ersten Problems noch nicht, daß auch das zweite gelöst ist.

Um dies zu zeigen, führen wir den Begriff des **Gleichgewichtspunkts** oder **Nash-Gleichgewichts** ein. Darunter wird ein Strategieprofil verstanden, von dem abzuweichen kein Spieler einen Anlaß hat, da er seine Auszahlung mit einer abweichenden Strategie nicht verbessern kann.

Definition 4/10: Ein Strategieprofil $s^* \in S$ ist ein **Gleichgewichtspunkt** oder **Nash-Gleichgewicht**: $\leftrightarrow \forall i \in K\colon \forall s_i \in S_i\colon [U_i(s^*) \geqq U_i(s^* \mid s_i)]$.

Diese Definition eines Gleichgewichtspunkts weist eine überraschende Ähnlichkeit mit dem Begriff einer nicht strategieanfälligen Präferenzstruktur auf (vgl. D. 8/5 und 9/5 in Abschn. 5.2). In beiden Fällen ist der ausschlaggebende Punkt, daß für keinen der Beteiligten (oder Spieler) ein Anreiz besteht, die Präferenz (oder Strategie) zu wechseln, weil sich damit kein besseres Ergebnis (oder keine höhere Auszahlung) erreichen läßt.

Stellen wir uns nun vor, die Gefangenen in unserer Geschichte werden nach ihrer Unterredung mit dem Sheriff in eine gemeinsame Zelle gebracht und überlegen dort, was am besten zu tun sei. Sie kommen zu der Vereinbarung, übereinstimmend die Strategie 'Nicht Gestehen' zu verfolgen. Damit wäre das Koordinationsproblem gelöst, nicht aber das Vertrauensproblem.

Der Grund dafür ist einfach. Mit ihrer Vereinbarung wollen die Spieler ein Strategieprofil realisieren, das keinen Gleichgewichtspunkt bildet, denn im GD ist, wie man leicht feststellen kann, das Strategieprofil $\langle G_1, G_2 \rangle$ der einzige Gleichgewichtspunkt (genauer gesagt ist es sogar ein 'Gleichgewicht in dominanten Strategien' und damit etwas stärker als das Nash-Gleichgewicht, denn ersteres impliziert letzteres, aber nicht umgekehrt). Damit aber gibt es für jeden Spieler – trotz der gemeinsamen Vereinbarung – einen Anreiz, die abweichende Strategie 'Gestehen' zu wählen, weil er sich damit besser stellen kann.

Das Problem verschiebt sich also auf die Frage der Einhaltung der Vereinbarung. Diesbezüglich besteht für die Beteiligten prinzipiell dieselbe Entscheidungssituation wie im ursprünglichen GD: Auch wenn sich die Gefangenen bewußt sind, daß die Einhaltung der Vereinbarung für beide das beste Resultat erbringt, gebietet es die Vorsicht einzukalkulieren, daß der andere die Vereinbarung nicht einhalten könnte und man sich selbst in dem Fall sehr viel schlechter stellen würde als wenn man die Vereinbarung ebenfalls nicht einhält. Die Idee einer gemeinsamen Vereinbarung führt also zu einem weiteren Spiel, das wiederum ein Gefangenen-Dilemma ist, so daß das Vertrauensproblem nicht gelöst ist.

Das ist erst dann der Fall, wenn die getroffene Vereinbarung **erzwingbar** ist, d.h. wenn gleichzeitig mit der Vereinbarung wirksame Sanktionen eingeführt werden, die ein Ausweichen auf die abweichende Strategie verhindern. Man könnte das die 'Hobbessche Lösung' nennen. Erkennt man in diesem Zusammenhang die Paretooptimalität als ein normativ relevantes Konzept an, so stellt der Vorschlag einer erzwingbaren gemeinsamen Vereinbarung, mit der das GD in ein anderes Spiel überführt wird, das es den Spielern ermöglicht, den paretooptimalen Zustand zu erreichen, durchaus eine Lösung des Problems dar. Eine Alternative dazu ist, nicht Vereinbarungen mit Sanktionen, sondern Vereinbarungen gekoppelt mit Anreizen einzuführen.

Das Gefangenen-Dilemma kann nun herangezogen werden, um zu zeigen, daß in vielen Fällen eine soziale Kooperation, die allen nützt (oder die Abwendung eines sozialen 'Übels', das allen schadet), deshalb nicht zustande kommt oder behindert wird, weil alle oder zu viele Beteiligte lieber die 'sichere', dominante Strategie wählen, statt sich auf die 'unsichere', nicht-dominante, aber kooperative Strategie einzulassen. Dabei muß man seitens der Beteiligten keineswegs bösen Willen unterstellen, es genügt, wenn ein ausreichendes Maß an Vorsicht angenommen wird, das verhindert, daß die nicht-dominante Strategie gewählt wird, denn dabei besteht stets die Gefahr, daß andere Spieler auf die dominante Strategie ausweichen.

Dazu verallgemeinern wir das obige Beispiel zunächst wie folgt. Seien q, r, s und t die Auszahlungen (mit $t > s > r > q$ und $2s > t + q$) für die Spieler 1 und 2, wie sie sich aufgrund der folgenden Auszahlungsmatrix bei den Paarungen der nicht-dominanten und dominanten Strategie ergeben, die wir als kooperative (k_i) und nicht-kooperative Strategie ($\overline{k}_i$) interpretieren.

		2: k_2	2: $\overline{k}_2$
1	k_1	$\langle s, s \rangle$	$\langle q, t \rangle$
1	$\overline{k}_1$	$\langle t, q \rangle$	$\langle r, r \rangle$

Tab. 35: Allgemeine Auszahlungsmatrix des 2-Personen-Gefangenen-Dilemmas

Wir führen im folgenden vier Beispiele an, die eine solche Auszahlungsmatrix bzw. deren 'dynamische' Variante abbilden würde.

Beispiel 1: Ein Wasserreinhaltungsproblem

Zwei Fabriken liegen an einem kleinen See, der durch die Abwässer dieser Fabriken verschmutzt wird (und nur durch diese). Die Fabriken benötigen aber für ihre Produktion sauberes Wasser, das sie in der notwendigen Menge nur dem See entnehmen können. Das verschmutzte Wasser hat schon bisher die Qualität ihrer Produkte beeinträchtigt, so daß sie gezwungen waren, Anlagen zur Reinigung des aufgenommenen Seewassers einzubauen. Die Frage ist nun, ob die Fabriken bereit wären, in Anlagen zur Reinigung ihrer Abwässer zu investieren, um damit die Kosten der eigenen Reinigung des Seewassers einzusparen.

Dabei wollen wir annehmen, daß die Kosten für eine Anlage zur Abwasserreinigung (c) höher sind als der daraus entspringende betriebswirtschaftliche Nutzen (u) im Sinne der Ersparnis an Kosten für die Seewasserreinigung, so daß $c > u$ für jede der beiden Fabriken. Andererseits würde sich die weitere Unterhaltung von Seewasserreinigungsanlagen vollständig erübrigen, wenn beide Fabriken über Anlagen zur Reinigung ihrer Abwässer verfügten.

Wir können also davon ausgehen, daß die Fabriken einen doppelten Nutzen haben, wenn beide jeweils eine Abwasserreinigungsanlage installieren (auf diese Weise könnten sie auf ihre Seewasserreinigungsanlagen vollständig verzichten). Die Installation von Abwasserreinigungsanlagen ist bei beiden Firmen also dann die betriebswirtschaftlich optimale Lösung, wenn der doppelte Nutzen (2u) größer ist als die Investitionskosten für die Abwasserreinigungsanlage (c), d.h. $2u-c > 0$. Nun läßt sich zeigen, daß eine solche nicht nur ökologisch, sondern auch betriebswirtschaftlich vernünftige Lösung nicht eintreten wird, wenn beide Fabriken ihren Nutzen optimieren, da sie sich in einem Gefangenen-Dilemma befinden.

Dieses Dilemma kommt zustande, weil die Nutzung verschmutzten, teilgereinigten oder vollständig gereinigten Seewassers nicht zwischen den beiden Fabriken 'geteilt' werden kann. Unabhängig von seinem Verschmutzungsgrad weist das Seewasser eine charakteristische Eigenschaft öffentlicher Güter auf: die der Nicht-Ausschließbarkeit der Beteiligten von seiner Nutzung. Das wirkt sich in der Weise auf die Auszahlungen aus, daß im Fall des Baus von Abwasserreinigungsanlagen durch **beide** Fabriken für jede von ihnen der 'doppelte' Nutzen vollständig gereinigten Seewassers entsteht, Kosten aber nur in Höhe der Investition für eine Anlage, so daß die Auszahlung $2u-c$ für jede der beiden Fabriken beträgt.

Da des weiteren auch die nicht-investierende Fabrik nicht von der Nutzung des teilgereinigten Seewassers ausgeschlossen werden kann, wenn **eine** Abwasserreinigungsanlage durch die andere Fabrik erstellt wird, hat sie einen Nutzen u, jedoch keine Kosten. Hingegen hat die Fabrik, die die Anlage baut, zwar auch diesen Nutzen, trägt zugleich aber die Kosten (Auszahlung $u-c$). Existiert keine Abwasserreinigungsanlage, entstehen weder Kosten, noch Nutzen, da annahmegemäß jede Fabrik über eine Anlage zur Reinigung aufgenommenen Seewassers verfügt. Tabelle 36 gibt die entsprechende Auszahlungsmatrix wieder.

		F_2	
		k_2 Bau der Anlage	$\bar{k}_2$ kein Bau der Anlage
F_1	k_1	$\langle 2u-c, 2u-c \rangle$	$\langle u-c, u \rangle$
	$\bar{k}_1$	$\langle u, u-c \rangle$	$\langle 0, 0 \rangle$

Tab. 36: Auszahlungsmatrix für das Wasserreinhaltungsproblem

Daß es sich hier um ein Gefangenen-Dilemma handelt, ist leicht zu erkennen, denn aufgrund der Festlegung $c > u > 0$ gelten die Ungleichungen: $u > 2u-c$, $u > 0$ und $0 > u-c$, so daß sich die Fabriken mit $\bar{k}_1$ bzw. $\bar{k}_2$ immer besser stellen als mit k_1 bzw. k_2. Erstere sind also ihre dominanten Strategien. Mit deren Wahl jedoch gelangen sie zu einem Resultat, mit dem sie sich deutlich schlechter stellen als bei gemeinsamer Wahl der nicht-dominanten, kooperativen Strategie $(0 < 2u - c)$.

Man kann dieses Beispiel nun dahingehend erweitern, daß man fragt, ob die für das GD typische Auszahlungsrelationen erhalten bleiben, wenn am See m statt nur zwei Firmen angesiedelt sind und für alle das geschilderte Wasserreinhaltungsproblem besteht. Die Matrix in Tabelle 37 zeigt die Auszahlungen für Firma 1, wenn die Anzahl der anderen Firmen, die die kooperative oder nicht-kooperative Strategie wählen, systematisch variiert wird, und zwar vom Fall kooperativer Wahl aller anderen Firmen (linke Spalte) bis zum Fall durchgängig nicht-kooperativer Wahl (rechte Spalte).

		Strategien aller anderen Firmen außer F_1					
		$F_2,\dots,F_m$: $k_2,\dots,k_m$	F_2: $\bar{k}_2$ $F_3,\dots,F_m$: $k_3,\dots,k_m$	F_2,F_3: $\bar{k}_2,\bar{k}_3$ $F_4,\dots,F_m$: $k_4,\dots,k_m$	...	$F_2,\dots,F_{m-1}$: $\bar{k}_2,\dots,\bar{k}_{m-1}$ F_m: k_m	$F_2,\dots,F_m$: $\bar{k}_2,\dots,\bar{k}_m$
F_1	k_1	$mu-c$	$(m-1)u-c$	$(m-2)u-c$	...	$2u-c$	$u-c$
	$\bar{k}_1$	$(m-1)u$	$(m-2)u$	$(m-3)u$	...	u	0

Tab. 37: Auszahlungen für F_1 beim Wasserreinhaltungsproblem für m Firmen

Es zeigt sich, daß die Firma 1 unabhängig vom Anteil der anderen Firmen, die kooperativ oder nicht-kooperativ wählen, mit der Wahl von $\bar{k}_1$ stets besser daran ist als mit k_1, denn es ist: $(m-1)u > mu - c$, $(m-2)u > (m-1)u - c$ etc. ebenso wie: $u > 2u-c$ und $0 > u-c$, so daß $\bar{k}_1$ für F_1 die dominante Strategie ist. Da man auf die gleiche Weise jede einzelne Firma allen anderen gegenüberstellen kann, gilt auch für alle anderen Firmen $F_2,\dots,F_m$, daß deren nicht-kooperative Strategien $\bar{k}_2,\dots,\bar{k}_m$ dominant sind: das Spiel ist insofern symmetrisch. Zugleich gilt, wie im Fall von zwei Firmen, daß sich die Firmen bei durchgängiger Wahl der nicht-kooperativen Strategie sehr viel schlechter stellen als bei übereinstimmender Wahl der kooperativen Strategie, denn die Auszahlung $mu - c$ ist erheblich größer als 0. Das verdeutlicht, daß sich das Gefangenen-Dilemma mit zwei Beteiligten auf m Beteiligte erweitern läßt.

Das Beispiel kann weiterhin um die Frage ergänzt werden, ob es nicht doch eine Kosten-Nutzen-Relation bezüglich der Abwasserreinigung gibt, bei der die Firmen in eine solche Anlage investieren würden. Das läuft auf die Frage hinaus, ob die kooperative Strategie bei einer bestimmten Kosten-Nutzen-Relation dominant wird. Das ist offensichtlich nicht der Fall, wenn (wie im Ausgangsbeispiel mit zwei Fabriken) $u > 2u - c$ und $0 > u - c$, d.h. $c > u$ ist, sondern erst dann, wenn $c < u$ für jede einzelne der beiden Fabriken ist, denn dann kehren sich diese Ungleichungen zu $u < 2u-c$ und $0 < u-c$ um. Das bedeutet, daß der (betriebswirtschaftliche) Nutzen der Abwasserreinigung für die einzelne Firma größer sein muß als ihre Kosten, ehe sie bereit ist, in eine solche Anlage zu investieren.

Im obigen Beispiel übersteigt der erreichbare Nutzen für die einzelne Firma die eingesetzten Kosten nur dann, wenn **beide** Firmen eine Abwasserreinigungsanlage installieren. Das aber wird, wie erläutert, kaum eintreten, da jede Firma befürchten muß, daß die andere – da ihr die Nutzung teilgereinigten Seewassers nicht verwehrt werden kann – die Anlage nicht installiert und demnach für diese $u > c = 0$ ist, während für sie selbst in dem Fall $c > u$ ist.

Daraus ist zu schließen, daß ein öffentliches Gut auf freiwilliger Grundlage in einer Gruppe von zwei oder mehr Beteiligten erst dann und in dem Umfang bereitgestellt wird, wie die einzelnen Beteiligten bereit wären, allein für die Kosten aufzukommen. Das öffentliche Gut würde überdies in der Regel in weniger als dem für alle Beteiligten optimalen Umfang bereitgestellt werden, da der Umfang seiner Bereitstellung ganz davon abhängt, wie weit für den einzelnen Beteiligten der daraus entspringende Nutzen die erforderlichen Kosten übersteigt. Ein Beitrag der anderen Beteiligten ist jedenfalls im Fall seiner Bereitstellung – wiederum aufgrund des GD-Effekts – nicht zu erwarten, da die anderen auch suboptimale Mengen des öffentlichen Gutes kostenfrei nutzen können.

Beispiel 2: Ein Abrüstungsproblem

Zwei Großmächte, G_1 und G_2, verfügen über ein nukleares Waffenarsenal. Es stellt sich für sie die Frage, ob sie dieses Arsenal abbauen, also nuklear abrüsten sollen. Zur Vereinfachung des Arguments nehmen wir an, daß zwischen beiden Mächten nukleare wie konventionelle Parität besteht. Bei beidseitiger Abrüstung würde zwar die nukleare Abschreckungsfähigkeit verlorengehen, die Parität in konventioneller Hinsicht aber bestehen bleiben, so daß beide Mächte die positiven Wirkungen nuklearer Abrüstung (zwischenstaatliche Vertrauensbildung, Freiwerden erheblicher Mittel für andere Regierungsprogramme) wahrnehmen können. Wir ordnen den Auszahlungen der Mächte in dem Fall den positiven Wert w zu, wobei der Verlust an Abschreckungsfähigkeit unberücksichtigt bleibt, da weiter militärische Parität besteht.

Nun ist es durchaus möglich, daß eine der Mächte nicht bereit ist, nuklear abzurüsten (oder eine getroffene Abrüstungsvereinbarung unterläuft). Dann würde eine Situation einseitiger Abrüstung entstehen, in der eine der Mächte ihr nukleares Potential beibehält, während die andere es abbaut. In dem Fall müßte die weiterbestehende oder abrüstungsbedingt nicht mehr bestehende nukleare Abschreckungsfähigkeit a in die entsprechenden Auszahlungen als Größe eingehen (positiv für die nicht abrüstende, negativ für die abrüstende Macht), da sie eine militärische Disparität anzeigt.

Wie steht es im Fall einseitiger Abrüstung mit den positiven Auswirkungen? Hier muß zwischen den inner- und zwischenstaatlichen Auswirkungen unterschieden werden. Offensichtlich kann die innerstaatliche positive Auswirkung in dem Fall nur der abrüstenden Macht zugute kommen. Andererseits gibt es auch eine zwischenstaatliche Auswirkung, die aber ebenfalls asymmetrisch verteilt ist: Die eine Macht generiert mit ihrer Abrüstungsinitiative einen 'Vertrauensvorschuß' gegenüber der anderen Macht (der in der Auszahlung für die andere Macht als positiver Wert eingehen müßte), hat jedoch selbst – zunächst jedenfalls – keinen Vorteil davon, da die andere Macht nicht abrüstet. Wir fassen diese Überlegung – stark vereinfachend – so zusammen, daß wir jeder der Mächte im Fall einseitiger Abrüstung in Bezug auf die positiven Auswirkungen den Wert w/2 zuordnen.

Der Fall beidseitiger Nicht-Abrüstung schließlich impliziert weder Vor-, noch Nachteile im Verhältnis der beiden Mächte zueinander und kennzeichnet sozusagen den Status quo. Er wird daher in den Auszahlungen mit 0 bewertet.

Legen wir diese Annahmen zugrunde, so ergibt sich die in Tabelle 38 wiedergegebene Auszahlungsmatrix. Sie zeigt, daß sich die beiden Großmächte in Bezug auf die Abrüstungsfrage in einem Gefangenen-Dilemma befinden, wenn angenommen wird, daß erst 2a, also die 'verdoppelte' Abschreckungsfähigkeit einer Macht, größer ist als w, die positive Gesamtwirkung von Abrüstung für jede der Mächte (vorausgesetzt, beides läßt sich vergleichen), d.h. wenn $2a > w$ bzw. $a > w/2$. Diese Annahme bedeutet, daß die Mächte die Möglichkeit der Erlangung (nuklearer) militärischer Überlegenheit gegenüber einer anderen Macht erst dann für wichtiger halten wie die Erlangung der Vorteile beidseitiger Abrüstung, wenn die jeweils andere Macht ihre Abschreckungsfähigkeit verloren hat. Selbst diese Annahme, die die Bedeutung militärischer Überlegenheit gegenüber den Vorteilen von Abrüstung bereits relativiert, führt zu einem Gefangenen-Dilemma, weil die Strategien $\overline{k}_1$ bzw. $\overline{k}_2$ damit für beide Mächte dominant sind: Abrüstung findet unter dieser Annahme nicht statt.

		G_2: k_2 abrüsten	G_2: $\overline{k}_2$ nicht abrüsten
G_1	k_1	$\langle w, w\rangle$	$\langle w/2-a, w/2+a\rangle$
G_1	$\overline{k}_1$	$\langle w/2+a, w/2-a\rangle$	$\langle 0,0\rangle$

Tab. 38: Auszahlungsmatrix für das Abrüstungsproblem

Nun scheint diese Feststellung den vereinbarten und beobachtbaren Abrüstungsschritten zwischen den USA und der UdSSR in den letzten Jahren direkt zu widersprechen: (teilweise) Abrüstung hat doch stattgefunden. Die Erklärung des Widerspruchs könnte darin liegen, daß unsere obigen Annahmen (insbesondere $2a > w$ bzw. $a > w/2$) nicht realitätsgerecht waren. Wir glauben dies jedoch nicht, weil wir meinen, daß die Annahme $2a > w$ angesichts der Bedeutung, die Nationen üblicherweise militärischer Stärke zumessen, relativ schwach ist.

Die Erklärung des Widerspruchs liegt eher in der (mit einzelnen Auszahlungsmatrizen nicht erfaßbaren) Dynamik eines Abrüstungsprozesses, der durchaus mit einseitigen Abrüstungsschritten beginnen kann. Wie wir oben schon angedeutet haben, erzeugt eine Macht mit einer Abrüstungsinitiative einen 'Vertrauensvorschuß' gegenüber der anderen Macht. Ist die Initiative glaubwürdig, kann sie die 'Kosten-Nutzen-Relation' bezüglich der Abrüstungsvorteile dieser Macht soweit verschieben, daß sie bereit ist, positiv zu reagieren, also eigene Abrüstungsschritte zu unternehmen. Das würde die Abrüstungsbereitschaft der erstabrüstenden Macht stärken, so daß damit so etwas wie ein positiver Rückkopplungsprozeß in Bezug auf Abrüstung zustande kommt. Tatsächlich scheint, soweit sich bislang beobachten läßt, erfolgreiche Abrüstung mit einseitigen Schritten zu beginnen. Das verweist darauf, daß das GD auch eine 'dynamische' Dimension hat, d.h. sich im Zeitablauf positiv (wie für die Abrüstung geschildert) oder negativ (wie unten in Beispiel 4) weiterentwickeln kann.

Im übrigen scheint sich Abrüstung wie die Bereitstellung eines 'internationalen öffentlichen Gutes' auszuwirken: Auch wenn es bei einseitiger Abrüstung sozusagen nur in 'halbierter' Form vorliegt, kann nicht verhindert werden, daß die entsprechende positive Wirkung (w/2 in Tab. 38) der anderen, nicht abrüstenden Macht zugute kommt. Es ergeben sich die für das GD typischen Auszahlungsrelationen, weil eine charakteristische Eigenschaft öffentlicher Güter wirksam wird: die der Nicht-Ausschließbarkeit der Beteiligten von deren Nutzung. Demnach läßt sich das Problem der Bereitstellung öffentlicher Güter als ein GD darstellen, weil eine optimale Bereitstellung einen Beitrag aller erfordern würde, der aber wegen der Eigenschaft der Nicht-Ausschließbarkeit nicht zu erwarten ist, denn man stellt sich selbst besser, wenn man nichts beiträgt, die anderen aber ihren Beitrag leisten.

Beispiel 3: Das Vertragsproblem

Auch die rationale Rechtfertigung des Staates im Sinne der 'klassischen' Vertragstheorie ist dem Gefangenen-Dilemma ausgesetzt, d. h. sie gelingt erst dann, wenn eine plausible Lösung des GD Bestandteil der Begründung ist.

Die grundlegende Denkfigur der Vertragstheorie ist ein Gedankenexperiment mit dem, ausgehend von einem fiktiven Zustand, in dem die Individuen sich als Einzelne gegenüberstehen (der 'Naturzustand'), gezeigt werden soll, daß diesem ein anderer Zustand vorzuziehen ist, in dem die Individuen eine soziale und politische Gemeinschaft bilden, d. h. einen 'Staat' etablieren. Da der letztere Zustand einen Schutz gegen Übergriffe bietet, die im 'Naturzustand' jederzeit vorkommen können, müßte jeder daran interessiert sein, einen solchen Staat zu etablieren, also einer entsprechenden vertraglichen Übereinkunft zuzustimmen.

Trotz der unmittelbar einleuchtenden Plausibilität des Gedankens bleibt ein Problem: Es reicht nicht aus, dem Vertrag nur zuzustimmen, er muß, um ausreichend Schutz nach innen und außen zu gewährleisten, auch von allen Beteiligten stets eingehalten werden, d. h. das Vertragsproblem spitzt sich auf die Frage der Einhaltung des Vertrags zu – und diesbezüglich besteht zwischen den Beteiligten ein Gefangenen-Dilemma.

Wir wollen dies mit dem folgenden Beispiel zeigen, bei dem wir annehmen, daß zwei Vertragspartner, P_1 und P_2, eine Übereinkunft eingegangen sind, jeweils dem anderen beizustehen, wenn ein Übergriff erfolgt. Beide überlegen aber auch, ob es nicht 'günstiger' wäre, die Übereinkunft im Ernstfall nicht einzuhalten.

Weiter gehen wir davon aus, daß beide Vertragspartner ausschließlich an ihrem Vorteil (d. h. in dem Fall: an der Verringerung ihrer durch Übergriffe entstehenden Verluste) interessiert sind und überdies mit gleicher Wahrscheinlichkeit von $p = 0{,}5$ Opfer eines Übergriffs werden können. Jeder von beiden würde einen Verlust von $-2w$ erleiden, wenn er Opfer eines Übergriffs wird und der andere ihm nicht beisteht. Hingegen wäre der Verlust nur $-2v$ für jeden, wenn sie sich im Falle eines Übergriffs wechselseitig beistehen.

Da wir annehmen wollen, daß die gegenseitige Unterstützung effektiv ist und Verluste reduziert, soll der gemeinsame Verlust bei gegenseitiger Unterstützung $(-4v)$ geringer sein als bei gegenseitiger Nicht-Unterstützung $(-2w)$, d. h. $4v < 2w$ bzw. $-4v > -2w$.

Die Auszahlungen für die Vertragspartner, P_1 und P_2, werden nun so berechnet, daß zum Verlust, der sich ergibt, wenn man selbst Opfer eines Übergriffs wird (multipliziert mit der Wahrscheinlichkeit $p = 0{,}5$, Opfer eines Übergriffs zu werden), der Verlust hinzuaddiert wird, den man zu tragen hat, wenn der andere Opfer eines Übergriffs wird (ebenfalls mit $p = 0{,}5$ multipliziert).

Im Falle gegenseitiger Unterstützung ergibt sich damit die Auszahlung $(-2v \cdot 0{,}5) + (-2v \cdot 0{,}5) = -2v$ für jeden; im Falle einseitiger Unterstützung ist die Auszahlung $-2v \cdot 0{,}5 = -v$ für den, der den anderen nicht unterstützt, und $(-2v \cdot 0{,}5) + (-2w \cdot 0{,}5) = -[v + w]$ für den, der den anderen unterstützt (denn er hat den eigenen Verlust **und** den des anderen zu tragen); im Falle beidseitiger Nicht-Unterstützung schließlich ist die Auszahlung $-2w \cdot 0{,}5 + 0 = -w$ für jeden. Die nachstehende Tabelle 39 gibt die entsprechende Auszahlungsmatrix wieder.

		P_2: k_2 beistehen	P_2: $\bar{k}_2$ nicht beistehen
P_1	k_1	$\langle -2v, -2v \rangle$	$\langle -[v+w], -v \rangle$
	$\bar{k}_1$	$\langle -v, -[v+w] \rangle$	$\langle -w, -w \rangle$

Tab. 39: Auszahlungsmatrix für das Vertragsproblem (zwei Vertragspartner)

Diese Auszahlungsmatrix stellt erkennbar ein GD dar, denn es ist $-v > -2v$ und $-w > -[v+w]$; $\bar{k}_1$ und $\bar{k}_2$ sind also die dominanten Strategien, andererseits aber gilt: $-2v > -w$. Die Schlußfolgerung ist, daß der Vertrag zwar zustandekommen kann, seine Einhaltung aber nicht gewährleistet ist.

Nun wird gelegentlich argumentiert, daß dieses Problem deshalb nicht relevant ist, weil im Fall von nur zwei Beteiligten die Nicht-Einhaltung erkennbar ist und daher unmittelbar zur Nicht-Einhaltung durch die andere Person führt, womit die Übereinkunft und ihre Vorteile gegenstandslos würden. Die Vertragspartner werden daher die Übereinkunft einhalten, um das zu vermeiden.

Zwar ist schon im 2-Personen-Fall die Erkennbarkeit der Nicht-Einhaltung nicht immer gegeben, der gewichtigere Einwand aber ist, daß das Vertragsproblem kein 2-Personen-, sondern ein n-Personen-Problem ist und oben nur deshalb mit zwei Personen dargestellt wurde, um die Struktur des Problems zu klären. Im n-Personen-Fall jedoch kann die Erkennbarkeit der Nicht-Einhaltung durch alle Beteiligten kaum mehr angenommen werden. Daher ist dann auch nicht mehr der Schluß auf die generelle Nicht-Einhaltung und die daraus folgende Notwendigkeit der Einhaltung der Übereinkunft erlaubt.

Daraus folgt, daß vielleicht nicht immer im 2-Personen-Fall, jedenfalls aber im n-Personen-Fall die Einhaltung der Übereinkunft zum Problem wird. Will man nun garantieren, daß die Übereinkunft eingehalten wird, dann kann das oben angesprochene Instrument der Sanktionen herangezogen werden. Wäre eine Sanktion der Größe s eingeführt, so würde dies den Wert der abweichenden, nichtkooperativen Strategie verringern bzw. beim Vertragsproblem den entsprechenden Verlust vergrößern, wie die folgende Auszahlungsmatrix zeigt.

		P_2: k_2 beistehen	P_2: $\bar{k}_2$ nicht beistehen
P_1	k_1	$\langle -2v, -2v \rangle$	$\langle -[v+w], -[v+s] \rangle$
	$\bar{k}_1$	$\langle -[v+s], -[v+w] \rangle$	$\langle -[w+s], -[w+s] \rangle$

Tab. 40: Auszahlungsmatrix für das Vertragsproblem (mit Sanktionen)

Aus dieser Matrix wird erkennbar, daß die Sanktion eine bestimmte 'Größe' haben muß, um wirksam zu sein, d.h. erst wenn $s > v$ ist, wird die kooperative Strategie k_1 bzw. k_2 zur dominanten Strategie. Anders ausgedrückt: der (negative) Wert der Sanktion muß größer sein als die Differenz zwischen dem individuellen Verlust bei gegenseitiger Unterstützung und dem individuellen Verlust im Falle einseitiger Unterstützung bei dem Partner, der nicht unterstützt, wenn die Einhaltung des Vertrags gesichert sein soll.

Auf diesem Hintergrund wird verständlich, daß Hobbes als Lösung des Vertragsproblems vorschlug, zugleich mit dem Abschluß des Vertrags einen Staat mit erheblicher Sanktionsgewalt, den 'Leviathan', zu etablieren. Erst die Errichtung einer starken staatlichen Sanktionsgewalt überwindet ihmzufolge das Vertragsproblem und garantiert die Dauerhaftigkeit des Vertrags.

Schon in der älteren, erst recht in der neueren, seit Rawls einsetzenden vertragstheoretischen Diskussion ist immer wieder die Frage aufgeworfen worden, ob die 'Hobbessche Lösung' unausweichlich ist oder ob es nicht doch andere Lösungsmöglichkeiten gibt. Um den Erörterungen in Abschnitt 10.2 nicht vorzugreifen, beschränken wir uns hier auf die resümierende Feststellung, daß es durchaus andere 'Lösungen' gibt. Diese aber sind an bestimmte, gelegentlich recht restriktive Voraussetzungen gebunden, so daß nicht in allen Fällen der 'kooperative Ausgang' des Vertragsproblems gesichert ist.

Beispiel 4: Die Tragödie der Allmende

Stellen wir uns vor, eine bäuerliche Ansiedlung verfügt über eine Allmende, d.h. ein Areal von Weideland, das von den ansässigen Herdenbesitzern gemeinschaftlich genutzt werden kann. Nun ist klar, daß jeder Besitzer einer Viehherde um so mehr Nutzen aus diesem gemeinschaftlichen Weideland zieht, je mehr Tiere er darauf weiden lassen kann. Für die Herdenbesitzer ist damit ein Anreiz gegeben, die Herden auf der Allmende zunehmend zu vergrößern. Das wird solange keine große Auswirkung auf die Nutzungsmöglichkeit der Allmende haben, wie Kriege, Raubzüge, Seuchen u.ä. sowohl die Anzahl der Herdenbesitzer wie den Umfang der Herden immer wieder verringern.

Angenommen aber, diese 'Verringerungseffekte' sind nicht mehr gegeben, dann bahnt sich unvermeidlich die 'Tragödie der Allmende' an, denn jeder Herdenbesitzer wird argumentieren: Füge ich meiner Herde ein Tier hinzu, das ich auf der Allmende weiden lasse, so kommt der Nutzen daraus mir zugute, während die Kosten durch 'Abweidung', die der Allmende durch ein einzelnes Tier entstehen, nur ein Bruchteil davon sind und sich überdies auf alle Herdenbesitzer und weidenden Tiere verteilen. Auch bei anteiliger Berücksichtigung dieser Kosten ergibt sich für den Herdenbesitzer für jedes zusätzliche Tier ein positiver Nutzen.

Da die gleiche Überlegung für alle Herdenbesitzer und jedes zusätzliche Tier gilt, scheint es unausweichlich, daß die Herden nach und nach vergrößert werden. Selbst wenn die Vergrößerung in kleinen Schritten erfolgt, ist der entscheidende Punkt die Stetigkeit der Vergrößerung, so daß irgendwann der Zeitpunkt erreicht ist, ab dem der Schaden durch 'Überweidung' irreparabel wird und die Allmende zerstört ist.

Diese dynamische Variante des n-Personen-GD hat tatsächlich 'tragische' Züge, weil die Beteiligten – im Bewußtsein, das Richtige zu tun – den Untergang der Allmende besiegeln. Sie meinen, das Richtige zu tun, weil sie durch sukzessive Vergrößerung ihrer Herden ihrem Interesse dienen, und sie meinen, dies auf die richtige Weise zu tun, indem sie ihren Herden von Weideperiode zu Weideperiode nur sehr wenige Tiere hinzufügen. Eben dadurch aber befördern sie die Zerstörung der Allmende.

Gerade die langsame Stetigkeit des damit eingeleiteten Prozesses begründet seine Gefährlichkeit, denn dadurch erfolgen die negativen Veränderungen der Allmende in sehr kleinen Schritten und werden folglich auch kaum bemerkt. Das verhindert, daß rechtzeitig Maßnahmen eingeleitet werden, die die Allmende retten könnten, wie z. B. eine generelle Begrenzung der Herdengröße oder eingeschränkte Weidezeiten (was trotz der auch dabei geltenden GD-Problematik nicht unmöglich wäre, da es sich meist um einen kleinen Kreis von Herdenbesitzern handelt und die Maßnahmen leicht überprüfbar sind). Erst wenn die Schäden schon groß sind, sind sie auch sichtbar. Werden dann Beschränkungen eingeführt, kann es schon zu spät sein. So gesehen könnte – kontraintuitiv – eine stärkere Beanspruchung der Allmende durch die Herdenbesitzer diese eher retten.

Dabei muß hinzugefügt werden, daß dasselbe nicht in gleichem Maße für alle 'natürlichen' Allmenden, d. h. alle regenerierbaren natürlichen Ressourcen gilt. Das hängt damit zusammen, daß natürliche Ressourcen in unterschiedlichem Maße regenerationsfähig sind. Ceteris paribus gilt, daß eine 'natürliche' Allmende umso eher gerettet werden kann, je schneller ihr Verfall erfolgt und bemerkt wird, d. h. – auch wieder kontraintuitiv – je weniger regenerationsfähig sie in Abhängigkeit von menschlichen Eingriffen ist.

Daher finden sich schon bei einfachen Naturvölkern detaillierte Regelungen für die Bejagung und Befischung, um die erreichbaren Wild- und Fischbestände zu erhalten, weil die negativen Konsequenzen von 'Überjagung' und 'Überfischung', d. h. von geringer Regeneration infolge hoher Beanspruchung, wohlbekannt sind. Demgegenüber ist die natürliche Ressource des Weidelands in Relation zu den wenigen Herdenbesitzern einer Allmende (die überdies ihre Herden immer nur geringfügig vergrößern) sehr viel regenerationsfähiger.

Für die 'Tragödie der Allmende' gibt es viele Beispiele. Wir kennen 'globale' Allmenden, wie etwa die Ozonschicht um die Erde, den tropischen Regenwald, den Gesamtbestand der Wale in den Weltmeeren u. a. m., die demselben Effekt der 'Tragödie der Allmende' ausgesetzt sind, aber in doppelt verschärfter Form. Zum einen sind die negativen Folgen der Tragödie sehr viel einschneidender; der Verfall einer Allmende hatte nur lokale oder regionale Konsequenzen, der Verfall einer 'globalen' Allmende kann menschheitsgefährdende Auswirkungen haben; zum anderen sind die Chancen der Rettung noch geringer: bedurfte es dazu für eine lokale Allmende 'nur' der Kooperation weniger Herdenbesitzer, so sind bei 'globalen' Allmenden potentiell alle Regierungen der Welt mit ihren Bevölkerungen involviert.

Die dynamische Variante des n-Personen-GD muß nicht immer einen negativen Ausgang haben. Wir haben oben mit dem Beispiel eines beginnenden Abrüstungsprozesses einen Fall angegeben, in dem die Dynamik sich positiv entwickeln kann. Anzufügen ist aber, daß eine solche positive Entwicklung in dem Sinne prekär ist, daß sich Beteiligte die Situation durch Ausweichen auf die nicht-kooperative Strategie zu ihren Gunsten zunutze machen können.

Die dynamische Variante ist sorgfältig von der 'iterierten' Variante des n-Personen-GD zu unterscheiden. Bei letzterer wird – wie bei der dynamischen Variante – das n-Personen-GD in t Runden nacheinander gespielt, wobei t unbekannt, möglicherweise aber sehr groß ist. Bei der iterierten Variante bleiben die Auszahlungen von Runde zu Runde aber gleich, während sie sich bei der dynamischen Variante von Runde zu Runde (positiv oder negativ) verändern, wenn auch oft nur geringfügig.

Die Nicht-Veränderung der Auszahlungen in der iterierten Variante ermöglicht nun die Einführung von Gesamt- oder 'Metastrategien'. Das sind Strategien über Strategien, die angeben, welche Strategie in jeder der aufeinanderfolgenden Spiele gewählt werden soll. Wird ein n-Personen-GD als 'Wiederholungsspiel' iteriert, so gibt es – wie wir im folgenden Abschnitt erörtern werden – mehrere Gleichgewichtspunkte und nicht nur einen in nicht-kooperativen Strategien wie beim einfachen GD. Das eröffnet neue Möglichkeiten.

10.2 Die Iteration des Gefangenen-Dilemmas

Wir hatten im vorangegangenen Abschnitt mit einigen Beispielen dargelegt, in welchen sozialen, politischen und ökonomischen Zusammenhängen der Effekt des GD wirksam wird. Dabei handelte es sich durchgängig um Entscheidungssituationen, in denen es um die Herbeiführung einer sozialen Kooperation ging – etwa zur Bereitstellung eines öffentlichen Gutes, das allen nützt, oder zur Abwendung eines sozialen 'Übels', das allen schadet. Hinsichtlich solcher Situationen nun sind die Annahmen des GD in einem Punkt wenig realitätsgerecht: Sie gehen davon aus, daß das GD ein einziges mal gespielt wird (*one-shot-game*).

Demgegenüber ist offensichtlich, daß Situationen dieser Art über eine längere Zeitspanne hinweg bestehen und immer wieder auftreten. Entspechend wäre für das GD anzunehmen, daß es 'iteriert', d. h. bei gleicher Auszahlungsstruktur mehrfach wiederholt wird.

Diese Annahme eröffnet die Möglichkeit zu untersuchen, ob sich bei Wiederholungen des GD nicht endogen selbsttragende Belohnungs- oder Sanktionsmechanismen ergeben können, die statt der oben erwähnten, exogen vorgegebenen Anreize oder Sanktionen zu einem 'kooperativen Ausgang' führen. Damit würde zugleich ein Einwand entkräftet, der in Bezug auf den Vorschlag von Anreizen und Sanktionen hinsichtlich des einmaligen GD vorgebracht werden kann: Diese definierten ein Spiel, das nicht das GD ist, so daß sie, wenn man auf dem uniformen Präferenzbegriff des '*revealed-preference*'-Konzepts besteht, nicht als Lösungen des GD gelten können.

Die Möglichkeit der endogenen Stabilisierung des 'kooperativen Ausgangs' ist im wiederholten GD deshalb gegeben, weil dann Gesamt- oder Metastrategien formuliert werden können, die angeben, welche Strategie jeder Spieler in jedem Spiel des Wiederholungs-GD wählt. Tatsächlich kann gezeigt werden, daß unter bestimmten Voraussetzungen Gesamtstrategien mit bestimmten Eigenschaften Belohnungs-/Sanktionsmechanismen implizieren, die den 'kooperativen Ausgang' des Wiederholungs-GD sichern können.

Ein Wiederholungs- oder Metaspiel Γ^* ist eine Folge gleicher Spiele $\Gamma^1, \Gamma^2, \ldots, \Gamma^\infty$ in der Normalform. Dabei sind die zeitlich aufeinanderfolgenden $\langle \Gamma^t \rangle$, t = 1, ..., ∞, die **konstituierenden** Spiele des Wiederholungsspiels.

Definition 6/10: Ein **Wiederholungsspiel** Γ^* ist durch $\langle K, \Sigma, \Pi \rangle$ gekennzeichnet. Dabei ist $K = \{1, \ldots, n\}$ die Menge der Spieler. $\Sigma = \Sigma_1 \times \Sigma_2 \times \ldots \times \Sigma_n$ ist die Produktmenge der Mengen der individuellen Gesamtstrategien Σ_i, $i = 1, \ldots, n$, mit $\sigma_i \in \Sigma_i$ als einer individuellen Gesamtstrategie und $\sigma = \langle \sigma_1, \ldots, \sigma_n \rangle$ als Gesamtstrategieprofil eines Wiederholungsspiels, $\sigma \in \Sigma$. $\Pi = \langle \pi_1, \ldots, \pi_n \rangle$ ist die Gesamtauszahlungsstruktur von Γ^* mit $\pi_i = \sum_{t=1}^{\infty} a_i^{t-1} U_i(s^t)$, $i = 1, \ldots, n$ als individuelle Gesamtauszahlung für den Spieler i für alle Γ^t, wobei a_i der individuelle Diskontparameter ist, $0 < a_i < 1$, und $s^t \in S$ für $t = 1, \ldots, \infty$ durch σ bestimmt wird.

Definition 7/10: Eine **Gesamtstrategie** $\sigma_i \in \Sigma_i$ eines Spielers i in einem Wiederholungsspiel Γ^* ist eine Strategie über Strategien, die angibt, welche Strategie in den einzelnen konstituierenden Spielen gewählt wird, so daß $\sigma_i = \langle s_i^1, \ldots, s_i^\infty \rangle$, $i = 1, \ldots, n$, mit $s_i^t \in S_i$, $t = 1, \ldots, \infty$, und $s^t = \langle s_1^t, \ldots, s_n^t \rangle$ als Strategieprofile der konstituierenden Spiele, $s^t \in S$.

Die Annahme einer unendlichen Folge von Wiederholungen wird eingeführt, weil die Annahme einer endlichen und bekannten Zahl von Einzelspielen im Wiederholungs-GD (GD*) zu einem Problem führt. Da sich 'belohnende' oder 'bestrafende' Strategien im GD* immer erst im nächstfolgenden Spiel auswirken, können sie im letzten Spiel nicht benutzt werden. Daher wird das letzte Spiel als *one-shot-game* gespielt. Für das 2-Personen-GD* bedeutet das, daß die Strategiewahl aufgrund individueller Rationalität zu $\langle \bar{k}_1, \bar{k}_2 \rangle$ führen müßte. Liegt damit das Ergebnis des letzten Spiels fest, wird faktisch das vorletzte Spiel zum letzten Spiel, für das ebenso gilt, daß 'belohnende' oder 'bestrafende' Strategien nicht mehr sinnvoll eingesetzt werden können, so daß es als *one-shot-game* zu behandeln ist, bei dem die Strategiewahl durch individuelle Rationalität gesteuert wird und demnach in $\langle \bar{k}_1, \bar{k}_2 \rangle$ resultiert.

Damit würde das drittletzte Spiel zum letzten Spiel und aufgrund des gleichen Arguments auch das viertletzte, das fünftletzte usw. – bis wir beim ersten Spiel angelangt sind. Ein Wiederholungs-GD endlicher und bekannter Länge ist daher dem entsprechenden *one-shot-game* gleichzusetzen.

Um dieses 'Paradox des letzten Spiels' zu vermeiden, kann man annehmen, daß die Zahl der Wiederholungen endlich, den Spielern aber unbekannt ist, so daß sie nicht wissen, wann das Spiel abgebrochen wird. Das wird oft in experimentellen Spielen so gehandhabt. In der spieltheoretischen Literatur hat sich stattdessen eingebürgert, die Zahl der Wiederholungen als (abzählbar) unendlich anzunehmen. Die Annahme löst das 'Paradox des letzten Spiels' ebenfalls auf und hat darüber hinaus den 'technischen' Vorzug, daß sich die individuellen Gesamtauszahlungen als unendliche geometrische Reihen darstellen lassen, was ihre Berechnung erheblich vereinfacht.

Man sollte aber auch die positive Erkenntnis aus dem 'Paradox des letzten Spiels' nicht unbeachtet lassen. Wenn es richtig ist, daß der Abbruch des Spiels Kooperation 'abschneidet', weil z. B. auf ein nicht-kooperatives Verhalten keine 'Bestrafung' mehr erfolgen kann, dann gilt umgekehrt auch, daß weitere Kooperation die Fortsetzung des Spiels zur Voraussetzung hat.

Die Einführung des Diskontparametes a_i in Definition 6/10 basiert auf der Überlegung, daß der gegenwärtige 'Wert' einer zukünftigen Auszahlung für einen Spieler umso geringer sein wird, je weiter entfernt in der Zeit die Auszahlung erfolgt. Bei exponentieller Diskontierung zukünftiger Auszahlungen ist der 'Wert' einer Auszahlung U^t die zum Zeitpunkt t realisiert wird (d. h. nach Ende des t-ten Spiels), demnach $a_i^t U^t$. Dabei wird a_i als **Diskontparameter** bezeichnet, $0 < a_i < 1$, und dessen komplementärer Wert $d_i = 1 - a_i$, $1 > d_i > 0$, als **Diskontrate**.

Der gegenwärtige 'Wert' einer Auszahlung für ein Spiel, das unendlich weit in der Zukunft liegt, muß danach gleich Null sein. Bei Werten für a_i nahe Null (bzw. für d_i nahe Eins) wird dieser Wert in einem Wiederholungsspiel sehr schnell, d. h.

nach nur wenigen konstituierenden Spielen erreicht, bei Werten für a_i nahe Eins (bzw. für d_i nahe Null) hingegen dauert es sehr lange. Wie sich zeigen wird, sind die Chancen einer endogenen Stabilisierung kooperativen Verhaltens im letzteren Fall sehr viel höher als im ersteren.

Betrachten wir nun die denkbaren Gesamtstrategien für das 2-Personen-GD*, so lassen sich 'unbedingte' von 'bedingten' unterscheiden. Eine **unbedingte** Gesamtstrategie eines Spielers ist eine, bei der seine Strategiewahl in den einzelnen Spielen völlig unabhängig von der Strategiewahl des anderen Spielers in den vorangegangenen Einzelspielen erfolgt. Zwei naheliegende Gesamtstrategien dieser Art sind die 'unbedingte Kooperation' und die 'unbedingte Nicht-Kooperation'.

Unbedingte Kooperation: $\sigma_i^k = \langle k_i^1, \ldots, k_i^\infty \rangle$ für $i = 1, 2$

Unbedingte Nicht-Kooperation: $\sigma_i^{\bar{k}} = \langle \bar{k}_i^1, \ldots, \bar{k}_i^\infty \rangle$ für $i = 1, 2$

Definieren wir nun das Gleichgewicht in einem Wiederholungs-GD analog zum Gleichgewichtspunkt eines einmaligen GDs (D. 4/10) wie folgt.

Definition 8/10: Ein Gesamtstrategieprofil $\sigma^* \in \Sigma$ ist ein **Gleichgewicht** in einem 2- oder n-Personen-GD*: $\leftrightarrow \forall i \in K\colon \forall \sigma_i \in \Sigma_i\colon [\pi_i(\sigma^*) \geqq \pi_i(\sigma^* \mid \sigma_i)]$.

Dann ergibt sich das folgende Theorem.

> *Theorem* 1/10:
> In einem 2-Personen-GD* ist $\sigma^{\bar{k}} = \langle \sigma_1^{\bar{k}}, \sigma_2^{\bar{k}} \rangle$ stets ein Gleichgewicht, hingegen $\sigma^k = \langle \sigma_1^k, \sigma_2^k \rangle$ niemals ein Gleichgewicht.

Analog zum 'nicht-kooperativen' Gleichgewichtspunkt im einmaligen 2-Personen-GD gibt es also ein 'nicht-kooperatives' Gleichgewicht im 2-Personen-GD*. Es ist leicht zu sehen, warum das der Fall sein muß: Würde einer der Spieler, während der andere bei $\bar{k}$ bleibt, für eine oder mehrere Wiederholungen von $\bar{k}$ zu k wechseln, so würde er für diese Wiederholungen eine geringere Auszahlung erhalten als der andere. Dieser 'Verlust' ließe sich auch dann nicht mehr wettmachen, wenn er in späteren Wiederholungen auf $\bar{k}$ zurückwechselt, da er in diesen Wiederholungen die gleiche Auszahlung erhält wie der andere Spieler, nicht aber eine höhere. Seine Gesamtauszahlung π_i wird demnach geringer sein als die des Spielers, der konstant $\bar{k}$ wählt – unabhängig von der Zahl der Wiederholungen oder der Höhe des Diskontparameters.

Umgekehrt gilt bezüglich des 'kooperativen' Strategiepaares $\sigma^k = \langle \sigma_1^k, \sigma_2^k \rangle$, daß ein Spieler, der für eine oder mehrere Wiederholungen von k zu $\bar{k}$ wechselt, während der andere bei k bleibt, für diese Wiederholungen eine höhere Auszahlung erhält als der andere. Dieser 'Gewinn' bleibt ihm auch dann erhalten, wenn er in späteren Wiederholungen zu k zurückwechselt, so daß er in jedem Fall eine höhere Gesamtauszahlung π_i hat als der Spieler, der durchgehend k gewählt hat.

Die Betrachtung der unbedingten Gesamtstrategien führt erst einmal nicht über die Erkenntnisse hinaus, die aus der Analyse des einmaligen GD gewonnen wurden: Auch im 2-Personen-GD* ist $\sigma^{\bar{k}} = \langle \sigma_1^{\bar{k}}, \sigma_2^{\bar{k}} \rangle$ ein Gleichgewicht, $\sigma^k = \langle \sigma_1^k, \sigma_2^k \rangle$ dagegen nicht, während $\sigma^{\bar{k}}$ durch σ^k paretodominiert wird, weil wegen der Auszahlungsstrukturen der aufeinanderfolgenden konstituierenden GDs für $i = 1, 2$: $\pi_i(\sigma^k) > \pi_i(\sigma^{\bar{k}})$ sein muß.

Darüber hinausgehende Resultate ergeben sich erst, wenn **bedingte** Gesamtstrategien in Betracht gezogen werden. Gesamtstrategien dieser Art geben für alle Wiederholungen des 2-Personen-GD (als konstituierende Spiele) an, welche individuelle Strategie in einer Wiederholung in Abhängigkeit von der Strategiewahl des anderen Spielers in der vorangegangenen Wiederholung gewählt wird. Ein bekanntes Beispiel einer solchen Gesamtstrategie ist die *Tit-for-Tat*-Strategie. Sie legt fest, daß ein Spieler i im ersten Spiel mit der Wahl von k beginnt und in allen folgenden Wiederholungen genau die Strategie wählt, die der andere Spieler j in der vorangegangenen Wiederholung gewählt hat.

Tit-for-Tat-Strategie: $\sigma_i^{\mathrm{Tit}} = \langle k_i^1, s_i^2, \ldots, s_i^\infty \rangle$ für $i = 1, 2$ mit $s_i^t = k_i^t$, wenn $s_j^{t-1} = k_j^{t-1}$, und $s_i^t = \bar{k}_i^t$, wenn $s_j^{t-1} = \bar{k}_j^{t-1}$ für $t = 2, \ldots, \infty$; $i, j = 1, 2$; $i \neq j$.

Die *Tit-for-Tat*-Strategie beginnt also stets kooperativ, beantwortet jeden kooperativen Zug des anderen Spielers ihrerseits mit Kooperation im nächsten Spiel, jedoch auch jeden nicht-kooperativen Zug mit Nicht-Kooperation. Im folgenden seien zwei Varianten angeführt.

Tit-for-2-Tat-Strategie: $\sigma_i^{2T} = \langle k_i^1, s_i^2, \ldots, s_i^\infty \rangle$ für $i = 1, 2$ mit $s_i^t = k_i^t$, wenn $s_j^{t-1} = k_j^{t-1}$, und $s_i^t = \bar{k}_i^t \wedge s_i^{t+1} = \bar{k}_i^{t+1}$, wenn $s_j^{t-1} = \bar{k}_j^{t-1}$ für $t = 2, \ldots, \infty$; $i, j = 1, 2$; $i \neq j$.

Tit-for-m-Tat-Strategie: $\sigma_i^{mT} = \langle k_i^1, s_i^2, \ldots, s_i^\infty \rangle$ für $i = 1, 2$ mit $s_i^t = k_i^t$, wenn $s_j^{t-1} = k_j^{t-1}$, und $s_i^t = \bar{k}_i^t \wedge s_i^{t+1} = \bar{k}_i^{t+1} \wedge s_i^{t+2} = \bar{k}_i^{t+2} \wedge \ldots \wedge s_i^{t+m} = \bar{k}_i^{t+m}$, wenn $s_j^{t-1} = k_j^{-t-1}$ für $t = 2, \ldots, \infty$; $i, j = 1, 2$; $i \neq j$.

Die Definition von *Tit-for-m-Tat* enthält für m = 1 auch die von *Tit-for-2-Tat* und umfaßt für $m = 0, \ldots, \infty$ eine ganze Klasse von Gesamtstrategien der **bedingten Kooperation** (einschließlich *Tit-for-Tat*), die sich nur durch die Zahl der Wiederholungen unterscheiden, in denen sie die Wahl der nicht-kooperativen Strategie durch den anderen Spieler mit Nicht-Kooperation beantworten.

Diese Gesamtstrategien haben zwei wichtige Eigenschaften: sie sind 'sympathisch' und 'provozierbar'. Eine bedingte Gesamtstrategie ist **sympathisch**, wenn sie nicht als erste mit der nicht-kooperativen Strategie beginnt; sie ist **provozierbar**, wenn sie auf die Wahl der nicht-kooperativen Strategie durch den anderen Spieler ihrerseits stets mit der Wahl der nicht-kooperativen Strategie in dem oder den nachfolgenden Spiel(en) reagiert. Gerade diese Eigenschaft führt eine Art von Sanktionsmechanismus in das Wiederholungs-GD ein.

Eine zu *Tit-for-Tat* entgegengesetzte Gesamtstrategie ist *Tat-for-Tit*, die zwar mit der nicht-kooperativen Strategie beginnt und Nicht-Kooperation mit Nicht-Kooperation beantwortet, jedoch auch Kooperation mit Kooperation, so daß man sie als Gesamtstrategie der **bedingten Nicht-Kooperation** bezeichnen kann.

Tat-for-Tit-Strategie: $\sigma_i^{\mathrm{Tat}} = \langle \bar{k}_i^1, s_i^2, \ldots, s_i^\infty \rangle$ für $i = 1, 2$ mit $s_i^t = \bar{k}_i^t$, wenn $s_j^{t-1} = \bar{k}_j^{t-1}$, und $s_i^t = k_i^t$, wenn $s_j^{t-1} = k_j^{t-1}$ für $t = 2, \ldots, \infty$; $i, j = 1, 2$; $i \neq j$.

Offenkundig ist die *Tat-for-Tit*-Strategie nicht sympathisch, jedoch provozierbar. Im Unterschied zur unbedingten Nicht-Kooperation verstellt sie aber die Möglichkeit gegenseitiger Kooperation nicht völlig, denn sie reagiert auf kooperative Züge ihrerseits kooperativ.

Können sich unter Voraussetzung der hier eingeführten bedingten und unbedingten Gesamtstrategien (die durchaus nicht alle denkbaren umfassen) im 2-Personen-GD* 'kooperative Gleichgewichte' ergeben? Spezifizieren wir die Frage zunächst so, daß wir untersuchen, ob $\langle \sigma_1^{\mathrm{Tit}}, \sigma_2^{\mathrm{Tit}} \rangle$ in einem 2-Personen-GD* ein Gleichgewicht sein kann, in dem nur die Gesamtstrategien σ_i^{Tit} und σ_i^{F} zur Verfügung stehen, und gehen wir dazu davon aus, daß die konstituierenden Spiele in diesem 2-Personen-GD* die in der folgenden Matrix wiedergegebenen Auszahlungen haben (mit $y > x > w > z$).

1 \ 2	k_2	$\bar{k}_2$
k_1	$\langle x, x \rangle$	$\langle z, y \rangle$
$\bar{k}_1$	$\langle y, z \rangle$	$\langle w, w \rangle$

Tab. 41: Auszahlungsmatrix der konstituierenden Spiele im 2-Personen-GD*

Eine notwendige Voraussetzung dafür, daß $\langle \sigma_1^{Tit}, \sigma_2^{Tit} \rangle$ ein Gleichgewicht ist, wäre unter diesen Vorgaben, daß es sich für die Spieler nicht auszahlt, von der *Tit-for-Tat*-Strategie auf die unbedingte Nicht-Kooperation überzugehen. Nehmen wir an, beide Spieler wählen *Tit-for-Tat*, dann läßt sich die Gesamtauszahlung für einen der Spieler, i, unter Berücksichtigung des Diskontparameters a_i wie folgt als unendliche Reihe schreiben:

$$\pi_i = x(a_i + a_i^2 + a_i^3 + \ldots) = xa_i/(1 - a_i).$$

Wechselt der Spieler i nun einseitig zu $\sigma_i^{\bar{k}}$, so erhält er nach Tab. 41 im ersten Spiel die Auszahlung y und in allen folgenden Spielen w. Als Gesamtauszahlung würde sich für i ergeben:

$$\pi_i' = ya_i + w(a_i^2 + a_i^3 + \ldots) = ya_i + wa_i^2/(1 - a_i).$$

Offensichtlich hat der Spieler i aus dem Wechsel von σ_i^{Tit} zu $\sigma_i^{\bar{k}}$ keinen Vorteil, wenn π_i' nicht größer ist als π_i, d.h.:

$$xa_i/(1 - a_i) \geqq ya_i + wa_i^2/(1 - a_i).$$

Nach Umformung ergibt sich aus dieser Ungleichung:

$$a_i \geqq (y - x)/(y - w). \tag{1}$$

Überschreitet der Diskontparameter a_i also einen bestimmten Wert bzw. unterschreitet die Diskontrate $1 - a_i$ ihn, dann kann unter den gegebenen Annahmen $\langle \sigma_1^{Tit}, \sigma_2^{Tit} \rangle$ ein Gleichgewicht sein. Die Höhe dieses Wertes hängt von den Auszahlungen in den konstituierenden Spielen ab, wobei insbesondere die Differenz $y - x$, d.h. der Zähler der rechten Seite der Ungleichung (1), von Bedeutung ist, da sie den unmittelbaren Gewinn aus *einer* Abweichung auf die nicht-kooperative Strategie angibt. Je kleiner diese Differenz ist (sie wird von einigen Autoren als 'Versuchung' bezeichnet), desto weniger wahrscheinlich ist es ceteris paribus, daß sich aus dem Übergang zur unbedingten Nicht-Kooperation für i ein Gesamtgewinn ergibt.

Nun steht die *Tit-for-Tat*-Strategie in einem 2-Personen-GD* nicht nur der unbedingten Nicht-Kooperation gegenüber, sondern einer Vielzahl anderer, möglicher Gesamtstrategien, und während die unbedingte Nicht-Kooperation unter den genannten Voraussetzungen gegenüber Tit-for-Tat nicht erfolgreich ist, könnten es andere Gesamtstrategien sein.

Überprüfen wir, ob das für die *Tat-for-Tit*-Strategie gilt, und nehmen dazu an, daß in einem 2-Personen-GD*, in dem die Auszahlungen der konstituierenden

Spiele wie in Tab. 41 sind, Spieler i die *Tat-for-Tit*-Strategie einsetzt, j hingegen *Tit-for-Tat*. Dann müßten die Spieler wechselseitig in den aufeinanderfolgenden Spielen zwischen $\bar{k}$ und k alternieren:

$$\sigma_i^{Tat}: \langle \bar{k}_i^1, k_i^2, \bar{k}_i^3, \ldots \rangle,$$
$$\sigma_j^{Tit}: \langle k_j^1, \bar{k}_j^2, k_j^3, \ldots \rangle.$$

Die Gesamtauszahlung für i ist in dem Fall:

$$\pi_i'' = ya_i + za_i^2 + ya_i^3 + za_i^4 + \ldots$$
$$= ya_i/(1-a_i^2) + za_i^2/(1-a_i^2) = (y + za_i)a_i/(1-a_i^2).$$

Angenommen i hätte nicht *Tat-for-Tit*, sondern – wie j – *Tit-for-Tat* gewählt, dann wäre seine Gesamtauszahlung π_i. Der Spieler i hat also dann keinen Vorteil aus der Wahl von σ_i^{Tat} statt σ_i^{Tit}, wenn π_i'' nicht größer ist als π_i, d.h.:

$$xa_i/(1-a_i) \geqq (y + za_i)a_i/(1-a_i^2).$$

Nach Umformung ergibt sich aus dieser Ungleichung:

$$a_i \geqq (y-x)/(x-z). \qquad (2)$$

Beide Voraussetzungen, (1) und (2), müssen als notwendige Bedingungen dafür angesehen werden, daß $\langle \sigma_1^{Tit}, \sigma_2^{Tit} \rangle$ im 2-Personen-GD* ein Gleichgewicht sein kann, da (1) nicht (2) impliziert und umgekehrt auch (2) nicht (1). Sind sie dafür aber auch hinreichend?

Diese Frage läßt sich beantworten, indem man untersucht, was die 'beste Antwort' eines Spielers j auf die 'Gleichgewichtsstrategie' σ_i^{Tit} des Spielers i sein kann. Bei näherer Analyse (die wir hier nicht im einzelnen durchführen) zeigt sich, daß es nur drei Möglichkeiten einer 'besten Antwort' gibt: (a) Entweder man spielt in jeder Wiederholung die kooperative Strategie k (das würde bedeuten, σ_i^{Tit} mit σ_j^{Tit} zu beantworten) oder (b) man alterniert zwischen k und $\bar{k}$, beginnend mit $\bar{k}$ (das würde bedeuten, σ_i^{Tit} mit σ_j^{Tat} zu beantworten) oder (c) man spielt in jeder Wiederholung die nicht-kooperative Strategie $\bar{k}$ (das würde bedeuten, σ_i^{Tit} mit $\sigma_j^{\bar{k}}$ zu beantworten).

Möglichkeit (a) führt direkt zum Gleichgewicht $\langle \sigma_1^{Tit}, \sigma_2^{Tit} \rangle$, Möglichkeit (b) ist dann nicht von Vorteil für j, wenn Voraussetzung (2) gegeben ist, und Möglichkeit (c) dann nicht, wenn (1) vorliegt. Da mithin durch die Voraussetzungen (1) und (2) auch die besten, denkbaren 'Antworten' auf die Gleichgewichtsstrategie σ_i^{Tit} unvorteilhaft werden, sind diese zugleich hinreichend dafür, daß $\langle \sigma_1^{Tit}, \sigma_2^{Tit} \rangle$ ein Gleichgewicht sein kann, so daß das folgende Theorem gilt.

> *Theorem* 2/10:
>
> Die Voraussetzungen (1) und (2) sind notwendig und hinreichend dafür, daß $\langle \sigma_1^{Tit}, \sigma_2^{Tit} \rangle$ im 2-Personen-GD* ein Gleichgewicht ist.

Dieses Ergebnis ist deshalb bedeutsam, weil es einen entscheidenden Schritt über die bisherigen Resultate hinausgeht. Im Unterschied zum einmaligen GD oder zum Wiederholungs-GD mit unbedingten Gesamtstrategien, die offenbar unvermeidlich in der gegenseitigen Nicht-Kooperation enden, ist hier mit der Möglichkeit der Formulierung von Gesamtstrategien der bedingten Kooperation zumindest die prinzipielle Chance eröffnet, daß sich 'kooperative Gleichgewichte' ergeben können, also eine endogene Stabilisierung gegenseitiger Kooperation. Das gilt auch unter dem Vorbehalt, daß die Voraussetzungen (1) und (2) nicht unerhebliche Beschränkungen darstellen und auch nicht garantieren können, daß die gegenseitige Kooperation in jedem Fall den Ausgang des 2-Personen-GD* bildet.

Man kann nun das obige Ergebnis in einer Hinsicht erweitern. Sollen Gleichgewichte im 2-Personen-GD* 'kooperativ' sein, d.h. zu dauerhafter, gegenseitiger Kooperation in allen Wiederholungen führen, dann dürfen die bedingten Gesamtstrategien, aus denen sie sich zusammensetzen, nicht mit der nicht-kooperativen Strategie beginnen, müssen also sympathisch sein. Axelrod (1984) gibt eine notwendige Bedingung dafür an, daß sympathische Gesamtstrategien ein Gleichgewicht bilden.

Theorem 3/10:

Ein Paar sympathischer Gesamtstrategien ist im 2-Personen-GD* nur dann ein Gleichgewicht, wenn diese zugleich provozierbar sind, und die Voraussetzung (1) erfüllt ist.

Das Theorem weitet den Kreis bedingter Gesamtstrategien, die zu einem kooperativen Gleichgewicht führen können, auf die ganze Klasse der Gesamtstrategien bedingter Kooperation aus. Es zeigt außerdem, daß der wegen der höheren Auszahlung in den Einzelspielen stets gegebene Anreiz zur Nicht-Kooperation aufgrund von Voraussetzung (1) durch eine entsprechend geringe Diskontrate kompensiert werden muß und auch der durch die Eigenschaft der Provozierbarkeit eingeführte Sanktionsmechanismus unerläßlich ist.

Nun gibt es im 2-Personen-GD* neben $\langle\sigma_1^{\bar{k}}, \sigma_2^{\bar{k}}\rangle$ eine ganze Reihe weiterer 'nicht-kooperativer' Gleichgewichte, die entweder zu dauerhafter, gegenseitiger Nicht-Kooperation oder zu wechselseitigem Alternieren zwischen $\bar{k}$ und k führen. Aufgrund analoger Überlegungen zu den obigen ist das Paar von Gesamtstrategien $\langle\sigma_1^{Tit}, \sigma_2^{Tat}\rangle$ ein Gleichgewicht, wenn

$$a_i \leqq (y-x)/(x-z) \quad (3) \quad \text{und} \quad a_i \geqq (w-z)/(y-w) \quad (4),$$

und das Paar von Gesamtstrategien $\langle\sigma_1^{Tat}, \sigma_2^{Tat}\rangle$ sowie das Paar $\langle\sigma_1^{\bar{k}}, \sigma_2^{Tat}\rangle$ ein Gleichgewicht, wenn

$$a_i \leqq (w-z)/(y-w) \quad (5) \quad \text{und} \quad a_i \leqq (w-z)/(x-z) \quad (6)$$

gilt, wobei (3) die Umkehrung von (2) und (5) die Umkehrung von (4) ist.

Im Unterschied zum 2-Personen-GD ist das Problem des 2-Personen-GD* daher nicht, daß es nur ein einziges, paretodominiertes Gleichgewicht hat, sondern im Gegenteil, daß es viele, kooperative wie nicht-kooperative Gleichgewichte gibt (eine Aufstellung der Voraussetzungen, die diese Gleichgewichte benötigen, ist in Tabelle 42 wiedergegeben). Umso dringlicher stellt sich die Frage, welches Gleichgewicht letztendlich der Ausgang sein kann, wobei insbesondere interessiert, ob dies eher ein kooperatives oder ein nicht-kooperatives Gleichgewicht sein wird. Wir beschränken uns bei der Klärung der Frage auf die in Tab. 42 wiedergegebenen Gleichgewichte, was sich damit rechtfertigen läßt, daß die hier nicht erörterten Gleichgewichte entweder zu den erörterten äquivalent sind oder von mindestens einem der letzteren paretodominiert werden.

Ob ein Gleichgewicht in einem Spiel den Ausgang bildet, hängt von den Erwartungen der Spieler ab. Die Frage ist dann einfach zu beantworten, wenn ein Spiel ein einziges Gleichgewicht aufweist: Da jeder es als Ausgang erwartet und dementsprechend auch, daß alle anderen ihre Gleichgewichtsstrategie wählen, hat der einzelne Spieler keinen Anlaß, eine andere als seine Gleichgewichtsstrategie zu wählen, so daß das einzige Gleichgewicht den Ausgang bildet. Wäre z.B. $\langle\sigma_1^{\bar{k}}, \sigma_2^{\bar{k}}\rangle$ im 2-Personen-GD* das einzige Gleichgewicht, so wäre es auch der Ausgang, der zu dauerhafter, gegenseitiger Nicht-Kooperation führt.

		1		
		σ_1^{Tit}	σ_1^{Tat}	σ_1^{F}
	σ_2^{Tit}	V. (1) & (2) für i = 1, 2	V. (3) & (4) für i = 1, 2	Niemals ein Gleichgewicht
2	σ_2^{Tat}	V. (3) & (4) für i = 1, 2	V. (5) & (6) für i = 1, 2	V. (5) & (6) für i = 1
	σ_2^{F}	Niemals ein Gleichgewicht	V. (5) & (6) für i = 2	Stets ein Gleichgewicht

Tab. 42: Voraussetzungen für Gleichgewichte aus Paarungen der Gesamtstrategien σ_i^{Tit}, σ_i^{Tat} und σ_i^{F} im 2-Personen-GD*

Wenn jedoch ein Spiel wie das 2-Personen-GD* zwei und mehr Gleichgewichte aufweisen kann, ist die Tatsache, daß ein bestimmtes Paar von Gesamtstrategien ein Gleichgewicht ist, für keinen Spieler ein ausreichender Grund anzunehmen, daß es den Ausgang bilden wird – es sei denn, von zwei gleichzeitig auftretenden Gleichgewichten wird das eine von beiden Spielern eindeutig gegenüber dem anderen vorgezogen. Da kein Spieler dann das andere Gleichgewicht als Ausgang erwartet, wird es auch nicht den Ausgang bilden. Das wäre z. B. der Fall, sollte $\langle\sigma_1^{Tit}, \sigma_2^{Tit}\rangle$ neben $\langle\sigma_1^{F}, \sigma_2^{F}\rangle$ das einzige weitere Gleichgewicht sein: Es ist klar, daß beide Spieler $\langle\sigma_1^{Tit}, \sigma_2^{Tit}\rangle$ gegenüber $\langle\sigma_1^{F}, \sigma_2^{F}\rangle$ strikt bevorzugen. Da demnach niemand erwartet, daß $\langle\sigma_1^{F}, \sigma_2^{F}\rangle$ der Ausgang sein kann, muß ihn $\langle\sigma_1^{Tit}, \sigma_2^{Tit}\rangle$ bilden, was in dauerhafter, gegenseitiger Kooperation resultiert. Leider stehen Paare von Gleichgewichten im 2-Personen-GD* nicht immer in einer so eindeutigen Relation der Paretodominanz zueinander.

Gehen wir z. B. davon aus, daß neben $\langle\sigma_1^{F}, \sigma_2^{F}\rangle$ die 'alternierenden' Paare von Gleichgewichtsstrategien $\langle\sigma_1^{Tit}, \sigma_2^{Tat}\rangle$ und $\langle\sigma_1^{Tat}, \sigma_2^{Tit}\rangle$ die einzigen weiteren Gleichgewichte sind. Aufgrund einer analogen Überlegung zur obigen wird jedes dieser 'alternierenden' Paare gegenüber $\langle\sigma_1^{F}, \sigma_2^{F}\rangle$ strikt vorgezogen. Wie aber steht es mit dem Vergleich zwischen $\langle\sigma_1^{Tit}, \sigma_2^{Tat}\rangle$ und $\langle\sigma_1^{Tat}, \sigma_2^{Tit}\rangle$? Hier haben die Spieler konfligierende Präferenzen: Spieler 1 zieht letzteres gegenüber ersterem vor, da er dann mit F beginnen kann, während im anderen Fall 2 mit F beginnen würde, und Spieler 2 hat genau die entgegengesetzte Präferenz. Mit dem bisher entwickelten spieltheoretischen Instrumentarium ist dieser Konflikt nicht zu lösen.

Nach den bisherigen Erörterungen könnte das 2-Personen-GD* wie folgt ausgehen:

(a) Dauerhafte gegenseitige Nicht-Kooperation mit $\langle\sigma_1^{F}, \sigma_2^{F}\rangle$ als einzigem Gleichgewicht,

(b) dauerhafte gegenseitige Kooperation mit $\langle\sigma_1^{Tit}, \sigma_2^{Tit}\rangle$ neben $\langle\sigma_1^{F}, \sigma_2^{F}\rangle$ als einzigem weiteren Gleichgewicht,

(c) wechselseitiges Alternieren zwischen Kooperation und Nicht-Kooperation mit $\langle\sigma_1^{Tit}, \sigma_2^{Tat}\rangle$ und $\langle\sigma_1^{Tat}, \sigma_2^{Tit}\rangle$ als einzigen Gleichgewichten neben $\langle\sigma_1^{F}, \sigma_2^{F}\rangle$.

Die drei Fälle schöpfen die Möglichkeiten bereits aus, da die Berücksichtigung weiterer Gleichgewichte aus Tabelle 42 sich auf diese Fälle reduzieren läßt.

Es ist unwahrscheinlich, daß $\langle\sigma_1^{Tit}, \sigma_2^{Tit}\rangle$ zusammen mit $\langle\sigma_1^{Tit}, \sigma_2^{Tat}\rangle$ und $\langle\sigma_1^{Tat}, \sigma_2^{Tit}\rangle$ ein Gleichgewicht bilden, denn dann müßte zugleich Voraussetzung (2) und deren Umkehrung, Voraussetzung (3), gelten, was nur möglich ist, wenn beide Spieler einen Diskontparameter von genau $(y-x)/(x-z)$ haben. Noch weniger wahrscheinlich ist es, daß zusätzlich zu den genannten Gleichgewichten auch $\langle\sigma_1^{Tat}, \sigma_2^{Tat}\rangle$ ein Gleichgewicht ist, denn dann müßte nicht nur Voraussetzung (2) und deren Umkehrung (3), sondern auch Voraussetzung (4) und deren Umkehrung (5) gelten. Fast unmöglich ist es, daß gleichzeitig alle sieben, in Tabelle 42 aufgeführten Gleichgewichte vorkommen, denn das würde bedeuten, daß sämtliche Voraussetzungen (1) bis (6) zugleich gelten müssen.

Diese Überlegung schränkt die Möglichkeit von Gleichgewichtskombinationen erheblich ein. Man kann sich aber vorstellen, daß die Voraussetzungen (5) und (6) gelten – und nur diese. Das würde die Annahme erlauben, daß neben $\langle\sigma_1^{\bar{k}}, \sigma_2^{\bar{k}}\rangle$, das stets ein Gleichgewicht ist, auch $\langle\sigma_1^{Tat}, \sigma_2^{Tat}\rangle$ und/oder $\langle\sigma_1^{\bar{k}}, \sigma_2^{\bar{k}}\rangle$ und $\langle\sigma_1^{Tat}, \sigma_2^{\bar{k}}\rangle$ Gleichgewichte sein können (vgl. Tab. 42). In jedem Fall wäre, wie bei (a), der Ausgang die dauerhafte, gegenseitige Nicht-Kooperation.

Würde zu diesen als weiteres Gleichgewicht noch $\langle\sigma_1^{Tit}, \sigma_2^{Tit}\rangle$ hinzugefügt (z. B. weil die Voraussetzungen (1) und (2) gelten), dann wäre, wie im Fall (b), die dauerhafte, gegenseitige Kooperation der Ausgang. Wären stattdessen die 'alternierenden' Paare $\langle\sigma_1^{Tit}, \sigma_2^{Tat}\rangle$ und $\langle\sigma_1^{Tat}, \sigma_2^{Tit}\rangle$ neben den obigen weitere Gleichgewichte, müßte dauerndes Alternieren zwischen Kooperation und Nicht-Kooperation der Ausgang sein.

Unabhängig davon ist klar, daß der Ausgang im 2-Personen-GD* stets dann zu dauerhafter, gegenseitiger Kooperation führt, wenn die Diskontraten beider Spieler ausreichend gering sind. Denn: sind die Diskontparameter beider Spieler größer als $(y-x)/(x-z)$, kann $\langle\sigma_1^{Tit}, \sigma_2^{Tat}\rangle$ kein Gleichgewicht sein, und sind sie zugleich größer als $(y-x)/(y-w)$, muß $\langle\sigma_1^{Tit}, \sigma_2^{Tit}\rangle$ ein Gleichgewicht sein (vgl. Voraussetzung (3) und (1)). Ist dies aber ein Gleichgewicht, ergibt sich dauerhafte Kooperation als Ausgang.

Daran schließt sich die Frage an, ob und wieweit sich diese Ergebnisse auf das n-Personen-GD* übertragen lassen, das zunächst aber noch genauer zu definieren ist. Dazu nehmen wir an, daß die Auszahlung eines Spielers $i = 1, \ldots, n$ in jedem konstiutierenden n-Personen-GD nur von der eigenen Strategiewahl (k oder $\bar{k}$) und der Zahl der Personen abhängt, die k wählen. Entsprechend sei $A(v)$ die Auszahlung für einen Spieler, der k wählt, während v andere k wählen, und $\bar{A}(v)$ die Auszahlung für einen Spieler, der $\bar{k}$ wählt, während v andere k wählen. Die folgenden beiden Annahmen definieren die konstituierenden Spiele eines Wiederholungsspiels Γ^* als n-Personen-GD:

(a) $\bar{A}(v) > A(v)$ für alle Werte von $v = 0, 1, \ldots, n-1$
(b) $A(n-1) > \bar{A}(0)$.

Annahme (a) bedeutet, daß – unabhängig von der Strategiewahl der anderen Spieler – die nicht-kooperative Strategie für jeden Spieler die kooperative dominiert. Annahme (b) bedeutet, daß die Kooperation aller Spieler gegenüber der Nicht-Kooperation aller vorgezogen wird. In der Regel gilt noch eine weitere Annahme, und zwar daß $A(v)$ wie $\bar{A}(v)$ bei zunehmendem v strikt zunehmen, mindestens aber:

(c) $\bar{A}(v) > \bar{A}(0)$ für alle Werte von $v = 1, \ldots, n-1$

Theorem 1/10 läßt sich nun unmittelbar auf den n-Personen-Fall übertragen. Das Gesamtstrategieprofil $\sigma^{\bar{k}} = \langle\sigma_1^{\bar{k}}, \ldots, \sigma_n^{\bar{k}}\rangle$, das die unbedingte Nicht-Kooperation aller Spieler bezeichnet, ist im n-Personen-GD* stets ein Gleichgewicht. Hingegen kann das Gesamtstrategieprofil $\sigma^k = \langle \sigma_1^k, \ldots, \sigma_n^k \rangle$, die unbedingte Kooperation aller Spieler, niemals ein Gleichgewicht sein.

Auch im n-Personen-Fall eröffnet erst die Einführung von Gesamtstrategien bedingter Kooperation die Chance zu dauerhafter Kooperation. Dabei kann die Anpassung der *Tit-for-Tat*-Strategie an den n-Personen-Fall wie folgt formuliert werden: $\sigma_i^{Tit(m)}$ ist die Gesamtstrategie des Spielers i, der im ersten Spiel mit k beginnt und in jedem folgenden Spiel k wählt, wenn im vorangegangenen mindestens m Spieler k gewählt haben, jedoch $\bar{k}$, wenn das nicht der Fall ist. Es muß $m > 0$ sein, denn bei $m = 0$ wird $\sigma^{Tit(m)} = \langle \sigma_1^{Tit(m)}, \ldots, \sigma_n^{Tit(m)} \rangle$ zu $\sigma^{\bar{k}} = \langle \sigma_1^{\bar{k}}, \ldots, \sigma_n^{\bar{k}} \rangle$. Bei $m = n - 1$ ist die Kooperation eines Spielers, der $\sigma_i^{Tit(m)}$ gewählt hat, abhängig von der Kooperation aller anderen Spieler.

Ist m für alle Spieler gleich und $m = n - 1$, kann das Gesamtstrategieprofil $\langle \sigma_1^{Tit(m)}, \ldots, \sigma_n^{Tit(m)} \rangle$ ein Gleichgewicht sein, weil dann die Zahl der Spieler, die in einem konstituierenden Spiel k wählen, genau ausreicht, um die Kooperation aller Spieler im darauffolgenden Spiel zu garantieren. Ein einziger Spieler, der auf $\bar{k}$ ausweicht, würde die allgemeine Kooperation zusammenbrechen lassen. Die Frage ist, ob sich das für diesen Spieler auszahlt. Wäre das der Fall, könnte $\sigma^{Tit(m)}$ kein Gleichgewicht sein.

Nun erhält ein Spieler i in dem Spiel, in dem er – als einziger – $\bar{k}$ wählt, die Auszahlung $\bar{A}(n-1)$, hingegen in den darauffolgenden Spielen jeweils $\bar{A}(0)$, da dann auch alle anderen $\bar{k}$ wählen. Das Ausweichen auf $\bar{k}$ lohnt sich für i nur dann, wenn seine Diskontrate ausreichend hoch ist, so daß der einmalige 'Gewinn' aus der Abweichung die nachfolgenden 'Verluste' aus Nicht-Kooperation aufwiegt.

Die Gesamtauszahlung für i, sollte er seine Gesamtstrategie $\sigma_i^{Tit(m)}$ beibehalten, beträgt:

$$\pi_i = A(n-1)a_i/(1-a_i),$$

hingegen ist seine Gesamtauszahlung, wenn er auf $\sigma_i^{\bar{k}}$ übergeht:

$$\pi_i' = \bar{A}(n-1)a_i + \bar{A}(0)a_i^2/(1-a_i).$$

Spieler i hat dann keinen Vorteil aus dem Wechsel von $\sigma_i^{Tit(m)}$ zu $\sigma_i^{\bar{k}}$, wenn π_i' nicht größer ist als π_i, d.h.:

$$A(n-1)a_i/(1-a_i) \geqq \bar{A}(n-1)a_i + \bar{A}(0)a_i^2/(1-a_i).$$

Nach Umformung ergibt sich aus dieser Ungleichung:

$$a_i \geqq [\bar{A}(n-1) - A(n-1)]/[\bar{A}(n-1) - \bar{A}(0)] \qquad (1')$$

Im Unterschied zum 2-Personen-GD* ist hier bereits Voraussetzung (1′) notwendig und hinreichend dafür, daß $\langle \sigma_1^{Tit(m)}, \ldots, \sigma_n^{Tit(m)} \rangle$ ein Gleichgewicht ist. Das hängt damit zusammen, daß sich das n-Personen-Analogon der *Tat-for-Tit*-Strategie, $\sigma_i^{Tat(m)}$, anders auswirkt als σ_i^{Tat} bei zwei Personen.

Wechselt ein Spieler i zu $\sigma_i^{Tat(m)}$, während alle anderen Spieler j bei $\sigma_j^{Tit(m)}$ bleiben, werden die Spieler j im nächstfolgenden Spiel zu $\bar{k}$ wechseln, da im vorangegangenen Spiel nur $n - 2$ Spieler k gewählt hatten, Spieler i hingegen wechselt zu k. Im nächstfolgenden Spiel aber gehen alle Spieler (i und j) zu $\bar{k}$ über, so daß im zweiten Spiel nach dem Wechsel von i zu $\sigma_i^{Tat(m)}$ die generelle Nicht-Kooperation aller einsetzt. Genausowenig wie der Wechsel zur unbedingten Nicht-Kooperation, ist unter den gegebenen Annahmen auch der Wechsel zu $\sigma_i^{Tat(m)}$ nicht von Vorteil für i. Es gilt das folgende Theorem.

Theorem 4/10:

Unter der Annahme, daß m = n – 1 für alle Spieler gilt, ist Voraussetzung (1′) für alle $i = 1, \ldots, n$ notwendig und hinreichend dafür, daß $\langle \sigma_1^{Tit(m)}, \ldots, \sigma_n^{Tit(m)} \rangle$ im n-Personen-GD* ein Gleichgewicht ist.

Die Bedingung des Theorems, daß m = n – 1 für alle Spieler gelten soll, ist eine sehr weitgehende Restriktion. Sie bedeutet, daß jeder einzelne Spieler seine Kooperation im nächsten Spiel nur dann fortsetzt, wenn alle anderen im vorangegangenen Spiel die kooperative Strategie gewählt hatten. Kann $\langle \sigma_1^{Tit(m)}, \ldots, \sigma_n^{Tit(m)} \rangle$ ein Gleichgewicht sein, wenn diese Restriktion gelockert wird, also $m \neq n - 1$ ist? Solange man daran festhält, daß m für alle Spieler gleich sein soll, muß die Antwort negativ sein.

Ist die Kooperation aller Spieler von der vorgängigen Kooperation von weniger als n – 1 Spielern abhängig, gibt es einen oder mehrere Spieler, deren Wechsel von der bedingten Kooperation zur unbedingten Nicht-Kooperation keine Auswirkung auf die Strategiewahl der anderen Spieler hat: Da n – 2 oder n – x Spieler kooperieren und ihre weitere Kooperation durch eben diese Zahl kooperierender Spieler gesichert ist, werden sie trotz Wechsels einiger zur Nicht-Kooperation weiterhin kooperieren. Das verschafft dem einzelnen oder den wenigen nicht-kooperierenden Spielern die höchstmögliche Auszahlung $\bar{A}(n-2)$ oder $\bar{A}(n-x)$ in jedem konstituierenden Spiel nach dem Wechsel. Bei $m < n - 1$ und m für alle Spieler gleich kann demnach $\langle \sigma_1^{Tit(m)}, \ldots, \sigma_n^{Tit(m)} \rangle$ kein Gleichgewicht sein.

Nun kann es auch den Fall geben, in dem $m < n - 1$, jedoch m nicht für alle Spieler gleich ist. Im allgemeinen wird $\langle \sigma_1^{Tit(m)}, \ldots, \sigma_n^{Tit(m)} \rangle$ dann ebensowenig ein Gleichgewicht sein. Es lassen sich aber Konstellationen, d.h. spezifische Verteilungen der Werte von m angeben, bei denen es – unter Voraussetzung einer ausreichend geringen individuellen Diskontrate – für einzelne oder wenige Spieler nicht lohnend ist, zur unbedingten Nicht-Kooperation überzugehen, so daß $\langle \sigma_1^{Tit(m)}, \ldots, \sigma_n^{Tit(m)} \rangle$ in solchen Fällen ein Gleichgewicht sein kann.

Schließlich wäre noch zu fragen, ob (bedingte) Kooperation und (unbedingte) Nicht-Kooperation nebeneinander bestehen können, d.h. ob ein Gesamtstrategieprofil wie $\langle \sigma_1^{Tit(m)}, \ldots, \sigma_i^{Tit(m)}, \sigma_{i+1}^{\bar{k}}, \ldots, \sigma_n^{\bar{k}} \rangle$ ein Gleichgewicht sein kann. Auf eine originelle Weise ist Axelrod (1984) dieser Frage nachgegangen. Er hat sich vorgestellt, daß es eine Gruppe S von Spielern gibt, die in dem Sinne vom selben Typ sind, daß sie alle die gleiche Gesamtstrategie verwenden, sowie eine weitere (kleinere) Gruppe E eines anderen Typs, die in die erstere Gruppe einzudringen versucht. Mit welcher Gesamtstrategie könnte E erfolgreich in S eindringen, also neben S bestehen, so daß sie nicht gezwungen wird, die Gesamtstrategie von S zu übernehmen? Welche Gesamtstrategie könnte das Eindringen verhindern, so daß E genötigt wäre, ihre ursprüngliche Gesamtstrategie aufzugeben und sich der von S anzupassen? Genau genommen wird beim Versuch der Beantwortung dieser Fragen allerdings nicht nach einem Gleichgewicht gesucht, sondern nach **kollektiv stabilen** Gesamtstrategien, d.h. solchen, in die keine andere Gesamtstrategie in der geschilderten Weise 'eindringen' kann.

Wir beschränken uns im folgenden auf einen Vergleich der Gesamtstrategien der bedingten Kooperation und der unbedingten Nicht-Kooperation und nehmen als Zahlenbeispiel die folgenden Werte für die Auszahlungen der konstituierenden Spiele nach der Matrix von Tab. 41 an: y = 5, x = 3, w = 1, und z = 0. Der Diskontparameter sei $a_i = a_j = 0{,}9$. Wir erörtern zunächst den Fall, in dem ein einzelner Spieler i mit σ_i^{Tit} in eine Gruppe S einzudringen versucht, deren Mitglieder j ausschließlich σ_j^k anwenden. Für einen Spieler j, der nur mit seinesgleichen interagiert, ergibt sich als Gesamtauszahlung:

$$\pi_j = wa_j/(1 - a_j) = 9.$$

Ein Spieler i mit σ_i^{Tit}, der auf einen Spieler j mit σ_j^k trifft, erhält als Auszahlung z = 0 im ersten Spiel und w = 1 in allen folgenden Spielen; seine Gesamtauszahlung ist also:

$$\pi_i = za_i + wa_i^2/(1 - a_i) = 8.$$

Sein Gegenspieler j mit σ_j^k hingegen erhält y = 5 im ersten Spiel und w = 1 in allen folgenden Spielen, hat demnach eine Gesamtauszahlung von:

$$\pi_j = ya_j + wa_j^2/(1 - a_j) = 12{,}5.$$

Das bedeutet, daß ein einzelner Spieler, der mit einer Gesamtstrategie der bedingten Kooperation in eine Gruppe einzudringen versucht, die die Gesamtstrategie der unbedingten Nicht-Kooperation anwendet, scheitern muß, weil er stets eine geringere Gesamtauszahlung hat wie seine Gegenspieler. Das heißt umgekehrt, daß die unbedingte Nicht-Kooperation solange gegen bedingt kooperierende Eindringlinge resistent ist wie diese einzeln auftreten.

Anders verhält es sich, wenn bedingt kooperierende Eindringlinge als Gruppe auftreten – auch wenn sie deutlich kleiner ist als S. Der Grund dafür ist einfach: Bedingt kooperierende Spieler können dann den Auszahlungsvorsprung wahrnehmen, den ihnen die Kooperation mit anderen bedingt kooperierenden Spielern verschafft. Wie oben gezeigt, erhalten unbedingt nicht-kooperierende Spieler j aus S, die nur mit ihresgleichen interagieren, die Gesamtauszahlung $\pi_j = 9$. Für bedingt kooperierende Spieler i aus E, die nur mit ihresgleichen interagieren, hingegen ergibt sich die deutlich höhere Gesamtauszahlung:

$$\pi_i = xa_i/(1 - a_i) = 27.$$

Nun werden Mitgleider von E bis zu einem gewissen Grad mit Mitgliedern von S interagieren. Nehmen wir an, daß die bedingt kooperierenden Spieler i aus E zu einem relativ geringen Anteil p = 0,2 mit sich selbst, dagegen zu einem deutlich höheren Anteil 1 – p = 0,8 mit unbedingt nicht-kooperierenden Spielern j aus S interagieren. Dann ist die durchschnittliche Gesamtauszahlung für einen Spieler i aus E:

$$\bar{\pi}_i = 27p + 8(1 - p) = 11\ 8.$$

Nehmen wir für den umgekehrten Fall der Interaktion der Spieler j aus S mit den Spielern i aus E hingegen an, daß erstere zu einem relativ hohen Anteil von p = 0,8 mit sich selbst und zu einem entsprechend geringen Anteil 1 – p = 0,2 mit Spielern i aus E interagieren, dann ist die durchschnittliche Gesamtauszahlung für einen Spieler j aus S:

$$\bar{\pi}_j = 9p + 12{,}5(1 - p) = 9{,}7.$$

Das bedeutet, daß es sogar einer gegenüber S relativ kleinen Gruppe E von bedingt kooperierenden Spielern i, die dazu noch wenig untereinander interagieren (p = 0,2), gelingt, in eine größere Gruppe S von unbedingt nicht-kooperierenden Spielern j einzudringen und sich dort aufgrund ihrer höheren Gesamtauszahlung zu halten.

Fragen wir nun, ob es umgekehrt einzelnen oder einer Gruppe S unbedingt nicht-kooperierender Spieler(n) gelingen könnte, in eine Gruppe E bedingt kooperierender Spieler einzudringen. Ein einzelner Spieler j aus S mit σ_j^E, der einem Spieler i aus E mit σ_i^{Tit} gegenübersteht, erhält – wie gezeigt – die Gesamtauszahlung $\pi_j = 12{,}5$. Sein bedingt kooperierender Gegenspieler i aus E hingegen kommt – wie ebenfalls gezeigt – nur auf eine Gesamtauszahlung von $\pi_i = 8$. Das kann leicht dadurch ausgeglichen werden, daß Spieler i aus E, die mit ihresgleichen interagieren, die Gesamtzahlung $\pi_i = 27$ erhalten. Die Spieler i aus E werden also im Schnitt eine höhere Gesamtauszahlung haben als der einzelne Spieler j, der damit keine Chance hat, in die Gruppe E einzudringen.

Das gilt auch für Spieler j, die als Gruppe auftreten. Nehmen wir wie oben an, daß die Eindringlinge j nur in geringem Maße mit sich selbst interagieren (p = 0,2), hingegen in größerem Umfang mit den bedingt kooperierenden Spielern i aus E (1 – p = 0,8), so ergibt sich als durchschnittliche Gesamtauszahlung für j:

$$\bar{\pi}_j = 9p + 12{,}5(1 - p) = 11{,}8.$$

Für die Mitglieder i von E nehmen wir an, daß sie sehr häufig miteinander interagieren (p = 0,8), dagegen seltener mit den Mitgliedern j aus S (1 – p = 0,2). Das ergibt als durchschnittliche Gesamtauszahlung für i:

$$\bar{\pi}_i = 27p + 8(1 - p) = 23{,}2.$$

Die höhere durchschnittliche Gesamtauszahlung für i gegenüber j bleibt auch dann erhalten, wenn wir p zuungunsten der i aus E variieren und p z. B. mit 0,5 ansetzen:

$$\bar{\pi}_i = 27p + 8(1 + p) = 17{,}5.$$

Damit erweist sich, daß die Gesamtstrategie der bedingten Kooperation resistent gegen das Eindringen einzelner wie Gruppen von unbedingt nicht-kooperierender Spielern ist, d. h. sie ist **kollektiv stabil** gegenüber der Gesamtstrategie der unbedingten Nicht-Kooperation. Das ist ein wichtiges Resultat, das aber nur unter zwei Voraussetzungen gilt. Zum einen muß der Diskontparameter a_i ausreichend hoch bzw. die individuelle Diskontrate d_i entsprechend gering sein, zum anderen müssen Konstellationen gegeben sein, die es bedingt kooperierenden Spielern erlauben, die Vorteile gegenseitiger Kooperation wahrzunehmen.

Das positive Bild verändert sich etwas, wenn neben der unbedingten Nicht-Kooperation noch andere Gesamtstrategien in die Überlegung einbezogen und der bedingten Kooperation gegenübergestellt werden. Computer-Simulationen zeigen, daß sich die bedingte Kooperation nicht immer gegen **alle** anderen Gesamtstrategien durchsetzt, auch wenn sie in der Regel einen guten Platz beanspruchen kann. Noch problematischer für die bedingte Kooperation sind sogenannte 'Endspiel-Effekte'. Das sind Effekte, die auftreten, wenn das Ende eines n-Personen-GD* aus irgendwelchen Gründen absehbar wird. Wie Schüßler (1990) zeigt, kann es dann zu einem dramatischen Verfall der bis dahin wohletablierten gegenseitigen Kooperation kommen.

Insgesamt aber haben wir in diesem Abschnitt zeigen können, daß die Iteration des Gefangenen-Dilemmas die Möglichkeit eröffnet, eine Gesamtstrategie der bedingten Kooperation zu formulieren, die im n-Personen-GD* eine Gleichgewichtsstrategie sein kann, so daß sich ein 'kooperativer Ausgang' des n-Personen-GD* ergibt. Unter bestimmten Umständen ist diese Gesamtstrategie auch in der Lage, sich gegen andere Gesamtstrategien durchzusetzen. Der nicht-kooperative Ausgang des Gefangenen-Dilemmas ist kein unabwendbares Schicksal, selbst wenn man voraussetzt, daß alle Beteiligten ihre individuelle Präferenzerfüllung maximieren. Das tatsächlich beobachtbare Ausmaß kooperativen Verhaltens auch in experimentellen Spielen und die eigenständige Rolle, die kooperative Handlungsgründe spielen, deuten aber darauf hin, daß die erwartete Maximierung der eigenen Präferenzerfüllung nicht das einzige Motiv ist, sich kooperativ zu verhalten.

10.3 Rationalität und Moralität

Eine ganz andersartige Möglichkeit der Rechtfertigung des paretooptimalen Resultats im GD, d.h. der individuell übereinstimmenden Wahl der nicht-dominanten, aber kooperativen Strategie, als 'Lösung' des (einmaligen) GD ergibt sich, wenn man (sozial-)ethische Prinzipien heranzieht. Tatsächlich läßt sich feststellen, wie der Leser leicht überprüfen kann, daß alle verallgemeinerbaren ethischen Prinzipien, z. B. das utilitaristische Prinzip, das Differenzprinzip von Rawls, das Prinzip der S-Gerechtigkeit (nach Suppes), Kants moralisches Gesetz, Singers Argument der Verallgemeinerung u. a. paretoinklusiv sind und daher beidseitige Kooperation gegenüber beidseitiger Nicht-Kooperation vorziehen.

Dieser Sachverhalt führt jedoch zunächst noch nicht zu einer 'Lösung' des Problems, sondern zu einer anderen Interpretation des Dilemmas. Danach sind Entscheidungssituationen vom Typ des Gefangenen-Dilemmas dadurch gekennzeichnet, daß das moralisch beste Resultat nur durch individuell nicht-rationales Verhalten erreichbar ist und umgekehrt individuell rationales Verhalten nicht zum moralisch besten Resultat führt. Diese Interpretation würde bedeuten, daß es mindestens einen Typ von Entscheidungssituationen gibt – nämlich das GD – an dem sich ein Widerspruch zwischen den Geboten der Moralität und der Rationalität zeigt. Kann dieser Widerspruch aufgelöst werden?

Wir wollen für die Erörterung dieser Frage eine andere Darstellungsweise des GD einführen. Da es, wie oben erwähnt, nicht auf die absolute Höhe der Auszahlungen ankommt, sondern nur darauf, ob eine Auszahlung größer ist als eine andere, kann das 2-Personen-GD auch als Struktur der Präferenzen der Spieler bezüglich aller Strategie- bzw. Auszahlungspaare dargestellt werden. Die nachfolgend aufgeführten Präferenzen der Spieler 1 und 2 geben demnach das GD wieder, wobei das jeweils links des Kommas stehende Auszahlungspaar gegenüber dem rechts davon stehenden vorgezogen wird (so daß z. B. Spieler 1 $\langle 4, 1\rangle$ gegenüber $\langle 3, 3\rangle$, $\langle 3, 3\rangle$ gegenüber $\langle 2, 2\rangle$ etc. vorzieht). Innerhalb der spitzen Klammern gibt die Zahl links des Kommas die Auszahlung für den Spieler 1 und die Zahl rechts des Kommas die für 2 an.

$$\begin{aligned} &1: \langle 4, 1\rangle, \langle 3, 3\rangle, \langle 2, 2\rangle, \langle 1, 4\rangle \\ &2: \langle 1, 4\rangle, \langle 3, 3\rangle, \langle 2, 2\rangle, \langle 4, 1\rangle \end{aligned} \tag{I}$$

Nun korrespondieren diese Präferenzen nur dann mit der Auszahlungsmatrix des GD in Tabelle 34, wenn eine bestimmte Annahme hinsichtlich des individuellen Entscheidungsverhaltens vorausgesetzt wird: die des **Eigeninteresses**, demzufolge die Spieler ihre Strategiewahl ausschließlich danach ausrichten, selbst die höchstmögliche Auszahlung zu erlangen (so sind in (I) für Spieler 1 die Auszahlungspaare nach der Höhe seiner Auszahlung geordnet). Wir hatten jedoch schon bei der Darlegung des Gefangenen-Dilemmas darauf verwiesen, daß dies keineswegs die einzig mögliche Annahme ist. Denkt man beispielsweise an die Figur des 'Samariters', so würde dieser bewußt eine Verringerung seiner Auszahlung in Kauf nehmen, um die Auszahlung für den (oder die) anderen zu verbessern.

Die Annahmen hinsichtlich des individuellen Entscheidungsverhaltens können also variiert werden. Damit lassen sich auch 'moralisch relevante' Annahmen einführen. Nehmen wir z. B. an, daß beide Spieler die kooperative Strategie genau dann wählen, wenn der jeweils andere Spieler ebenfalls die kooperative Strategie wählt, dann hängt die Entscheidung eines Spielers für die kooperative Strategie davon ab, ob er Vertrauen in die Kooperationsbereitschaft des anderen Spielers hat. Unter der Annahme des **Vertrauens** würden beide Spieler das Auszahlungspaar $\langle 3, 3\rangle$ an die Spitze ihrer Präferenzen rücken – mit dem Rest ihrer Präferenzen bezüglich der Auszahlungspaare wie in (I), so daß sich die folgenden Präferenzen ergeben.

$$\begin{aligned} &1: \langle 3, 3\rangle, \langle 4, 1\rangle, \langle 2, 2\rangle, \langle 1, 4\rangle \\ &2: \langle 3, 3\rangle, \langle 1, 4\rangle, \langle 2, 2\rangle, \langle 4, 1\rangle \end{aligned} \tag{II}$$

Diese 'Vertrauenspräferenzen' (sie werden in der Literatur auch als 'Versicherungspräferenzen' bezeichnet, weil die kooperative Strategie durch das gegenseitige Vertrauen 'versichert' erscheint) erzeugen neben $\langle 2, 2\rangle$ ein weiteres Gleichgewicht – und zwar $\langle 3, 3\rangle$. Da $\langle 2, 2\rangle$ durch $\langle 3, 3\rangle$ paretodominiert wird, liegt es nahe, daß beide Spieler die Strategie k wählen, um dieses Gleichgewicht zu erreichen. Wird es erreicht, so besteht – im Unterschied zum GD – nicht die Gefahr der Abweichung auf die nicht-kooperative Strategie.

Das kooperative Ergebnis kann bei diesen Präferenzen also auch durch eine Übereinkunft zwischen den Spielern garantiert werden, die ohne Sanktionen auskommt. Dieses Ergebnis ist kollektiv rational (d. h. es führt zum paretooptimalen Resultat) nicht nur bezüglich der 'Vertrauenspräferenzen', sondern ebenso im Blick auf das ursprüngliche GD, während sich ein kollektiv irrationales (d. h. pareto-schlechteres) Resultat ergibt, wenn die Spieler ihre Entscheidung an den GD-Präferenzen (I), d. h. an ihrem Eigeninteresse ausrichten.

Wir können nun noch die deutliche stärkere Annahme der **unbedingten Kooperation** einführen: Beide Spieler entscheiden sich, in jedem Fall die kooperative Strategie zu wählen – unabhängig davon wie der andere sich entscheidet, weil nur dadurch garantiert ist, daß der (oder die) andere(n) Spieler niemals benachteiligt wird (werden). Diese Annahme führt zu den folgenden Präferenzen.

$$\begin{aligned} &1: \langle 3, 3\rangle, \langle 1, 4\rangle, \langle 4, 1\rangle, \langle 2, 2\rangle \\ &2: \langle 3, 3\rangle, \langle 4, 1\rangle, \langle 1, 4\rangle, \langle 2, 2\rangle \end{aligned} \tag{III}$$

Die Präferenzen der unbedingten Kooperation haben die Eigenschaft, daß die kooperative Strategie k dominant ist. Es bedarf also für die Spieler weder einer Übereinkunft, noch Sanktionen, um zum kollektiv rationalen Resultat zu gelangen. Im übrigen ist dieses Ergebnis ebenso kollektiv rational bezüglich der 'Vertrauenspräferenzen' (II) wie bezüglich der GD-Präferenzen (I).

Damit zeigt sich, daß im Zusammenhang des GD individuell rationales Entscheidungsverhalten durchaus zu kollektiv rationalen, d. h. paretooptimalen Resultaten führen kann. Voraussetzung dafür ist aber offensichtlich, daß die Beteiligten ihre diesbezügliche Entscheidung an anderen Präferenzen ausrichten als jenen, die die Entscheidungssituation beschreiben.

Diesen Gedanken weiterführend könnte man daran denken, eine Metapräferenzrelation bezüglich der obigen Präferenzfolgen zu bilden, also eine Präferenz über (individuelle) Präferenzen, und zu verlangen, daß die Beteiligten sich daran orientieren. Sei **R** die Menge aller möglichen individuellen Präferenzen (hier im Zusammenhang des GD), dann würde eine 'moralisch besser'-Relation dieser Art eine Quasi-Ordnung Q (reflexiv und transitiv, aber nicht vollständig) der Elemente von **R** sein, so daß $\langle R^{(III)}, R^{(II)}\rangle \in Q \wedge \neg \langle R^{(II)}, R^{(III)}\rangle \in Q$ hieße, daß die obigen Präferenzen der unbedingten Kooperation (III) gegenüber den Vertrauenspräferenzen (II) moralisch vorgezogen werden (erstere garantieren das kollektiv rationale und moralisch beste Resultat, während letztere es nur ermöglichen). Weiter hieße $\langle R^{(II)}, R^{(I)}\rangle \in Q \wedge \neg \langle R^{(I)}, R^{(II)}\rangle \in Q$, daß die Vertrauenspräferenzen (II) gegenüber den eigeninteressierten Präferenzen (I) moralisch vorgezogen werden (erstere ermöglichen das kollektiv rationale und moralisch beste Resultat, letztere hingegen nicht).

Die Idee einer moralischen Metapräferenzrelation Q, die die individuellen Präferenzen im Zusammenhang des GD ordnet, scheint daher auf den ersten Blick den Widerspruch zwischen Rationalität und Moralität aufzuheben. Dies gibt Anlaß zu einer genaueren Analyse.

Offensichtlich haben wir es mit zwei Arten von Präferenzen zu tun: solchen, die das Gefangenen-Dilemma konstituieren und solchen, die handlungsleitend sind oder sein sollen. Die handlungsleitenden Präferenzen beziehen sich auf die jeweils zugrundegelegte Interaktionsstruktur in konstituierenden Präferenzen. Wir sprechen im folgenden von 'Basispräferenzen‘ (für 'konstituierende Präferenzen‘) und 'Metapräferenzen‘ für diejenigen Präferenzen, die aufgrund der Interaktionsstruktur (in Basispräferenzen) gebildet werden.

Eine naheliegende Rationalitätsbedingung für die interpräferenzielle Relation zwischen Basis- und Metapräferenzen ist die Paretoinklusivität der Metapräferenzen bezüglich der Basispräferenzen. Eine Person würde demnach einen Zustand x einem Zustand y in Metapräferenzen vorziehen, wenn alle an der Interaktion beteiligten Spieler eine Basispräferenz dafür haben, daß x und nicht y realisiert wird. Wir nennen dieses Kriterium **PMB** (**P**aretoinklusivität der **M**etapräferenzen bezüglich der **B**asispräferenzen).

Nun gibt es weit mehr Metapräferenzen als die oben diskutierten (I), (II) und (III). Jeder Spieler hat 4! = 24 Möglichkeiten, die vier Auszahlungspaare des 2-Personen-GD in eine Präferenzordnung zu bringen, so daß sich für die beiden Spieler $24 \cdot 24 = 576$ logisch mögliche Kombinationen individueller Präferenzordnungen ergeben. Wenn wir Symmetrie voraussetzen, reduziert sich die Anzahl der Kombinationen auf 24, von denen wir zunächst die betrachten wollen, die das Kriterium **PMB** erfüllen.

1. Die Spieler richten ihre Metapräferenzen ausschließlich an ihren Basispräferenzen aus. Man kann diese Metapräferenzen als egoistische Präferenzen bezeichnen.

   1: $\langle 4, 1\rangle, \langle 3, 3\rangle, \langle 2, 2\rangle, \langle 1, 4\rangle$
   2: $\langle 1, 4\rangle, \langle 3, 3\rangle, \langle 2, 2\rangle, \langle 4, 1\rangle$

'Tragik‘ der Egoisten – und Inhalt des Gefangenen-Dilemmas – ist es, daß sie mit diesen Präferenzen bei $\langle 2, 2\rangle$ enden und daher ihren eigenen Interessen gerade dadurch schaden, daß sie sie zur einzigen Richtschnur ihrer Entscheidung machen.

2. Die Metapräferenzen sind von einem starken Gerechtigkeitsempfinden geprägt.

   1: $\langle 3, 3\rangle, \langle 2, 2\rangle, \langle 4, 1\rangle, \langle 1, 4\rangle$
   2: $\langle 3, 3\rangle, \langle 2, 2\rangle, \langle 1, 4\rangle, \langle 4, 1\rangle$

Dabei wird angenommen, daß die Spieler, falls sie unter moralischen bzw. Gerechtigkeitsgesichtspunkten keinen Unterschied zwischen zwei Zuständen machen können (z. B. zwischen $\langle 1, 4\rangle$ und $\langle 4, 1\rangle$), den Zustand vorziehen, der ihnen die höhere Auszahlung bietet. Diese Metapräferenzen garantieren nicht kollektive Rationalität, denn jeder Spieler verhält sich unkooperativ, wenn er vom anderen kooperatives Verhalten erwartet. Gleichgewichtspunkte sind sowohl ⟨3, 3⟩ wie ⟨2, 2⟩.

3. Auch wenn sich der Gerechtigkeitssinn mit Altruismus verbindet und aufgrund dessen die folgenden Metapräferenzen entstehen:

1: ⟨3, 3⟩, ⟨2, 2⟩, ⟨1, 4⟩, ⟨4, 1⟩
2: ⟨3, 3⟩, ⟨2, 2⟩, ⟨4, 1⟩, ⟨1, 4⟩

ist die kollektiv rationale Entscheidung aus den gleichen Gründen wie unter 2. nicht garantiert.

4. Den Gegenpol zu diesen, an Gerechtigkeit orientierten Präferenzen bilden solche, die man als Ausdruck eines ausgeprägten Anti-Egalitarismus interpretieren kann.

1: ⟨4, 1⟩, ⟨1, 4⟩, ⟨3, 3⟩, ⟨2, 2⟩
2: ⟨1, 4⟩, ⟨4, 1⟩, ⟨3, 3⟩, ⟨2, 2⟩

Anti-egalitäre Metapräferenzen haben zwei Gleichgewichtspunkte: ⟨1, 4⟩ und ⟨4, 1⟩.

5. Verdrängt jedoch der Altruismus den Gerechtigkeitssinn in der Gestalt der folgenden Metapräferenzen:

1: ⟨3, 3⟩, ⟨1, 4⟩, ⟨4, 1⟩, ⟨2, 2⟩
2: ⟨3, 3⟩, ⟨4, 1⟩, ⟨1, 4⟩, ⟨2, 2⟩

so ist endlich kollektive Rationalität garantiert: Die kollektiv rationale Entscheidung ist ein Gleichgewichtspunkt in dominanten Strategien.

6. Aber auch ein konsequenter Altruismus garantiert kollektive Rationalität in Interaktionssituationen von der Art des Gefangenen-Dilemmas:

1: ⟨1, 4⟩, ⟨3, 3⟩, ⟨2, 2⟩, ⟨4, 1⟩
2: ⟨4, 1⟩, ⟨3, 3⟩, ⟨2, 2⟩, ⟨1, 4⟩

7. Die folgende symmetrische Präferenzstruktur kann als Ausdruck eines abgeschwächten Altruismus interpretiert werden.

1: ⟨3, 3⟩, ⟨1, 4⟩, ⟨2, 2⟩, ⟨4, 1⟩
2: ⟨3, 3⟩, ⟨4, 1⟩, ⟨2, 2⟩, ⟨1, 4⟩

Diese Metapräferenzen haben einen Gleichgewichtspunkt in ⟨3, 3⟩, garantieren also immer noch kollektive Rationalität.

8. Die Metapräferenzen, die den oben diskutierten 'Vertrauenspräferenzen' entsprechen, haben die folgende Struktur:

1: ⟨3, 3⟩, ⟨4, 1⟩, ⟨2, 2⟩, ⟨1, 4⟩
2: ⟨3, 3⟩, ⟨1, 4⟩, ⟨2, 2⟩, ⟨4, 1⟩

Die Spieler sind in dem Fall bereit, sich kooperativ zu verhalten, wenn sie annehmen können, daß sich der andere Spieler ebenfalls kooperativ verhält. Damit wird die kollektiv rationale Entscheidung ⟨3, 3⟩ ein Gleichgewichtspunkt der Interaktionssituation. Allerdings ist die kollektiv irrationale Entscheidung ⟨2, 2⟩ ebenfalls ein Gleichgewichtspunkt. Kein Beteiligter hat eine dominante Strategie. Hier ist wechselseitiges Vertrauen Bedingung kollektiver Rationalität.

9. Die restlichen vier Präferenzstrukturen sind schwieriger zu interpretieren. Die nachfolgende Präferenzstruktur kann man als ordinale Repräsentation utilitaristischer Präferenzen auffassen.

1: ⟨3, 3⟩, ⟨4, 1⟩, ⟨1, 4⟩, ⟨2, 2⟩
2: ⟨3, 3⟩, ⟨1, 4⟩, ⟨4, 1⟩, ⟨2, 2⟩

Diese Metapräferenzen garantieren kollektive Rationalität, denn ⟨3, 3⟩ ist ein Gleichgewichtspunkt in dominanten Strategien.

10. 1: ⟨1, 4⟩, ⟨4, 1⟩, ⟨3, 3⟩, ⟨2, 2⟩
2: ⟨4, 1⟩, ⟨1, 4⟩, ⟨3, 3⟩, ⟨2, 2⟩

11. 1: ⟨4, 1⟩, ⟨3, 3⟩, ⟨1, 4⟩, ⟨2, 2⟩
2: ⟨1, 4⟩, ⟨3, 3⟩, ⟨4, 1⟩, ⟨2, 2⟩

Die beiden Präferenzstrukturen 10. und 11. führen (wie unter 4.) zu den beiden Gleichgewichtspunkten ⟨1, 4⟩ und ⟨4, 1⟩.

Nr.	Struktur der Metapräferenzen	Interpretation	Gleichgewichtspunkte
1	1: ⟨4, 1⟩, ⟨3, 3⟩, ⟨2, 2⟩, ⟨1, 4⟩ 2: ⟨1, 4⟩, ⟨3, 3⟩, ⟨2, 2⟩, ⟨4, 1⟩	Egoismus	⟨2, 2⟩
2	1: ⟨3, 3⟩, ⟨2, 2⟩, ⟨4, 1⟩, ⟨1, 4⟩ 2: ⟨3, 3⟩, ⟨2, 2⟩, ⟨1, 4⟩, ⟨4, 1⟩	Egalitaristische Gerechtigkeit	⟨3, 3⟩, ⟨2, 2⟩
3	1: ⟨3, 3⟩, ⟨2, 2⟩, ⟨1, 4⟩, ⟨4, 1⟩ 2: ⟨3, 3⟩, ⟨2, 2⟩, ⟨4, 1⟩, ⟨1, 4⟩	Altruistische Gerechtigkeit	⟨3, 3⟩, ⟨2, 2⟩
4	1: ⟨4, 1⟩, ⟨1, 4⟩, ⟨3, 3⟩, ⟨2, 2⟩ 2: ⟨1, 4⟩, ⟨4, 1⟩, ⟨3, 3⟩, ⟨2, 2⟩	Anti-Egalitarismus	⟨4, 1⟩, ⟨1, 4⟩
5	1: ⟨3, 3⟩, ⟨1, 4⟩, ⟨4, 1⟩, ⟨2, 2⟩ 2: ⟨3, 3⟩, ⟨4, 1⟩, ⟨1, 4⟩, ⟨2, 2⟩	Unbedingte Kooperation	⟨3, 3⟩
6	1: ⟨1, 4⟩, ⟨3, 3⟩, ⟨2, 2⟩, ⟨4, 1⟩ 2: ⟨4, 1⟩, ⟨3, 3⟩, ⟨2, 2⟩, ⟨1, 4⟩	Reiner Altruismus	⟨3, 3⟩
7	1: ⟨3, 3⟩, ⟨1, 4⟩, ⟨2, 2⟩, ⟨4, 1⟩ 2: ⟨3, 3⟩, ⟨4, 1⟩, ⟨2, 2⟩, ⟨1, 4⟩	Schwacher Altruismus	⟨3, 3⟩
8	1: ⟨3, 3⟩, ⟨4, 1⟩, ⟨2, 2⟩, ⟨1, 4⟩ 2: ⟨3, 3⟩, ⟨1, 4⟩, ⟨2, 2⟩, ⟨4, 1⟩	Vertrauen	⟨3, 3⟩, ⟨2, 2⟩
9	1: ⟨3, 3⟩, ⟨4, 1⟩, ⟨1, 4⟩, ⟨2, 2⟩ 2: ⟨3, 3⟩, ⟨1, 4⟩, ⟨4, 1⟩, ⟨2, 2⟩	Ordinaler Utilitarismus	⟨3, 3⟩
10	1: ⟨1, 4⟩, ⟨4, 1⟩, ⟨3, 3⟩, ⟨2, 2⟩ 2: ⟨4, 1⟩, ⟨1, 4⟩, ⟨3, 3⟩, ⟨2, 2⟩		⟨4, 1⟩, ⟨1, 4⟩
11	1: ⟨4, 1⟩, ⟨3, 3⟩, ⟨1, 4⟩, ⟨2, 2⟩ 2: ⟨1, 4⟩, ⟨3, 3⟩, ⟨4, 1⟩, ⟨2, 2⟩		⟨4, 1⟩, ⟨1, 4⟩
12	1: ⟨1, 4⟩, ⟨3, 3⟩, ⟨4, 1⟩, ⟨2, 2⟩ 2: ⟨4, 1⟩, ⟨3, 3⟩, ⟨1, 4⟩, ⟨2, 2⟩		⟨3, 3⟩

Tab. 43: Kooperation bei symmetrischen **PMB**-rationalen Metapräferenzen

12. Die letzte **PMB**-rationale Präferenzstruktur garantiert erneut kollektive Rationalität.

1: ⟨1, 4⟩, ⟨3, 3⟩, ⟨4, 1⟩, ⟨2, 2⟩
2: ⟨4, 1⟩, ⟨3, 3⟩, ⟨1, 4⟩, ⟨2, 2⟩

Eine Gesamtaufstellung der zwölf symmetrischen **PMB**-rationalen Metapräferenzstrukturen findet sich in Tabelle 43.

Im Unterschied zu den obigen **PMB**-rationalen Präferenzstrukturen ist ein Großteil der symmetrischen **PMB**-irrationalen Metapräferenzen nicht interpretierbar.

Wir führen diese Präferenzstrukturen daher unkommentiert in der nachfolgenden Tabelle 44 der symmetrischen **PMB**-irrationalen Präferenzstrukturen auf. Zwei dieser Metapräferenzen allerdings erlauben eine Interpretation. Da ist zunächst eine Präferenzstruktur, die den Wunsch offenbart, sich selbst zu schaden: die Auszahlungspaare sind so angeordnet, daß für die je eigene Auszahlung stets ein niedrigerer Wert einem höheren vorgezogen wird.

13. 1: ⟨1, 4⟩, ⟨2, 2⟩, ⟨3, 3⟩, ⟨4, 1⟩
2: ⟨4, 1⟩, ⟨2, 2⟩, ⟨3, 3⟩, ⟨1, 4⟩

Überraschend ist nun, daß diese 'masochistische' Präferenzstruktur ein kollektiv rationales Ergebnis zu garantieren vermag: 13. induziert ein Gleichgewicht in dominanten Strategien k. Allerdings dürften Spieler mit masochistischen Präferenzen über dieses Resultat nicht sehr glücklich sein: Trotzdem sie den Zustand, in dem es ihnen persönlich am schlechtesten geht, konsequent an die Spitze und den Zustand, in dem es ihnen am besten geht, an das Ende ihrer Metapräferenzen gesetzt haben, wird ⟨3, 3⟩ zum Gleichgewicht. Sie haben sich selbst dadurch geschadet, daß sie sich selbst schaden wollten. In diesem Sinne reproduziert sich das Gefangenen-Dilemma für Masochisten auf der Ebene der Metapräferenzen oder anders gesagt: Neben einer 'Tragik' der Egoisten gibt es im Zusammenhang des GD auch eine 'Tragik' der Masochisten.

Es zeigt sich damit, daß es unter den zwölf **PMB**-irrationalen Präferenzstrukturen **eine** Struktur gibt, die kollektive Rationalität garantiert. Das fällt deshalb auf, weil **PMB**-Irrationalität bedeutet, daß die Spieler ⟨2, 2⟩ gegenüber dem paretooptimalen ⟨3, 3⟩ vorziehen.

Die zweite dieser **PMB**-irrationalen Metapräferenzen, die von Interesse ist, kann man als 'sadistische' Präferenzen interpretieren, da die Auszahlungspaare so angeordnet sind, daß für den jeweils anderen Spieler eine geringere Auszahlung einer höheren vorgezogen wird.

18. 1: ⟨4, 1⟩, ⟨2, 2⟩, ⟨3, 3⟩, ⟨1, 4⟩
2: ⟨1, 4⟩, ⟨2, 2⟩, ⟨3, 3⟩, ⟨4, 1⟩

'Sadismus', also das wechselseitige Bestreben, dem anderen zu schaden, ist in diesem Zusammenhang so weit erfolgreich, wie es die Symmetrie der Situation zuläßt: die nicht-kooperative Strategie wird zur dominanten Strategie. Dennoch ist der Gleichgewichtspunkt ⟨2, 2⟩ bezüglich der Interessenstruktur kollektiv irrational. Nun ist man versucht, in diesem Fall die kollektive Irrationalität der nicht-kooperativen Entscheidung zu bezweifeln. Dabei würde man jedoch die Tatsache übersehen, daß die nicht-kooperative Entscheidung auch für den 'Sadisten' schlechter ist als die kooperative, denn andernfalls wären die Basispräferenzen abzuändern und wir hätten es nicht mehr mit einem Gefangenen-Dilemma in Basispräferenzen zu tun.

Nr.	Struktur der Metapräferenzen	Interpretation	Gleichgewichtspunkte
13	1: ⟨1, 4⟩, ⟨2, 2⟩, ⟨3, 3⟩, ⟨4, 1⟩ 2: ⟨4, 1⟩, ⟨2, 2⟩, ⟨3, 3⟩, ⟨1, 4⟩	Masochismus (Umkehrg. v. 1.)	⟨3, 3⟩
14	1: ⟨1, 4⟩, ⟨4, 1⟩, ⟨2, 2⟩, ⟨3, 3⟩ 2: ⟨4, 1⟩, ⟨1, 4⟩, ⟨2, 2⟩, ⟨3, 3⟩	(Umkehrung von 2.)	⟨4, 1⟩, ⟨1, 4⟩
15	1: ⟨4, 1⟩, ⟨1, 4⟩, ⟨2, 2⟩, ⟨3, 3⟩ 2: ⟨1, 4⟩, ⟨4, 1⟩, ⟨2, 2⟩, ⟨3, 3⟩	(Umkehrung von 3.)	⟨4, 1⟩, ⟨1, 4⟩
16	1: ⟨2, 2⟩, ⟨3, 3⟩, ⟨1, 4⟩, ⟨4, 1⟩ 2: ⟨2, 2⟩, ⟨3, 3⟩, ⟨4, 1⟩, ⟨1, 4⟩	(Umkehrung von 4.)	⟨3, 3⟩, ⟨2, 2⟩
17	1: ⟨2, 2⟩, ⟨4, 1⟩, ⟨1, 4⟩, ⟨3, 3⟩ 2: ⟨2, 2⟩, ⟨1, 4⟩, ⟨4, 1⟩, ⟨3, 3⟩	(Umkehrung von 5.)	⟨2, 2⟩
18	1: ⟨4, 1⟩, ⟨2, 2⟩, ⟨3, 3⟩, ⟨1, 4⟩ 2: ⟨1, 4⟩, ⟨2, 2⟩, ⟨3, 3⟩, ⟨4, 1⟩	Sadismus (Umkehrg. v. 6.)	⟨2, 2⟩
19	1: ⟨4, 1⟩, ⟨2, 2⟩, ⟨1, 4⟩, ⟨3, 3⟩ 2: ⟨1, 4⟩, ⟨2, 2⟩, ⟨4, 1⟩, ⟨3, 3⟩	(Umkehrung von 7.)	⟨2, 2⟩
20	1: ⟨1, 4⟩, ⟨2, 2⟩, ⟨4, 1⟩, ⟨3, 3⟩ 2: ⟨4, 1⟩, ⟨2, 2⟩, ⟨1, 4⟩, ⟨3, 3⟩	(Umkehrung von 8.)	⟨4, 1⟩, ⟨1, 4⟩
21	1: ⟨2, 2⟩, ⟨1, 4⟩, ⟨4, 1⟩, ⟨3, 3⟩ 2: ⟨2, 2⟩, ⟨4, 1⟩, ⟨1, 4⟩, ⟨3, 3⟩	(Umkehrung von 9.)	⟨2, 2⟩
22	1: ⟨2, 2⟩, ⟨3, 3⟩, ⟨4, 1⟩, ⟨1, 4⟩ 2: ⟨2, 2⟩, ⟨3, 3⟩, ⟨1, 4⟩, ⟨4, 1⟩	(Umkehrung von 10.)	⟨3, 3⟩, ⟨2, 2⟩
23	1: ⟨2, 2⟩, ⟨1, 4⟩, ⟨3, 3⟩, ⟨4, 1⟩ 2: ⟨2, 2⟩, ⟨4, 1⟩, ⟨3, 3⟩, ⟨1, 4⟩	(Umkehrung von 11.)	⟨2, 2⟩
24	1: ⟨2, 2⟩, ⟨4, 1⟩, ⟨3, 3⟩, ⟨1, 4⟩ 2: ⟨2, 2⟩, ⟨1, 4⟩, ⟨3, 3⟩, ⟨4, 1⟩	(Umkehrung von 12.)	⟨3, 3⟩, ⟨2, 2⟩

Tab. 44: Kooperation bei symmetrischen **PMB**-irrationalen Metapräferenzen

Wenn wir nun annehmen, daß nur die Metapräferenzen, die in den Tabellen 43 und 44 aufgeführt sind, handlungsleitend sind, nicht aber die Basispräferenzen, die das Gefangenen-Dilemma konstituieren, dann zerfallen diese 24 unterschiedlichen Strukturen von Metapräferenzen in vier Typen je nach der Art ihrer Gleichgewichtspunkte. Eine entsprechende Auflistung findet sich in Tabelle 45.

Metapräferenzstrukturen, die einen einzigen Gleichgewichtspunkt bei beidseitiger Kooperation haben, führen zum kollektiv rationalen Ergebnis bezüglich der Basispräferenzen. Immerhin fünf der zwölf **PMB**-rationalen Präferenzstrukturen garantieren in diesem Sinne kollektive Rationalität (Typ I). Dabei handelt es sich um die Präferenzstrukturen 5., 6., 7., 9. und 12. Aber selbst unter den **PMB**-irrationalen Metapräferenzstrukturen garantiert die Struktur 13., die 'masochistische' Präferenz, kollektive Rationalität.

Unter den **PMB**-rationalen Metapräferenzstrukturen gibt es drei mit zwei Gleichgewichtspunkten in beidseitiger Kooperation ⟨3, 3⟩ und beidseitiger Nicht-Kooperation ⟨2, 2⟩ (Typ II). Dabei handelt es sich um die Metapräferenzstrukturen 2., 3. und 8. Aber auch unter den **PMB**-irrationalen Metapräferenzstrukturen gibt es drei mit diesen beiden Gleichgewichtspunkten, nämlich 16., 22. und 23. Diese Strukturen erlauben also beides, sowohl kollektive Rationalität wie kollektive Irrationalität, je nachdem welche Erwartung die Akteure hinsichtlich der Strategiewahl des Interaktionspartners haben. Wenn beide Interaktionspartner jeweils vom anderen Kooperation erwarten, kommt es zu einer kollektiv rationalen, im anderen Fall zu einer kollektiv irrationalen Entscheidung.

Davon zu unterscheiden sind diejenigen Strukturen, die Gleichgewichte in den asymmetrischen Kombinationen Kooperation/Nicht-Kooperation ⟨1, 4⟩ bzw. Nicht-Kooperation/Kooperation ⟨4, 1⟩ haben (Typ III). Unter den **PMB**-rationalen Strukturen gilt das für 4., 10. und 11. und unter den **PMB**-irrationalen für 14., 15. und 20. Der Unterschied zwischen diesem und dem zuvor genannten Typus spielt jedoch keine Rolle, wenn die Entscheidungssituation nicht transparent ist, d. h. wenn die Interaktionspartner nicht wissen, welche Entscheidung die andere Person trifft. Wenn (wie im ursprünglich angeführten Beispiel der Gefangenen) keine Transparenz besteht, kommt es bei Typ II und III, also den entsprechenden 12 Strukturen, je nach wechselseitiger Erwartung zu einer der möglichen vier Auszahlungskombinationen: ⟨3, 3⟩, ⟨2, 2⟩, ⟨4, 1⟩ und ⟨1, 4⟩. Bei Transparenz hingegen beschränken sich die möglichen Auszahlungskombinationen für Typ II auf ⟨3, 3⟩ und ⟨2, 2⟩ und für Typ III auf ⟨1, 4⟩ und ⟨4, 1⟩.

	Typ I	Typ II	Typ III	Typ IV
Gleichgewichtspunkte	⟨3, 3⟩	⟨3, 3⟩ ⟨2, 2⟩	⟨1, 4⟩ ⟨4, 1⟩	⟨2, 2⟩
Metapräferenzstrukturen	5. 6. 7. 9. 12. 13.	2. 3. 8. 16. 22. 23.	4. 10. 11. 14. 15. 20.	1. 17. 18. 19. 21. 24.

Schraffiertes Feld: **PMB**-rationale Präferenzen

Erläuterung: Typ I garantiert kollektive Rationalität; Typ II ermöglicht kollektive Rationalität und Irrationalität; Typ III ermöglicht bei Transparenz nur asymmetrische, allerdings (in den Basispräferenzen) paretooptimale Entscheidungen; Typ IV führt zu kollektiver Irrationalität

Tab. 45: Eigenschaften von Metapräferenzstrukturen

Wenn Transparenz besteht, dann ermöglicht Typ II sowohl kollektive Rationalität wie kollektive Irrationalität, während Typ III nur paretooptimale Gleichgewichtslösungen hat und insofern kollektive Irrationalität ausschließt. Die Möglichkeit kollektiver Irrationalität wird bei Typ III allerdings in einer unbefriedigenden Weise umgangen: Beide Gleichgewichtspunkte sind nicht symmetrisch, was sie als Lösung einer perfekt symmetrischen Interaktionsstruktur (bei ordinaler Darstellung) im Sinne einer Rationalitätsempfehlung ungeeignet erscheinen läßt.

Metapräferenzstrukturen vom Typ III führen zu zwei Gleichgewichtslösungen, deren Auszahlungen in Basispräferenzen die Konfliktsituation des *Chicken*-Spiels (s. die Anmerkungen zu diesem Kapitel) heraufbeschwören: Jeder der beiden Interaktionsbeteiligten hat ein Interesse daran, selbst nicht zu kooperieren, während die andere Person kooperiert. Sofern die Situation symmetrisch ist, gibt es keinen Grund für eine der beiden Personen, nachzugeben und zu kooperieren. Wenn jedoch eine Person fest davon überzeugt ist, daß die andere Person mit Sicherheit nicht kooperieren wird, dann ist für sie Kooperation (bezogen auf die angenommenen Metapräferenzen) rational.

Immerhin eine der **PMB**-rationalen Präferenzstrukturen führt mit Sicherheit zu einem kollektiv irrationalen Resultat. Es handelt sich dabei um diejenige Struktur von Metapräferenzen, die mit den Basispräferenzen übereinstimmt: 1. (Typ IV). Hier reproduziert sich die kollektive Irrationalität, die im einfachen Gefangenen-Dilemma auftritt, auf der Ebene der Metapräferenzen. Die übrigen fünf Strukturen, die ebenfalls zu kollektiver Irrationalität führen, 17., 18., 19., 21. und 24., sind allesamt **PMB**-irrational.

Die Übersicht in Tabelle 45 und unsere Erläuterungen dazu zeigen eindeutig, daß die ursprünglich mit dem Konzept der Metapräferenzen verbundenen Erwartungen enttäuscht werden. Offensichtlich kann keine Rede davon sein, daß ein gewisses Maß an moralischer Modifikation der Basispräferenzen kollektive Rationalität und Kooperation sicherstellt. Dieser Eindruck, der noch aufgrund des obigen Vergleichs der Präferenzstrukturen (I), (II) und (III) nahelag, läßt sich nicht mehr aufrechterhalten, wenn man das gesamte Spektrum der logisch möglichen symmetrischen Metapräferenzstrukturen betrachtet. Durchaus respektable Metapräferenzstrukturen sind mit kollektiver Irrationalität vereinbar, während fragwürdige Metapräferenzstrukturen (etwa 13.) kollektive Rationalität und Kooperation sicherstellen.

Zu bedenken ist außerdem, daß sich das Problem kollektiver Rationalität und Kooperation nicht nur auf der Ebene der Basispräferenzen, sondern auch auf der Ebene der Metapräferenzen stellt. Wie auch immer die Basispräferenzen zu interpretieren sind, ob als Ausdruck persönlicher Interessen oder als Repräsentation subjektiver Bewertungsaspekte insgesamt, der Umweg über die Bildung von handlungsleitenden Metapräferenzen, die qua Erwartungswertmaximierung den 'Widerspruch' zwischen Rationalität und Moralität beheben sollen, kann – so interessant er als Analyseinstrument ist – nicht überzeugen. Das Handlungsmotiv der Kooperation scheint eine eigenständige Rolle zu spielen, die sich im Rahmen der konsequentialistischen Standardinterpretation der Entscheidungstheorie nicht angemessen rekonstruieren läßt.

10.4 Kooperation und Kohärenz

Die Struktur des Gefangenen-Dilemmas definiert sich über die subjektiven Präferenzen der beteiligten Akteure hinsichtlich der möglichen Konsequenzen im Sinne von Entscheidungskombinationen. Das Problem kooperativer Entscheidungen stellt sich in genuinen Gefangenen-Dilemma-Situationen, also in solchen Situationen, in denen je individuell optimierendes Entscheidungsverhalten zu einem Ergebnis führt, das nicht paretooptimal ist. Kooperatives Verhalten der Individuen in solchen Situationen scheint insofern die Rationalitätsannahmen, die in Kapitel 2 eingeführt wurden, nicht zu erfüllen. Kooperatives Verhalten wäre irrational. Andererseits scheint es, daß Kooperation ein guter Handlungsgrund sein kann und es daher prima facie wenig plausibel ist, wenn eine Theorie praktischer Rationalität einen der für unser Verhalten möglicherweise wichtigsten Handlungsgründe als irrational zurückweist. Daher wollen wir in diesem Abschnitt das Verhältnis von Rationalität und Kooperation genauer untersuchen.

Auffallend ist zunächst, daß das Optimierungskriterium in Gefangenen-Dilemma-Situationen zu unterschiedlichen Ergebnissen führt, je nachdem ob es einen individuellen Adressaten oder eine Gruppe als Adressaten hat. Man stelle sich etwa vor, die beiden an einer Interaktion vom Typ des Gefangenen-Dilemmas beteiligten Personen 1 und 2 wendeten sich ratsuchend an zwei Entscheidungstheoretiker, nennen wir sie E und E'. Aufgrund der vollständigen Symmetrie der Situation können 1 und 2 erwarten, daß E und E' jeweils jedem Interaktionsbeteiligten dieselbe Empfehlung geben, also entweder 1 und 2 Kooperation (Strategie k) oder 1 und 2 Nicht-Kooperation (Strategie $\bar{k}$) empfehlen. Angenommen einer der beiden Entscheidungstheoretiker E empfiehlt jeweils k, während E' jeweils $\bar{k}$ empfiehlt. Zweifelsfrei wäre es für 1 und 2 günstiger, dem Rat von E und nicht dem Rat von E' zu folgen. Als Ratgeber ist E nicht erfolgreich. Diese Tatsache ist eine Herausforderung zumindest dann, wenn man die Entscheidungstheorie als eine normative Theorie versteht, denn man kann sich offensichtlich nicht generell wünschen, sein Handeln an dem Optimierungskriterium von E' auszurichten.

Man kann die Problematik auch dadurch veranschaulichen, daß man sich vorstellt, beide führten nicht jeweils für sich ein ratsuchendes Gespräch mit E und E', sondern wendeten sich gemeinsam an E und E'. Wenn E 1 und 2 gegenübersitzt, dann verkürzt sich die Anzahl der möglichen Optionen, für die E votieren kann, aufgrund der Symmetrie der Situation auf $\langle k, k \rangle$ und $\langle \bar{k}, \bar{k} \rangle$. Wenn nur diese beiden Optionen offenstehen, dann ist selbstverständlich $\langle k, k \rangle$ je individuell besser als $\langle \bar{k}, \bar{k} \rangle$, so daß bei diesen Optionen individuelle Optimierung zu Kooperation führt.

Angenommen nun, es liegt eine echte Gefangenen-Dilemma-Situation vor und eine beteiligte Person kooperiert. Da Nicht-Kooperation die dominante Strategie ist, sieht es so aus, als handele die Person irrational. Tatsächlich scheint sich diese Irrationalität nicht nur darin zu äußern, daß diese Person nicht individuell optimiert, sondern sogar darin, daß sie inkonsistente Präferenzen hat. Die Inkonsistenz ihrer Präferenzen ergibt sich aus folgender Betrachtung.

Da die Strategiekombinationen jeweils mit ganz bestimmten Auszahlungen fest verknüpft sind (Wahrscheinlichkeiten spielen keine Rolle), kann die Präferenzstruktur des Gefangenen-Dilemmas auch durch die individuellen Präferenzen bezüglich der möglichen Strategiepaare charakterisiert werden, wie dies in Tabelle 46 dargestellt ist. Daraus ist ersichtlich, daß es für jede Person am günstigsten ist, wenn sie selbst nicht kooperiert, während die andere Person kooperiert. An zweiter Stelle steht beidseitige Kooperation, dann beidseitige Nicht-Kooperation und schließlich die eigene Kooperation, während die andere Person nicht kooperiert.

1	2
$\langle \bar{k}, k \rangle$	$\langle k, \bar{k} \rangle$
$\langle k, k \rangle$	$\langle k, k \rangle$
$\langle \bar{k}, \bar{k} \rangle$	$\langle \bar{k}, \bar{k} \rangle$
$\langle k, \bar{k} \rangle$	$\langle \bar{k}, k \rangle$

Tab. 46: Präferenzstruktur des GD

Die Person, die sich in Kenntnis dieser Präferenzstruktur für die kooperative Strategie entscheidet, hat mindestens eine der folgenden Präferenzen: Sie zieht für den Fall, daß die andere Person kooperiert, die eigene Kooperation der eigenen Nicht-Kooperation vor oder sie zieht für den Fall, daß die andere Person nicht kooperiert, die eigene Kooperation der Nicht-Kooperation vor, oder sie hat diese Präferenz jedenfalls für eine bestimmte Wahrscheinlichkeitenmischung über Kooperation/Nicht-Kooperation der anderen Person. Sie hat also entweder eine Präferenz für $\langle k, k\rangle$ gegenüber $\langle \bar{k}, k\rangle$ oder für $\langle k, \bar{k}\rangle$ gegenüber $\langle \bar{k}, \bar{k}\rangle$ oder für $\langle k, l\rangle$ gegenüber $\langle \bar{k}, l\rangle$, wobei $l = [pk \,\&\, (1-p)\bar{k}]$ für $p \in (0, 1)$. Alle drei Alternativen sind aber mit der Präferenzstruktur in Tab. 46 in Widerspruch. Die erste und zweite Alternative ist in direktem logischen Widerspruch, die dritte Alternative ist im Widerspruch mit der Präferenzstruktur des GD, wenn man zusätzlich die Monotoniebedingung aus Kap. 2 voraussetzt.

Eine echte Gefangenen-Dilemma-Situation liegt genau dann vor, wenn folgendes gilt: Die beteiligten Personen (einfachheitshalber beschränken wir uns im folgenden weiterhin auf eine 2-Personen-Situation) ordnen die Konsequenzen (C) der vier möglichen Strategiekombinationen wie in der nachstehenden Tabelle 47 angegeben. Dabei steht $C_1\langle k, \bar{k}\rangle$ für die Konsequenzen, die die Kooperation von 1 und die Nicht-Kooperation von 2 für die Person 1 haben – mutatis mutandis für die anderen Kombinationen. Wenn wir uns bei dieser Darstellung der Präferenzstruktur jeweils auf die Spalte, die die Werte von C_i für i (i = 1, 2) angibt, beschränkt hätten, wäre damit implizit eine Vorentscheidung für eine eigenorientierte Interpretation der Präferenzen gefallen.

1	2
$C_1\langle \bar{k}, k\rangle / C_2\langle \bar{k}, k\rangle$	$C_1\langle k, \bar{k}\rangle / C_2\langle k, \bar{k}\rangle$
$C_1\langle k, k\rangle / C_2\langle k, k\rangle$	$C_1\langle k, k\rangle / C_2\langle k, k\rangle$
$C_1\langle \bar{k}, \bar{k}\rangle / C_2\langle \bar{k}, \bar{k}\rangle$	$C_1\langle \bar{k}, \bar{k}\rangle / C_2\langle \bar{k}, \bar{k}\rangle$
$C_1\langle k, \bar{k}\rangle / C_2\langle k, \bar{k}\rangle$	$C_1\langle \bar{k}, k\rangle / C_2\langle \bar{k}, k\rangle$

Tab. 47: Ordnungen der Konsequenzen im Gefangenen-Dilemma

Mit dieser Entkoppelung von Strategiewahl und Konsequenzenbewertung kann kooperatives Verhalten in Interaktionssituationen vom Typ des Gefangenen-Dilemmas im Einklang mit den Rationalitätsannahmen von Kapitel 2 sein. Da diese Rationalitätsannahmen vom Ramsey ursprünglich als Kohärenzbedingungen von Präferenzen formuliert werden, sprechen wir auch von **Ramsey-Kompatibilität**. Kooperation kann Ramsey-kompatibel sein, wenn eine Entkoppelung von Konsequenzenbewertung und Strategiewahl vorgenommen wird. Diese Entkoppelung muß im folgenden allerdings noch etwas erläutert werden.

Die Absicht zu kooperieren, kann ein guter Handlungsgrund sein. Es kann ein Motiv für eine Handlung sein, daß sie Teil einer kollektiven Handlung ist, deren Folgen paretooptimal sind. Ich kann das Motiv haben, meinen Teil zu einer kollektiven Strategie beizutragen, deren Folgen ich und (nach meiner Kenntnis) auch alle übrigen Personen gegenüber anderen Alternativen vorziehen. Im Falle des Gefangenen-Dilemmas spielt die Symmetrie der Situation eine wesentliche Rolle. Jede Person weiß, daß es im persönlichen Interesse jeder anderen Person und auch der eigenen Person ist, eine Handlung zu wählen, deren allgemeine Befolgung für alle schlechte Konsequenzen hat. Das Motiv, sich zumindest unter der Bedingung, daß man auch von anderen Personen kooperatives Verhalten erwarten kann, selbst kooperativ zu verhalten, ist in der Regel nicht adäquat als eine Umwertung der Konsequenzen der möglichen Strategiekombinationen zu interpretieren. Kooperatives Verhalten ist im strengen Sinne nur möglich, wenn die Konsequenzenbewertungen die Struktur eines Gefangenen-Dilemmas haben.

Wenn man die Folgenbewertungen betrachtet, die das Gefangenen-Dilemma konstituieren, dann wird der Erwartungswert der Folgenbewertungen durch eine kooperative Entscheidung nicht maximiert, da Nicht-Kooperation dominant ist. Wenn die Präferenzen des Akteurs über Handlungen identifiziert werden – mit Präferenzen über die den Handlungen zuzuordnenden Wahrscheinlichkeitsverteilungen über die Konsequenzen der Handlungen, dann ist kooperatives Verhalten nicht im Einklang mit den Kohärenzbedingungen aus Kapitel 2. Die Einordnungen der Handlungen in die Präferenzrelation einer Person, die sich in einer Gefangenen-Dilemma-Situaton kooperativ verhält, erfolgt nicht nach dem Kriterium der Erwartungswertmaximierung der Folgenbewertung.

Diese Unvereinbarkeit von Kohärenz und Kooperation ist jedoch behoben, sobald man die im '*revealed-preference*'-Konzept vorgenommene Verkoppelung von Präferenzen über Handlungen und Präferenzen über Konsequenzen aufgibt. Da für die Kohärenztheorie praktischer Rationalität die Kohärenz von Handlungspräferenzen ohnehin die grundlegende ist, liegt es nahe, die Kohärenz der Handlungspräferenzen eines kooperationsbereiten Akteurs unabhängig von der fragwürdigen Annahme zu prüfen, Handlungen seien durch Wahrscheinlichkeitsverteilungen über Handlungsfolgen repräsentiert (bzw. mit diesem formal identisch).

Die Präferenzen des kooperationsbereiten Akteurs über Handlungsalternativen sind selbstverständlich mit den Ordnungsaxiomen (Reflexivität, Vollständigkeit und Transitivität) vereinbar. Die für die Konstituierung einer reellwertigen Bewertungsfunktion zusätzlich in Kapitel 2 eingeführten Bedingungen über die probabilistisch erweiterte Alternativenmenge müssen nun analog interpretiert werden: die probabilistische Erweiterung bezieht Lotterien über Handlungsoptionen ein. In der Tat kann mit einer bestimmten Handlung h je nach den Umständen eine weitere Handlung h′ oder eine andere Handlung h″ vollzogen werden. Um ein Beispiel von Anscombe aufzugreifen: Ich betätige die Pumpe – je nach den Umständen kann diese Handlung die Versorgung der Anwohner mit Trinkwasser oder ihre Vergiftung bedeuten.

Es ist anzunehmen, daß auch der kooperationsbereite Akteur zwischen zwei Aussichten (Lotterien) indifferent ist, wenn sich die eine Aussicht in die andere durch mathematische Umformung nach dem Wahrscheinlichkeitskalkül überführen läßt. Die Reduktionsbedingung ist also erfüllt. Weiterhin ist anzunehmen, daß auch der kooperationsbereite Akteur, wenn er zwischen einer sicheren Handlung und einer Lotterie über Handlungen indifferent ist, überall diese Handlung durch die Lotterie ersetzen kann, ohne daß sich an der Präferenzrelation etwas ändert. Die Substituierbarkeitsbedingung können wir also ebenfalls als erfüllt annehmen. Wenn der kooperationsbereite Akteur mit zwei Aussichten konfrontiert wird, deren Wahrscheinlichkeiten sich auf ein gleiches Paar von Handlungen beziehen, dann wird er diejenige Aussicht vorziehen, die für die präferierte Handlung eine höhere Wahrscheinlichkeit vorsieht. Die Monotoniebedingung ist demnach ebenfalls erfüllbar. Man kann sich etwa vorstellen, daß die Wahl der einen Lotterie eine höhere

Wahrscheinlichkeit dafür bereithält, daß der Akteur mit dieser Handlung kooperiert, als daß er nicht kooperiert.

Noch am ehesten wirft die Stetigkeitsbedingung Probleme auf. Ein rigider, 'kantischer' Kooperateur mag es für seine moralische Pflicht halten zu kooperieren, so daß er sich für eine Lotterie entscheidet, auch wenn sie nur mit einer geringen Wahrscheinlichkeit zu Kooperation führt, vorausgesetzt die Alternative bedeutet Nicht-Kooperation (so gut auch ihre subjektiven Folgen sein mögen). Wenn wir jedoch rigide Kooperation in diesem Sinne ausschließen und annehmen, daß auch der kooperationsbereite Akteur gewisse Abwägungen zwischen Kooperationsbereitschaft einerseits und der Inkaufnahme schlechter Folgen andererseits vornimmt, dann spricht nichts gegen die Annahme, daß die Stetigkeitsbedingung erfüllbar ist. Das Motiv der Kooperation würde dann eine Gewichtung (statt einer unbedingten Vorordnung) erfahren.

Wie das Nutzentheorem, T. 1/2, aus Kapitel 2 zeigt, können wir nun aufgrund der Kohärenzbedingungen eine reellwertige Funktion zuordnen. Diese reellwertige Funktion ist allerdings mit der Folgenbewertung der Person nicht mehr identisch. Die Menge, deren Elemente von dieser Funktion bewertet werden, ist nicht die Menge der Konsequenzen einschließlich ihrer probabilistischen Erweiterung. Vielmehr treten nun als Parameter der Bewertung die Interaktionsstrukturen selbst in Erscheinung. Kooperation ist eben nur definiert für einen bestimmten Typus von Interaktionssituationen, für die das Gefangenen-Dilemma paradigmatisch ist. Damit wird nicht nur das '*revealed-preference*'-Konzept aufgegeben, sondern zugleich die konsequentialistische Standardinterpretation der Entscheidungstheorie durch eine kohärentistische Theorie praktischer Rationalität ersetzt. Auch kooperationsbereite Personen können kohärente Präferenzen haben. Kooperation muß die Minimalbedingung der Kohärenz nicht verletzen.

Literatur: Axelrod (1984), Coase (1988), Friedman (1986), Kap. 2 & 3, Howard (1971), Kavka (1986), Luce & Raiffa (1957), Abschn. 5.4, Myerson (1991), Abschn. 3.2, 6.1 & Kap. 7, Nida-Rümelin (1991), Olson (1968), Ordeshook (1986), Kap. 5 & 7, Rapoport & Chammah (1965), Rasmusen (1989), Kap. 1 & 4, Schüßler (1990), Shubik (1983), Kap. 9 & 10, Skyrms (1990), Kap. 6, Taylor (1987), Voss (1985), Kap. 4.

Anmerkungen: Eine Darstellung und Analyse des Gefangenen-Dilemmas, wie es in Abschnitt 10.1 behandelt wird, ist in so gut wie jedem Lehrbuch zur Spieltheorie zu finden, s. die oben angegebene Literatur. Rasmusen (1989), S. 38, schreibt das Beispiel, das dem Dilemma zugrunde liegt, einer unveröffentlichten Arbeit von Albert Tucker zu, vgl. Dresher, Tucker & Wolfe (1957). Die angeführten vier Beispiele sollen zeigen, daß das Problem, das mit dem Gefangenen-Dilemma aufgeworfen wird, tatsächlich sehr allgemeiner Natur ist. Beispiel 1, das Wasserreinhaltungsproblem, ist die Abwandlung eines Beispiels für Luftverschmutzung, das Ordeshook (1986), S. 207f., gegeben hat. S. ebda., S. 325–330, und Shubik (1984), S. 542ff., für eine Analyse des Problems im Rahmen der Theorie kooperativer Spiele (s. dazu '*Weitere Probleme*' im Anschluß an Kap. 9).
Die Schlußfolgerung aus diesem Beispiel: daß ein öffentliches Gut (und dazu gehört auch die Bildung von Organisationen oder Interessengruppen) freiwillig nur bereitgestellt wird, wenn einzelne Beteiligte für die Kosten aufkommen, schafft im Blick auf existierende freiwillige Organisationen und Interessengruppen (Gewerkschaften, Arbeitgeberverbände u. ä.) einen Erklärungsbedarf. Wie können sie entstehen, da sie nach der Logik des GD eigentlich nicht existieren dürften bzw. dem 'Trittbrettfahrerproblem' ausgesetzt sind (die Beteiligten müssen keine Mitglieder sein, um in den Genuß des öffentlichen Gutes zu kommen, das die Organisation bereitstellt)?

Olson (1968) hat darauf eine Antwort zu finden versucht, indem er argumentierte, daß mit der Etablierung solcher Organisationen in der Regel Nebenleistungen definiert werden, die nur die Mitglieder erhalten – und nicht alle Beteiligten (wie die Lohnerhöhung, die eine Gewerkschaft aushandelt). Gewerkschaften z. B. bieten Rechtsschutz in Arbeitsprozessen an. Das ist eine Leistung, die nur Mitglieder in Anspruch nehmen können. Das 'Trittbrettfahrerproblem' wird also in der Argumentation Olsons dadurch gelöst (oder zumindest in seiner Relevanz reduziert), daß die Organisation neben dem 'öffentlichen Gut' (Lohnerhöhung) auch 'private Güter' bereitstellt (z. B. Rechtsschutz).
Auf ganz andere Weise sind Ökonomen das Problem der Bereitstellung öffentlicher Güter angegangen. Sie haben versucht, 'nachfrageaufdeckende' Verfahren zu entwerfen. Das sind Verfahren – wie z. B. die 'Clarke-Steuer' oder der 'Groves-Ledyard-Mechanismus', die die Bekanntgabe der 'wahren' Präferenzen der Beteiligten induzieren und so die wirkliche Nachfrage nach öffentlichen Gütern 'aufdecken', s. dazu Clarke (1971), Groves & Ledyard (1977), Tideman & Tullock (1976). Für eine Kurzdarstellung s. Ordeshook (1986), Abschn. 5.6, für Überblicksdarstellungen s. Green & Laffont (1979), Muench & Walker (1979) und Blümel, Pethig & von dem Hagen (1986); der Bezug zum Problem strategiefreier Regeln (s. o. Kap. 5) wird hergestellt bei Groves (1979). Beispiel 2, das Abrüstungsproblem, ist spieltheoretisch analysiert worden von Hardin (1983), Güth (1985), Brams (1985) und Brams & Kilgour (1988).
Beispiel 3, das Vertragsproblem, wurde zuerst von Gauthier (1969), S. 76–98, mit dem Gefangenen-Dilemma in Beziehung gebracht, vgl. auch Taylor (1985). Eine ausführliche Analyse dieses Zusammenhangs – bezogen auf das Vertragsproblem bei Hobbes – hat Kavka (1986) vorgelegt; von ihm haben wir auch unser Beispiel (Tab. 39) übernommen, s. Kavka, ebda., Abschn. 4.1.
Eine interessante Alternative zu den erwähnten Sanktionen oder Anreizen als 'Lösung' des GD im vertragstheoretischen Zusammenhang schlägt Myerson (1991), S. 245 f., vor: Angenommen ein neutraler Beobachter präsentiert den Spielern in einem 2-Personen-GD einen 'Vertrag', der etwa folgendermaßen lautet "Die Unterzeichnenden verpflichten sich, die kooperative Strategie k zu wählen, wenn beide Beteiligten diese Vereinbarung unterzeichnen. Unterzeichnet nur einer der Beteiligten, so wird er die nicht-kooperative Strategie $\bar{k}$ wählen". Die Option der Spieler, diesen 'Vertrag' zu unterzeichnen, der eine Art von Selbstverpflichtung darstellt, kann nun als weitere Strategie s in das GD eingeführt werden. Unter Zugrundelegung der Auszahlungsfunktionen aus Tabelle 34 ergibt sich dann die folgende Auszahlungsmatrix.

			2	
		k	$\bar{k}$	s
	k	$\langle 3, 3\rangle$	$\langle 1, 4\rangle$	$\langle 1, 4\rangle$
1	$\bar{k}$	$\langle 4, 1\rangle$	$\langle 2, 2\rangle$	$\langle 2, 2\rangle$
	s	$\langle 4, 1\rangle$	$\langle 2, 2\rangle$	$\langle 3, 3\rangle$

In diesem, um die 'Vertragsoption' erweiterten GD gibt es im Unterschied zum ursprünglichen GD keine dominante Strategie. Vielmehr ist s die einzige schwach dominante Strategie (vgl. D. 3/10). Ihre Wahl führt zum einzigen Gleichgewichtspunkt: $\langle s, s\rangle$ bzw. $\langle 3, 3\rangle$. Die Erweiterung des GD um die 'Vertragsoption' sichert daher den 'kooperativen Ausgang' des Spiels.
Beispiel 4, die 'Tragödie der Allmende', geht auf einen späterhin sehr bekannt gewordenen Artikel von Hardin (1968) zurück. Allerdings ist bezüglich des Beitrags von Hardin vor einem Mißverständnis zu warnen. Die 'Tragödie' betrifft nicht die im mittelalterlichen und frühneuzeitlichen Europa historisch vorfindbaren Formen von Allmenden. Letztere waren Formen eines **gemeinsamen** Besitzes, für den genaue Nutzungsregeln definiert waren, die z. B. Weidezeiten und Herdengröße beschränkten. Man muß in diesem Zusammenhang zwischen dem 'gemeinsamen Besitz' an einer (natürlichen) Ressource und der Ressource als

'freiem Gut' unterscheiden. Im ersteren Fall sind Regelungen eingeführt, die die Nutzung der Ressource durch die Beteiligten steuern, im letzteren Fall jedoch ist mangels Regelungen ein ungehinderter Zugriff der Beteiligten auf die Ressource möglich. Hardins 'Tragödie der Allmende' betrifft den letzteren Fall, nicht den ersteren; vgl. dazu Goodin (1976), Kap. 15, und Taylor (1987), Kap. 1.

Die Unterscheidung von 'gemeinsamem Besitz' und 'freiem Gut' macht deutlich, daß die Festlegung von Nutzungsregelungen, d. h. von 'Eigentumsrechten', für eine Ressource die 'Tragödie der Allmende' verhindern kann. Alternativ definierte 'Eigentumsrechte' könnten also die 'Tragödie' vermeiden. Das kommt in der **Ökonomie der Eigentumsrechte** durch das 'Coase-Theorem' zum Ausdruck, das besagt, daß ein Arrangement von Eigentumsrechten, das zu einer ineffizienten Allokation von Ressourcen führt (wie die 'Tragödie der Allmende', die letztlich alle schlechter stellt), insofern nicht aufrechterhalten werden kann, als sich jederzeit Allokationen von Ressourcen finden lassen (einschließlich der dazugehörigen Festlegung von Eigentumsrechten), die gegenüber der ineffizienten Allokation keinen schlechter, aber mindestens einen besser stellen. Das bedeutet, daß 'Eigentumsrechte' gegen Kompensation umdefiniert bzw. 'getauscht' werden können, um paretoeffiziente Allokationen von Ressourcen zu erreichen. Nach Coase (1988) gilt dies allerdings nur dann, wenn die entsprechenden Aushandlungs- und/oder Transaktionskosten des Tauschs der Eigentumsrechte sehr gering oder Null sind und wenn es einen exogenen Mechanismus gibt, der die Einhaltung der diesbezüglichen Vereinbarung sichert.

Abschnitt 10.2 beschäftigt sich mit der Möglichkeit, aufgrund der Iteration des GD zu 'kooperativen Gleichgewichten' zu gelangen. Die Ausführungen stützen sich v. a. auf Taylor (1987), Kap. 3 & 4, Axelrod (1984), Kap. 6 & 7, Ordeshook (1986), Kap. 10, und Raub & Voss (1986); vgl. dazu auch Friedman (1986), Kap. 3, Myerson (1991), Kap. 7, sowie Rasmusen (1989), Kap. 4. Die Idee der Iteration des GD und die dazugehörige Formulierung von 'Metastrategien' (unsere 'Gesamtstrategien') ist von Howard (1971) in die Diskussion eingeführt worden.

T. 1/10 faßt T. 2 und T. 3 in Raub & Voss (1986), S. 20f., zusammen. Die Kennzeichnung von Gesamtstrategien als 'sympathisch' ('*nice*') und 'provozierbar' ('*provocable*') ist von Axelrod (1984). T. 2/10 faßt T. 5 bis T. 7 in Raub & Voss (1986), S. 22ff., zusammen; vgl. auch Taylor (1987), S. 67ff. T. 3/10 vereinigt *Proposition* 3 & 4 in Axelrod (1984), S. 210f. T. 4/10 findet sich bei Taylor (1987), S. 86. Die Idee des (erfolgreichen oder nicht erfolgreichen) 'Eindringens' einer Gruppe kooperierender Spieler in eine Gruppe nicht-kooperierender Spieler (oder umgekehrt), um zur Feststellung **kollektiv stabiler** Gesamtstrategien zu gelangen, wird in Axelrod (1984), Kap. 3 & Appendix B, entwickelt.

Der Begriff der kollektiven Stabilität ist in der Diskussion sehr bald um den Begriff der **evolutionären Stabilität** ergänzt worden. Darunter wird eine Population von Gesamtstrategien verstanden, so daß andere Gesamtstrategien, die in diese Population eingebracht werden, sich dort nicht vermehren können, s. dazu Schüßler (1990), S. 104, Maynard Smith (1974) und Hofbauer & Sigmund (1984). Auch in diesem Zusammenhang zeigt sich, daß die unbedingte Nicht-Kooperation stets evolutionär stabil ist, nicht in allen Fällen aber die bedingte Kooperation. Schüßler (1990), Kap. 4, zeigt dies in einer Analyse des endlichen 2-Personen-GD* als 'Degradationsspiel' auf; vgl. auch Skyrms (1990), Kap. 6.

Zum Gefangenen-Dilemma in experimentellen Spielen s. Rapoport & Chammah (1965) und Colman (1983). Kern & Räder (1988) rekonstruieren das Aufkommen der 'Neuen Sozialen Bewegungen' als 'Lösung' eines Gefangenen-Dilemmas und versuchen, unter Heranziehung von Umfragedaten zu zeigen, daß ein Zusammenhang zwischen Kooperationsbereitschaft und moralisch motivierten Einstellungen besteht. Zur Frage kooperativen Verhaltens und der eigenständigen Rolle kooperativer Handlungsgründe s. auch die Beiträge in Nida-Rümelin (1994) und Campbell & Sowden (1985).

Abschnitt 10.3 nimmt die Idee einer Metapräferenzrelation von Sen (1974) auf und unterzieht sie einer systematischen Analyse. Wir stützen uns dabei auf Nida-Rümelin (1991). Die 'Vertrauenspräferenzen' sind die Präferenzen von Sens '*Assurance Game*' und die Präferenzen der unbedingten Kooperation sind Sens '*Other-regarding preferences*' (1974).

Das in diesem Abschnitt erwähnte '*Chicken*'-Spiel läßt sich mit einem Beispiel illustrieren, das auf eine unter Jugendlichen in den Vereinigten Staaten der 50er Jahre verbreitete Mutprobe zurückgeht: Zwei Jugendliche fahren in zwei Personenwagen auf der Mittellinie einer geraden Straße direkt aufeinander zu. Wer zuerst ausweicht, ist der Feigling (*chicken*). Nachstehend ist die Auszahlungsmatrix wiedergegeben, s. Rasmusen (1989), S. 73.

		i: weiter-fahren	i: aus-weichen
j	weiterf.	⟨−3, −3⟩	⟨2, 0⟩
j	ausw.	⟨0, 2⟩	⟨1, 1⟩

In diesem Spiel gibt es zwei Gleichgewichtspunkte: ⟨0, 2⟩ und ⟨2, 0⟩. Der entscheidende Punkt, der diese Konfliktsituation charakterisiert, ist nun, daß die Gleichgewichte **nicht austauschbar** sind.

Abschnitt 10.4 skizziert den Ansatz einer 'kohärentistischen' Fundierung der Entscheidungstheorie; vgl. dazu Nida-Rümelin (1994) Kap. I und Ramsey (1931).

11. Individuelle Rechte und kollektive Rationalität

11.1 Das Liberale Paradox

Der rote Faden der bisherigen Untersuchung war die Frage: Gibt es eine Aggregation individueller Präferenzen, die im Einklang ist mit intuitiv plausiblen Konsistenz-, Rationalitäts- und Gerechtigkeitsbedingungen. So kann man die Bedingung der Anonymität und des Ausschlusses der Diktatur als Forderungen interpretieren, die vom demokratischen Prinzip der Gleichbehandlung impliziert sind. Die Auswahleigenschaften α und β (vgl. Abschn. 1.4) dagegen sind Minimalbedingungen kollektiver Rationalität oder genauer: Rationalitätsbedingungen kollektiver Rangordnungen, während die Eigenschaft der Transitivität schon im Begriff der Präferenz (als Bedeutungspostulat) gefordert werden kann und insofern den Status einer Konsistenzbedingung hat. Konsistenzbedingungen unterscheiden sich von Rationalitätsbedingungen in ihrem logischen Status. Konsistenzbedingungen beziehen sich auf Mengen von Sätzen, während Rationalitätsbedingungen sich (implizit oder explizit) auf einen Akteur beziehen (dieser muß keine natürliche Person sein).

In diesem Kapitel ändert sich der Blickwinkel: Es geht nicht mehr um Konsistenz, Rationalität und Gerechtigkeit kollektiver Präferenzen, sondern es geht um das Spannungsverhältnis individueller Entscheidungsfreiheiten und kollektiver Ansprüche. Das ist ein altes, vielleicht sogar das älteste Problem der politischen Philosophie; es nimmt jedoch in der Logik kollektiver Entscheidungen eine überraschend allgemeine Form an.

Nicht nur die neuzeitliche liberale Tradition des politischen Denkens von Locke und Bentham über Mill und Tocqueville bis zu Schumpeter und Nozick, sondern, wenn auch in weniger pointierter Form, fast jeder Ansatz der politischen Philosophie berücksichtigt, daß Personen – aus naturrechtlichen, aus anthropologischen oder aus anderen Gründen – ein gewisses Maß an persönlicher Freiheit, ein persönlicher Freiheitsspielraum, zusteht. So wie das Theorem von Arrow die Einwände gegen demokratische Regeln der Entscheidungsfindung zu der These radikalisiert, daß 'ein demokratisches Entscheidungsverfahren logisch unmöglich' sei, so radikalisiert das Liberale Paradox das Spannungsverhältnis von individueller Freiheit und kollektiven Ansprüchen zu der These, daß es 'keine demokratische Entscheidungsregel gebe, die auch nur mit einem Minimum an persönlicher Freiheit vereinbar' sei. Und so wie sich beim Theorem von Arrow bei genauerer Analyse eine Vielzahl von Qualifizierungen und Relativierungen der These ergaben, so werden wir auch hier am Ende des Kapitels sehen, daß der These zwar im Grundsatz zuzustimmen ist, daß ihre praktische Relevanz aber von einer ganzen Reihe von Bedingungen abhängt, die in vielen, vielleicht den meisten Fällen, nicht gegeben sind, ja noch mehr: im Gegensatz zum Theorem von Arrow scheint es für das Liberale Paradox tatsächlich zufriedenstellende 'Lösungen' zu geben.

Das Liberale Paradox kann am besten anhand des von Sen (1970*) gegebenen Beispiels erläutert werden: Es gibt ein Exemplar des ('obszönen') Buches "Lady Chatterley's Lover". Die Gruppe (K) besteht aus zwei Personen: A (eher prüde) und B (eher lasziv). Die Situation läßt nur drei Entscheidungsalternativen zu: ausschließlich A liest das Buch (a), ausschließlich B liest das Buch (b), keiner von beiden liest das Buch (c). Hinsichtlich dieser Alternativen haben die Beteiligten, A und B, die in der folgenden Tabelle 48 wiedergegebenen Präferenzen.

A	B
c	a
a	b
b	c

Tab. 48: Präferenzstruktur im Beispiel von "Lady Chatterley's Lover"

Diese Präferenzen lassen sich wie folgt begründen: A (der Prüde) hat es am liebsten, wenn niemand das Buch liest. Falls es jedoch einer liest, dann bevorzugt er, es selbst zu lesen, denn bei der ihm eigenen Charakterstärke wird er – so vermutet A – weniger Schaden nehmen als der ohnehin schon sittlich gefährdete B. B (der Laszive) hingegen hätte es am liebsten, wenn jeder das Buch liest. Da aber diese Alternative nicht zur Wahl steht, ist für ihn a die beste Alternative: Wenn nur einer das Buch lesen kann, dann sollte es der prüde A lesen, meint B – sozusagen aus pädagogischen Gründen.

Aufgrund der Präferenzstruktur in Tabelle 48 muß bei Anwendung der Pareto-Bedingung **SP** (vgl. Abschn. 3.2 und 4.1) a gegenüber b kollektiv vorgezogen werden. Beim Vergleich der Alternativen a und c kann man jedoch argumentieren, daß die Frage, ob A das Buch liest oder nicht, ausschließlich seine persönliche Angelegenheit sei. Dieses Argument wird dadurch verstärkt, daß B in beiden Fällen das Buch nicht liest, es also für B in dieser Hinsicht keinen Unterschied macht, welche dieser Alternativen gewählt wird. Die kollektive Wahl zwischen a und c sollte sich daher ausschließlich nach den persönlichen Präferenzen von A richten. Bei der angenommenen Präferenzstruktur ist c aufgrund des Bestehens individueller Rechte gegenüber a kollektiv vorzuziehen.

Wir können den Gedanken, daß den Individuen für bestimmte Alternativen (die ihre 'persönliche Angelegenheit' sind) ein Recht zusteht, selbst zu entscheiden, so daß ihre Entscheidung unverändert in die kollektive Präferenz eingeht, wie folgt als Bedingung der Liberalität formulieren.

Bedingung **L (Liberalität)**: $\forall g \in G: \forall i \in K: \exists x, y \in X, x \neq y: [(\langle x, y\rangle \in \dot{g}(i) \rightarrow \langle x, y\rangle \in \dot{f}(g)) \wedge (\langle y, x\rangle \in \dot{g}(i) \rightarrow \langle y, x\rangle \in \dot{f}(g))]$.

Beim Vergleich zwischen b und c ist das gleiche Argument in Bezug auf B (die laszive Person) anwendbar: B soll frei entscheiden können, ob er das Buch liest oder nicht, und da A in beiden Fällen das Buch nicht liest, dürften seine subjektiven Präferenzen für die kollektive Präferenz keine Rolle spielen, so daß b gegenüber c kollektiv zu bevorzugen ist. Zusammengefaßt ergibt sich damit eine zyklische kollektive Präferenzrelation, wonach a gegenüber b kollektiv vorgezogen wird, b gegenüber c, jedoch auch c gegenüber a.

Dieses Beispiel läßt sich unter Heranziehung der Pareto-Bedingung in ihrer strikten Form und der Bedingung der Liberalität zu folgendem Theorem verallgemeinern, wobei wir für die Aggregation der individuellen Präferenzen eine Kollektive Entscheidungsfunktion (KEF) nach D. 10/4 zugrunde legen.

Theorem 1/11:

Es gibt keine KEF, die den Bedingungen **SP** und **L** genügt.

Beweis:

(1)	Annahme: $\# K \geqq 2$ und $\# X \geqq 3$.	
(2)	Annahme: Gegeben $x_1, x_2, x_3, x_4 \in X$; $A, B \in K$, $A \neq B$.	
(3)	Annahme: Sei A bezüglich $\{x_1, x_2\}$ und B bezüglich $\{x_3, x_4\}$ bestimmend für die kollektive Präferenz im Sinne von Bedingung L.	mögl. wg. Bed. L
	Zwei Fälle sind zu unterscheiden.	
(4)	1. *Fall*: $\{x_1, x_2\}$ und $\{x_3, x_4\}$ haben ein gemeinsames Element; ohne Beschränkung der Allgemeinheit sei $x_1 = x_3$.	
(5)	Annahme: $\langle x_1, x_2\rangle \in \dot{g}(A) \wedge \langle x_4, x_1\rangle \in \dot{g}(B) \wedge \forall i \in K$: $\langle x_2, x_4\rangle \in \dot{g}(i)$.	mögl. wg. f KEF (D. 10/4)
(6)	$\langle x_1, x_2\rangle \in \dot{f}(g)$.	wg. (3), (5) u. Bed. L
(7)	$\langle x_2, x_4\rangle \in \dot{f}(g)$.	wg. (5) u. Bed. **SP**
(8)	$\langle x_4, x_1\rangle \in \dot{f}(g)$.	wg. (3), (5) u. Bed. L
(9)	Die AR f ist nicht azyklisch.	wg. (6)–(8)
(10)	2. *Fall*: $\# \{x_1, x_2, x_3, x_4\} = 4$.	
(11)	Annahme: $\langle x_1, x_2\rangle \in \dot{g}(A) \wedge \langle x_3, x_4\rangle \in \dot{g}(B) \wedge \forall i \in K$: $[\langle x_2, x_3\rangle \in \dot{g}(i) \wedge \langle x_4, x_1\rangle \in \dot{g}(i)]$.	mögl. wg. f KEF (D. 10/4)
(12)	$\langle x_1, x_2\rangle \in \dot{f}(g)$.	wg. (3), (11) u. Bed. L
(13)	$\langle x_2, x_3\rangle \in \dot{f}(g)$.	wg. (11) u. Bed. **SP**
(14)	$\langle x_3, x_4\rangle \in \dot{f}(g)$.	wg. (3), (11) u. Bed. L
(15)	$\langle x_4, x_1\rangle \in \dot{f}(g)$.	wg. (11) u. Bed. **SP**
(16)	Die AR f ist nicht azyklisch.	wg. (12)–(15)
(17)	Die AR f ist keine KEF.	wg. (9), (16) u. D. 10/4

Der Beweis beruht im übrigen in zentralen Punkten (siehe Beweisschritt (5) und (11)) darauf, daß beliebige – also auch die im Beweis angenommenen – Präferenzstrukturen vorkommen können. Das ist in der Definition der zugrundegelegten Kollektiven Entscheidungsfunktion impliziert (vgl. D. 10/4). Es genügt also, jeweils für eine Präferenzstruktur aufzuzeigen, daß die Aggregationsregel keine Kollektive Entscheidungsfunktion sein kann, wenn die Pareto-Bedingung und die Bedingung der Liberalität erfüllt sind.

Da die Plausibilität der später zu diskutierenden Lösungsvorschläge stark von der Interpretation der Konfliktfälle abhängt, seien hier noch zwei weitere Beispiele angeführt. Im ersten Beispiel möchte Erika Hans heiraten, aber sie wird sich für den Richter entscheiden, wenn Hans sie nicht heiraten will. Der Richter bevorzugt, was immer Erika wünscht. Hans möchte unverheiratet bleiben, aber er würde lieber Erika heiraten als sie mit dem Richter verheiratet sehen. Die drei Alternativen sind: Hans heiratet Erika (a), der Richter heiratet Erika und Hans bleibt unverheiratet (b), beide, Hans und Erika, bleiben unverheiratet (c). Die Präferenzen von Erika und Hans bezüglich dieser Alternativen sind in der nachfolgenden Tabelle 49 wiedergegeben.

Erika	Hans
a	c
b	a
c	b

Tab. 49: Präferenzstruktur im Beispiel von Erika, Hans und dem Richter

Nun scheint es, daß Erika das Recht hat, den Richter zu heiraten, wenn dieser das ebenfalls wünscht. Damit wäre b gegenüber c kollektiv vorzuziehen. Hans sollte frei entscheiden können, ob er heiratet oder nicht. Das führt zur kollektiven Bevorzugung von c gegenüber a. Da außerdem beide, Erika und Hans, a gegenüber b vorziehen, muß aufgrund der Pareto-Bedingung a auch kollektiv gegenüber b vorgezogen werden. Das ergibt zusammengefaßt wiederum eine zyklische kollektive Präferenzrelation.

Ein letztes Beispiel: In einer Assistentenversammlung steht die Wahl für eine Position in einem Selbstverwaltungsgremium an. Nur zwei der Assistenten (A und B) erwägen überhaupt eine Kandidatur. Von diesen ist A ein engagierter Verfechter der Idee der Selbstverwaltung, während B ihr ablehnend gegenübersteht. Es gibt drei Alternativen: A kandidiert (a), B kandidiert (b), keiner der beiden kandidiert (c).

A will entsprechend seiner Einstellung, daß sich auch B an der Selbstverwaltungsarbeit beteiligt, zumal er selbst schon in einer Reihe von Gremien aktiv ist. Wäre jedoch B nicht bereit zu kandidieren, würde er notfalls selbst zur Verfügung stehen. B würde es wegen seiner ablehnenden Einstellung gegenüber der Selbstverwaltung am besten finden, wenn niemand kandidiert. Für den Fall, daß A kandidiert und damit möglicherweise einem weiteren Gremium angehört, ist B bereit, ausnahmsweise selbst zu kandidieren. Diese Überlegungen würden für A und B die in der folgenden Tabelle 50 wiedergegebenen Präferenzen ergeben.

A	B
b	c
a	b
c	a

Tab. 50: Präferenzstruktur des Assistenten-Beispiels

Beide Personen ziehen die Alternative b der Alternative a vor, so daß sich die kollektive Bevorzugung von b gegenüber a ergeben muß. Da A die Alternative a der Alternative c vorzieht und B in beiden Alternativen nicht kandidiert, fällt die Wahl zwischen a und c in den persönlichen Entscheidungsbereich von A, womit a gegenüber c kollektiv bevorzugt wird. Da weiterhin B die Alternative c der Alternative b vorzieht und A in beiden Alternativen nicht kandidiert, gehört die Wahl zwischen b und c in den persönlichen Entscheidungsbereich von B, so daß c gegenüber b kollektiv zu bevorzugen ist. Damit ergibt sich erneut eine zyklische kollektive Präferenzrelation, in der a gegenüber c kollektiv vorgezogen wird, c gegenüber b, jedoch auch b gegenüber a.

Die Relevanz des Theorems hängt nun davon ab, ob es plausibel ist, zugleich beide Eigenschaften, die der Liberalität und die der Paretoinklusivität (d.h. das Strikte Pareto-Prinzip) von einer Aggregationsregel zu fordern. Während Paretoinklusivität für beliebige kollektive Entscheidungssituationen unverzichtbar erscheint, ist dies bei der Bedingung der Liberalität keineswegs der Fall. In den allermeisten politischen Entscheidungsprozessen wäre es nicht gerechtfertigt, von der zur Anwendung kommenden Regel kollektiver Entscheidungsfindung Liberalität zu fordern. Im Gesetzgebungsverfahren z.B. besteht die Alternativenmenge in einer Reihe von Gesetzesentwürfen (und i.a. der zusätzlichen Alternative, es beim bestehenden Gesetz zu belassen, dem Status quo). Die entscheidende Gruppe ist die Versammlung der Parlamentarier, die jeweils eine individuelle Präferenzordnung über diese Alternativenmenge haben. Die Aggregation dieser Präferenzen erfolgt in Gestalt einer Parlamentsentscheidung.

Während in diesem Zusammenhang die Arrowschen Bedingungen (vgl. Abschn. 3.3) plausible Forderungen an die anzuwendende Regel für kollektive Entscheidungen darstellen, ist das für die Bedingung der Liberalität nicht der Fall; es ist völlig unplausibel zu fordern, daß jeder einzelne Parlamentarier die kollektive Präferenz für ein Alternativenpaar, d.h. hier für eine Gesetzgebungsalternative, bestimmt. Für den Bereich öffentlicher (politischer) Entscheidungsfindung ist die Nicht-Anwendbarkeit der Bedingung der Liberalität charakteristisch, und damit ist das Liberale Paradox für die Auswahl geeigneter Aggregationsregeln im Bereich öffentlicher Entscheidungen irrelevant.

Theorem 1/11 ist nur dann relevant, wenn man die Frage der richtigen Aggregation individueller Präferenzen nicht auf den öffentlich-politischen Bereich beschränkt. Nun gibt es eine Reihe von Argumenten, die gegen eine solche Ausweitung des Anwendungsbereichs von Aggregationsregeln sprechen, und man kann das Liberale Paradox als eines dieser Argumente ansehen. Dennoch soll zunächst intuitiv deutlich gemacht werden, daß das Liberale Paradox eine ernsthafte Herausforderung für die Logik kollektiver Entscheidungen darstellt.

Das Paretokriterium bzw. die Forderung nach Paretoinklusivität der Aggregationsregel verlangt, daß Zustände, die von allen vorgezogen werden, aufgrund der Anwendung einer Aggregationsregel auch kollektiv vorgezogen werden. Das ist prima facie eine überaus harmlose Bedingung, und das Problem scheint im wesentlichen zu sein, die Entscheidungsfindung so auszugestalten, daß es nicht zu paretoineffizienten Zuständen kommt, d.h. zu Situationen, in denen alle schlechter gestellt sind, als sie sein könnten (gemessen an ihren eigenen subjektiven Präferenzen).

Es muß als paradox angesehen werden, daß eine solche paretoinklusive Regel mit der Forderung unvereinbar ist, jeder Person einen privaten Entscheidungsbereich zuzugestehen, vorausgesetzt es werden keine Einschränkungen zulässiger individueller Präferenzrelationen vorgenommen. Denn wenn ein Zustand paretobesser ist, dann ist es schließlich im Interesse aller Beteiligten, diesen Zustand zu verwirklichen. In der Tat tritt der Konflikt von Einstimmigkeit und Liberalität nicht dergestalt auf, daß ein paretobesserer Zustand aufgrund der Forderung der Liberalität kollektiv schlechter beurteilt wird, vielmehr kommt es zu dieser Kollision immer erst über den Umweg einer zyklischen kollektiven Präferenzrelation.

> *Korollar* 1/11: Im paarweisen Vergleich gibt es keinen Konflikt zwischen Paretoinklusivität und Liberalität, d.h. $\forall g \in G: \neg \exists x, y \in X:$
> $[\forall i \in K: \langle x, y \rangle \in g(i) \wedge \exists j \in K: \langle y, x \rangle \in \dot{g}(j)]$.

Der Konflikt zwischen Liberalität und Paretoinklusivität äußert sich bei bestimmten Präferenzstrukturen erst darin, daß sich zyklische kollektive Präferenzrelationen ergeben.

Bevor wir uns mit den Lösungsvorschlägen für das Liberale Paradox befassen, muß noch ein in der Literatur häufig erwähnter, aber nicht schlüssiger Einwand gegen die Relevanz von Theorem 1/11 angesprochen werden. So wurde eingewandt, daß die Bedingung der Liberalität schon dann erfüllt sei, wenn einer Person die Entscheidungsbefugnis über ein Alternativenpaar eingeräumt wird, das 'eigentlich' zum persönlichen Entscheidungsbereich einer anderen Person gehört. Daraus wurde geschlossen, daß die Bedingung der Liberalität in dieser Formulierung ebenso mit allgemeiner Einmischung in die Angelegenheiten anderer verträglich ist wie mit liberalen Forderungen.

In ähnlicher Weise ist geltend gemacht worden, daß die Bedingung der Liberalität schon deshalb inadäquat sei, weil sie in keiner Weise Liberalität (in einem intuitiven Vorverständnis) garantiert. So wäre die Bedingung schon dann erfüllt, wenn jeder Person eine Entscheidungsbefugnis über ein unbedeutendes Alternativenpaar eingeräumt wäre, was bei einer geschickten Wahl der Alternativenmenge jederzeit möglich ist, obwohl alle übrigen und für ihn persönlich wesentlichen 'privaten' Entscheidungen von den individuellen Präferenzen anderer Personen abhängen.

Diese und verwandte Einwände sind deshalb nicht schlüssig, weil es für die Relevanz des Liberalen Paradoxes ausreicht, wenn die Situation dergestalt ist, daß von der Regel kollektiver Entscheidungsfindung Liberalität in einem vortheoretischen Sinne verlangt wird, denn: die oben formal charakterisierte Eigenschaft der Liberalität einer Aggregationsregel ist eine **notwendige** Bedingung für Liberalität im vortheoretischen Sinne. Anders ausgedrückt: verlangt die Entscheidungssituation Liberalität in einem vortheoretischen Sinne, dann impliziert dies, daß die Aggregationsregel liberal im oben definierten Sinne sein muß – und wenn diese Eigenschaft bei einigen Präferenzstrukturen mit der Paretoinklusivität kollidiert, kann die Forderung sowohl nach Liberalität in einem vortheoretischen Sinne als auch die nach Paretoinklusivität aus logischen Gründen nicht aufrecht erhalten werden. Daher ist das Liberale Paradox ein ernsthaftes Problem der Logik kollektiver Entscheidungen, und das gilt unbeschadet der Tatsache, daß die Forderung der Liberalität keine adäquate, d.h. nicht nur notwendige, sondern auch hinreichende, Charakterisierung von Liberalität in einem vortheoretischen Sinne ist.

Die ursprüngliche Interpretation des Konflikts, den Theorem 1/11 impliziert, war die, daß die Berücksichtigung von Nutzenaspekten im Zusammenhang des Pareto-Kriteriums bei der kollektiven Bewertung von Alternativen mit der Gewährung von individuellen Rechten bzw. Entscheidungsfreiheiten nicht vereinbar sei. Bei der Erörterung des utilitaristischen Prinzips (Abschn. 9.2) haben wir die ausschließliche Berücksichtigung von Nutzen- oder Wohlfahrtwerten der Alternativen bei der Aggregation individueller Bewertungen als 'welfaristisch' charakterisiert und auf deren Problematik hingewiesen.

Nun geht es bei unseren Überlegungen um eine Theorie der Präferenzaggregation, d.h. die Grundlage der kollektiven Entscheidung sind nicht die individuellen Nutzenfunktionen, sondern die individuellen Präferenzen. Zwar nehmen wir von letzteren an, daß sie aufgrund der Rationalitätsannahmen in Abschn. 2.1 zu reellwertigen Bewertungsfunktionen über X zusammengefaßt werden können, was aber keine ausreichende Informationsgrundlage bildet, um diese Bewertungsfunktionen interpersonell zu vergleichen.

Eine Entsprechung zu 'Welfarismus' im Hinblick auf individuelle Nutzenfunktionen ist nun bezüglich individueller Präferenzen die Bedingung der **Neutralität**, die an Aggregationsregeln gestellt werden kann. Wir hatten sie oben im Zusammenhang mit der Diskussion der Mehrheitsregel eingeführt (vgl. Abschn. 6.1) und bereits in den Anmerkungen zu Kap. 3 darauf hingewiesen, daß sich mit ihrer Hilfe der Beweis zum Theorem von Arrow wesentlich vereinfachen läßt. Zwischen der Bedingung der Neutralität (**N**), der Pareto-Bedingung (**SP**) und der Bedingung der Unabhängigkeit von irrelevanten Alternativen (**I**) gibt es einen interessanten Zusammenhang, der für die Diskussion des Liberalen Paradoxes wesentlich ist.

Um diesen Zusammenhang darstellen zu können, benötigen wir noch eine Bedingung, die Arrow für die ursprüngliche Formulierung seines Theorems zusammen mit Monotonizität statt der Pareto-Bedingung herangezogen hatte: die Bedingung des Ausschlusses der Erzwingung (vgl. *'Weitere Probleme'* im Anschluß an Kap. 3). Wir wiederholen nachstehend ihre Formulierung.

Bedingung **AE (Ausschluß der Erzwingung)**: $\forall x, y \in X: \exists g \in G: [\langle x, y\rangle \in \dot{f}(g)]$.

Die Bedingung **AE** ist die Präzisierung einer intuitiv plausiblen Minimalbedingung eines jeden demokratischen Entscheidungsverfahrens: Die kollektive Wahl soll von den individuellen Präferenzen in irgendeiner Weise – in welcher bleibt offen – abhängen, oder mit anderen Worten, die kollektive Wahl darf nicht völlig unabhängig davon sein, was die beteiligten Personen wünschen. Wie minimal die damit gestellte Anforderung ist, wird daraus klar, daß bereits die Existenz eines Diktators die Bedingung erfüllen würde. Dennoch läßt sie sich wie folgt noch etwas abschwächen.

Bedingung **SAE (Schwacher Ausschluß der Erzwingung)**: $\forall x, y \in X: \exists g \in G: [\langle x, y\rangle \in f(g)]$.

Daß diese Bedingung sehr schwach ist, ersieht man schon daraus, daß sie durch die universelle kollektive Indifferenz als kollektive Präferenzrelation erfüllt wäre. Trotzdem gerät sie, wie das folgende Theorem zeigt, für das wir eine Kollektive Wohlfahrtsfunktion (KWF) nach D. 4/3 zugrunde legen, zur Bedingung der Liberalität in Widerspruch.

Theorem 2/11:
Es gibt keine KWF, die den Bedingungen **L** und **SAE** genügt.

Wir führen den Beweis zu diesem Theorem nicht an. Wie der Leser leicht selbst feststellen kann, läßt sich dazu das Beweisargument des Theorems 1/11 heranziehen.

Die Bedingung der Neutralität wird nun in etwas veränderter Form eingeführt. Wir benötigen dazu die folgende Definition.

Definition 1/11: Sei $K^+_{x,y} := \{i \mid i \in K \wedge \langle x, y\rangle \in \dot{g}(i)\}$, $K^-_{x,y} := \{i \mid i \in K \wedge \langle y, x\rangle \in \dot{g}(i)\}$ und $K^0_{x,y} := \{i \mid i \in K \wedge \langle x, y\rangle \in \tilde{g}(i)\}$.

Die Mengen von Individuen $K^+_{x,y}$, $K^-_{x,y}$ und $K^0_{x,y}$ bilden für beliebige Paare von Alternativen $x, y \in X$ wegen der Ordnungseigenschaften der individuellen Präferenzrelationen eine Partition von K.

Definition 2/11: Eine AR f ist **neutral**: $\leftrightarrow \forall g \in G: [\forall i \in K^+_{x,y}: [\langle v, w\rangle \in \dot{g}(i)] \wedge \forall i \in K^-_{x,y}: [\langle w, v\rangle \in \dot{g}(i)] \wedge \forall i \in K^0_{x,y}: [\langle v, w\rangle \in \tilde{g}(i)] \rightarrow [\langle v, w\rangle \in f(g) \leftrightarrow \langle x, y\rangle \in f(g)]]$.

Wie das folgende Theorem zeigt, ist die Neutralität eine Implikation der Bedingungen der Unabhängigkeit von irrelevanten Alternativen und des Schwachen Ausschlusses der Erzwingung.

Theorem 3/11:
Eine KWF, die den Bedingungen **SAE** und **I** genügt, ist neutral.

Beweis:

(1)	Annahme: $K^+_{x,y} = K^+_{v,w}, K^-_{x,y} = K^-_{v,w}, K^0_{x,y} = K^0_{v,w}$.	
(2)	Annahme: $\# \{x, y, v, w\} = 4$.	
(3)	Annahme: $\langle x, y\rangle \in \dot{f}(g)$.	
(4)	Annahme: $\exists g \in G: [\langle v, x\rangle \in f(g) \wedge \langle y, w\rangle \in f(g)]$.	mögl. wg. Bed. **SAE**
(5)	$\langle v, w\rangle \in \dot{f}(g)$.	wg. (3), (4) u. f KWF (Transitivität)
(6)	Annahme: $\exists g \in G: [\langle w, x\rangle \in f(g) \wedge \langle y, v\rangle \in f(g)]$.	mögl. wg. Bed. **SAE**

(7) $\langle w, v\rangle \in f^{t}(g)$. wg. (3), (6) u. f KWF (Transitivität)
(8) (7) ist mit (1), (3) und Bedingung **I** nicht vereinbar.
(9) Annahme (6) muß verworfen werden. wg. (8)
(10) Aus (3) folgt (5), d.h. $\langle x, y\rangle \in f^{t}(g) \rightarrow \langle v, w\rangle \in f^{t}(g)$. wg. (8) u. (9)
(11) Annahme: $\langle v, w\rangle \in f^{t}(g)$.
(12) Annahme: $\exists g \in G$: $[\langle x, v\rangle \in f(g) \wedge \langle w, y\rangle \in f(g)]$. mögl. wg. Bed. **SAE**
(13) $\langle x, y\rangle \in f^{t}(g)$. wg. (11), (12) u. f KWF (Transitivität)
(14) Annahme: $\exists g \in G$: $[\langle y, v\rangle \in f(g) \wedge \langle w, x\rangle \in f(g)]$. mögl. wg. Bed. **SAE**
(15) $\langle y, x\rangle \in f^{t}(g)$. wg. (11), (14) u. f KWF (Transitivität)
(16) (15) ist mit (1), (11) und Bedingung **I** nicht vereinbar.
(17) Annahme (14) muß verworfen werden. wg. (16)
(18) Aus (11) folgt (13), d.h. $\langle v, w\rangle \in f^{t}(g) \rightarrow \langle x, y\rangle \in f^{t}(g)$. wg. (16) u. (17)
(19) Die anderen Fälle: $\# \{x, y, v, w\} = 3$ und $\# \{x, y, v, w\} = 2$ können in analoger Weise bewiesen werden.
(20) Neutralität ist erfüllt. wg. (1), (10) u. (18)

Die beiden Theoreme 2/11 und 3/11 kann man als Verfeinerung des Liberalen Paradoxes auffassen. Mit Theorem 2/11 wird das Paradox auf einen Konflikt nicht zwischen Liberalität und dem Strikten Pareto-Prinzip, sondern zwischen Liberalität und der Bedingung des Ausschlusses der Erzwingung reduziert. Das folgende Theorem 3/11 zeigt, daß jede KWF, die den Schwachen Ausschluß der Erzwingung und die Unabhängigkeit von irrelevanten Alternativen erfüllt, neutral sein muß. Damit ergibt sich ein Konflikt zwischen Neutralität ('Welfarismus') und Liberalität, wie er von einigen Autoren herausgestellt wird, nur dann, wenn außerdem die Bedingung **I** vorliegt. Da die Pareto-Bedingung (**SP**) durch die Bedingungen **SAE** und Monotonizität impliziert ist, zeigt dieses letzte Theorem auch, welches Charakteristikum paretoinklusiver Aggregationsregeln zum Konflikt mit der Bedingung der Liberalität führt.

11.2 Individuelle Rechte

Das Liberale Paradox verweist darauf, daß die Berücksichtigung individueller Rechte bei der kollektiven Entscheidungsfindung besondere Probleme aufwirft. Daher ist es naheliegend, zunächst die begrifflichen Voraussetzungen zu schaffen, um individuelle Rechte in die Aggregation einbeziehen zu können. Wir ziehen dazu die Positionen-Notation aus Kapitel 8 heran, weil sie uns besonders geeignet erscheint, individuelle Rechte zu formulieren.

Wie in Abschnitt 8.3.1 erläutert, ist eine Positionszuordnung eine Funktion ϕ, die jedem i aus K eine (zunächst anonyme) Position q aus einem anonymen gesellschaftlichen Zustand z zuordnet, so daß $\phi(i)$ eine individuelle Position ist ($\# W(\phi) \geqq \# K$). Bei festem z ist ein Arrowscher Zustand x durch ϕ eindeutig bestimmt: $x = \langle \phi, z\rangle$ bzw. $x = \langle q_1, q_2, \ldots, q_n\rangle$. Sei Q_i die Menge der potentiellen Positionen einer Person i. Im allgemeinen kann dieselbe Position (potentiell, nicht simultan) von unterschiedlichen Personen eingenommen werden: $\bigcap Q_i \neq \emptyset$. Bei festem z kann die Menge der Arrowschen Zustände mit $Q_1 \times Q_2 \times \ldots \times Q_n$ identifiziert werden.

Individuelle Rechte lassen sich nun dadurch charakterisieren, daß eine Teilmenge Q_i^* der potentiellen Positionen einer Person i zur Disposition von i gestellt wird.

Definition 3/11: Eine **Rechtsverteilung** r in K ordnet jeder Person $i \in K$ Positionen zu, über die i frei entscheiden kann, so daß $r: K \ni i \mapsto Q_i^* \in Pot(Q_i)$.

Eine Person i hat damit genau dann ein (individuelles) Recht, zwischen q und q' zu entscheiden, wenn $q \in r(i) \wedge q' \in r(i)$.

Definition 4/11: Eine Rechtsverteilung r führt zu einer **Minimalausstattung mit individuellen Rechten** in K: $\leftrightarrow \forall i \in K: \# r(i) \geqq 2$.

Diese Festlegung kann nun wie folgt als Bedingung der 'Elementaren Liberalität' von Aggregationsregeln gefordert werden.

Bedingung **EL (Elementare Liberalität)**: Es muß eine Minimalausstattung mit individuellen Rechten gegeben sein.

Auch wenn eine Minimalausstattung mit individuellen Rechten vorliegt, ist nicht ausgeschlossen, daß es zu Rechtskonflikten kommt. Erst die Vereinbarkeit der zugeordneten individuellen Rechte ermöglicht ihre gesellschaftliche Implementierung, was wir mit der im folgenden zu definierenden 'Rechtsharmonie' zu erreichen versuchen.

Definition 5/11: Es herrscht eine **minimale Rechtsharmonie**:
$\leftrightarrow \forall i \in K: \exists q, q' \in \bigcup Q_i: [q \neq q' \wedge q, q' \in Q_i^* \wedge \neg \exists j \in K: \{q, q'\} \cap Q_j^* \neq \emptyset]$.

Ein individuelles Recht ist im Aggregationsverfahren implementiert, wenn gesichert ist, daß es wirksam wahrgenommen werden kann, weshalb wir die folgende Implementierungsbedingung einführen.

Bedingung **IR (Implementierung individueller Rechte)**: Es sei $x = \langle \phi, z \rangle$, $y = \langle \phi', z \rangle$ sowie $\phi(i) = q$ und $\phi'(i) = q'$. Dann gilt: $\forall i \in K: \forall x, y \in X: \forall g \in G: [q, q' \in r(i) \rightarrow [\langle x, y \rangle \in \dot{g}(i) \rightarrow \langle x, y \rangle \in \dot{f}(g)]]$.

Mit den Bedingungen **EL** und **IR** ergibt sich aber, wie das folgende Theorem zeigt, erneut ein Widerspruch.

> *Theorem* 4/11:
> Es gibt keine KWF, die den Bedingungen **EL** und **IR** genügt.

Beweis:

(1) Annahme: $K = \{i, j\}$.
(2) Annahme: Es gibt die vier Positionen q_1, q_2, q_3, q_4.
(3) Annahme: $Q_i^* = \{q_1, q_2\}$ und $Q_j^* = \{q_3, q_4\}$.
(4) Annahme: Bei festem z sei $x_1 = \langle q_1, q_3, z \rangle$, $x_2 = \langle q_1, q_4, z \rangle$, $x_3 = \langle q_2, q_3, z \rangle$ und $x_4 = \langle q_2, q_4, z \rangle$; $X = \{x_1, x_2, x_3, x_4\}$.
(5) Annahme: Die Präferenzstruktur sei wie folgt gegeben: — mögl. wg. f KWF (D. 4/3)

i	j
x_3	x_1
x_2	x_2
x_4	x_4
x_1	x_3

(6) $q_1, q_2 \in r(i) \wedge q_3, q_4 \in r(j)$. — wg. (3) u. Bed. **EL**
(7) $\langle x_3, x_1 \rangle \in \dot{f}(g)$. — wg. (4), (5) u. Bed **IR** bezügl. x_1, x_3
(8) $\langle x_2, x_4 \rangle \in \dot{f}(g)$. — wg. (4), (5) u. Bed. **IR** bezügl. x_2, x_4
(9) $\langle x_4, x_3 \rangle \in \dot{f}(g)$. — wg. (4), (5) u. Bed. **IR** bezügl. x_3, x_4

(10) $\langle x_1, x_2 \rangle \in f^*(g)$. wg. (4), (5) u. Bed. **IR** bezügl. x_1, x_2
(11) f(g) ist nicht transitiv. wg. (7)–(10)
(12) Die AR f ist keine KWF. wg. (11) u. D. 4/3

Sowohl **EL** als auch **IR** scheinen unverzichtbare Bedingungen für zahlreiche Anwendungsfälle der Logik kollektiver Entscheidungen zu sein. Das Theorem 4/11 erzwingt dennoch Abschwächungen dieser Bedingungen. Eine dieser Abschwächungen, die eine erfüllbare Liberalitätsbedingung ermöglichen, kann mit Hilfe des Begriffs der 'kategorischen Positionen-Präferenz' vorgenommen werden.

Definition 6/11: Eine Person $i \in K$ präferiert **kategorisch** die Position q gegenüber q', d.h. $\langle q, q' \rangle \in g^k(i)$, wenn $q, q' \in Q_i$: $\leftrightarrow \forall x, y \in X$: $[\langle x, y \rangle \in g(i) \leftrightarrow \phi(i) = q \wedge \phi'(i) = q']$, wobei $x = \langle \phi, z \rangle$ und $y = \langle \phi', z \rangle$.

Damit läßt sich eine eingeschränkte Bedingung der Implementierung (**EIR**) formulieren, die nur für den Fall kategorischer individueller Präferenzen die wirksame Wahrnehmung individueller Rechte sicherstellt, wobei eine allgemeine Auswahlfunktion nach D. 10/1 zugrundegelegt wird.

Bedingung **EIR (Eingeschränkte Implementierung individueller Rechte)**: $\forall i \in K$: $\forall x, y \in X$: $\forall g \in G$: $[\langle q, q' \rangle \in g^k(i) \rightarrow y \notin a(X, f, g)]$, wobei $\phi(i) = q$, $\phi'(i) = q'$ sowie $x = \langle \phi, z \rangle$ und $y = \langle \phi', z \rangle$.

Mit dieser Einschränkung der Implementierungsbedingung gilt das folgende Möglichkeitstheorem.

> *Theorem* 5/11:
>
> Es gibt eine wohlbestimmte allgemeine Auswahlfunktion a, die den Bedingungen **EL** und **EIR** genügt, wenn in K minimale Rechtsharmonie vorliegt.

Beweis:

(a) Zu zeigen: a erfüllt Bedingung **EIR** und **EL**.
(1) $\forall i \in K$: $\exists q, q' \in Q_i^*$: $\forall j \in K \setminus \{i\}$: $[\{q, q'\} \cap Q_j^* = \emptyset]$. wg. D. 5/11
(2) Annahme: $a(T, g) = \{x \mid x \in T \wedge \exists i \in K$: $\forall y \in X$: $[y \in T \rightarrow \langle x, y \rangle \in g^k(i)]\}$.
(3) a erfüllt **EIR**. wg. (1) u. Bed. **EIR**
(4) a erfüllt **EL**. wg. (1) u. Bed. **EIR** u. **EL**
(b) Zu zeigen: a ist eine wohlbestimmte Auswahlfunktion.
(5) Annahme: a ist nicht wohlbestimmt.
(6) $\exists T^* \in Pot(X)$: $\exists g \in G$: $[a(T^*, g) = \emptyset]$. wg. (5) u. D. 13/1
(7) $\forall i \in K$: $\forall x \in T^*$: $\forall y \in X$: $[\langle y, x \rangle \in g^k(i)]$. wg. (6)
(8) (7) im Widerspruch zu (2). wg. $g^k(i)$ Ordng.-rel.
(9) a ist wohlbestimmt. wg. (5) u. (8)

Mit Theorem 5/11 ist ein Problem gelöst, das bei der Aggregation individueller Präferenzen unter Beachtung individueller Rechte auftreten kann, jedoch nicht das Problem des Liberalen Paradoxes. Um das zu erreichen, erweitern wir zunächst den Begriff der minimalen Rechtsharmonie zu dem der universellen Rechtharmonie.

Definition 7/11: In einer Klasse von Mengen $\mathbf{Q}^* = \{Q_1^*, Q_2^*, \ldots, Q_n^*\}$ herrscht **universelle Rechtsharmonie**: $\leftrightarrow \forall i, j \in K$: $[Q_i^* \cap Q_j^* = \emptyset]$.

Definition 8/11: Eine universell harmonische Rechtsverteilung hat die **Stärke k**, wenn für $\forall i = 1, \ldots, n$ gilt: $\# Q_i^* \geq k$.

Definition 9/11: Die Rechtsverteilung r′ ist eine harmonische Subfunktion einer Rechtsverteilung r: $\leftrightarrow$ [$\forall i, j \in K$: $r'(i) \cap r'(j) = \emptyset$ und r′ Subfunktion von r].

Eine Lösung des Problems läßt sich erreichen, wenn 'eigenorientierte' Präferenzen eingeführt werden. Personen mit solchen Präferenzen richten ihre Präferenzen hinsichtlich Arrowscher Zustände an ihren Präferenzen bezüglich der eigenen Positionen aus (und umgekehrt).

Definition 10/11: Personen mit **eigenorientierten Präferenzen** ordnen Arrowsche Zustände $x = \langle \phi, z \rangle$ und $y = \langle \phi', z \rangle$ je nach ihrer Präferenz bezüglich der eigenen Position in x und y, so daß: $\langle x, y \rangle \in g(i) \leftrightarrow \langle \phi(i), \phi'(i) \rangle \in g(i)$.

Personen mit eigenorientierten Präferenzen haben daher ausschließlich kategorische Präferenzen. Dieser Sachverhalt erlaubt das folgende Theorem.

> *Theorem* 6/11:
>
> In einer Gruppe K von Personen mit eigenorientierten Präferenzen sind die Bedingungen **SP** und **IR** miteinander vereinbar, wenn die Rechtsverteilung in K eine harmonische Subfunktion mit der Stärke 2 ist.

Der Beweis folgt unmittelbar aus Theorem 4/11 und den Definitionen 7/11 bis 10/11, da eigenorientierte Personen kategorische Präferenzen haben.

Dieses Theorem zeigt, daß der Konflikt zwischen Effizienz der Aggregation (Pareto-Bedingung) und individuellen Rechten interessanterweise nur dann auftritt, wenn eine wesentliche Bedingung für moralisch orientiertes Vehalten erfüllt ist, nämlich die Berücksichtigung der Optionen anderer Personen bei der eigenen Präferenzbildung. Den oben gegebenen Beispielen für das Liberale Paradox lagen jeweils Präferenzen zugrunde, denen das gemeinsame Charakteristikum zu eigen war, eigene Interessen gegen Ansprüche und (eventuell nur vermeintliche) Interessen anderer betroffener Personen abzuwägen.

Besonders deutlich wird dies bei der von Sen ursprünglich gegebenen Illustration: Sowohl der Prüde als auch der Laszive sind bereit, für das vermeintliche Wohl des anderen einen persönlichen Nachteil in Kauf zu nehmen. Soweit sich die individuellen Rechtssphären nicht überschneiden und im übrigen bei Alternativen ohne Interessenkollision keine (strikten) Präferenzen der Nicht-Betroffenen in der Aggregation geltend gemacht werden (wechselseitiges Desinteresse der Egoisten), bleibt der Konflikt von Effizienz und Liberalität aus. Gleiches gilt für den Fall, daß wechselseitiges Wohlwollen zu Präferenzkonvergenz außerhalb von Interessenkollisionen führt.

Die Lösung des Problems nach Theorem 6/11 beinhaltet eine Einschränkung der Bedingung, daß bei der Aggregation jede Präferenzstruktur zulässig sein soll. Das Problem löst sich damit also nicht allgemein, sondern nur für den Fall einer spezifischen Form von Präferenz-Interdependenz auf. Auf die in Kapitel 8 eingeführte Positionen-Notation zurückgreifend liegt nun eine zweistufige Aggregation vor.

Grundlage der Aggregation sind erst einmal die Interessen (die Präferenzen erster Ordnung) der Beteiligten. Diese Präferenzen erster Ordnung werden jedoch in (individuelle) Präferenzen zweiter Ordnung transformiert, bevor es zur Anwendung einer Aggregationsregel kommt. Wohlwollen oder Egoismus der Personen schlagen sich zunächst in einer spezifischen Transformation nieder, auch wenn bei der Auswahl der Aggregationsregel ebenfalls normative Aspekte dieser Art eine Rolle spielen können. Da jedoch erst die transformierten Präferenzen Grundlage der Aggregation werden, bedeutet dies, daß die (implizit über die Definition der AR vorausgesetzte) Bedingung des unbeschränkten Anwendungsbereichs der Aggregation, also die Zulässigkeit beliebiger Präferenzstrukturen, aufgegeben wird.

Auch Sen ist diesen Weg gegangen, indem er vorschlug, nur solche Präferenzen bei der Aggregation zu berücksichtigen, die einen nicht-einmischenden Charakter haben. Sen hält zwar an einem uniformen Präferenzbegriff fest und läßt zu, daß Personen Vorstellungen darüber haben, wie sich andere Personen entscheiden sollten, er verlangt aber, daß diese 'einmischenden' Präferenzen in der Aggregation nicht geltend gemacht werden. Dieser Gedanke kann mit Hilfe der folgenden Definitionen präzisiert werden.

Definition 11/11: Sei **g** eine Subfunktion von g. Eine bezüglich g **liberale Geltendmachung** von Präferenzen in K durch **g** liegt genau dann vor, wenn es eine wohlbestimmte Auswahlfunktion a gibt, die den Bedingungen **SP** und **IR** genügt.

Definition 12/11: Eine Rechtsverteilung r ist **kohärent** genau dann, wenn es eine KWF gibt, die jeder Präferenzstruktur eine kollektive Ordnung zuordnet, die alle individuellen Präferenzordnungen g(i) im jeweiligen Rechtsbereich r(i) als Subrelationen enthält.

Definition 13/11: Sei r eine harmonische Rechtsverteilung. Eine Person i aus K ist bezüglich g und r **liberal** genau dann, wenn die von ihr geltend gemachte Subrelation **g**(i) mindestens eine KWF zuläßt, die der Bedingung **IR** genügt und für die gilt: $\mathbf{g}(i) = f(g) \cap g(i)$.

Unter Voraussetzung dieser Definitionen läßt sich das folgende Theorem formulieren, das wir ohne Beweis anführen.

> *Theorem* 7/11:
>
> Gibt es unter Voraussetzung einer kohärenten Rechtsverteilung r in K mindestens eine liberale Person, dann existiert eine Kollektive Wohlfahrtsfunktion, die den Bedingungen **SP** und **IR** genügt.

Die nach Theorem 7/11 überraschend einfache Lösung des Liberalen Paradoxes beruht auf folgender Überlegung: Die Pareto-Bedingung wird nur bei Einhelligkeit der individuellen Präferenzen wirksam, so daß zwei Alternativen, zwischen denen es keine Einhelligkeit der individuellen Präferenzen gibt, nicht paretovergleichbar sind. Es genügt daher für beliebige Alternativen jeweils eine Person, um durch eine entsprechende Modifikation der von ihr geltend gemachten Präferenzen die Paretovergleichbarkeit und damit die Wirksamkeit der Pareto-Bedingung aufzuheben. Die liberale Person nutzt dieses 'Veto-Recht' gegenüber der Pareto-Bedingung definitionsgemäß immer dann, wenn diese Bedingung die Wahrnehmung individueller Rechte einschränken würde.

Literatur: Blau (1975), Breyer (1978), Craven (1992), Kap. 7, Gaertner & Krüger (1981), Gibbard (1974), Kelly (1978), Kap. 9, Kelly (1988), Kap. 8 & 9, Kelsey (1985), Kern & Nida-Rümelin (1994), Sen (1970*), Sen (1970), Kap. 6 & 6*, Sen (1976, 1983), Suzumura (1978), Suzumura (1983), Kap. 7, Wriglesworth (1985), Xu (1990).

Anmerkungen: T. 1/11 in Abschn. 11.1 ist von Sen (1970), Kap. 6*, und wird von ihm als 'Unmöglichkeit des paretianischen Liberalen' bezeichnet. Wir verwenden die Bedingung **SP** statt **P**, da sie Pareto-Indifferenz einschließt; vgl. dazu Xu (1990). Das Beispiel von Hans, Erika und dem Richter ist das Edwin-Angelina-Beispiel von Gibbard (1974). Das Assistenten-Beispiel ist von Kern (1985). Der Einwand, daß Bedingung **L** die Einmischung in die Angelegenheit anderer zuläßt, ist von Osborne (1975), S. 1286, erhoben worden; einen ähnlichen Einwand hat Seidl (1975) formuliert.

Die 'ursprüngliche Interpretation' des Liberalen Paradoxes, wonach es dabei um die Unvereinbarkeit der Berücksichtigung von Nutzenaspekten im Zusammenhang des Pareto-Kriteriums mit der Gewährung von Entscheidungsfreiheiten geht, ist u.a. von Sen (1979, 1979*) vorgetragen worden. **Neutralität** (D. 2/11) entspricht dem '*strict ranking welfarism*' bei Sen (1979), S. 540. T. 2/11 ist von Kelsey (1985), S. 248. Es gilt auch für Kollektive Entscheidungsfunktionen, dann ist aber Bedingung **SAE** durch Bedingung **AE** zu ersetzen, vgl. T. 2 in Kelsey (1985). T. 3/11 ist ebenfalls von Kelsey (1985), S. 248. Bei Ersetzung von **SAE** durch **AE** gilt es auch für quasi-transitive Kollektive Entscheidungsfunktionen, vgl. T. 5 in Kelsey (1985); für die Beweise s. dort.

Wir sind auf die vielen Lösungsvorschläge, die im Laufe der Diskussion um das Liberale Paradox gemacht worden sind, nicht eingegangen und wollen im folgenden nur kurz einige der interessanteren nennen; für Überblicke s. Breyer (1978) und Wriglesworth (1985). Einer der ersten Vorschläge kam von Blau (1975) und ging von der Beobachtung aus, daß die Pareto-Bedingung in allen drei Beispielen auf ein Paar von Alternativen angewandt wird, bezüglich dessen die Beteiligten 'einmischende' Präferenzen haben. So zieht Assistent A b gegenüber a vor, wünscht also eher, daß der andere kandidiert, statt daß er selbst kandidiert, und Assistent B zieht b gegenüber a vor, wünscht also eher, daß er selbst kandidiert, statt daß der andere kandidiert. Schaltet man einmischende Präferenzen dieser Art durch eine geeignete Bedingung aus, entfällt die Anwendung der Pareto-Bedingung und der Konflikt ist insofern gelöst.

Allerdings ergibt sich dabei ein Problem, das dem gleicht, auf das wir oben im Zusammenhang der 'eigenorientierten' Präferenzen gestoßen waren: Mit der Ausschaltung 'einmischender' Präferenzen – ebenso wie mit der ausschließlichen Berücksichtigung 'eigenorientierter' Präferenzen – wird zugleich die Möglichkeit ausgeschlossen, moralisch motivierte Präferenzen zu formulieren, da 'moralische' Präferenzen auf eine spezifische Weise ebenfalls einmischend sind, denn ihnen liegt eine Abwägung eigener Interessen gegen die Ansprüche anderer betroffener Personen zugrunde.

Auf ganz andere Weise löst Nozick (1974), S. 166, den Konflikt. Er argumentiert, daß individuelle Rechte den Vorrang haben müssen und damit den Anwendungsbereich der Aggregation einschränken. Mit anderen Worten: zuerst werden die individuellen Entscheidungsrechte ausgeübt und wenn dann noch etwas zu entscheiden ist, wird kollektiv entschieden. Wie der Leser anhand der obigen Beispiele selbst ausprobieren kann, schöpft die Ausübung individueller Rechte die Entscheidungsmöglichkeiten vollständig aus, so daß kollektiv nichts mehr zu entscheiden ist. Es kann damit auch keinen Konflikt geben. Sen (1976) hat prinzipielle Einwände gegen diese absolute Vorrangigkeit individueller Entscheidungsrechte geltend gemacht. Aber unabhängig davon gibt es noch einen weiteren kritischen Punkt, den Suzumura (1983), S. 189f., herausgearbeitet hat. Die Vorrangigkeit individueller Rechte im Sinne Nozicks ist nicht pfadunabhängig, d.h. je nach der Reihenfolge, in der die individuellen Rechte ausgeübt werden, können sich unterschiedliche Resultate ergeben.

Im Unterschied zu Nozick, der implizit die Verfügung über ein Recht mit dessen Ausübung gleichsetzt, geht Gibbard (1974) davon aus, daß die Verfügung über ein individuelles Entscheidungsrecht nicht zwangsläufig bedeutet, daß es auch ausgeübt wird. Individuelle Rechte sind 'veräußerlich' (nicht alle, aber die hier zur Diskussion stehenden) in dem Sinne, daß über die jeweilige Ausübung 'verhandelt' werden kann, so daß z.B. meine Nicht-Ausübung eines individuellen Rechts gegen die Nicht-Ausübung eines anderen von dessen Recht 'getauscht' wird.

Ziehen wir das Beispiel von Hans und Erika heran, um zu sehen, wie es zu einem solchen Verzicht auf ein Entscheidungsrecht kommen kann. Hans hat ein Recht, über c und a zu entscheiden. Übt er es aus, wird c in der kollektiven Präferenz bevorzugt. Zugleich hat Erika ein Recht, über b und c zu entscheiden. Übt sie es aus, wird in der kollektiven Präferenz b gegenüber c bevorzugt. Hans muß also befürchten, daß in der kollektiven Präferenz die von ihm am schlechtesten beurteilte Alternative den Vorrang erhält. Das kann für ihn Anlaß sein zu überlegen, ob er sich nicht besser stellen könnte, wenn er auf sein Recht zur Entscheidung zwischen c und a verzichten würde, sofern auch Erika auf ihr Recht zur Ent-

scheidung zwischen b und c verzichtet. Angenommen Hans und Erika gelangen zu einer entsprechenden Vereinbarung der Nicht-Ausübung ihrer Rechte, dann könnte nur mittels der Pareto-Bedingung das Paar a und b aggregiert werden, und a würde kollektiv bevorzugt. Damit wäre nicht nur Hans, sondern auch Erika besser gestellt: Hans vermeidet seine schlechteste Alternative und für Erika ergibt sich ihre beste Alternative als Resultat. Der gegenseitige Verzicht auf ihr Entscheidungsrecht kann für die Beteiligten von Vorteil sein – und er löst den Konflikt, da nur mehr die Pareto-Bedingung angewandt wird.
Gaertner und Krüger (1981) konstatieren eine spezifische Inkonsistenz in den Präferenzen, die das Liberale Paradox konstituieren, die allerdings erst sichtbar wird, wenn die Alternativen (etwa im Beispiel von "Lady Chatterley's Lover") in die Aspekte 'aufgespalten' werden, die jeweils A bzw. B betreffen. So bedeutet Alternative a in der gegebenen Situation, daß A das Buch liest, B jedoch nicht, hingegen b, daß A das Buch nicht liest, jedoch B. Betrachtet man nun die individuellen Präferenzen in Bezug auf diese 'aufgespaltenen' Alternativen, so läßt sich feststellen, daß A in einem Teil seiner Präferenz (c gegenüber a) das Nicht-Lesen des Buches gegenüber dem Lesen, im anderen Teil aber das Lesen gegenüber dem Nicht-Lesen vorzieht. Durchaus einleuchtend fordern Gaertner und Krüger, daß eine solche Inkonsistenz in den individuellen Präferenzen nicht vorkommen dürfe, und formulieren eine entsprechende Ausschlußbedingung.
In Abschn. 11.2 geht es um die Formulierung individueller Entscheidungsrechte, für die wir die Positionen-Notation aus Kap. 8 heranziehen. Wir stoßen dabei jedoch zunächst auf das zuerst von Gibbard (1974) thematisierte Problem des 'inkonsistenten Liberalen': T. 4/11. Betrachtet man die im Beweis zu T. 4/11 vorausgesetzte Präferenzstruktur (Beweisschritt (5)) im Hinblick auf die involvierten individuellen Positionen (vgl. Beweisschritt (4)), so zeigt sich, daß z. B. Person i in der Präferenz für x_3 gegenüber x_1 seine Position q_2 gegenüber q_1 vorzieht, jedoch in der Präferenz für x_2 gegenüber x_4 zugleich q_1 gegenüber q_2. Erst die Einführung 'kategorischer' Positionen-Präferenzen (D. 6/11) sowie eine entsprechende Einschränkung der Implementierung individueller Rechte schließt solche Inkonsistenzen aus und führt zum Möglichkeitstheorem 5/11. Vgl. zu Abschn. 11.2 auch Kern & Nida-Rümelin (1993).
Im Zusammenhang der Formulierung individueller Entscheidungsrechte ist die Einführung von Kohärenzbedingungen für Rechtsverteilungen erforderlich, wenn man zu einer Lösung des Liberalen Paradoxes gelangen will. Farrell (1976), Sen (1976) und Suzumura (1983), Kap. 7, haben dabei unterschiedliche Definitionen zugrundegelegt, die nicht alle logisch äquivalent sind. Suzumura konnte beweisen, daß jede Rechtsverteilung, die kohärent im Sinne Suzumuras ist, auch kohärent im Sinne Sens ist; vgl. Suzumura (1983), T. 7.2, S. 194, und Sen (1976), Appendix: A. 5, T. 9, S. 243 f. Die hier vorgeschlagene Kohärenz von Rechtsverteilungen (D. 12/11) ist stärker als die Sen-Suzumura-Kohärenz, da sie die Existenz einer KWF voraussetzt, die kompatibel mit der Rechtsverteilung ist, während die Sen-Suzumura-Kohärenz sich nur auf das Verhältnis der individuellen Präferenzordnungen zueinander bezieht. T. 4/11 zeigt, daß die Annahme der Präferenzsouveränität (Arrows Bedingung U) mit der Bedingung der Liberalität kollidiert, wenn die Rechtsverteilung nicht in einem bestimmten Sinne kohärent ist (ohne daß dabei die Pareto-Bedingung ins Spiel kommt). Zu T. 7/11 vgl. T. 7.3 u. Beweis in Suzumura (1983), S. 197 f.
Macht eine liberale Person bestimmte Präferenzen, die sie de facto hat, nicht geltend, wird Arrows Bedingung U insofern formal eingeschränkt, als die Aggregation sich dann nicht mehr auf jede logisch mögliche Präferenzstruktur bezieht. Bei der Interpretation dieser Einschränkung ist aber zu berücksichtigen, daß nach wie vor beliebige individuelle Präferenzen zulässig sind. Die Nicht-Geltendmachung von Präferenzen kann unterschiedliche Formen annehmen: in formellen Abstimmungsverfahren etwa durch Wahlenthaltung, obwohl man eine (strikte) persönliche Präferenz hat, in informellen Verfahren kollektiver Entscheidungsfindung etwa durch Verschweigen der eigenen (strikten) Präferenz. Eine Zurückhaltung dieser Art kann man als Ausdruck eines intrapersonellen Konflikts zwischen Loyalität zu bestimmten (hier liberalen) Regeln der kollektiven Entscheidung und persönlichen Präferenzen ansehen; vgl. dazu Nida-Rümelin (1991*, 1993*).

Schlußbemerkungen

Wir haben in diesem Buch zentrale Forschungsergebnisse der Logik kollektiver Entscheidungen dargestellt und uns dabei in den ersten Kapiteln weitgehend an die etablierten Begriffe gehalten. Ab dem achten Kapitel wurden dann gewisse Modifikationen und Erweiterungen vorgenommen, die eine differenziertere Betrachtung erlauben. Auf methodologische Darlegungen haben wir bewußt fast völlig verzichtet, um die angestrebte konzentrierte Entwicklung des Stoffes nicht zu beeinträchtigen. Einige Fragen zur Interpretation, zur Methodologie und zu den Grenzen der LkE, die sich den Leserinnen und Lesern bei der Lektüre möglicherweise schon aufgedrängt haben, sollen aber zum Abschluß angesprochen und – soweit es in der Kürze möglich ist – beantwortet werden.

Man kann die LkE als eine 'deduktive' Disziplin charakterisieren. Diese Charakterisierung läßt sich auch dadurch zum Ausdruck bringen, daß man sie als eine 'logische' oder 'mathematische' oder 'logisch-mathematische', u. U. auch als 'formale' Disziplin bezeichnet. In dieser Betrachtungsweise untersucht die LkE die logischen Beziehungen zwischen unterschiedlichen Bedingungen, die man an die Aggregationsfunktion f anlegen kann. Idealiter wird eine axiomatische Darstellung angestrebt. Die postulierten Bedingungen werden als Axiome eingeführt und die Menge der diese Axiome erfüllenden Aggregationsfunktionen bestimmt. Die bedeutendsten Theoreme der LkE sind allerdings 'negativ'. Sie zeigen, daß eine Reihe von intuitiv plausiblen Bedingungen (die man gerne axiomatisch gefordert hätte) logisch unvereinbar sind. Im Gegensatz zu weiten Teilen der Mathematik handelt es sich hier nicht um Existenz- und Eindeutigkeits-, sondern meist um Unmöglichkeitstheoreme.

Die Frage, die sich aufdrängt, ist: von welchem Interesse sind diese Ergebnisse? Ist das alles, was die LkE leistet, Axiome tentativ einzuführen und ihre logische Vereinbarkeit zu prüfen? Ein oberflächlicher Blick auf Veröffentlichungen der jüngsten Zeit zur LkE mag manchen Kritiker in seinem Verdacht bestärken, es handele sich in der LkE überwiegend um logische Spielereien ohne weiterführenden Erkenntniswert. Die gewachsenen formalen Ansprüche verstärken zudem die prohibitive Wirkung, die die Verwendung formaler oder teilweise formalisierter Sprachen außerhalb der Mathematik und mathematischen Logik nach wie vor hat. Formale Modelle bedürfen der Interpretation und sie sind in der Regel mit einer Vielzahl von Interpretationen vereinbar. Erst die Interpretation macht ein formales Modell zu einer Theorie, sei diese empirisch oder normativ. Schon die Verwendung einer bestimmten Terminologie gibt die Richtung der Interpretation oder der intendierten Anwendung vor. So haben wir ein intuitives Vorverständnis dessen, was individuelle Präferenzen sind. Schon weit weniger eindeutig ist, was man unter einer kollektiven Präferenz zu verstehen hat. Auch die Interpretation der Bedingungen, die an eine Aggregationsfunktion angelegt werden, hat in der Regel einen weiten Spielraum.

Eine der Systematisierungsleistungen einer Theorie besteht darin, zwischen Grundbegriffen und definierten (oder definierbaren) Begriffen zu unterscheiden. Eine vollständig axiomatisierte Theorie bedürfte zu ihrer Interpretation ausschließlich der Interpretation der Grundbegriffe. Andere, hier angemessenere Wissenschaftskonzeptionen verstehen Theorien als formale und nur teilweise interpretierte Modelle und nicht als Mengen von Aussagen zwischen denen bestimmte Inferenzrelationen bestehen. Es ist hier natürlich nicht möglich, eine rationale Rekonstruktion der LkE zu unternehmen und auf dieser Grundlage die unterschiedlichen Interpretationen explizit zu machen. Wir müssen uns auf einige wenige Hinweise beschränken.

Zum Begriff der individuellen Präferenz

Grundlegend für die LkE ist der Begriff der individuellen Präferenz. Dieser (Grund)-Begriff wird nicht näher expliziert, allerdings werden drei Bedingungen (Vollständigkeit, Reflexivität und Transitivität) an die individuellen Präferenzrelationen gestellt. Wenn man diese Bedingungen als Bedeutungspostulate versteht, dann könnte eine Person z. B. keine intransitiven Präferenzen haben. Sie hätte dann nur vermeintlich die betreffenden intransitiven Präferenzen. Dies deckt sich mit unserem alltäglichen Sprachgebrach, wenn wir einer Person eine Präferenz absprechen unter Verweis auf ihre Handlungen oder anderweitigen Präferenzäußerungen, die dieser Annahme entgegenstehen (und Intransitivität ist eine Form des Entgegenstehens). Ihre 'eigentlichen' Präferenzen sollten die genannten Bedingungen erfüllen, so könnte man sagen. Andererseits gilt dies nicht für alle Fälle. Man kann sich Situationen vorstellen, in denen man nicht umhin kommt, einer Person bestimmte Präferenzen zuzuschreiben (die Person sei wohlinformiert, wohlüberlegt, hinreichend intelligent etc.), obwohl die genauere Analyse zeigt, daß diese Präferenzen die Transitivitätsbedingung verletzen.

Dies läßt es angemessener erscheinen, die Bedingungen – oder jedenfalls die Vollständigkeits- und Transitivitätsbedingung – als Postulate praktischer Rationalität zu interpretieren. Die normativen Implikationen liegen auf der Hand: Die LkE als Theorie der Aggregation individueller Präferenzen bezieht sich nur auf rationale Präferenzen, sie formuliert keine Bedingungen für die Aggregation irrationaler Präferenzen. Diese Form der Idealisierung ist allerdings ein Merkmal aller exakten Natur- und Sozialwissenschaften: Ohne Idealisierung keine Regularitäten. Dies schließt jedoch die konkrete Anwendbarkeit in keiner Weise aus. Das zeigen die praktischen Erfolge etwa der Physik.

Zum Begriff der kollektiven Präferenz

Während der Begriff der individuellen Präferenz durch die entscheidungstheoretische Analyse (vgl. Kapitel 2) näher bestimmt, wenn auch natürlich nicht definiert wird, indem Präferenzen über Handlungen mit Präferenzen über Zustände oder Handlungsfolgen (und Wahrscheinlichkeiten) in Beziehung gesetzt werden, bleibt der Begriff der **kollektiven Präferenz** völlig unexpliziert. Dies jedoch ist zweifellos der Schlüsselbegriff der LkE. Unterschiedliche Interpretationen dieses Schlüsselbegriffs ziehen entsprechend unterschiedliche Interpretationen und Anwendungsgebiete der LkE nach sich. Unterschiedliche Interpretationen dieses Schlüsselbegriffs haben jedoch auch einen Einfluß darauf, welche Bedingungen als plausibel gelten können.

Die wohlfahrtsökonomische Interpretation

Das klassische ökonomische Nutzenkonzept bot eine einfache Grundlage für die Bestimmung der 'sozialen Wohlfahrt': sie ließ sich als Gesamtnutzen, als Summe individueller Wohlfahrtsniveaus bestimmen. Der Übergang zur modernen 'abstrakten' Nutzentheorie, dessen theoretisches Fundament in Kapitel 2 dargestellt wurde, zerstörte jedoch die Grundlage dieser Konzeption sozialer Wohlfahrt. Die kardinale interpersonelle Vergleichbarkeit der individuellen Nutzenfunktionen, die für die klassische Nutzenkonzeption selbstverständlich war, konnte nun nicht mehr postuliert werden und damit wurde die Summe individueller Nutzenwerte ein ungeeignetes Maß der sozialen Wohlfahrt.

Die utilitaristische Intuition der klassischen Nutzentheorie transformierte zum Paretoprinzip. Interpersonelle Unvergleichbarkeit der individuellen Nutzenwerte läßt kein Urteil mehr darüber zu, welche Verteilung von Nutzenwerten utilitaristisch besser ist, außer wenn eine Verteilung paretobesser als eine andere ist. Dies erklärt die große Bedeutung des Pareto-Prinzips in der LkE.

Die Wohlfahrtsökonomie hatte zum Ziel, rationale Bewertungsgrundlagen für staatliches Handeln zu schaffen. Insofern ist die LkE ihre legitime Erbin. Die neue Nutzentheorie, wie sie in der Axiomatik v. Neumanns und Morgensterns zum Ausdruck kommt, unterscheidet sich allerdings nicht nur im Hinblick auf interpersonelle Vergleichbarkeit, sondern in einer weit fundamentaleren Weise von der klassischen Nutzentheorie. Die v. Neumann-Morgensternsche Nutzenfunktion ist nichts anderes als die quantitative Repräsentation individueller Präferenzen. Insoweit individuelle Präferenzen nicht ausschließlich von den persönlichen Nutzenerwartungen geprägt sind, ist sie folglich kein Maß des je persönlichen Nutzens. Dies stellt die wohlfahrtökonomische Interpretation der Aggregation individueller Nutzenwerte im v. Neumann-Morgensternschen Sinne in Frage.

Man kann diesem Einwand auf unterschiedliche Weise begegnen. Eine Möglichkeit besteht darin, den klassischen Nutzenbegriff aufzugeben und durch Präferenzenerfüllung als neues normatives Maß zu ersetzen. Eine andere Möglichkeit ergibt sich aus der empirischen These, die tatsächlichen Präferenzen würden sich in der Regel am persönlichen Nutzen oder Wohlergehen orientieren, so daß die neue Nutzenkonzeption nur eine begrifflich, aber nicht inhaltlich modifizierte Variante der klassischen darstellt.

Die demokratietheoretische Interpretation

Die kollektiven Präferenzen werden in der demokratietheoretischen Interpretation als potentielle Ergebnisse eines Wahlverfahrens interpretiert. Da die Anwendung eines Wahlverfahrens in der Regel nicht Rangordnungen von Alternativen festlegt, sondern sich auf die Auszeichnung einer (der gewählten) Alternative beschränkt, ist hier die Darstellung der Aggregation über Auswahlmengen angemessener. Die beiden Darstellungsweisen über Auswahlmengen und über kollektive Präferenzrelationen sind aber weitgehend isomorph (vgl. Kapitel 1).

Das Theorem von Arrow ist in erster Linie wegen seiner demokratietheoretischen Implikationen bedeutsam. Natürlich läßt es sich auch wohlfahrtsökonomisch interpretieren. Die Alternativen wären dann als soziale Zustände zu interpretieren, die durch Verteilungen individuellen Wohlergehens charakterisiert sind, die individuellen Präferenzen als Ausdruck persönlicher Wohlfahrtsoptimierung und die Bedingungen **D**, **P** und **I** als Postulate an die Gestalt der kollektiven Wohlfahrtsfunktion. Diese Interpretation wäre allerdings mit den Intentionen K. Arrows nicht vereinbar, der einen konsequenten Ordinalismus gegen eine wohlfahrtsökonomische Interpretation in Stellung bringt.

Für jedes etablierte Entscheidungsverfahren, sei es in Gremien oder bei Volksabstimmungen, läßt sich eine Aggregationsfunktion bestimmen, die dieses Entscheidungsverfahren charakterisiert. Bei gegebenen individuellen Präferenzen ergeben sich aufgrund des jeweiligen Entscheidungsverfahrens bestimmte kollektive Ergebnisse bzw. Entscheidungen. In vielen Fällen allerdings ist das Verfahren nicht eindeutig: Bei unveränderten individuellen Präferenzen können ohne Verletzung der etablierten Regeln des Entscheidungsverfahrens unterschiedliche kollektive Entscheidungen resultieren. Durch die funktionale Darstellung der Aggregation geht die LkE implizit davon aus, daß diese Unterbestimmtheit in der einen oder anderen Weise behoben wird. In Kapitel 5 ('Das Problem manipulations- und strategiefreier Regeln') wurde deutlich, in welchem Maße diese implizite Annahme fiktiv ist.

Die verfassungstheoretische Interpretation führt – als Sonderform der demokratietheoretischen – zu einer besonders interessanten Anwendung der LkE. Man kann die Aggregationsfunktion als Repräsentation der Verfassung einer Gesellschaft ansehen. Die Verfassung einer Gesellschaft ist dadurch bestimmt, wie die individuellen Präferenzen ihrer Mitglieder den gesellschaftlichen Gesamtzustand bestimmen. Ein Teil dieser Präferenzen führt in einer parlamentarischen Demokratie zur Wahl von Repräsentanten. Mehrheiten in den Parlamenten bestimmen wiederum in den meisten Demokratien die Führung der Exekutive (Kanzlerwahl). Plebiszitäre Elemente, wie Volksabstimmung und Volksentscheid können Bestandteil des Gesetzgebungsverfahrens sein. Die Alternativen etwa im Gesetzgebungsverfahren sind wiederum durch Verfassungsnormen eingeschränkt, die durch ein höchstes Gericht auch gegen die Gesetzgebungsmehrheit bei erfolgreicher Klageerhebung geltend gemacht werden können. Ein Teil dieser Verfassungsnormen dient dem Schutz individueller Rechte auch vor den Beschlüssen demokratisch legitimierter Instanzen.

Im weiteren Sinne gehören aber auch die etablierten Verfahren außerhalb der politischen und rechtlichen Sphäre zur Verfassung einer Gesellschaft. Ein Teil der individuellen Präferenzäußerungen wird nicht über politische Instanzen, sondern auf dem Markt wirksam. Der Markt führt zu Güterallokationen, die den sozialen Zustand einer Gesellschaft zu einem wesentlichen Teil prägen. Die marktliche Koordination, die selbst nur im Rahmen juridischer Normen (Vertragsrecht etc.) effektiv sein kann, bildet einen Teil der Verfassung bzw. der institutionellen Struktur einer Gesellschaft.

Die ethische Interpretation

Jedes System gesellschaftlicher Interaktion führt, vermittelt über individuelle Handlungen, zu bestimmten sozialen Zuständen. Die LkE bietet ein begriffliches Instrumentarium der Analyse dieses Prozesses und erlaubt damit, ethische Postulate zu präzisieren, die diesen Prozeß steuern sollen. Das ethische Postulat individueller Autonomie verlangt, daß Personen in ihren Präferenzäußerungen frei oder jedenfalls weitgehend frei sind. Dies motivierte K. Arrow und die meisten Theoretiker der LkE an der Bedingung des unbeschränkten Definitionsbereiches der Aggregation (in unserer Terminologie in der Definition von f enthalten) festzuhalten. Der Einwand, dieses Postulat sei zu weit gefaßt, da es gewisse 'asoziale' Präferenzen gäbe, die in der Aggregation nicht berücksichtigt werden sollten, wäre erst dann relevant, wenn Einschränkungen dieser Art strukturell an der Rolle der betreffenden Bedingung für die Theoreme der LkE etwas signifikant ändern würden. Nicht jede, sondern nur bestimmte, 'strukturelle' Einschränkungen schwächen die Unmöglichkeitstheoreme etwa von K. Arrow und A. Sen ab (vgl. Kapitel 3–7 und Kapitel 11).

Auch die Bedingung **D** aus Kapitel 3 (Ausschluß diktatorischer Entscheidungsregeln) kann sich auf das ethische Postulat der Autonomie stützen. Ein System gesellschaftlicher Interaktion, dessen soziale Zustände nur von den Präferenzen einer einzigen Person bestimmt sind, läßt keinen Spielraum für die Mitwirkung und – im Falle von institutionalisierten Formen der kollektiven Entscheidungsfindung – für die (demokratische) Partizipation anderer Personen. Individuelle Autonomie muß sich auch in der gesellschaftlichen Realität und nicht nur im Postulat der Präferenzsouveränität äußern, d.h. es muß sich in den realen Aggregationsverfahren niederschlagen.

Sofern diese ethische Interpretation dazu dient, Beurteilungskriterien für die institutionelle Grundstruktur der Gesellschaft zu entwickeln, etwa im Sinne einer Theorie der Gerechtigkeit oder Fairness (vgl. Kapitel 9), wird sie zur normativen Verfassungstheorie oder zur Ethik der Institutionen, sofern man jedoch diese Beschränkung aufgibt, können grundsätzlich alle ethischen Probleme mit dem begrifflichen Instrumentarium der LkE analysiert werden, wie es in den Kapiteln 10 und 11 deutlich wurde. Damit solche Analysen fruchtbar sind, ist es allerdings erforderlich, bestimmte begriffliche Beschränkungen der traditionellen LkE aufzubrechen. Es bedarf dann eines weit differenzierteren und expliziteren Präferenzbegriffes, wozu schon das Kapitel 8 einen ersten Beitrag leistete, und insbesondere muß die konsequentialistische Theorie praktischer Rationalität aufgegeben werden, die die Modelle der LkE immer noch weithin prägt (vgl. hierzu bes. Abschnitt 10.3 u. 10.4).

Die Tatsache, daß die LkE, wie nur wenige sozialwissenschaftliche Theorieansätze dem methodologischen Individualismus verpflichtet ist, ist von der Festlegung auf eine ökonomische Rationalitätskonzeption unabhängig. In einem strengen Sinne handeln nur (natürliche) Personen, nur Personen haben Intentionen, Wünsche, Erwartungen und Präferenzen. Dies läßt eine schwache Form des methodologischen Individualismus unverzichtbar erscheinen, wie er in der Terminologie der LkE implizit enthalten ist. Allerdings ist es ohne Zweifel eine der Schwächen der LkE, daß sie den Präferenzbegriff selbst in der Regel nicht näher expliziert. Die verschiedenen Anwendungen und Interpretationen machen eine nachträgliche Anreicherung dieses Begriffs unumgänglich, die es dann erlaubt, zwischen Präferenzen erster und höherer Ordnung (vgl. Kapitel 10), zwischen genuinen und strategisch verfälschten Präferenzen (vgl. Kapitel 5), zwischen Präferenzen, die sich auf Zustände und solchen, die sich auf Positionen beziehen, zwischen Präferenzen, die moralisch und solchen, die egoistisch motiviert sind (vgl. Kapitel 11), zu unterscheiden.

Die Logik kollektiver Entscheidungen ist – wie in der Einleitung dargelegt – durch beides bestimmt: einen Gegenstandsbereich und eine Methode. Die Methode ist gegenüber den ersten Beiträgen in den 50er Jahren, die die ethischen, ökonomischen und politischen Implikationen vor Augen hatten, zunehmend 'selbstgenügsam' und formal geworden (mit einer Tendenz zum mathematischen Barock), was ihr die Kritik zahlreicher Sozialwissenschaftler eingetragen hat. Diese Kritik ist berechtigt, auch wenn sie häufig durch erstaunliche Mißverständnisse und Verkürzungen entstellt vorgebracht wird. Wir haben versucht, uns dieser Tendenz durch die Form der Darstellung entgegenzustellen und die Anwendungsmöglichkeiten und Interpretationen durch Beispiele und Erläuterungen immer wieder deutlich gemacht. Die Analyse kollektiver Entscheidungen bedarf eines begrifflichen Instrumentariums, das über dasjenige der traditionellen *rational choice*- und *social choice*-Theorie hinausgeht. Die zeitgenössische LkE ist sich seit einigen Jahren der Defizite dieser traditionellen Modelle zunehmend bewußt geworden, was zu einer beträchtlichen Anreicherung ihres Analyseinstrumentariums geführt hat. Sie ist an keine spezifische Theorie praktischer Rationalität gebunden, und jedenfalls nicht aufgrund der zweifellos bestehenden praktischen und theoretischen Schwächen des *homo oeconomicus* obsolet geworden.

Verzeichnis der mathematischen und logischen Symbole

Zeichen	Benennung/Bedeutung	Zeichen	Benennung/Bedeutung
$\neg$	Negation: ’nicht‘	$\# M$	Anzahl der Elemente von M
$\wedge$	Konjunktion: ’und‘	$\mathrm{Pot}(M)$	Potenzmenge von M
$\vee$	Disjunktion: ’oder‘	$X \times Y$	Produktmenge von X und Y
$\dot{\vee}$	’entweder ... oder ...‘	$\langle x, y \rangle$	Geordnetes Paar
$\rightarrow$	Implikation: ’wenn ..., dann ...‘	$\langle a_1, \ldots, a_n \rangle$	n-Tupel
$\leftrightarrow$	Äquivalenz: ’... dann und nur dann, wenn ...‘	$\mapsto$	Zuordnung (Funktion)
$\forall$	Allquantor: ’Für alle ...‘	$[\![\;]\!]$	Aussichten, Lotterien
$\exists$	Existenzquantor: ’Es gibt ein ...‘	&	Konjunktion bei Aussichten
$\dot{\exists}$	Existenzquantor: ’Es gibt genau ein ...‘	$\mathbb{R}$	Menge der reellen Zahlen
[ ]	Reichweite der Quantoren	$\mathbb{R}^+$	Menge der positiven reellen Zahlen
{ }	Mengenklammern	$\mathbb{N}$	Menge der natürlichen Zahlen
$\in$	Element von	$\lvert x - y \rvert$	Entfernung zwischen den Punkten x und y auf der Strecke
$\subset$	Echte Teilmenge	$\lVert x - y \rVert$	Entfernung zwischen den Punkten x und y auf der Ebene
$\subseteq$	Teilmenge	$\sum$	Summenzeichen
$\cap$	Schnittmenge	$>, <$	Größer als, kleiner als
$\cup$	Vereinigungsmenge	$\geqq, \leqq$	Größer oder gleich als, kleiner oder gleich als
$\emptyset$	Leere Menge		
$X \backslash Y$	Mengendifferenz		
$\{x \mid \ldots\}$	Menge aller x, für die gilt ’...‘		

Verzeichnis der Abkürzungen

A, $\hat{\mathbf{A}}$, $\bar{\mathbf{A}}$	Bedingungen der Anonymität
AE	Bedingung des Ausschlusses der Erzwingung
AIT	allgemeines Instabilitätstheorem
AKEF	azyklische kollektive Entscheidungsfunktion
AMR	auswahlfunktionale Mehrheitsregel
AR	Aggregationsregel
ARRM	auswahlfunktionale relative Mehrheitsregel
AT	Arrows Theorem
AWP	Allgemeines Wohlfahrtsprinzip
BAA	Bedingung von Arrow für Auswahlfunktionen
Bij	Menge der Bijektionen
BP	Bedingung des bedingten Pareto-Prinzips
BSWF	Soziale Wohlfahrtsfunktion im Sinne Bergsons
$\hat{\mathbf{C}}$	Bedingung des Condorcet-Kriteriums
D, $\hat{\mathbf{D}}$, $\bar{\mathbf{D}}$, D*, $\hat{\mathbf{D}}$*	Bedingungen des Ausschlusses der Diktatur
E^k	Raum der Wohlfahrtsvektoren
EER	ergänzte Einstimmigkeitsregel
EI	Bedingung der Eliminierung indifferenter Personen
EIR	Bedingung der eingeschränkten Implementierung individueller Rechte
EL	Bedingung der elementaren Liberalität
ER	Einstimmigkeitsregel
$\widehat{\mathbf{ES}}$	Bedingung der erweiterten Strategiefreiheit
F	Bedingung der Fairness
FI	Bedingung der Fairness-Inklusion
GD	Gefangenen-Dilemma
GD*	iteriertes Gefangenen-Dilemma
HE, HE′	Halbierungseigenschaften
HK	Hurwicz-Kriterium
I	Relation der Indifferenz
I, $\hat{\mathbf{I}}$, $\bar{\mathbf{I}}$, $\hat{\mathbf{I}}^{\mathbf{P}}$, I*, $\hat{\mathbf{I}}$*	Bedingungen der Unabhängigkeit von irrelevanten Alternativen
IR	Bedingung der Implementierung individueller Rechte
KAF	Kollektive Auswahlfunktion
KAP	Kollektives Auswahlprinzip
KEF	Kollektive Entscheidungsfunktion
KWF	Kollektive Wohlfahrtsfunktion
KWP	Kollektives Wohlfahrtsprinzip
L	Bedingung der Liberalität
LK	Laplace-Kriterium
LMG, LMG*	Bedingungen der lexikographischen Maximin-Gerechtigkeit
LMMG, LMMG*	Bedingungen der lexikographischen Maximax-Gerechtigkeit
LMMP	lexikographisches Maximax-Prinzip
LMP	lexikographisches Maximin-Prinzip
M	Maximin-Relation
M	Bedingung der Monotonizität
MA	Meinungsanarchie
MD	Meinungsdiktatur
MEG	minimal entscheidende Gruppe
MFEM	minimal fast entscheidende Menge

MO	Meinungsoligarchie
MQ	Mindestzahlregel
MG	Bedingung der Maximin-Gerechtigkeit
MMG	Bedingung der Maximax-Gerechtigkeit
MMP	Maximax-Prinzip
MP	Maximin-Prinzip
MR	Mehrheitsregel
$\mathbf{N}$, $\hat{\mathbf{N}}$, $\overline{\mathbf{N}}$	Bedingungen der Neutralität
ŅIM	Bedingung der Neutralität, Irrelevanz und Monotonizität
OPU	Bedingung der Teilpfadunabhängigkeit nach oben
P	Relation der strikten Präferenz
$\overline{\mathbf{P}}$	strikte Pareto-Relation bzgl. eingeschränkter erweiterter Präferenzstruktur
$\mathbf{P}$, $\hat{\mathbf{P}}$, $\overline{\mathbf{P}}$, $\mathbf{P}_A$, $\mathbf{P}^*$, $\hat{\mathbf{P}}^*$	Bedingungen des Pareto-Prinzips
$\overline{\mathbf{PI}}$	Bedingung der Pareto-Indifferenz
PMB	Paretoinklusivität der Metapräferenzen bezüglich der Basispräferenzen
$\overline{\mathbf{PPI}}$	Bedingung des Schwachen Pareto-Prinzips
PR	Bedingung der positiven Reaktion
PSG	Prinzip der S-Gerechtigkeit
PU	Bedingung der Pfandunabhängigkeit
QKEF	quasi-transitive kollektive Entscheidungsfunktion
R	Relation der schwachen Präferenz
$\overline{R}$	Pareto-Relation bzgl. eingeschränkter erweiterter Präferenzstruktur
R^+	Relation auf dem Raum der Wohlfahrtsvektoren
RG	Bedingung der Regularität
RGS	Resultat von Gibbard und Satterthwaite
RkU	Regel kollektiven Urteils
$\hat{\mathbf{S}}^*$	Bedingung der Strategiefreiheit
$\overline{\mathbf{SA}}$	Bedingung der Strikten Anonymität
SAE	Bedingung des schwachen Ausschlusses der Erzwingung
$\overline{\mathbf{SI}}$	Bedingung der Suppes-Indifferenz
SG	Relation S-gerechter
SK	Bedingung der schwachen Kontinuität
SKAF	Strikte Kollektive Auswahlfunktion
S*KAF	eingeschränkte Strikte Kollektive Auswahlfunktion
SKWF	Strikte Kollektive Wohlfahrtsfunktion
S*KWF	eingeschränkte Strikte Kollektive Wohlfahrtsfunktion
$\mathbf{SP}$, $\overline{\mathbf{SP}}$, $\overline{\mathbf{SP}}^+$	Bedingungen des Strikten Pareto-Prinzips
U	Bedingung des unbeschränten Definitionsbereichs
UD	Bedingung des Ausschlusses der umgekehrten Diktatur
$\mathbf{UG}$, $\mathbf{UG}^+$	Bedingungen der utilitaristischen Gerechtigkeit
UP	Utilitarismus-Prinzip
UPU	Bedingung der Teilpfandunabhängigkeit nach unten
UWP	Utilitaristisches Wohlfahrtsprinzip
V	Bedingung des Ausschlusses von Vetoinhabern
$\mathbf{VG}$, $\widehat{\mathbf{VG}}$	Bedingungen des Ausschlusses von Vetogruppen
VK	Bedingungen des Ausschlusses eines Vetokollegiums
VT	Vetogruppentheorem
WK	Wald-Kriterium

Literatur

Abrams, Robert (1980), Foundations of Political Analysis, New York: Columbia University Press

Allingham, M.G. (1976), Fairness and Utility, in: Economie Appliquée 29, 257–266

Archibald, G.C., **Donaldson**, David (1979), Notes on Economic Equality, in: Journal of Public Economics 12, 205–214

Arrow, Kenneth J. (1963), Social Choice and Individual Values, 2. Aufl., New Haven, London: Yale University Press

Arrow, Kenneth J. (1987), Arrow's Theorem, in: The New Palgrave, hrsg. v. Eatwell, John, Milgate, Murray, Newman, Peter, Bd. 1, London: Macmillan Press, 124–126

Arrow, Kenneth J., **Intriligator**, Michael D., Hrsg. (1986), Handbook of Mathematical Economics, Amsterdam: North-Holland

Auerbach, Alan J., **Feldstein**, Martin, Hrsg. (1987), Handbook of Public Economics, Amsterdam: North-Holland

Axelrod, Robert (1984), The Possibility of Cooperation, New York: Basic Books

Baumol, William J. (1986), Superfairness-Applications and Theory, Cambridge, Mass.: MIT Press

Bendor, Jonathan, **Moe**, Terry, M. (1986), Agenda Control, Committee Capture and the Dynamics of Institutional Politics, in: American Political Science Review 80, 1187–1207

Bergson, Abraham (1938), A Reformulation of Certain Aspects of Welfare Economics, in: Quarterly Journal of Economics, 52, 310–334

Binmore, K.G. (1975), An Example in Group Preference, in: Journal of Economic Theory 10, 377–385

Black, Duncan (1958), The Theory of Committees and Elections, Cambridge: Cambridge University Press

Blair, Douglas H., **Bordes**, Georges, **Kelly**, Jerry S., **Suzumura**, Kotaro (1976), Impossibility Theorems without Collective Rationality, in: Journal of Economic Theory 13, 361–379

Blair, Douglas H., **Pollak**, Robert A. (1982), Acyclic Collective Choice Rules, in: Econometrica 50, 931–943

Blau, Julian H. (1972), A Direct Proof of Arrow's Theorem, in: Econometrica 40, 61–67

Blau, Julian H. (1975), Liberal Values and Independence, in: Review of Economic Studies 42, 395-401

Blau, Julian H., **Deb**, Rajat (1977), Social Decision Functions and the Veto, in: Econometrica 45, 871–879

Blocker, H. Gene, **Smith**, Elizabeth H., Hrsg. (1980), John Rawls' Theory of Social Justice, Athens, Ohio: Ohio University Press

Blümel, Wolfgang, **Pethig**, Rüdiger, **Von dem Hagen**, Oskar (1986), The Theory of Public Goods: A Survey of Recent Issues, in: Zeitschrift für die gesamte Staatswissenschaft 142, 241–309

Borda, Jean-Charles de (1781), Mémoire sur les élections au scrutin, in: Mémoires de l'Académie Royale des Sciences, Paris, 657–665

Bordes, Georges (1976), Consistency, Rationality and Collective Choice, in: Review of Economic Studies 43, 447–457

Brams, Steven J. (1985), Superpower Games, New Haven, London: Yale University Press

Brams, Steven J., **Kilgour**, D. Marc (1988), Game Theory and National Security, Oxford: Basil Blackwell

Breyer, Friedrich (1978), Das Liberale Paradox, Meisenheim/Glan: A. Hain

Brown, Donald J. (1975), Aggregation of Preferences, in: Quarterly Journal of Economics 84, 454–469

Buchanan, James M., **Tullock**, Gordon (1962), The Calculus of Consent, Ann Arbor: University of Michigan Press

Bühlmann, Hans, **Loeffel**, Hans, **Nievergelt**, Erwin (1975), Entscheidungs- und Spieltheorie, Berlin, Heidelberg, NewYork: Springer

Campbell, Richmond, **Sowden**, Lanning, Hrsg. (1985), Paradoxes of Rationality and Cooperation, Vancouver: University of British Columbia Press

Carter, John, R., **Schap**, David (1987), Executive Veto, Legislative Override, and Structure-Induced Equilibrium, in: Public Choice 52, 227–244

Chernoff, Herman (1954), Rational Selection of Decision Functions, in: Econometrica 22, 422–443

Chichilnisky, Graciela (1980), Social Choice and the Topology of Spaces of Preferences, in: Advances of Mathematics 37, 165–176

Chichilnisky, Graciela (1982), Social Aggregation Rules and Continuity, in: Quarterly Journal of Economics 96, 337–352

Chichilnisky, Graciela (1983), Social Choice and Game Theory: Recent Results with a Topological Approach, in: Pattanaik, Prasanta, Salles, Maurice, Hrsg., Social Choice and Welfare, Amsterdam: North-Holland, 79–102

Clarke, E.H. (1971), Multipart Pricing of Public Goods, in: Public Choice 11, 17–33

Coase, Ronald H. (1988), The Firm, the Market and the Law, Chicago, London: University of Chicago Press

Cohen, Linda (1979), Cyclic Sets in Multidimensional Voting Models, in: Journal of Economic Theory 20, 1–12

Cohen, Linda, **Matthews**, Steven (1980), Constrained Plott Equilibria, Directional Equilibria and Global Cycling Sets, in: Review of Economic Studies 47, 975–986

Colman, Andrew (1983), Game Theory and Experimental Games, Oxford, New York: Pergamon Press

Condorcet, Marie J.A. Nicolas de Caritat, Marquis de (1785), Essai sur l'application de l'analyse à la probabilité des décisions rendues à la pluralité des voix, Paris

Craven, John (1992), Social Choice, Cambridge: Cambridge University Press

Crawford, Vincent P. (1979), A Procedure for Generating Pareto-Efficient Egalitarian-Equivalent Allocations, in: Econometrica 47, 49–60

Dallmann, Herbert, **Elster**, Karl H. (1987), Einführung in die höhere Mathematik, 2. Aufl., Braunschweig: Vieweg

Daniel, Terrence E. (1975), A Revised Concept of Distributional Equity, in: Journal of Economic Theory 11, 94–109

Daniels, Norman, Hrsg. (1975), Reading Rawls, New York: Basic Books

Dasgupta, Partha, **Hammond**, Peter, **Maskin**, Eric (1979), The Implementation of Social Choice Rules: Some General Results on Incentive Comptability, in: Review of Economic Studies 27, 185–216

D'Aspremont, Claude (1985), Axioms for Social Welfare Orderings, in: Hurwicz, Leonid, Schmeidler, David, Sonnenschein, Hugo, Hrsg., Social Goals and Social Organization. Essays in Memory of Elisha Pazner, Cambridge: Cambridge University Press, 19–76

D'Aspremont, Claude, **Gevers**, Louis (1977), Equity and the Informational Basis of Collective Choice, in: Review of Economic Studies 44, 199–209

Davis, Otto A., **De Groot**, Morris H., **Hinich**, Melvin J. (1972), Social Preference Orderings and Majority Rule, in: Econometrica 40, 147–157

Demange, Gabrielle (1984), Implementing Efficient Egalitarian Equivalent Allocations, in: Econometrica 52, 1167–1177

De Meyer, Frank, **Plott**, Charles R. (1970), The Probability of a Cyclical Majority, in: Econometrica 38, 345–354

Deschamps, Robert, **Gevers**, Louis (1978), Leximin and Utilitarian Rules: A Joint Characterization, in: Journal of Economic Theory 17, 143–163

Dodgson, Charles L. (Lewis Carroll) (1876), A Method of Taking Votes on More than Two Issues, Oxford: Clarendon Press (wiederabgedruckt zusammen mit zwei weiteren Texten von Dodgson in: Black (1958), 214–238)

Downs, Anthony (1957), An Economic Theory of Democracy, New York: Harper & Row; dt. unter d. Titel: Ökonomische Theorie der Demokratie, Tübingen: J.C.B. Mohr (Paul Siebeck) 1968

Dresher, Melvin, **Tucker**, Albert, **Wolfe**, Philip, Hrsg. (1957), Contributions to the Theory of Games, Bd. III, Princeton: Princeton University Press

Dummett, Michael (1984), Voting Procedures, Oxford: Clarendon Press

Dutta, Bhaskar (1977), Existence of Stable Situations, Restricted Preferences, and Strategic Manipulation under Democratic Group Decision Rules, in: Journal of Economic Theory 15, 99–111

Dutta, Bhaskar, **Pattanaik**, Prasanta K. (1978), On Nicely Consistent Voting Systems, in: Econometrica 46, 163–170

Eatwell, John, **Milgate**, Murray, **Newman**, Peter, Hrsg. (1987), The New Palgrave, London: Macmillan Press

Enelow, James, M., **Hinich**, Melvin J. (1983), On Plott's Pairwise Symmetry Condition for Majority Rule Equilibrium, in: Public Choice 40, 317–321

Enelow, James M., **Hinich**, Melvin J. (1984), The Spatial Theory of Voting, Cambridge: Cambridge University Press

Estlund, David M., **Waldron**, Jeremy (1989), Democratic Theory and the Public Interest: Condorcet and Rousseau Revisited, in: American Political Science Review 83, 1317–1328

Farquharson, Robin (1969), Theory of Voting, New Haven: Yale University Press

Farrell, Martin J. (1976), Liberalism in the Theory of Social Choice, in: Review of Economic Studies 43, 3–10

Feldman, Allan M. (1980), Welfare Economics and Social Choice Theory, Boston-Den Haag: Martinus Nijhoff

Feldman, Allan M. (1987), Equity, in: The New Palgrave, hrsg. v. Eatwell, John, Milgate, Murray, Newman, Peter, Bd. 2, London: Macmillan Press, 183–184

Feldman, Allan M., **Kirman**, Alan (1974), Fairness and Envy, in: American Economic Review 64, 995–1005

Feldman, Allan M., **Weiman**, David (1979), Envy, Wealth, and Class Hierarchies, in: Journal of Public Economics 11, 81–91

Ferejohn, John A., **Grether**, David M. (1977), Some New Impossibility Theorems, in: Public Choice 30, 35–42

Fishburn, Peter C. (1970), Arrow's Impossibility Theorem: Concise Proof and Infinite Voters, in: Journal of Economic Theory 2, 103–106

Fishburn, Peter C. (1973), The Theory of Social Choice, Princeton: Princeton University Press

Fishburn, Peter C. (1974), Paradoxes of Voting, in: American Political Science Review 68, 537–546

Foley, Duncan K. (1967), Resource Allocation and the Public Sector, in: Yale Economic Essays 7, 45–98

Friedman, James W. (1986), Game Theory with Applications to Economics, Oxford: Oxford University Press

Gärdenfors, Peter (1976), Manipulation of Social Choice Functions, in: Journal of Economic Theory 13, 217–228

Gaertner, Wulf (1977), Zum Problem der Existenz von sozialen Wohlfahrtsfunktionen im Sinne von Arrow, in: Zeitschrift für die gesamte Staatswissenschaft 133, 61–74

Gaertner, Wulf (1979), An Analysis and Comparison of Several Necessary and Sufficient Conditions for Transitivity under the Majority Decision Rule, in: Laffont, Jean-Jacques, Hrsg., Aggregation and Revelation of Preferences, Amsterdam: North-Holland, 91–112

Gaertner, Wulf (1981), Rawlsianism, Utilitarianism, and Profiles of Extended Orderings, in: Zeitschrift für die gesamte Staatswissenschaft 137, 78–96

Gaertner, Wulf (1983), Equity- and Inequity-Type Borda Rules, in: Mathematical Social Sciences 4, 137–154

Gaertner, Wulf, **Heinicke**, Achim (1978), Cyclically Mixed Preferences: A Necessary and Sufficient Condition for Transitivity of the Social Preference Relation, in: Gottinger, Hans W., Leinfellner, Werner, Hrsg., Decision Theory and Social Ethics, Dordrecht: D. Reidel, 169–185

Gaertner, Wulf, **Krüger**, Lorenz (1981), Self-Supporting Preferences and Individual Rights: The Possibility of Paretian Libertarianism, in: Economica 48, 17–28

Gaertner, Wulf, **Salles**, Maurice (1981), Procédures d'agrégation avec domaines restreints et théorèmes d'existence, in: Batteau, Pierre, et al., Hrsg., Analyse et agrégation des préférences, Paris: Economica

Garman, Mark B., **Kamien**, Morton I. (1968), The Paradox of Voting: Probability Calculations, in: Behavioral Science 13, 306–316

Gauthier, David P. (1969), The Logic of Leviathan, Oxford: Clarendon Press

Gehrlein, William V., **Fishburn**, Peter C. (1976), The Probability of the Voting Paradox: A Computable Solution, in: Journal of Economic Theory 13, 14–25

Gibbard, Allan (1973), Manipulation of Voting Schemes: A General Result, in: Econometrica 41, 587–601

Gibbard, Allan (1974), A Pareto-Consistent Libertarian Claim, in: Journal of Economic Theory 7, 388–410

Goldman, Steven M., **Sussangkarn**, Chal (1978), On the Concept of Fairness, in: Journal of Economic Theory 19, 210–216

Goodin, Robert E. (1976), The Politics of Rational Man, London, New York: John Wiley & Sons

Gottinger, Hans W., **Leinfellner**, Werner, Hrsg. (1978), Decision Theory and Social Ethics, Dordrecht: D. Reidel

Grandmont, Jean-Michel (1978), Intermediate Preferences and the Majority Rule, in: Econometrica 46, 317–330

Green, Jerry R., **Laffont**, Jean Jacques (1979), Incentives in Public Decision-Making, Amsterdam: North-Holland

Greenberg, Joseph, **Shepsle**, Kenneth (1987), The Effects of Electoral Rewards in Multiparty Competition with Entry, in: American Political Science Review 81, 525–537

Greenberg, Joseph, **Weber**, Shlomo (1985), Multiparty Equilibria under Proportional Representation, in: American Political Science Review 79, 693–703

Grofman, Bernard (1978), Judgmental Competence of Individuals and Groups in a Dichotomous Choice Situation, in: Journal of Mathematical Sociology 6, 47–60

Grofman, Bernard (1981), Mathematical Models of Jury/Juror Decision Making, in: Sales, Bruce D., Hrsg., Perspectives in Law and Psychology, Bd. II: The Jury, Judicial and Trial Processes, New York: Plenum

Grofman, Bernard, **Feld**, Scott L. (1988), Rousseau's General Will: A Condorcetian Perspective, in: American Political Science Review 82, 567–576

Grofman, Bernard, **Owen**, Guillermo, **Feld**, Scott L. (1983), Thirteen Theorems in Search of the Truth, in: Theory and Decision 15, 261–278

Grofman, Bernard, **Owen**, Guillermo, **Noviello**, Nicholas, **Glazer**, Amihai (1987), Stability and Centrality of Legislative Choice in the Spatial Context, in: American Political Science Review 81, 539–552

Groves, Theodore (1979), Efficient Collective Choice with Compensation, in: Laffont, Jean-Jacques, Hrsg., Aggregation and Revelation of Preferences, Amsterdam: North-Holland, 37–59

Groves, Theodore, **Ledyard**, John (1977), Optimal Allocation of Public Goods: A Solution to the 'Free Rider' Problem, in: Econometrica 45, 783–809

Güth, Werner (1985), An Extensive Game Approach to Model the Nuclear Deterrence Debate, in: Zeitschrift für die gesamte Staatswissenschaft 141, 525–538

Guha, A.S. (1972), Neutrality, Monotonicity and the Right of Veto, in: Econometrica 40, 821–826

Guilbaud, G.Th. (1966), Theories of the General Interest and the Logical Problem of Aggregation, in: Lazarsfeld, Paul, Henry, Neal W., Hrsg., Readings in Mathematical Social Sciences, Chicago, 262–302

Habermas, Jürgen (1978), Stichworte zum Legitimationsbegriff – eine Replik, in: Fach, Wolfgang, Degen, Ulrich, Hrsg., Politische Legitimität, Frankfurt/M., New York: Campus, 120–126

Hammond, Peter C. (1976), Equity, Arrow's Conditions, and Rawls' Difference Principle, in: Econometrica 44, 793–804

Hammond, Peter C. (1986), Consequentialist Social Norms for Public Decisions, in: Heller, Walter P., Starr, Ross M., Starrett, David A., Hrsg., Social Choice and Public Decision Making. Essays in Honor of Kenneth J. Arrow, Bd. I, Cambridge: Cambridge University Press, 3–27

Hammond, Peter J. (1987), On Reconciling Arrow's Theory of Social Choice with Harsanyi's Fundamental Utilitarianism, in: Feiwel, George R., Hrsg., Arrow and the Foundations of the Theory of Economic Policy, New York: New York University Press, 179–221

Hammond, Peter J. (1987*), Envy, in: The New Palgrave, hrsg. v. Eatwell, John, Milgate, Murray, Newman, Peter, Bd. 2, London: Macmillan Press, 164–165

Hansson, Bengt (1976), The Existence of Group Preferences, in: Public Choice 28, 89–98

Hardin, Garrett (1968), The Tragedy of the Commons, in: Science 162, 1243–1248

Hardin, Russell (1983), Unilateral versus Mutual Disarmament, in: Philosophy and Public Affairs 12, 236–254

Harsanyi, John C. (1975), Can the Maximin Principle Serve as a Basis for Morality? In: American Political Science Review 59, 594–606

Harsanyi, John C. (1977), Rule Utilitarianism and Decision Theory, in: Erkenntnis 11, 25–53

Harsanyi, John C. (1977*), Morality and the Theory of Rational Behavior, in: Social Research 44, 623–656

Harsanyi, John C. (1978), Bayesian Decision Theory and Utilitarian Ethics, in: American Economic Review (AEA Papers & Proceedings) 68, Nr. 2, 223–228

Harsanyi, John C. (1979), Bayesian Decision Theory, Rule Utilitarianism, and Arrow's Impossibility Theorem, in: Theory and Decision 11, 289–317

Harsanyi, John C. (1980), Rule Utilitarianism, Rights, Obligations and the Theory of Rational Behavior, in: Theory and Decision 12, 115–133

Heller, Walter P., **Starr**, Ross M., **Starrett**, David A., Hrsg. (1986), Social Choice and Public Decision Making. Essays in Honor of Kenneth J. Arrow, Cambridge: Cambridge University Press

Herstein, I. N., **Milnor**, John (1953), An Axiomatic Approach to Measurable Utility, in: Econometrica 21, 291–297

Hinich, Melvin J. (1977), Equilibrium in Spatial Voting: The Median Voter Result is an Artifact, in: Journal of Economic Theory 16, 208–219

Höffe, Otfried, Hrsg. (1975), Einführung in die utilitaristische Ethik, München: C. H. Beck

Höffe, Otfried, Hrsg. (1977), Über John Rawls' Theorie der Gerechtigkeit, Frankfurt/M.: Suhrkamp

Hofbauer, J., **Sigmund**, K. (1984), Evolutionstheorie und dynamische Systeme, Berlin: Parey

Hooker, C. A. et al., Hrsg. (1978), Foundations and Applications of Decision Theory, Bd. II: Epistemic and Social Applications, Dordrecht: D. Reidel

Hotelling, Harold (1929), Stability in Competition, in: Economic Journal 39, 41–57

Howard, Nigel (1971), Paradoxes of Rationality, Cambridge, Mass.: MIT Press

Hurwicz, Leonid (1962), On Informationally Decentralized Systems, in: McGuire, C. B., Radner, Roy, Hrsg., Decision and Organization. A Volume in Honor of Jacob Marschak, Amsterdam: North-Holland, 297–336

Hurwicz, Leonid, **Schmeidler**, David, **Sonnenschein**, Hugo, Hrsg. (1985), Social Goals and Social Organization. Essays in Memory of Elisha Pazner, Cambridge: Cambridge University Press

Inman, Robert P. (1987), Markets, Governments, and the 'New' Political Economy, in: Auerbach, Alan J., Feldstein, Martin, Hrsg., Handbook of Public Economics, Bd. II, Amsterdam: North Holland, 647–777

Kalai, Elihu, **Muller**, Eitan (1977), Characterization of Domains Admitting Nondictatorial Social Welfare Functions and Nonmanipulable Voting Procedures, in: Journal of Economic Theory 16, 457–469

Kalai, Elihu, **Pazner**, Elisha A., **Schmeidler**, David (1976), Collective Choice Correspondences as Admissible Outcomes of Social Bargaining Processes, in: Econometrica 44, 233–240

Kant, Immanuel (1795), Zum ewigen Frieden, in: ders., Werke, hrsg. v. Weischedel, Wilhelm, Bd. VI, Frankfurt/M.: Insel 1964, 194–251

Kavka, Gregory S. (1986), Hobbesian Moral and Political Theory, Princeton: Princeton University Press

Kelly, Jerry S. (1978), Arrow Impossibility Theorems, New York, San Francisco: Academic Press

Kelly, Jerry S. (1988), Social Choice Theory, Berlin, Heidelberg, New York: Springer

Kelly, Jerry S. (1991), Social Choice Bibliography, in: Social Choice & Welfare 8, 97–169

Kelsey, David (1985), The Liberal Paradox: A Generalisation, in: Social Choice & Welfare 1, 245–250

Kelsey, David (1985*), Acyclic Choice and Group Veto, in: Social Choice & Welfare 2, 131–137

Kern, Lucian (1979), Sind demokratische Entscheidungsregeln verfälschungsfrei? In: Politische Vierteljahresschrift 20, 330–356

Kern, Lucian (1980), Neue Vertragstheorie, Königstein/Ts.: Hain

Kern, Lucian (1980*), Neutralität und Anonymität allgemeiner Vertragsprinzipien, in: Zeitschrift für philosophische Forschung 34, 226–247

Kern, Lucian (1980**), Zur axiomatischen Charakterisierung alternativer Vertragsprinzipien, in: Erkenntnis 15, 1–31

Kern, Lucian (1985), Lösungen des Liberalen Paradoxes, in: Markl, Karl Peter, Hrsg., Analytische Politikphilosophie und ökonomische Rationalität, Bd. I, Opladen: Westdeutscher Verlag, 200–244

Kern, Lucian (1990), Aggregation und Institution in der Demokratie, in: Göhler, Gerhard et al., Hrsg., Die Rationalität politischer Institutionen, Baden-Baden: Nomos, 235–266

Kern, Lucian, **Nida-Rümelin**, Julian (1994), Eine positionenorientierte Lösung des Liberalen Paradoxes, in: Nida-Rümelin, Julian, Wessels, Ulla, Hrsg., Praktische Rationalität, Berlin, New York: Walter de Gruyter, 437–447

Kern, Lucian, **Räder**, Hans-Georg (1988), Public Bads and Socio-Moral Reasoning: The Case of the New Social Movements in Germany, in: Eberlein, Gerald L., Berghel, Hal, Hrsg., Theory and Decision. Essays in Honor of Werner Leinfellner, Dordrecht: D. Reidel, 139–168

Kieve, Ronald A. (1986), From Necessary Illusion to Rational Choice? in: Theory and Society 15, 557–582

Kirman, A.P., **Sondermann**, D. (1972), Arrow's Theorem, Many Agents and Invisible Dictators, in: Journal of Economic Theory 5, 267–277

Kleinberg, Norman L. (1980), Fair Allocations and Equal Incomes, in: Journal of Economic Theory 23, 189–200

Kley, Roland (1989), Vertragstheorien der Gerechtigkeit, Bern, Stuttgart: Paul Haupt

Koford, Kenneth (1982), An Optimistic View of the Possibility of Rational Legislative Decisionmaking, in: Public Choice 38, 3–19

Koller, Peter (1987), Neue Theorien des Sozialkontrakts, Berlin: Duncker & Humblot

Kolm, Serge-Christophe (1972), Justice et Équité, Paris: Éditions du Centre National de la Recherche Scientifique

Kramer, Gerald H. (1973), On a Class of Equilibrium Conditions for Majority Rule, in: Econometrica 41, 285–297

Kramer, Gerald H. (1977), A Dynamical Model of Political Equilibrium, in: Journal of Economic Theory 16, 310–334

Kriesi, Hanspeter (1980), Entscheidungsstrukturen und Entscheidungsprozesse in der Schweizer Politik, Frankfurt/M., New York: Campus

Laffont, Jean-Jacques, Hrsg. (1979), Aggregation and Revelation of Preferences, Amsterdam: North-Holland

Lazarsfeld, Paul, **Henry**, Neal W., Hrsg. (1966), Readings in Mathematical Social Sciences, Chicago

Lehmbruch, Gerhard (1967), Proporzdemokratie, Tübingen: J.C.B. Mohr (Paul Siebeck)

Lehrer, Keith, **Wagner**, Carl (1981), Rational Consensus in Science and Society, Dordrecht: D. Reidel

Luce, R. Duncan, **Raiffa**, Howard (1957), Games and Decisions, New York: Wiley & Sons

MacKay, Alfred F. (1980), Arrow's Theorem, New Haven: Yale University Press

Markl, Karl Peter, Hrsg. (1985), Analytische Politikphilosophie und ökonomische Rationalität, Opladen: Westdeutscher Verlag

Marschak, Jacob (1950), Rational Behavior, Uncertain Prospects, and Measurable Utility, in: Econometrica 18, 111–141

Mas-Collel, Andreu, **Sonnenschein**, Hugo (1972), General Possibility Theorems for Group Decisions, in: Review of Economic Studies 39, 185–192

Maskin, Eric (1979), Decision-Making under Ignorance with Implications for Social Choice, in: Theory and Decision 11, 319–337

May, Kenneth O. (1952), A Set of Independent, Necessary and Sufficient Conditions for Simple Majority Decision, in: Econometrica 20, 680–684

Maynard Smith, J. (1974), The Theory of Games and the Evolution of Animal Conflicts, in: Journal of Theoretical Biology 47, 209–221

McKelvey, Richard D. (1976), Intransitivities in Multidimensional Voting Models and Some Implications for Agenda Control, in: Journal of Economic Theory 12, 472–482

McKelvey, Richard D. (1979), General Conditions for Global Intransitivities in Formal Voting Models, in: Econometrica 47, 1085–1112

McKelvey, Richard D., **Schofield**, Norman (1986), Structural Instability of the Core, in: Journal of Mathematical Economics 15, 179–198

McKelvey, Richard D., **Wendell**, Richard E. (1976), Voting Equilibria in Multidimensional Choice Spaces, in: Mathematics of Operations Research 1, 144–158

McLean, Ian (1987), Public Choice, Oxford: Basil Blackwell

Miller, Nicholas R. (1986), Information, Electorates, and Democracy: Some Extensions and Interpretations of the Condorcet Jury Theorem, in: Grofman, Bernard, Owen, Guillermo, Hrsg., Information Pooling and Group Decision Making, Greenwich, Conn.: JAI Press, 173–192

Milnor, John (1954), Games Against Nature, in: Thrall, R. M., Coombs, C. H., Davis, R. L., Hrsg., Decision Processes, New York, London: Wiley & Sons, Chapman Hall, 49–59; dt. unter d. Titel: Spiele gegen die Natur, in: Shubik, Martin, Hrsg., Spieltheorie und Sozialwissenschaften, Frankfurt/M.: S. Fischer 1965, 129–139

Moulin, Hervé (1983), The Strategy of Social Choice, Amsterdam: North-Holland

Moulin, Hervé (1988), Axioms of Cooperative Decision Making, Cambridge: Cambridge University Press

Moulin, Hervé, **Young**, H. P. (1987), Condorcet, Marquis de, in: The New Palgrave, hrsg. v. J. Eatwell, et al., Bd. 1, London: Macmillan, 566–567

Muench, Thomas, **Walker**, Mark (1979), Identifying the Free Rider Problem, in: Laffont, Jean-Jacques, Hrsg., Aggregation and Revelation of Preferences, Amsterdam: North-Holland, 61–87

Muller, Eitan, **Satterthwaite**, Mark A. (1985), Strategy-Proofness: The Existence of Dominant-Strategy Mechanisms, in: Hurwicz, Leonid, Schmeidler, David, Sonnenschein, Hugo, Hrsg., Social Goals and Social Organization. Essays in Memory of Elisha Pazner, Cambridge: Cambridge University Press, 131–171

Myerson, Roger B. (1991), Game Theory, Cambridge, Mass.: Harvard University Press

Nanson, E. J. (1882), Methods of Election, in: Transactions and Proceedings of the Royal Society of Victoria 19, 197–240

Neumann, John von, **Morgenstern**, Oskar (1944), Theory of Games and Economic Behavior, Princeton: Princeton University Press; dt. unter d. Titel: Spieltheorie und wirtschaftliches Verhalten, Würzburg: Physica 1961

Nida-Rümelin, Julian (1987), Entscheidungstheorie und Ethik, München: Tuduv

Nida-Rümelin, Julian (1991), Practical Reason or Metapreferences? An Undogmatic Defense of Kantian Morality, in: Theory and Decision 30, 133–162

Nida-Rümelin, Julian (1991*), Zur Philosophie der Demokratie. Arrow-Theorem, Liberalität und strukturelle Normen, in: Analyse und Kritik 13, 184–203

Nida-Rümelin, Julian (1992), Ökonomische Rationalität und praktische Vernunft, in: Hollis, Martin und Vossenkuhl, Wilhelm, Hrsg., Moralische Entscheidung und rationale Wahl, München: Oldenbourg, 131–152

Nida-Rümelin, Julian (1993), Kritik des Konsequentialismus, München, Wien: R. Oldenbourg

Nida-Rümelin, Julian (1993*), Structural Rationality and Democracy, in: Lehning, P., Weale, A., Hrsg., Social Justice, Democratic Citizenship and Public Policy, Hemel Hempstead

Nida-Rümelin, Julian (1993**), Practical Reason, Collective Rationality and Contractarianism, in: Gauthier, David, Sugden, Robert, Hrsg., Rationality, Justice and the Social Contract, New York u. a.: Harvester/Wheatsheaf, 53–74

Nida-Rümelin, Julian (1994), Hrsg., Praktische Rationalität. Grundlagenprobleme und ethische Anwendungen des rational-choice-Paradigmas, Berlin, New York: Walter de Gruyter
Niemi, Richard G., **Weisberg**, Herbert F. (1968), A Mathematical Solution for the Probability of the Paradox of Voting, in: Behavioral Science 13, 317–323
Nozick, Robert (1974), Anarchy, State, and Utopia, New York: Basic Books
Nurmi, Hannu (1987), Comparing Voting Systems, Dordrecht: D. Reidel
Olson, Mancur (1968), Die Logik kollektiven Handelns, Tübingen: J.C.B. Mohr (Paul Siebeck)
Ordeshook, Peter C. (1986), Game Theory and Political Theory, Cambridge: Cambridge University Press
Ordeshook, Peter C., **Schwartz**, Thomas (1987), Agendas and the Control of Political Outcomes, in: American Political Science Review 81, 179–199
Ordeshook, Peter C., **Shepsle**, Kenneth A., Hrsg. (1982), Political Equilibrium, Boston, Den Haag: Kluwer-Nijhoff
Osborne, D.K. (1975), On Liberalism and the Pareto Principle, in: Journal of Political Economy 83, 1283–1287
Pattanaik, Prasanta K. (1971), Voting and Collective Choice, Cambridge: Cambridge University Press
Pattanaik, Prasanta K. (1978), Strategy and Group Choice, Amsterdam: North-Holland
Pattanaik, Prasanta, **Salles**, Maurice, Hrsg. (1983), Social Choice and Welfare, Amsterdam: North-Holland
Pazner, Elisha A. (1976), Recent Thinking on Economic Justice, in: Journal of Peace Science 2, 143–153
Pazner, Elisha, A. (1977), Pitfalls in the Theory of Fairness, in: Journal of Economic Theory 14, 458–466
Pazner, Elisha, A., **Schmeidler**, David (1978), Egalitarian Equivalent Allocations: A New Concept of Economic Equity, in: Quarterly Journal of Economics 92, 671–687
Peleg, Bezalel (1978), Consistent Voting Systems, in: Econometrica 46, 153–161
Peleg, Bezalel (1984), Game Theoretic Analysis of Voting in Committees, Cambridge: Cambridge University Press
Plott, Charles R. (1967), A Notion of Equilibrium and its Possibility under Majority Rule, in: American Economic Review 57, 787–806
Plott, Charles, R. (1973), Path Independence, Rationality, and Social Choice, in: Econometrica 41, 1075–1091
Plott, Charles R. (1976), Axiomatic Social Choice Theory, in: American Journal of Political Science 20, 511–596
Plott, Charles R. (1978), Rawls's Theory of Justice: An Impossibility Result, in: Gottinger, Hans W., Leinfellner, Werner, Hrsg., Decision Theory and Social Ethics, Dordrecht: D. Reidel, 201–214
Pomeranz, John E., **Weil**, Roman L. (1970), The Cyclical Majority Problem, in: Communications of the Association for Computing Machinery 13, 251–254
Quine, Willard van Orman (1974), Grundzüge der Logik, Frankfurt/M.: Suhrkamp
Ramsey, Frank P. (1931), Truth and Probability, in: ders., The Foundations of Mathematics and Other Logical Essays, London
Rapoport, Anatol, **Chammah**, Albert M. (1965), Prisoner's Dilemma, Ann Arbor: University of Michigan Press
Rasmusen, Eric (1989), Games and Information, Oxford: Basil Blackwell
Raub, Werner, **Voss**, Thomas (1986), Die Sozialstruktur der Kooperation rationaler Egoisten, in: Zeitschrift für Soziologie 15, 309–323
Rawls, John (1975), Eine Theorie der Gerechtigkeit, Frankfurt/M.: Suhrkamp
Reimann, Jeffrey (1987), Exploitation, Force, and the Moral Assessment of Capitalism: Thoughts on Roemer and Cohen, in: Philosophy and Public Affairs 16, 3–41
Riker, William A. (1982), Liberalism against Populism, San Francisco: W.H. Freeman & Co.
Riker, William A. (1986), The Art of Political Manipulation, New Haven, London: Yale University Press
Riker, William H., **Brams**, Stephen J. (1973), The Paradox of Vote Trading, in: American Political Science Review 67, 1235–1247

Riker, William H., **Ordeshook**, Peter C. (1973), An Introduction to Positive Political Theory, Englewood Cliffs, N.J.: Prentice-Hall

Roberts, Kevin W.S. (1980), Possibility Theorems with Interpersonally Comparable Welfare Levels, in: Review of Economic Studies 47, 409–420

Roemer, John E. (1982), A General Theory of Exploitation and Class, Cambridge, Mass.: Harvard University Press

Roemer, John E. (1982*) Exploitation, Alternatives, and Socialism, in: Economic Journal 92, 87–107

Roemer, John E., Hrsg. (1986), Analytical Marxism, Cambridge: Cambridge University Press

Rothkirch, Christoph von (1981), Rationales Handeln im öffentlichen Interesse, Frankfurt/M., New York: Campus

Routley, Richard (1979), Repairing Proofs of Arrow's General Impossibility Theorem and Enlarging the Scope of the Theorem, in: Notre Dame Journal of Formal Logic 20, 879–890

Rowley, Charles K. (1984), The Relevance of the Median Voter Theorem, in: Zeitschrift für die gesamte Staatswissenschaft 140, 104–126

Rubinstein, Ariel (1980), Stability of Decision Systems under Majority Rule, in: Journal of Economic Theory 23, 150–159

Saposnik, Rubin (1975), On Transitivity of the Social Preference Relation under Simple Majority Rule, in: Journal of Economic Theory 10, 1–7

Satterthwaite, Mark Allen (1975), Strategy-Proofness and Arrow's Conditions: Existence and Correspondence Theorems for Voting Procedures and Social Welfare Functions, in: Journal of Economic Theory 10, 187–217

Savage, Leonard J. (1951), The Theory of Statistical Decision, in: Journal of the American Statistical Association 46, 55–67

Scharpf, Fritz W., **Reissert**, Bernd, **Schnabel**, Fritz (1976), Politikverflechtung: Theorie und Empirie des kooperativen Föderalismus in der Bundesrepublik, Kronberg/Ts.: Scriptor

Schick, Frederic (1972), Democracy and Interdependent Preferences, in: Theory and Decision 3, 55–75

Schick, Frederic (1978), Toward a Theory of Sociality, in: Hooker, C.A. et al., Hrsg., Foundations and Applications of Decision Theory, Bd. II: Epistemic and Social Applications, Dordrecht: D. Reidel, 121–130

Schick, Frederic (1984), Having Reasons, Princeton: Princeton University Press

Schlicht, Ekkehart (1974), Die Theorie der kollektiven Entscheidung und der individualistische Ansatz, in: Leviathan 2, 263–280

Schmeidler, David, **Sonnenschein**, Hugo (1978), Two Proofs of the Gibbard-Satterthwaite Theorem on the Possibility of a Strategy-Proof Social Choice Function, in: Gottinger, Hans W., Leinfellner, Werner, Hrsg., Decision Theory and Social Ethics, Dordrecht: D. Reidel, 227–234

Schmeidler, David, **Vind**, K., Fair Net Trades, in: Econometrica 40, 637–642

Schmidt, Johannes (1991), Gerechtigkeit, Wohlfahrt und Rationalität, Freiburg, München: Karl Alber

Schofield, Norman (1978), Instability of Simple Dynamic Games, in: Review of Economic Studies 45, 575–594

Schofield, Norman (1983), Generic Instability of Majority Rule, in: Review of Economic Studies 50, 695–705

Schofield, Norman J. (1985), Social Choice and Democracy, Berlin, Heidelberg, New York: Springer

Schüssler. Rudolf (1990), Kooperation unter Egoisten: vier Dilemmata, München: R. Oldenbourg

Schumann, Klaus (1971), Das Regierungssystem der Schweiz, Köln: Heymanns

Schwartz, Thomas (1981), The Universal-Instability Theorem, in: Public Choice 37, 487–501

Schwartz, Thomas (1986), The Logic of Collective Choice, New York: Columbia University Press

Seidl, Christian (1975), On Liberal Values, in: Zeitschrift für Nationalökonomie 35, 257–292

Sen, Amartya K. (1970), Collective Choice and Social Welfare, San Francisco, Edinburgh: Holden-Day/Oliver & Boyd

Sen, Amartya (1970*), The Impossibility of a Paretian Liberal, in: Journal of Political Economy 78, 152–157

Sen, Amartya (1971), Choice Functions and Revealed Preference, in: Review of Economic Studies 38, 307–317

Sen, Amartya (1974), Choice, Orderings and Morality, in; Körner, Stephan, Hrsg., Practical Reason, Oxford: Basil Blackwell, 54–67

Sen, Amartya (1976), Liberty, Unanimity and Rights, in Economica 43, 217–245

Sen, Amartya (1977), Social Choice Theory: A Re-Examination, in: Econometrica 45, 53–89

Sen, Amartya (1977*), On Weights and Measures: Informational Constraints in Social Welfare Analysis, in: Econometrica 45, 1539–1572

Sen, Amartya (1979), Personal Utilities and Public Judgements, in: Economic Journal 89, 537–558

Sen, Amartya (1979*), Utilitarianism and Welfarism, in: Journal of Philosophy 76, 463–489

Sen, Amartya (1983), Liberty and Social Choice, in: Journal of Philosophy 80, 5–28

Sen, Amartya (1986), Social Choice Theory, in: Arrow, Kenneth J., Intriligator, Michael D., Hrsg., Handbook of Mathematical Economics, Bd. III, Amsterdam: North-Holland, 1073–1181

Sen, Amartya, **Williams**, Bernard, Hrsg. (1982), Utilitarianism and Beyond, Cambridge: Cambridge University Press

Shepsle, Kenneth A. (1979), Institutional Arrangements and Equilibrium in Multidimensional Voting Models, in: American Journal of Political Science 23, 27–59

Shepsle, Kenneth A. (1985), Prospects for Formal Models of Legislatures, in: Legislative Studies Quarterly 10, 5–19

Shepsle, Kenneth A. (1986), Institutional Equilibrium and Equilibrium Institutions, in: Weisberg, Herbert F., Hrsg., Political Science: The Science of Politics, New York: Agathon Press, 51–81

Shepsle, Kenneth A., **Weingast**, Barry R. (1981), Structure-Induced Equilibrium and Legislative Choice, in: Public Choice 37, 503–519

Shepsle, Kenneth A., **Weingast**, Barry R. (1982), Institutionalizing Majority Rule: A Social Choice Theory with Policy Implications, in: American Economic Review (AEA Papers & Proceedings) 72, No. 2, 367–371

Shepsle, Kenneth A., **Weingast**, Barry R. (1984), Uncovered Sets and Sophisticated Voting Outcomes with Implications for Agenda Institutions, in: American Journal of Political Science 28, 49–74

Schepsle, Kenneth A., **Weingast**, Barry R. (1987), The Institutional Foundations of Committee Power, in: American Political Science Review 81, 85–104

Shubik, Martin (1983), Game Theory in the Social Sciences, Cambridge, Mass.: MIT Press

Shubik, Martin (1984), A Game-Theoretical Approach to Political Economy, Cambridge, Mass.: MIT Press

Skyrms, Brian (1990), The Dynamics of Rational Deliberation, Cambridge, Mass.: Harvard University Press

Smart, John J. C., **Williams**, Bernard (1973), Hrsg., Utilitarianism: For and Against, Cambridge: Cambridge University Press

Smithies, Arthur (1941), Optimum Location in Spatial Competition, in: Journal of Political Economy 49, 423–439

Sohmen, Egon (1976), Allokationstheorie und Wirtschaftspolitik, Tübingen: J. C. B. Mohr (Paul Siebeck)

Spitz, Elaine (1984), Majority Rule, Chatham, N. J.: Chatham House

Strasnick, Steven (1975), The Problem of Social Choice: Arrow to Rawls, in: Philosophy and Public Affairs 5, 241–273

Strasnick, Steven (1976), Social Choice and the Derivation of Rawls's Difference Principle, in: Journal of Philosophy 73, 85–99

Suppes, Patrick (1966), Some Formal Models of Grading Principles, in: Synthese 16, 284–306

Suzumura, Kotaro (1978), On the Consistency of Libertarian Claims, in: Review of Economic Studies 45, 329–342

Suzumura, Kotaro (1981), On the Possibility of "Fair" Collective Choice Rule, in: International Economic Review 22, 351–364

Suzumura, Kotaro (1983), Rational Choice, Collective Decisions, and Social Welfare, Cambridge: Cambridge University Press

Suzumura, Kotaro (1987), Social Welfare Function, in: The New Palgrave, hrsg. v. Eatwell, John, Milgate, Murray, Newman, Peter, Bd. 4, London: Macmillan Press, 418–420

Svensson, Lars-Gunnar (1977), Social Justice and Fair Distributions, Lund: Lund Economic Studies

Svensson, Lars-Gunnar (1989), Fairness, the Veil of Ignorance and Social Choice, in: Social Choice & Welfare 6, 1–17

Taylor, Michael (1985), Von Hobbes zu den rationalen Kooperationsbedingungen des Gefangenendilemmasuperspiels, in: Markl, Karl Peter, Hrsg., Analytische Politikphilosophie und ökonomische Rationalität, Bd. I, Opladen: Westdeutscher Verlag, 1–29

Taylor, Michael (1987), The Possibility of Cooperation, Cambridge: Cambridge University Press

Thomson, William, **Varian**, Hal R. (1985), Theories of Justice Based on Symmetry, in: Hurwicz, Leonid, Schmeidler, David, Sonnenschein, Hugo, Hrsg., Social Goals and Social Organization. Essays in Memory of Elisha Pazner, Cambridge: Cambridge University Press, 107–129

Tideman, T. Nicolaus, **Tullock**, Gordon (1976), A New and Superior Process for Making Social Choices, in: Journal of Political Economy 84, 1145–1159

Tullock, Gordon (1967), Toward a Mathematics of Politics, Ann Arbor: University of Michigan Press

Tullock, Gordon (1981), Why so much Stability? In: Public Choice 37, 189–205

Varian, Hal R. (1974), Equity, Envy, and Efficiency, in: Journal of Economic Theory 9, 63–91

Varian, Hal R. (1975), Distributive Justice, Welfare Economics, and the Theory of Fairness, in: Philosophy and Public Affairs 4, 223–247

Varian, Hal R. (1976), Two Problems in the Theory of Fairness, in: Journal of Public Economics 5, 249–260

Varian, Hal R. (1981), Mikroökonomie, München, Wien: R. Oldenbourg

Varian, Hal R. (1987), Fairness, in: The New Palgrave, hrsg. v. Eatwell, John, Milgate, Murray, Newman, Peter, Bd. 2, London: Macmillan Press, 275–276

Voss, Thomas (1985), Rationale Akteure und soziale Institutionen, München: R. Oldenbourg

Wilson, R. B. (1972), Social Choice Theory without the Pareto Principle, in: Journal of Economic Theory 5, 478–486

Wriglesworth, John (1985), Libertarian Conflicts in Social Choice, Cambridge: Cambridge University Press

Xu, Y. (1990), The Libertarian Paradox: Some Further Observations, in: Social Choice & Welfare 7, 343–351

Yaari, Menahem E. (1981), Rawls, Edgeworth, Shapley, Nash: Theories of Distributive Justice Re-examined, in: Journal of Economic Theory 24, 1–39

Young, H. P. (1974), An Axiomatization of Borda's Rule, in: Journal of Economic Theory 9, 43–52

Namensregister

Abrams, R., 42–44
Africanus Dexter 69
Allingham, M. G., 198
Anscombe, G. E. M., 238
Archibald, G. C., 198
Arrow, K. J., IX–XI, 11, 13, 16, 27, 32f, 35, 39–44, 54, 57, 60–62, 64, 76, 88, 91, 93, 106, 109, 130, 147–151, 162–167, 169–171, 179, 187, 189, 196, 243, 247f, 250, 253, 256, 259f
Axelrod, R., 224, 239, 241

Baumol, W. J., 196, 198
Bayes, T., 23
Bendor, J., 130
Bentham, J., 243
Bergson, A., 43
Binmore, K. G., 44
Black, D., 43, 106
Blair, D. H., 16, 67
Blau, J. H., 44, 67, 254f
Blocker, H. G., 198
Blümel, W., 240
Borda, J.-C. de, 34f, 43f, 74f, 87f, 192, 198
Bordes, G., 16, 67, 88
Brams, S. J., 67, 240
Breyer, F., 254f
Brown, D. J., 66f
Buchanan, J. M., 66
Bühlmann, H., 25

Campbell, R., 241
Carroll, L., 43
Carter, J. R., 130
Chammah, A. M., 239, 241
Chernoff, H., 25
Chichilnisky, G., 44
Clarke, E. H., 240
Coase, R. H., 239, 241
Cohen, L., 129
Colman, A., 241
Condorcet, M. J. A. N. d. C., Marquis de, 8, 13, 29–32, 43, 66, 70f, 73f, 81, 83, 88, 125–127, 129, 161f
Craven, J., 42, 254
Crawford, V. P., 198f

Dallmann, H., 16
Daniel, T. E., 198f
Daniels, N., 198
Dasgupta, P., 89
D'Aspremont, C., 196–198
Davis, O. A., 129
Deb, R., 67
De Groot, M. H., 129
Demange, G., 198f
De Meyer, F., 43
Deschamps, R., 196–198
Dodgson, C. L., 43
Donaldson, D., 198
Downs, A., 109, 112–114, 128f
Dresher, M., 239
Dutta, B., 88

Elster, K. H., 16
Enelow, J. M., 66, 128f
Estlund, D. M., 162

Farquharson, R., 87, 130
Farrell, M. J., 161, 256
Feld, S. L., 161f
Feldman, A. M., 42f, 87f, 196, 198
Ferejohn, J. A., 67, 88
Fishburn, P. C., 42–44, 106, 130
Foley, D. K., 198
Friedman, J. W., 239, 241

Gärdenfors, P., 88
Gaertner, W., 106f, 198, 254, 256
Garman, M. B., 43
Gauthier, D. P., 240
Gehrlein, W. V., 43
Gevers, L., 196–198
Gibbard, A., IX, 67, 75–78, 80, 87f, 161, 194, 254–256
Glazer, A., 130
Goldman, S. M., 193
Goodin, R. E., 241
Grandmont, J.-M., 107, 128f
Green, J. R., 87–89, 240
Greenberg, J., 130
Grether, D. M., 67, 88
Grofman, B., 130, 161f
Groves, T., 240
Güth, W., 240
Guha, A. S., 67
Guilbaud, G. Th., 43

Habermas, J., 154, 162
Hagen, O. von dem, 240
Hammond, P. C., 89, 196
Hammond, P. J., 197f
Hansson, B., 67
Hardin, R., 240

Harsanyi, J.C., 106, 187, 196f
Herstein, I.N., 25
Hinich, M.J., 66, 128f
Hobbes, T., 204, 212, 240
Höffe, O., 197f
Hofbauer, J., 241
Hotelling, H., 129
Howard, N., 239, 241
Hurwicz, L., 22, 24, 89

Inman, R.P., 130

Kalai, E., 88, 107
Kamien, M.I., 43
Kant, I., 173, 227
Kavka, G.S., 239f
Kelly, J.S., 16, 25, 42f, 87f, 106, 254
Kelsey, D., 66f, 254f
Kern, L., 87, 128, 130, 162, 194, 241, 254, 256
Kieve, R.A., 200
Kilgour, D.M., 240
Kirman, A.P., 44, 198
Kleinberg, N.L., 198
Kley, R., 198
Koford, K., 130
Koller, P., 196
Kolm, S.-C., 196, 198
Kramer, G.H., 129
Kriesi, H., 66
Krüger, L., 254, 256

Laffont, J.-J., 87–89, 240
Laplace, P.S. Marquis de, 21f, 24, 26, 175, 177
Ledyard, J., 240
Lehmbruch, G., 66
Lehrer, K., 161f
Locke, J., 243
Loeffel, H., 25
Luce, R.D., 25f, 43, 239

MacKay, A.F., 42–44
Marschak, J., 25
Mas-Collel, A., 66f
Maskin, E., 25f, 89, 197
Matthews, S., 129
May, K.O., 106
Maynard Smith, J., 241
McKelvey, R.D., 129
McLean, I., 44
Mill, J.S., 243
Miller, N.R., 161f
Milnor, J., 25f, 175, 177, 197
Moe, T.M., 130
Morgenstern, O., 25, 155, 157, 259
Moulin, H., 43, 87, 196
Muench, T., 240
Muller, E., 88, 107
Myerson, R.B., 239–241

Nanson, E.J., 43
Neumann, J. von, 25, 155, 157, 259
Nida-Rümelin, J., 161f, 239, 241f, 254, 256
Niemi, R.G., 43
Nievergelt, E., 25
Noviello, N., 130
Nozick, R., 243, 255
Nurmi, H., 87f

Olson, M., 239f
Ordeshook, P.C., 43f, 128–130, 239–241
Osborne, D.K., 255
Owen, G., 130, 161f

Pattanaik, P.K., 16, 42, 87f, 106
Pazner, E.A., 88, 198f
Peleg, B., 88
Pethig, R., 240
Plinius der Jüngere 69–74, 87
Plott, C.R., 43, 67, 88, 129, 162
Pollak, R.A., 67
Pomeranz, J.E., 43

Räder, H.-G., 241
Raiffa, H., 25f, 43, 239
Ramsey, F.P., 237, 242
Rapoport, A., 239, 241
Rasmusen, E., 239, 241f
Raub, W., 241
Rawls, J., Xf, 154, 157, 162, 165f, 168f, 180, 187, 189, 196, 198, 212, 227
Reimann, J., 200
Riker, W.A., 43, 66f, 87, 128f
Roberts, K.W.S., 196
Roemer, J.E., 199f
Rothkirch, C. von, 196f
Rousseau, J.-J., 140
Routley, R., 43
Rowley, C.K., 129
Rubinstein, A., 129

Salles, M., 106f
Saposnik, R., 106
Satterthwaite, M.A., IX, 75–78, 80, 87f, 194
Savage, L.J., 26
Schap, D., 130
Scharpf, F.W., 66
Schick, F., 161
Schlicht, E., 106
Schmeidler, D., 88, 198f
Schmidt, J., 196, 198
Schofield, N.J., 42f, 129
Schüßler, R., 239, 241
Schumann, K., 66

Schumpeter, J. A., 243
Schwartz, T., 42 f, 66, 129 f
Seidl, C., 255
Sen, A. K., 16, 25, 42–44, 66 f, 87 f, 106, 161 f, 196–198, 241, 243, 253–256, 260
Shepsle, K. A., 128–130
Shubik, M., 25, 239
Sigmund, K., 241
Singer, M. G., 227
Skyrms, B., 239, 241
Smart, J. J. C., 197
Smith, E. H., 198
Smithies, A., 129
Sohmen, E., 43
Sondermann, D., 44
Sonnenschein, H., 66 f, 88
Sowden, L., 241
Spitz, E., 129
Strasnick, S., 197
Suppes, P., 150, 153, 162, 173 f, 227
Sussangkarn, C., 193
Suzumura, K., 16, 42 f, 161, 196, 198, 254–256
Svensson, L.-G., 161 f, 198

Taylor, M., 239–241
Thomson, W., 196, 198
Tideman, T. N., 240
Tocqueville, C. A. H. C. de, 243
Tucker, A., 239
Tullock, G., 66, 128–130, 240

Varian, H. R., 196, 198
Vind, K., 198
Voss, T., 239, 241

Wagner, C., 161 f
Waldron, J., 162
Walker, M., 240
Walras, M. E. L., 195, 198
Weil, R. L., 43
Weiman, D., 198
Weingast, B. R., 128–130
Weisberg, H. F., 43
Wendell, R. D., 129
Williams, B., 196 f
Wilson, R. B., 44
Wolfe, P., 239
Wriglesworth, J., 254 f

Xu, Y., 254

Yaari, M. E., 197
Young, H. P., 43

Sachregister

Die fettgedruckten Seitenzahlen zeigen die Definitionen an.

Abbildung 2
Abstimmungsfolge 69 f, 85, 87, 124–127, 130, 193
– gleichzeitige Abstimmung 72, 124, **125**
– schrittweise Reduktion 71 f, **124**, 125
– schrittweiser Paarvergleich 73, **124**, 125
Abstimmungsparadox 29–31, 36, 41, 43, 54, 61, 64 f, 82, 94, 97 f, 121–123, 129, 163, 196
Abstimmungsregelung 127 f, 130
Agenda 123, 128
Aggregation (s. a. *Aggregationsregel*)
– individueller Präferenzen 18, 27, 131
Aggregationsbasis 131, 139, 165, 173
– erweiterte 163 f, 169
Aggregationspostulate 156
Aggregationsregel (AR) X f, **27**, 28 f, 33, 140, 247 f, 253, 257, 260
– neutrale **249**, 250, 255
– paretoinklusive (s. *paretoinklusiv*)
– strategiefreie (s. *strategiefrei*)
Aktutilitarismus 179 f (s. a. *Utilitarismus*, *Regelutilitarismus*)
Allokation
– ausgewogene 199
– effiziente 194
– egalitär-äquivalente 199
– fähigkeitsfaire 195
– faire 194, 198
– feudale 200
– kapitalistische 200
– leistungsfaire 195
– neidfreie 194
Allquantor **1**
Alternative 3, 16, 27
– irrelevante (s. *Irrelevanz*)
Alternativenmenge
– Erweiterung der 11, 133 f
– Verringerung der 11
Altruismus 231
– reiner 230 f
– schwacher 230 f
Anonymität (s. a. *Deanonymisierung*)
– Bedingungen der
  – **A 91**, 92 f, 243
  – **Â 81**, 82 f, 193
  – **Ā 171**, 173–177, 181 f, 184–186, 188, 198
– Bedingung der strikten **($\overline{SA}$) 171**, 174–177, 181, 183 f, 186
Anreizkompatibilität 89
Antisymmetrie 4 f
Argument
– des unzureichenden Grundes 22
Arrow
– sche Alternativen 149
– sche Bedingungen X, 32, 40–42, 44, 170, 247
– scher social state X, 43, 147 (s. a. *Arrowscher Zustand*)
– scher Zustand 27, 43, 147, **148**, 150 f, 162–167, 169, 179, 187, 198, 250, 253
Arrows Theorem (AT) IX f, 35, 39–44, 54, 56 f, 62, 76, 88, 93, 130, 163 f, 170 f, 196, 243, 248, 259
– auswahlfunktionale Version 63
– basisrelationale Version 62
assurance game 241
Asymmetrie 5 (s. a. *asymmetrische Präferenzrelation*)
asymmetrischer Teil einer Relation 60
Ausbeutung 199 f
Aussage **1**
Aussagenlogik 1
Aussicht 238
– einfache **18**, 19
– extreme **18**, 19
– zusammengesetzte **18**, 19
Auswahleigenschaften
– α **10**, 11–14, 16, 63 f, 85–87, 190–193, 198, 243
– α^- **15**, 63
– β **11**, 12–16, 63, 85, 190, 243
– β^+ **12**, 14, 63 f, 85, 87
– β^- **12**, 14 f, 63, 85
– γ **12**, 13 f, 85
– ε **85**, 86, 193, 198
– η **192**, 193, 198
Auswahlfunktion 6 f, 11, 62, 64, 155
– allgemeine **6**, 8, 10, 13, 16, 252
– basis-binäre **8**, 13
– binäre **8**, 13–15, 63
– eingeschränkte strikte kollektive (S*KAF) **77**, 78, 80, 88
– kollektive (KAF) XI, **61**, 62–64, 67, 76, 81, 86, 88, 107, 190, 193
– normale **8**
– spezifische **6**, 8, 10, 16
– strikte kollektive (SKAF) 76, **77**, 80, 88
– wohlbestimmte **7**, 8–15, 51, 61, 65, 252

Auswahlmenge 6–8, 190–193, 259
- allgemeine **6**, 7
- spezifische **6**, 7

Auswahlprinzip
- kollektives (KAP) **190**, 191–194, 198

Auszahlung 202–206, 208, 210, 214–216, 218, 220, 222, 224f, 227, 230, 232, 236
- Gesamt- 215, 218f, 223, 225f

Auszahlungsfunktion 201–203
- ordinale 202

Auszahlungsmatrix 199, 205f, 208–211, 218, 227, 242
Auszahlungsstruktur 214, 216
- Gesamt- 214

Auszahlungsvektor 199
Axiomatisierung
- sozialethischer Kriterien 157

Azyklizität 9f, 14, 51, 57f, 60, 67, 245 (s.a. *azyklische Präferenzrelation*)

Basispräferenz (s. *Präferenz*)
Bayessches Kriterium für Risikosituationen 23
Bedingung
- an Entscheidungskriterien 22
- von Arrow für Auswahlfunktionen (BAA) **11**, 12f
- von Condorcet **8**, 13

Beobachter
- ethischer 165

Bewertung
- individuelle X

Bewertungsfunktion 19, 116, 156, 238, 248
- individuelle 45f, 154–157, 162, 171
- kardinale 19, 21, 134, 137, 155
- ordinale 137f, 155, 157
- subjektive 134, 139, 157–159

Bewertungsprinzip (s. *kollektives Wohlfahrtsprinzip*)
Bewertungsstruktur **156**, 163, 175–177, 182f
- repräsentative **156**

Bijektion **3**
Binarität
- der Auswahlfunktion (s. *binäre Auswahlfunktion*)

Borda-Regel 34f, 43f, 74f, 87f, 192, 198

Chancengleichheit
- Prinzip der 187

Clarke-Steuer 240
Coase-Theorem 241
Condorcet-Bedingung **8**
Condorcet-Gewinner 43, 66, 71, 73f, **83**, 88, 125–127
Condorcet-Kriterium Bedingung $\hat{\mathbf{C}}$ 43, **81**, 82
constitution 43
collective choice rule (CCR) 43
- choice-functional 67
- extended 198
- functional 67

Deanonymisierung 147
Definitionsbereich **2**
- Bedingung des unbeschränkten (U) 33, 40f, 161, 254, 256, 260

Demokratie
- direkte 28, 39, 41f
- repräsentative 28, 39, 42

Demokratietheorie IX, 139, 259, 260
Diktator **33**, 37, 44, 57, 67
- $\hat{a}^*$-**77**, 79f
- $\hat{f}^*$-**76**, 78f
- unsichtbarer 44

Diktatur 28, 44
- Bedingungen des Ausschlusses der
  - **D 33**, 35, 39f, 42, 44, 51f, 57, 65, 67, 91, 93, 109, 243, 259f
  - $\hat{\mathbf{D}}$ **61**, 62–64, 81, 87, 193
  - $\bar{\mathbf{D}}$ **170**, 171
  - **D* 76**, 78f
  - $\hat{\mathbf{D}}^*$ **77**, 78–80
- Bedingung des Ausschlusses der umgekehrten (UD) **44**
- umgekehrte 44

Diskontparameter 215f, 218, 222, 224, 226
Diskontrate 215, 218, 220, 222–224, 226
Distanz
- inhaltliche 125–128

Dominanz
- als Bedingung an Entscheidungskriterien **22**, 23, 175

Dominanztheorem 36, 54
Drohpotential 48, 50

Eigeninteresse 227f (s.a. *eigeninteressierte Präferenzen*)
Effizienz 188 (s.a. *effiziente Zustände*)
Egalitarismus 231
- Anti- 230f

Egoismus 229, 231, 253
Eingipfligkeit (s. *eingipflige Präferenzrelation*)
Einschränkung (s. *Einschränkung der Präferenzstruktur*)
Einstimmigkeitsregel (**ER**) **45**, 46–48, 66
- ergänzte (**EER**) **47**, 48f, 51f, 56, 66
- kollektiven Urteils (s. *Meinungsanarchie*)

Element
- bestes 6
- einer Menge 1
- maximales 80

Eliminierung
- Bedingung der E. indifferenter Personen (EI) **185**, 186
Entfernung
- auf der Gerade 110
- auf der Ebene 115
entscheidend **36**, 39, 53, 56 (s. a. *halbentscheidend*)
- fast **36**, 38 f, 55 f
Entscheidung
- kollektive IX
- mehrdimensionale XI
Entscheidungsbeteiligte 27 f, 42 (s. a. *Ungeradzahligkeit der Entscheidungsbeteiligten*)
Entscheidungsbeteiligung 40
Entscheidungsbetroffene 27 f, 42
Entscheidungsfunktion
- kollektive (KEF) XI, **51**, 67, 97, 244 f, 255
- azyklische kollektive (AKEF) **51**, 57–60, 63, 67
- quasi-transitive kollektive (QKEF) **51**, 52–57, 59, 87, 96, 255
Entscheidungskriterium 21
Entscheidungsmatrix 21 f, 26
Entscheidungsprozeß
- kollektiver 27 f, 42
Entscheidungsrechte
- individuelle (s. *individuelle Rechte*)
Entscheidungssouveränität 40–42
Entscheidungstheorie IX, 235 f, 239, 242
Entscheidungsunfähigkeit
- kollektive 48
Entscheidungsverfahren
- demokratische 40 f
- direkte 40, 42
- indirekte 42
- nicht-demokratische 40 f
- politisches 39
Erwartungswert 238 (s. a. *Nutzenerwartungswert*)
Erwartungswertmaximierung 238
Erzwingung
- Bedingung des Ausschlusses der (AE) 35, 40, **44**, 65, 67, **249**, 250, 254
- Bedingung des schwachen Ausschlusses der (SAE) **249**, 250, 255
Ethik der Institutionen 261
Existenzquantor **1**

Fairness 41, 188, 199, 261 (s. a. *faire Zustände*)
- Bedingung der (F) **190**, 193, 198
- Bedingung der F.-Inklusion (FI) **191**, 193, 198
- Fähigkeits- 195 f, 198 f
- Leistungs- 194–196, 198 f
- -Prinzip 190, 192, 198
fairness extension (FE) 198
Filter **67**
Folge (s. a. *Abstimmungsfolge*)
- zyklische 29 f, 32, 39, 43, 50, 122, 127–130, 161, 163
Freiheit
- der Wahl 39–41
- individuelle 243, 248 (s. a. *individuelle Rechte*)
Funktion **2**
- charakteristische 199
- lineare **19**

game form 88 f
Gefangenen-Dilemma (GD) X f, 66, 201–210, 213 f, 219, 227–230, 232 f, 235–241
- 2-Personen- 220, 227, 240
- dynamische Variante 209, 212 f
- Iteration des X, 213 f, 226, 241
- Wiederholungs- (GD*) 214 f, 217, 219
- 2-Personen- 215–223, 241
- n-Personen- 216, 222–224, 226
Gegenmanipulation 69 f
Gemeinschaftsaufgaben von Bund und Ländern 48, 66
Gerechtigkeit
- interpersonelle 153
- sozialistische 199
Gewinnmenge **121**, 122, 127 f
Gibbard-Satterthwaite-Theorem (s. *Resultat von Gibbard und Satterthwaite*)
Gleichgewicht 133, 137, 161
- eines Wiederholungs-Gefangenen-Dilemmas **216**, 217–224
  - kooperatives 220
  - nicht-kooperatives 220
  - paretodominiertes 220 f
Gleichgewichtspunkt **204**, 214, 216, 228, 230–234, 240, 242 (s. a. *Nash-Gleichgewicht*)
- in dominanter Strategie 204, 231 f
Gleichgewichtsbewertung 137 f
Gleichverteilung 159 f, 187, 194
- Prinzip der 188
Groves-Ledyard-Mechanismus 240
Grundgüter 166, 187
Gruppenurteil 142–146
GS-Prinzip **193**, 194, 196, 198
Gütekriterium 162
- allgemeines für die Vermeidung falscher kollektiver Urteile **143**, 144, 146
- allgemeines für eine Regel kollektiven Urteils **142**, 144–146
- relatives spezifisches für die Vermeidung falscher kollektiver Urteile **143**, 145 f

- relatives spezifisches für eine Regel kollektiven Urteils **142**, 143, 145 f
- spezifisches für die Vermeidung falscher kollektiver Urteile **143**, 144 f
- spezifisches für eine Regel kollektiven Urteils **142**, 143–145

Gut
- öffentliches 206 f, 209, 214, 239 f

halbentscheidend **53** (s. a. *entscheidend*)
- fast **53**, 54–56

Halbierungseigenschaft 120, 129
- **HE** 116, **117**, 118
- **HE′** **118**, 120

Hinzufügung
- als Bedingung an Entscheidungskriterien **22**, 23, 175

Hurwicz-Kriterium (**HK**) **22**, 23–25

Hyperebene 116–118
- Klasse von 118–120

Idealpunkt 109–112, 114–117, 120–122, 126

Identität
- schwache **151**, 152, 154, 162, 164, 190 f
- vollständige **152**, 153 f, 162, 164–166, 190

Imputation 199

Indifferenz
- Bedingung der Suppes- ($\overline{\mathbf{SI}}$) **173**, 174–176
- erweiterte **150**
- individuelle **3**, 83, 96
- kollektive **27**, 47–49, 65, 97 f, 249

Indifferenzklasse 60 f, 64–66, 75, 124, 127 f, 193

Individualismus
- methodologischer 42, 261

Informationsbasis 155–157, 160, 169, 171, 188 (s. a. *Vergleichbarkeit*)
- einheitenbezogen vollständige **156**, 157, 175–177, 179, 186
- kardinal nicht-vergleichbare 170
- kardinal vergleichbare **156**, 179, 185
- niveaubezogen vollständige **156**
- ordinal nicht-vergleichbare 170
- ordinal vergleichbare **156**, 185 f
- quantitativ vollständige **156**, 157, 162

instabil **123**

Instabilitätstheorem
- Allgemeines (AIT) 107, 122, 124, 126–129

Instanz
- äußere 35, 40, 42

Interdependenz
- individueller Präferenzen 131–139, 161, 164, 253

Interdependenzfunktion 134–137
- konstante 136 f
- konvergierende 136

Interdependenzstruktur 137 f

Interessenkonstellation 140 f

Irreflexivität 5 (s. a. *Reflexivität*)

Irrelevanz 57
- Bedingungen der Unabhängigkeit von irrelevanten Alternativen
  - **I** XI, 33, **34**, 35–41, 43 f, 51–60, 67, 72 f, 87, 91–93, 109, 249–250, 259
  - $\hat{\mathbf{I}}$ **61**, 63 f, 81, 87, 193
  - $\bar{\mathbf{I}}$ **170**, 171–179, 181, 182, 183, 184, 185, 186, 188, 198
  - $\hat{\mathbf{I}}^{p}$ **62**, 63, 87
  - $\mathbf{I}^{*}$ **76**, 79
  - $\hat{\mathbf{I}}^{*}$ **77**, 78

Irrtumswahrscheinlichkeit
- individuelle 142–147, 162
- des Gruppenurteils 142, 144

Jury Theorem 162

kardinal (s. *kardinale Bewertungsfunktion*)

Kardinalisierung
- von Neumann-Morgensternsche K. individueller Präferenzen 154 f, 157

Kern 199

Koalition 199 f

Kohärenz 238 f, 242

Kohärenzbedingungen 237–239, 256 (s. a. *Konsistenz von Präferenzen*)

Kohärenztheorie praktischer Rationalität 238 f

Kollektiv 27, 52
- Partition eines 249

Komponente
- einer Präferenzfolge 102

Kompromiß
- politischer 49 f, 66, 70

Konflikt
- theoretischer 140, 162
- Interessens- 140

Konkordanzdemokratie 48, 66

Konsens
- praktischer 140

Konsequentialismus 179 f, 235, 239, 261

Konsequenzen 238 f

Konsistenz 243
- bei Mengenerweiterung 12, 14, 63 f, 190, 193 (s. a. *Auswahleigenschaften*)
- bei Mengenverringerung 14, 63 f (s. a. *Auswahleigenschaften*)
- von Präferenzen 18

Konstante **1**

Kontinuität 44
- als Bedingung an Entscheidungskriterien **22**

- Bedingung der schwachen (SK) **117**, 118–120, 129

Konvexität
- als Bedingung an Entscheidungskriterien **22**, 23

Kooperation 205, 214 f, 217, 219–224, 226 f, 231, 233–239
- bedingte 217, 219 f, 223–226, 241
- bedingte Nicht- 217
- Nicht- 217, 219–224, 227, 233 f, 236–239
- unbedingte **216**, 223, 231
- unbedingte Nicht- **216**, 217 f, 220–226, 141

Koordination 204

Laplace-Kriterium (LK) **21**, 22–26, 175, 177, 197

Liberales Paradox X f, 161, 243, 247 f, 250, 252–256

Liberalität
- Bedingung der (L) 161, **244**, 245–250, 252, 254, 256
- Bedingung der elementaren (EL) **251**, 252

Linearität
- als Bedingung an Entscheidungskriterien **22**

Lotterie (s. *Aussicht*)

Manipulation 69 f, 74, 193

Manipulationsfreiheit 85, 87 f, 131

Marktgleichgewicht 194 f, 198

Marktmechanismus 35

Marxismus
- analytischer 199 f

Masochismus 232 f

Maximalität
- der transitiven Schließung 62 f
- einer Alternativenmenge 60 f

Maximax-Gerechtigkeit
- Bedingung der (MMG) **180**, 181–183
- Bedingung der Lexikographischen (LMMG) **180**, 184 f
- Bedingung der Lexikographischen (LMMG*) **185**, 186, 198

Maximax-Prinzip (MMP) **181**, 182 f, 197
- lexikographisches (LMMP) **181**, 184–186, 198

Maximin-Gerechtigkeit
- Bedingung der (MG) **180**, 181–183
- Bedingung der Lexikographischen (LMG) **180**, 184 f
- Bedingung der Lexikographischen (LMG*) **185**, 186, 198

Maximin-Kriterium 22

Maximin-Prinzip X f
- als allgemeines Wohlfahrtsprinzip (MP) **165**, 166, 168, 197
  - lexikographisches 168, 197
- als kollektives Wohlfahrtsprinzip (MP) **170**, 180–183, 187 f, 190, 196–198
  - lexikographisches (LMP) **170**, 180 f, 184–186, 188, 190, 196, 198

Maximin-Relation (M) **165**, 166 f

Medianeffekt 112

Medianpunkt **110**, 111–113
- in zwei Richtungen 115, 120 f
- in drei Richtungen 116
- in allen Richtungen 120–122, 129

Medianwähler 112 f

Medianwählerresultat 109, 111–114, 116 f, 128 f

Mehrheitsgewinner 123 f

Mehrheitsprinzip 29

Mehrheitsregel (MR) 29, 39, 41, 44, **61**, 62, 64, 70–73, **91**, 92–101, 104, 106, 109, 112, 114, 120–122, 124, 127, 129, 131, 163, 248
- auswahlfunktionale (AMR) **64**, 65 f, 70 f, 73–75, 84, 88, 107, 124 f, 127 f
- auswahlfunktionale Regel der relativen Mehrheit (ARRM) **125**, 127
- qualifizierte 146

Mehrheitsrelation **117**, 121 f

Meinungsanarchie (MA) 144 f, 162

Meinungsdiktatur (MD) 144

Meinungsoligarchie (MO) 145 f

Menge 1
- leere **2**
- minimal fast entscheidende (MFEM) **36**, 37, 39

Metapräferenz X, 228–235, 241

Minderheitsherrschaft
- direkte 28

Mindestzahlregel (MQ) 146, 162

minimal entscheidende Gruppe (MEG) **53**, 54 f, 59, 67

Minimum-Regret-Kriterium 26

Monotonie 238
- bei zusammengesetzten Aussichten **19**

Monotonizität
- Bedingung der (M) **44**, 57, 248, 250

Moralität 227, 229, 235

n-Tupel **2**

Nachbereich 2

Nash-Gleichgewicht 88 f, **204** (s. a. *Gleichgewichtspunkt*)

Naturzustand 210

Neidfreiheit 188 (s. a. *neidfreier Zustand*)

Neutralität 34, 39–41, 44, 57, 127
– Bedingungen der
  – N **92**, 93, 248f
  – $\hat{N}$ **81**, 82f
  – $\bar{N}$ **171**, 172f, 176–179, 181, 183f, 186, 197
– Bedingung der N., Irrelevanz und Monotonizität (NIM) 57, **58**, 59, 67 (s. a. *Irrelevanz, Monotonizität*)
Nutzen
– absoluter 157, 160
– einer Alternative **20**
– Gesamt- 158, 258
Nutzenbereich 157f
Nutzenbewertung 155
Nutzenerwartungswert **20**, 22, 143
Nutzenfunktion 19, 25, 155, 158, 259
– beschränkte 158–160
– individuelle 159, 248
Nutzenniveau 158f
Nutzensumme 22, 170
Nutzentheorem 19, 239
Nutzentheorie 258f

Ökonomie (s. a. *Wohlfahrtsökonomie*)
– der Eigentumsrechte 241
– politische 154
one-shot-game 214f
Optimalität
– kollektive Xf, 203
ordinal (s. *ordinale Bewertungsfunktion*)
Ordnung 4, 13, 150
– als Bedingung an Entscheidungskriterien **22**, 23, 175
– lineare **4**
– paretianische **43**
– partielle **4**
– strikte **5**, 75f
– strikte partielle **5**, 81
Ordnungsrelation **4**, 16–19, 22
original position 165, 196

Paar
– geordnetes **2**
Palaver 45
Paradox
– der eingeschränkten Punktesumme 44
– der umgekehrten Präferenz 44
– des dominierten Gewinners 44
– des letzten Spiels 215
– des Mehrheitsgewinners 44
– des verschwundenen Gewinners 44
– liberales (s. *Liberales Paradox*)
paretobesser **46**, 203
pareto-extension rule 66
paretoindifferent **46**, 47, 66
paretoinklusiv 45, **46**, 47, 153, 166, 227
– im weiteren Sinne **46**
Paretoinklusivität X, 46, 66, 154, 229, 247f
– der Metapräferenzen bezüglich der Basispräferenzen (PMB) 229, 231–235
paretooptimal **45**, 46, 66, 151, 204, 228, 237
Pareto-Prinzip **33**, 45, 138, 151, 153, 161f
– Bedingungen des
  – P **33**, 35–37, 39f, 42, 44, 51–54, 56–60, 67, 91, 109, 254–256, 259
  – $\hat{P}$ **61**, 62–64, 87
  – $\bar{P}$ **170**, 171
  – P_A **62**
  – P* **76**, 79
  – $\hat{P}$* **77**, 78
– Bedingung des Bedingten (BP) **191**, 193, 198
– Bedingung der P.-Indifferenz ($\overline{PI}$) **171**, 172f, 176–179
– Bedingung des Schwachen ($\overline{PPI}$) **171**, 181–183
– Bedingungen des Strikten
  – SP **33**, 45, **91**, 92, 168, 244–246, 248, 250, 253f
  – $\overline{SP}$ **171**, 175f, 178f, 184–186, 188, 198
  – $\overline{SP}^+$ **178**
Pareto-Regel 157
Pareto-Relation
– bzgl. Arrowscher Zustände (P) **151**
– bzgl. eingeschränkter erweiterter Präferenzstruktur ($\bar{R}$) **166**, 167
  – strikte ($\bar{P}$) **166**, 167f
paretovergleichbar **46**, 66
– im weiteren Sinne **46**
Parteiendynamik 112–114, 128
Permutation **3**
– Menge der 3, 91
Person
– interessierte 96
– liberale **254**
– nicht-interessierte 96
– rationale 17, 19
pfadabhängig 32, 255
pfadunabhängig (PU) 66, 72f, **85**, 86–88, 190
Politikwissenschaft 157
Position XI, 149–153, 165, 196, 250f, 253, 256
– gesellschaftliche X, 147f, 162f, 169
– individuelle **148**
Positionszuordnung **147**, 148f, 151f, 154f, 164, 188, 196, 250
Potenzmenge **2**
Präferenz
– aufgedeckte **7**, 8, 14, 63
– Basis- **7**, 8, 14f, 62f, 229, 232–235
– bedingte 133

– der unbedingten Kooperation 228 f, 241
– eigeninteressierte 228 f
– eigenorientierte **149**, 189 f, 237, 253, 255
– einer Person 17
– eines Individuums 17
– eines Kollektivs 17
– einmischende 254 f
– Einschränkung der individuellen 93
– erster Ordnung 134, 253, 261
– erweiterte X f, 149–153, 164, 169
– erweiterte individuelle 45
– erweiterten strikte **150**
– ethische 150
– geäußerte 70
– individuelle IX f, 3, 28, 157, 258–260
– Inkonsistenz von 236, 256 (s. a. *Kohärenzbedingungen*)
– Intensität einer 35, 131, 155
– interdependente (s. *Interdependenz*)
– intermediäre 107, 129
– kategorische **252**, 253, 256
– kollektive IX f, 3, 28, 258 f
– kollektive strikte **27**
– liberale Geltendmachung von **254**
– resultierende 139, 162
– schwache **3**
– strikte **3**, 5
– subjektive 140 f, 150
– symmetrische 110 f
– über alternative Wahrscheinlichkeitsverteilungen 18
– über Handlungen 238, 258
– über Konsequenzen 238, 258
– über Zustandsalternativen 18
– unvollständige individuelle 31 f
– Versicherungs- 228
– Vertrauens- 228–230, 241
– vollständige individuelle 31 f
– wahre 70, 84, 88, 128, 130, 135, 139, 162, 240
– zweiter Ordnung 253
– zyklische (s. *zyklische Folge*)
Präferenzaufdeckung 89
Präferenzfolge 98–106, 118–120 (s. a. *Folge*)
Präferenzintensität 35, 155
Präferenzordnung **4**
Präferenzprofil 25
Präferenzrelation
– antisymmetrische **4**
– asymmetrische **5**
– azyklische **9**, 10, 14, 16 (s. a. *Azyklizität*)
– einfache 150 f, 154
– eingipflige 93, **94**, 95, 106 f, 109 (s. a. *potentiell eingipflige Präferenzstruktur*)
– erweiterte 150 f, 165
– individuelle 17, 27, 148
– kollektive 10, 27 f, 155
– quasi-transitive **9**, 12, 14 f
– reflexive **4**, 7, 9 f
– strikt-vollständige **95**, 96
– transitive **3**, 14 f
– vollständige **3**, 6 f, 9 f
– zyklische 244, 246 f (s. a. *zyklische Folge*)
Präferenzstruktur **17**, 25, 27–29, 149, 153, 155, 169, 192, 203 f, 244–247, 251, 253 f, 256
– begrenzt übereinstimmende **97**, 106 f
– des Gefangenen-Dilemmas 229, 236 f
– einfache 163
– Einschränkung der 93
– eingeschränkte erweiterte 164–167, 169, 190
– erweiterte 150, 163 f, 169, 189–191
– extremalrestriktive **97**, 105–107
– im zyklischen Gleichgewicht **99**, 100 f, 105–107, 120
– kontradiktorisch bestimmte **133**, 138
– potentiell eingipflige **94**, 95, 118–120 (s. a. *eingipflige Präferenzrelation*)
– reduzierte 101 f
– Standard- (s. *Standardstruktur*)
– strikte **95**
– Veränderung der 77
– von Metapräferenzen 230–232, 235–237
– wertrestriktive **96**, 97, 106 f
– zirkulär bestimmte **132**
– zyklisch gemischte 101, **102**, 103–107, 120
Präferenztreue 88
Prinzip
– gewichtetes gerechtes 198
Produktion 194
Produktmenge **2**
public choice IX

Quantor 1
Quantorenlogik 1
Quasi-Ordnung **4**
Quasi-Transitivität
– der Basispräferenz 15, 85–87
– der kollektiven Präferenzrelation 51 f, 57, 67
– der Präferenzrelation 9 f, 12
Quorum (s. *Mindestzahlregel*)

Ramsey-Kompatibilität 237
rational choice-Theorie 261
Rationalität 227, 229, 235 f
– individuelle X f, 203 f, 215
– kollektive XI, 51, 228–235, 243
– praktische 235, 258, 261 f
Rationalitätsbedingungen 17, 21, 237, 243, 248
Rawlssches Differenz-Prinzip X f, 157, 162, 165, 168, 187, 196, 198, 227

Reaktion
- Bedingung der positiven (**PR**) **57**, 58, 92
- Bedingung der nicht-negativen Reaktion (**M**) (s. *Monotonizität*)
Rechte
- Bedingung der eingeschränkten Implementierung individueller (**EIR**) **252**
- Bedingung der Implementierung individueller (**IR**) **251**, 252–254
- individuelle X f, 244, 248, 250–253, 255 f
- Minimalausstattung mit individuellen **251**
Rechtsharmonie
- minimale **251**, 252
- universelle **252**
Rechtsverteilung **251**, 252 f
- harmonische 254 (s. a. *Rechtsharmonie*)
- kohärente **254**, 256
- Stärke einer **252**, 253
Reduktion 238
- schrittweise 71 f
- zusammengesetzter Aussichten **19**
Reflexivität 9 (s. a. *Irreflexivität*)
- der Aussichten **18**
- der individuellen Präferenzrelation **17**
Regel kollektiven Urteils (RkU) **142**, 143–146
Regelutilitarismus 179 f, 187, 197 (s. a. *Utilitarismus*)
Regularität
- Bedingung der (**RG**) **117**, 118–120, 129
Relation
- auf dem Raum der Wohlfahrtsvektoren (R^+) **177**, 178
- binäre 3
- der Indifferenzen **3**
- der schwachen Präferenzen **3**
- der strikten Präferenzen **3**
- eineindeutige **3**
- intermediäre **116**, 117
- Klasse von 117 f
- nacheindeutige **2**
- reflexive 5
- transitive 4 f
- vollständige 4
- voreindeutige **3**
- zweistellige **2**, 4
Relationentheorie 2
Resultat von Gibbard und Satterthwaite (RGS) IX, 76–78, 80, 83, 88, 194
Ressource
- natürliche 213, 240 f
revealed-preference-Konzept X, 157, 203, 214, 238 f
Risikosituation 21

Sadismus 232 f
Satz 1
Savage-Kriterium 26
Schnittmenge **2**
Schleier des Nichtwissens 165
Schlußabstimmung 126 f
S-gerechter (SG) **153**, 154, 162 f, **166**
S-Gerechtigkeit 163
- Prinzip der (PSG) **166**, 173, 196, 227
social choice IX, 261
social decision function 67
social state (s. *Arrowscher social state*)
social welfare function (SWF) 43
- generalized (GSWF) 196
social welfare functional (SWFL) 162, 197
Souveränität (s. a. *Entscheidungssouveränität*)
- der Bürger 35
Sozialethik X f, 139, 157, 159 f
Sozialzustand (s. *Arrowscher Zustand, sozialer Zustand*)
Spaltenlinearität
- als Bedingung an Entscheidungskriterien **23**, 175
Spaltenverdopplung
- als Bedingung an Entscheidungskriterien **23**
Spezifizierung des Anwendungsbereichs 187
Spiel **202**
- Chicken- 234, 241
- konstituierendes 214–216, 218, 222–224
- Wiederholungs- **214**, 215, 222
Spieltheorie IX, 201, 203, 215, 239 f
Stabilisierung
- endogene 214, 216, 219
Stabilität
- der kollektiven Entscheidung 114, 122, 124, 126 f
- der subjektiven Bewertung 136 f
Standardstruktur **101**, 102–106
Status quo 49 f, 75, 125–128
Stetigkeit 239
- bei zusammengesetzten Aussichten **19**
Stimmentausch 49–51, 66, 70
Strategie 201, **202**, 204, 215
- dominante **203**, 205–207, 209, 211, 240
- Gesamt- 214, **215**, 216 f, 221, 223–226, 241
  - bedingte 216, 220
  - evolutionär stabile 241
  - kollektiv stabile 224, 226, 241
  - provozierbare 217, 220
  - sympathische 217, 220
  - unbedingte 216 f, 219
- Gleichgewichts- 219–221, 226
- kooperative 205–207, 211, 222, 227 f, 237
- nicht-kooperative 205, 207, 211, 213 f, 218, 220, 222, 228, 232
- schwach dominante **203**, 240
strategieanfällig **77**, 78–80, 83, 128, 194, 204

strategiefrei XI, **77**, 84, 88, 240
Strategiefreiheit 75, 77, 84, 107, 131
– Bedingung der ($\hat{S}^*$) **78**
– Bedingung der Erweiterten ($\widehat{ES}$) 70, **81**, 82f
Strategieprofil 201, **202**, 203f, 215
– Gesamt- 214, 216, 222f
strategisches Verhalten XI, 66, 69f, 72–74, 77, 84, 87f, 128
strukturell stabil **123** (s. a. *Stabilität*)
Subfunktion
– harmonische **253**
Substituierbarkeit 238
– bei zusammengesetzten Aussichten **19**
Symmetrie
– als Bedingung an Entscheidungskriterien **22**, 23, 175
– einer Verteilung 116, 118, 122, 129 (s. a. *Halbierungseigenschaft*)

Tat-for-Tit-Strategie **217**, 218–223
Teilmenge **2**
teilpfadunabhängig (s. a. *pfadunabhängig*)
– nach oben (OPU) **85**, 86, 190, 192f
– nach unten (UPU) **85**, 86f, 190, 193
Tit-for-Tat-Strategie **217**, 218–226
Tit-for-2-Tat-Strategie **217**
Tit-for-m-Tat-Strategie **217**
Tragödie der Allmende 212f, 240f
Transformation
– positiv-lineare **19**, 22, 155
– positiv-monotone 155f
transitive Schließung 60f, 64
Transitivität (s. a. *Quasi-Transitivität*)
– der aufgedeckten Präferenz 14
– der Aussichten **18**
– der Basispräferenz 14f
– der Indifferenz **4**, 25
– der individuellen Präferenzrelation **17**
– der kollektiven Präferenzrelation 51f, 57, 67
– der Präferenzrelation 4f, 9, 12
– der strikten Präferenz **4**, 9
– IP- **4**, 153
– PI- **4**, 153
Transparenz 234
Tripel **2**

Ultrafilter **67**
Unabhängigkeit
– von irrelevanten Alternativen (s. *Irrelevanz*)
Ungeradzahligkeit
– der Entscheidungsbeteiligten 94–96, 111, 120
Ungewißheitssituation 21
Universalisierbarkeit 173, 179, 185–187

Urteil (s. a. *Regel kollektiven Urteils*)
– individuelles 142
Urteilsstruktur **142**, 143, 146
Utilitarismus Xf, 157–160, 197, 231 (s. a. *Aktutilitarismus, Regelutilitarismus*)
– -Prinzip (UP) **169**, 170, 178–180, 187, 196f, 227, 248
utilitaristisch (s. a. *utilitaristisches Wohlfahrtsprinzip*)
– Bedingung der U. Gerechtigkeit (UG) **177**, 178f, 186
– Bedingung der U. Gerechtigkeit (UG^+) **178**
– es Gerechtigkeitskriterium 149

Variable 1
– freie **1**
– gebundene **1**
Vereinigungsmenge **2**
Verfassungstheorie 260f
Vergleich (s. a. *Informationsbasis*)
– interpersoneller 45, 151f, 155, 160, 164f, 248
– intrapersoneller 155
– kardinaler interpersoneller 153
Vergleichbarkeit (s. a. *Informationsbasis*)
– interpersonelle 140, 154f, 157f, 161f, 169–171, 185, 259
– kardinale 154, 157, 162, 170, 259
– ordinale 170
Verteilungsmasse 46
Vertragsproblem 210–212, 240
Vertragstheorie 210, 212
Vertrauen 204, 228, 230f, 241
Veto 48, 52, 254
Vetogruppe 33, 52, **53**, 56f, 63, 67, 87, 96
– Bedingungen des Ausschlusses von
  – **VG 53**, 56, 87
  – **$\widehat{VG}$ 63**
– Teil- 56
Vetogruppentheorem (VT) 53, 56f, 63, 67, 87
– auswahlfunktionale Version 63
– basisrelationale Version 63
Vetoinhaber **53**, 54–56, 63
– Bedingung des Ausschlusses von (V) **53**, 57f
Vetokollegium **59**, 60, 67
– Bedingung des Ausschlusses eines (VK) **59**
Vollständigkeit 4f, 9
– der Aussichten **18**
– der individuellen Präferenzrelation **17**, 94
Vorbereich 2
Vorfilter **67**
Vorschlagsrecht 123f, 127f, 130
voting schemes 88

Wahrscheinlichkeit
- des Auftretens zyklischer Folgen 30
- subjektive 21
- Wahrheits- 142f
Wahrscheinlichkeitsverteilung 18, 21, 117, 155
Wald-Kriterium (WK) **22**, 23–26
Welfarismus 173, 180, 186, 197, 248, 250
- strict ranking welfarism 255
Wertebereich **2**
Wohlfahrtsfunktion
- kollektive (KWF) XI, **28**, 33, 35f, 39f, 43, 51, 62f, 65, 71, 91, 94, 96f, 99, 101, 104, 170, 249f, 251f, 254, 256
- eingeschränkte strikte kollektive (S*KWF) **76**, 79, 88
- soziale W. im Sinne Bergsons (BSWF) 43
- strikte kollektive (SKWF) 75, **76**
Wohlfahrtsökonomie IX, 139, 154, 157, 259
Wohlfahrtsprinzip 187f, 198
- allgemeines (AWP) 164, **165**, 169, 190, 196
- kollektives (KWP) 26, **156**, 162, 169–186, 189f, 197
- utilitaristisches (UWP) **169**, 170, 175–177, 180, 186, 189, 197
Wohlfahrtssumme 170, 177, 179f
Wohlfahrtsvektoren 177
- Raum der (E^k) 177
Wohlfahrtswert 172–177, 179, 181–184, 248

Zerlegbarkeit 107
Zufallsregel 35
Zuordnung 2
Zustand
- anonymer gesellschaftlicher 147, **148**, 149, 250 (s.a. *Arrowscher Zustand*)
- effizienter **189**, 191–194
- fairer **189**, 194 (s.a. *Fairness*)
- gesellschaftlicher (s. *Arrowscher Zustand*)
- neidfreier **189**, 191–194
- sozialer 198, 259f (s.a. *Arrowscher Zustand*)
Zwei-Personen-Konfliktsituation 180, 185
zyklisch (s. *zyklische Folge, zyklische Präferenzrelation*)
zyklisch gemischt (s. *zyklisch gemischte Präferenzstruktur*)
zyklisches Gleichgewicht (s. *Präferenzstruktur im zyklischen Gleichgewicht*)
Zyklus 98–105, 122
- entgegen dem Uhrzeigersinn 98
- im Uhrzeigersinn 98